U0336800

全球营销

原书第10版

〔美〕马克·C.格林（Mark C. Green）　沃伦·J.基根（Warren J. Keegan）

著

赵占波　操群　谢毅　译

Green

Global Marketing

10th Edition

机械工业出版社
CHINA MACHINE PRESS

《全球营销》是国际营销学者马克·C. 格林和沃伦·J. 基根教授的经典代表作，在世界上许多国家和地区的高校被广泛采用。书中首先概述了由经济与贸易、社会与文化、政治与法律等方面构成的全球商务环境，进而从战略和营销组合要素的角度详细阐述了企业的全球营销策略和方式。书中介绍了很多前沿的概念和分析工具，如全球市场细分、货源获取、全球战略伙伴关系、产品规划和策略选择、定价决策、营销沟通决策、竞争优势等，可帮助读者在全球营销中把握发展机会，成功创建和实施4P策略组合。

图书在版编目（CIP）数据

全球营销：原书第 10 版／（美）马克·C. 格林（Mark C. Green），（美）沃伦·J. 基根（Warren J. Keegan）著；赵占波，操群，谢毅译.

北京：机械工业出版社，2024. 12. -- ISBN 978-7-111-77061-9

Ⅰ. F740. 2

中国国家版本馆 CIP 数据核字第 2024HE9670 号

机械工业出版社（北京市百万庄大街22号　邮政编码100037）
策划编辑：李新妞　戴思杨　　责任编辑：李新妞　戴思杨
责任校对：潘　蕊　陈　越　　责任印制：张　博
北京联兴盛业印刷股份有限公司印刷
2025 年 2 月第 1 版第 1 次印刷
180mm×250mm·32.75 印张·2 插页·710 千字
标准书号：ISBN 978-7-111-77061-9
定价：168.00 元

电话服务　　　　　　　　　网络服务
客服电话：010-88361066　　机 工 官 网：www.cmpbook.com
　　　　　010-88379833　　机 工 官 博：weibo.com/cmp1952
　　　　　010-68326294　　金 书 网：www.golden-book.com
封底无防伪标均为盗版　　机工教育服务网：www.cmpedu.com

译者序

　　当今世界正处在飞速发展与变化之中，互联网、信息技术、人工智能等前沿技术正在深刻重塑着商业世界，也必将给市场营销学科的发展带来无尽的可能性。营销学相关理论与实践不断丰富，营销的重要性不仅没有丝毫减弱，反而愈发凸显。值此背景下，我们有幸将市场营销领域大师的四部经典著作翻译成中文，呈现给广大专业读者。这些书均经过多次修订，其内容经久不衰，在国际上广受赞誉，由于其富含的深刻见解以及对实践的有益指导，多年来始终是市场营销学者与专业人士的必读之选。

　　《营销的原则》（原书第5版）是由被誉为"现代营销学之父"的菲利普·科特勒教授与合作者共同编写的经典教材。这本书以其独特的亚洲视角，强调了营销的创造性、顾客关系和品牌的重要性，以及企业社会责任和在线营销的新兴趋势。书中丰富的亚洲企业案例，尤其是中国公司的营销实践，能够帮助读者全方位地理解市场营销的精髓。

　　《营销的真相》（原书第11版）由营销学界世界级权威迈克尔·R.所罗门教授等所著，以真实案例和从业者视角，向读者展示了市场营销决策的真实面貌。书中不仅提供了营销人员需要了解的核心问题，还通过真实新鲜的例子，帮助读者把握市场营销的最新动态。

　　《实用市场调研》（原书第7版）是"营销界传奇人物"纳雷希·K.马尔霍特拉教授的经典代表作，系统地介绍了营销调研的各个步骤，反映了国际上营销调研的最新趋势。书中大量的真实案例能够帮助读者理解营销调研，并将其运用到真实的营销场景中。

　　《全球营销》（原书第10版）是国际营销学者马克·C.格林和沃伦·J.基根教授的代表作。这本书不仅概览了全球商务环境，还详细阐述了企业的全球营销策略和方式，能够帮助读者形成全局观和系统思维，在全球营销中更好地把握发展机会。

　　若干年前，作为译者的我们在专业学习的过程中深受大师们的影响，对大师著作的拜读使我们受益匪浅。曾经，这些书籍被更多地作为高等学校专业教材使用，只有学习相关专业的本科生和研究生能够深入了解营销大师们的思想与理论。如今，我们希望让更广泛的从业者阅读并理解这些市场营销的相关理论，并将这些知识付诸于实践，促进个人与企业的共同成长。

在翻译这一系列大师著作的过程中，我们深感肩负重任，在力保准确性的基础上，尽可能增强译文的可读性。我们希望这些翻译作品能够帮助中文读者更好地理解大师们在原著中所倾注的深层含义，同时又能略微感知大师们在表达上的精妙。

在此，我们要感谢机械工业出版社，感谢杜晓梦博士，张语涵博士，张璇博士，李世豪博士，谢毅博士，操群博士，赵捷博士，以及北京林业大学的王奕菲女士等，是他们的辛勤工作才使营销大师系列丛书得以顺利出版。当然我们也深知自己的翻译工作仍有许多不足之处，对于大师们独到而深刻的见解尚未完美呈现，请读者海涵，也欢迎读者们通过各种方式与我们进行交流、批评指正。

赵占波

甲辰秋月　燕园

前　言

我们感到自豪的是，这本《全球营销》（原书第10版）标志着20多年的出版成功。与前几版一样，在最新版中，我们通过概述全球商业环境的主要维度，对全球营销采取了环境和战略分析的方法。我们还提供了一套概念和分析工具，为学生在全球营销或相关领域的职业生涯中成功应用4P理论做好准备。

根据我们在本科生和研究生课堂以及在企业培训研讨会上使用教材的经验，我们对《全球营销》进行了修订、更新和扩展。我们开发新版《全球营销》的挑战之一是全球商业环境的变化速度。昨天的不可能变成今天的现实；新公司如雨后春笋般涌现；公司领导层突变。简而言之，任何一本书都可能迅速因事件而过时。即便如此，我们还是着手创作一个扣人心弦的故事，以捕捉全球化时代下营销中固有的戏剧性。

当《全球营销》于1996年首次出版时，我们邀请读者"展望未来"，诸如美国对越南贸易禁运的结束、欧洲新的单一市场、戴姆勒公司的智能汽车、大众汽车的全球野心，以及惠而浦向新兴市场的扩张等事态的发展。这本新修订版还考察了当前国际舞台上的重要事态发展，包括英国脱欧的曲折道路、中国在世界舞台上的崛起、特朗普任期贸易关系的演变、埃隆·马斯克等企业家的成就等。

我们热衷于全球营销这一主题：如果读者在我们的写作中发现了热情，那么我们就成功了。我们对目前所有10个版本的目标都是一样的：写一本内容权威但风格和语言显得轻松自信的书。一位使用第9版的教师写信给我们说："我喜欢这本书，而且非常喜欢它吸引学生的方式。这是无价的。"我们相信，您会发现最新版本的《全球营销》是这类图书中最吸引人、最新、最相关、最有用的。

与之前的版本一样，第10版提供了关于外部环境变化的复杂性和微妙性及其对全球营销人员的影响的最新原创见解。

全球公司的雇主希望知道，他们雇用的员工了解并能够批判性地思考当代问题，如全球化的动态和新兴市场的增长机会。一位MBA学生写信说，2017年读《全球营销》为她追求新的职业机会时提供了竞争优势。她说："在面试过程中，我使用了书中的很多理论，并且在全球超过12个办事处的日常工作中，我将所学到的经验教训结合起来！"

致 谢

　　我感谢许多同事、朋友和采纳者，他们仔细阅读并评论了手稿的各个章节。他们的评论提高了本书的清晰度和可读性。我尤其要感谢 Steven J. Archambault，James A. Baggett，Hunter Clark，Frank Colella，Dave Collins，Diana Dickinson，Mark Freyberg，Lora Friedrich，Alexandre Gilfanov，Carl Halgren，Kathy Hill，Mark Juffernbruch，David Kochel，Peter Kvetko，Keith Miller，Gayle Moberg，Christopher "Kit" Nagel，Alexandre Plokhov，Chatt Pongpatipat，Yao Lu Swanson，David Wolf，和 Thomas Wright。

　　许多人在帮助我们获得许可方面发挥了重要作用，我想感谢每一位竭尽全力支持此次修订的人。特别是 Nicholas Arnold，Meredith Corporation；Jane Bachmann，DuPont；John Baloff，ATI Amplifier Technologies；Jeremy Banks，banxcartoons；William Bassett，Kikkoman；Julien Benatar，Pandora；Chris Boyens，Deere & Company；Paul Button，Jill Camp，Kohler；Lee Carter，Mower；Buzz Delano，Delano Associates；Kirk Edmondson，Lexus Advanced Business Development；Jemma Gould，IPG；Mandy Guss，Las Cruces；Jennifer Hall，Champagne Bureau，USA；Emma Hamm，Subaru；Sean Higgins，Forrester Research；David Johnson，Meredith Corporation；Allison Joyce，Allison Joyce Photojournalism；Tom Kingsbury，Bridgestone Americas，Inc.；Denise Lavoie，Henkel；Ilana McCabe，QVC Inc.；Edward Linsmier，Edward Linsmier Photography；Mike Lovell，Meredith Corporation；Katherine Miller，Nucor；Brad Miller，New Balance Athletic Shoe，Inc.；Morgan Molinoff，Edelman；Kerry Ann Nolan，Subaru；Meghan Reutzel，GoDaddy；Lenore Rice，Seibert & Rice；Michael Ross，Michael Ross Photography；Vivian Santangelo，Meredith Corporation；Mara Seibert，Seibert & Rice；Greg Selfe，Two Sides UK；Lindsy Shrewsberry，STIHL USA；Brady Spangenberg，BASF；Katie Szadziewska，McArthurGlen；Vibhav Valdore，Bridgestone Latin America。

　　一些机构的同事和采用者为此次修订提供了材料，并提出了有益的建议。感谢加州州立理工大学波莫纳分校 Steven Archambault 教授和康考迪亚大学欧文分校 Christopher "Kit" Nagel 教授，为第 2 章和第 8 章中提出了建议。Paul Button 为第 3 章创建了一组精彩的新信息图表。我还要感谢我的女儿 Lauren Konrad 在最后一刻为图形设计提供的额外帮助。

　　我还要感谢辛普森学院和艾奥瓦大学的许多在校生和毕业生，他们对之前版本的

《全球营销》提供了反馈，提供了案例研究，并提出了改进建议。其中包括 Han Wang 在第 7 章关于细分中国奢侈品市场的开场白中的贡献。艾奥瓦大学毕业生 Glynis Gallagher 讲述了她在嘉吉（Cargill）公司担任合同分析师的经历。Brady Spangenberg 详细描述了他在巴斯夫（BASF）的职业生涯。Simpson 校友 Beth Dorrell 慷慨地提供了出口文件方面的专业知识。

我在意大利 CIMBA 国际市场营销课程中的学生在威尼斯旅游问题上进行了合作，所有人都是这个项目的热情参与者，我们在意大利的合作给我留下了深刻的印象。

很高兴与管理本版制作的培生团队合作。感谢：主编 Stephanie Wall，执行投资组合经理 Lynn M. Huddon 以及内容制作人 Michelle Zeng，感谢他们的持续支持。多亏了 SPi Global 的朋友，出版进展顺利。其中包括内容制作经理、权限项目经理和高级项目经理。我们的图片研究员再次证明了"每一张图片都是在讲述一个故事"，这也让我们倍感荣幸。还要感谢营销团队在营销支持材料方面所做的出色工作，以及整个培生销售团队在该领域帮助推广这本书。还要感谢 Mahmood Khan，Kerry Walsh 和 Jill Solomon 为本书所做的出色贡献。

目　录

第 3 篇   进军全球市场

第 4 篇　全球营销的组合决策

第 5 篇　21 世纪的企业战略和领导力

全球营销

（原书第 10 版）

GLOBAL
MARKETING
10th EDITION

第 1 篇
全球营销概况

GLOBAL
MARKETING

全|球|营|销|
（原书第10版）

第 1 章　全球营销绪论

本章精要

- 通过产品 - 市场增长矩阵解释公司进行全球扩张的各种方式。

- 阐述处于全球性行业中的公司寻求竞争优势的主要途径。

- 比较单国营销战略和全球营销战略的异同。

- 识别世界 500 强企业排名中的顶尖企业。

- 阐明公司在其管理导向从国内和母国中心导向发展到全球和
  全球中心导向的过程中所经历的各个阶段。

- 讨论影响当今全球一体化进程的驱动力和约束力。

案例 1-1 　　　　　　　　　　　　　全球市场也是当地市场

　　下面让我们思考第一个命题：我们生活在一个全球市场中。在地球上，苹果手机、博柏利（Burberry）风衣、卡特彼勒（Caterpillar）挖土设备、脸书（Facebook）、乐高玩具、麦当劳餐厅、三星高清电视和斯沃琪手表几乎随处可见。全球企业是重要市场上的强劲对手。例如，美国汽车业的巨头通用汽车和福特，与丰田、现代和其他来自亚洲的全球性竞争对手以及大众等欧洲公司陷入了竞争困境。总部位于美国的英特尔公司是全球最大的芯片制造商之一，它正与韩国的三星公司展开竞争。在智能手机的全球市场上，苹果（美国）和三星是主要的竞争对手。家电行业的全球化意味着，博世（Bosch）、伊莱克斯（Electrolux）、海尔、LG 和惠而浦（Whirlpool）这些品牌都在为赢得宝贵的零售空间以及消费者的认知度和偏好而展开竞争。

　　现在，让我们来思考第二个命题：我们也生活在一个市场富有本土特色的世界里。例如，在中国，百胜国际餐饮集团的连锁餐厅品牌东方既白（East Dawning）与新亚大包（New Asia Snack）和海底捞等当地餐厅相互竞争。与此相似，在中国最畅销的智能手机并不是苹果或三星。事实上，在中国最受欢迎的四个智能手机品牌分别是：华为、vivo、OPPO 和小米，它们都来自中国本土制造商。在印度，唐恩都乐（Dunkin's）甜甜圈店与当地的连锁店疯狂薯条（Mad Over Doughnuts）并驾齐驱。在波兰，很多消费者经常光顾小型的家庭商店，而不是由法国家乐福和英国乐购（Tesco）运营的大型超市。[1]在东南亚地区，优步（Uber）与叫车服务市场提供商 Grab 之间相互竞争。与此相似，自然化妆品公司（Natura Cosméticos）和波提卡瑞（O Boticário）等巴西美妆巨头与雅芳（Avon）争夺直销市场上的顾客。在拉丁美洲，易贝（eBay）和亚马逊等电商巨头与当地的市场领导企业美客多（Mercado Libre）展开竞争。

　　"全球市场还是当地市场"的悖论正是本书的核心内容。在后面的章节中，我们将更详细地讨论当地市场的特点。不过，现在我们将先聚焦于这个悖论的前半部分。请回忆一下那些遍布在世界各地的品牌和产品。如果问问普通消费者，如此丰富的全球品牌都来自何方，你很可能会听到各种各样的答案。有一些品牌，如麦当劳、多瑟瑰（Dos Equis）、斯沃琪、沃特福（Waterford）、菲拉格慕（Ferragamo）、大众和博柏利等，的的确确和某些国家/地区非常紧密地联系在一起。在世界上的大部分地方，可口可乐和麦当劳都被公认为美国的标志性品牌，正如菲拉格慕和范思哲（Versace）被认为是意大利经典风格的代名词一样（见图 1-1）。

然而，对其他一些产品、品牌和公司而言，它们的身份与某个特定国家/地区之间的关联度就变得比较模糊了。哪些品牌是日本的、美国的、韩国的、德国的或印度的？你能说出诺基亚智能手机品牌的公司法人吗？什么时候一辆日本汽车不再是日本汽车了？甚至美国总统唐纳德·特朗普（Donald Trump）在2017年威胁要对在美国销售的德国汽车征收附加税，他似乎当时也没有注意到汽车行业的全球属性。思考下列情况：

- 2016年，宝马公司位于美国南卡罗来纳州的工厂生产了41.1万辆汽车。这个工厂超过2/3的产量都被出口到其他市场，由此成为宝马美国公司顶级的汽车出口商。
- 梅赛德斯－奔驰位于美国的一个工厂每年生产30万辆汽车。
- 有好多年，最畅销的"美国"汽车（在美国境内组装，并且美国境内产品含量至少达到75%）是丰田凯美瑞。

图1-1　菲拉格慕的总部位于意大利的佛罗伦萨，它是一家处于世界领导地位的时尚品牌。随着消费者的习惯发生改变，菲拉格慕和其他奢侈品行业的公司面临挑战。从历史上看，奢侈品购买者的品牌忠诚度较高，并且对经典设计有很好的鉴赏力。现在，许多购买者通过在线零售渠道寻找下一个大热的款式。

资料来源：Roussel Bernard/Alamy Stock Photo.

引言和概览

通过产品－市场增长矩阵解释公司进行全球
扩张的各种方式。

案例 1-1 说明，全球市场有多种多样的表现形式。有的相当隐晦，有的则显而易见。你购物时会发现，自己喜欢的产品和品牌贴有多国语言的标签。你很有可能是全球关注 2018 年世界杯足球赛电视转播的数百万人中的一员。在高速公路上，你可能见过为联邦快递全球供应链服务的卡车。或者，你可能是苹果 iTunes 程序成千上万的用户中的一员。当你在自己最喜欢的咖啡厅购买 1 磅⊖中美洲的咖啡时，你会发现其中一些咖啡豆标有公平贸易认证的标签。

全球营销的重要性日益增加，这是过去 160 年中给许多国家/地区人民的生活和各行各业带来深刻影响的大变革的一个方面。国际贸易已经存在了 2000 多年；传说始于公元前 200 年的丝绸之路是连接中国和地中海地区欧洲国家的陆路通道。从 19 世纪中叶到 20 世纪 20 年代初，英国在世界经济中占统治地位，国际贸易蓬勃发展。但是，包括第一次世界大战、经济大萧条在内的一系列全球剧变，为那个时代画上了句号。第二次世界大战结束后，一个崭新的时代开始了。过去只服务于本国/地区市场的公司纷纷开拓全球市场，前所未有的扩张是这个全新全球时代的标志。

40 年前，"全球营销"一词甚至尚未问世。而如今，企业家们纷纷期望利用全球营销来充分发挥各自公司的商业潜能。这就是不论身在亚洲、欧洲还是北美洲或南美洲，你对本章开头提及的品牌都耳熟能详的原因。不过，对公司而言，它们需要认真对待全球营销的另一个关键原因是：生存。如果管理团队不明白全球市场的重要性，那么该公司的国内业务将可能败给那些成本更低、经验更丰富、产品更好的竞争对手。

可是，何谓全球营销？全球营销与通常在入门课程中教授的"常规"营销有何差异？**市场营销**（marketing）被定义为，通过创造、沟通、开发和交换等方式向顾客、合作伙伴和社会整体提供相关价值的活动、制度和过程。[2] 公司以其具有竞争价值的产品和服务来满足顾客的需求和欲望，营销活动也正是围绕这个主题活动而展开的。**营销组合**（marketing mix，即 4P——产品、价格、渠道和促销）构成了当代营销者的主要营销工具。市场营销是一门世界通用的学科，无论在阿根廷还是在津巴布韦，都是适用的。

本书以**全球营销**（global marketing）为主题。从事全球营销的组织将资源集中在开拓和利用全球的市场机会并规避其中的风险。常规营销和全球营销的一个差别是活动的范围不同。从事全球营销的公司往往在国外市场上开展重要的商业活动。范围问题

⊖　1 磅 = 0.454 千克。

可以用我们熟悉的增长战略中的产品-市场增长矩阵（见表1-1）来形成概念。一些公司追求市场开发战略，即通过将既有的产品和服务引入新的细分市场或新的地域市场寻找新的客户。此外，全球营销还可以采用多元化战略，针对新的细分市场、新的国家或地区创造并提供新的产品或服务。

表1-1　产品-市场增长矩阵

		产品导向	
		现有产品	新产品
市场导向	现有市场	市场渗透战略	产品开发战略
	新市场	市场开发战略	多元化战略

星巴克公司同时采用表1-1中的四种增长战略，是一个非常好的国际营销企业案例。

- **市场渗透**（market penetration）：星巴克公司在其原有的会员积分卡和奖励方案的基础上开发了一款智能手机应用程序，顾客可以通过电子支付的方式购买商品。这款应用程序会显示一个条码供顾客扫码。

- **市场开发**（market development）：星巴克公司于2018年进入意大利市场，在米兰开设了一间烘焙工坊旗舰店。这间烘焙工坊就设在地标性建筑大教堂的步行范围内，店铺会提供由当地面包房普林奇（Princi）出品的产品以及在意大利非常受欢迎的开胃饮料。[3]

- **产品开发**（product development）：星巴克公司创立了一个名为Via的速溶咖啡品牌，这使星巴克公司的顾客可以在办公室或其他无法提供现煮咖啡的场所也可以享用咖啡。在美国取得成功后，星巴克又在英国、日本、韩国和其他几个亚洲国家/地区相继推出了Via品牌。近期，星巴克还推出了它的第一款咖啡机Versimo。这样，星巴克公司的顾客可以"在家制作他们最喜爱的饮料"了。

- **多元化**（diversification）：2011年，星巴克公司将"咖啡"两个字从它的品牌标志中去除。近期，它收购了一家果汁生产商创造新鲜（Evolution Fresh）和茶叶零售商茶瓦纳（Teavana）。接下来，星巴克对精选店铺进行改造，使其在晚上可以充当酒吧，以此吸引新的顾客。[4]

请练习应用表1-1中的矩阵，为其他全球化公司编制产品-市场增长矩阵。宜家、乐高都是这项练习的上佳选择对象。

从事全球营销的公司经常会在世界的某个国家或地区遇到特殊情况或不熟悉的情况。例如，在某些地区，假冒和盗版产品猖獗，在该地区开展业务的公司必须格外注意保护知识产权并应对"山寨"产品。此外，在某些地区，贿赂和贪污的风气根深蒂固。成功的全球营销商需要了解特定的概念，并对世界各地多种多样的商业环境具有广博且深刻的理解。

而且，全球营销商必须理解那些与通用的营销原理相联合使用将会提升市场成功概率的战略。正如约翰·奎尔奇（John Quelch）和凯瑟琳·乔克斯（Katherine Jocz）

的评价："最佳的全球品牌也是最佳的当地品牌。"也就是说，全球化公司的管理者应该理解当地最佳实践的重要性。[5] 本书聚焦于全球营销的主要方面。尽管作者假设读者应该已经学习了市场营销学的入门级课程或已经拥有类似的经验，下面仍将对市场营销学的基础知识做简要的概述。

全球营销

1.2 市场营销原理概述

阐述处于全球性行业中的公司寻求竞争优势的主要途径。

如 1.1 节所述，营销是商务活动中的一个职能领域，但它不同于财务和运营。营销还可以看作一系列活动和过程，这些活动和过程与产品设计、制造以及运输物流一起构成了一个企业的**价值链**（value chain）。从概念设计到售后支持，每个阶段的决策都应以能否为顾客创造价值为评价标准。

对在世界上任何地方经营的任何企业来说，市场营销的本质都在于通过为顾客创造感知价值（即提供卓越的价值主张）来超越竞争对手。**价值等式**（value equation）是这项工作的指南：

$$价值 = 利益/价格（金钱、时间、精力等）$$

营销组合是价值等式不可或缺的组成部分，因为利益由产品、促销和渠道组合而成。通常，可以通过这些方式提高顾客感知的价值。营销商可以为顾客提供一系列改良的利益或者更低廉的价格（或者二者兼而有之）。营销商可以努力改进产品本身，设计新的分销渠道，设计更有效的沟通策略，或者是以上三种方式的组合。

营销商也可以通过寻找降低成本和价格的方法实现价值提升。非货币成本也是一个因素。企业可能有办法减少顾客为了了解和寻找产品所花费的时间和精力。[6] 以价格为竞争武器的企业可以使用丰富的低价劳动力资源或采购便宜的原材料。企业也可以通过高效率的生产带来的低成本或量产形成的规模经济效益降低价格。

让我们来回顾一下**市场**（market）的定义：有能力购买且有购买意愿的人或组织。为了在市场上获得成功，产品或者品牌必须达到市场可接受的最低品质，并且与购买行为、购买者期待和偏好保持一致。假如公司既能提供由优质的产品、分销或促销带来的利益，又能让价格比竞争对手低，那么它就具有绝对优势。在 20 世纪 80 年代，丰田（Toyota）、日产（Nissan）和其他日本汽车制造商正是通过创造出卓越的价值主张实现了它们在美国市场上的巨大成功。它们制造出的汽车比通用汽车（General Motors）、福特（Ford）和克莱斯勒（Chrysler）的产品质量更高、性能更好且价格更低。

如今，汽车行业将注意力转向了印度和非洲等新兴市场。雷诺汽车（Renault）和它的竞争对手们正在向中产消费者传递一个崭新的价值主张：售价等于或低于 1 万美元的高质量车辆。在雷诺成功地推出了达契亚洛冈（Dacia Logan）车型之后，印度的塔塔（Tata）汽车公司推出了售价为 2 500 美元的纳努（Nano）汽车（请见案例 11-1）。

第1章 全球营销绪论

要想在全球营销中取得成功，通常需要毅力和耐心。第二次世界大战后，日本公司最早出口的一些汽车也曾遭遇市场失败。例如，在20世纪60年代后期，斯巴鲁美国公司开始进口斯巴鲁360型汽车，并以1 297美元的价格在美国市场上进行销售。但是，在《消费者报道》（*Consumer Report*）杂志对该汽车做出"无法接受"的评价之后，汽车的销售就中断了。相似地，南斯拉夫尤格（Yugo）汽车曾在20世纪80年代以3 999美元的标价成为当时美国市场上最便宜的新车，却只获得了少量的销售额（尽管某消费者杂志对该车做出了"请勿购买"的评价）。质量低劣是斯巴鲁360型汽车和南斯拉夫尤格汽车在市场上惨遭失败的首要原因。[7] 然而，斯巴鲁的故事却迎来了一个圆满的结局，这在很大程度上归功于该公司数十年来对汽车的持续改进。事实上，每一年《消费者报道》都将斯巴鲁放到了其汽车质量排名榜单中接近榜首的位置，与凌志、马自达、丰田和奥迪处于同一级别。[8] 但是，历史对尤格汽车却没有那么友善，它最终入选了《时代周刊》（*Times*）"史上最差的50款车"。

即使是世界上规模最大、最为成功的一些公司，在寻求全球机遇的过程中也难免会跌跌撞撞。沃尔玛超市之所以会退出德国市场，其部分原因是德国消费者可以在其他硬折扣店［如奥禾齐（ALDI）和利德尔（Lidl）］中找到价格更低廉的产品。而且，许多德国人更偏好光顾多家小型店铺，而不是到一家位于市中心以外的一站式商店中寻求便利。相似地，总部位于英国的乐购公司（Tesco）试图将旗下的便捷店新鲜与便捷（Fresh & Easy）打入美国市场的努力也以失败告终，部分原因是美国消费者对占据其大部分商品库存的自主品牌商品并不熟悉。2015年，美国的廉价时尚零售商塔吉特（Target）终止了其在加拿大的业务，在商店选址和定价方面的失策导致了它的失败。塔吉特付出了关闭133家店铺的代价，总估值超过50亿美元。

竞争优势、全球化和全球性行业

当一家公司与竞争对手相比能够为顾客创造更多的价值时，我们就可以说这家公司在这个行业中拥有了**竞争优势**（competitive advantage）。[9] 竞争优势是在与同业竞争对手的对比中显现的。例如，你开在某地的自助洗衣店属于当地洗衣业，你的竞争对手是地方性的。在全国性行业中，竞争对手就是全国性的。在全球性行业中（如消费电子产品、服装、汽车、钢铁、医药、家具以及其他很多行业），竞争对手是全球性的（在许多行业中，也是当地性的）。如果一家企业处于某个全球性或正在全球化的行业，那么，全球营销就变得非常必要了。

从一个原本属于地方性或全国性的行业向成为全球性行业转变，是更广泛的全球化（globalization）经济进程中的一部分。贾格迪什·巴格瓦蒂（Jagdish Bhagwati）对**全球化**做出了如下定义：

> 经济全球化通过贸易、（由公司和跨国企业开展的）外商直接投资、短期资本流动、劳动力和人力资本的一般性国际流动及技术流动，构成了国家经济与国际经济的一体化。[10]

从市场营销的视角看，全球化呈现给公司的是极具诱惑力的机会（和挑战），由领导层决定是否要在全球范围内提供产品或服务。同时，全球化也向公司提供了一个前所未有的重组自身的机会。正如约翰·米克尔思韦特（John Micklethwait）和阿德里安·伍尔德里奇（Adrian Wooldridge）所说，"使消费者们能够购买到世界上最佳产品的全球市场，同样也能使生产商们找到最佳的合作伙伴。"[11]

例如，全球化为专业体育组织提供了重要的营销机会，如美国职业篮球联赛（NBA）、美国职业橄榄球大联盟（NFL）和美国职业足球大联盟（MLS）（见图1-2）。正如美国职业足球大联盟的主席唐·加伯（Don Garber）所指出的："全球文化中的通行语言是足球。那是'最佳击球位'。如果没有全球化带来的日益变小的世界，我们就不会拥有今天所拥有的机会。"[12]

图1-2　美国职业橄榄球大联盟（NFL）在全球范围内推广美式足球。NFL集中在几个关键性的市场上，包括加拿大、德国、日本、墨西哥和英国等。每年秋天，在温布利体育场和威肯汉姆的观众爆满之前，横幅都会挂满英国伦敦的摄政街，以此提高这个国际系列赛的知名度。

资料来源：Alena Kravchenko/Shutterstock.

我们认为一家公司只能用一种方式思考。如果你是高端的，你就必须专注于此。[13]
——宝马公司前董事长赫尔穆特·潘克（Helmut Panke）

除了全球化的竞争之外，全球化对全球性行业还有其他影响吗？答案是肯定的。正如管理学专家迈克尔·波特（Michael Porter）所定义的，**全球性行业**（global industry）是可以通过在全球范围内整合和利用业务活动而获得竞争优势的行业。换句话说，一家公司在某个国家/地区内的行业地位与它在其他国家/地区的行业地位之间的相互依赖程度，决定了这家公司所在行业的全球性。全球化的指标包括跨国贸易与全球生产总值的比率、跨国投资额与资本投资总额的比率、参与世界主要区域竞争的公司所创造的收入占行业总收入的份额。[14]确定某个行业全球化程度的一种方法是计算该行业全球贸易的年产值（包括生产过程中运往各个国家/地区的零部件）与行业销售的年产值之间的比率。从这些指标看，消费电子产品、服装、汽车和钢铁行业都是高度全球性行业。[15]

要想在全球性行业中获得竞争优势，需要企业的首席执行官和管理者都能对一个定义清晰明确的战略焦点达成共识并始终坚持。**聚焦**（Focus）就是将注意力集中到一项核心业务或一种能力上。以下是雀巢公司的前董事长赫尔穆特·毛赫尔（Helmut Maucher）的评语，明确地阐明了聚焦对于全球化公司的重要性：

> 雀巢公司是非常聚焦的：我们只经营食品和饮料。我们并不是开自行车店的。甚至就食品而言，我们也不是什么食品都做。有些领域我们绝不涉足。竞争的缘故，我们在欧洲国家和美国暂时没有做饼干和植物奶油食品。我们不做软饮料，因为我说过，我们要么收购可口可乐公司，要么就别理它。这就是聚焦。[16]

然而，作为整体战略转换的一部分，公司管理层有时候可能会对焦点做出一些改变。甚至连可口可乐公司也被迫进一步聚焦于其核心饮料品牌。在遭遇 2001~2002 年的销售疲软期之后，可口可乐公司的前董事会主席兼首席执行官道格拉斯·达夫特（Douglas Daft）与雀巢公司建立了新的联盟，两家公司合作开发和营销咖啡和茶饮料产品。达夫特还着手开启改造公司美汁源业务的工作，将其变成一个在世界各地营销各类果汁品牌的全球性部门。达夫特解释说：

> 我们是一个由品牌和业务组成的网络，不想成为一家纯粹的饮料公司。每个品牌都有不同的投资回报率，因为销售方式和饮用方式的不同，管理结构也存在差异。如果把它们全部混在一起，将会失去焦点。[17]

企业高管对聚焦问题的讨论不胜枚举，通常是他们对全球商业环境变化做出的反应。近些年来，贝塔斯曼（Bertelsmann）、高露洁（Colgate）、达能（Danone）、伊莱克斯（Electrolux）、菲亚特（Fiat）、福特、富俊国际、通用汽车、哈雷·戴维森、汉高、乐高、麦当劳、飞利浦、东芝、维旺迪（Vivendi）以及其他很多公司纷纷加快了把战略焦点更加清晰地聚焦到自身核心业务和品牌上的步伐。

具体的做法有很多不同的形式，除了建立联盟之外，还包括兼并、收购、剥离，以及将一些业务合并到公司的其他部门（见表 1-2）。在飞利浦，公司的首席执行官万豪敦（Frans van Houten）已经剥离了公司的电子产品和工程业务单元。如今的飞利浦公司，并不是营销电视机或 VCR，而是聚焦于以下三个行业：医疗、照明和消费者生活方式（见图 1-3）。组织结构上诸如此类的巨大变化也必然伴随着公司文化上的改变。[18]

表 1-2　战略聚焦

公司/总部	资产剥离/买方
通用电气（美国）	将家用电器部门以 54 亿美元销售给海尔（中国）公司（2016 年）；将 NBC 环球以 300 亿美元销售给康卡斯特公司（Comcast）
维旺迪（Vivendi）（法国）	动视暴雪视频游戏公司以 82 亿美元的价格回购维旺迪持有的大部分股权（2013 年）

公司/总部	资产剥离/买方
联合利华（英国/荷兰）	将美国的意大利面酱业务以 21.5 亿美元的价格销售给味滋康公司（Mizkan）（日本）（2014 年）
IBM（美国）	将微电子部门以 15 亿美元的价格销售给格罗方德半导体公司（Global Foundries）（2014 年）

图1-3 越南岘港的龙桥是一个著名的旅游景点。飞利浦公司为其提供了 LED 照明系统。

资料来源：Huu Dai Trinh/Alamy Stock Photo.

价值、竞争优势和实现它们所必需的聚焦战略之间存在着普遍联系，这些理念应该成为指导世界任何地方开展营销活动的指南。全球营销要求企业在全球范围内关注以上问题，并采用能够监测全球市场机会和威胁的商业信息系统。本书的基本理论前提如下：理解并开展全球营销的公司与缺乏这种理念的公司相比，能够为顾客提供更多的总价值。很多商业领域的管理者和专家都持有相同的信念。例如，在 20 世纪 90 年代中期，C. 塞缪尔·克雷格（C. Samuel Craig）和苏珊·P. 道格拉斯（Susan P. Douglas）曾指出：

> 全球营销已不再是抽象的概念，而是确定的现实……选择不加入全球市场并不可行。所有公司，无论规模大小，都要以更广阔的全球市场为背景精心设计战略，以预测、应对和适应这些市场上不断变化的格局。[19]

各行各业的公司都在进入全球化的进程。例如，意大利的三家家具公司通过合作扩大境外的销售额，并以此应对不断加剧的来自亚洲竞争对手的竞争。像路威酩轩集团（LVMH）和普拉达集团等奢侈品公司为这种新的商业实体开创了一种模式，这种模式将玻托那福劳（Poltrona Frau）、卡西尼卫浴（Cassina）和卡布里尼家居品（Cappellini）等品牌联合了起来。[20]中国香港的太平地毯国际公司（Tai Ping Carpets International）也在全球化，高层管理者已经被分派到世界上的不同区域，金融和科技部门仍然位于中国香港地区，营销主管在美国纽约，运营主管则位于新加坡。公司董事约翰·英（John Ying）指出："我们正在努力创建一家跨国公司。"[21]

全球化可以带来许多收益。全球化使数亿人摆脱贫困，步入中产阶级的行列。全球化提高了一些国家/地区的工资水平，使人民的生活水平得到改善。即便如此，人们的情绪仍在发生变化，需要谨慎行事。越来越多的证据表明，全球化带来的收益并没有得到平均分配。不成比例的大量财富流向了"有钱人"和"有游艇"的富人，而流向"穷人"的财富严重不足。美国前总统唐纳德·特朗普的"美国优先"议程只是一些国家陷入保护主义和孤立状态的一个例子。一些行业观察家指出，我们正在进入一个"逆全球化"的新时代。

全球营销：是什么，不是什么

比较单国营销战略和全球营销战略的异同。

市场营销是一门普适性很强的学科，只不过营销手法因国家/地区而异，简单原因是世界各国/地区和各族人民之间存在差异。这些差异意味着在一个国家/地区已经被验证成功的营销方式在另外一个国家/地区未必奏效。顾客偏好、竞争态势、分销渠道和传播媒介可能都不一样。全球营销的一个重要管理任务就是，通过学习，发现营销计划和项目可延伸到全球各地的程度以及必须修改的程度。

一家公司完成上述任务的方式反映了其**全球营销战略**（global marketing strategy，GMS）。在一国的营销活动中，战略发展涉及两个根本问题：选择目标市场和开发一套营销（策略）组合。虽然人们的视角会有所不同（见表 1-3），但这两个问题同样是公司全球营销战略的焦点。所谓**全球市场参与度**（global marketing participation）是指公司在主要世界市场上的经营活动的多少。标准化和当地化都是相对的概念，即在各个国家营销组合的每一个要素都被标准化（即以同样的方式执行）或当地化（即以不同的方式执行）的程度。例如，最近耐克公司在针对泛欧洲女装市场的广告中采用了"我就在这里"（Here I am）的广告语，决定放弃著名的"想做就做"（Just do it）的广告语是因为调查发现，欧洲的女大学生并不像男大学生那样在体育运动上争强好胜。[22]

表 1-3　单国营销战略与全球营销战略

单国营销战略	全球营销战略
目标市场战略	全球市场竞争
开发营销组合	开发营销组合
产品	产品调整或产品标准化
价格	价格调整或价格标准化
渠道	渠道调整或渠道标准化
促销	促销调整或促销标准化
	营销活动的集中
	营销活动的协同
	竞争行动的集成

全球营销战略还有另外三个与营销管理相关的维度：一是**营销活动集中度**（concentration of marketing activities），即与营销组合（如促销活动或定价决策）相关的活动是在一个国家还是在几个国家开展的；二是**营销活动协同度**（coordination of marketing activities），即全球各地计划并执行与营销组合相关的营销活动时，各种活动相互依存的情况；三是**竞争行动集成度**（integration of competitive moves），即公司在世界各地的竞争性营销战术相互依存的程度。全球营销战略的设计应有助于提升公司在全球各地的业绩。[23]

是否进入一国或多个市场的决策取决于公司的资源、管理层的心态以及机会和威胁的性质。如今，多数观察家都认为，巴西、俄罗斯、印度、中国和南非（统称为金砖国家的五个新兴市场）拥有重要的增长机会。而墨西哥、印度尼西亚、尼日利亚和土耳其，即所谓的薄荷四国，也具有巨大的潜力。

我们可以将博柏利作为全球营销战略的案例进行研究。这个英国奢侈品牌的销售网络遍布数十个国家及地区，而从博柏利最近的扩张计划中我们可以看出，它把重点放在了几个地理区域（见图1-4）。首先是金砖国家，那里日益庞大的中产阶层消费者正在成长为奢侈品牌的忠诚拥趸。其次是美国，那里的商场经理们急于通过分担装修成本或提供诱人的免租期来吸引那些颇具人气的奢侈品零售商。博柏利的营销组合战略包括以下几个方面：

- **产品**（Product）：强化聚焦在饰品上。提高手袋、腰带和饰品等产品的销售，这些产品的销售与服装相比周期更短。消费者能够通过博柏利 Bespoke 来设计自己的外套。
- **价格**（Price）：价格主张的核心是"买得起的奢侈品"，比寇驰（Coach）贵，但是比普拉达（Prada）便宜。
- **渠道**（Place）：博柏利在美国的主要城市开设更多的独立店铺，包括在洛杉矶、旧金山和纽约的旗舰店。公司也在伦敦和中国香港进行扩张。这些地方贡献了公司一半以上的收入和利润。[24]
- **促销**（Promotion）：鼓励用户在推特（Twitter）、照片墙（Instagram）和 www.artofthetreand.com 等社交媒体和在线渠道上推荐和分享。开启"博柏利不插电"计划（Burberry Acoustic）来增强品牌的相关度，通过 www. burbery. com.acoustic 为新晋的音乐人才提供曝光机会。

图1-4　汤姆斯·博柏利被认为是19世纪50年代发明华达呢布料的功臣，这为风衣的诞生铺平了道路。2016年，英国的博柏利集团庆祝成立160周年。博柏利在90多个国家及地区注册了它的商标。

资料来源：Oli Scarff/Getty Images.

第1章　全球营销绪论

正如在表 1-3 中下半部分看到的，全球营销战略涉及营销活动的集中和协同。在博柏利公司，偶然增长促使单独运营部门之间相互联合。一些地方的公司部门几乎不与其他部门交流，有时他们会相互竞争，有时会为自己的市场设计产品，但是不会与其他业务部门分享自己的想法。在安吉拉·阿伦茨（Angela Ahrendts）担任企业的首席执行官期间，她非常清晰地将自己的战略愿景阐述为：利用博柏利的特许经营权，即"一家公司，一个品牌"。[25]

2014 年，克里斯托弗·贝利（Christopher Bailey）成为企业的首席执行官后，他开始着手通过一项被称为"以品牌为灵感"（Inspire with the Brand）的方式重新塑造和更新阿伦茨的战略。贝利利用从博柏利强大的数字业务和遍及全球的实体商店网络中收集到的消费者洞察，运用数据分析技术呈现一致的品牌声音。[26]与音乐家们合作也成了贝利战略中不可或缺的一部分。他甚至还为全球超级明星阿黛尔（Adele）设计了她在 2016 年世界巡演中穿着的亮片长裙！贝利还欣然接受了多渠道营销战略，将移动营销添加到已有的零售和批发渠道的组合中。2017 年，意大利人马可·戈贝蒂（Marco Gobetti）接任了博柏利首席执行官一职。摆在他面前的是对公司全球营销战略的众多新挑战，包括百货商店在美国市场的受欢迎程度不断下降和中国市场上奢侈品的销售放缓。[27]

长久以来，学者和企业界的从业人士一直对全球营销存在争议。争议的核心集中在对标准化和调整战略的选择上。许多见解的分歧都可以追溯到西奥多·莱维特（Theodore Levitt）教授于 1983 年刊登在《哈佛商业评论》（*Harvard Business Review*）中题为"市场的全球化"（*The Globalization of Market*）的论文。莱维特教授认为，营销人员正面对着一个"同质化的地球村"。他建议企业开发标准化、高质量的世界性产品，并通过标准化的广告、定价和分销活动在全球各地营销这些产品。然而，派克金笔（Parker Pen）等公司因听从莱维特的建议而失败，莱维特的建议因此也成了争议的热点。商业报纸经常引用那些质疑莱维特观点的行业观察家的评论。例如，巴克·斯皮尔沃吉尔·贝茨环球广告公司（Backer Spielvogel Bates Worldwide）的董事长兼首席执行官卡尔·斯皮尔沃吉尔（Carl Spielvogel）在 20 世纪 80 年代后期对《华尔街日报》（*Wall Street Journal*）的记者说："西奥多·莱维特关于世界正在同质化的观点完全是胡扯。现在大约只有两个产品适合搞全球营销，其中一个是可口可乐。"[28]

全球营销是可口可乐公司在全球范围内获得成功的一个关键因素。不过，这一成功的基础并不是营销组合要素的全部标准化。例如，可口可乐在日本取得成功的秘诀是它投入了大量的时间和资金使自己成为"日本通"，即利用公司的销售队伍和自动售货机建立了一套完全当地化的基础设施。可口可乐在日本的成功在于赢得了"全球当地化"的能力，这种能力使其成为像当地公司那样的"日本通"，同时还能赚取世界规模经营带来的利益。虽然可口可乐近期在日本的销售量有所下滑，但日本仍然是关键的市场，约占其全球运营利润的 20%。[29]

"全球当地化"的确切含义是什么？简言之，它意味着成功的全球营销企业必须具有"思维全球化和行动当地化"的能力。以下是大前研一（Kenichi Ohmae）对此悖论的总结：

全球营销（原书第10版）

全球化公司的基本特征是在组织内部保持适度的张力且不受损害。有些公司认为，新的世界需要各地都适用、同质的产品（一个规格世界通用）；另一些公司则认为，这个世界要求不断地定制产品（为每个地区特制产品）。最佳全球公司明白，这些说法都不对，也都对。它们同时保持这两个视角。[30]

在本书中我们将多次看到，全球营销或许包含标准方式（如产品本身）和非标准化方式（如分销渠道和包装）的结合。一种全球产品或许在世界各地都是相同的，也可能是不同的。全球营销要求营销人员面对具有相似和不同特征的全球市场时，其思维和行动的反应既是全球性的，又是当地性的。

> 事物越全球化，人们就越想与本地的事物联系在一起。这导致了难以置信的分裂。[31]
> ——联合利华首席转型官：彼得·库尔夫（Peter Ter Kulve）

但重要的是，我们应当记住"全球当地化"是双向的，其含义比"思维全球化和行动当地化"更为深远。已经有许多公司认识到，"思维当地化"和"行动全球化"同样十分重要。如果运用到实践中，这意味着公司可以发现远在其总部之外的创新价值，并移植到本土市场加以利用。举个例子，法国的麦当劳餐厅和其他地方的都不一样，装修色调更为柔和，金色拱门也更为精致，一些美国的特许经营商在看到法国销售业绩增长后也开始采用类似的装修风格。正如《汉堡商业》（Burger Business）的编辑斯科特·休姆（Scott Hume）所指出的："麦当劳大多数有趣的想法都来自美国以外的餐厅，这使其逐渐成为一家在美国拥有诸多门店的欧洲连锁企业。"[32]

这些逆向创新不仅发生在西欧和北美这类发达地区，中国、印度和其他新兴市场不断增加的经济实力也带来了许多原创理念（见表1-4）。例如，雀巢、宝洁、联合利华以及其他消费品公司都发现，为低收入消费者开发的低成本简易包装产品对西班牙和希腊等地区注重成本的消费者也十分具有吸引力（见图1-5）。[34]

> 最重要的经验之一就是，我们在印度做的当地市场定制化要比在中国做的多得多。[33]
> ——亚马逊首席执行官：杰夫·贝索斯（Jeff Bezos）

图1-5 对雀巢来说，创新是公司能够在诸如泰国、斯里兰卡和马里等新兴市场中不断扩张的关键。雀巢公司推出了由小商贩销售单份雀巢品牌咖啡的移动咖啡车。其中的一些创新还被转移应用于欧洲和其他地区的高收入国家。

资料来源：adnan arbib/Alamy.

表1-4　思维当地化/行动全球化

公司/总部国家或地区	产品
Cinnabon/美国	在中美洲和南美洲的 Cinnabon 肉桂卷店顾客更喜欢牛奶焦糖味道。为这些地区开发的产品也被引入美国市场，在美国西班牙族裔人群中构成了一个十分重要的细分市场[35]
星巴克/美国	星巴克在荷兰阿姆斯特丹开设了一家实验店作为检验新的设计理念的场所，如采用本地采购和回收的建筑材料。最佳理念将被推广到欧洲的其他地区。《快公司》（*Fast Company*）杂志将星巴克公司的概念设计总监利兹·穆勒（Liz Muller）列入"2013 年最具创意的人物"排名榜
卡夫食品/美国	随着在拉丁美洲和中东地区的区域经理将产品口味从最畅销的橙子味扩展到芒果和菠萝等当地受欢迎的口味之后，菓真（Tang）固体饮料成为 10 亿美元的品牌。卡夫公司计划利用在海外学到的经验在美国市场上重新启动菓真品牌[36]

可口可乐公司用兼具全球性和当地性特点的营销组合来支持旗下的可乐、芬达和运动饮料品牌。其他的几十家公司也通过创建强劲的品牌、以各种各样的方式成功地开展了全球营销。在家电领域，博世的竞争优势源于德国在工程和制造方面的卓越声望。意大利的贝纳通公司利用一套周密的分销系统迅速地将最新的时装运送到其遍布世界各地的专卖店。支撑卡特彼勒公司全球业绩的是一个经销商网络，该网络在世界任何一个角落支持兑现"24 小时供应零部件和服务"的承诺。以上案例表明，条条道路都是通往全球营销的成功之路。在本书中，我们并不主张将全球营销视为一种对全球各地营销强行实施完全统一方式的"自动反应式"攻势，全球营销的一个中心问题是如何调整全球营销的概念，以适应某个特定产品、企业和市场。[37]

如表 1-5 所示，麦当劳公司的战略基础是一套全球化和当地化相结合的营销组合。例如，麦当劳的商业模式的核心是在世界上几乎任何地方都可以建立的餐厅系统。麦当劳餐厅在多数国家/地区的菜单都供应核心食品（汉堡、炸薯条和软饮料），同时也根据各地的饮食习惯调整和定制餐饮的品种。巨无霸在美国的均价是 5.28 美元，而在中国的售价相当于 3.17 美元。在任何情况下，中国的巨无霸都比美国的巨无霸便宜。但这种比较公平吗？各国/地区的房地产价格和人均收入都不一样。

表1-5　有效的全球营销：麦当劳

营销组合要素	标准化	当地化
产品	巨无霸（Big Mac）	印度：McAloo Tikka 土豆汉堡、鸡肉麦王公巨无霸（Chicken Maharaja Mac）；芬兰：黑麦汉堡（Rye McFeast）；意大利：Adagio 三明治
促销	品牌名（McDonald's）	俚语昵称，例如，在美国和加拿大被称为 Mickey D's，在英国和爱尔兰被称为 Macky D's，在澳大利亚被称为 Macca's，在芬兰被称为 Mäkkäri，在菲律宾被称为 MakDo，在法国被称为 McDo
	广告语"我就喜欢"（I'm lovin'it）	在法国推出了以"做真实的自己"（Come as you are）为主题的电视广告宣传片。多种版本的广告片中展现了表达自我个性中不同方面的人们。其中一个广告片描述了一位年轻人和他父亲共进晚餐的场景。广告的创意策略围绕着反叛精神

（续）

营销组合要素	标准化	当地化
渠道	在交通繁忙的公共场所的独立餐厅	麦当劳的瑞士公司在瑞士国家铁路系统上运营主题餐车；在从赫尔辛基至奥斯陆的史丹纳渡轮（Stena Line Ferry）上提供麦当劳的餐食；在印度提供宅急送服务
价格	巨无霸的平均价格是5.28美元（美国）	挪威：5.91美元；中国：3.17美元

　　一家公司采取何种全球营销的具体方式，取决于行业现状、资源及其竞争优势的来源。例如：

- 哈雷戴维森摩托车被全世界当作全部是在美国生产的车。这家公司是否应该在像墨西哥这样的低收入国家生产？
- 本田公司和丰田公司在世界市场的成功是靠从日本工厂出口汽车起家的。如今，这两家公司都在美洲、亚洲和欧洲进行生产和组装业务，然后从这些厂子向当地市场的顾客供货，并出口到其他地区。例如，本田公司每年从美国工厂出口数万辆雅阁和思域轿车到日本和其他几十个国家/地区。欧洲消费者会持续购买从美国出口的本田汽车吗？美国消费者还会持续不断地购买美国制造的丰田汽车吗？
- 优衣库是日本迅销公司（Fast Retailing）旗下的子公司。它在日本拥有大约850家门店。在其他12个国家及地区拥有300家门店。该公司90%的服装产自中国。该公司能否成为世界第一的服装零售商呢？

　　对这些问题的回答是：依情况而定。尽管哈雷戴维森的竞争优势部分是建立在其"美国制造"的定位基础上的，但将生产转移到美国以外的地区是不可取的。印度对进口摩托车征收100%关税的政策，促使哈雷戴维森于2011年在哈里亚纳邦（Haryana）建厂生产摩托车。该公司为了进一步充分利用亚洲市场的机会，并同时避免高达60%的进口关税，最近在泰国开办了一家制造厂。[38]

　　丰田公司在美国的成功最初归功于其将世界级生产技术"丰田之路"转移到美国，同时它还通过广告强调亚洲龙（Avalon）、凯美瑞（Camry）和坦途（Tundra）皮卡是美国工人用许多购自美国供应商的配件制造的。丰田约有2/3的利润来自美国市场。但是，在努力成为世界级汽车制造商的过程中，丰田保守的企业文化以及对削减成本的过分关注降低了产品的整体质量。在丰田章男（Akio Toyoda）的领导下，公司已经逆势反弹。丰田公司在2016年销售了1 020万辆车，利润创历史新高，设计出了一个创新性的、被称为丰田新全球体系（Toyota New Global Architecture）的生产系统，以确保丰田对全球市场任何地方出现的变化都能做出快速的反应。[39]

　　如前所述，优衣库的近1 200家门店中约有1/4位于日本以外的国家和地区。它主要的国际市场包括美国、日本、俄罗斯、新加坡和韩国。购买者对优衣库丰富多彩的设计和高标准的服务给予了积极的回应。这正是日本零售商所擅长的。根据科尔尼管理咨询公司（A. T. Kearney）2016 年全球零售商发展指数统计，中国是服装业排名第一的新兴市场。在中国，优衣库的管理团队有选择地针对北京、上海等人口密集的城市开展经营活动（见图 1-6）。[40]

图 1-6　日本迅销集团与诸如西班牙的印第迪克（Inditex）集团、瑞典的 H&M 和美国的盖璞等全球性企业展开竞争。

全球营销

1.4 全球营销的重要性

识别世界 500 强企业排名中的顶尖企业。

以国民收入来计算，美国是世界上最大的单一国家市场，相当于全球所有产品和服务市场总和的 25%。但是，期望发挥最大潜能的美国公司必须"走向全球"，因为其余 75% 的市场潜量在美国以外。可口可乐的管理层深知这一点，公司营业收益（operating income）的 75% 和营业收入（operating revenue）的 2/3 都来自北美以外的市场。而非美国公司争取境外市场机会的动力更大；它们的市场机会包括美国的 3.25 亿人口。例如，对日本公司而言，尽管本国市场（按美元计算的价值）的规模在全球排名第三，仅次于美国和中国，但日本以外的市场占世界市场潜量的 90%。对欧洲国家而言，前景更为激动人心。尽管德国是欧洲最大的单一国家市场，但在德国公司的眼中，94% 的全球市场潜量都存在于德国之外。

许多公司已经认识到去本国以外的地区开展商务活动的重要性。仅仅几年前还严格控制在国人手中的一些行业，如今已经被少数全球公司主导。在 21 世纪的多数行业中，能够生存和繁荣的都是全球化公司。一些未能对全球化的挑战和机遇做出足够反应的公司将被活跃且有远见的公司收购。其他公司将会经历剧烈的转型，如果转型成功，它们会获得成功；否则，就会从市场上消失。

每年，《财富》杂志都会以营业收入为标准评选出服务业和制造业中世界 500 强企业。[41]2016 年，沃尔玛公司以 4 860 亿美元的收入位于当年 500 强企业排名的榜首，它目前只有 1/3 的收入来自美国以外的国家和地区。但是，全球扩张一定是公司发展战略的关键一环。前十强的企业中总计共有 5 家企业来自石油或能源领域。丰田和大众是前十强中仅有的全球汽车制造商，随着德国企业从柴油发动机的丑闻中摆脱并反弹，这两个品牌陷入了激烈的竞争。

通过观察单一产品的以年销售额计算的市场规模，我们可以获得另一个评估全球营销重要的视角。《财富》排名中的许多公司都是全球市场中的重要参与者。

管理导向

阐明公司在其管理导向从国内和母国中心导向发展到全球和全球中心导向的过程中所经历的各个阶段。

公司对全球市场机会做出的反应的形式和内容，很大程度上取决于管理层对世界本质有意识和无意识的假设或信念。在一家公司中，员工的世界观可以分为母国为中心的（ethnocentric）、多国为中心的（polycentric）、地区为中心的（regiocentric）和全球为中心的（geocentric），以上四者合起来统称为 EPRG 框架。[42]管理导向可能随着时间的推移发生变化。例如，母国中心导向的管理层可能会有意识地做出决策使公司向全球中心导向发展。

1.5.1　母国中心导向

凡是认为自己的国家优于世界其他国家的人均属于**母国中心导向**（ethnocentric orientation）。母国中心导向有时和民族自傲的态度和民族优越感相关，也可以表现为对本国以外的营销机会漠不关心。公司员工只看到市场的共性，并以为在本国市场畅销的产品和可行的做法也会在其他任何地方畅行无阻。在有些公司，母国中心导向意味着常常忽视出现在本国以外的机会。这些公司有时被称为**国内公司**（domestic company）。在海外经营业务的母国中心导向公司被称为**国际公司**（international company）。它们始终认为在本国成功的产品是卓越的。这个观点导致在市场营销中采用**标准化/延伸策略**（standardized/extension approach），其成立的前提是产品不经任何调整就可以在任何地方进行销售。

如下所示，母国中心导向存在多种多样的表现形式：

1）日产公司早期出口的汽车和卡车原本是为温和的日本冬季设计的。然而，在美国许多地区寒冷的冬季这些车辆都难以发动。在日本北部，很多车主会用毯子将引擎包裹住，所以日产公司假设美国人也会这么做。日产公司的发言人说："我们在很长一段时间里一直试图在日本设计汽车，然后将车使劲地推到美国市场让当地消费者接受，但这似乎并不奏效。"[43]

2）直到 20 世纪 80 年代，美国礼来公司（Eli Lilly and Company）都是以母国中心导向的方式运营的。该公司在美国以外地区的活动受到总部的严格管控，公司专注于销售那些原本为美国市场开发的产品。[44]

3）多年来，美国加利福尼亚州的罗伯特·蒙德威（Robert Mondavi）公司的管理层把公司经营成了一家母国中心导向的国际公司。该公司的前首席执行官迈克尔·蒙德威（Michael Mondavi）是这样解释的："罗伯特·蒙德威曾经是一家地方性的葡萄酒酿造厂，它的经营思路当地化、种植当地化、生产当地化，但销售全球化……要想成为真正的全球公司，我认为必须不受国家和国界的限制，在世界最佳葡萄生产地种植葡萄和生产优质的葡萄酒。"[45]

4）东芝公司的手机部门，即夏普，和一些其他日本公司由于专注于国内市场而发展壮大。当多年前日本国内的手机销售业绩开始下滑时，这些日本公司才意识到诺基亚、摩托罗拉和三星已经成为全球主要市场的主导者。对此，东芝公司的主席西田厚聪（Atsutoshi Nishida）反思道："我们当时只考虑了日本。我们真的错过了机会。"[46]

在母国中心导向的国际公司里，海外经营不像国内经营那么受重视，或者只被当作隶属于国内经营的一部分(我们所说的"国内"是指公司总部所在国的国内)。母国中心导向的公司通常认为，经实践检验正确的总部知识和组织能力可被应用于世界上的任何其他地方。虽然这种情况可能给公司带来优势，但当地市场宝贵的管理知识和经验可能会被置若罔闻。即使国际市场上消费者的需要或需求与本国市场的不同，这些差异仍然会被公司总部忽略。

> 通过我们的品牌、市场和业务将我们联合起来的是群体认同，这指的是"具有当地业务的全球性企业"。在我们经营的每一个地方，我们优先考虑的都是创立或发展一个强有力的品牌，能尽可能地反映那个市场中消费者的需求。[47]
>
> 达能集团荣誉主席弗兰克·里宾德（Frank Ribound）

六十多年前，大多数企业(特别是美国这类大国的企业)可以依赖母国中心导向取得成功。而如今，公司想要把自己变成高效的全球竞争者，母国中心主义已经成为它必须克服的主要内部弱点。

1.5.2　多国中心导向

多国中心导向（polycentric orientation）与母国中心导向正好相反。多国中心描述了这样一种管理层的理念或判断，即每个公司业务所及的国家都是独特的。这个判断为每一个总是开发独特的业务以及为赢得业绩而设计的营销策略打下了基础。"多国公司"（multinational company）一词经常被用来描述这样的结构。这种观点促使人们采取**当地化/因地制宜策略**（localized/adaptation approach），因为产品需要根据不同的市场条件做出适当的调整。以下所举就是多国中心导向公司的例子：

- 在宝洁公司，帮宝适在 20 世纪 90 年代所面临的众多问题中的一个，是各种各样的地区性群体和 80 多个国家/地区的小组都是独立行动的。宝洁的执行官们知道他们被迫在帮宝适的两个最大规模的组织中处理以上问题，分别是帮宝适欧洲（由一位奥地利人掌管）和帮宝适北美（由一位美国人掌管）。这两位管理者相互并不合作，因此就扼杀了在应对帮宝适在研究、开发、设计、生产和营销等方面所面临的全球挑战中两家组织相互合作的潜在可能。[48]
- 英荷合资的消费品公司联合利华曾经表现出多国中心导向。例如，它的除臭剂品牌舒耐（Rexona）有 30 多种不同的包装设计和 48 种不同的配方。广告的执行也根据当地情况因地制宜。在过去的 10 年间，公司最高管理层通过一项重组计划使权力集中化并削弱各国当地管理者的权力，从而改变了联合利华的战略导向。[49]

1.5.3 地区中心导向

在**地区中心导向**（regiocentric orientation）的公司中，管理层将每个地区都视为独特的市场，并试图开发一体化的地区性战略。在此背景下，"地区化"有何含义？一家聚焦于北美自由贸易协定成员（即美国、加拿大和墨西哥）的美国公司是地区中心导向的。同样，一家聚焦于欧洲的欧洲公司也是地区中心导向的。有些公司服务于全球市场，却以地区为中心。这种公司可视为此前提及的多国中心导向公司模式的变形。过去几十年间，通用汽车公司采用的是由地区中心导向主导的理念。世界各地（如亚太地区和欧洲）的主管在为当地市场设计汽车时被赋予相当大的自主权。例如，公司在澳大利亚的工程师开发在当地市场销售的汽车。采用这种方式的一个结果就是：全球各地的通用汽车装有 270 种不同型号的收音机。通用汽车公司的副主席罗伯特·卢茨（Robert Lutz）曾在 2004 年告诉一位采访者说："通用汽车公司的全球产品设计曾经是四个地区计划的合订本。"[50]

1.5.4 全球中心导向

全球中心导向（geocentric orientation）的公司将整个世界视为潜在市场，并致力于开发统一的全球战略。采用全球中心导向的公司有时也被称为**全球化公司**（global company）或者**跨国公司**（transnational company）。[51] 如前所述，在过去的几年中，通用汽车公司长期坚持的地区中心导向，已经被全球中心导向替代。其他的变化还包括：新政策要求将工程师的工作以全球为基础进行分配；设在底特律的全球理事会负责决定如何分配公司每年 70 亿美元的产品研发预算。全球中心导向的一个目标是：总共采用 50 种不同的收音机以此来节省花费在收音机上的 40% 的成本。

一个积极的信号是，很多公司的管理层都意识到采用全球中心导向是非常有必要的。然而，新的结构和组织形式需要一定的时间才能收到成效。随着新的全球化竞争对手的出现，诸如通用汽车之类的老牌的行业巨头必须面对组织转型的挑战。十多年前，通用汽车公司的一位主管路易斯·R. 休斯（Louis R. Hughes）

> 这些日子，中西部的每个人都在乞求本田汽车公司到他们的家乡去。这个公司不再被视为一家"日本公司"，而是一家"亲美国工人的公司"，充满了工作、工作、工作。[52]
>
> 美国杜兰大学历史教授：道格拉斯·布林克利（Douglas Brinkley）

说："我们正在转型为一家跨国集团。"阿根廷通用汽车公司的前总裁巴兹尔·德罗索斯（Basil Drossos）的看法与休斯如出一辙，他指出："我们要成为一家全球化公司而非多国公司。这就意味着，可能把专业技术中心设在任何需要的地方。"[53] 2008 年，丰田公司在全球的汽车销售量首次超过了通用汽车。2009 年，通用汽车走出了濒临破产的边缘，变成了一家规模更小、更精简的公司。

还可以这样描述一家全球化公司：它要么采取源于某单个国家但服务于世界市场的战略，要么从全球获取资源服务于特定的国家市场。而且，全球化公司往往会保持其与特定总部所在国的联系。直到最近，哈雷·戴维森都是完全基于美国而服务于世界市场的。类似地，奢侈时尚品牌托德斯（Tod's）所有的生产都是在意大利进行的。与此相反的是，优衣库从低工资国家获取服装，然后利用其精密的供应链确保商品及时交付到各个门店。贝纳通则采用了混合的方式，它的服装有一些来自意大利，有一些则来自低工资国家。哈雷·戴维森、托德斯、优衣库和贝纳通都可以被称为全球化公司。

跨国公司服务于全球市场，并利用全球化的供应链系统，这就常常会导致其国家身份变得模糊不清。一个真正的跨国公司很可能具有"无国家"的特征。丰田和本田就是两家具有跨国特征的公司。在全球化公司或跨国公司里，管理层会在营销项目中使用标准化（延伸）与当地化（调整）相结合的战略。区分全球化或跨国公司与国际化或多国公司的一个关键要素是思维倾向：在全球化或跨国公司里，在决定采用延伸还是调整战略时并不是基于假设，而是基于对市场需求的持续性调研。

评估一家公司其"跨国程度"的一种方法是计算以下三种比率的平均值：①国外销售额与总销售额之间的比率；②国外资产额与总资产额之间的比率；③国外员工人数与总员工人数之间的比率。按照这些指标，雀巢、联合利华、飞利浦电器、葛兰素史克（GSK）以及新闻集团（News Corporation）都可以被归为跨国公司。每家公司的总部都位于一个国内市场较小的国家，这一无可争辩的事实就迫使管理层采取地区中心或全球中心的管理导向。

全球中心导向是母国中心导向和多国中心导向的结合体，它是一种既能看到各个市场和国家的共性和差异，又力图创造一种能完全响应当地需求和需要的全球战略的"世界观"。一位持有地区中心导向的管理者具有区域性的世界观。对地区以外的世界，他会采取母国中心导向或多国中心导向，抑或二者相结合。然而，研究结果显示，许多公司正在力图增强自己地区性的竞争力，而不是直接朝着提高自己对竞争环境变化的全球应变力的方向迈进。[54]

母国中心导向的公司在营销管理上是相当集权化的，多国中心导向的公司则是分权的，地区中心导向和全球中心导向的公司则分别在地区和全球范围内实行统一的一体化。各种导向之间的差异源于这些导向的潜在假设不同。母国中心导向以认为本国具有优越性的信念为基础。多国中心导向的潜在假设是世界各国在文化、经济和营销条件等方面存在如此多的差异，因此企图跨越国界照搬经验是徒劳无效的。如今，企业领导者们面临的一项巨大挑战是如何管理好自己公司的演进，超越母国中心导向、多国中心导向或地区中心导向的跨国公司而成为一家全球中心的企业。正如一本受到高度认可的全球商务著作中所指出的那样，"多国式的方案忽略了执行全球战略时需要面对的大量组织性阻碍，并低估了全球竞争的影响，因此会遇到难题。"[55]

<table>
<tr><td>**全球营销**
1.6</td><td>**影响全球一体化和全球**
营销的力量
讨论影响当今全球一体化进程的驱动力和约束力。</td></tr>
</table>

全球经济在过去65年里的迅猛发展，是由各种驱动力和抑制力之间的相互作用塑造而成的。在这几十年的大部分时间里，来自世界不同地区、不同行业的公司通过采取国际战略、多国战略或全球战略取得了巨大的成功。在20世纪90年代，商业环境中发生的变化对既有的商业运作方式提出了众多挑战。如今，尽管有人为了应对不断变化的政治环境而主张保护主义，但全球营销的重要性仍在不断提高。这是由于，即使在今天，驱动力比抑制力的发展势头更强劲。图1-7展现了影响全球一体化的力量。

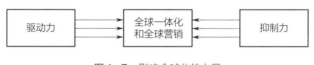

图1-7 影响全球化的力量

1.6.1　驱动力

区域贸易协定、不断趋同的市场需要和需求、技术进步、消减成本的压力、提高质量的压力、运输和通信技术的改进、全球经济增长、发挥杠杆作用的机会以及创新和企业家精神都代表着重要的驱动力。任何受这些力量影响的行业都具有全球化的潜力。

1.6.1.1　多边贸易协定

多年以来，一些多边贸易协定加速了全球一体化的进程。《北美自由贸易协定》扩展了美国、加拿大和墨西哥三个国家之间的贸易。截至1994年，《关税及贸易总协定》已经获得120多个国家的承认，以此为基础创立的世界贸易组织（WTO）促进并保护了自由贸易。在欧洲，欧盟成员国的扩增降低了该地区内各国间贸易的壁垒。单一货币区的创建和欧元的引入已经使欧洲地区内部的贸易在21世纪取得了增长。

1.6.1.2　趋同的市场需要和需求以及信息革命

研究世界不同市场的人将会在发现文化差异的同时，也发现文化间的共性。人性的共通点为创造并服务于全球市场提供了一个潜在的基础。这里是故意采用"创造"这个词的。大多数全球市场并非自然存在，必须通过营销活动加以创造。例如，没有人天生需要软饮料，然而，在当今的一些国家里，人均软饮料的消费量超过了水的消费量。市场营销推动了这种行为上的变化，因此如今的软饮料行业是一个真正的全球化行业。全世界消费者的需要和需求从未像现在这样如此趋同。这就为全球营销创造了机会。在与那些意识到有机会为全球顾客提供服务的全球性对手的竞争中，采取产品适应策略（因地制宜）的多国公司面临无法取得成功的风险。

信息革命，即所说的"信息民主化"，是导致需求趋同趋势出现的一个重要原因。这场革命由各种技术、产品和服务所驱动，包括如卫星天线、CNN 和 MTV 等横跨全球的电视网络、广泛采用的宽带互联网，以及像脸书、推特和 YouTube 等社交媒体。总之，所有这些沟通工具的应用意味着，即使住在地球最偏远角落的居民也可以与住在其他国家的居民进行生活方式和生活水平的比较。在诸如欧洲和亚洲的地区性市场上，越来越多跨国界的广告宣传以及消费者的高流动性都为营销商创造了采取泛区域化的产品定位的机会。互联网是一个更为强劲的推动力。当一家公司在互联网上建立起网站时，这家公司就自动地迈向了全球化。而且，互联网使全世界任何地方的人都能够连接地球上的其他人和公司，购买和销售几乎无限种类的产品和服务。

1.6.1.3　运输和通信技术的改进

在过去的 100 年间，由距离产生的时间和成本障碍已经大大下降。喷气式飞机使人们能够在 48 小时内环游世界，给交通和通信领域带来了革命性巨变。旅游业的发展使很多国家的人们能够看到和体验到在国外销售的最新产品。1970 年，跨国旅行的旅客数量是 7 500 万名。根据国际航空运输协会（International Air Transport Associations）的统计，这个数字在 2016 年增长到了 38 亿人次。

高效的全球企业有一个基本特征，那就是在雇员彼此之间以及企业和顾客之间进行面对面的沟通。现代喷气式飞机旅行使这种沟通成为现实。如今的信息技术允许航空联盟成员，如美国联合航空公司（United Airline）和德国汉莎航空公司（Lufthansa），销售对方航班的机票，使旅客能够更便捷地从一地飞往另一地。同时，国际数据、语音和视频通信的成本在过去的几十年里已经大幅下降。如今，Skype 和 FaceTime 已经成为强大的新型沟通渠道。它们是一系列能使处在世界上几乎任何地方的管理者、员工和顾客完全无须旅行就可以实现电子化联络的创新中的最新成果。这些创新还包括传真、电子邮件、视频电话会议、Wi-Fi 无线网络和宽带互联网。

类似的革命也发生在运输技术领域。近些年，实体分销的货运时间和资金成本已大幅降低。使用专门设计的汽车运输船将汽车从日本和韩国运抵美国的单车装运成本，比将车从美国底特律运到美国任何海岸城市的内陆装运成本还低。另一个关键性的创新是越来越多地采用 20 英尺$^{\ominus}$和 40 英尺的金属集装箱，这种集装箱可以从卡车转运到

$\ominus$　1 英尺 ≈ 0.304 8 米。

火车，再转运到轮船上。

1.6.1.4 产品开发成本

当新产品需要大量的资金投入和较长的开发周期时，全球化的压力就变得非常强烈。医药行业为这种驱动力提供了一个很好的例证。根据美国药品研究和制造商协会（Pharmaceutical Research and Manufactures Associations）的统计，1976 年开发一种新药的成本是 5 400 万美元。如今，开发新药并获得安全监管部门市场准入的流程需要 14年，将一种新药引入市场的平均总成本估计超过 4 亿美元。[56]没有哪个单一市场能大到足以支持如此庞大的投资规模，因此，必须通过全球市场收回这些成本。然而，如前所述，全球营销并不意味着要在世界上的任何地方都开展业务。例如，在医药行业，7个国家/地区的市场就构成了总销售额的 75%。如表 1-6 所示，未来几年，亚洲市场对药品的需求量预计会呈现两位数的增长。为了抓住这一机会并降低开发成本，诺华（Novartis）及其竞争对手都在中国设立了产品研发中心。[57]

表 1-6　基于地区分类的世界药品市场

国家/地区	2012 年市场规模/10 亿美元	2007~2012 年复合年增长率（%）	2012~2017 年预计复合年增长率（%）
北美	348.7	3.0	0.7 ~3.7
欧洲	222.8	2.4	-0.4 ~2.6
亚洲其他地区/非洲/澳大利亚	168.3	15.0	11.4 ~14.4
日本	112.1	3.0	1.7 ~4.7
拉丁美洲	72.5	12.0	10 ~13
全球	962.1	5.3	5.3

资料来源：基于 IMS 健康市场预测。由 IMS 健康提供。

1.6.1.5 质量

全球营销战略能够带来更高的收入和营业利润率，这些又反哺设计和生产质量。例如，一家全球化公司和一家国内公司分别将自己销售额的 5% 投入研发，但是全球化公司的总收入可能几倍于国内公司，其原因是全球化公司服务全球市场。因此，很容易理解为什么约翰迪尔（John Deere）、日产、松下、卡特彼勒和其他全球化公司达到了世界级的质量水平（见图 1-8）。全球化公司提高了业内所有竞争对手的门槛。

当全球化公司在质量方面设定了一条基准线后，其他竞争对手必须迅速做出改进以达到同等水平。例如，从 20 世纪 60 年代开始，随着日本汽车制造商在产品的质量和耐用性方面赢得了高度的声誉，美国汽车制造商眼看着自己的市场份额被不断蚕食。尽管美国公司从那以后在质量上取得了巨大的进步，但是底特律面临来自一家美国公司的新威胁：特斯拉电动汽车已经多年经常出现在质量和安全性排名的榜首或接近榜首的位置。

图1-8 总部位于伊利诺伊州莫林市的迪尔公司（Deere & Company）是世界上领先的农业设备生产商，其每年的销售额达 260 亿美元。迪尔得益于全球对农业产品需求的迅速增长。巴西、中国、印度和其他发展中国家对拖拉机的需求尤其强劲。

资料来源：Courtesy of John Deere.

1.6.1.6 世界经济趋势

在 2008 年经济危机开始之前，经济增长就已经成为国际经济扩张和全球营销增长的驱动力。原因主要有以下三点。首先，主要发展中国家的经济增长创造了市场机会，成为各公司全球扩张的主要动力。由于印度、中国和其他国家的人均收入提高，越来越多的中产阶级消费者有了比原来更强的购买力。同时，工业化国家的增长缓慢，这就促使公司管理层转向海外到经济高速发展的国家和地区寻找机会。

其次，经济增长降低了对外国公司进入本国经济体原本可能会导致的抵抗情绪。当一国经济经历快速发展时期时（如中国），政策制定者更可能以积极的眼光来看待外来者。一个快速成长的国家意味着具有高成长性的市场，对每个人都存在大量的机会。因此，外国公司就有可能以不威胁已有本土公司的方式进入一个国家的经济体并建立起自己的市场地位。本土公司也可以在新的竞争环境中成长壮大。然而，如果没有经济增长，那么全球化公司就需要从本土公司的手中争夺业务。在这样的环境中，本土公司就很可能通过寻求政府的干预保护自己的市场地位。可以预见，近期的经济危机将使新兴市场的政策制定者产生保护国内市场的压力。

最后是对自由市场、放宽监管和私有化的全球性运动。私有化的趋势正在打开一些原本封闭的市场，由此创造了大量的机会。丹尼尔·尤金（Daniel Yergin）和约瑟夫·斯坦尼斯劳（Joseph Stanislaw）在他们的著作中对这些趋势做出了如下描述：

> 这是全世界历史上最大规模的销售行为。许多政府正在通过剥离高达数万亿美元的资产推出商业经营。各种各样的行业都在进行中，从钢铁厂、电话公司和电力设施，到航空公司、铁路，再到酒店、餐馆和夜总会。这不仅发生在西欧、亚洲、拉丁美洲和非洲，美国境内也是如此。[58]

例如，当某个国家的电话公司由国家垄断时，政府就可以要求它从本国公司购买设备和服务。相反，一家需要实现股东价值最大化的独立公司则要有选择供应商的自由，选择那些能够为自己提供最佳总价值的供应商，不管其国籍如何。全世界各国电话系统的私有化为像瑞典的爱立信、法美合资公司阿尔卡特-朗讯（Alcatel-Lucent）和总部位于加拿大的北电网络（Nortel Networks）这样的电信设备供应商创造了重要的市场机会。然而，经过多年的增长之后，由于消费者为了应对全球经济衰退，多数电信供应商都经历了较为缓慢的增长。2009 年，北电网络申请破产。随着这一变动，公司将数以千计的专利拍卖给了包括苹果和微软在内的一个公司联盟。

1.6.1.7　杠杆作用

全球化公司拥有利用杠杆作用的独特机会。在全球营销的情境下，**杠杆作用**（leverage）是指公司因其具有在一个以上的国家的经营经验而享有的某些优势。杠杆作用使公司在新的地区市场寻求机会时能够节约资源。换句话说，杠杆作用能够使公司花费更少的时间、精力和资金。杠杆作用的四种主要形式是：经验转移、规模经济、资源利用和全球战略。

1. 经验转移

全球化公司可以利用它在世界任一市场上积累的经验。它可以利用其在某个国家或地区已经经过市场检验的管理实践、战略、产品、广告诉求或销售和促销创意。例如，惠而浦公司在美国积累了大量与像劳氏（Lowe's）和百思买（Best Buy）等强势零售商打交道的经验。大多数欧洲的家电零售商都有建立自己"强势"的跨国零售系统的计划。正如惠而浦的前首席执行官戴维·惠特万姆（David Whitwam）所解释的，"当强大的零售商占据欧洲市场时，我们将会为此种情形做好准备。我们在这里构建起的技能是可以直接转移过去的。"[60]

雪佛龙公司是另一个以经验转移实现杠杆作用的全球化公司。雪佛龙科威特办事处的总经理 H. F. 埃斯坎德（H. F. Iskander）阐明如下：

> 如果我们当时想成为世界级的，我们就需要整合并利用我们世界范围内的全球性资产通力协作创建一个"同一个福特"的强大集团。这正是我们在这里的原因。[59]
>
> 福特汽车公司前首席执行官，艾伦·穆拉利（Alan Mulally）

> 雪佛龙在世界各地开采石油。迄今为止，已经不存在我们没有遇到过或没有成功解决的问题了，也没有一块我们未能钻透的岩石。我们将所有知识集中在总部，对每个问题进行分析和归类，这帮助我们解决任何地方的任何石油钻井难题。作为发展中国家，你们可能有采了 20 年本土石油的国家石油公司，但我们要说的是："瞧，你有 20 年的经验，但缺乏多样性，只不过是把一年的知识重复了 20 遍。"而当你像雪佛龙那样在多个国家经营时，看到的将是各种各样不同的问题，于是不得不拿出多种解决方案来。你必须这样做，否则生意就丢了。所有的解决方案都存储在雪佛龙公司的记忆中，而成就我们业务的关键就是开发这个记忆。例如，利用我们曾经在尼日利亚处理某个问题的解决方案，来解决在中国或科威特遇到的同样问题。[61]

2. 规模经济

全球化公司可以利用其较大的生产量从单个工厂中获得传统的规模优势。而且，成品可以通过以下方式生产：在不同国家建立的具有规模效益的工厂中生产零部件，再把这些零部件进行组装。日本巨头松下电器公司是实践全球营销的一个典范。公司通过其位于日本的世界级工厂向世界各地出口录像机、电视机和其他消费电子产品，从而实现规模经济效应。随着公司实施柔性制造技术和在国外投资建厂，制造规模的重要性在某种程度上降低了。然而，规模经济的确是日本公司在 20 世纪七八十年代取得成功的核心。

规模经济的杠杆作用不仅局限在生产制造领域。正如国内公司可以在并购后通过裁撤重复的职位重新配置人员实现经济效益一样，全球化公司也可以通过集中化管理职能化活动在全球范围内实现相同的经济效益。更大规模的全球化公司也为提高公司员工的能力和素质创造了机会。

3. 资源利用

全球化公司的一个主要优势是，它具有在世界范围内搜寻人才、资金和原材料的能力，从而能以最有效的方式参与世界市场的竞争。对全球化公司来说，即使"本国"货币的价值大起大落也不是太大的问题，因为对这样的公司而言，实际上已经不存在本国货币这回事了。世界上的货币种类丰富，全球化公司则以最有利的条件来寻求金融资源。相应地，它们也会将这些资源应用到那些存在能够满足需求并获利的最佳机会的市场上。

4. 全球战略

全球化公司最大的单个优势就是它们的全球战略。全球战略建立在一套全球营销信息系统的基础之上，这个信息系统能够审视全球商业环境，帮助企业识别市场机会、发展趋势、可能的威胁和可利用的资源。全球化公司一旦发现机会，便会坚持先前确认的三项原则：发挥技能的杠杆作用，集中资源为顾客创造最大的感知价值，并赢得竞争优势。全球战略是一种在全球范围内创造制胜产品和服务的设计。这需要严格的控制、非凡的创造力和持续不断的努力。全球化公司得到的回报不仅仅是成功，还包括可持续发展。

例如，法国汽车制造商雷诺公司（Renault）曾经作为一家区域性的公司经营了很多年。在那个时代，它面临的最大竞争是与标致雪铁龙（Peugeot Citroen）争夺法国汽车行业的统治地位。然而，身处由丰田和其他全球竞争对手主导的行业之内，雷诺公司的主席路易斯·施韦策（Louis Schweitzer）别无他法，必须构建起一套全球战略。全球战略的行动包括收购日产汽车和罗马尼亚的达契亚公司（Dacia）的多数股份。施韦策还在巴西投资 10 亿美元建设了一家工厂，并在韩国投资了数亿美元。[62]

在此需要引起注意的是：全球战略并不能保证一个组织不断地取得成功。无法构建或成功实施全球战略的公司将会失去其独立性。2008 年底，英博公司对安海斯 - 布希（Anheuser-Busch）的收购就是其中一个例子。我们从戴姆勒 - 克莱斯勒的并购又随之解体以及德国邮政公司的 DHL 业务未能成功地渗透进美国的国内快递市场的这些例子中，都可以看出一些全球战略并不能取得预期的效果。

21 世纪初，极为低迷的商业环境摧毁了不少企业的战略规划，其中包括著名的全球化公司以及来自新兴市场的刚在世界舞台上崭露头角的新公司。例如，总部位于瑞士的 ABB 公司、墨西哥的西麦斯公司（Cemex）以及英国的连锁超市乐购，这三家公司管理层曾经雄心勃勃的全球化愿景都被昂贵且未得到兑现的战略赌注动摇。[63]尽管三家公司都存活了下来，但是它们都变成了规模更小、业务较之前更为集中的实体。

1.6.1.8 创新和企业家精神

在全球范围看，新的企业不断涌现。在印度、墨西哥、西班牙、越南和其他很多国家里，企业家精神盛行。那么，什么是企业家？管理学大师彼得·德鲁克（Peter Drucker）用这个术语来描述那些引入创新的人。从定义看，企业家总是引入新产品和服务的先锋。德鲁克认为：

> 他们是具有非凡的能力、能够抓住别人注意不到的机会，或者能够通过自己的勇气和想象力创造机会的人。创新是促成企业家精神的具体工具。创新是为资源赋予新的创造财富的能力的行为……通过创新，企业家们创造新的满意或者新的消费需求。[64]

意大利的埃米利亚·罗马涅地区正是一个富有企业家精神的地方。这里是一些举世闻名的品牌的故乡，其中包括法拉利（Ferrari）、YOOX、得利捷（Datalogic）和泰诺健（Technogym）。[65]在本书中，我们将研究全球企业家精神最活跃的一些发展变化，以便读者理解创新性领导力和创造性思维的重要性。

1.6.2 抑制力

尽管有前文提及各种驱动力所发挥的作用，但是一些抑制力因素可能会减缓公司全球营销的步伐。除了之前讨论过的市场间的差异，主要的抑制力包括管理层的短视、组织文化、国家控制和反对全球化。正如我们已经指出的那样，当今世界上，驱动力与抑制力相比更有优势。也正是因为这个原因，全球营销的重要性持续提升。

1.6.2.1 管理层短视和组织文化

在很多情况下，管理层完全无视发展全球营销的机会。患有"短视症"和坚持母国中心导向的公司不会在地域上进行扩张。百威啤酒的酿造商——安海斯-布希公司在多年专注于美国国内市场之后，失去了公司的独立性。如果在总部本应听取意见却独断专行时，短视往往就是导致市场灾难的原因。如果没有一支精干的、能够提供本土市场情况相关信息的本土团队，全球营销就无法实行。

在一些公司里，子公司的管理层"无所不知"，这样就没有空间接受高层的愿景了。反之，在总部管理层无所不知的公司里，往往没有空间接受当地团队的努力以及对本土需求和情况的深层知识。在成功的全球化公司工作的主管和经理们已经学会了如何将国际愿景和视角与来自当地团队的努力及信息融合起来。在本书的一位作者采访一些成功的全球化公司的高管过程中，一个鲜明的主题脱颖而出，即公司总部应该尊重当地管理者的努力和投入，同时当地管理者也应该尊重公司总部的愿景。

1.6.2.2 国家控制

每个国家都是通过保持对低科技和高科技行业的市场准入以及进入的控制保护本

土企业的商业利益的。这种控制包括对烟草市场进入的寡头控制，到国家政府对广播、设备和数据传输市场的控制。多亏了世界贸易组织、《关税及贸易总协定》《北美自由贸易协定》和其他经济协定的作用，如今关税壁垒在高收入国家已经基本消失。

然而，**非关税壁垒**（nontariff barriers，NTB）仍然十分常见。非关税壁垒是对跨境贸易的非货币限制。例如，为了保护意大利的奶酪生产商，欧盟要求在奶制品的进口中禁止使用帕尔玛干酪（Parmesan）这样的通称。非关税壁垒可能会使企业难以进入某些国家或区域性市场。

1.6.2.3　对全球化的反对

对世界上的很多人来说，全球一体化和全球营销代表了一种威胁。"全球化恐惧症"（globaphobia）有时用来描述一种对贸易协定、全球品牌或某些公司政策的敌对态度，这些公司政策看起来会使一些个人或国家受损，同时使另外一些个人或国家获益。全球化恐惧症有各种各样的表现形式，包括针对政策制定者或知名的全球公司的抗议或暴力行为。全球化的反对者包括政治家、工会、大学或研究院的学生、国内或国际的非政府组织以及其他群体。《休克主义：灾难资本主义的兴起》（*Shock Doctrine*）的作者娜奥米·克莱恩（Naomi Klein）就是一名对全球化直言不讳的批评者。

这种抑制力的两个突出例证是美国特朗普的总统选举和英国的脱欧投票。在宣誓成为第45任美国总统后不久，特朗普就推动美国退出了跨大西洋贸易和投资伙伴关系（Transatlantic Trade and Investment Partnership，TTIP）以及跨太平洋伙伴关系（Trans-Pacific Partnership，TPP）。而且，他竞选时还承诺要修订或退出《北美自由贸易协定》（NAFTA）。与此同时，英国总理特蕾莎·梅（Theresa May）在为敲定英国退出欧盟的"脱离"安排做着努力。

在美国，有人认为全球化压低了美国工人的工资，并且导致人们失去了包括蓝领和白领在内的工作。这种认知帮助特朗普赢得了2016年的总统大选。甚至在这次大选之前，越来越多的人开始猜疑，认为以美国为首的世界先进国家获取了自由贸易带来的大部分好处。一位玻利维亚的矿工说："全球化只不过是屈从和统治的一种新叫法而已。我们已经不得不忍受它500年了，现在我们要成为自己的主人。"[66]

本章小结

市场营销是一项组织职能，是一系列向顾客创造、沟通并提供价值的过程，以及以能够使组织及利益相关者获益的方式管理顾客关系的过程。从事**全球营销**的公司将公司的资源集中在如何利用全球市场机会和应对威胁上。成功的全球化公司，如雀巢、可口可乐、本田，采用我们熟悉的**营销组合**（即4P）要素来创建全球营销的方案。市场营销、产品研发、生产和其他活动构成了一家公司的**价值链**。公司在全球范围内配置这些活动，从而创造出更高的顾客价值。**价值等式**（$V = B/P$）呈现了价值与营销组合之间的关系。

全球化公司在不懈追求**竞争优势**的同时，也要坚持自己的战略**焦点**。不管一家公司只是在本国经营，还是会出现在世界上的很多市场上，营销组合、价值链、竞争优势和焦点具有普遍的适用性。然而，处于**全球性行业**的公司，如果不能很好地利用全球机会，将会面临被其他更强劲的对手排挤出局的风险。

公司的**全球营销战略**（GMS）有助于提升公司在全球范围内的经营业绩。全球营销战略要解决以下几个问题。首先，要确定营销方案的性质，即对营销组合要素的安排是采取**标准化/延伸策略**，还是根据各国、各地区间的差异采取**当地化/调整策略**。其次，要决定是在少数国家以**集中**的方式开展营销活动，还是在很多国家分散地开展营销活动。实施全球营销的公司还可以采用**协同**的方式开展营销活动。最后，公司的全球营销战略要解决全球市场参与度的问题。

从《华尔街日报》《财富》《金融时报》以及其他刊物编制的公司排名榜上，我们可以看出全球营销的重要性。不管是用收入还是用其他指标来衡量，世界上的主要企业大多数都在区域或全球市场上表现活跃。单个行业或产品类型的全球市场规模有助于解释为什么企业会"走向全球"。有些产品类型的全球市场年销售额达到数千亿美元，另外一些市场规模则小得多。不管面对的市场机会有多大，行业中成功的竞争者都发现，要想提高收入和利润就意味着要到本国以外的地方去寻找市场。

公司的管理方式可以按照其对世界的导向分为四类：**母国中心、多国中心、地区中心**和**全球中心**。这些术语反映了在发展或演进中的渐进式水平。母国中心导向往往是**国内公司和国际公司**的共同特点。国际公司通过将原来的营销组合要素延展到本国之外的市场上寻求营销机会。多国中心的世界观通常在**多国公司**中占据主导地位，各个国家的管理者拥有自主权，他们根据情况对营销组合加以调整。当管理层要在更大的地区范围内整合协调营销活动时，他们所做的决策往往反映了地区中心导向。**全球化公司和跨国公司**的管理者通常采用的是全球中心导向，他们在全球市场上同时采用延伸和调整两种策略。

全球营销的重要性在一些驱动力和抑制力的相互作用下塑造而成。驱动力包括市场需要和需求的趋同、技术、运输和通信的进步、产品成本、质量、世界经济趋势、对全球经营可形成的**杠杆作用**的认识以及创新和企业家精神。抑制力包括市场差异、管理层短视、组织文化和包括**非关税壁垒**（NTB）在内的国家控制。

注　释

1. Jan Cienski, "The Man Who Bet on Tradition," *Financial Times* (January 14, 2015), p. 12.

2. American Marketing Association. www. ama. org/AboutAMA/Pages/Definition-of-Marketing. aspx. Accessed June 19, 2015.

3. Rachel Sanderson, "Starbucks's Shot at Selling Espresso to the Italians," *Financial Times* (February 28, 2017), p. B8.

4. Bruce Horovitz, "Starbucks Remakes Its Future with an Eye on Wine and Beer," *USA Today* (October 22, 2010), p. 1B.

5. Quelch, John A., and Katherine E. Jocz. *All Business is Local: why place Matters More Than Fver in a Global, Virtual world.* New York: Portfolio/Penguin, 2012.

6. 对于某些类别的差异化商品来讲，包括名牌服装和其他奢侈品，更高的价格通常与价值增加有关。

7. The history of the Subaru 360 is documented in Randall Rothman, *Where the Suckers Moon：The Life and Death of an Advertising Campaign*（New York，NY：Vintage Books，1994），p. 4.

8. "Best and Worst Car Brands," *Consumer Reports*（April 2018），p. 12.

9. 杰伊·巴尼指出，"据说当一家公司实施任何与当前或潜在的竞争对手并不同时实施的价值创造战略时，它就具有竞争优势。" See Jay Barney, "Firm Resources and Sustained Competitive Advantage" *Journal of Management* 17, no. 1 （1991），p. 102.

10. Jagdish Bhagwati, *In Defense of Globalization*（New York，NY：Oxford University Press，2004），p. 3.

11. John Micklethwait and Adrian Wooldridge, *A Future Perfect：The Challenge and Hidden Promise of Globalization*（New York，NY：Crown Publishers，2000），p. xxvii.

12. Grant Wahl, "Football vs. Fútbol," *Sports Illustrated*（July 5, 2004），pp. 68 – 72.

13. Scott Miller, "BMW Bucks Diversification to Focus on Luxury Models," *The Wall Street Journal*（March 20, 2002），p. B4.

14. Vijay Govindarajan and Anil Gupta, "Setting a Course for the New Global Landscape," *Financial Times—Mastering Global Business*，part I （1998），p. 3.

15. Diana Farrell, "Assessing Your Company's Global Potential," *Harvard Business Review* 82, no. 12 （December 2004），p. 85.

16. Elizabeth Ashcroft, "Nestlé and the Twenty-First Century," Harvard Business School Case 9 – 595 – 074, 1995. 另见 Ernest Beck, "Nestlé Feels Little Pressure to Make Big Acquisitions," *The Wall Street Journal*（June 22, 2000），p. B4.

17. Betsy McKay, "Coke's 'Think Local' Strategy Has Yet to Prove Itself," *The Wall Street Journal*（March 1, 2001），p. B6.

18. Tony Barber, "Culture Change Is Pivotal as Philips Sheds Its Old Skin," *Financial Times*（July 5, 2013），p. 14.

19. C. Samuel Craig and Susan P. Douglas, "Responding to the Challenges of Global Markets：Change, Complexity, Competition, and Conscience," *Columbia Journal of World Business* 31, no. 4 （Winter 1996），pp. 6 – 18.

20. Gabriel Kahn, "Three Italian Furniture Makers Hope to Create a Global Luxury Powerhouse," *The Wall Street Journal*（October 31, 2006），p. B1.

21. Phred Dvorak, "Big Changes Drive Small Carpet Firm," *The Wall Street Journal*（October 30, 2006），p. B3.

22. Aaron O. Patrick, "Softer Nike Pitch Woos Europe's Women," *The Wall Street Journal*（September 11, 2008），p. B6.

23. Shaoming Zou and S. Tamer Cavusgil, "The GMS：A Broad Conceptualization of Global Marketing Strategy and Its Effect on Performance," *Journal of Marketing* 66, no. 4 （October 2002），pp. 40 – 56.

24. Paul Sonne and Kathy Gordon, "Burberry Refocusing on World's Big Cities," *The Wall Street Journal*（November 8, 2012），p. B9.

25. Angela Ahrendts, "Burberry's CEO on Turning an Aging British Icon into a Global Luxury Brand," *Harvard Business Review* 91, no. 1/2 （January-February 2013），pp. 39 – 42.

26. Vanessa Friedman, "Christopher Bailey Reveals His Plan for Burberry," *The New York Times*（November 13, 2014）.

27. Mark Vandevelde, "Burberry at Creative Crossroads as Bailey Quits," *Financial Times*（November 1, 2017），p. 17.

28. Joanne Lipman, "Ad Fad：Marketers Turn Sour on Global Sales Pitch Harvard Guru Makes," *The Wall Street Journal*（May 12, 1988），p. 1.

29. Chad Terhune, "Coke Tries to Pop Back in Vital Japan Market," *The Wall Street Journal*（July 11, 2006），pp. C1, C3.

30. William C. Taylor and Alan M. Webber, *Going Global：Four Entrepreneurs Map the New World Marketplace*（New York, NY：Penguin Books USA, 1996），pp. 48, 49.

31. Saabira Chaudhuri, "Nipped by Upstarts, Unilever Decides to Imitate Them," *The Wall Street Journal*（January 3, 2018），p. A8.

32. Greg Farrell, "McDonald's Relies on Europe for Growth," *Financial Times* (April 20, 2010).

33. Simon Mundy, "Amazon to Deliver $3 bn Investment in India," *Financial Times* (June 8, 2016), p. 10.

34. Louise Lucas, "New Accent on Consumer Tastes," *Financial Times* (December 14, 2010), p. 14.

35. Leslie Kwoh, "Cinnabon Finds Sweet Success in Russia, Mideast," *The Wall Street Journal* (December 26, 2012), p. B5.

36. E. J. Schultz, "To the Moon and Back: How Tang Grew to Be a Billion – Dollar Global Brand," *Advertising Age* (June 16, 2011), p. 13.

37. John A. Quelch and Edward J. Hoff, "Customizing Global Marketing," *Harvard Business Review* 64, no. 3 (May-June 1986), p. 59.

38. Neil Gough, "An Overseas Kick – Start," *The New York Times* (May 24, 2017), pp. B1, B4.

39. Kana Inagaki, "Rebirth of a Brand," *Financial Times* (June 5, 2015), p. 5.

40. Mayumi Negishi, Dana Mattioli, and Ryan Dezember, "Japan's Uniqlo Sets Goal: No. 1 in the U. S. ," *The Wall Street Journal* (April 12, 2013), p. B7. 另见 Hiroyuki Kachi and Kenneth Maxwell, "Uniqlo Woos the World But Falters at Home," *The Wall Street Journal* (October 12, 2012), p. B8.

41. 完整的名单在网站 www. fortune. com/global500/上可找到。

42. 改编自 Howard Perlmutter, "The Tortuous Evolution of the Multinational Corporation," *Columbia Journal of World Business* (January-February 1969).

43. Norihiko Shirouzu, "Tailoring World's Cars to U.S. Tastes," *The Wall Street Journal* (January 1, 2001), pp. B1, B6.

44. T. W. Malnight, "Globalization of an Ethnocentric Firm: An Evolutionary Perspective," *Strategic Management Journal* 16, no. 2 (February 1995), p. 125.

45. Robert Mondavi, *Harvests of Joy: My Passion for Excellence* (New York, NY: Harcourt Brace & Company, 1998), p. 333.

46. Martin Fackler, "A Second Chance for Japanese Cell Phone Makers," *The New York Times* (November 17, 2005), p. C1.

47. Franck Riboud, "Think Global, Act Local," *Outlook* no. 3 (2003), p. 8.

48. Jim Stengel, *Grow: How Ideals Power Growth and Profit at the World's Greatest Companies* (New York, NY: Crown Business, 2011), p. 167.

49. Deborah Ball, "Too Many Cooks: Despite Revamp, Unwieldy Unilever Falls Behind Rivals," *The Wall Street Journal* (January 3, 2005), pp. A1, A5.

50. Lee Hawkins, Jr. , "New Driver: Reversing 80 Years of History, GM Is Reining in Global Fiefs," *The Wall Street Journal* (October 6, 2004), pp. A1, A14.

51. 尽管这里提供的定义很重要，但为了避免混淆，在描述一般活动时，我们将使用"全球营销"一词。另一个需要注意的是：国际、跨国和全球等术语的用法差异很大。商业媒体的读者可能会认识到不同之处；用法并不总是反映这里提供的定义。特别是，（在作者和其他许多学者看来）全球化公司通常被描述为跨国企业或跨国公司，而不是全球化公司。当我们提到"国际公司"或"跨国公司"时，我们将以保持文本中描述的区别的方式进行表述。

52. Douglas Brinkley, "Hoosier Honda," *The Wall Street Journal* (July 18, 2006), p. A14.

53. Rebecca Blumenstein, "To Cutlosts GM IS Adding Four Near-Idential Facilities," *The Wall Street Journal* (August 4, 1997).

54. Allan J. Morrison, David A. Ricks, and Kendall Roth, "Globalization versus Regionalization: Which Way for the Multinational?" *Organizational Dynamics* (Winter 1991), p. 18.

55. Michael A. Yoshino and U. Srinivasa Rangan, *Strategic Alliances: An Entrepreneurial Approach to Globalization* (Boston, MA: Harvard Business School Press, 1995), p. 64.

56. Joseph A. DiMasi, Ronald W. Hansen, and Henry G. Grabowski, "The Price of Innovation: New Estimates of Drug Development Costs," *Journal of Health Economics* 22, no. 2 (March 2003), p. 151.

57. Nicholas Zamiska, "Novartis to Establish Drug R&D Center in China," *The Wall Street Journal* (November 11, 2006), p. A3.

58. Daniel Yergin and Joseph Stanislaw, *The Commanding Heights* (New York, NY: Simon & Schuster, 1998), p. 13.

59. Bill Vlasic, "Ford's Bet: It's a Small World after All," *The New York Times* (January 9, 2010), p. B1.

60. William C. Taylor and Alan M. Webber, *Going Global: Four Entrepreneurs Map the New World Marketplace* (New York, NY: Penguin USA, 1996), p. 18.

61. Thomas L. Friedman, *The Lexus and the Olive Tree* (New York, NY: Anchor Books, 2000), pp. 221 – 222.

62. John Tagliabue, "Renault Pins Its Survival on a Global Gamble," *The New York Times* (July 2, 2000), Section 3, pp. 1, 6; Don Kirk and Peter S. Green, "Renault Rolls the Dice on Two Auto Projects Abroad," *The New York Times* (August 29, 2002), pp. W1, W7.

63. Joel Millman, "The Fallen: Lorenzo Zambrano: Hard Times for Cement Man," *The Wall Street Journal* (December 11, 2008), p. A1.

64. Peter F. Drucker, *Innovation and Entrepreneurship* (New York, NY: Harper & Row, 1985), p. 19.

65. Rachel Sanderson, "Bologna's Creative Hub Powers Revival," *Financial Times* (December 13, 2017), p. 8.

66. Larry Rohter, "Bolivia's Poor Proclaim Abiding Distrust of Globalization," *The New York Times* (October 17, 2003), p. A3.

全球营销
（原书第10版）

GLOBAL
MARKETING
10th EDITION

第2篇
全球营销的环境

GLOBAL
MARKETING

|全|球|营|销|
（原书第10版）

第2章　全球经济环境

本章精要

- 指出并简要说明过去 100 年来世界经济发生的重大变化。

- 对比世界不同地区的主要经济体制类型。

- 说明世界银行对经济发展程度的分类，并指出各个发展阶段的主要新兴
  国家/地区市场。

- 讨论国际收支统计数据对世界主要经济体的重要性。

- 指出在全球商品和服务贸易中的领导企业。

- 解释汇率如何影响一家公司在世界不同国家/地区的机会。

案例 2-1　　　处于十字路口的印度经济：
总理纳伦德拉·莫迪能兑现承诺吗

在 2008 年至 2012 年全球经济衰退期间，印度的经济状况也不容乐观。年均经济增长停滞在 4% 左右，通货膨胀率高达两位数，大量税单使外国公司措手不及。时任总理曼莫汉·辛格（Manmohan Singh）和时任财政部长普拉纳布·慕克吉（Pranab Mukherjee）面对剧烈的通货膨胀束手无策，无法为急需的基础设施建设争取资金，也无力解决印度底层穷苦百姓的温饱问题。简而言之，执政的国民大会党采取的经济政策毫无效果。

如今，印度的经济喜忧参半。好消息是，印度几年来一直是世界上经济增长速度最快的大型经济体，每年的国内生产总值（GDP）增幅在 7%~8%。然而，到 2017 年，在印度庆祝独立 70 周年纪念日之际，经济增长便已放缓。同时，宏观经济方面的其他问题日益凸显。首先，印度经济无法创造足够的就业岗位，从而吸纳每月进入就业市场的 100 万人；其次，随着资本支出的下降，消费者信心也在下降。

印度人民党领导人纳伦德拉·莫迪（Narendra Modi）在 2014 年当选为印度总理。上任后，他立刻开始推行一系列的现代化举措，其中一项名为"印度制造"（Make in India）。在担任总理的前两年，莫迪放宽了投资限制，并且为了接触到外国投资者展开了一次全球公关之旅。他的努力得到了回报。在 2015 年 3 月 31 日至 2016 年 3 月 31 日期间，印度的外国直接投资（FDI）总额为 400 亿美元，与截至 2014 年 3 月 31 日的年度相比，增长了 29%。

尽管取得了这些进展，反对派的政客仍在阻挠莫迪的经济改革尝试，如何与他们进行合作成了莫迪面临的一项艰巨任务。例如，莫迪被迫放弃了一项允许公司更容易获得土地进行新建投资的关键性法案。这项措施在负面宣传和农村选民的反对之下被搁置。一些观察家断言，莫迪总理仍需要提供一些额外的"大手笔"的自由化措施来进一步振兴印度的经济。

莫迪能否兑现自己的竞选承诺，实现真正的经济改革？又或者，最终他的努力只是说得多，做得少？案例 2-1 描述了印度面临的挑战，以及莫迪为重启经济所做的努力。毋庸置疑，印度的经济现状为全球营销人员既带来了挑战，又带来了机遇。

印度的情况生动地展示了当今经济环境的动态性和相互交融的本质。让我们重温市场的基本定义：有需求和欲望，并有能力购买且有购买意愿的人或组织。正如第1章中所指出的，大量公司在开展全球营销，以发掘本土之外的新客户，从而提升销售额、利润和扩大市场份额。特别需要提及的是巴西、俄罗斯、印度、中国和南非，它们统称为**金砖国家**（BRICS）。[1] 这五个国家的市场尤其充满活力，并提供了很多重要的机会。金砖国家和其他新兴市场也正在孕育一些在本国和海外市场上挑战全球知名巨头的公司。

本章将从世界经济概述讲起，指出世界经济环境最显著的特征。然后，将概述经济体制的类型，讨论市场发展的不同阶段，并对国际收支这个概念进行解读。本章的最后一部分将讨论外汇问题。贯穿整章，我们还将讨论近些年来世界范围内的经济衰退对全球营销战略的影响。

世界经济概述

指出并简要说明过去 100 年来世界经济发生的重大
变化。

自第二次世界大战以来，世界经济已经发生了深刻的变化。[2] 最为根本的变化也许就是全球市场的出现；在很多市场中，全球性的竞争企业持续地取代或吞并当地的竞争对手，以应对出现的新机会。与此同时，世界经济一体化的程度显著提升。20 世纪初，经济一体化的程度为 10%，如今已接近 50%。一体化在欧盟和北美自由贸易区表现得最为明显。然而，正如第 1 章所指出的，保护主义和民族主义在一些国家兴起，可能会减缓进一步一体化的步伐。在 75 年前，世界远没有现在这般一体化。为印证这些变化，我们来看看汽车行业。雷诺、雪铁龙、标志、名爵（Morri）、沃尔沃以及其他欧洲品牌的轿车与诸如雪佛兰、福特或普利茅斯（Plymouth）等美国汽车，或与丰田、日产等日本汽车相比曾经存在巨大的差异。这些由当地公司通过当地的供应链生产的当地汽车，大多销往当地或区域性市场。即使到了今天，全球性和区域性的汽车公司还在为本国汽车的购买者生产汽车，这些汽车并不在国外市场上销售。

再看看宝马、福特、本田、现代、起亚和丰田这些汽车制造商，全球性汽车已是不争的事实。产品的变化同时反映了组织结构的变化。世界最大的汽车制造商大多都已发展成为全球性的公司。福特是一个很好的例子：2008 年，福特发布了一款嘉年华（Fiesta）的升级版车型，该车型在全世界范围内销售。福特公司的执行副总裁马克·菲尔兹（Mark Fields）解释说："我们曾有采用相同名称的车型，如福睿斯（Escort）和福克斯（Focus），但是这些产品本身有很强的区域性。这款车是我们真正的转折点，因为它是一款真正的全球性汽车。"[3]

在过去的 20 年里，世界经济环境的动态变化越来越明显，这些戏剧性的变化意义深远。为了取得成功，公司高管和营销人员必须考虑以下一些新的现实情况：[4]

- 资本流动已取代贸易成为世界经济发展的驱动力。
- 生产与就业相脱离。
- 世界经济控制全球局面。单个国家经济的作用已变得相对次要。
- 自 1917 年开始持续百年的资本主义和社会主义之争已基本结束。
- 电子商务的发展降低了国界的重要性，迫使企业重新评估自己的商业模式。

第一个变化是资本流动量的增长。2015 年全球产品和服务贸易的总值为 16.5 万亿美元。然而，根据国际清算银行（Bank for International Settlements）的计算，每天的外汇交易额就有约 5 万亿美元，全年的外汇交易额超过 1 000 万亿美元，远远超过全球产品和服务贸易的数值。[5] 这些数据反映了一个不容忽视的结论：全球资本流动额大大超过全球货物和服务贸易额。换言之，外汇交易代表了世界上最大的市场。

第二个变化涉及生产力和就业的关系。为了说明这种关系，我们有必要复习一下宏观经济学的基础内容。**国内生产总值**（gross domestic product，GDP）是用来衡量一个国家经济活动情况的数据，它由消费性支出（C）、投资性支出（I）、政府采购（G）和净出口（NX）相加而成：

$$GDP = C + I + G + NX$$

用 GDP 量度的经济增长反映了一个国家生产力的增长水平。制造业的就业情况一直保持稳定或随着生产力的持续提高而降低。一些国家错误的资源配置导致房地产泡沫破裂，就业率随之下降。美国制造业占 GDP 的比重从 1989 年的 19.2% 下降到 2009 年的 13%。[6]2011 年，制造业就业人数约占美国劳动力的 9%，而在 1971 年这一比率为 26%。在这 40 年里，生产率显著提升。

其他主要工业国也呈现了同样的趋势。例如，英国制造业的就业人数仅占全国总就业人数的 8%，而 1980 年为 24%。[7]制造业只占英国经济的 10%，主要包括汽车、航空航天和石油化工等关键行业。近期一项关于 20 个大型经济体的研究发现，1995 年到 2002 年期间，工厂中有多达 2 200 多万个工作岗位消失。制造业并未衰退，缩减的是制造业的就业人数。[8]创造新的就业机会是当今政策制定者面临的最重要的任务之一。

第三个主要变化是世界经济发展成了主导性的经济单位。认识到这一点的公司高管和国家领导人将具有最大的机会获得成功。例如，德国和日本经济成功的真正秘诀无外乎这样一个事实：商界领袖和政策制定者聚焦于全球市场和这两个国家各自在世界经济中的竞争地位。这一变化使两个问题凸显出来：全球经济是如何运行的？是谁在统领全局？遗憾的是，这两个问题并没有明确的答案。

第四个变化是冷战的结束。

第五个变化是个人计算机革命和互联网时代的到来在某些方面降低了国界的重要性。据估计，全世界至少有 10 亿人使用个人计算机。在所谓的信息时代，时空壁垒已被 7 天 24 小时全天候的跨国网络世界颠覆。像阿里巴巴、亚马逊、eBay、脸书、谷歌、照片墙（Instagram）、奈飞（Netflix）、Snapchat、声田（Soptify）、Twitter（推特）和 YouTube 等许多公司正在 Web 3.0 世界中不断突破。

> 只有保护主义政策的爆发或者国际运输成本的急剧上升，才能减缓或暂时扭转制造业在美国的就业比例不断下降的趋势。[9]
> ——芝加哥大学经济学教授，史蒂夫·J. 戴维斯（Steven J. Davis）

经济体制

对比世界不同地区的主要经济体制类型。

传统上，经济学家认为世界上有四种经济体制：市场资本主义、中央计划资本主义、市场社会主义和中央计划社会主义。如图 2-1 所示，这种分类是以主导的资源配置方式（市场或指令）和主导的资源所有权的形式（私有或国有）为基础划分而成的。

资源配置方式

	市场	指令
私有	市场资本主义	中央计划资本主义
国有	市场社会主义	中央计划社会主义

（左侧纵向标注：资源所有权形式）

图 2-1　经济体制

然而，由于全球化，经济体制已经难以用以上四象限的矩阵进行分类。以下是可用于分类的更可靠的描述性标准：[10]

- 经济类型：该国是先进的工业化国家、新兴经济体、过渡经济体，还是发展中国家？
- 政府类型：该国是被一位君主、一位独裁者还是一位暴君统治？是一党制吗？是被另一个国家控制吗？是多党派民主体制吗？是一个动荡的国家或恐怖主义国家吗？
- 贸易和资本流动：该国是近乎完全自由贸易，还是非完全自由贸易？是否属于某个贸易集团？该国是否有货币管理局或外汇管制？该国是否存在贸易，还是由政府控制了贸易的可能性？
- 经济命脉行业：这些行业（如运输、通信和能源行业）是否由国家拥有并经营？是否存在国有和私有混合的所有制？是否都已私有化，有价格管制吗？
- 通过税收资助的国家服务项目：国家有提供养老金、医疗和义务教育吗？还是有提供养老金和教育，但没有医疗保险？这些服务主要由私有化体系支配吗？
- 机构：该国是否具有透明度高、按规则行事、没有腐败、新闻自由且法院力量强大的特点？该国是否腐败盛行、新闻媒体受政府控制？该国是否规则常被忽视，且法院系统容易妥协？
- 市场：该国是否具有一个高风险高回报且能彰显企业家活力的自由市场体系？这个自由市场是否被垄断性企业、企业联盟和集中化程度高的行业控制？是一个由企业、政府和劳工相互合作的社会化市场（但没有创业扶持），还是一个由政府主导包括价格和工资控制在内的计划市场？

2.2.1　市场资本主义

市场资本主义（market capitalism）是一种由个人和公司配置资源、生产资源私有的经济体制。简而言之，消费者决定自己想要什么商品，公司决定生产什么商品以及生产多少；国家在市场资本主义体制中的作用是促进公司间的竞争并确保消费者受到保护。如今，市场资本主义在世界各地被广泛采纳，最为明显的是北美和欧盟地区（见表 2-1）。

表2-1　西方市场体系

体系类型	主要特征	国家
盎格鲁－撒克逊模式	私有制；自由企业经济；资本主义；最低限度社会保障；高度灵活的就业政策	美国、加拿大、英国
社会市场经济模式	私有制；包含雇主团体、工会和银行的"社会伙伴"导向；工会和企业都参与政府管理，政府也干预工会和企业的管理；不灵活的就业政策	德国、法国、意大利
北欧模式	公有制和私有制混合体；高税收；一定的市场管制；慷慨的社会保障网	瑞典、挪威

但是，如果假定所有以市场为导向的经济体都以完全相同的方式来运行，那就过于简单化了。经济学家保罗·克鲁格曼（Paul Krugman）曾指出，美国与众不同的原因是该国采取了"对所有人都很宽松"（wild free-for-all）的富有竞争力的政策和分权措施。相对而言，外界有时称日本为"日本公司"，可以以不同的方式来阐释该标签所代表的含义，但它所指的基本含义就是运行严密、高度管控且仍以市场为导向的经济体制。

2.2.2　中央计划社会主义

与市场资本主义相反的是**中央计划社会主义**（centrally planned socialism）。在这种经济制度下，政府在服务于（自认为合适的）公众利益方面享有很大的权力。政府的规划机构"自向而下"地决策：生产何种商品或服务、产量是多少。消费者则可以花钱选购规划机构所提供的产品。中央计划社会主义的特征是，整个产业以及单个企业都归政府所有。由于在这种模式下通常是供不应求的状态，市场营销组合要素不被当作战略变量来使用。[11]这种经济体制几乎不依赖产品差异化、广告和促销；为了消除中间商的"剥削"，政府还会掌控分销渠道。

市场资本主义在提供人们需要和渴望的商品或服务方面表现出了优势，许多前社会主义国家也采用了该制度。正如威廉·格雷德（William Greider）在20年前所写的那样：

> "随着19世纪中期工业资本主义的兴起，意识形态冲突显现，如今限制政治想象力150年的深刻争论已经结束。"[13]

2.2.3　中央计划资本主义和市场社会主义

事实上，市场资本主义和中央计划社会主义并不是以"纯粹"的形式存在的。多数国家在不同程度上同时采用指令配置和市场资源配置，正如私有资源和国有资源共存那样。各国政府在现代市场经济中所扮演的角色存在巨大的差异。那种在私有资源的整体环境中广泛地采取指令配置资源的体制被称为**中央计划资本主义**（centrally planned capitalism）。第四种体制是**市场社会主义**（market socialism），这种制度允许在国家所有权的整体环境中采取市场配置的政策。

例如，瑞典政府控制了总支出的2/3，在资源配置中，"选民"导向高于"市场"

全球营销（原书第10版）

导向。而且，瑞典政府对关键业务部门拥有实质性的控制权（见表2-2）。因此，像瑞典这样的"高福利国家"实施的是包含中央计划社会主义要素和资本主义要素的混合式经济制度。瑞典政府正在着手推行一项私有化计划，准备出售表2-2中部分公司的股权。[14]2008年，Vin & Spirit公司以83.4亿美元的价格出售给了法国保乐力加集团（Pernod Ricard）。

表2-2 瑞典政府资源所有权实例

公司	行业领域	国有百分比
桑内拉电信（TeliaSonera）	电信	45
斯堪的纳维亚航空公司（SAS）	航空	21[①]
北欧联合银行（Nordea）	银行	20
斯德哥尔摩期权交易所（OMX）	证券交易所	7
Vin &Spirit	酒类	100[②]

① 丹麦和挪威政府各占14%。

② 2008年出售。

世界上许多地区的市场改革以及新兴的资本主义正在为全球化公司创造大规模投资的机会。的确如此，在被印度政府逐出市场20年后，可口可乐于1994年重新回到印度。为可口可乐在印度的新努力铺平道路的是一部允许外国企业拥有100%产权的新法律。

市场发展阶段

说明世界银行对经济发展程度的分类，并指出各个发展阶段的主要新兴国家/地区市场。

在任何一个时间点上，单个国家的市场总是处于经济发展的不同阶段。世界银行开发了一套基于**国民收入总值**（gross national income，GNI）的国家分类系统，将各国划分成四种发展阶段类型（见表2-3）。世界银行根据贷款类别分别对每种类型的收入情况进行定义，同时每个类别内的国家都具有一系列相同的特征。由此，这种阶段划分为全球市场细分和目标市场营销提供了有用的依据。

表2-3 市场发展阶段

按人均 GNI 分类的收入组	2016 年 GDP（百万美元）	2016 年人均GNI（美元）	占世界 GDP的比例（%）	2016 年人口（百万）
高收入国家（经济合作与发展组织成员）				
人均 GNI >12 236 美元	48 557 000	41 208	64	1 190
中高收入国家				
3 956 美元 ≤ 人均 GNI≤12 235 美元	20 624 000	8 177	27	2 579

按人均 GNI 分类的收入组	2016 年 GDP（百万美元）	2016 年人均 GNI（美元）	占世界 GDP 的比例（%）	2016 年人口（百万）
中低收入国家				
1 006 美元≤人均 GNI≤3 955 美元	6 263 000	2 079	8	3 012
低收入国家				
人均 GNI≤1 005 美元	402 000	612	1	659

20 年前，人们期待中欧、拉美和亚洲的一些国家出现快速的经济增长。这些被称为新兴大市场（big emerging markets，BEMs）的国家包括中国、印度、印度尼西亚、韩国、巴西、墨西哥、阿根廷、南非、波兰和土耳其。[16] 如今，巴西、俄罗斯、印度、中国和南非的机会备受关注。如前所述，这五个国家统称为金砖国家。

> 在全球市场中，如果你在美国这样一个平淡且不断下滑的市场中静观其变是无法获得利润的。你在中国、俄罗斯、印度和巴西才能赚到钱。[15]
> ——BevMark 公司总裁汤姆·皮尔科（Tom Pirko）对英博（InBev）收购安海斯 - 布希（Anheuser-Busch）的评论

专家们预言，金砖国家将会在全球贸易中扮演关键性角色。对这里讨论的经济发展的每个阶段，都需要特别关注金砖国家。

2.3.1 低收入国家

低收入国家（low-income countries）是指人均 GNI 未超过 1 005 美元的国家。处于这一收入水平的国家具有以下一般性特征：

- 工业化程度有限，有很大比例的人口从事农业并采取自给自足的耕作方式。
- 出生率高，平均寿命短。
- 识字率低。
- 严重依赖外国援助。
- 政局不稳，社会动荡不安。
- 集中在撒哈拉以南的非洲地区。

全世界有 9% 左右的人口生活在隶属于这一经济发展类型的国家中。许多低收入国家都存在严重的经济、社会和政治问题。因此，能提供给企业进行投资和经营的机会极为有限。一些像布隆迪这样的无增长国家，其大部分人口都徘徊在国家的贫困线以下。其他一些国家有过稳定的经济增长，却因政治斗争而分裂。其结果是内讧频繁、收入停滞的动荡环境，而且给居民带来巨大的危险。卷入内战的国家会成为危险地区，大多数公司都会谨慎地避开这样的地区。

其他一些低收入国家在经历了多年的民族动荡和内乱之后，其经济出现了大幅的反弹。例如，卢旺达的人均 GNI 在 2006 年至 2016 年的十年间实现了 100% 的增长。总统保罗·卡加梅（Paul Kagame）正在大力投资以期实现经济转型。在首都基加利新建了一个会议中心来吸引更多的企业入驻首都，并发展国家整体旅游业（见图 2-2）。卡加梅制定了一个雄心勃勃的称为"愿景 2050"（Vision 2050）的增长计划，他设想到 2035 年将国家的人均收入提高至 4 035 美元。再如肯尼亚重视教育，教育资源匮乏是当地贫民窟发展主要困境之一（见图 2-3）[一]。

埃塞俄比亚是位于非洲撒哈拉沙漠以南的另一个贫穷国家，该国的人均收入不到 700 美元。然而，埃塞俄比亚却在过去十多年里实现了每年两位数的经济增长。在外资的推动下，过去几年里已有多家工业园区开业。这就为那些为杰克鲁（J. Crew）和博柏利等全球品牌生产服装的工人每月可获得相当于 45 美元的收入铺平了道路。总部设在中国香港的 TAL 服装公司在其中的一个工业园区开设了一家工厂。TAL 的首席执行官罗杰·李（Roger Lee）近期总结了埃塞俄比亚的优势："我们在寻找一个不仅可提供充足劳动力的，还要距出口海港足够近，工资水平足够低的……并且能免税进入美国和欧洲这些主要市场的国家。"[17]

图 2-2　卢旺达耗资 3 亿美元新建的会议中心熠熠生辉，它是保罗·卡加梅总统经济增长战略的组成部分。为了吸引投资，卢旺达的其他投资项目还包括价值 8 亿美元的新机场和经济特区。

资料来源：MARCO LONGARI/AFP/Getty Images。

图 2-3　BRCK 是位于肯尼亚的一家科技公司。该公司的突破性产品是一个可以续航 8 小时的抗电涌互联网路由器，售价为 250 美元。虽然低收入的非洲国家是该设备的主要目标市场，但来自欧洲和美国精通技术的消费者也在抢购 BRCK 的产品。公司的产品 Kio Kit 是一个实惠的教育套餐，旨在为在偏远地区学习的学生提供数字化的教学内容。该公司还推出了免费的公共无线网络 Moja。

资料来源：SIMON MAINA/AFP/Getty Images。

　　[一]　原书缺少对图 2-3 的说明，此句为补充文字。——编者注

2.3.2　中低收入国家

联合国将低收入组中排名垫底的 50 个国家称为**欠发达国家**（least-developed countries，LDCs）。有时，该术语用来比较这些国家与**发展中国家**（developing countries，低收入组中排名靠前以及中低和中高收入组别的国家）和**发达国家**（developed countries，高收入国家）之间的差异。**中低收入国家**（lower-middle-income countries）的人均 GNI 水平位于 1 006 至 3 955 美元。这类国家中的消费者市场正在迅速扩大。当越南（人均 GNI 为 2 050 美元）、印度尼西亚（人均 GNI 为 3 400 美元）以及其他这类国家调动起国内相对较为廉价（且动力很强）的劳动力为世界市场服务时，它们就变成了日益增强的竞争威胁。中低收入组别中的发展中国家在成熟且标准化的劳动力密集型产业（如鞋类、纺织品和玩具）中具有较大的竞争优势。

> 俗话说得好，如果你不在中国制造或在印度销售，你就差不多完蛋了。[18]
> ——迪潘卡尔·哈尔德（Dipankar Halder），印度 KSA Technopak 公司副总裁

在耐克全球 500 多个承包商工厂的网络中，越南和印度尼西亚是生产线员工人数最多的两个国家，这便是例证。

2016 年，印度的人均 GNI 为 1 680 美元，成功地从低收入国家转型为中低收入国家。2017 年，印度纪念独立 70 周年。在过去的几十年里，印度经济仅有微弱的增长。的确，在 20 世纪 90 年代刚开始时，印度正处于经济危机的剧痛之中：通货膨胀高企，只有很少的外汇储备。该国的领导者打开了印度经济对贸易和投资的大门，并显著地增加了市场机会。

在那个时期，曼莫汉·辛格（Manmohan Singh）被任命为印度经济的负责人。辛格曾任印度中央银行行长及财政部部长，他认为印度一直都走错了路。因此，他开始改革计划经济体制：取消了对很多产品的进口许可证要求，降低关税，放松对外国投资的限制，并让卢比兑换自由化。

印度前任财政部部长亚什万特·辛哈（Yashwant Sinha）曾表示，21 世纪将是"印度的世纪"。他的话似乎具有预见性：印度如今是不少世界级公司的发源地，这些公司对全球市场的覆盖面不断扩大，其中包括印孚瑟斯（Infosys）、马辛德拉（Mahindra &Mahindra）、塔塔集团和威普罗（Wipro）等公司。同时，在印度开展业务的全球公司与日俱增，其中有贝纳通、吉百利、可口可乐、杜邦、爱立信、富士通、IBM、欧莱雅、MTV、史泰博（Staples）、联合利华和沃尔玛。印度庞大的人口基数也给汽车制造商提供了具有吸引力的投资机会。包括铃木、现代、通用汽车和福特在内的很多全球汽车制造商在印度展开了业务。

塔吉克斯坦和乌兹别克斯坦也属于中低收入国家。这两个国家有时被归入称为"斯坦人"的区域集团，它们需要在个体国家和区域的基础上进行更详细的研究。这些国家的人均收入很低，存在相当大的经济困难，出现社会混乱的可能性非常高。它们是有问题的案例，还是富有经济增长潜力的具有吸引力的机会？这些国家代表了明显

的风险与回报之间的权衡；一些公司已经毅然决定冒险尝试，但是许多公司仍在评估自己是否应该加入先锋的行列。

作为曾经丝绸之路上的重要贸易枢纽国家，乌兹别克斯坦国内具有市场机会。例如，通用汽车是乌兹别克斯坦最大的汽车公司。2013 年，通用汽车乌兹别克斯坦分公司生产了 200 万辆汽车。总的来看，这个中亚国家已经成为通用汽车的全球十大市场之一！此外，乌兹别克斯坦还能从中国对邻国哈萨克斯坦的基础设施投资中获益。

俄罗斯的经济从曾经的高收入类别下滑到了中高收入的行列，在 2017 年经济自由度的排名中它位列第 114 名。俄罗斯的经济复苏步伐

> 到目前为止，感觉好像温度只上升了几度，但这预示着印度经济冰河时代的结束。[19]
> ——维沃克·保罗 (Vivek Paul)，威普罗公司副董事长

远远落后于其他新兴市场。随着石油价格的暴跌，克里姆林宫开始寻求新的收入来源以应对预算支出，但这也导致政府部门和企业之间的关系变得紧张。事实上，一些观察家对俄罗斯是否仍应该被归入金砖国家一列抱有疑问。

2.3.3 中高收入国家

中高收入国家（upper-middle-income countries，又称工业化国家或发展中国家）的人均 GNI 处于 3 956 至 12 235 美元。在这些国家中，随着就业人口向工业部门转移，从事农业人口的比例急剧减少，城镇化程度提高。智利、马来西亚、墨西哥、委内瑞拉和许多其他处于这一阶段的国家正在迅速地进行着工业化。这些国家具有很高的识字率和强大的教育体系，工资水平正在上升，但是仍旧显著地低于发达国家的水平。具有较强创新能力的当地公司会成为令人敬畏的竞争对手，并为它们国家快速增长的、以出口驱动的经济做出贡献。

金砖国家中的巴西、俄罗斯、中国和南非现在都属于中高收入国家，它们 2016 年人均 GNI 分别为 8 840 美元、9 720 美元、8 260 美元和 5 480 美元。按经济规模、人口和国土面积排位，巴西是南美洲最大的国家。巴西也自夸是南半球自然资源储备最丰富的国家。中国对巴西的铁矿石和其他商品的需求旺盛，是巴西最大的贸易伙伴。

巴西政府旨在稳定宏观经济的政策取得了令人瞩目的成效：巴西的 GNI 在 2003 年到 2013 年的十年间快速增长。同时，随着收入和生活水平的提高，数以千万的巴西人加入中产阶级的行列。[20]毋庸置疑，这一趋势对于在巴西开展业务的全球公司来说是一个福音，这些公司包括伊莱克斯、菲亚特、福特、通用汽车、雀巢、诺基亚、雷神（Raytheon）、丰田、联合利华和惠而浦等（见图 2 – 4）。

巴西作为处于发展阶段国家的典型代表，是重要的对比研究对象。百货分销公司运用物流软件调配卡车并确定运输线路；与此同时，在许多街道上马拉车仍然很常见。20 世纪 90 年代初期，为了与变化无常的金融环境保持同步，许多本土的零售商在复杂的计算机和通信系统方面投资。它们使用先进的存货管理软件来维持对财务的控制。由于巴西在计算机方面的优势，该国的外包业务急速增长。[21]法国前总统雅克·希拉克

（Jacques Chirac）曾经强调巴西在世界贸易中的重要性，他指出："从地理位置看，巴西是美洲的一部分。但从其文化看，它是欧洲的一部分；从其利益看，它是全球的一部分。"[22]

图2-4 雀巢在巴西的里约热内卢州投资了数千万美元建立了多个工厂。这家位于三河区（Tres Rios）的工厂于2011年开业，投资额为830亿美元。该工厂生产奶制品，在设计时充分考虑了环境的可持续性。雀巢在当地生产的咖啡、饼干、面条和其他产品都经过调整，以适应巴西人的口味和消费水平。正如雀巢巴西公司的首席执行官伊万·祖里塔（Ivan Zurita）所指出的，"在我们的国家，有3 000万人口被认为是非常贫穷而无法消费的。我们得出了一个结论，即区域化将加快我们在成本和运营效率方面的竞争力。"

资料来源：Visicou/Shutterstock。

2016年，俄罗斯掉出了高收入国家的行列，其人均GNI从2013年的14 840美元下降到了9 720美元（中高收入）。总的来说，俄罗斯的经济状况随着石油价格的波动而上上下下。目前，全球石油价格低迷和国际制裁都对俄罗斯产生了影响。强有力的本土公司已经登上世界市场的舞台，包括俄罗斯最大的乳制品公司维姆－比尔－丹恩食品公司（Wimm-Bill-Dann Foods），这家公司已被百事公司在2011年收购。

中国2016年的人均GNI为8 260美元。中国是发展中国家里外国投资最大的单个投资目的地。受中国广阔的市场规模和潜力的吸引，来自亚洲、欧洲、北美和南美的公司都把中国作为它们全球战略中的关键目标。

中国是快速实现国家经济增长的典型案例。政府在基础设施建设项目上投入大量资金，包括高速公路、铁路和港口。很快，中国经济就获得了两位数速度的增长。中国经济繁荣的受益方包括澳大利亚、巴西、印度尼西亚和其他向中国出口商品的国家的公司。雅芳、可口可乐、戴尔、福特、通用汽车、本田、汇丰、摩根大通、麦当劳、摩托罗拉、宝洁、三星、西门子、丰田和大众等全球公司都在中国积极地寻求机会。

> 如果今天你想在全球做得很好，你就必须先在中国取得成功，而我们已经在这里了。[23]
>
> ——戴雷（Daniel Kirchert），拜腾（Byton，电动车公司）联合创始人

2007年，就在全球金融危机爆发的前夕，中国政府传达的信息开始发生变化。诸如"不稳定""不平衡"和"不协调"等词语开始出现在重要的政治讲话中，中国的观察家们察觉到变化即将来临。多年来，中国经济的增长一直依赖于出口和低工资的制造业。

同时，中国正在努力减少对出口贸易的依赖。若要实现这一目标，必须增加中国居民的消费。"一带一路"倡议恢复了古代丝绸之路的贸易路线。中国政府还推出了一项被称为"中国制造2025"的新工业战略，旨在推动中国成为机器人和电动汽车等先

进产业的世界领导者。南非于 2011 年加入金砖国家组织。2017 年，在厦门举行的第九次金砖国家峰会上，一个重要议题是开设由金砖国家资助的国家发展银行的非洲区域中心，该中心将成为基础设施开发和其他项目的融资来源。南非于 2018 年在约翰内斯堡主办了第十次金砖国家峰会，这次峰会为雅各布·祖马（Jacob Zuma）总统提供了一个吸引更多到非洲直接投资的机会。[24]

实现了持续以最高速经济增长的中低和中高收入国家，有时被统称为**新兴工业化经济体**（newly industrializing economies，NIEs）。总体而言，新兴工业化经济体的特点是其工业产出要比发展中经济体的高；重型制造业和精制产品在出口中的占比越来越大。十多年前提出最初的金砖国家框架的美国高盛公司（Goldman Sachs），已确认了一个新的名为"新钻十一国"（Next-11，N11）的国家集团。N11 中有五个国家被认为是新兴工业化经济体，包括埃及、印度尼西亚和菲律宾三个中低收入国家，以及墨西哥和土耳其这两个中高收入国家。在这五个国家中，埃及、印度尼西亚和菲律宾在过去几年中都实现了 GDP 的正增长。

2.3.4　欠发达国家和发展中国家的营销机会

尽管欠发达国家和发展中国家存在很多问题，但依然有可能在这些国家里培育长期的市场机会。如今，耐克在中国生产和销售的产品只占其产量的一小部分，但公司在提及中国时称其为"20 亿美元的运动鞋市场"，这显然考虑的是未来市场。C. K. 普拉哈拉德（C. K. Prahalad）和艾伦·哈蒙德（Allen Hammond）指出了几个关于"金字塔底层"（BOP）市场需要纠正的假定和误解：[25]

- 误解 1：贫困人群没有钱。事实上，贫困人群的总体购买力还是相当强的。例如，在孟加拉国的乡村，村民会在使用当地商家运营的乡村电话上花费一大笔钱。
- 误解 2：贫困人群过于关注如何满足自己的基本需要，而不会在非必需品上"浪费"钱。事实上，买不起房屋的消费者也仍会购买电视机、燃气炉等"奢侈品"来改善自己的生活。
- 误解 3：在发展中国家销售的商品价格太低，以至于新的市场进入者没有获利的空间。事实上，因为贫困人群在购买很多产品时经常不得不支付更高的价格，效率高的竞争者有机会通过提供优质、低价的产品获得可观的利润。
- 误解 4：属于 BOP 市场的人群不能使用先进的科技。事实上，农村地区的居民不但会，而且能很快学会使用手机、个人计算机和类似的电子产品。
- 误解 5：以 BOP 市场为目标的全球公司将会被指责为在剥削穷人。事实上，许多贫穷国家的非正规经济体制都具有高度的剥削性，而那些提供有助于提高一个国家的生活水平的基本产品和服务的全球化公司，可以在惠及当地社会的同时获得合理的回报。

尽管东南亚、拉美、非洲和东欧部分地区的经济条件困难，但是这些地区中的不少国家将会发展成为富有吸引力的市场。市场营销在发展中国家的作用之一就是将资源集中于创造和提供最适合当地需要与收入水平的产品，也可以采用恰当的营销沟通技巧来加快这些产品被接受的速度。营销可以连接资源和机会，并以消费者的方式促进需求的满足。

营销中一个有趣的争论是营销是否与经济发展的进程有关。有些人认为，只有在富裕的工业化国家里营销才是有意义的，在这些国家里主要的任务是引导社会的资源配置，以此适应不断变化的产出和产量以满足动态变化的市场。这种观点认为，在欠发达国家里，主要任务是把稀有的资源配置给明显的生产需要。因此，应该把重点放在生产以及增加产量的方法上，而不是放在消费者的需要和欲望上。

> 专注于"金字塔底层"市场的可持续能源先锋可能为商业历史上最大的红利之一创造条件，因为发展中市场上的广泛采用和经验几乎一定会带来成本和质量上的大幅提升。[26]
> ——斯图亚特·L. 哈特（Stuart L. Hart）和克莱顿·M. 克里斯坦森（Clayton M. Christensen）

与此相反，将组织资源集中到环境方面的机会上，可以说是一个普遍相关的过程。营销的作用，即认识人们的需求和欲望，并集中个人和组织的力量以满足这些需求与欲望，在任何国家都是一样的，这与经济发展水平没有关系。当全球营销商响应中国或印度等新兴市场中的农村居民的需求时，它们也将更可能赢得政府的支持和认可，这对他们来说十分重要。

例如，由于以下两个原因开发替代性的能源变得尤为重要：①很多国家缺少煤炭储备；②担心对化石燃料的严重依赖将导致全球变暖。与此相似，世界各地的居民都需要负担得起的安全饮用水。雀巢公司正是意识到了这一点，开始在巴基斯坦推出优活（Pure Life）瓶装水。优活水的定价约为每瓶 35 美分，并在广告中承诺"纯粹的安全、纯粹的信任、理想之水"。优活迅速占据了巴基斯坦瓶装水市场 50% 的份额，之后也在其他几十个低收入国家中打开了局面。[27]可口可乐公司最近开始为了满足低收入国家中消费者对饮食和健康的需求，推出了一款名为 Vitango 的饮料。这款饮料有助于抗击贫血、失明以及其他与营养不良有关的疾病。

全球化公司有机会帮助发展中国家加入互联网经济。英特尔的董事长克雷格·贝瑞特（Craig Barrett）曾访问中国和印度的乡村，发起了为乡村居民提供互联网接入和计算机培训的项目。英特尔"世界领先"方案的一部分是开发出一款由汽车电池供能、价格为 550 美元的计算机。无独有偶，惠普的工程师正在致力于开发出可使偏远地区连接互联网的太阳能传送装置。[28]与此同时，一项名为"每个孩子一台笔记本计算机"的计划则致力于开发出一种使发展中国家政府可以以 100 美元单价购买的笔记本计算机。

全球化公司也可以一边为当地居民创造经济机会（见图 2-5），一边通过寻找保护原始森林和其他资源的全新方式为经济发展做出贡献。例如，戴姆勒公司在巴西与一个农民合作社合作，将椰子外壳加工成天然橡胶，用于制作汽车座椅、靠枕和防晒板。法国奢侈品营销商爱马仕（Hermès）设计出了一款名为 Amazonia 的手提包系列，这些包由从传统橡胶中萃取的乳胶制作而成。戴姆勒和爱马仕两家公司均抓住了展现自己环保意识的机会，同时吸引了具有绿色导向的消费者。位于里约热内卢的一家为伐木工人提供再培训的公司主管伊莎贝拉·福茨（Isabela Fortes）指出："只有通过给伐木工人提供切实可行的谋生方式，才能阻止他们破坏丛林。"[29]

图2-5 布雷克·麦考斯基（Blake Mycoskie）是 TOMS 的创始人和首席赠鞋人。他首创了一种被称为"卖一捐一"的商业设计模式，其目标是改善那些有需要的人们的生活并促进经济发展。

资料来源：PIB/Alamy Stock Photo。

2.3.5 高收入国家

高收入国家（high-income countries）又称先进、发达、工业化或后工业化国家，它们的人均 GNI 达到或超过 12 236 美元。除了少数拥有丰富石油资源的国家外，这一类别中的其他国家靠可持续性的经济增长达到当前的收入水平。

哈佛大学的丹尼尔·贝尔（Daniel Bell）是最早使用"后工业化国家"这一词语来描述美国、瑞典、日本和其他先进的高收入国家的人。他在 1973 年的著作《后工业社会的来临：对社会预测的一次探索》中指出"工业化社会"和"后工业化社会"之间存在收入水平以外的差异。贝尔的论点是，后工业化社会的创新越来越多地源于对理论知识的整理，而不是"随机的"发明。服务业占国民生产总值的一半以上，信息处理和交换变得日益重要，知识取代资本成为关键的战略性资源。

此外，在后工业化社会里，智力技术比机械技术更为重要，科学家和专业人员将比工程师和半熟练工人更占主导地位。不仅如此，后工业化社会还展现了对未来的导向，并强调社会运行中人际关系的重要性。总之，这些作用力和因素会给后工业化国家居民的工作和家居生活带来巨大的社会学变化。

在后工业化社会里，产品和市场机会高度地依赖于新产品和创新。大多数家庭对基本产品的拥有率非常高。因此，寻求增长的企业要想在现有的市场上扩大自己的份额，通常面临非常艰巨的任务。或者，它们可以努力创造新的市场。例如，如今处于通信相关产业的全球公司正在竭力为交互式电子通信创造新的电子商务市场。一个典型的例子是巴里·迪勒（Barry Diller）创立的世界上最大的旅游公司 Expedia 集团，该集团有 Expedia、Orbitz 和 Travelocity 三个品牌。迪勒还创建了 IAC 互动公司（IAC/InterActiveCorp），该公司拥有高清视频博客网站 Vimeo，约会网站 Match.com、OkCupid 和 Tinder，网络杂志 *Daily Beast* 以及其他互联网业务。[30]

2009 年，富时集团将韩国的经济地位从"新兴"升级为"发达"。这一变化与世界银行的排名一致，反映了韩国作为一个全球强国的崛起。按 GDP 计算，韩国是第十一大经济体，并且是主要的进出口国。它也是三星电子、LG集团、起亚汽车、大宇、现代及其他全球知名企业的母国。在应对"亚洲流感"时（即2009年亚洲金融危机，同时伴随着源于该地区的流感大流行），韩国推行了重要的政治和经济体制改革，而不是对自由贸易设立壁垒。

美国、日本、德国、法国、英国、加拿大和意大利这七个高收入国家组成了**七国集团**（Group of Seven，G7）。七国的财政部部长、央行行长以及国家首脑之间已经协作超过1/4世纪，他们努力将全球经济引向繁荣的方向，并确保货币的稳定性。一旦全球性危机隐现，无论是20世纪80年代的拉美债务危机，还是20世纪90年代俄罗斯陷入的困境，又或是2007年至2008年希腊的经济危机，七国集团的代表都齐聚一堂，努力协调各国政策。当世界各国领导人举行会议讨论政策问题时，非政府组织（NGO）经常利用这个机会来表达自己的观点。

自20世纪90年代中期起，俄罗斯开始参加七国集团的峰会。1998年，俄罗斯成为正式成员，**八国集团**（Group of Eight，G8）由此诞生。**二十国集团**（Group of Twenty，G20）成立于1999年，它是由19个国家以及欧盟各自的财政部部长和央行行长组成的。二十国集团中包括了阿根廷、巴西、印度、印度尼西亚和土耳其等发展中国家，俄罗斯仍是其成员国。

另一个包含高收入国家的机构是**经济合作与发展组织**（Organization for Economic Cooperation and Development，OECD）。OECD的38个成员都推崇市场配置的经济体系和多元化的民主。人们对该组织有诸多称谓，如"经济智囊"和"富人俱乐部"等。无论如何，OECD的根本任务是"使成员取得可持续的最高经济增长并改善人们的经济和福利"。该组织由一个在第二次世界大战后欧洲国家共同合作重建地区经济的组织发展而来，其总部位于法国巴黎。加拿大和美国于1961年加入OECD，日本于1964年加入。巴西、俄罗斯、印度和中国都已正式宣布自己希望加入OECD的意愿，这表明金砖国家集团的重要性日益增加。要成为该组织的成员，申请国必须展示出其在经济改革方面的进展。

OECD成员国的代表在该组织的委员会中共同协作，对影响世界贸易的经济和社会政策进行审查。秘书长主持具有决策权的理事会，并定期召开会议。由成员国专家组成的委员会提供了一个讨论贸易和其他方面问题的论坛。咨询、邻国压力和外交手段是帮助成员国坦率地评估自己的经济政策和行动的关键。OECD还会发布国别调查结果和年度经济展望。最近，OECD更加聚焦于全球性问题、社会政策以及放松劳动力市场管制等问题。例如，OECD着手处理了棘手的贿赂问题。1997年，该组织通过决议要求各成员国在追究贿赂的指控方面展开合作。在该决议生效后的20多年里，德国、法国以及其他一些国家已经出台了反贿赂的方案。各国的检察官通过跨境合作获得了更好的工作效果。在其中一起针对西门子集团的案件中，该集团被处以创纪录的16亿美元的罚款。[31]

2.3.6 经济发展阶段的营销启示

前面描述的经济发展阶段可以用来指导营销公司评估**产品饱和度**（product saturation levels），或拥有某种特定产品的潜在购买者或家庭的比例。乔治·戴维（George David）是联合技术公司（United Technologies）的前首席执行官，该公司的业务单元包括奥的斯电梯。戴维对过去业务中产品饱和度的重要性做了如下解释：

> 我们根据每千人安装电梯的数量来测算各国的电梯人口数。在中国，现在这个数字约为每千人需安装半部电梯。在美国以外的大多数国家，人们都生活在高层公寓楼里，他们离不开电梯。整个欧洲、亚洲、南美都是如此，中国更是如此。在欧洲这样成熟的市场中，安装电梯的人口是每千人 6 部电梯。因此，我们正走在占据部分市场份额的路上。[32]

正如上述评论中所显示的，在新兴市场中，许多产品的产品饱和度仍处于较低的水平。例如，印度消费者拥有 7 亿张借记卡，但 2016 年印度只有 70 万个零售点拥有刷卡机。总体而言，在印度每 1 785 人才拥有一台刷卡机。相比之下，欧洲的比例是每 119 人拥有一台刷卡机。中国每 60 人拥有一台刷卡机。在美国，相应的数字则是每 25 人拥有一台刷卡机。[33]

汽车拥有率也呈现类似的差异。在印度，每 1 000 个成年人中仅有 8 人拥有私人汽车。[34] 而俄罗斯和德国的这一数据分别是 200 人和 565 人。[35] 缅甸较低的车辆拥有率是全球汽车制造商将其视为有吸引力的市场机会的原因之一。

法国香槟酒的全球市场为我们提供了另外一个例子。在 2016 年英国脱欧投票后，英镑相对于欧元贬值。这导致在英国高端进口起泡酒价格上涨，按销量计算，英国是仅次于美国的第二大出口市场。由于精打细算的英国购物者转而选择英国产的起泡酒或意大利产的普罗塞克酒（Prosecco），法国香槟生产商不得不在其他地区寻求更多的增长。同样，相对的产品饱和度指明了机会所在。2016 年，香槟生产商在法国的出货量为每人两瓶，在瑞士为每人一瓶，在英国为每人 1/2 瓶。至于美国，出货量总共只有每人 0.07 瓶，还不到半杯。结论是：美国人应该打开更多的香槟酒瓶塞。[36]

全球营销

2.4

国际收支

讨论国际收支统计数据对世界主要经济体的重要性。

国际收支（balance of payments）是对一国居民与其他国家居民所做的所有经济交易的记录。表 2-4 是美国 2012~2016 年的国际收支数据。美国的国际贸易数据可以从美国经济分析局获取；用户可以从该部门的交互式网站上生成定制化的报告。国际货币基金组织出版的《国际收支统计年鉴》（*Balance of Payments Statistics Yearbook*）则提供了全球所有国家贸易相关的统计数据和经济活动的汇总。[37]

第 2 章 全球经济环境

表 2 - 4　2012~2016 年美国国际收支

	2012 年	2013 年	2014 年	2015 年	2016 年
A.经常项目	-426 198	-349 543	-373 800	-434 598	-451 685
1.货物出口	1 561 540	1 592 784	1 632 639	1 510 757	1 455 704
2.货物进口	-2 303 185	-2 294 453	-2 374 101	-2 272 612	-2 208 211
3.货物差额	-742 095	-701 669	-741 462	-761 855	-752 507
4.服务出口	654 850	687 410	710 565	753 150	752 368
5.服务进口	-450 360	-462 134	-477 428	-491 740	-504 654
6.服务差额	204 490	225 276	233 138	261 410	247 714
7.货物和服务差额	-537 605	-476 392	-508 324	-500 445	-504 793
B.资本项目	6 904	-412	-45	-42	-59

资料来源：www.bea.gov.数据引用于 2017 年 12 月 1 日。

国际收支分为**经常项目**（current account）和**资本项目**（capital account）两个账户。经常项目的测算和记录比较宽泛，包括**商品贸易**（merchandise trade，即制成品）和**服务贸易**（services trade，即无形的、以经验为基础的经济产出）以及像人道主义捐赠等特定类别的财政转账。一国的经常项目是负值时就是出现了**贸易逆差**（trade deficit）。贸易逆差是指用以偿付进口商品所流出的资金大于销售出口商品所流入的资金。相反，经常项目上出现正值的国家往往享有**贸易顺差**（trade surplus）。

资本项目则用于记录所有长期的直接投资、间接投资以及其他短期和长期的资本流动。负值表示现金流出，如表 2 - 4 中的第 2 项显示，2016 年美国有超过 2.2 万亿美元的流出，用于支付进口商品的货款。表 2 - 4 未列示的其他项目包含净误差和遗漏、外债及外汇储备等方面的变化。这些是使国际收支达到平衡的项目。在一般情况下，当一国的经常项目和资本项目的净值出现顺差时，便会增加外汇储备；当该净值呈现逆差时，就会减少外汇储备。需要注意国际收支总体情况的一个重要事实是，它总是处于平衡状态，尽管总平衡表的子项目中会出现不平衡的情况。例如，一个常被报道的收支差额就是货物差额（表 2 - 4 中的第 3 项）。仔细观察表 2 - 4 可以发现，美国在经常项目和货物贸易收支表上经常会出现逆差。美国的贸易逆差反映了许多影响因素，其中包括与中国的巨额贸易、消费者对进口商品看似无法满足的需求，以及在中东和阿富汗的军事行动中投入的巨大成本。

表 2 - 5 显示了 2011 年美国与金砖国家之间的商品和服务贸易记录。表 2 - 4 和表 2 - 5 中的第 4 项和第 5 项显示了美国视角下的一个亮点：美国与世界上大多数的国家保持了服务贸易的顺差。然而，从总体上看，美国的国际收支表现为逆差，而像中国这样的主要贸易伙伴其国际收支则为顺差。

表2-5　2016年美国与中国、印度和巴西的货物和服务贸易　　　　　　　　　　　　　　（单位：百万美元）

	中国	印度	巴西
1.美的货物出口	115 988	21 624	30 022
2.从该的货物进口	-463 288	-46 125	-24 620
3.货物差额	-347 290	-24 501	5 402
4.美的服务出口	54 157	20 632	24 338
5.从该的服务进口	-16 139	-25 808	-6 797
6.美的服务差额	38 018	-5 175	17 541
7.美国的货物和服务差额	-309 272	-29 676	22 944

资料来源：www.bea.gov.数据引用于2017年12月1日。

中国有超过3万亿美元的外汇储备，远多于其他任何国家。中国的贸易顺差被其资本流出抵消，美国则通过资本流入平衡了贸易上的逆差。中国与其他一些拥有健康的贸易顺差的国家组建了主权财富基金（sovereign wealth funds），以此进行投资。作为贸易伙伴，美国的消费者和企业拥有了越来越多的外国产品，外国投资者则拥有了更多的美国土地、房地产和政府债券。外国拥有的美国资产总量为2.5万亿美元；中国目前拥有约1.2亿美元的美国国债。哈继铭是中国规模最大的投资银行中的经济学家，他认为："1万亿美元（外汇储备）是极大的数额，但也是一个烫手山芋。"美国前总统特朗普贸易政策的一个关键焦点是美国对中国的贸易逆差，2013年该逆差已突破了3 000亿美元的大关。

全球营销

2.5 商品贸易和服务贸易

指出在全球商品和服务贸易中的领导企业。

自第二次世界大战结束以来，世界商品贸易的增长速度高于全球生产的增长，其中就有关税及贸易总协定（GATT）和世贸组织的功劳。换言之，进口和出口的增长超过了国民收入总值的增长。根据世贸组织汇总的数据，2015年世界贸易总额为16.5万亿美元，随着贸易恢复到了金融危机前的水平，在多年增长之后呈现较为温和的下降。表2-6展示了在进出口方面处于领先地位的国家。

表2-6　2015年在世界商品贸易中处于领先地位的出口国和进口国[38]　　　　　　　（单位：10亿美元）

领先的出口国	2015年	领先的进口国	2015年
1.中国	2 274	1.美国	2 308
2.美国	1 504	2.中国	1 681
3.德国	1 329	3.德国	1 050
4.日本	624	4.日本	648
5.荷兰	567	5.英国	625

资料来源：WTO.数据引用于2017年12月1日。

德国在 2003 年超越美国成为全球最大的出口国。各种规模的德国制造商都从全球经济的增长中受益，因为它们提供的发动机、机器、车辆和其他资本货物正是建设工厂和国家基础设施所必需的。在世界各地，机械和运输设备大约占全球出口总量的 1/3。总体而言，德国出口量的 2/3 都进入了其他欧盟国家；法国是头号目的地，美国排名第二。如今，出口占德国国内生产总值的 40%，有 900 万个与出口相关的工作岗位。此外，德国公司国外子公司的年销售额为 15 亿美元。[39] 为了确保当地公司能够跟上数字革命的步伐并抓住物联网发展带来的机会，德国政府近期宣布了一项被称为工业 4.0 的行动方案，其核心是向着去中心化的"智慧"制造业转变。

2009 年，中国在全球商品出口的排名上超过了德国（见表 2-6），跃居第一，这强化了中国作为出口大国的地位：中国通过两位数的出口增长率展示了其持续的经济实力。自 2001 年加入世贸组织以来，中国的出口大幅提升。事实上，多个国家的政策制定者都在向中国政府施压，敦促中国刺激人民币升值，从而阻止涌向各自国家的进口商品潮。

服务贸易是世界贸易中发展最快的一部分，也是高收入与低收入国家之间贸易关系中存在的一个主要问题。服务包括旅游娱乐，教育，包含诸如审计、广告、工程、投资银行和法律服务在内的商业服务，以及支付知识产权的版税和许可费服务。作为一个组群，低收入国家、中低收入国家乃至中高收入国家在国际版权、知识产权保护和专利法方面都存在执法不严的现象。由于这些权利未能有效地执行，其结果是使出口诸如计算机软件、音乐以及视听娱乐等服务产品的国家遭受收入损失。据商业软件联盟（Business Software Alliance）每年发布的《全球软件盗版研究》（*Global Software Piracy Study*）显示，每年世界范围内软件盗版造成的损失高达约 627 亿美元。

美国是全球领先的服务贸易大国。英国排名第二，服务业占该国出口总额的 45%。超过 1/3 的英国服务出口到了欧盟。[40]

如图 2-6 所示，2016 年美国服务出口总额超过 7 500 亿美元，这个数额约占美国出

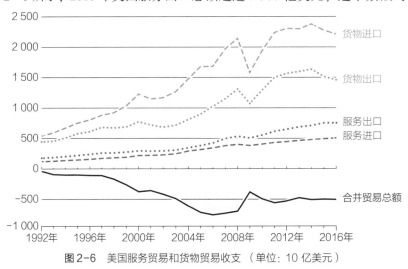

图 2-6　美国服务贸易和货物贸易收支（单位：10 亿美元）

资料来源：www.bea.gov. 数据引用于 2017 年 12 月 1 日。

口总额的 $\frac{1}{3}$。2016 年美国的服务贸易顺差（服务出口额减进口额）达到约 2 477 亿美元，部分抵消了 7 525 亿美元的货物贸易逆差。关键点是：美国的年度贸易赤字为 0.5 万亿美元。这个数字正是特朗普总统承诺以其"美国优先"的愿景来解决的问题。然而，许多经济学家认为，不应该用贸易赤字作为一个经济体是否具备实力的标志。

全球营销

2.6

国际金融概述

解释汇率如何影响一家公司在世界不同国家/地区的机会。

外汇使得一国的公司能够用不同的货币在其他国家开展业务。同时，外汇也是全球营销的一个方面，它所涉及的金融风险、决策和活动都与在国内开展营销的企业大不相同。在泰国、马来西亚和韩国这样的发展中市场上，这些风险甚至可能会更高。当公司在单一国家或地区开展业务且消费者和供应商都以同种货币进行支付时，则不存在外汇风险，因为所有的价格、支付、收据、资产和债务都是以本国货币计算的。相反，当公司使用不同货币开展跨境业务时，它就进入了外汇风险的动荡世界。

外汇市场是由实际存在的买方和卖方组成的市场，这个市场上持续不断地进行着即期或远期交割的货币交易。正如本章前面所述，每天都有约 5 万亿美元的货币完成交割。**即期市场**（spot market）进行即期交割，进行远期交割的则称为**远期市场**（forward market）。这是一个价格由交易时刻起作用的供求关系共同决定的真实市场。

那么，这个市场的参与者是谁呢？首先，一个国家中央银行可以通过在外汇市场上买卖货币和政府债券介入货币市场，从而影响汇率。回顾上文，中国现在持有数万亿美元的美国国债。这种购买有助于确保人民币与美元相比相对低估。[41] 其次，部分外汇市场上的交易以全球货物与服务贸易结算所需的交易形式存在。例如，因为保时捷是一家德国公司，美国购车者购买保时捷轿车所支付的美元必须兑换成欧元。最后，货币投机者也会参与外汇市场。

政府的行为或经济危机都有可能导致货币贬值。但无论原因如何，**货币贬值**（devaluation）是指一国货币对其他货币的价值下降。例如，1998 年 8 月俄罗斯的卢布价值暴跌，政府拖欠外国债务。许多俄罗斯人面临减薪和裁员的问题。银行倒闭，储蓄枯竭。而在随后的十年中，俄罗斯经济迅速复苏，实际国内生产总值翻了一番，其部分原因是卢布贬值导致进口价格上升进而刺激了当地的生产。正如一位经济学家指出的，"1998 年的崩盘彻底清理了宏观经济"。但在 2014 年，历史再次重现。随着世界油价跌破每桶 50 美元，卢布再次暴跌。

2014 年，欧洲中央银行（ECB）采取了一项引发欧元贬值的行动方针。利用被称为量化宽松（quantitative easing）的工具，欧洲中央银行开始每月购买价值数百亿欧元的政府债券，大大增加了欧元的供应。随着供应的扩大，欧元价值大幅下降。就在几年前，1 欧元兑 1.35 美元。到 2015 年初，汇率已经变为 1 欧元兑 1.13 美元。尽管美元强势对到欧洲旅行的美国游客来说是个好消息，但是将欧元销售额按新汇率兑换成美元时，美国企业则要面临巨大的损失。

从某种程度上说，如果一个国家货物和服务的出口大于进口，那么对该国货币的需求量就会上升，并且，该国货币存在升值的趋势——除非该国政府实行不允许货币浮动的外汇政策。在国际经济学中，这种政策被称为**重商主义**（mercantilism）或**竞争性货币政治**（competitive-currency politics），其原因在于该政策以牺牲外国竞争者为代价来支持本国产业。面对美国和其他国家的政治家不断升级的言论，中国政府采取**升值**（revaluation）政策予以应对，允许人民币对美元和其他货币走强。[42] 在 2006 年至 2008 年间，人民币升值了约 20%。

中国货币升值会产生怎样的影响呢？既有本国影响，又有全球影响。从最广泛的意义上讲，更强势的人民币（或元，中国货币的名称）有助于重新平衡全球经济。换句话说，经济增长将减少中国对美国和其他国家抢购其出口商品的依靠程度。由于进口商品变得更加实惠，中国消费者和公司也将享有更高的购买力。这将对中国的消费物价指数构成下行压力，并帮助中国政府实现控制通胀的目标。宝马、通用汽车和大众汽车等全球汽车制造商在中国用进口零部件组装汽车，将因更低的成本而受益。

表 2-7 显示了在合同规定的各种付款条件下，币值浮动对金融风险的影响。假设一笔交易达成时的汇率是 1 美元兑 1.10 欧元，如果美元对欧元升值至 1 美元兑 1.25 欧元，且合同规定用美元支付，这种情况会对美国出口商产生怎样的影响？若美元贬值（1 美元兑 0.85 欧元），情形又会如何？相反，如果欧洲买方签订合同用欧元而不是美元支付，情况又会如何？

表 2-7　对外交易中的外汇风险和收益

对外合同外汇汇率	标价 1 000 000 美元的合同		标价 1 100 000 欧元的合同	
	美国出口商收入	欧洲进口商支付	美国出口商收入	欧洲进口商支付
1 美元兑 1.25 欧元	1 000 000 美元	1 250 000 欧元	880 000 美元	1 100 000 欧元
1 美元兑 1.10 欧元	1 000 000 美元	1 100 000 欧元	1 000 000 美元	1 100 000 欧元
1 美元兑 1.00 欧元	1 000 000 美元	1 000 000 欧元	1 100 000 美元	1 100 000 欧元
1 美元兑 0.85 欧元	1 000 000 美元	850 000 欧元	1 294 118 美元	1 100 000 欧元

既然币值是不断波动的，那么人们有理由质疑特定货币相对另一货币的币值是否被高估或低估了。回顾上文，本章讨论过币值能反映政府的政策（正如中国的例子）或者市场的影响力。解答这个问题的方法之一是比较一种知名的单一产品——麦当劳的巨无霸在世界各地的售价。《经济学人》杂志提出的**巨无霸指数**（Big Mac Index）就是确定世界上一种货币疲软或坚挺的"快捷而有瑕疵"（quick and dirty）的方法。它所暗含的假设是巨无霸汉堡不管以哪种货币标价，经折算后的价格都应等同于其在美国的美元售价。有人还根据星巴克咖啡和宜家家具的价格提出了相似的指数。[43]

如果将巨无霸的价格折算为美元后高于其在美国的价格，那么该国货币的价值就是被高估了。反之，若折算后的巨无霸价格低于其在美国的价格，那么该国货币的价值就是被低估了。经济学家引入了购买力平价（purchasing power parity，PPP）的概念来提高国民收入数据的可比性。例如，假设一个巨无霸汉堡在美国的平均价格是5.06美元；在中国的价格是19.19元。如果我们用19.19除以6.78（人民币/美元汇率），就得到2.83。由于这个转换后的价格低于其在美国的价格，因此人民币一定是被低估了。换句话说，根据一个巨无霸的美国平均价格，人民币汇率应该是3.79兑1美元（19.19÷5.06 = 3.79），而不是6.78兑1美元。[44]要确定你能理解如果汇率从6.78元兑1美元降至3.79元兑1美元，则意味着人民币相对于美元已经走强了。

2.6.1 经济风险

经济风险（economic exposure）反映了币值波动对公司财务状况的影响。当公司的商业交易用外币进行买卖结算时，经济风险就会出现。例如，帝亚吉欧（Diageo）公司在同意按某一汇率接受苏格兰威士忌的出口付款，实际上却是按另一种不同汇率结算时，就会面临经济风险。[45]雀巢公司每年销售额中的98%都来自瑞士以外的地区，经济风险显然对它是一个至关重要的问题。

在欧元区国家，葛兰素史克、戴勒姆、英国石油、荷兰皇家壳牌、赛诺菲－安万特和阿斯利康（AstraZeneca）这样的公司都有超过1/3的销售额来自美国市场。由于美元对欧元的波动，这些公司都面临潜在的经济风险。相比之下，通用电气营业收入中有45%来自美国本土市场，只有14%来自欧洲市场，因此它面临的风险程度低于前面提到的欧洲公司。即便如此，通用电气也同样面临经济风险。例如，在2014至2015年的证券交易委员会文件（Securities and Exchange Commission filing）中，该公司指出："受美元与欧元、巴西雷亚尔和加拿大元相比走强的影响，合并收入减少了49亿美元。"[46]

在应对由货币波动引起的经济风险问题上，一个关键性的问题是公司能否把价格作为维持其利润水平的一个战略工具。公司能否根据不同市场上的汇率升降来相应地调整价格？这取决于需求的价格弹性。需求对价格越不敏感，公司对汇率变动做出反应的灵活性就越大。例如，在20世纪80年代末，保时捷为应对美元走低，三次提升其在美国的价格。结果，保时捷在美国的销量从1986年的3万辆骤降至1992年的4 500辆。显然，美国豪华车的购买者对昂贵的德国跑车表现出较有弹性的需求曲线！

2.6.2 管理汇率风险

从以上讨论中可以清楚地看出，精确地预测汇率变动是一件极具挑战性的事情。多年来，人们努力寻找管理现金流或降低汇率风险的办法，由此带来了大量技术手段和金融策略的发展。例如，人们更愿意使用本国货币来销售产品。当这样不可行时，可以用技术手段来降低交易风险和经营风险。

对汇率风险进行**套期保值**（hedging）需要建立一个对冲的货币头寸，这样就可以用一种货币头寸的盈利或损失来抵消另一种货币头寸相应的损失或盈利。这种做法在向不同国家销售产品并保持业务运营的全球化公司中很常见。例如，现在保时捷公司在销售汽车时更依赖于对货币的套期保值而不是涨价来寻求更高的税前利润。所有的保时捷轿车都在欧洲生产，而将近 45% 的销量却来自美国市场。因此，保时捷面临的经济风险源于美元对欧元的相对价值。保时捷采取"全面对冲"的策略，即对所有收入建立货币头寸以防其受到汇率波动的影响。[47]

全球化公司如果预测到外币将对本币贬值，就可以对潜在的交易损失进行套期保值。反之，如果预测外币将对本币升值（走强），那么当外币收入换成本币时可能带来的是盈利而非损失。基于这样的预测，此时最好的选择可能是根本不做套期保值（通行的用词是"可能"，很多公司不管怎样仍会进行套期保值，除非公司的管理层笃信外币将要升值）。保时捷已从（正确地）判断美元疲软中获利。

管理交易和换算风险的外部套期保值法（external hedging methods）要求公司进入外汇市场。专门的套期保值工具包括**远期合同**（forward contracts）和外币期权（currency options）。内部套期保值法（internal hedging methods）包括价格调整条款和公司内部的外币借出或借入。**远期市场**（forward market）是一种将来按预定价格进行交割的货币买卖机制。如果已知在未来的某天将支付或收入一定数额的外币，公司可以通过预先买卖避免自己的汇兑损失。通过远期合同，公司可以将未来某一天的汇率锁定在某一水平，从而使自己不受汇率波动带来的损失（或收益）的影响。公司通过查询诸如《金融时报》《华尔街日报》或 www.ozforex.com 上的信息，就可能确定任何一天的汇率水平。世界上的几十种货币除了有即期价格，还有 30 天、60 天和 180 天的远期报价。

公司在预知货币风险（即有固定的销售合同存在）的情况下，可以利用远期外汇市场来规避风险。然而在某些情况下，公司对未来可能发生的外币现金流入或流出状况并不确定。试想，一家美国公司在争取某海外项目竞标时，只有在一段时间后才能知道自己是否中标。如有可能在竞标中胜出，该公司就有必要为将会产生的潜在的外币现金流入进行套期保值，以保障合同的美元价值。不过在这种情况下，远期合同并不是合适的套期保值工具。

这种情况下的最佳选择是外币**期权**（option）交易。**卖出期权**（put option）使购买者获得一种在期权到期之日前以某一约定的价格卖出一定数量的外币的权利（而非义务）。相反，**买入期权**（call option）是一种外币购买权利（而非义务）。以上述投标海外项目的美国公司为例，该公司可以获取一个卖出期权，以便在未来有权按约定的价格卖出外币换取美元。换句话说，美国公司锁定了合同的美元价值。因此，如果公司中标，那么未来的外币流入就通过卖出期权而获得了套期保值；如果未能中标，公司可将这一卖出期权在期权市场上卖掉，而无须执行。请记住，期权是权利而不是义务。公司唯一要承担的损失仅是购买该期权时所付和卖出该期权时所收之间的价差。

全球化公司的财务主管也可以通过要求买方以某种特定货币支付其海外销售的方

全球营销（原书第10版）

式完全规避经济风险。如前所述，一家总部位于美国的公司可以要求将美元作为自己海外销售的支付货币。然而，这种方法并不能消除外汇风险，只是把风险转移到了顾客身上。通常的做法是，公司在出口时争取用强势货币计算其应收账款，进口时用弱势货币计算应付账款。然而，在当今竞争激烈的全球市场上，这种方法可能会降低公司的竞争优势。

本章小结

经济环境是全球市场潜量和市场机会的主要决定因素。基于资源配置方式和资源所有权形式，世界各国的经济体制可分为**市场资本主义**、**中央计划资本主义**、**中央计划社会主义**和**市场社会主义**四种类型。20 世纪的最后几年，世界经济呈现转型的特征，即许多以往由中央计划控制的国家转向了市场资本主义。然而，世界各国仍在经济自由度方面存在很大的差异。

按经济发展阶段可将国家划分为**低收入**、**中低收入**、**中高收入**和**高收入**几个类型。国内生产总值（GDP）和国民收入总值（GNI）是两个常用于衡量经济发展的指标。低收入国家中 50 个最贫穷的国家有时被称作**欠发达国家**。具有高增长率的中高收入国家时常被称为**新兴工业化经济体**。一些经济体因其快速的增长而备受瞩目，如金砖国家，包括巴西（中高收入）、俄罗斯（中高收入）、印度（中低收入）、中国（中高收入）和南非（中高收入）。**七国集团**（G7）、**八国集团**（G8）、**二十国集团**（G20）和**经济合作与发展组织**（OECD）代表了高收入国家在全球其他国家促进实现民主理想和自由市场政策的努力。世界上的大部分收入集中于日本和大中华区、美国以及西欧，有全球抱负的公司通常在这三个地区都有业务。一种产品的市场潜量可以通过按照收入水平确定的**产品饱和度**进行评估。

一国的**国际收支**是对该国与其他国家之间所有经济交易的记录；该记录显示该国是有**贸易顺差**（出口产品价值大于进口产品价值），还是有**贸易逆差**（进口产品价值大于出口产品价值）。贸易额还可进一步分为**商品贸易**和**服务贸易**两个子项目。一国可能在两个子项中都是顺差，都是逆差，或者顺差和逆差同时存在。2016 年美国的商品贸易逆差高达 7 525 亿美元。不过美国每年都享有服务贸易顺差。总的来说，美国是一个债务国；中国享有贸易顺差，是一个债权国。

外汇提供了一种跨境结算的手段。国际金融市场的不断变化会对一个国家的经济以及一家公司的经营业绩产生很大的影响。一国央行采取的行动会导致各国货币升值或贬值。国际投机商的货币交易也会导致货币贬值。当一国的经济蓬勃发展或市场对其产品的需求比较旺盛时，该国的货币就会趋于升值。每当币值出现波动，全球化公司就会面临各种形式的经济风险。公司可通过**套期保值**规避汇率风险。

注　释

1. The "BRIC" designation first appeared in a 2001 report published by Goldman Sachs, the New York – based

investment bank, hedge fund, and private equity firm.

2. Numerous books and articles survey this subject—for example, Lowell Bryan et al., *Race for the World: Strategies to Build a Great Global Firm* (Boston, MA: Harvard Business School Press, 1999). See also Thomas Piketty, *Capital in the Twenty-First Century* (Cambridge, MA: Belknap Press, 2014).

3. Bill Vlasic, "Ford Introduces One Small Car for a World of Markets," *The New York Times* (February 15, 2008), p. C3.

4. William Greider offers a thought-provoking analysis of these new realities in *One World, Ready or Not: The Manic Logic of Global Capitalism* (New York, NY: Simon & Schuster, 1997).

5. Tom Lauricella, "Currency Trading Soars," *The Wall Street Journal* (September 1, 2010), p. A1.

6. 另一个经济指标——国民收入总值 (GNI), 包括 GDP 加上非居民来源产生的收入。第三个指标——国民生产总值 (GNP), 是生产的所有最终商品和服务的总价值。它是指一个国家的居民和国内商业企业, 加上在国外工作的公民产生的产出价值, 再加上在国外持有的资本产生的收入, 减去在该国运营的全球化公司的净收益转移。GDP 也衡量经济活动; 然而, GDP 包括一个国家居民和国内企业以及外资企业在境内产生的所有收入。在国外工作的公民赚取的收入不包括在内。例如, 爱尔兰吸引了大量的外国投资, 外资公司占爱尔兰出口的近 90%。这有助于解释这样一个事实, 即 2016 年, 爱尔兰的 GDP 总额为 3 040 亿美元, 而国民收入总值为 2 470 亿美元。实际上, 许多国家的国民生产总值、国内生产总值和国民收入总值数字将大致相同。

7. Brian Groom, "Balance and Power," *Financial Times* (July 22, 2010), p. 7.

8. Jon E. Hilsenrath and Rebecca Buckman, "Factory Employment Is Falling World-Wide," *The Wall Street Journal* (October 20, 2003), p. A2. 一些公司通过外包或分包非制造活动 (如数据处理、会计和客户服务) 来裁员。

9. Tracey Taylor, "A Label of Pride That Pays," *The New York Times* (April 23, 2009), p. B4.

10. 作者很感激辛普森学院经济系名誉教授弗朗西斯·J. 科莱拉 (Francis J. Colella) 提出了这些标准。

11. Peggy A. Golden, Patricia M. Doney, Denise M. Johnson, and Jerald R. Smith, "The Dynamics of a Marketing Orientation in Transition Economies: A Study of Russian Firms," *Journal of International Marketing* 3, no. 2 (1995), pp. 29–49.

12. Nicholas R. Lardy, *Integrating China into the Global Economy* (Washington, DC: Brookings Institution, 2003), p. 21.

13. William Greider, *One World, Ready or Not: The Manic Logic of Global Capitalism* (New York, NY: Simon & Schuster, 1997), p. 37.

14. Joel Sherwood and Terence Roth, "Defeat of Sweden's Ruling Party Clears Way for Sales of State Assets," *The Wall Street Journal* (September 19, 2006), p. A8.

15. Sarah Theodore, "Beer Has Big Changes on Tap," *Beverage Industry* (September 2008), p. 24.

16. 有关新兴大市场的精彩讨论参见 Jeffrey E. Garten, *The Big Ten: The Big Emerging Markets and How They Will Change Our Lives* (New York, NY: Basic Books, 1997).

17. John Aglionbi, "Ethiopia Bids to Become the Last Development Frontier," *Financial Times* (July 4, 2017), p. 9.

18. Saritha Rai, "Tastes of India in U. S. Wrappers," *The New York Times* (April 29, 2003), p. W7.

19. Manjeet Kirpalani, "The Factories Are Humming," *Businessweek* (October 18, 2004), pp. 54–55.

20. Joe Leahy, "Brazil Needs to Be Wary as It Enjoys Success Amid 'Insanity,'" *Financial Times* (August 3, 2011), p. 2.

21. Antonio Regalado, "Soccer, Samba and Outsourcing?" *The Wall Street Journal* (January 25, 2007), p. B1.

22. Matt Moffett and Helene Cooper, "Silent Invasion: In Backyard of the U. S., Europe Gains Ground in Trade, Diplomacy," *The Wall Street Journal* (September 18, 1997), pp. A1, A8.

23. Charles Clover and Sherry Fei Ju, "China's Larger-Than-Life Electric Car Ambitions," *Financial Times* (February 2, 2018), p. 15.

24. Patrick McGroarty, "South Africa Trade Hits Bump," *The Wall Street Journal* (March 25, 2013), p. A11.

25. Adapted from C. K. Prahalad and Allen Hammond, "Serving the World's Poor, Profitably," *Harvard Business Review* 80, no. 9 (September 2002), pp. 48 – 57.

26. Stuart L. Hart and Clayton M. Christensen, "The Great Leap: Driving Innovation from the Base of the Pyramid," *MIT Sloan Management Review* 44, no. 1 (Fall 2002), p. 56.

27. Ernest Beck, "Populist Perrier? Nestlé Pitches Bottled Water to World's Poor," *The Asian Wall Street Journal* (June 18, 1999), p. B1.

28. Jason Dean and Peter Wonacott, "Tech Firms Woo 'Next Billion' Users," *The Wall Street Journal* (November 3, 2006), p. A2. See also David Kirkpatrick, "Looking for Profits in Poverty," *Fortune* (February 5, 2001), pp. 174 – 176.

29. Miriam Jordan, "From the Amazon to Your Armrest," *The Wall Street Journal* (May 1, 2001), pp. B1, B4.

30. Scott McCartney, "Behind Your Online Travel Booking with Barry Diller," *The Wall Street Journal* (July 14, 2016), pp. D1, D2.

31. Jenny Wiggins, "Brands Make a Dash into Russia," *Financial Times* (September 4, 2008), p. 10.

32. Russell Gold and David Crawford, "U. S., Other Nations Step up Bribery Battle," *The Wall Street Journal* (September 12, 2008), pp. B1, B6.

33. Kiran Stacey, "Card Machine Queue Frustrates Merchants," *Financial Times* (December 6, 2016), p. 17.

34. Amy Chozik, "Nissan Races to Make Smaller, Cheaper Cars," *The Wall Street Journal* (October 22, 2007), p. A12.

35. Lukas I. Alpert, "Russia's Auto Market Shines," *The Wall Street Journal* (August 30, 2012), p. B3.

36. Saabira Chaudhuri, "Champagne Loses Its Sparkle in U. K.," *Financial Times* (March 21, 2017), p. B2.

37. 国际收支数据可从多个不同的来源获得，每个来源都可能显示给定行项目略有不同的数字。

38. www. wto. org/english/res_e/statis_e/its2013_e/its13_world_trade_dev_e. pdf. 2015 年 2 月 14 日访问。

39. Bertrand Benoit and Richard Milne, "Germany's Best-Kept Secret: How Its Exporters Are Beating the World," *Financial Times* (May 19, 2006), p. 11.

40. Valentina Romei, "The 'Dark Matter That Matters' in Trade with EU," *Financial Times* (December 18, 2017), p. 2.

41. Mark Whitehouse, "U. S. Foreign Debt Shows Its Teeth as Rates Climb," *The Wall Street Journal* (September 25, 2006), p. A9.

42. David J. Lynch, "Russia Brings Revitalized Economy to the Table," *USA Today* (July 13, 2006).

43. "When the Chips Are Down," *Economist. com* (accessed December 1, 2010).

44. 作者承认，基于 PPP 理论的巨无霸指数很简单，正如本节所指出的，汇率也受到利率差异以及货币和财政政策的影响，而不仅仅是价格。

45. John Willman, "Currency Squeeze on Guinness," *Financial Times—Weekend Money* (September 27 – 28, 1997), p. 5.

46. "About General Electric," *GE 2015 Form 10 – K*, p. 30.

47. Stephen Power, "Porsche Powers Profit with Currency Play," *The Wall Street Journal* (December 8, 2004), p. C3.

GLOBAL
MARKETING

全|球|营|销|
（原书第10版）

第 3 章　全球贸易环境

本章精要

- 阐述世界贸易组织在促进成员间全球贸易关系上的作用。

- 比较特惠贸易协定的四种主要形式。

- 阐述《北美自由贸易协定》各签署国之间贸易关系的动态。

- 识别拉美地区四项主要的特惠贸易协定以及各协定的主要成员。

- 识别亚太地区的主要特惠贸易协定。

- 描述欧洲地区经济融合的各种形式，解释"脱欧"的含义以及它对英国
  与欧洲关系的启示。

- 描述中东地区主要区域组织的活动。

- 识别希望向非洲地区扩展业务的全球营销商所面临的主要问题。

案例 3－1　　　　　　难以分离：英国人对"脱欧"深思熟虑

"我们应该留下来还是离开？" 2016 年 7 月，这个问题萦绕在为决定英国和爱尔兰是否要继续留在欧盟而去投票的选民心中。2015 年 9 月，随着极左翼候选人杰里米·科尔宾（Jeremy Corbyn）当选工党领袖，这一问题变得更加复杂。英国也见证了民粹主义运动的兴起，近 400 万人投票支持反欧盟的英国独立党（U. K. independence party, UIKP）就是明证。英国独立党的领袖奈杰尔·法拉奇（Nigel Farage）一直是公开批评欧盟的批评家。

在当初就反对英国于 1973 年加入欧盟的保守党成员中，也十分明显地不再抱有任何幻想。20 世纪 90 年代，一些保守党成员也反对英国加入建立欧洲单一市场的《欧洲联盟条约》[也称《马斯特里赫特条约》（Maastricht Treaty）]。2013 年，保守党成员、时任首相戴维·卡梅伦（David Cameron）曾宣布，他将就此问题举行全民公投。当时，卡梅伦确信，经过充分的公开辩论，大多数英国公民会选择维持现状。然而，到 3 年后公投时，反对运动已经积蓄了相当可观的势头，双方的言辞也变得激烈起来。选票清点完毕后发现，主张退出欧盟的阵营占据了上风。

作为欧盟的一员，英国可以接触到一个公开、自由、涵盖近 5 亿人口的市场。单单只看这个原因，英国企业界的很多成员就坚决地站在留欧阵营里。英国工业联合会（Confederation of British Industry, CBI）反对"脱欧"。这个贸易组织开展的一项研究显示，如果"脱欧"，2020 年将会损失 100 万个工作岗位和 1 000 亿英镑的国民收入。劳斯莱斯汽车公司和空中客车公司在英国拥有主要的制造公司。两家公司的高层管理者都警告说，投票给"脱欧"将会对就业和竞争力产生负面影响。

其他公司则选择回避这场辩论，无疑是担心疏远了他们在欧洲的客户。一个值得注意的例外是，以吸尘器闻名的工业家詹姆斯·戴森（James Dyson）爵士是"脱欧"阵营的支持者。在他看来，英国公司正受到德国的"欺负和支配"。欧元怀疑论者和"脱欧"运动的其他成员相信，他们的国家可以在欧盟的框架之外获得经济上的繁荣（见图 3－1）。这个群体中的一些人持有一种共识，即布鲁塞尔的"无脸官僚们"正在制造堆积如山的繁文缛节，妨害了英国商业的发展。而且，一些人相信英国政客通过服从欧盟的决定以避免自己做出重大的政策决策。正如一位戏谑者所说，"自其出现以来，布鲁塞尔毫无用处！"

自第二次世界大战以来，各个国家都对进一步推进相互之间的经济合作和一体化进程产生了极大的兴趣。这种协议可以是双边的。也就是说，两国之间可以通过谈判达成贸易协议。然而，也可以在区域或全球层面上达成多边协议。欧元区和范围更大的、由 28 个国家组成的欧盟就是区域性经济一体化的例子，欧元区中的 19 个国家都属于欧盟。英国作为全球第五大经济体和欧盟第二大经济体，它的"脱欧"投票是这种一体化上的倒退。

　　我们从全球层面的世界贸易组织（WTO）及其前身关税及贸易总协定（GATT）开始讨论世界贸易环境问题。接着，我们会指出并描述四种主要的双边和区域性特惠贸易协定。然后，我们会介绍世界上主要市场区域中的单个国家。本章的每小节还包括对这些国家参与的、具体的特惠贸易协定的详细讨论；而且会讨论每个地区重要的营销问题。第 2 章介绍了一些重要的新兴国家市场，本章则会重点关注之前没有讨论过的单个国家市场。

图 3-1　2016 年 6 月英国"脱欧"投票之后，支持脱欧和支持留欧的两个阵营之间的意见仍然存在着分歧。

资料来源：Chris Ratcliffe/Bloomberg via Getty Images.

世界贸易组织和关税及贸易总协定

阐述世界贸易组织在促进成员间全球贸易关系上的作用。

2017 年是**关税及贸易总协定**（General Agreement on Tariffs and Trade，GATT）签订的第 70 年。它是各国政府为了（至少在原则上）促成成员之间的贸易活动而签订的一项协定。GATT 旨在成为一个多边的全球性协定，而且它的确成功地实现了世界商品贸易的自由化。在协定签订后的半个多世纪以来，GATT 也是一家已经处理了 300 起贸易争端的组织，许多争端都涉及食品。GATT 本身并不具有强制的执行权，即争端中失利的一方有权忽视裁决，而且调解过程有时会拖延数年。因此，有些评论人士将它称为"一谈再谈总协定"（General Agreement to Talk and Talk）。

世界贸易组织（World Trade Organization，WTO）是 GATT 的继任组织，它成立于 1995 年 1 月 1 日。WTO 在位于瑞士日内瓦的总部为其 164 个成员提供了一个进行贸易谈判的论坛。WTO 的贸易专家是中立的，他们也充当了国际贸易争端的调解人角色（见表 3 - 1）。WTO 中设有一个争端解决机构（Dispute Settlement Body，DSB），对成员之间关于不公平贸易壁垒和其他问题的争端进行调解。在为期 60 天的协商期内，争端双方应当以真诚的态度进行谈判，并达成友好的解决方案。

如果双方无法达成和解，申诉方可以请求 DSB 指定一个由 3 名成员组成的贸易专家小组，对案件进行闭门听证会。听证会之后，专家小组将在 9 个月的时间之内公布裁决结果。[1]DSB 被授予根据专家组的建议采取行动的权力。

败诉方可以选择向受理上诉的 7 人小组上诉。如果经过规定的程序，发现某成员的贸易政策违反了 WTO 的规定，那么该成员则应当改变其贸易政策。如果当事成员不做出任何改变，WTO 可以对败诉方实施贸易制裁。欧盟和美国已经在 WTO 试图解决它们关于航空航天行业补助的相关问题上花费了 10 多年的时间。

> 为了使世界贸易组织的进程发挥作用，各国必须开始对政治敏感性的行业放宽政策。[2]
> 卡托研究院（Cato Institute）贸易政策研究中心，丹尼尔·格里斯沃尔德（Daniel Griswold）

代表的各贸易部长每两年举行一次会谈，以促进全球贸易的发展。2017 年的那次会议在布宜诺斯艾利斯举行。WTO 在涉及诸如非法捕捞补贴等棘手问题的重大政策举措时，能否不负众望仍有待观察。

表 3-1　WTO 案件举例

争端涉及的国家/地区	争端的性质
美国与中国	2016 年，美国提起一项申诉，认为中国对一系列原材料征收出口税使中国制造商能够获得导致市场价格扭曲的关键性材料

争端涉及的国家/地区	争端的性质
欧盟与美国	2014 年，欧盟提起一项申诉，认为华盛顿政府违反了国际贸易规定，向波音公司提供国内制造 777X 喷气式客机的税收优惠
安提瓜和巴布达 与美国	2003 年，安提瓜和巴布达提起申诉，认为美国禁止网络赌博违反了全球贸易协定。2004 年，WTO 做出了有利于安提瓜和巴布达的裁决

全球营销

3.2 特惠贸易协定

比较特惠贸易协定的四种主要形式。

WTO 在全球范围内促进自由贸易。但是，世界各个区域的国家也在寻求各自区域内的贸易自由化。**特惠贸易协定**（preferential trade agreement）是一种向特定的贸易伙伴提供特别贸易待遇的机制。这类协定对特定国家实行优惠待遇，往往会造成对其他国家的歧视。因此，国家间已经形成了在达成特惠贸易协定时向 WTO 备案的惯例。在最近几年里，向 WTO 备案的特惠贸易协定约有 300 多份。几乎没有协定是完全符合 WTO 的要求的，但也没有一个协定被判无效。

3.2.1 自由贸易区

自由贸易区（free trade area，FTA）由两个或两个以上同意取消关税或其他贸易壁垒的国家或地区组成。当贸易伙伴间就一个**自由贸易协定**（free trade agreement，FTA）的谈判取得成功，且自由贸易协定的最终目标是对跨越成员边境的货物实行零关税时，一个自由贸易区就诞生了。在有些情况下，关税在协定生效的当日就被取消；在其他的一些情况下，关税会在一个规定的时间段内被逐步取消。属于某个自由贸易区的国家或地区在制定针对第三方的贸易政策时，可以保持独立。**原产地规则**（rules of origin）阻止低关税的成员大量进口货物并将其转运至自由贸易区中的一个或多个高关税的成员境内。海关检查人员负责在成员之间的边境上巡逻检查。

例如，智利和加拿大在 1997 年在两国间建立了自由贸易区。一台加拿大制造的卡特彼勒平地拖拉机出口到智利无须缴纳关税。相反，如果相同的一台拖拉机从美国工厂进口到智利，那么智利的进口商就需要缴纳 1.3 万美元的关税。那么，卡特彼勒是否可以将其在美国制造的拖拉机先转道加拿大，再出口到智利，从而使进口商可以免交关税呢？答案是不可以，因为拖拉机上会带有一个"美国制造"的原产地标识，标明它需要缴纳关税。因此，美国政府也与智利签订了属于他们自己的双边贸易协定，并于 2003 年生效。

根据商业圆桌会议（Business Roundtable）的统计，迄今为止全球已经达成了数百个自由贸易协定。总体来看，超过 50% 的全球贸易是发生在签订自由贸易协定的国家或地区之间。随着更多协定的签订，这个数字还会增加。其他自由贸易协定的例子包括欧洲经济区（European Economic Area），这个自由贸易区包括欧盟和挪威、列支敦士登以及冰岛；由哥伦比亚、墨西哥和委内瑞拉三国构成的三国集团（G3），以及由中国内地和中国香港之间签署的《内地与香港关于建立更紧密经贸关系的安排》（Closer Economic Partnership Arrangement，CEPA）。

2011 年 10 月，美国国会终于批准了拖延已久的与韩国、巴拿马和哥伦比亚之间的自由贸易协定。还有加拿大和欧盟之间签署的《综合性经济贸易协议》（Comprehensive Economic and Trade Agreement，CETA），这个协定免除了加拿大和欧盟之间大部分货物交易的关税。和其他协定的情况相似，在欧洲有相当多的人对《综合性经济贸易协议》持反对意见。

3.2.2　关税同盟

关税同盟（customs union）是在自由贸易区逻辑上的自然演进。除了消除内部贸易壁垒外，关税同盟的各个成员之间还会就**共同对外关税**（common external tariffs，CETs）达成协议。1996 年，欧盟和土耳其为了进一步刺激双向贸易超过当时年均 200 亿美元的贸易水平而建立了关税同盟。这项关税同盟免除了这两个地区之间平均 14% 的关税，这一税率一度使土耳其每年要多花费 15 亿美元的成本从欧盟国家进口产品。

在 2017 年英国"脱欧"谈判开始之后，英国和欧盟之间的关税同盟受到了广泛的讨论。这项政策使英国能够在服务和农业领域就自己的贸易条款进行谈判。而欧盟则设定对所有货物的对外关税。这项协定以土耳其和欧盟之间的既有关税同盟为基础。对英国的不利之处是，英国将无法独立地与它的两个重要贸易伙伴美国和中国就关税减免进行谈判。本章中会讨论的其他关税同盟还有安第斯共同体（La Comunidad Anding）、中美洲一体化体系（Central American Integration System，SICA）、南方共同市场［Common Market of the South（MERCOSUR）］和加勒比共同体和共同市场（Caribbean Community and Common Market，CARICOM）。

3.2.3　共同市场

共同市场（common market）是经济一体化的更高阶段。除了消除内部贸易壁垒并建立统一的对外关税之外，共同市场还允许劳动力和资本等生产要素在市场内自由流动。中美洲一体化体系、南方共同市场和加勒比共同体和共同市场当前都以关税同盟的方式运行，未来可能会发展成为真正的共同市场。

3.2.4　经济联盟

建立**经济联盟**（economic union）的基础是消除内部贸易壁垒，建立统一的对外关税并且允许生产要素自由流动。经济联盟在联盟内部寻求经济政策和社会政策的协调一致，以使资本、劳动力以及商品和服务能够在各成员之间自由流动。它不仅是货物的共同市场，还是服务和资本的共同市场。例如，欧盟的各个成员之间必须在工作许可（资格认证）方面达成一致，从而保证在一国/地区具有执业资格的医生或律师也可以在欧盟的其他任何国家/地区工作，这样专业人士就可以在欧盟的任何国家/地区中工作。[3]

当经济联盟演进到最高阶段就会产生统一的中央银行，使用单一的货币，并在农业、社会服务、福利、地区发展、交通、税收、竞争和兼并等方面采取统一的政策。一个真正的经济联盟需要各成员之间在政治方面保持广泛的统一性，这就使它和国家很相似。在发展成熟的经济联盟的成员之间一体化的下一个阶段是形成一个统一的政府。这个统一的政府会将独立的政治成员联合起来形成一个统一的政治框架。欧盟正在接近成为一个完全经济联盟所需的主要步骤这一目标，但是遭遇了重大挫折。尽管有 16 个成员已经正式投票通过了《欧盟宪法条约》（European Constitution），但是由于法国和荷兰的选民投票反对，所以这一方案无法付诸实施。表 3-2 和图 3-2 对区域经济一体化的不同形式进行了比较。

表 3-2　区域经济一体化的不同阶段

一体化阶段	取消成员之间的关税和配合	存在共同对外关税和配额体系	取消对要素流动的限制	具有协调统一的经济及社会政策和制度
自由贸易区	是	否	否	否
关税同盟	是	是	否	否
共同市场	是	是	是	否
经济联盟	是	是	是	是

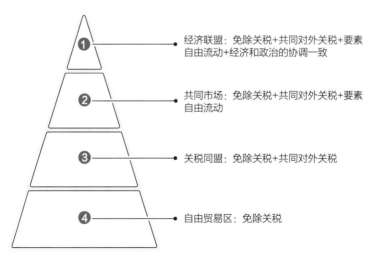

图 3-2　特惠贸易协定的层次

资料来源：Paul Button，根据世界银行的数据。

北美地区

阐述《北美自由贸易协定》各签署国之间贸易关系的
动态。

北美地区包括加拿大、美国和墨西哥，这个地区是一个与众不同的区域性市场。美国在单一国家的经济和政治环境中集合了财力雄厚、人口众多、地域辽阔且资源丰富等特点，并呈现独特的营销特征。与世界其他任何国家相比，美国都是更多全球行业领导者的故乡。在计算机、软件、航空、娱乐、医疗器械和喷气式发动机等行业，美国公司都是主导厂商。

尽管加拿大少有全球性的主要生产商，但是火车和飞机制造商庞巴迪（Bombardier）则是一个成功的例子。这家公司对自己最新研发的公务飞机 Global 7000 寄予厚望。曾经移动手机行业的领导者黑莓公司（Blackberry，过去被称为 Research in Motion）的总部也位于加拿大。

墨西哥正在赢得制造中心的声誉。例如，这里是位列全球第一的平板电视机制造商的所在地。通信巨头美洲电信（America Movil）的总裁卡洛斯·斯利姆（Carlos Slim）是世界上最富有的人之一。

1988 年，美国和加拿大签订了一个自由贸易协定（《美加自由贸易协定》，U. S. -Canada Free Trade Agreement，CFTA），美加自由贸易区于 1989 年正式成立。正因如此，美加之间每年的货物和服务贸易总额达到 6 500 亿美元，位列单一国家的双边贸易额之首。美国向加拿大的出口占其出口总额的 20%，而加拿大出口商品中的 85% 都是销往美国的。图 3－3 展示了北美地区经济一体化的情况：美国最大的贸易伙伴前三名是加拿大、中国和墨西哥。美国公司在加拿大境内的投资数额远超其在其他国家的投资。很多美国的生产制造商，包括通用电器和 IBM，都把它们的加拿大公司当作某些产品线的全球主要供应商。通过参与加拿大的汽车市场，美国汽车制造商获得了巨大的规模经济效益。《美加自由贸易协定》自 1998 年 1 月起全面生效，免除了所有关税。这个协定已经为大部分产品开创了一个真正的大陆性市场。

1992 年，来自美国、加拿大和墨西哥的代表结束了对《**北美自由贸易协定**》（North American Free Trade Agreement，NAFTA）的谈判。该协定经美国参众两院批准，于 1994 年 1 月 1 日生效。《北美自由贸易协定》的生效产生了一个人口超 4. 86 亿、GDP 总额超过 21 万亿美元的自由贸易区。

NAFTA 为什么要创建一个自由贸易区，而不是关税同盟或共同市场？原因是三国的政府都希望通过免除关税、扩大贸易和投资促进经济的增长。但是，目前它们尚未形成共同的对外关税，也未取消对劳动力及其他要素流动的限制。

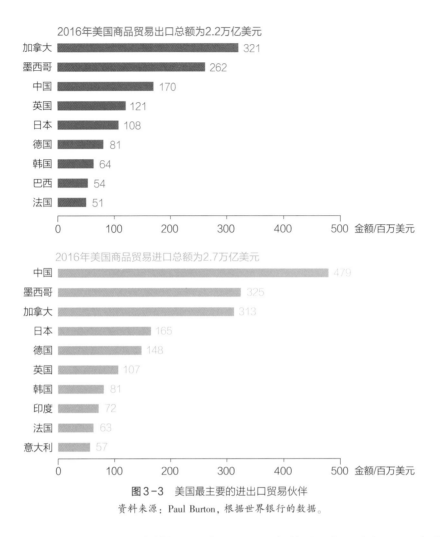

图 3-3　美国最主要的进出口贸易伙伴

资料来源：Paul Burton，根据世界银行的数据。

　　美国和墨西哥之间的双边贸易额已经超过 5 000 亿美元，每天有超过 10 亿美元价值的货物通过两国的边境。然而，这一协定确实为自由裁量保护主义敞开了大门。检查站数量的不足意味着货物可能在某些瓶颈地区（如主要的制造中心蒂华纳）被长时间地滞留在卡车上。由于这个原因，一些公司选择不在墨西哥制造它们的产品。据估算，在边境每耽搁一分钟就会导致美国付出 1 亿美元的成本，并失去 500 个工作岗位。[4]

　　非法移民和贸易这两个关键性的问题成了唐纳德·特朗普当年竞选美国总统时的焦点。特朗普作为候选人承诺在美国和墨西哥的边境"修筑一堵墙"，并将中止《北美自由贸易协定》，他在之前曾广为人知地将该协定称为"史上最糟糕的贸易协定"。特朗普当选之后，他威胁要兑现自己关于《北美自由贸易协定》的承诺。支持贸易的议会议员则试图说服他就改善型的新协定展开谈判。但他瞄准的是美国与墨西哥之间 700 亿美元的贸易逆差，其中的很大一部分是由汽车行业造成的。

　　为了推进他的议程，特朗普政府提出了一系列的"毒药丸"（poison pill）提案，一些观察家担心这些提案是为了确保使《北美自由贸易协定》崩溃而蓄意为之的。其中的一项要求是，自由贸易协定每五年将"自动废止"（sunset）（即自动结束并重新开始谈判）。另外一项要求是，要保证北美地区的免税汽车生产中有50%的成分是来自美国的。还有一项要求放弃《北美自由贸易协定》的争端解决程序，而该程序能够确保单方面无法终止合同。

2018年秋，三国同意用一项新的称为《美国－墨西哥－加拿大协定》（US-Mexico-Canada Agreement）的贸易协定来取代《北美自由贸易协议》。美国的汽车行业是该协定中的赢家，将继续采用复杂的供应链将三个国家联结起来。加拿大在努力保留使用独立小组作为解决争端的手段方面取得了成功。

全球营销 3.4　拉丁美洲：中美洲一体化体系、安第斯共同体、南方共同市场以及加勒比共同体和共同市场

识别拉美地区四项主要的特惠贸易协定以及各协定的主要成员。

拉丁美洲包括加勒比海、中美洲和南美洲（由于《北美自由贸易协定》，将墨西哥与北美地区划为一组）。拉丁美洲市场的吸引力在于它可观的市场规模和丰富的资源基础。在经历了长时间的经济停滞不前、严重的通货膨胀、外债攀升、保护主义和政府臃肿不堪之后，拉丁美洲的国家开启了经济改革的进程。平衡预算是这个地区国家的首要任务，私有化的改革也正在进行。自由市场、开放经济和放松管制已经取代了过去的政策。在很多国家，关税一度达到100%甚至更高的水平，现在已经降至10%~20%。

拉美地区的大多数民选政府都属于民主体制。然而，大部分拉美国家对全面参与全球经济的收益存在明显且广泛的怀疑。在追随委内瑞拉已故总统乌戈·查韦斯（Hugo Chávez）的意识形态脚步的政客变得越来越受欢迎之后，对自由市场的力量在这一地区将逐渐失去发展动力的担心也日益变多起来。全球企业在密切地关注着这些发展和变化。这些企业受到进口自由化、亚区域内贸易组织间更低关税的前景以及建立更有效的区域性生产系统的可能性的鼓舞。很多观察家预见将会形成一个覆盖整个半球的自由贸易区。拉丁美洲地区最为重要的四个特惠贸易协定是：中美洲一体化体系、安第斯共同体、南方共同市场以及加勒比共同体和共同市场。

3.4.1　中美洲一体化体系

中美洲地区正在努力振兴其最初在20世纪90年代早期建立起来的共同市场。中美洲共同市场（Central Market Common Market）的五个原始成员包括萨尔瓦多、洪都拉斯、危地马拉、尼加拉瓜和哥斯达黎加，它们在1991年7月决定重建这个共同市场。授予巴拿马观察国地位的这一举措使该地区的一体化进程获得了快速发展的动力（见图3-4）。1997年，巴拿马成了该组织的成员国，共同市场随之改名为**中美洲一体化体系**（Sistema de la Integración Centroamericana，SICA）。

中美洲一体化体系的总秘书处设在萨尔瓦多首都圣萨尔瓦多，负责协调推进建成一个真正的中美洲共同市场的进程。中美洲一体化体系的成员采用共同的原产地规则，使商品可以在成员之间更加自由地流动。在20世纪90年代中期之前，成员之间一致同意对大部分商品征收5%～20%的共同对外关税，而此前很多商品的税率水平超过100%。自2000年起，进口税率逐步收敛到0～15%的范围。

在2006年和2007年，与美国签署的《美国－多米尼加－中美洲自由贸易协定》形成了一个新的自由贸易区。这个贸易区被称为DR-CAFTA，包括中美洲一体化体系的五个成员国（萨尔瓦多、洪都拉斯、危地马拉、尼加拉瓜和哥斯达黎加，不包括巴拿马）和多米尼加共和国。该协定的贯彻实施较为缓慢，但是已经产生了一些变化。例如，80%的美国商品和超过50%的美国农产品可以免税进口至中美洲地区。中美洲企业的获益包括简化了出口所需的文书，并且可以采用线上申请流程。得益于更加清晰的规章制度，这个地区将会吸引更多的外国投资，因为外国投资者看到投资风险降低。单就哥斯达黎加一国而言，从2012年到2013年，来自外国的直接投资额增长了15%。

图3-4　巴拿马运河是世界上最重要的海运路线之一。它的扩容意味着运河可以容纳下新一代的大型货船。

资料来源：Moises Castillo/ASSOCIATED PRESS.

很长时间以来，大量的中美洲公司都是以"影子经济"（shadow economy）的形式运营的，很多商业交易都未向官方报告。例如，在21世纪中期，危地马拉和萨尔瓦多国内未记录在案的商业活动约占GDP的50%。随着企业为了享受CAFTA带来的益处而加入正式的经济组织，政府的税收收入将会有所增加[5]。

对协定持批评态度的人认为，签约国没有义务履行国际劳工组织（International Labor Organization）建立的国际劳工标准。他们认为由此带来的负面影响包括较低的工资水平和恶劣的工作环境。这个地域最令人兴奋的项目之一就是为了庆祝巴拿马运河建成一百周年而进行的运河扩容。现在新一代的巨型货船可以从运河通过。随着迈阿密以及其他城市为应对更多数量和更大规模的航船做好了准备，美国东海岸的港口改善工程也在进行中。

尽管为实现中美洲一体化体系的努力已经取得了一定的进展，但是这些努力仍然是缺乏协同性、效率低下且成本较高的。对进口国自身也生产的一些产品仍然要征收

全球营销（原书第10版）

关税，如糖、咖啡和酒类。正如危地马拉的一位分析家在十多年前就已经指出的那样：
"只有当看到萨尔瓦多的啤酒在危地马拉市场上销售，同时危地马拉的啤酒也在萨尔瓦
多的市场上销售时，我才相信贸易自由化和一体化成了现实。"[6]

3.4.2 安第斯共同体

安第斯共同体包括玻利维亚、哥伦比亚、厄瓜多尔和秘鲁，于 2019 年庆祝了共同
体成立的 50 周年。智利和委内瑞拉也曾是安第斯共同体的成员，但是两国分别在 1976
年和 2006 年退出了该共同体。现存的四个成员国的政策制定者一致同意降低共同体内
各国之间的贸易关税，并共同决定各国应该分别生产哪些产品；而且建立了共同的对
外关税，使其过渡到一个真正的关税同盟。与此同时，共同体之外的商品和公司则被
最大限度地排除在外。一位玻利维亚人将由缺乏竞争引起的不良后果描述如下："我们
已经达成共识，你们以高价购买我们的产品，而我们也按高价购买你们的。"[7]总体来
说，生活在该区域的农村居民和城市贫民已经对经济发展的毫无进展感到懊恼并失去
了耐心。一位安第斯学者在 21 世纪早期曾指出"自由市场政策已经运行了 10～15 年
的时间，然而天堂并未来临。人们开始怀疑是否真的像宣传得那样美好。"[8]

意识形态的分歧有助于解释为什么该区域内的贸易无法带来更多的收益。尤其是，
秘鲁和哥伦比亚两个国家正走在资本主义的道路上而获得成长，而厄瓜多尔和玻利维
亚的政府则具有社会主义倾向。然而，该共同体的发展仍然存在闪光点。从 20 世纪 90
年代的早期开始，《安第斯贸易促进和毒品根除法》（Andean Trade Promotion and Drug
Eradication Act，ATPDEA）使安第斯共同体的成员国将花卉免税出口到美国。美国国
会通过该法案的初衷是鼓励拉丁美洲的农民种植观赏花卉，而不是那些供非法毒品交
易的植物品种。但是，该法案已于 2013 年底失效。对秘鲁和哥伦比亚而言，花卉贸易
需要按照双边贸易协定来执行。尽管厄瓜多尔种植的花卉被大量出口到意大利、俄罗
斯、德国和加拿大等国，但是其中的大部分都是出口到美国。

3.4.3 南方共同市场

到 2016 年 4 月，《亚松森条约》（Asuución Treaty）的签订已满 25 周年。该条约的
签订代表着阿根廷、巴西、巴拉圭和乌拉圭四个国家的政府就成立**南方共同市场**
（*Mercado Común del Sur*，或 MERCOSUR）达成了一致性意见。这四个国家同意从 1995
年 1 月 1 日开始逐步推进关税改革。共同体取消了内部关税，并建立了最高不超过
20% 的共同对外关税。从理论上讲，商品、服务和生产要素最终将可以在四国之间自
由流动。然而，在这个目标实现之前，南方共同市场实际上将以关税同盟的形式运作，
而不是真正意义上的共同市场。如今，该区域内约有 90% 的商品实现了自由贸易。但
是，如果符合各国政府的利益，南方共同市场中的个体成员国仍可以征收内部关税和
对外关税。

南方共同市场的发展在很大程度上依赖于这场区域性合作的实验结果如何。早期

呈现积极的迹象，四个成员国之间的贸易额在20世纪90年代快速增长。然而，在南方共同市场成立之后，这个区域就经历了一系列的经济危机。例如，巴西货币在1995年大幅贬值，而且这种情况在1999年再次发生。

阿根廷向世人展现了一个绝佳的例子：一个国家如何能够摆脱经济危机并发展成为一个更强有力的全球竞争者。为了应对2001～2002年的金融危机，阿根廷的经济部长推行了包括在出口和资本交易中将货币贬值20%的应急方案。此外，阿根廷还被允许不再继续采用共同对外关税，独自提高了消费品的进口关税。危机中总是存有一线希望：将阿根廷出口到美国的红酒收入由美元兑换成阿根廷比索后，其贸易收入额在一夜之间变成了原来的4倍。货币贬值还会导致阿根廷葡萄园在外国购买者心中的地产价值降低。价格低廉的土地和劳动力以及适宜马尔贝克葡萄种植的自然条件，这些因素共同促使阿根廷的葡萄酒产业成了世界市场中的重要参与者。正如一名酿酒商指出的那样，"你可以在这里用比世界上任何地方都更少的资金酿造出品质更高的葡萄酒。"然而，一项新的挑战逐渐显现。例如，在21世纪最初10年的后期，美元兑欧元的疲软意味着酿酒商从法国进口橡木桶时需要多支付25%的费用。[10]阿根廷前总统毛里西奥·马克里（Mauricio Macri）为此制订了一套雄心勃勃的经济改革计划，其中包括一套旨在削减政府预算赤字的简化公司税法和养老金改革。

这一区域中贸易协定的形势正在持续地演变。1996年，智利成了南方共同市场的联系国成员。政策制定者投票反对智利成为正式的成员国，其原因是智利的对外关税已经低于南方共同市场中其他国家的水平。讽刺的是，智利要想获得正式的成员国身份，就需要提高关税（也就是说，智利只参与南方共同市场关于自由贸易区的内容，而不参加关税同盟）。智利以出口驱动的成功经验使它成了拉丁美洲其他国家以及中东欧国家的一个榜样。

2004年，南方共同市场与安第斯共同体签署了一项合作协议，接纳玻利维亚、哥伦比亚、厄瓜多尔和秘鲁成为联系国成员。欧盟是南方共同市场的第一大贸易伙伴。南方共同市场曾与欧盟谈判，希望建立一个自由贸易区。欧盟委员会原主席让-克洛德·容克（Jean-Claude Juncker）大力推动希望达成一项协议，以此证明欧盟是"对贸易开放"的。很显然，爱尔兰和法国的菜牛饲养主反对这一协定，其原因是来自巴西和阿根廷的低价进口商品会损害他们的利益。欧盟的农业生产者也提出了类似的反对意见，他们的农作物主要用来生产乙醇。[12]

前面提到过，2006年委内瑞拉退出了安第斯共同体。在秘鲁和哥伦比亚开始与美国进行自由贸易协定谈判后，委内瑞拉前总统乌戈·查韦斯宣称安第斯共同体"名存实亡"。尽管委内瑞拉走在成为南方共同市场的正式成员国的道路上，但是它的成员国身份由于其未能很好地遵循该组织的经济和民主原则而被暂

向中国和印度等国家出口商品的激增，带来具有大量消费需求的拉丁美洲国家的崛起。南方共同市场等协定促进了区域内具有较高附加值的产品的贸易。[11]

阿根廷阿贝切布（Abeceb）咨询公司，毛里西奥·克拉维里亚（Mauricio Claveria）

停。多年以来，委内瑞拉从市场对原油的旺盛需求及其高企的价格中获益良多。实际上，石油收入占到委内瑞拉出口总额的 75%。该国已故总统查韦斯自称为一名革命的倡导者。自 1998 年当选，他宣称自己对委内瑞拉的愿景是成为"21 世纪的社会主义"国家。十年前，委内瑞拉为全球性企业提供了大量的市场机会，如嘉吉（Cargill）、雪铁龙、埃克森美孚、福特、家乐氏、3M 和丰田。[13]然而，随着国家陷入经济和政治动荡的泥沼，由尼古拉斯·马杜罗·莫罗斯（Nicolas Madura Moros）总统领导的政府没收了通用汽车位于巴伦西亚的工厂，国有化了嘉吉的粮食加工设施。如今，食物短缺变成了委内瑞拉日常生活的现实写照，年通货膨胀率高达 5 000%，政府被迫将其价值 1 500 亿美元的外债进行重组以防违约。[14]

3.4.4　加勒比共同体和共同市场

加勒比共同体和共同市场(Caribbean Community and Common Market，CARICOM) 成立于 1973 年，是加勒比国家向团结统一迈进中的一场运动。它取代了 1965 年成立的加勒比自由贸易联盟（Caribbean Free Trade Association，CARIFTA）。该组织的成员国包括安提瓜和巴布达、巴哈马、巴巴多斯、伯利兹、多米尼克、格林纳达、圭亚那、海地、牙买加、蒙特塞拉特（英属）、圣基茨和尼维斯、圣卢西亚、圣文森特和格林纳丁斯、苏里南，以及特立尼达和多巴哥。加勒比共同体和共同市场所有 15 个成员国的人口总计约为 1 700 万。

截至目前，CARICOM 的主要目标是通过建立加勒比共同市场实现经济一体化的不断深化。然而，在其成立的前 20 年间，CARICOM 几乎是停滞不前的。在 1991 年 7 月举行的年度会议上，成员国间就加速一体化达成了一致性意见：建立采用共同对外关税的关税同盟。在 1998 年的峰会上，来自 15 个国家的首脑同意加快建立一个采用共同货币的经济联盟。但是，关于这一专题的研究表明，该区域内有限的交易规模将限制降低交易成本带来的潜在收益。[15]

过去几年间，安提瓜和巴布达与美国之间的贸易争端令人感到惊讶。直到最近，安提瓜和巴布达的在线博彩业每年都有超过 30 亿美元的收入。但是，在美国政府限制互联网扑克网站后，安提瓜和巴布达的收入骤降。安提瓜和巴布达认为美国违反了国际法，并向 WTO 提起申诉。WTO 做出了有利于安提瓜和巴布达的裁决，并授予它销售包括软件和 DVD 在内的各类美国知识产权的权利，且无须向商标或版权所有人偿付费用。[16]

加勒比海东部地区讲英语的 CARICOM 成员国也担心能否捍卫自己对美贸易的特权地位。这种地位最初是由 1984 年签订的《加勒比海盆地倡议》（Caribbean Basin Initiatives，CBI）确立的。该方案为包括 CARICOM 成员国在内的 20 个国家提供免税进入美国市场的便利，从而促进某些产品的出口生产。近期，CBI 的成员国要求进一步扩展 CBI。《加勒比盆地贸易伙伴关系法案》（Caribbean Basin Trade Partnership Act，

CBTPA）于 2000 年 10 月 5 日生效，该法案取消了加勒比海地区出口至美国的纺织品和服装的关税。

<table>
<tr><td>全球营销</td></tr>
<tr><td>3.5</td></tr>
</table>

亚太地区：东南亚国家联盟

识别亚太地区的主要特惠贸易协定。

东南亚国家联盟（Association of Southeast Asian Nations，ASEAN，东盟）成立于 1967 年，是一个旨在促进成员国之间的经济、政治、社会和文化合作的组织。六个初始成员国包括文莱、印度尼西亚、马来西亚、菲律宾、新加坡和泰国。越南于 1995 年 7 月进入东盟，在 1997 年 7 月联盟庆祝成立 30 周年之际，柬埔寨和老挝也获准加入该组织。缅甸由于其国内的政治和人权问题，直到 1998 年得以加入。六个原始成员国有时也被称为"东盟六国"（ASEAN-6）。

无论单个国家，还是整体而言，东盟在地区和国际贸易方面都表现活跃。东盟的主要贸易伙伴包括日本、欧盟、中国和美国。几年前，东盟的官员们意识到只凭宽泛的共同目标不足以维持该组织的生存。尽管东盟成员国之间地域相邻，但是历史上在很多方面却是相当割裂的。其中的一个问题是，在采取任何形式的合作之前必须取得所有成员国的同意。由于东盟

> **18 000 个：**
> 构成印度尼西亚的海岛数量
>
> **120 万：**
> 柬埔寨每年免税出口到欧盟的自行车数量。柬埔寨的情况符合普遍优惠制（Generalized System of Preferences，GSP）。
>
> **61 美元/月：**
> 柬埔寨的最低工资

六个创始成员国之间近期在降低区域内关税方面取得了进展，东盟自由贸易区（ASEAN Free Trade Area，AFTA）的建立终于成为现实。

近期，日本、中国和韩国被非正式地加入东盟成员国的名单。一些观察家将这种格局称为"东盟 +3"。当名单进一步扩大，澳大利亚、新西兰和印度也加入后，被称为"东盟 +6"。"东盟 +6"正在努力建立一个东亚共同体（East Asian Community），其中的第一步就是建立东亚自由贸易区（East Asian Free Trade Area）。[17]总体来说，东盟成员国必须寻找新的经济发展路径，减少对西方出口商品和服务的依赖。东盟国家面临的一项重要挑战是，尽管该地区的国民约占全球的 1/3，但各个国家所处的发展阶段跨度很大。[18]

2010 年 1 月 1 日标志着新的中国 – 东盟自由贸易区成立。这个新的自由贸易区覆盖了 19 亿人口，取消了合作伙伴之间贸易商品中 90% 的关税。总体来看，该自由贸易区会使整个地区受益。例如，马来西亚在棕榈油和橡胶等商品的出口量将会增加。然而，其他一些东盟国家的工业部门则会受到中国低价商品涌入的影响。泰国领导人担心本国的钢铁和纺织业可能遭受此种影响，因此要求推迟取消关税。[19]

新加坡是东盟国家中的一个特例。新加坡曾经是英国殖民地，现在已经发展成了

一个充满生机活力、占地735.2平方千米的制造业强国。新加坡拥有极其高效的基础设施，新加坡港是全球第二大的集装箱港口，生活水平在该地区仅次于日本，位居第二。新加坡550万的居民为该国取得的经济成就发挥了巨大的作用，他们欣然接受了"知识最丰富的国家将在全球竞争中获胜"的观念。卓越的培训项目和95%的识字率能够解释为什么新加坡的人均工程师数量高于美国。新加坡的经济发展委员会也在积极吸引外国公司到新加坡开展业务。被吸引到新加坡的全球企业就像一本全球营销的名录，其中包括通用汽车、惠普、IBM、飞利浦、宝洁和苹果公司。总计有超过3 000家公司在新加坡开展业务或投资。

仅新加坡与美国之间的贸易就占美国与东盟国家贸易总额的1/3以上。2014年，美国对新加坡的商品出口总额为305亿美元，进口总额为165亿美元。新加坡与邻国在经济活动方面联系非常紧密，其32%以上的进口商品最终会再出口到亚洲的其他国家。

亚太地区的营销问题

东盟十国计划成立一个名为东盟经济共同体（AEC）的经济集团。尽管该地区的关税已经得到削减，但是包括烦琐的劳工法、缺少统一的产品标准、官僚主义等问题在内的很多非关税性的壁垒仍尚未被消除。东盟并不是一个关税联盟，因此各国之间的进口/出口活动按照不同的流程开展。因此，在文件审查和批准期间，货物可能会在港口滞留数周。在东盟经济共同体发展成为一个关税同盟或共同市场之前，还有很多工作要做。[20]

另外一个区域性的组织是亚太经济合作组织（Asia-Pacific Economic Cooperation，APEC）。每年秋天，组织成员的领导人在论坛上齐聚一堂，一起商讨共同关心的问题。2017年，APEC论坛在越南的岘港召开。时任美国总统特朗普在一场商务会议的演讲中阐述了他对"印度－太平洋地区"开展自由开放贸易的愿景。

西欧、中欧和东欧

描述欧洲地区经济融合的各种形式，解释"脱欧"的含义以及它对英国与欧洲关系的启示。

西欧国家处于世界上最发达国家的行列。尽管西欧的北部和南部国家在收入方面存在显著的差距，而且语言和文化也有着明显的不同，但曾经各不相同的西欧社会已经变得十分相似。尽管如此，国与国之间的差异仍足以使观察家将该地区划分为三个层次。很多英国人自认为英国在某种程度上不同于欧洲大陆的其他国家。在英国，欧元怀疑主义盛行，英国在很多方面仍然无法与德国和法国等宿敌达成共识。与此同时，在英吉利海峡的另一头，希腊、意大利、葡萄牙和西班牙一直极力反对被北部邻邦冠以"地中海俱乐部""外围经济体"或其他具有贬义的称谓。

3.6.1 欧盟

欧盟（European Union，EU）是全球知名的一些消费品品牌的故乡，其中包括喜力啤酒（荷兰）、H&M（瑞典）、LEGO（丹麦）、欧莱雅（法国）、能多益（意大利）和ZARA（西班牙）。一些欧盟国家严重依赖对机械、汽车和运输设备的出口，如法国、德国、西班牙和瑞典。另外一些国家则对工业制成品的出口较少，严重依赖旅游业，如希腊。

欧盟最早可以追溯到1958年生效的《罗马条约》（Treaty of Rome）。当时被称为欧共体（European Community，EC），其6个创始成员是比利时、法国、荷兰、意大利、卢森堡和联邦德国。1973年，英国、丹麦和爱尔兰获准加入该组织。随后，希腊于1981年，西班牙和葡萄牙于1986年也先后加入。自1987年起，当时欧共体的12个成员国开始着手启动一项艰巨的工程，即在商品、服务和资本方面建立一个真正的单一市场。换言之，其目标是建立一个真正的经济联盟。1992年底通过的《单一欧洲法案》（Single European Act）是欧共体的一项重要成就。部长理事会通过了两百多条法律法规以促成欧共体的单一市场。

欧洲计划的目标是协调各国的法律法规，使商品、服务、人员以及资金能够在各国之间自由地流动。1993年1月1日，标志着欧洲新经济时代的到来。1995年1月1日，芬兰、瑞典和奥地利正式加入欧盟。1994年11月，挪威全民公投否决了该国加入欧盟的提案。欧盟的意义远不只是一个自由贸易区、关税同盟或共同市场，其成员国的公民现在可以自由地在欧盟内部跨境活动。欧盟鼓励成员国间建立起一个共同体范围内的劳动力储备库。并且，尝试通过效仿美国反托拉斯法的形式建立起竞争规则，从而撼动欧洲商界企业联盟的卡特尔思想。而且，欧盟也在协调有序地开展公路和铁路网络的升级改造工作。

在过去的15年间，欧盟的不断扩大是这一地区发生的非常重要的事件。2004年5月1日，塞浦路斯、捷克、爱沙尼亚、匈牙利、波兰、拉脱维亚、立陶宛、马耳他、斯洛伐克和斯洛文尼亚成了欧盟的正式成员国。2007年，保加利亚和罗马尼亚正式加入。最新的欧盟成员国克罗地亚于2013年7月1日加入该组织。截至2018年，欧盟有28个成员国，涵盖了5亿人口，是全球最大的经济体，其GDP合计超过16万亿美元。正如开篇案例所述，随着2019年爆发的英国"脱欧"事件以及英国最终退出欧盟，原来的欧盟28国变为27国。

1992年签署的《马斯特里赫条约》为建立经济和货币联盟（economic and monetary union，EMU）奠定了基础。EMU包括欧洲中央银行和欧洲的单一货币欧元（euro）。该条约于1993年11月生效。1998年5月，奥地利、比利时、芬兰、爱尔兰、荷兰、法国、德国、意大利、卢森堡、葡萄牙和西班牙被选为**欧元区**（euro zone）的11个创始成员国。

单一货币时代于1999年的1月1日正式开启，这为欧元区的企业带来了很多收益，例如消除了因货币兑换及汇率的不确定性所产生的相关成本。2002年1月1日之前，欧元一直作为一种记账单位存在，此前发行的硬币和纸币以及诸如法国法郎这样的国家货币退出了流通领域。希腊于 2001 年加入欧元区；斯洛文尼亚在 2007 年 1 月 1 日加入，成为欧元区的第 13 个成员国；如今，欧盟中的 20 个国家也是欧元区的成员，包括下列国家：

- 塞浦路斯和马耳他，是第 14 和第 15 名成员，于 2008 年 1 月 1 日加入；
- 斯洛伐克，是第 16 名成员，于 2009 年 1 月 1 日加入；
- 爱沙尼亚，是第 17 名成员，于 2011 年 1 月 1 日加入；
- 拉脱维亚，是第 18 名成员，于 2014 年 1 月 1 日加入；
- 立陶宛，是第 19 名成员，于 2015 年 1 月 1 日加入；
- 克罗地亚，是第 20 名成员，于 2023 年 1 月 1 日加入。

全球金融危机之后的数年中，欧元区的未来似乎受到了质疑。对希腊"脱欧"（"Grexit"即希腊离开欧元区）的可能性存在广泛的担忧。多亏了欧洲中央银行的一项刺激计划和在多个国家中开展的结构化改革，现在欧元区内的经济产出正在扩大。然而，该地区国家间仍然存在差异，例如西班牙、意大利和希腊存在令人棘手的两位数的失业率。除了要促进就业，欧元区的许多国家还需要找到提高生产力的方法。

3.6.2 欧盟的营销问题

欧盟委员会制定指令，并通过立法规定各国执行指令的最后期限。自 1992 年以来，欧洲的商业环境发生了巨大的转变，这些变化对营销组合的各个要素都具有重要的启示：[21]

- 产品：协同（hamonization）意味着各国之间对内容和其他产品标准都已达成共识。因此，企业有机会通过减少产品调整的数量而从各种经济体中获益。
- 价格：竞争更加激烈的环境。由于单一货币使人们更容易对不同国家中销售的同一产品的价格进行比较，因此，欧元区价格的透明度（transparency）有所改善。
- 促销：电视广播采用共同的准则；电视商业广告采用统一的标准。
- 渠道：简化过境文件，取消边境口岸的海关手续。

例如，农业机械制造商和营销商凯斯欧洲公司（Case Europe）于 1988 年在欧洲推出了 Magnum 拖拉机，由于各国对车灯和车闸位置的不同要求，公司向市场提供了 17 种不同的款式。多亏欧盟国家间的协同化，凯斯欧洲公司现在只需要 Magnum MX 一种款式。不过，由于各国使用的工具和拖车类型不同，MX 配备了多种拖车拴钩。[22]

1999 年 1 月 1 日，欧元的到来带来更多的变化。由于消费者能够直接对比产品在欧元区不同国家内的价格，这就促使企业重新审视自己的定价策略。营销方面的挑战是如何制定出有效的策略以利用这个全球最大、最稳定和最富裕的市场中存在的各种机会。因此，企业必须对自己在何种程度上能将该区域视为一个整体做出评估，并考虑如何改变自己的组织政策和结构来适应并利用好这个统一的欧洲。

欧盟的扩大将对营销战略产生进一步的影响。例如，欧盟的食品安全法规不同于中欧一些国家所采用的食品安全法规。因此，可口可乐公司为了应对这些差异不得不推迟运动型饮料和其他一些饮品的推出。具体来说，波兰和欧盟的食品法要求使用不同的原料成分。除了法律方面的协同之外，欧盟扩大后的巨大市场也提供了重要的机会。例如，宝洁公司的管理层预测，当某个国家出现产品短缺时，他们能够将产品从一个市场转移到另外一个市场。由27个国家构成的欧盟还使企业在工厂选址方面具有了更大的灵活性。

与此同时，欧盟的扩大也使诸多挑战浮出水面。例如，南美的香蕉种植者向新的欧盟国家出口香蕉时面临75%的关税。在此之前，对香蕉的关税实际上是不存在的。而且，由于对欧盟境内糖类生产的关税和配额保护，消费者和食品制造商（如卡夫公司）都将面临成本上升的问题。[23]

3.6.3　中欧和东欧地区

由于中欧和东欧国家/地区正处于转型期，这一地区的市场呈现出非常有意思的机会和挑战。全球化公司将这一地区视为重要的驱动增长的新来源，而且进入某个国家市场的第一家公司往往会成为该行业的领导者。"出口"曾经是广受青睐的一种市场进入方式，而在该地区直接投资的方式变得越来越受欢迎。由于该地区的工资水平远低于西班牙、意大利、葡萄牙和希腊的工资水平，因此为轻工业领域的低成本制造业提供了具有吸引力的生产地。例如，意大利的制鞋企业可以从斯洛文尼亚采购一些低成本的产品线。

2015年1月1日，欧亚经济联盟（Eurasian Economic Union，EEU）成立，该组织将俄罗斯、白俄罗斯和哈萨克斯坦的经济联合起来。吉尔吉斯斯坦和亚美尼亚也加入了欧亚经济联盟。俄罗斯总统普京将欧亚经济联盟视为俄罗斯经济增长的基石。然而，随着油价下跌而导致的卢布贬值，白俄罗斯重新恢复了自己对海关的一些管制。

一项研究调查了3M、麦当劳、飞利浦、汉高、南德制糖（Südzucker AG）和其他一些公司在中欧地区开展业务时所采用的方法。这一地区的消费者和企业都对那些过去只有政府精英和地位显赫的人才买得到的全球知名品牌充满了渴望。该项研究发现，所调查的企业其营销活动要素中存在高度的标准化，特别是企业的核心产品和品牌要素与在西欧所采用的基本上没有变化。消费品公司通常瞄准市场中的高端细分市场，并注重品牌形象和产品质量。产业营销商则关注与这些国家中最具规模的企业开展业务的机会。[24]

中东地区

描述中东地区主要区域组织的活动。

中东地区包括 16 个国家和地区，分别是阿富汗、巴林、塞浦路斯、埃及、伊朗、伊拉克、以色列、约旦、科威特、黎巴嫩、阿曼、卡塔尔、沙特阿拉伯、叙利亚、阿拉伯联合酋长国（包括阿布扎比和迪拜）和也门⊖。这一地区中的大部分人口属于阿拉伯人，波斯人也占较大比例，还有一小部分是犹太人。

石油价格推动着中东地区的商业发展。巴林、伊朗、伊拉克、科威特、阿曼、卡塔尔和沙特阿拉伯这 7 个国家从历史上就享受着售卖石油带来的高额收入，它们掌控了世界上大部分的石油储备。石油收入扩大了中东地区贫穷国家和富裕国家之间的差距，并加剧了这一地区政治和社会层面的不稳定性。沙特阿拉伯是该地区最重要的市场，它拥有 2 200 万人口和全世界 25% 的已探明的石油储备。然而，随着石油价格在国际市场上的暴跌，以及伊朗由于国际制裁已获解除而提高了自己的石油产量，沙特阿拉伯的领导者必须找到在"后石油经济"之下的新的收入来源。

其中的一个目标是促进旅游业的发展。如今，源自石油的收入占沙特 GDP 的 39%，比旅游业的占比少 3%。[25] 2017 年，沙特王储穆罕默德·本·萨勒曼（Mohammed bin Salman）提出了一个雄心勃勃的计划，准备在红海沿岸建立一个价值 5 000 亿美元、被称为 Neom 的经济带。这个经济带的目的是在机器人技术和可再生能源等关键领域吸引外国投资。

3.7.1 海湾阿拉伯国家合作委员会

中东地区最重要的地区性组织通常被称为**海湾阿拉伯国家合作委员会**（Gulf Cooperation Council，GCC）。该组织成立于 1981 年，由巴林、科威特、阿曼、卡塔尔、沙特阿拉伯和阿拉伯联合酋长国组建。这六个国家拥有全球已探明石油储量的 45%，但它们的石油产量只占到全球石油总产量的 18%。意味深长的是，沙特阿拉伯和其他一些中东国家却出现账户赤字，这在很大程度上是由于这些国家中国民消费的大部分产品和服务都必须通过进口获得。

2017 年，中东地区出现了一场前所未有的外交危机。在沙特阿拉伯和阿联酋的带领下，海湾阿拉伯国家合作委员会指责卡塔尔为恐怖主义提供庇护。卡塔尔否认了这些指控。尽管如此，埃及加入了包括沙特阿拉伯、阿联酋和巴林在内的海湾阿拉伯国家合作委员会成员的阵营，它们一起关闭了与卡塔尔在银行业的往来，并限制与该国的旅行和交易活动。科威特和阿曼则选择保持中立。尽管当时卡塔尔为了

⊖ 此为原书说明，有误，其中塞浦路斯为欧盟成员，中东地区不包括阿富汗。除了此处引出的，中东地区还包括土耳其、巴勒斯坦等。

筹备 2022 年世界杯投入了 2 000 亿美元来改善国内的基础设施，这场抵制还是加剧了卡塔尔经济的不确定性。

从历史上看，海湾阿拉伯国家合作委员会的成员国严重依赖石油收入，以此支付进口支出。随着石油价格的大幅下降，它们努力地进行经济多元化并创造就业。沙特阿拉伯提出了"沙特愿景 2030"，号召大力发展在石油化工、水泥和钢铁行业的新业务。巴林扩展自己的银行和保险业，阿拉伯联合酋长国则聚焦于信息科技、媒体和电信业务。海湾阿拉伯国家合作委员会为其成员国提供了在经济、社会和文化事务方面实现协调、整合和合作的途径。海湾国家的财政部长们拟定了一项经济合作协定，该协定覆盖了投资、石油开采、关税减免、银行法规协同和财政货币协作等方面的内容。海湾阿拉伯国家合作委员会协调该地区的贸易发展、行业战略和农业政策，并统一石油开采的政策和价格。当前的目标包括建立一个阿拉伯共同市场并提高与亚洲的贸易关系。

海湾阿拉伯国家合作委员会是中东地区成立的三个地区性组织之一。另外两个组织成立于 1989 年。摩洛哥、阿尔及利亚、毛里塔尼亚、突尼斯和利比亚共同组建了阿拉伯马格里布联盟（the Arab Maghreb Union，AMU）。埃及、伊拉克、约旦和也门建立了阿拉伯合作委员会（Arab Cooperation Council，ACC）。很多阿拉伯人士认为，这些新成立的地区性组织（GCC、ACC 和 AMU）是经济共同体的萌芽，它们将会促进阿拉伯国家间的贸易和投资。与原来的阿拉伯国家联盟（League of Arab States）相比，这些新成立的组织很可能会更加迅速地引领该地区的经济一体化和经济改革。阿拉伯联盟由 22 个成员国组成，且拥有一部宪法要求在决定上达成一致。

3.7.2　中东地区的营销问题

"关联"（connection）是在中东地区开展业务的关键词。那些肯花时间与重要的商业人士或政府要员建立关系的人更有可能避开官方的繁文缛节。建立融洽的人际关系以及相互的信任和尊重是建立良好的商业关系的重要因素。阿拉伯的商业人士通常不会经由信函或者电话做出重要的商业决定。他们是和个人而不是企业做生意。而且，大部分社会习俗都是以阿拉伯社会男性占主导地位为基础。因此，对传统的穆斯林阿拉伯民众来说，女性通常不会参与商业或娱乐活动。

3.8　非洲地区

识别希望向非洲地区扩展业务的全球营销商所面临的主要问题。

非洲地域辽阔，拥有 170 万平方英里[⊖]的土地，是美国国土面积的 3.5 倍。总体来说，很难将非洲视作一个单一的经济体。可以将非洲大陆上的 54 个国家划分为三个不

⊖　1 平方英里 =2.59 平方公里。

同的区域：南非共和国、北非以及位于撒哈拉沙漠以南、赞比西河以北的亚撒哈拉非洲（或称为黑非洲）。非洲拥有全球 1.3% 的财富和 15% 的人口，被认为是发展中地区。该地区的人均收入不等，亚撒哈拉非洲国家的人均收入约为 1 505 美元，而北非和中东部地区的人均收入约为 7 800 美元。很多非洲国家都曾是欧洲的殖民地，欧盟现在也仍然是其最重要的贸易伙伴。

生活在北非的阿拉伯人与非洲其他区域的人们在政治和经济方面都存在很大差异。北部的六个国家比亚撒哈拉非洲地区的国家更富裕，经济也更发达。其中的几个国家则受益于其丰富的石油储量，特别是利比亚、阿尔及利亚和埃及。中东和北非地区有时被视为一个区域体，称为"中东北非地区"（Mena）。在石油价格飞涨的时期，国际货币基金组织鼓励中东北非地区的政策制定者们将石油收入投资于改善基础设施，以保持经济的不断增长。[26]在价格下跌时，该地区的政府则努力降低自己对石油收入的依赖以及公共补助的水平。近些年来，约旦、黎巴嫩、摩洛哥和突尼斯等不依赖石油收入的新兴中东北非地区的国家，其经济也有不错的表现。

3.8.1 西非国家经济共同体

1975 年 5 月，西非地区的 15 个国家共同签署《拉各斯条约》（Lagos Treaty）建立了**西非国家经济共同体**（Economic Community of West African States，ECOWAS，简称西共体），其目标是促进西非地区的贸易、合作和自主。成员包括贝宁、布基纳法索、佛得角、科特迪瓦、冈比亚、加纳、几内亚、几内亚比绍、利比里亚、马里、尼日尔、尼日利亚、塞内加尔、塞拉利昂和多哥。2000 年，毛里塔尼亚退出了该组织。1980年，该组织的成员国同意就未加工的农产品和手工艺品建立一个自由贸易区。同时，西非国家经济共同体还计划取消对工业品的关税，但此项政策在实施时出现了延迟。到 1990 年 1 月，在西共体成员国内生产的许多产品的关税都已被取消。该组织安装了一套计算机系统来处理关税和贸易统计数据，并计算由共同体内贸易自由化导致的关税收入损失。

尽管已经取得了这些成就，该地区内的经济发展情况并不均衡。近些年来，在其石油、天然气和矿产行业交易的促进下，加纳取得了令人瞩目的成绩。中国曾与这个地区签订了价值 150 亿美元的贸易协定。[27]与之相反的是，利比里亚和塞拉利昂仍然在遭受着政治冲突和经济下滑。

3.8.2 东非共同体

肯尼亚、乌干达、坦桑尼亚、卢旺达、布隆迪、南苏丹、刚果（金）、索马里 8 个国家组成了全球最年轻的共同市场——东非共同体。东非共同体的起源可追溯到 50 多年前，但是直到 1999 年才在一体化和合作方面取得了实质性的进展。如今的东非共同体已经经历了多个步骤的演变。2005 年，该地区实行了关税联盟。2010 年，这个自由市场的形成使得人员、商品和资金可以在共同体内自由流动。共同体的成员国还计划快速地建立起一个经济联盟。第一步将是创建一个货币联盟，目标是在10年内推出统一的货币，甚至出现了关于建立一个单一国家的讨论。一位观察家认为"东非合众国的想法不再像过去那样令人难以置信了。"[28]

3.8.3　南部非洲发展共同体

1992年，南部非洲发展共同体（Southern African Development Community，SADC）取代了南部非洲发展协调会议（South African Development Coordination Council），该组织成为促进该地区中由黑色人种执政的国家之间的贸易、合作和经济一体化的重要机制。南部非洲发展共同体的成员国包括安哥拉、博茨瓦纳、刚果（金）、莱索托、马拉维、毛里求斯、莫桑比克、纳米比亚、南非、塞舌尔、斯威士兰、坦桑尼亚、赞比亚、津巴布韦、马达加斯加和科摩罗。南非于1994年加入该共同体。它的收入占该地区总收入的75%，而且，它的出口额占到该区域内部出口总额的86%。南部非洲发展共同体的最终目标是建立一个发展成熟的关税同盟。2000年，终于建成了一个由11国组成的自由贸易区［安哥拉、刚果（金）和塞舌尔并未加入其中］。

2000年，南非和欧盟签署了一项贸易、发展和合作协定（Trade，Development，and Cooperation Agreement，TDCA）。自此以后，双边贸易和外国直接投资都有大幅增长。与此同时，南部非洲发展共同体的其他成员国则担心该协定会使欧洲的跨国公司以此为基础控制非洲。南非、博茨瓦纳和斯威士兰都属于南部非洲关税同盟（Southern African Customs Union，SACU）。

3.8.4　非洲的营销问题

2000年，美国总统签署了《非洲增长和机遇法案》（African Growth and Opportunities Act，AGOA）⊖。该法案以"贸易，而非援助"为主旨，支持那些在经济自由化方面取得显著进步的国家。非洲的公司将更容易地获得美国进出口银行的资助。该法案也代表着向建立美国—非洲自由贸易区迈出了正式的一步。[29]法案中有一项重要条款，准许肯尼亚、莱索托和毛里求斯三国的纺织品和服装生产商每年以零关税向美国最多出口35亿美元的商品。肯尼亚驻美国大使本杰明·基普科里（Benjamin Kipkorir）十年前就说过："18世纪从英国开始，每个国家的工业化都是从纺织业开始的，我们也要这样做。"

根据关贸总协定乌拉圭回合谈判中通过的《纺织品与服装协定》，于2005年取消了全球纺织品配额。但是，协定中关于AGOA的条款备受争议。美国每年进口的纺织品和服装将近1 000亿美元，其中的大部分（超过40%）都来自中国，余下的则来自亚洲的其他各国以及拉丁美洲和非洲。那些来自纺织品生产州的、谨慎的美国立法委

⊖　该法案于2000年10月1日起生效，后将AGOA期限延长至2015年，并更名为《非洲增长与机遇提速法案》（AGOA Acceleration Act）。

员则担心如此高比例的进口会造成他们州内的选民失业。

尽管做出了以上努力，每年全球也仅有 3% 的外国直接投资会投向非洲。尽管如此，一些波斯湾国家现在有意与非洲国家建立更加紧密的关系，在基础设施、农业和通信等关键性领域投资数十亿美元。例如，迪拜世界集团（Dubai World）是一家国有企业，它正在就尼日利亚能源行业中的一个项目进行谈判，该项目价值达数十亿美元。而且，迪拜也在东非的吉布提投资新建了一个集装箱码头。该码头是亚撒哈拉非洲地区规模最大的码头，将由迪拜世界集团的子公司 DP World 负责经营管理。由于来自欧洲的投资者当时在发达国家遭受了经济损失而削减投资支出，此类来自阿拉伯国家的投资大受欢迎。

本章小结

本章主要讨论了世界贸易的环境，聚焦于影响贸易模式的组织和地区合作协定。于 1995 年成立的多边**世界贸易组织**是关税与贸易总协定的继任组织，它提供了一个解决成员间争端的论坛，并努力为世界贸易制定相关政策。全球贸易环境的另外一个特征是，在地区和亚地区的基础上在少量国家之间形成**特惠贸易协定**。这些协定可以被概念化为不断加强经济一体化进程的催化剂。

自由贸易区代表着经济一体化程度的最低水平，如基于《北美自由贸易协定》建立的自由贸易区。**自由贸易协定**的目的是取消关税和配额。原产地规则用来确认货物是从哪个成员装运而来的。**关税同盟**（如南方共同市场）拥有共同对外关税，代表了更进一步的经济一体化水平。在诸如中美洲一体化体系和东非共同体这样的共同市场中，对劳动力和资本自由流动的限制得以消减，进一步提高了一体化的水平。诸如欧盟这样的**经济联盟**是一体化的最高水平，通过统一的经济政策和制度得以实现。协同，即不同标准和法规的逐步趋同，是欧盟的一个主要特点。

其他重要的合作协定包括东盟和海湾阿拉伯国家合作委员会。在非洲，两个主要的合作协定是西非国家经济共同体和南部非洲发展共同体。

注　释

1. Scott Miller, "Global Dogfight: Airplane Battle Spotlights Power of a Quirky Court," *The Wall Street Journal* (June 1, 2005), pp. A1, A14.
2. Scott Miller, "Trade Talks Twist in the Wind," *The Wall Street Journal* (November 8, 2005), p. A14.
3. Gabriele Steinhauser, "A Rocky Road to Economic Union," *The Wall Street Journal* (June 9 – 10, 2010), p. A9.
4. John Paul Rathbone, "Bottleneck at Frontier Chokes Opportunities to Boost Trade," *Financial Times* (June 28, 2013), p. 2.
5. Adam Thomson, "Trade Deal Has Hidden Qualities," *Financial Times Special Report: Central America Finance & Investment* (September 19, 2008), p. 3.
6. Johanna Tuckman, "Central Americans Start to Act Together," *Financial Times* (July 9, 1997), p. 4.
7. "NAFTA Is Not Alone," *The Economist* (June 18, 1994), pp. 47 – 48.

8. Marc Lifsher, "The Andean Arc of Instability," *The Wall Street Journal* (February 24, 2003), p. A13.

9. William Neuman, "Vegetable Spawns Larceny and Luxury in Peru," *The New York Times* (December 7, 2014), pp. A9, A15.

10. David J. Lynch, "Golden Days for Argentine Wine Could Turn a Bit Cloudy," *USA Today* (November 16, 2007), pp. 1B, 2B.

11. Viñcent Bevins, "A Dream Disrupted," *Financial Times—International Business Insight, Part Four: Latin America* (November 23, 2010), p. 8.

12. Jim Brunsden and Alan Beattie, "Farmers' Resistance Tests EU Drive for South American Trade Deal," *Financial Times* (November 3, 2017), p. 7.

13. David J. Lynch, "Venezuelan Consumers Gobble Up U. S. Goods," *USA Today* (March 28, 2007), pp. 1B, 2B.

14. John Paul Rathbone and Robin Wigglesworth, "Caracas Plays Its Last Cards," *Financial Times—FT Big Read: Latin America* (November 22, 2017), p. 9.

15. Myrvin L. Anthony and Andrew Hughes Hallett, "Is the Case for Economic and Monetary Union in the Caribbean Realistic?" *World Economy* 23, no. 1 (January 2000), pp. 119 – 144.

16. Bruce Einhorn, "A Caribbean Headache for Obama's New Trade Rep," *Bloomberg Businessweek* (May 3, 2013), p. 13.

17. Bernard Gordon, "The FTA Fetish," *The Wall Street Journal* (November 17, 2005), p. A16.

18. James Hookway, "Asian Nations Push Ideas for Trade," *The Wall Street Journal* (October 26, 2009), p. A12.

19. Liz Gooch, "In Southeast Asia, Unease over Free Trade Zone," *The New York Times* (December 28, 2009), p. B1.

20. Jeremy Grant, "Business Warns of Barriers for Trading Bloc," *Financial Times* (February 20, 2015), p. 5.

21. G. Guido, "Implementing a Pan-European Marketing Strategy," *Long Range Planning* (Vol. 5, 1991), p. 32.

22. George Russell, "Marketing in the 'Old Country': The Diversity of Europe Presents Unique Challenges," *Agri Marketing* 37, no. 1 (January 1999), p. 38.

23. Scott Miller, "Trading Partners Meet New EU," *The Wall Street Journal* (May 4, 2004), p. A17.

24. Arnold Shuh, "Global Standardization as a Success Formula for Marketing in Central Eastern Europe," *Journal of World Business* 35, no. 2 (Summer 2000), pp. 133 – 148.

25. Margherita Stancati, "A Jump in Saudi Tourism," *The Wall Street Journal* (July 16 – 17, 2016), p. C3.

26. Victoria Robson, "Window of Opportunity," *Middle East Economic Digest* 49, no. 18 (May 6, 2005), p. 6.

27. Will Connors, "China Extends Africa Push with Loans, Deal in Ghana," *The Wall Street Journal* (September 24, 2010), p. A15.

28. Josh Kron, "African Countries Form a Common Market," *The New York Times* (July 2, 2010), p. B2. 另见 William Wallis, "Enthusiasm for EAC Not Matched by Results," *Financial Times Special Report: Doing Business in Kenya* (November 26, 2010), p. 1.

29. Andrew England, "Producers Pin Hope on AGOA Trade Pact to Drive Exports," *Financial Times* (August 6, 2014), p. 3.

GLOBAL
MARKETING
|全|球|营|销|
（原书第10版）

第4章　社会和文化环境

本章精要

- 定义文化并识别可能影响全球营销战略的各种文化表达和表现形式。
- 比较高语境文化和低语境文化关键的相反方面。
- 简明介绍霍夫斯泰德文化维度理论。
- 解释自我参照标准如何影响全球化公司的决策，并提供一个公司逐步适应全球市场条件的示例。
- 分析创新扩散理论的组成及其在全球营销中的应用。
- 解释全球不同社会和文化环境的营销含义。

案例 4 - 1　　　　　　　　　奇怪的酿造：世界各地的咖啡文化

　　咖啡豆是世界上交易量第二大的商品（你能猜出第一位是什么吗？）。传说，这种豆子的刺激作用是几百年前埃塞俄比亚高地地区咖法（kaffa）的一位牧羊人发现的。豆类和植物最终通过红海运输到阿拉伯半岛。到 15 世纪末，咖啡种植在也门生根，用烤豆酿造的热饮料很快成为伊斯兰文化生活的一部分。

　　从 17 世纪初到今天，全球咖啡贸易的增长和演变记录有许多文献记载，包括约翰·凯伊（John Keay）的英国东印度公司的历史。在也门肥沃的山谷中，约翰·乔丹船长发现了被他称为 "cohoo" 的小树林。

　　约翰·凯伊写道："这种 cohoo 的种子是一种伟大的商品，因为它被带到了开罗地区以及土耳其和印度的所有其他地方。"[1]

　　正如凯伊指出的那样，贸易商确实将小粒咖啡从非洲带到了中东进行种植。"Kahwa" 是阿拉伯世界使用的词。这种作物只在这个地区种植，当时欧洲没有咖啡市场。

　　到了 17 世纪 60 年代，咖啡已经成为红海港口的主要出口商品。渐渐地，咖啡传到了欧洲。伦敦第一家咖啡馆于 1652 年开业；日记作家塞缪尔·佩皮斯（Samuel Pepys）是其固定的赞助人。威尼斯商人从埃及进口咖啡，并将其出售给威尼斯共和国的富裕公民；意大利第一家咖啡馆于 17 世纪 80 年代初开业。

　　虽然英国东印度公司主导了也门摩卡港的出口贸易，但到 17 世纪末，竞争对手荷兰东印度公司（Verenigde Oostindische Copagnie）在印度尼西亚建立了咖啡种植园。其他欧洲国家纷纷效仿，将这种作物引入其遥远的殖民地网络。咖啡已经全球化了！

　　今天，咖啡文化继续在全球传播。在印度和中国等国家，咖啡甚至变得很受欢迎，在这些国家，茶传统上是热饮料的首选。与此同时，在首次发现咖啡的埃塞俄比亚，政府预算需求与消费者期望之间的冲突正在酝酿：政府希望通过增加优质咖啡豆的出口创造更多的收入，而消费者希望喝到更多由这些咖啡豆制成的咖啡。

　　埃塞俄比亚商业和消费的优先事项相互冲突，世界范围内对咖啡的广泛接受，以及星巴克等以咖啡为中心的品牌的快速增长，说明了社会和文化环境影响着全球营销机会和动态的方式。本章重点关注在市场中塑造和影响个人、群体和公司行为的力量。

　　我们首先对社会和文化的基本方面以及 21 世纪全球消费文化的出现进行了一般性讨论。接下来，介绍了几种有用的底层文化概念框架，包括霍尔的高低语境文化概念、霍夫斯泰德的文化维度理论、自我参照标准和创新扩散理论。本章还列举了社会和文化对消费品和工业产品营销影响的具体例子。

　　显然，咖啡在全世界的受欢迎程度正在上升。然而，埃塞俄比亚和其他新兴市场的消费水平如何与产量增长相平衡，还有待观察。

社会、文化和全球消费者文化

定义文化并识别可能影响全球营销战略的各种文化表达和表现形式。

差异性和相似性是世界文化的特征，这意味着全球营销经理担负着双重任务。首先，营销经理必须研究和理解他们未来的业务所在国家/地区的文化；其次，他们必须将这种理解融入其营销计划的创作过程。在某些情况下，战略和营销计划必须因地制宜。不过，营销经理也应利用共同的文化特征，避免不必要的和高成本的营销组合调整。

对新地理市场的任何系统性研究都需要将严谨和开放的思想相结合。虽然营销经理应该捍卫自己的信念和传统，开放的思想也是不可或缺的品质。开放的思想能使人欣赏其他生活方式和不同观点的正确性和价值。换言之，由于人类都偏向民族中心主义，人们必须克服由此自然形成的偏见。虽然"文化冲击"是人们对于未知或新事物的正常反应，但成功的全球营销经理总是竭力从当地人的视角来理解人们的经历。文化因素给全球营销经理带来挑战的一个原因是，大多数文化因素是看不见的。由于文化是代代相传的习惯性行为，不曾经历或受过训练的圈外人很难真正理解。然而，当他们决定理解文化要素后，也会渐渐变成圈内人，并形成文化认同。在生活中，人们总会殊途同归。全球营销经理理解这一道理并享受生活的多样性。

人类学家和社会学家就文化提出了很多不同的定义。作为起点，文化（culture）可被理解为"由人类群体建立的、代代相传的生活方式"。文化在特定的社会组织环境中展现其生活方式。这些组织包括家庭的、教育的、宗教的、政府的和商业性的，它们反过来又强化文化规范。文化包含有意识和无意识的价值观、思想、态度和象征，它们形成人类的行为，并代代相传。荷兰组织人类学家吉尔特·霍夫斯泰德（Geert Hofstede）将文化定义为："使一类人不同于另一类人的集体的头脑编程"。[2] 特别的"一类人"可构成一个民族、一个族群、一个性别群、一个组织、一个家庭或其他单位。

有些人类学家和社会学家把文化因素分成两大类型：物质文化和非物质文化。前者有时被称为物理成分或物理文化，它包括人类创造的实物和器物，如衣物和工具。非物质文化（又称主观或抽象的文化）包括无形的事物，如感知、态度、信仰和价值观。普遍的共识是物质和非物质的文化因素是相互关联和互动的。美国文化人类学家乔治·彼得.默多克（George P. Murdock）研究了物质文化和非物质文化，并发现了几十种"文化普遍习俗"，包括体育、服饰、烹调、求爱、舞蹈、装饰艺术、教育、道德、礼仪、家宴、食品禁忌、语言、婚姻、用餐时间、医药、哀悼、音乐、财产权、宗教仪式、居住规则、地位差异和贸易等。[3]

正是基于这种传统定义的背景，全球营销经理应该理解21世纪初的全球社会文化现象。[4] 消费已成为后现代社会的特征。随着文化信息和形象通过卫星电视、互联网和类似的沟通渠道自由地跨境传播，新的全球消费者文化正在出现。认同这些文化的个人共享着含义丰富的与消费相关的符号。其中一些文化与具体的产品类型相联系，如营销经理谈及的"咖啡文化""信用卡文化""快餐文化""酒吧文化"等。这种由各种细分市场构成的世界性文化，它的存在在很大程度上仰赖于连线的世界，各种当地文化在那里相互连接起来。**全球消费者文化定位**（global consumer culture positioning，GCCP）有助于开拓世界性文化；它将作为一个营销工具在第7章做详细的介绍。特别是营销经理可以用广告传播一个信念，即世界各地的人们都在消费某个品牌或被人类的普遍习俗吸引。

4.1.1 态度、信仰和价值观

如果我们接受霍夫斯泰德对文化的"使一类人不同于另一类人的集体的头脑编程"的概念，那么通过研究态度、信仰和某一人群共享的价值观了解文化就是有道理的。**态度**（attitude）是一种后天习得的习惯，它对所遇到的事物做出的反应始终如一。态度是一套相互关联的信仰。**信仰**（belief）是被个人视为世界真知的有组织的知识形态。态度和信仰又与价值观紧密相连。**价值观**（value）可被界定为持久的信念或情感，它是一种个人或社会偏爱的具体行为模式。[5] 按照霍夫斯泰德等人的看法，价值观代表了文化的最深层次，并存在于特定文化圈的多数成员之间。

我们能够通过一些具体的例证来对比演示态度、信仰和价值观这些定义。例如，日本人努力争取合作、共识、自我否定以及和谐。由于这些都代表着对行为模式的情感，它们属于价值观。日本的单一文化社会反映了他们的信仰：很多日本人相信他们的民族是世界上独一无二的。许多日本人，尤其是年轻人也相信，西方是重要时尚趋势的发源地。于是，很多日本人对美国品牌采取赞赏和喜欢的态度。在任何占统治地位的较大文化族群内，可能都会存在**亚文化**（subcultures），即持有他们自己的态度、信仰和价值观的较小的人群。我们也可以对任何包含在宽广文化中的"某类人"开展价值观、态度和信仰的调查。例如，如果你是素食主义者，那么食肉就代表了一种你和其他有共识的人试图避开的行为模式。亚文化经常代表着富有吸引力的补缺营销机会。

4.1.2 宗教

宗教是态度、社会信仰和价值观的一个重要源泉。世界上主要的宗教包括佛教、印度教、伊斯兰教、犹太教和基督教等。鉴于宗教教义、惯例、假日和历史直接影响着不同信仰的人们，他们对全球营销活动做出反应的方式将各不相同，相关的例证比比皆是。例如，在印度尼西亚，肯德基使用了穆斯林主题的户外广告鼓励印度尼西亚人在每天斋戒结束后的开斋时间去肯德基餐厅。结果肯德基在印度尼西亚的200家餐厅斋月期间的营业额增长了20%。

4.1.3　审美观

在每一种文化中，人们对美和不美，什么是有品位的和无品位的，都有一个大致的感觉。这些看法属于**审美**（aesthetics）范畴。全球营销经理必须理解体现在产品的色彩或形状、标签或包装中的形象审美学的重要性。同样，世界各地的人们感知的审美风格（如各种复杂程度）很不一样。在一国被认为有魅力、吸引人和有品位的审美元素在另一国人的眼里并非如此。

在某些情况下，所有国家都可以使用标准颜色；例如，卡特彼勒黄色（Caterpillar Yellow），是这家土方机械公司的商标及其获得许可的户外设备。同样，吉百利已将其巧克力糖果包装的颜色标记为紫色。在关于颜色偏好的调查中，50%的受访者表示蓝色是他们最喜欢的颜色，与下一个首选颜色相比，蓝色受到很大的青睐。蓝色的使用可以追溯到数千年前，古埃及、古中国和玛雅文明中的工匠都在采矿后使用这种颜色，从而提取含有蓝色颜料的矿物。因为它稀有且昂贵，蓝色开始与皇室和神性联系在一起。[6] 如今，蒂芙尼蓝是奢侈品销售商在其礼品袋和盒子上使用的商标颜色。

由于不同的文化之间对于色彩的感知不同，企业必须因此调整以适应当地的偏好。在为产品包装和其他与品牌相关的沟通问题做决策时，当地的色彩偏好情况必须纳入考虑范围。在高度竞争的市场，不合适或者不具有吸引力的包装会使企业或品牌处于不利地位。不断变化的竞争环境要求企业创作一些新的颜色搭配方案。

色谱中的任何颜色原本都没有"好"和"坏"的差异，所有对颜色的联想和感知都来自文化。红色在世界上的大部分地区很受欢迎。除了红色是血色的含义外，在许多国家红色与长达几个世纪的葡萄栽培和葡萄酒酿制传统相联系。一项在8个国家所做的对感知的研究发现，红色与"积极""热烈"和"活力"相联系；在多数被研究的国家里，红色也传递了诸如"充满情感"和"锋利"的含义。[7] 由此可见，红色在许多国家里都有正面的含义。在韩国却相反，韩国禁止用红墨水写人的名字。蓝色由于是与天空和水相关的颜色，自然地带有可靠、持久和永恒的内涵。白色在西方意味着纯洁和清洁，但在中国和亚洲某些地区却与死亡相关。

另一个研究团队总结道，灰色在中国和日本具有不昂贵的含义，但在美国却意味着高质量和昂贵。研究人员也发现中国人把棕色与软饮料标签相联系，甚至由此联想到高品位。相反，韩国和日本的消费者则把黄色和"美味的"软饮料相联系。而这些含义在美国人眼里都由红色来代表。[8]

在所有文化中，音乐作为审美的成分被认同为一种艺术表达方式和娱乐之源。音乐在某种意义上代表了与任何民族都无特定关联的跨文化（transculture）。例如，节奏或律动就是音乐的一个普遍特征。然而，音乐也因区域或国家的具体特征而风格各异。例如，桑巴舞（samba）、莎莎舞（salsa）、瑞格舞（reggae）和梅伦格舞（merengue）的节奏分别使人联想到巴西、古巴、牙买加和多米尼加，而布鲁斯音乐（blues）、强劲摇滚乐（driving rock rhythms）、嘻哈乐（hip-hop）和说唱乐（rap）的节拍让人联想到美国。社会学家发现，民族特征部分是源于当地的原住民音乐或流行音乐，是一种能够"代表文化实体和社区独特性"的音乐风格。[9]

事实上，音乐为本书的"思维全球化，行动当地化"主题提供了一个有趣的例证。不同国家的音乐家在创作诸如波兰瑞格舞、意大利嘻哈乐等混合风格的乐曲时，汲取、吸收、改编并合成了跨文化音乐的影响和各国本土的风格。莫蒂·雷格夫（Motti Regev）在以下这段话中描述了这一悖论：

> 这种音乐的作者和听众在同一时间里感到自己既是当代全球通行表达形式的参与者，又是本土、民族、种族和其他特征作品的创作者。一种与美国文化和国际音乐产业强劲的商业利益相关联的文化形式正在被用来构建一种具有地方特色和纯真性的感觉。[10]

由于音乐在广告中占有相当重要的地位，全球营销经理必须了解什么样的音乐风格适用于特定的国家/地区市场。尽管背景音乐可以在广播和电视广告中有效地使用，但适用于世界某些地区广告的某种音乐可能在另一些地区不被接受或效果不好。政府的限制措施也是必须考虑的因素。在有些国家，政府有权决定哪些歌曲可以在市场上销售和演出，如摇滚音乐新闻必须符合相关规定。

4.1.4　饮食偏好

文化对食物烹饪、消费模式和习惯的影响也是很明显的。请看以下示例：

- 世界最大的比萨饼外卖公司达美乐比萨撤出了意大利，因为意大利人认为其产品"过于美国化"，特别是其番茄酱味道太浓，芝士也太多。达美乐在印度有更好的前景，在那里，它将其食谱本地化，提供的产品包括 keema do pyaaza、peppy paneer 和"五个辣椒"。[11]如今，达美乐成了印度最大的国外速食品牌，有 700 多家门店。
- 2012 年，当唐恩都乐在印度开设第一家分店时，早上的生意很惨淡，因为大多数印度人在家吃早餐。该公司推出了一款新产品：原汁原味的硬汉鸡肉汉堡，最终取得了成功。[12]

这些例子强调了一个事实：对与食物相关文化偏好的深刻了解对开展食品或饮料全球营销的任何公司都是十分重要的。孟买一家市场调查公司的董事长蒂图·阿鲁瓦利亚（Titoo Ahluwalia）指出，当地的公司也能利用其对文化的深刻了解与外国大公司开展有效的竞争。他说："印度公司在利用传统时就表现出一种优势。当涉及食品、饮料和药品时，你必须具备文化敏感性。"[13]缺乏这种意识的公司必定会犯营销错误。为避免此类问题，赛百味向印度扩张时，公司选择了两位具有美国教育背景的兄弟来帮助他们开设门店并监督经营。

虽然人们对食物的一些偏好植根于文化，但是大量例证表明，全球的饮食偏好正在趋同。比如，快餐已被世界各地越来越多的人接受。有很多事实可以用来解释这一点。很多国家的家庭都深感时间紧张，不愿意在家做饭。年轻人总是在品尝或试吃不同的饭菜，全球旅游风潮让游客尝到比萨饼、意大利通心粉和其他不同地区的特色食品。午餐时间缩短，以及预算紧缩，迫使工人们寻找能让他们快速吃一顿便宜饭的地方，然后很快回到工作岗位。只要可支配收入足够高，任何国家的消费者都会选购这种便利食品（见图4-1）。

图4-1 SPAM是罐装火腿的标志性品牌，在美国家庭中，它是一种可靠的食品储藏室主食，虽然不起眼但是深深植根于美国的饮食文化。

资料来源：Jodi Cobb／National Geographic Image Collection／Alamy.

正如大家所见，这一过程可能会激起某种民族主义的强烈反对。为对抗巨无霸和其他美国风味快餐食品给其年轻一代传递的信息，法国国家烹调艺术委员会（French National Council of Culinary Arts）为小学生设计了一套有关法国菜系和"好味道"课程。该委员会理事长亚历山大·拉扎雷夫（Alexandre Lazareff）撰写了《法国烹饪术异议》（*The French Cuinary Exception*）一书。拉扎雷夫警告说，法国自以为高档的烹饪技法正在受到品位全球化的冲击。从更加普遍的意义看，拉扎雷夫的发言是在反击他所感知的对法国特色烹饪技术及法国生活方式的挑战。他的关切的确事出有因：麦当劳在法国不断地开出新店（至今已超过1 000家），而传统小咖啡店的数量在过去的几年里持续减少。尽管麦当劳取得了成功，法国人也创造了"慢食"（le fooding）这一新的流行语，以表达该民族对餐饮的激情已经超越本身的概念：

> 带着情感吃饭在法国就意味着，在就餐时不仅要用味觉，还要用鼻、眼睛和耳朵，用脑和动情。慢食过程所追求的是为21世纪餐饮的现代性和新现实作证。只要胆识、敏感性和感觉交织起来，一切皆可称为慢食。[14]

4.1.5 语言和沟通

世界各地文化的多样性也反映在语言上。人们足不出户，就可以通过学习某国／地区的语言和文学获取有关该国/地区文化的很多知识，尽管这种学习的体验不如身临其境地生活在那里。语言学家把对口语或语言的研究分为四个主要领域：句法（句子构成的规则）、语义学（含义体系）、音韵学（发音模式体系）和词态学（词语的构成规律）。非口语或非语言沟通包括手势、触摸和其他形式的补足口语表达的肢体语言。（非语言沟通有时也被称为无声语言。）语言的口语和非口语分支都包含在符号语言学这一更加广阔的语言学领域，即对符号及其含义的研究。

在全球营销中，语言是经理与客户、供应商、渠道中间商等其他人交流的关键工具。营销学文献中有很多轶闻涉及损失严重的失误，都是因产品名称和广告文案错误或欠妥的翻译造成的。特定汉字的微妙发音可改变礼物的原本善意。比如，将伞作为礼物送给商业伙伴就会隐含恶意（听起来像破碎或散架），因为这相当于希望他的生意失败。

在中国，戴尔必须为 direct sales 找到一个贴切的词语，因为这是代表戴尔强大的商业模式的词语。如果直译，可以译作"直销"，然而在中文中这会让人联想到一种非法的多级营销结构。为了避免负面效应，戴尔的销售代表用"直销订购"来代替，这个词译成英文是"direct orders"。[15]同样，翻译者在翻译美式足球的术语时也颇费了一番周折，以使中国球迷更好地理解这一运动（见图 4-2）。

blitz 突袭:猛撞 (四分卫)一种 防守技术	capture and kill 擒杀
	successfully capture the quarterback 成功擒抱四分卫
gambling kickoff 赌博踢	play action 假跑真传
short kick 短开球	Hail Mary pass 奇迹长传
punt 凌空踢球	touchdown 持球触地

图 4-2　得益于一些学者编纂了一部关于美式足球的百科全书，中国球迷才得以更好地了解美国国家橄榄球联盟的术语。比如，"blitz"的中文译文为"四分卫闪电战"或"猛撞"。"short kick"被译为"赌博踢"或"短开球"，"Dunk"（凌空踢球）意思是"踢从手中落下但未着地的球"。《美式足球百科全书》的译者还将"capture and kill"译为"擒杀"或"成功擒抱四分位"，"play action"译为"假跑真传"，"Hail Mary pass"译为"奇迹长传"，"touchdown"译为"持球触地"。

资料来源：Jodi Cobb/National Geographic Image Collection/Alamy.

当零售开发公司 BAA McArthur Glen 在奥地利寻求批准一家美国风格的工厂直销店时，当地政府就想知道"工厂在哪里？"为赢得项目的批准，该公司不得不将其发展部称作"设计师出口中心"（designer outlet center）。另一个语言问题是：在向法国观众演讲时，进行营销宣传的美国人将名称"Nike"——拟建直销店的潜在主要租户——这个名字翻译错，这位美国人凭借其基本的语言技能，认为鞋店的名字在法语中应该读作"NEEK"。想象一下，当一位富有同情心的同事把他拉到一边，告诉他正确的发音是"NIk"（与"bike"押韵）时，他会有多么沮丧。事实证明，"NEEK"不仅仅是法语中的"F字"，这是"与动物通奸"意义上的"F字"![16]

安海斯·布希和米勒酿酒在英国市场上都遭到了失败，问题就在于它们都用了"淡啤酒"这一名称，从而被理解为酒精含量较低而非热量较低的啤酒。如今，米勒淡啤（Miller Lite）品牌在欧洲市场上更名为"米勒·比尔森"（Miller Pilsner）。[17]

音韵学和形态学也可以发挥作用。高露洁公司发现，"高露洁"在西班牙语里是一个动词，意思是"去上吊"。宜家以基于斯堪的纳维亚半岛城市和儿童名字的产品名称而闻名。然而，在泰国，这家家居品牌巨头不得不聘请语言学家和泰语母语人士用泰语呈现产品名称。原因是一款床产品和一种花盆产品的名字在泰语中发音时具有性别含义。宜家的解决方案是：以英语为母语的研究小组建议对某些名字的元音和辅音进行更改，以使它们听起来不具有冒犯意味。[18]

在欧洲，惠而浦在广告宣传上投入了大量的资金，却发现意大利、法国和德国的消费者都觉得公司名称发音困难。[19]相反，伦佐·罗索（Renzo Rosso）特意选择"迪赛"（Diesel）作为新牛仔裤品牌的名称，是因为她曾经提到"它是在所有的语言里发音都一样的、少有的几个词之一"。罗索将迪赛打造成为一个全球知名的年轻人品牌，也是意大利最成功的时尚品牌故事之一；该品牌每年的销售收入超过12亿美元。[20]

技术为营销实践中的语言学研究提供了有趣的机会。比如，全球的年轻人都在用手机发短信，结果是，在某种语言里，特定的数字组合代表特定的意义。比如，在韩国，数字语音组合"8282"意思是"快点快点"，"7179"听起来像"亲密的朋友"。同样，韩国很多对数字悟性较高的年轻人认为"45683968"可诠释为"我爱你"。[21]韩国的营销经理也将这些以及其他一些数字串用到广告中。

全球化对文化的一个影响是英语传遍全球。如今，说英语这一外语的人多于英语是母语的人。欧盟区有将近85%的青少年在学习英语。尽管索尼公司的总部在日本，但该公司对世界各地的求职人都有言在先：公司不把英语当"外语"看待。芬兰的诺基亚公司也是如此。松下公司最近出台了一项政策：公司考虑经理人员能否获得升职的前提之一是必须通过一个英语能力测试。松下公司的最高管理层总结说，公司的沉闷文化已经侵蚀了公司在全球市场的竞争力，这种文化是由清一色日本员工的组织特点造成的。对员工英语语言的要求象征着日本公司正在全球化。[22]

非语言沟通所引致的挑战或许更为艰巨。比如，在中东地区做生意的西方人必须小心，他们不能对东道主露出自己的鞋底，或是用左手呈递文件。在日本，鞠躬是一种重要的非语言沟通形式，其中还有许多细微之处。在西方长大的人倾向于用语言表达，而亚洲人在人际交流中则更加注重非语言沟通。[23]因此，西方人在这种文化背景下做生意时，不仅要注意听到了什么，还要关注看到了什么。

对文化基于语言的深入理解是全球化公司竞争优势的重要来源。西班牙电信公司（Spain's Telefonica）在拉丁美洲的迅速扩张历程就是一个恰当的例证。正如西班牙电信前任总裁胡安·比利亚隆加（Juan Villalonga）所说的那样："这并不仅仅是使用共同的语言，而是以同样的方式共享一种文化和理解友谊。"[24]

在此，我们要介绍一些重要的有关交流的问题。一是先后顺序问题，它涉及讨论是从 A 点进行到 B 点，还是似乎允许离题。二是分阶段问题，它涉及是应该立即讨论某些重要的议题，还是应该等谈判各方花时间建立友善关系之后再进行。根据两位国际谈判专家的说法，在与美国人的谈判中，经常使用几种明显的美国策略，这些策略可能会有效，但在与其他文化背景的人打交道时需要修改。在任何交流情况下，演讲者都会提供各种线索，帮助精明的观察者理解演讲者的心态和心理规划。以下是一些示例：[25]

- 美国人通常想"单干"。因此，在谈判情况下，他们可能会寡不敌众。
- 许多美国人喜欢"公开表态"。然而，在某些情况下，重要的是建立融洽关系，而不是立即"切入要点"。
- 在应该倾听和观察的时候，美国人往往说得太多。在某些文化中，长时间的沉默很重要。非语言沟通线索可能与文字一样重要。

其他文化中也存在这种"不成文的沟通规则"。例如，在英国，社会学家凯特·福克斯（Kate Fox）确定了工作场所和会议中所遇到的"礼貌拖延规则"。会议往往从谈论交通和天气等世俗话题开始，而不是立即开始谈正事。福克斯回忆说，他采访了一位被派往英国的加拿大商人，他说：

> 我希望有人早点警告我这件事。前几天我参加了一个会议，他们都在犹豫，谈论天气，好像有半小时了，所以我建议也许我们可以开始签合同，他们都看着我，好像我放了个屁似的！我怎么会这么粗鲁？[26]

事实证明，英国文化中对"天气预报"的偏爱有几个不成文的"语法"规则。例如，以英国英语为母语的人直观地遵守并证明能够胜任"互惠规则"（当有人评论天气，你必须回答）和"协议规则"（如果有人说"哦，很冷"时，你必须同意）等。福克斯指出，这一观察"告诉了我们很多关于英国人的事情"。

4.1.6 营销对文化的影响

对开展全球营销的经理来说，文化环境中的共性意味着营销方案的某些因素或全部因素存在标准化的机会。机敏的营销经理经常发现，世界各地明显的文化多样性竟然是实现同样目标的不同做事方式。对方便食品、一次性产品、流行音乐和电影的偏好已经遍及美国、欧洲和亚洲国家/地区。

近年来，很多消费品都有广泛甚至是全球共同的吸引力。游客日益增多，通信方式日益便捷，使得人们对很多产品品类的品位和偏好逐渐趋同。那些在世界各地抓紧寻找顾客的公司正努力利用文化变迁和文化全球化带来的机遇，并加快了这些变化的进程。泛泛而谈，有关营销和全球资本主义对文化的影响恐怕是众说纷纭。社会学家乔治·利泽（George Ritzer）等人哀叹，当全球化公司用自己的产品拓展新市场时，它们就打破了文化壁垒，所谓的"文化的麦当劳化"随之产生。利泽在他出版的书中指出：

吃饭占据多数文化的中心地位，很多时间、注意力和金钱都花在吃饭中。试图改变人们吃饭方式的麦当劳化对很多社会的整个文化体系构成了威胁，影响深远。[27]

国际慢食运动自称已在几十个国家拥有 7 万名成员。这一运动诞生于 1986 年针对麦当劳在罗马某热闹的广场开设新店的抗议活动；国际慢食运动组织每两年在意大利举办一次展示传统食物烹饪法的菜肴展（Salone del Gusto）。

> 一个伟大的厨师讲述的是他的故事，而不是他的邻居或他在电视上看到的故事。未来是全球和本地的"全球"烹饪。[28]
> ——阿兰·杜卡西（Alain Ducasse），摩纳哥，路易十五餐厅

正如某发言人所说的那样："慢食运动要表达的是各地食品的味道不应该都一样。"[29] 2016 年，为了庆祝慢食运动 30 周年，Terra Madre 美食博览会在都灵的各个地方举办。

图 4-3　根据活动组织者的说法，2016 年 Terra Madre 美食博览会面临的挑战是政治、文化和社会：主张良好、清洁和公平的食物是一项人权。与会者品尝了手工肉类、奶酪、面包等。

资料来源：Marco Imazio/Alamy Stock Photo.

高语境文化和低语境文化

比较高语境文化和低语境文化关键的相反方面。

爱德华·T. 霍尔（Edward T. Hall）建议将高、低语境作为理解不同文化取向的方法。[30] 在**低语境文化**（low-context culture）中，信息是明确的；词语承载了沟通中的大部分信息。在**高语境文化**（high-context culture）中，用言语表达的信息包含较少的实际信息，更多的信息存在于沟通情境，包括背景、联想以及沟通各方的基本价值观。一般而言，法律文件在低语境文化中被认为是必需的，而在高语境文化中起实际作用的法律文件却少得多。日本、沙特阿拉伯及其他高语境文化高度重视人的价值观或人的社会地位或位置。在此类文化中，影响商务信贷发放决策的依据更多的是借贷人的身份和背景，而不是对预计财务报表文件的正式分析。

在美国、瑞士或德国这类低语境文化中，借贷交易无须那么多有关当事人的性格、背景和价值观的信息。信任的来源更多的是信贷申请表上的词句和数字。同样，像索尼这样的日本公司一直对新雇员的大学背景非常关注，即通常偏向东京大学的毕业生，他们简历中的细节相对就不重要了。

在高语境文化中，一个人说的话就是契约。由于该文化强调责任和信任是重要的社会准则，因此不大需要预测意外事件和提供外部的法律制裁。在这类文化中，共同的责任感和信誉取代了非人格化的法律制裁。这有助于解释那些漫长拖拉却"始终不及要害的谈判"的重要性。对高语境文化的人来说，谈判的部分目的是熟识潜在的合作伙伴。

例如，坚持采用竞标方式在低语境文化中可能会使事情复杂化。在高语境文化中，工作往往会派给做得最好的人，即你能信任和控制的人。在低语境文化中，人们试图将规格定得非常精确，迫使建筑商在法律制裁的胁迫下努力做好工作。霍尔曾指出，日本的建筑商可能会说："那张纸和工作情况有什么关系？假如离开这张纸我们相互之间就没有足够的信任，为什么还要费力去做呢？"

尽管国家可按其高、低语境文化的总体趋势进行分类，但这种一般趋势也有例外情况。这些例外情况出现在亚文化中。以美国为例，美国属于低语境文化，同时它带有一些按照高语境文化模式运行的亚文化。例如，中央银行家的世界就是一个"绅士"的世界，即高语境文化。甚至在外汇市场交易最火爆的日子里，仅凭中央银行家的一句话就足以借到数百万美元。高语境文化中有信任、公平游戏意识以及广为接受和实行的游戏规则。表4-1总结了高语境文化和低语境文化的一些不同之处。

表4-1　高语境文化与低语境文化比较

要素/范畴	高语境文化	低语境文化
律师	不太重要	非常重要
个人的口头承诺	就是信誉的保证	不足以信赖；应书面的承诺
个人对组织所犯错误的责任	取其最高水平	尽量降至最低水平
空间	人与人相距很近	争取个人享有私密的空间，厌恶受到侵扰
时间	多元时间观——生命中的任何事情都有其时间规律，应顺其自然	单一时间观，即时间就是金钱；线性的，即一时一事
谈判	冗长，其主要目的是让各方互相了解	迅速推进
竞标	不常有	常有
国家/地区范例	日本、中东地区	美国、北欧地区

全球营销

4.3

霍夫斯泰德的文化维度

简明介绍霍夫斯泰德文化维度理论。

本章开头在讨论霍夫斯泰德广为引用的文化定义时介绍了这位组织人类学家。使霍夫斯泰德闻名遐迩的另一项成果是他对社会价值观的研究。研究结果建议，可按五个维度对不同民族的文化进行比较（见表 4－2）。[31]霍夫斯泰德指出，前三个维度是指可预见的社会行为，第四个维度关系到"人对真理的求索"，第五个维度反映时间的重要性。

第一个维度反映了社会成员融入群体的程度。在**个人主义文化**（individualist cultures）中，每一个社会成员主要关心自己的利益及近亲的利益。相反，在**集体主义文化**（collectivist cultures）中，所有的社会成员都被凝聚为胶着的内部集团。美国和欧洲文化的基本层面表现了强劲的个人主义，而日本和其他亚洲文化的格调中个人主义相对较弱。

第二个维度，**权力差距**（power distance），即权力较小的社会成员接受（甚至期望）权力被不平等分配的程度。根据奥韦尔（Orwell）的思想，所有的社会都是不平等的，只是有些社会比其他社会更不平等而已。新加坡、墨西哥和法国都属于权力差距较大的；而德国、奥地利、荷兰和斯堪的纳维亚半岛则表现了权力差距较小的特征。

第三个维度，**不确定性规避**（uncertainty avoidance）是指社会成员对含混不清或无结构的情境感到不舒畅的程度。某些文化的成员通过挑衅、激愤和不容忍的行为表达了对不确定性强烈的规避心理，这些行为是以相信绝对真理为特征的。接受不确定性的文化中成员（如丹麦、瑞典、爱尔兰和美国）比较容忍与自己观点相左的人。

表4-2 霍夫斯泰德民族文化的五个维度

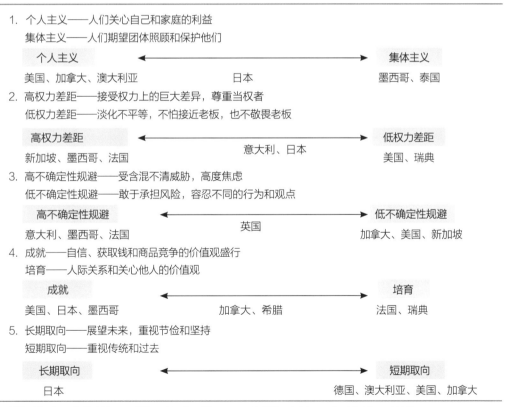

1. 个人主义——人们关心自己和家庭的利益
   集体主义——人们期望团体照顾和保护他们

个人主义		集体主义
美国、加拿大、澳大利亚	日本	墨西哥、泰国

2. 高权力差距——接受权力上的巨大差异，尊重当权者
   低权力差距——淡化不平等，不怕接近老板，也不敬畏老板

高权力差距		低权力差距
新加坡、墨西哥、法国	意大利、日本	美国、瑞典

3. 高不确定性规避——受含混不清威胁，高度焦虑
   低不确定性规避——敢于承担风险，容忍不同的行为和观点

高不确定性规避		低不确定性规避
意大利、墨西哥、法国	英国	加拿大、美国、新加坡

4. 成就——自信、获取钱和商品竞争的价值观盛行
   培育——人际关系和关心他人的价值观

成就		培育
美国、日本、墨西哥	加拿大、希腊	法国、瑞典

5. 长期取向——展望未来，重视节俭和坚持
   短期取向——重视传统和过去

长期取向		短期取向
日本		德国、澳大利亚、美国、加拿大

来源：Stephen P. Robbins and Mary Coulter, *Management*, 12th ed. (Upper Saddle River, NJ: Pearson Education, 2014), 87.

第四个维度，**成就**（achievement）描述了这样一个社会：那里的人们期望男人果敢武断、竞争力强并关心物质成就，同时期望女人担当保育员的角色，关心孩子、福利等问题。相反，**培育**（nurturing）则描述了另一种社会特征：在这个社会里，男人和女人的社会角色重叠交错，哪一种性别都不显得雄心勃勃和争强好胜。在阳刚特质的社会特征方面，日本和奥地利高居榜首，而西班牙、荷兰以及斯堪的纳维亚半岛国家则排在末位。

霍夫斯泰德的研究认为，尽管这四个维度都得到了有趣和有用的阐释，但它们并不能让人看到任何会使经济获得增长的文化基础。研究中的调查是由西方社会科学家设计的，霍夫斯泰德为此感到不安。由于许多经济学家未能预计到日本和"亚洲四小龙"爆发的经济增长势头，霍夫斯泰德推测说，西方的学者难以把握亚洲文化的某些方面。在中国，香港特别行政区和台湾省的社会学家所做的中国价值调查（Chinese Value Survey，CVS）使这个方法论的问题得到补救。

CVS数据支持文化的前三个"社会行为"维度，即个人主义与集体主义、权力差距以及成就和培育，但不确定性规避维度并未在CVS中显现。CVS反而揭示了西方研究人员尚未研究的一个维度，即相对于**短期取向**（short-term orientation）的**长期取向**（long-term orientation，LTO）。[32]霍夫斯泰德解释说这个维度关系到"社会对道德的寻求"，而不是对真理的寻求。它所评价的是文化内部的直接意识，不论满意是即时的还是延迟的。长期价值观包括坚持（perseverance），即被界定为在追求某一目标时所需的坚忍不拔的精神。地位排列关系反映了社会等级的存在，遵从这种排列意味着接受互补关系。节俭往往表现在高储蓄率上。最后，羞耻感通常导致社会联系具有敏感性。

通过研究霍夫斯泰德的著作，营销经理了解了一些能在诸如产品开发、与合作伙伴互动，以及主持销售会议等许多活动中起指导作用的知识。例如，了解相对于其他文化的本土文化的时间取向至关重要（见表4-1）。在巴西、印度、日本和墨西哥，与潜在商务伙伴做成生意之前必须建立关系。注重短期利益文化背景的商人必须让自己适应某些国家商业习俗的慢节奏。

类似地，日语中的"坚持"（gaman）展示的是日本公司追求研究与开发的意愿，而这些项目表现的短期成功概率较低。当索尼公司在20世纪50年代中期从贝尔实验室获得新发明晶体管的技术许可时，该装置产生的有限高频率（声音输出）让美国工程师以为，它至多只能应用于助听器。然而"坚持"意味着奋力提升晶体管效用的索尼公司工程师并没有因进程缓慢而止步。索尼公司创始人之一井深大（Ibuka Masaru）回忆说："挑战晶体管效用对我们来说是一个有趣的时刻。那时没有人意识到它的重要性。"索尼公司的工程师最终突破了原有的效用，促使当袖珍型晶体管收音机这一全球畅销产品诞生时，公司的"坚持"获得了实实在在的回报。[33]

权力差距这一维度反映了社会成员相互之间的信任程度。权力差距指标越高，信任度越低。从组织上看，高权力差距往往反映在等级繁多的组织设计中，即偏向于中央集权和设置较多的监管人员。权力差距维度也让人看到上下级之间会出现动态的变化。在比较尊重等级的文化里，下级为接触老板可能必须设法通过好几层老板的助理。如果是这样，后者很可能被单独关在某个紧闭的办公室里。在这样的文化里，低层雇员很容易受到上级的胁迫。研究表明，当评估进入全球市场的各种方式时，高权力差距文化背景的公司偏向于建立独资子公司，因为这样能使前者获得较多的控制；相反，低权力差距文化背景的公司则倾向于采用合资的方式。[34]

J. 拜恩·墨菲（J. Byrne Murphy）在谈判在法国建造第一家美式奥特莱斯购物中心时，了解了权力差距以及美式个人主义和法式风格之间的差异。正如他在《交易》（*Le Deal*）一书中所述：

> 在法国，对那些追求个人奋斗的人来说，似乎总是有更多的荣耀。个人主义似乎总是被大声宣扬，而对团队努力的赞扬在我看来似乎明显是沉默的。
>
> 我在每周的经理会议上看到了这种民族特质的固有表现。每次会议结束时，我都会告诫大家，要协调各部门之间的所有努力，确保不会浪费时间，不会出现意外。
>
> 但总有惊喜。
>
> 每周我都会满怀乐观地离开团队会议，这一次我们都在同一条船上，协调一致，是一个训练有素的船员团队，大家齐心协力，都在快速前进。接下来的一周，我意识到我不仅充满了乐观，还很天真。因为我会发现我们不在同一条船上。我们没有在任何一条船上。一个更准确的比喻是，他们在一场赛跑中，每一场比赛都是分开的赛道：营销在第一道，销售在第二道，财务在第三道等。当每个参赛者一周都在奔跑时，他们并没有向左或向右看，甚至没有承认还有其他参赛者。
>
> "为什么？"我继续问自己，"他们的想法如此不同吗？为什么他们不能在问题出现之前协调自己的行动？"

最终，墨菲意识到他必须改变自己的行为模式。他决心向他的经理们解释如何在法国践行美国的团队合作理念；在他这样做之后，项目进展得更加顺利。[35]

美国一家生产办公家具的公司 Steelcase 也使用有关民族文化的数据。其 11 个国家/地区的研究被用作全球客户设计过程的输入。在其调查结果中：[36]

- 短期与长期：与美国相比，印度和中国更重视持久的关系。
- 合作（女性）行为与竞争（男性）行为：灵活的工作安排，如远程办公，在荷兰越来越普遍。相比之下，在印度，专业人士很少在家工作。
- 集体主义与个人主义：在南欧地区，表达企业制度的力量很重要，因此办公楼中的大厅往往是宏伟的。

全球营销

4.4

自我参照标准与感知

解释自我参照标准如何影响全球化公司的决策，并提供一个公司逐步适应全球市场条件的示例。

正如同本节之前提及的，一个人对市场需要的感知是由其文化经验构成的。1966

年，詹姆斯·李（James Lee）在《哈佛商业评论》上发表了他建立的有关系统降低感知障碍和扭曲的理论框架。李将无意识地参照本国文化价值观的行为称作**自我参照标准**（self-reference criterion，SRC）。为解决这一问题，并消除或减少文化短见，他提出了一个系统性的四步框架：

（1）以母国文化特征、习惯和道德标准来界定问题或目标。

（2）以东道国文化特征、习惯和道德标准来界定问题或目标。不作价值判断。

（3）剔除其他因素，仔细检验 SRC 的影响是如何使问题复杂化的。

（4）剔除 SRC 的影响，重新界定并解决东道国市场情境中出现的问题。[37]

迪士尼在法国建设主题公园的决策为理解 SRC 提供了一个极佳的参考。假如这些经理在策划进入法国市场时采用了 SRC 的步骤，那么他们的工作会有何不同？

- 第 1 步：迪士尼的工作人员认为世界各地对美国文化的出口存在几乎是无限的需求，包括麦当劳、可口可乐、好莱坞电影和美国摇滚音乐在内的国际经营的成功便是证据。迪士尼在出口其美国管理系统和商务风格方面有显著的历史业绩。东京迪士尼乐园实际上是加利福尼亚州阿纳海姆乐园的翻版，获得了明显的成功。迪士尼的政策是禁止人们在其主题乐园内销售或消费酒精饮料。

- 第 2 步：法国人对美国的文化帝国主义比较敏感。午餐饮酒是法国人多年的习惯。欧洲人有他们自己真正的城堡，许多流行的迪士尼人物也都来自欧洲的民间故事。

- 第 3 步：通过比较第 1 步和第 2 步中的发现揭示了重要的差异，这些差异明确表明，作为美国和日本基础的那种市场需求在法国并不存在。为了在欧洲获得成功，迪士尼总部需要对这个设计进行修改。

- 第 4 步：这将要求乐园的设计与法国和欧洲文化的规范保持一致——允许法国人将他们的身份印刻在园中。

SRC 给人的教训是，全球营销经理的一个重要的关键技能是不带偏见的感知，即认识特定文化的能力。尽管这个技能在国内外都很宝贵，但是由于母国中心主义和自我参照标准的蔓延趋势，它对全球营销经理来说至关重要。SRC 在全球商务中可能会产生强大的负面作用，如果忘记检查其存在，就有可能导致误解和失败。在规划欧洲迪士尼乐园时，前任董事长迈克尔·艾斯纳（Michael Eisner）和公司的其他经理被自己早先的成功经验和母国中心主义所蒙蔽。要想预防 SRC，就要停止基于以往的经验和成功做出判断，并准备获取有关人类行为和动机的新知识。

全球营销

4.5

创新扩散理论[38]

分析创新扩散理论的组成及其在全球营销中的应用。

如今，已有成百上千项研究描述了个人采用新创意的过程。美国社会学家埃弗里特·罗杰斯（Everett Rogers）综述了这些研究项目，并发现这些研究结果因明显相似而呈现一种模式。罗杰斯将研究浓缩成对全球营销经理极为有用的三个概念：采用过程、创新的特征和采用者类型。这些概念综合之后，就形成了罗杰斯的**创新扩散**（diffusion of innovation）理论框架。

创新就是发明新事物。当应用于某一产品时，"新"可能具有不同的含义。从绝对意义上讲，一旦产品被引进到世界任何地方，它对世界就不再是新的，便也不再是创新。但相对而言，已经进入某一市场的产品可能在其他地方是创新，因为它对那里的目标市场来说是与众不同的新产品。全球营销经常要进行这样的产品导入。经理们发现自己在某些市场营销的新产品在其他市场已经是处于成熟期乃至衰退期的产品。

4.5.1　采用过程

在罗杰斯创新扩散理论的基本要素中，有一个称为**采用过程**（adoption process）的概念，即个人从初知新产品到采用或购买它所经过的几个思考阶段。罗杰斯提出，个人从初知某产品到最终采用或购买它的过程会经过五个不同的阶段：知晓、兴趣、评估、试用和采用。

1. 知晓。在第一阶段，顾客初次知晓产品或新发明。一些研究结果显示，在此阶段，大众传媒广告等非个人信息来源最为重要。全球营销中一个重要的早期沟通目标是，通过使受众普遍接触广告信息，提高对新产品的认识。
2. 兴趣。在此阶段，顾客有足够的兴趣获知更多的信息。顾客将注意力集中在与产品相关的沟通活动上，并将开展调研活动，寻求更多的信息。
3. 评估。在此阶段，个人思考和评判与当前和预计中的未来需要相关的产品利益，并基于这一判断决定是否试用该产品。
4. 试用。大多数顾客不经"亲身"体验，即营销经理所称的"试用"是不会购买昂贵产品的。汽车试驾这个例子能有效地说明不涉及购买的产品试用。对保健品和其他非昂贵消费品而言，试用经常促进实际的购买。营销经理经常通过发放免费样品促进受众试用。对于非昂贵产品，单个产品的首次购买被界定为试用。
5. 采用。此时，顾客或者是首次购买（如较昂贵的产品），或者是继续购买（采用或表现对品牌的忠诚）不是很昂贵的产品。

研究表明，随着顾客从评估经试用进入采用阶段，个人的信息来源比非个人的信息来源更加重要。也正是在这个阶段，销售代表和口碑成为影响购买决策的主要作用力。

4.5.2　创新的特征

除了描述产品采用过程外，罗杰斯还发现了**创新的特征**（characteristics of innovations），它们是影响新产品被采用的速度的五个主要因素，即相对优势、兼容性、复杂性、可分割性和可传播性。

1. 相对优势：在顾客眼里新产品与现有产品或试用方法比较的结果如何。一个新产品相对于现有产品的感知优势是影响采用速度的主要因素。如果某产品相对于竞争品牌确实有优势，它有可能被迅速接受。当激光唱片机于20世纪80年代初首次进入市场时，行业观察家预测：只有音响发烧友并且有钱才会对数码音响给予足够的关注，才会去购买。然而在大众市场上，激光唱片机相对于长时播放的传统唱片机具有的音质优势是显而易见的。随着激光唱片机价格的快速回落，12 英寸（1 英寸＝2.54 厘米）的黑胶唱片在不到 10 年的时间里近乎消失。

2. 兼容性：产品与用户现有的价值观和过去的经验相一致的程度。失败的案例在国际营销的产品创新史上比比皆是，失败往往是由新产品在目标市场上缺乏兼容性所致。例如，首款消费型录像机——索尼的贝塔麦克斯（Betamax）因为只能录像 1 小时而最终失败。大多数购买者想要录下电影和体育赛事，他们不去购买贝塔麦克斯，而是转向可录制 4 小时节目的 VHS 制式录像机。

3. 复杂性：新发明或新产品难以理解和使用的程度。产品的复杂性是一个可能降低采用速度的因素，在识字率低的发展中国家市场尤其明显。20 世纪 90 年代，有几十家全球化公司在开发新型交互式多媒体消费电子产品。复杂性便成为关键的设计问题。一个广为人知的笑话是，在很多人的家里，录像机的电子时钟始终闪现着"12：00"，原因是用户不知道如何设置。要取得广泛的成功，新产品必须简单易用——就像把录像带插入录像机那样容易。

4. 可分割性：产品被试用，并可在花费不大的情况下使用的能力。全球各地收入水平的巨大差异使得人们对产品质量、包装尺寸及产品分量的偏好表现出很大的差别。CPC 国际赫尔曼公司（CPC International's Hellmann）以美国尺寸罐装的蛋黄酱在拉丁美洲国家根本无法销售。在公司用塑料小包重装蛋黄酱后，销售量产生了飞跃式增长。这种塑料小包的分量没有超出当地消费者的食品支出水平，另外一个优点是它们无须冷藏存储。

5. 可传播性：新产品带来的利益或价值信息可被传播到潜在市场的程度。飞利浦的一款新的数字盒式磁带录音机能用新的盒式磁带技术播放旧的模拟磁带，还能产生光盘的音质效果。然而产品上市后却败下阵来，部分原因是广告未能清晰地宣传产品的这一优点。

4.5.3　采用者类型

采用者类型（adopter categories）是基于某市场中的个人不同创新精神的一种分类。有关新产品扩散问题的诸多研究结果表明，采用是一个以正态分布曲线为特征的社会现象。

五种采用者类型被划分为正态分布的不同类型（见图 4-4）。第一个 2.5% 的产品购买者被界定为领先采用者。下一个 13.5% 是早期采用者，再下一个 34% 为早期多数采用者，再下一个 34% 为晚期多数采用者，最后 16% 为滞后采用者。研究表明，领先采用者大多具有冒险精神，在处理社会关系时采取四海为家的态度，且比其他采用者富裕。早期采用者是社区中最有影响力的人，甚至比创新者更有影响力。因此早期采用者在采用过程中是关键群体，他们对早期多数采用者和晚期多数采用者有很大影响，这两个群体构成了任何产品采用者的主体。早期采用者有几个突出的特点：他们大多比较年轻，具有较高的社会地位，并比晚期多数采用者处于较有利的经济地位。他们对大众媒体的信息来源必须及时做出反应，必须了解来自那些信息源的新产品情况，因为他们并不能简单地效仿一些领先采用者的消费行为。

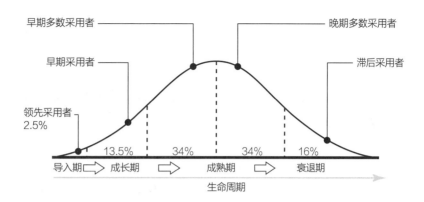

图4-4 采用者类型

采用者类型呈正态分布的一个重要原因是互动效应，即新产品采用者影响他人的过程。采用新的创意或产品是人类在某个社会系统中交互影响的结果。如果某项新发明或新产品的首位采用者与另外两个人讨论这些东西，接着这两个人中的每个人又会将新思想传播给另外两个人，如此不断蔓延传播开来，以致最终的分布被绘制成正态分布的形状。[39]

4.5.4　太平洋沿岸国家/地区的新产品扩散情况

在一项涉及美国、日本、韩国和中国的跨国跨地区的比较中，塔卡德（Takada）和杰恩（Jain）提供了有关证据以论证不同的国家/地区的特征，特别是文化和沟通模式会对家用空调、洗衣机和计算器的扩散过程产生影响。根据塔卡德和杰恩的观察，日本、韩国和中国属于高语境文化、人口具有同质性，而美国属于低语境和异质性文化国家。他们由此提出第一个假设，新产品在亚洲的扩散速度可能要快于在美国的扩散速度（图4-5）。

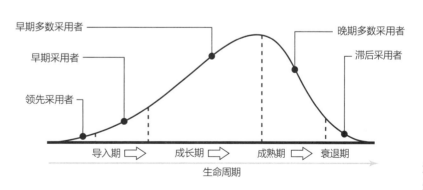

图4-5 亚洲创新差异层次结构

该项研究支持的第二个假设是，引进新产品较晚的市场采用该产品的速度较快。滞后的时间可能会给消费者更多的机会评估相对的优势、兼容性和其他产品属性。塔卡德和杰恩的研究具有重要的营销启示。他们指出："假如营销经理计划将某款已在本国市场证明成功的产品打入新兴工业化国家或其他亚洲市场，产品的扩散过程可能会比在本国市场快得多。"[40]

社会和文化环境带给营销的启示

解释全球不同社会和文化环境的营销含义。

前述的各种文化因素可能对消费品和工业品的全球营销都会产生重要影响。在制定全球营销计划时必须承认这些影响。**环境敏感性**（environmental sensitivity）反映了产品必须按照不同国家/地区市场的特定文化需要因地制宜的程度。一个有用的方法是将产品置于环境敏感性连续体中。处在连续体一端的是对不同环境因素不敏感的产品，它们无须按照世界各地市场的环境进行修改。处在连续体另一端的是对不同环境因素高度敏感的产品。经营对环境不敏感产品的公司将花费较少的时间来确定当地市场的具体情况和特殊情况，因为产品基本上是通用的。产品的环境敏感性越强，就越需要经理设法应对特定国家/地区的经济、法规、技术、社会和文化环境的状况。

产品的敏感性可按二维的标尺来表现（见图4-6）。横轴表示环境敏感性，纵轴则表示产品适应性。显示较低环境敏感性的产品（如集成电路）归属图示的左下方。英特尔公司已售出1亿多件微处理器，因为芯片在世界任何地方仍是芯片。越往横轴的右边，环境敏感性越高的产品，其修改量也相应增加。计算机是以较弱的环境敏感性为特征的；各国/地区电压的差异要求采取一定的稳压措施。此外，计算机软件的文字说明应该用当地语言。

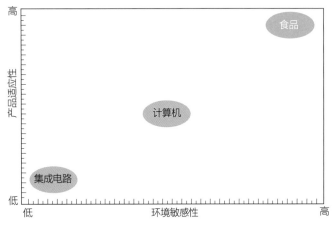

图4-6　环境敏感性与产品适应性

在图4-4的右上方是环境敏感性高的产品。食品有时属于这一类，因为它们对气候和文化敏感。通用电气的涡轮发电设备可能也出现在连续体高敏感的那端；在很多国家，当地的设备制造商在为本国项目投标时通常获得优先的待遇。

一些研究表明，除了社会阶层和收入因素外，文化还对消费行为和耐用产品拥有权具有重要的影响。[41]与工业品相比，消费品可能对文化差异更加敏感。饥饿是马斯洛需求层次理论中一种基本的生理需要：每个人都需要吃饭，但是具体想吃什么可能受到文化因素的强烈影响。来自营销活动一线的证据说明，食品可能是消费品中最敏感的类别。正在进行的关于食品供应中的转基因成分的争论就是一个例子——美国消费者普遍接受含有转基因成分的食品；欧洲人则不那么接受。

口渴也能表明需要和欲望之间的差异。液体摄入是人类普遍的生理需要（见图4-7）。然而如同食物和烹饪一样，人们想喝的饮料品种也受到文化的较大影响。咖啡是一种很能说明问题的饮料种类。在欧洲，人们消费咖啡已有几个世纪。英国素来是一个喝茶的民族，下午茶在英国文化中已是一个根深蒂固的概念。[42]20 世纪 70 年代，英国的茶品销售量大大高于咖啡的销售量，二者的销售量比例为4:1。

图4-7　在水龙头或井水可能被污染的国家，瓶装水是一种方便的替代品。该行业增长最快的是发展中国家；在过去五年里，印度的瓶装水消费量增加了两倍，中国的瓶装水消费量增加了一倍多。许多消费者也选择瓶装水作为替代品。然而，地球政策研究所和其他组织认为瓶装水的价格过高，浪费。国际瓶装水协会不同意这种观点。一位发言人说：“我们是一个忙碌的社会，要求方便的包装和始终如一的质量，这就是瓶装水所提供的。”

资料来源：Gurinder Osan/AP Images.

由于速溶咖啡的冲泡方式近似于茶，英国人倾向于购买速溶咖啡。然而，到 20 世纪 90 年代，英国一直处于经济繁荣阶段，夜总会和餐馆的数量激增。寻觅非酒馆“第三空间”的时髦伦敦人发现西雅图咖啡公司（Seattle Coffee Company）的那种咖啡馆正合心意。在 1995 年喜欢咖啡的美国人开设了第一家咖啡店后，西雅图咖啡公司很快取得了成功，到 1998 年，它在伦敦地区已有 65 家分店。后来星巴克以 8 400 万美元从创始人手里收购了这家公司。如今，星巴克克服了房地产高价的挑战，在英国拥有超过345 个公司经营的咖啡馆。[43]

本章小结

文化是一个社会的“心智规划”，对每个国家的市场环境都有着广泛而不断变化的影响。全球营销经理必须认识到文化的影响力，并准备应对或改变文化。人类行为是一个人独特个性及其与所生活的特定社会和文化的集体力量相互作用的结果。特别地，**态度**、**信仰**和**价值观**可能因国家/地区而异。此外，与宗教、**审美观**、饮食偏好、语言和沟通有关的差异可能会影响当地人对公司品牌或产品的反应，以及影响公司员工在不同文化中有效运作的能力。许多概念和理论框架为这些和其他文化问题提供了见解。

文化可以分为**高语境文化**和**低语境文化**；反过来，沟通和谈判风格可能因国家而异。霍夫斯泰德的社会文化维度理论有助于营销人员从**权力差距**、**个人主义**与**集体主义**、**成就**与**培育**、**不确定性规避**以及**长期取向**与**短期取向**等方面理解文化。通过理解**自我参照标准**，全球营销人员可以克服人们潜意识中感知障碍和扭曲的倾向。

罗杰斯关于**创新扩散**的经典研究有助于解释产品是如何随着时间的推移被不同的**采用者类型**所采用的。消费者所经历的采用过程可以分为**多阶段效应层次**。罗杰斯关于**创新的特征**的发现也可以帮助营销人员在全球市场上成功推出新产品。研究表明，亚洲的采用者与西方模式中的不同。对**环境敏感性**的认识可以帮助营销人员确定消费者和行业产品是否必须适应不同市场的需求。

注　释

1. John Keay, *The Honourable Company：A History of the East India Company* (New York, NY：Macmillan, 1991), p. 81.

2. Geert Hofstede and Michael Harris Bond, "The Confucius Connection：From Cultural Roots to Economic Growth," *Organizational Dynamics* (Spring 1988), p. 5.

3. George P. Murdock, "The Common Denominator of Culture," in *The Science of Man in the World Crisis*, Ralph Linton, ed. (New York, NY：Columbia University Press, 1945), p. 145.

4. 以下讨论改编自 Dana L. Alden, Jan-Benedict Steenkamp, and Rajeev Batra, "Brand Positioning through Advertising in Asia, North America, and Europe：The Role of Global Consumer Culture," *Journal of Marketing* 63, no. 1 (January 1999), pp. 75 – 87.

5. Milton Rokeach, *Beliefs, Attitudes, and Values* (San Francisco, CA：Jossey-Bass, 1968), p. 160.

6. Natalie Angier, "True Blue Stands out in an Earthy Crowd," *The New York Times* (October 23, 2012), pp. D1, D3. See also Natalie Angier, "Blue through the Centuries：Sacred and Sought After," *The New York Times* (October 23, 2012), p. D3.

7. Thomas J. Madden, Kelly Hewett, and Martin S. Roth, "Managing Images in Different Cultures：A Cross-National Study of Color Meanings and Preferences," *Journal of International Marketing* 8, no. 4 (2000), p. 98.

8. Laurence E. Jacobs, Charles Keown, Reginald Worthley, and Kyung-I Ghymn, "Cross-Cultural Colour Comparisons：Global Marketers Beware！" *International Marketing Review* 8, no. 3 (1991), pp. 21 – 30.

9. Martin Stokes, *Ethnicity, Identity, and Music：The Musical Construction of Place* (Oxford, UK：Berg, 1994).

10. Motti Regev, "Rock Aesthetics and Musics of the World," *Theory, Culture & Society* 14, no. 3 (August 1997), pp. 125 – 142.

11. Amy Kamzin, "Domino's Deadline to Deliver," *Financial Times* (January 18, 2013), p. 10.

12. Preetika Rana, "In India, Forget Doughnuts, It's Time to Make the Tough Guy Chicken Burger," *The Wall Street Journal* (November 29 – 30, 2014), p. A1.

13. Fara Warner, "Savvy Indian Marketers Hold Their Ground," *The Wall Street Journal Asia* (December 1, 1997), p. 8.

14. Jacqueline Friedrich, "All the Rage in Paris? Le Fooding," *The Wall Street Journal* (February 9, 2001), p. W11.

15. Evan Ramstad and Gary McWilliams, "Computer Savvy：For Dell, Success in China Tells Tale of Maturing Market," *The Wall Street Journal* (July 5, 2005), pp. A1, A8.

16. 载于 J. Byrne Murphy, *Le Deal* (New York, NY：St. Martins, 2008), pp. 60 – 61.

17. Dan Bilefsky and Christopher Lawton, "In Europe, Marketing Beer as 'American' May Not Be a Plus," *The Wall Street Journal* (July 21, 2004), p. B1.

18. James Hookway, "IKEA's Products Make Shoppers Blush in Thailand," *The Wall Street Journal* (June 5, 2012), pp. A1, A16.

19. Greg Steinmetz and Carl Quintanilla, "Tough Target: Whirlpool Expected Easy Going in Europe, and It Got a Big Shock," *The Wall Street Journal* (April 10, 1998), pp. A1, A6.

20. Renzo Rosso / Alice Rawsthorn, "A Hipster on Jean Therapy," *Financial Times* (August 20, 1998), p. 8.

21. Meeyoung Song, "How to Sell in Korea? Marketers Count the Ways," *The Wall Street Journal* (August 24, 2001), p. A6.

22. Kevin Voigt, "At Matsushita, It's a New Word Order," *Asian Wall Street Journal Weekly* (June 18 – 24, 2001), p. 1.

23. 见 Anthony C. Di Benedetto, Miriko Tamate, and Rajan Chandran, "Developing Strategy for the Japanese Marketplace," *Journal of Advertising Research* (January-February 1992), pp. 39 – 48.

24. Tom Burns, "Spanish Telecoms Visionary Beholds a Brave New World," *Financial Times* (May 2, 1998), p. 24.

25. John L. Graham and Roy A. Heberger, Jr., "Negotiators Abroad—Don't Shoot from the Hip," *Harvard Business Review* 61, no. 4 (July-August 1983), pp. 160 – 168.

26. Kate Fox, *Watching the English: The Hidden Rules of English Behavior* (Boston. MA: Nicholas Brealey Publishing, 2014), p. 287.

27. George Ritzer, *The McDonaldization Thesis* (London, UK: Sage Publications, 1998), p. 8.

28. Rosa Jackson, "Michelin Men," *Financial Times* (November 24 – 25, 2012), p. R8.

29. Christine Muhlke, "A Slow Food Festival Reaches out to the Uncommitted," *The New York Times* (September 3, 2008), p. D12. 另见 Alexander Stille, "Slow Food's Pleasure Principles," *The Utne Reader* (May-June 2002), pp. 56 – 58.

30. Edward T. Hall, "How Cultures Collide," *Psychology Today* (July 1976), pp. 66 – 97.

31. Geert Hofstede and Michael Harris Bond, "The Confucius Connection: From Cultural Roots to Economic Growth," *Organizational Dynamics* (Spring 1988), p. 5.

32. 在一些文章中，霍夫斯泰德将这一维度称为"儒家活力"，因为它在日本等亚洲地区最高。

33. Masaru Ibuka James Lardner, *Fast Forward: Hollywood, the Japanese, and the VCR Wars* (New York, NY: NAL Penguin, 1987), p. 45.

34. Scott A. Shane, "The Effect of Cultural Differences in Perceptions of Transaction Costs on National Differences in the Preference for International Joint Ventures," *Asia Pacific Journal of Management* 10, no. 1 (1993), pp. 57 – 69.

35. J. Byrne Murphy, *Le Deal* (New York, NY: St. Martin's Press, 2008), p. 109.

36. Christina Larson, "Office Cultures: A Global Guide," *Bloomberg Businessweek* (June 17, 2013), p. 15.

37. James A. Lee, "Cultural Analysis in Overseas Operations," *Harvard Business Review* (March-April 1966), pp. 106 – 114.

38. 此处摘自 Everett M. Rogers, *Diffusion of Innovations* (New York, NY: Free Press, 1962).

39. 关于采用者类型的精彩讨论和应用参见 Malcolm Gladwell, *The Tipping Point* (New York, NY: Little, Brown, 2000), Chapter 6.

40. Hirokazu Takada and Dipak Jain, "Cross-National Analysis of Diffusion of Consumer Durable Goods in Pacific Rim Countries," *Journal of Marketing* 55 (April 1991), pp. 48 – 53.

41. Charles M. Schaninger, Jacques C. Bourgeois, and Christian W. Buss, "French-English Canadian Subcultural Consumption Differences," *Journal of Marketing* 49 (Spring 1985), pp. 82 – 92.

42. Kate Fox, *Watching the English: The Hidden Rules of English Behavior* (Boston, MA: Nicholas Brealey Publishing, 2014), p. 437.

43. Deborah Ball, "Lattes Lure Brits to Coffee," *The Wall Street Journal* (October 20, 2005), pp. B1, B6. 另见 Marco R. della Cava, "Brewing a British Coup," *USA Today* (September 16, 1998), pp. D1, D2.

GLOBAL
MARKETING

|全|球|营|销|
（原书第10版）

第5章 政治、法律和监管环境

本章精要

- 了解国家政治环境中可能影响全球营销活动的因素。
- 定义国际法并描述世界不同地区的主要法律制度类型。
- 了解可能导致全球营销经理出现法律问题的重要商业问题。
- 描述在母国以外开展业务时解决冲突和争端的可用替代方案。
- 概述欧盟的监管环境。

案例 5-1   特拉维斯·卡兰尼克与优步

特拉维斯·卡兰尼克（Travis Kalanick）是一位企业家，他取得了现代罕见的成功和名声。

卡兰尼克是优步（Uber Technologies）的联合创始人，Uber Technologies 是广受欢迎的优步乘车共享服务的母公司。2010 年，卡兰尼克与朋友兼联合创始人加勒特·坎普（Garrett Camp）在旧金山推出了优步服务。到目前为止，大多数人都熟悉优步的工作方式：客户将优步 APP 下载到智能手机上，并建立一个包含移动支付信息的账户。然后，当需要乘车时，客户打开 APP 并输入目的地。APP 的 GPS 识别客户的当前位置，并估算当前位置到目的地的费用、距离和行程时间。如果费用可以接受，客户会下单约车。

截至 2014 年底，优步已获得风险投资，该公司估值近 400 亿美元！这项服务已覆盖全球 250 多个城市，一些行业观察家称赞该公司是数字化技术颠覆既定行业的典范。"共享经济"又称"协作消费"，正在获得牵引力，这可以从优步竞争对手来福车（Lyft）、租房服务爱彼迎（Airbnb）等的成功中得到证明。

然而，随着优步的人气增长，它遇到了障碍。在英国伦敦和其他主要城市，司机们举行了示威和大规模抗议活动，抗议他们声称的来自不受监管的司机的不公平竞争。布鲁塞尔、迈阿密和拉斯维加斯等多个城市已禁止优步。在布鲁塞尔，一家法院对使用该服务的司机处以罚款。优步一直在支付罚款并提供法律支持。德国监管机构成功地获得了禁止该服务的临时禁令；在一系列上诉和反上诉之后，禁令被取消。

欧盟委员会（European Commission）进行了一项调查，以确定优步是其所称的"信息社会服务公司"，还是法国政府所称的相当于出租车服务公司。

卡兰尼克的公司提供了政治、法律和监管环境对国际贸易和全球营销活动影响的研究案例。每个国家都有其独特的法律和监管体系，影响全球化公司的运营和活动，包括全球营销经理应对市场机遇和威胁的能力。法律法规限制产品、服务、人员、资金和技术的跨境流动。全球营销经理必须努力遵守项一项国家约束，在某些情况下，还必须遵守区域约束。法律法规经常模糊不清，并且不断变化，这一事实阻碍了这些努力。而且，就优步而言，新技术的发展速度快于法律法规的修订。

在本章中，我们考虑了全球营销的政治、法律和监管环境的基本要素，包括当前最紧迫的问题，并提出了一些解决这些问题的建议。一些具体主题，如工业和消费品的进出口规则，健康和安全标准，有关包装、标签、广告和促销的规定将在后面专门讨论个别营销组合要素的章节中进行介绍。

政治环境

了解国家政治环境中可能影响全球营销活动
的因素。

全球营销活动发生在由政府制度、政党和组织构成的**政治环境**（political environment）中，人民和统治者通过这一体制行使他们的权力。正如我们在第 4 章中所见的那样，每个国家/地区都有反映其社会情况的独特文化，每个国家/地区也有其政治文化，它反映了政府和法律体系的相关重要性。在此背景下，个人和公司得以理解自己与政治制度的关系。任何在本国/地区以外地区经营的公司应该悉心研究对象国/地区的政体结构，分析产生于政治环境的突出问题。这些问题包括执政党对待主权、政治风险、税收以及征用资产等问题的态度。

5.1.1 国家和主权

主权（Sovereignty）可定义为最高和独立的政治权威。一个世纪以前，美国最高法院首席大法官梅尔维尔·富勒（Melville Fuller）说："每一个主权国家必须尊重其他所有主权国家的独立，一国的法院不能审理和判决另一国政府在其领地内的所作所为。" 20 世纪末，斯坦利基金（Stanley Foundation）总裁理查德·斯坦利（Richard Stanley）对此有如下描述：

> 一个主权国家可以被认为是自由的和独立的。它管制贸易，管理出入国境的人流，并对本土内所有人员和财产行使不可分割的司法权。它有权力、权威和能力处理自己的内政事务而不受外国的干预，并自行使用其国际权力，发挥其影响力。[1]

政府以主权名义采取的行动发生在两个重要标准的背景下：某国的特定发展阶段以及该国特定的政治和经济体制。

正如第 2 章所勾画的框架那样，单个国家的经济可被分为工业化的、新兴工业化的等。许多发展中国家的政府通过保护主义的法律和法规实施对本国经济发展的控制。它们的目标是通过保护其新兴或战略工业鼓励经济发展。

相反，当许多国家的经济发展到高级阶段时，它们的政府会宣布（至少在理论上）任何限制自由贸易的做法或政策都是非法的。制定反托拉斯（即反垄断）法律和法规就是为了促进公平竞争。经济发展到高级阶段的国家的法律经常被用于界定和维护国家的社会秩序；法律可能延伸到政治、文化乃至知识性活动和社会行为方面。

例如在法国，法律禁止在官方文件中使用诸如 le weekend（周末）或 le marketing（市场营销）等外来语。此外，1996 年法国通过的一项法律要求热门频道所播放的歌曲中至少要有 40% 的法语歌。2016 年，这种占比降至 35%，因为朋克和其他法国录音艺术家发布了带有英语歌词的音乐，以吸引全球观众。可能受到立法法案积极或消极影响的公司有时会利用广告作为其表达对某些问题的立场的工具。例如许多全球化公司使用广告来表明它们对贸易相关问题的正式立场。在20世纪90年代中期，美孚石油公司实施了一场涉及数个公众利益议题的广告活动，包括贸易问题、洁净空气、替代燃料及医疗改革。这场广告活动旨在敦促美国国会批准《关税及贸易总协定》（GATT）。

第2章还提到，世界上的大部分经济体融合了市场与非市场体制要素。非市场经济占绝对统治地位的政府主宰的权力往往伸展到该国经济生活的深层之处。相反，在资本主义的、市场驱动的民主国家，这种权力受到很大的限制。眼下同时出现在非市场结构和市场性结构的一个全球性现象是私有化趋势，这一趋势减少了政府以产品和服务供应商身份对经济的直接介入。从本质上看，私有化进程的每一步都推动了国家经济朝自由市场的方向发展。

这一趋势可以追溯到20世纪80年代英国前首相撒切尔夫人的经济政策。英国航空公司、英国石油公司、英国钢铁公司和劳斯莱斯是在所谓的撒切尔主义经济下私有化的一些公司。这项政策备受争议：一些人嘲笑前首相给英国带来苦难，其他人则赞扬她采取大胆措施刺激经济。欧盟的经济危机促使意大利政府出售其在意大利最大的电力公司Enel的5.7%的股份。意大利政府也在考虑出售其在能源公司埃尼（Eni）的部分股份。意大利的债务总额超过2万亿美元，政府正在寻求筹集数百万欧元的途径。

一些观察家认为，全球市场一体化正在侵蚀各国的经济主权。经济顾问尼尔·索斯（Neal Soss）指出："政府的最终资源是权力，然而已经屡见不鲜的是，在市场不断的进攻下，政府的意志可以被摧毁。"[2]这个趋势令人烦恼吗？如果这个问题以营销的术语来表达，那么交换的概念便呈现在人们的眼前：为换来有价值的东西，许多国家可能会愿意放弃主权。如果可以提高世界贸易的份额和增加国民收入，那么它们可能会愿意交出主权。

> 这个国家可能在某些方面落后，但它有1 000年的历史，俄罗斯不会以主权换取任何东西。[3]
> ——俄罗斯总统 弗拉基米尔·普京

在欧洲，个别欧盟国家放弃了拥有本国货币的权力和制定本国产品标准的权力，并做出了其他牺牲，以换取更多的市场准入机会。英国的"脱欧"问题可以被视为英国人的一项任务，即夺回英国在欧盟28国的"集体主权"下失去的一些东西。

> 我们将不再做的是签订束缚我们手脚的大型贸易协定，放弃我们的主权，真正的强制执行实际上不可能。
> ——特朗普在亚太会议上宣传"美国优先"贸易政策（纽约时报公司，2017年11月10日）。

分离主义和分离主义运动也在削弱民主国家的传统主权。例如，在意大利，富裕的北部伦巴第大区和威尼托大区的选民越来越不愿意提供税收基础来补贴较贫穷的南部地区。[4]这种国内区域主义也见于西班牙，加泰罗尼亚地区寻求更大的经济独立；同样，英国苏格兰地区也曾呼吁独立。

5.1.2 政治风险

政治风险（political risk）是政治环境和政府政策变化引起的风险，这种风险会对公司开展有效经营的能力和获利能力造成负面影响，可能阻碍公司在国外的投资。欧洲工商管理学院（INSEAD）的伊桑·卡普斯坦恩（Ethan Kapstein）教授说：

> 也许对全球化公司的运营活动最大的威胁和最难管理控制的部分，源自它们开展业务所处的政治环境。前一天，外国公司是当地社区受欢迎的新成员；第二天，机会主义政客们就会诋毁它。[5]

政治风险可能会阻止一家公司向国外投资；换言之，当一个国家的政治环境呈现高度不确定的特点时，该国将很难吸引外资。

正如卡普斯坦恩教授所指出的那样，公司的高管们往往无法将政治风险概念化，因为他们不懂政治学，这意味着他们没有接触到政治学专业学生提出的有关全球化公司活动的问题。（一个支持文科教育的有力论据！）现代公司正受到企业和政府领导人以及公众越来越多的审查；一般来说，自由市场资本主义也是如此。这一趋势可被视为助长了政治风险。

毫无疑问，时事必须成为公司信息议程的一部分；例如，企业管理者需要随时了解政党的形成和演变以及公众对政治机构的看法。

> 如果你想进入成长型市场，那么你必须假设并预计会出现一些波动。在成长型市场中，你必须假设存在风险。
> ——嘉士伯首席执行官，乔根·布尔·拉斯穆森（Jørgen Buhl Rasmussen）

有价值的信息来源有《金融时报》（*Financial Times*）、《经济学人》（*The Economist*）及其他商务类期刊。经济学人智库（Economist Intelligence Unit，EIU）总部位于日内瓦的商业环境风险评估公司（Business Environment Risk Intelligence，BERI），以及 PRS 集团（PRS Group）会发布最新的单个国家/地区市场的政治风险报告。这些商业信息来源对政治风险的判定标准不尽相同。比如，BERI 侧重于社会和制度的属性，PRS 集团则侧重于政府行为和经济职能（见表 5–1）。

表 5–1　政治风险类别

战争	政治派别分化	政治动乱的可能性
社会动乱	由语言、伦理和/或宗教团体形成的分化	股权限制
有序的政治体制转换	维持政权所需的限制性/胁迫性措施	对在当地经营机构/生产基地的设置限制
怀有政治动机的暴力	心态（仇外、民族主义、腐败、裙带关系）	歧视性税收
国际纷争	社会条件（包括人口密度和财富分布状况）	对资金汇回（国）的限制
政府变更/亲商导向	激进型政府势力的组织和实力	交换控制
制度效力	对主要敌对权势的仰赖或对此权势的重要性	关税壁垒
官僚作风	对地区政治势力的负面影响	其他壁垒
透明度、公平程度	涉及示威、罢工和街头暴力的社会冲突	支付延误
腐败	由暗杀和游击战反映的不稳定	财政/货币扩张
犯罪		劳动力成本；外债

注：资料改编自 Llewellyn D. Howell, *The Handbook of Country and Political Risk Analysis*, 2nd ed, (East Syracuse, NY: The PRS Group, Inc., 1998). 经许可转载。

全球营销（原书第 10 版）

中欧和东欧其他国家当前的政治气候仍具有不同程度的不确定性。在经济情报机构的政治不稳定指数排名中，匈牙利、阿尔巴尼亚和拉脱维亚的风险水平适中。匈牙利和拉脱维亚已经达到中上收入水平。既然拉脱维亚已经加入欧元区，预计较低的利率将促进进一步的经济增长。

阿尔巴尼亚向市场经济过渡的进展吸引了国外投资。此外，贴有"阿尔巴尼亚制造"标签的产品正在全球市场上获得认可。这可以从 DoniAnna 的成功中看出，DoniAnna 是一家由阿尔巴尼亚企业家多妮卡·米奇（Donika Mici）创立的鞋制造商。[7] 全球化公司应持续关注整个区域的风险评估，以确定风险何时降至管理层可接受的水平。

公司可以通过购买保险抵消可能来自政治环境的政治风险。在日本、德国、法国、英国、美国和其他工业化国家，有各种为从事海外业务的公司提供投资保险的代理商。美国海外私人投资公司（OPIC）为美国公司提供各种类型的政治风险保险。在加拿大，出口发展公司（Export Development Corporation）承担了同样的功能。

5.1.3 税收

政府依靠税收收入来获取用于社会服务和军事及其他必要支出的资金。遗憾的是，政府有关产品和服务销售的税收政策经常会使公司和个人通过不交税获利。当消费者到国外寻购高价值产品时，高额的消费税和增值税也能刺激合法的跨境购物。例如，英国的葡萄酒与烈性酒协会（Wine and Spirit Association）估计，从法国开回英国的小汽车上，每辆平均载有 80 瓶葡萄酒。

全球化公司的多样化地理活动也要求特别注意税法。这一问题在科技领域尤为突出，许多公司通过改变申报收入的地点尽量减少纳税义务。脸书（Facebook）、亚马逊（Amazon）、谷歌（Google）和苹果（Apple）等公司已将从知识产权中赚取的利润转移到爱尔兰和卢森堡等低税收管辖区。此外，在美国开展业务的外国公司减少税收每年使美国政府损失数十亿美元的收入。2016 年美国总统选举后，公司期待特朗普政府进行基础广泛的税务改革。他们获得了 2017 年 12 月通过的重大减税奖励。

5.1.4 资产夺取

一国政府可能对公司造成的最大威胁是征用资产。**征用**（expropriation）是指政府剥夺公司或投资者财产的行动。外国投资者一般会得到赔偿，尽管实际的赔偿并不能达到按国际惯例要求的那样"迅速、有效和足量"。如果没有赔偿，这种行为就被称为**没收**（confiscation）。[8] 按照人们的一般理解，国际法禁止政府没收外国资产，不予赔偿。**国有化**（nationalization）的范围通常比没收更宽泛，它发生在政府控制了特定行业的部分或全部公司时。只要国有化的行为是为"公共目的"，并且有"足够的补偿"（如反映财产的市场公允价值），国际法就承认国有化是政府权力的合法行使。

在未见公然征用或没收的情况下，**缓慢征用**（creeping expropriation）一词常被用于表达外国公司在一些特定国家的经济活动所受的限制。这些限制包括对各种收益的汇出限制，如利润、红利、版税，或对当地投资的技术协助费和技术安排费。其他问题包含对产品当地成分比例要求的增加、雇用当地员工的定额、价格控制，以及其他影响投资回报率的限制。全球化公司遭受的限制还包括：歧视性关税和限制某些工业品和消费品进入市场的非关税壁垒，以及有关专利和商标的歧视性法律。对知识产权的限制实际上已经取消或大大削弱了对药品的保护。

20 世纪 70 年代中期，强生公司和在印度的其他投资商为保持在其所建公司中的控股地位，只得顺从印度的一整套法规。这些法规中的许多条款后来被马来西亚、印度尼西亚、菲律宾、尼日利亚和巴西全部或部分照搬。到了 20 世纪 80 年代后期，在经过以债务危机和低国民生产总值增长为特征的拉丁美洲"失去的 10 年"，法律制定者改变了不少限制性法律，目的是重新吸引直接投资和他们急需的西方技术。

当政府征用外国资产时，要求归还资产的行动存在障碍。例如，根据美国的"国家行为原则"，如遇外国政府介入一个特定行动，美国法庭将不介入纠纷。被征用公司的代表可以通过世界银行投资争议解决中心（World Bank's Investment Center for Settlement of Investment Dispute，ICSID）的仲裁争取支持。从私营保险公司或从美国政府的海外私人投资公司购买征用保险也是可行的。

20 世纪 70 年代初在智利经营的铜业公司被没收表明，这可能会对这些公司的命运产生影响。那些极力抵制政府将本国国民引入公司管理层的公司被彻底没收；那些真正努力遵循智利准则的公司被允许继续接受智利 – 美国联合管理。

<table>
<tr><td>全球营销
5.2</td><td><h1>国际法</h1>定义国际法并描述世界不同地区的主要法律
制度类型。</td></tr>
</table>

国际法（international law）可以定义为国家认为可约束它们自己的规则和原则。国际法涉及财产、贸易、移民和其他领域，这些领域依照传统一直属于单个国家的管辖范围。只有当许多国家愿意在这些领域里既享受所有的权利又承担全部义务时，国际法才适用。现代国际法的根源可追溯到 17 世纪的《威斯特伐利亚和约》（Peace of Westphalia）。早期的国际法涉及发动战争、建立和平以及对新建国体和政府的外交承认等其他政治问题。

虽然详尽的国际法规则逐步出现（涉及如中立国地位问题等），但单个国家也于 19 世纪纷纷开创管辖商务活动的法律。国际法仍然具有维持秩序的作用，尽管涉及的范围大于战争所引起的问题。起初，国际法基本上是协约、契约、法典及协定的混合物。随着国家间贸易活动的增加，商务秩序变得日益重要。国际法原本只处理国家政体问题，但是越来越多的法律机构摒弃了只有国家才受国际法管辖的思想。

伴随着 20 世纪国际判例法机构的扩张，新生的国际司法组织不断为创建成熟的国际法律规则添砖加瓦。这些组织包括常设国际法院（Permanent Court of International Justice，1920～1945 年），成立于 1946 年、作为联合国司法机构的国际法院（International Court of Justice，ICJ）（见图 5 – 1），建于 1947 年的国际法委员会（International Law Commission）。出现在国家间的争议属于国际公法（public international law）问题，可请求位于海牙的国际法院审理。在《联合国宪章》补充文件中，《国际法院规约》第 38 条就国际法有如下陈述：

> 国际法院按照国际法判决提交的争议，它适用于：
> - 建立由当事国公开承认法则的国际公约，无论是普通的还是特别的；
> - 国际惯例，被作为法律接受的一般做法的证据；
> - 被文明国家承认的一般法律原则；
> - 根据第 59 条的规定，作为确定法律规则辅助手段的司法判例和各国最权威的公法学家学说。

图 5 – 1　国际法院位于海牙，是联合国的司法机构。该法院有 15 名法官，任期为 9 年。国际法院的主要职能是根据国际法解决不同国家之间的争端。国际法院还就各国际机构提交的法律问题提供咨询意见。

参考资料：Ankor Light/Shutterstock.

现代国际法的其他来源包括协约、国际惯例、各国法庭的判例和学术著作。假如某国允许起诉它的案子提交国际法院审判，却又拒绝接受对它不利的判决，会出现什么情况？原告国家可以通过联合国安全理事会争取援助，安理会可在其全部权力范围内使判决生效。

普通法与民法

国际私法（private international law）是适用于不同国家公司间商业合同争议的一套法系。值得注意的是，管理商业的法律是逐渐产生的，这些法律的形成导致了各国法律体系的重大分裂。[9] 西方世界的法律可追溯至两个渊源：欧洲民法典传统源自罗马，美国法律体系源于英国的普通法。

民法国家（civil-law country）的法系（又称大陆法系）反映了 6 世纪罗马帝国的结构性概念和原则：

> 由于复杂的历史原因，在跨度很大的不同时期和在欧洲各个地区，人们接受罗马

法的态度不尽相同。到 19 世纪，每个欧洲国家都开始重新采取本国的那套私法法典，1804 年生效的《拿破仑法典》（又称《法国民法典》）成为这些法典的原型。但新的国家法典在很大程度上汲取了罗马法的概念结构和大量的内容。在民法国家里，融入私法的法典由宽泛的普通词语构成，且被认为是真正包罗万象的，即成为被判决的每个有争议案子都必须查阅的、无所不包的权威参考资料来源。[10]

在**普通法国家**（common-law country）里，许多争议依照以往的司法判决（案件）判定。判例法法律体系是建立在先例的概念，或称遵循先例（stare decisis）的基础之上的。先例就是一个概念，即有关过去某一问题的司法判决对后来发生的同类问题的判决具有法律规范效力。这

> 若要理解需要遵从的先例，你必须理解英国普通法。要理解英国普通法，你必须理解英国从诺曼征服维京人、罗马人而来。[11]
> ——美国最高法院法官，克莱尔恩斯·托马斯（Clarence Thomas）

一描述有点含糊不清，因为观察先例的实际操作比给它下定义更容易。然而，先例和先例判决代表了普通法决策的基本原则。

从源头上说，美国的法律制度受到英国法律的深度影响。英国和美国在本质上都属于普通法；也就是说，当没有法规可遵循时，法律由法庭宣布。判决根据过去的判例决定。普通法系与大多数欧洲国家实行的民法系明显不同。尽管英美的很多当代法律都源于法律条文，但是依据以往司法判决得出的推断与写入法典中的法律条文同等重要。普通法国家经常仰赖某些领域的法典汇编，如《美国统一商法典》（The U. S. Uniform Commercial Code），但这些法典并非像民法国家的那样包罗万象、系统性陈述。

《美国统一商法典》被美国 49 个州完全采用，它汇集了一套具体包含商业行为的规则。（路易斯安那州采取了《美国统一商法典》的某些部分，但其法律受《拿破仑法典》的影响仍很大。）东道国的法律体系（属于普通法还是民法）直接影响合法公司实体存在的形式。在普通法国家，公司是通过国家政府给予合法地位建立的。而在民法国家，公司依照两方或多方的契约建立，这些有关方对公司行动负有完全的责任。

美国和加拿大 10 个省中的 9 个，以及其他有益格鲁 - 撒克逊历史的殖民地按普通法建立了它们的法律体制。在历史上，欧洲先后受到罗马法和《拿破仑法典》的影响。亚洲的法系一分为二：印度、马来西亚、新加坡等属于普通法系；日本、韩国、泰国、印度尼西亚等属于民法系。斯堪的纳维亚半岛国家的法律体系属于混合型，同时体现出普通法和民法的特征。如今，大多数国家的法律体系是以民法体系为基础的。民法体系在判决案件时更多地依赖法令和法典，如 1804 年的《拿破仑法典》。根据这些法律规定，抽象原则被重新认知，然后应用于具体案例。相比之下，普通法系在特定案件中找到抽象原则，然后从这些原则中概括出法律。

当东欧、中欧各国竭力争取在改制时代建立法制体系时，爆发了法系之争，代表普通法国家和民法国家的顾问都在试图影响这一过程。在包括波兰、匈牙利和捷克在内的多数中欧国家，德国民法传统占上风。其结果是，银行不仅开展存款和借贷业务，而且从事证券买卖活动。

相反，在东欧国家，美国的影响较大。德国谴责美国推广其法系，认为这套法系过于复杂，以致社会需要大批律师的存在。美国则回答说，德国的法制过于陈旧。[12]无论如何，俄罗斯政府不断颁布的法律和法令创建了一个难以预测的、不断变化的法律环境。专业出版物阿纳托利·朱拉夫列夫（Anatoly Zhuplev）的《在俄罗斯做生意：简明指南》（*Doing Business in Russia: A Concise Guide*），对在俄罗斯或其他独联体国家经商的人们来说是重要的信息资源。

全球营销 5.3 规避法律问题：重要的商务专题

了解可能导致全球营销经理出现法律问题的重要商业问题。

很显然，全球法律环境是动态的和复杂的，因此可循的佳径是寻求法律专家的帮助。不过，精明强干、有前瞻眼光的营销经理在预防冲突发生方面大有可为，尤其是在以下方面：司法管辖权、专利与商标、反托拉斯（即反垄断）、许可经营与商业机密、贿赂和腐败，以及广告和其他促销工具。第13章和14章将讨论具体的促销活动的法规。

5.3.1 司法管辖权

在国外工作的公司员工必须了解他们受制于东道国法院管辖的程度。在全球营销背景下，**司法管辖权**（jurisdiction）是指法庭对国（境）外发生的特定种类争端做出判决的权力，或对不同国家/地区的个人或实体行使权力的权威。

> 我们对国际法充满信心。当你发明东西时，有必要立即用专利来捍卫你的创造力。意大利在专利方面的记录是欧洲最差的国家之一。我们需要对商人进行这方面的教育。[13]
>
> ——Geox（意大利最大的鞋业公司）主席，马里奥·莫雷蒂·珀莱加托（Mario Moretti Polegato）

在美国工作的外国公司雇员必须了解法院管辖的范围，公司可能被示意在某法院所在州做生意。法院可能会检查外国公司是否设有办公室、招揽生意，是否持有银行账户或其他财产，或在有关的州有代理商或其他雇员为其服务。

其中一起关于司法管辖权的争端使得大众汽车与通用汽车展开了争斗。1992年，在大众汽车雇用了通用汽车原全球采购负责人乔斯·伊格耐西欧·罗佩斯·德·阿里奥托瓦（José Ignacio López de Arriortúa）后，其前雇主控告他泄露商业机密。尽管公司的律师要求底特律联邦地方法院将此案转到德国，大众汽车在争端过程中还是接受了美国法庭的司法管辖。

5.3.2 知识产权：专利、商标和版权

在一国受到保护的专利和商标未必在另一国受到保护，因而全球营销经理必须确保专利和商标在公司开展商务活动的每一个国家都获得注册。**专利**（patent）是一份正式的法律文件，它赋予发明者在特定时期内制作、使用和销售其发明的独有权。典型的发明代表了新奇的、不易发现的"创新飞跃"。**商标**（trademark）被定义为制造商贴

附于特定的产品或包装上的特别标志、口号、设计或徽章，以区别于其他制造商制造的产品或包装（见图5-2和图5-3）。**版权**（copyright）确立了写作、录制、表演或拍摄的各种原创作品的所有权。

图5-2 金佰利（Kimberly-Clark）公司销售舒洁（Kleenex）品牌纸巾，是注册商标所有人。商标和其他形式的知识产权是有价值的资产；这则刊登在《广告时代》杂志上的广告引起了人们的注意，金佰利公司正在保护其对舒洁品牌的投资。公司采取这类行动是为了防止品牌名称成为通用术语。

参考资料：Courtesy, Kimberly-Clark Corp. All Rights Reserved.

　　法国的香槟区以生产起泡酒而闻名世界。在一些国家，包括美国，在原产地不是法国生产的起泡酒以"香槟"一词为标签是被允许的。产自美国和其他国家的起泡酒标签上也会出现"香槟"一词。由于国际贸易协议、消费者权益法和法律先例，超过110个国家要求被贴上"香槟"标签的就出自法国香槟区。像这样的地理标记将保证消费者所购买产品的原产地和真实性；换言之，一瓶酒如果标上了"香槟"，就意味着它产自法国香槟区。

图5-3 法国的香槟区以生产起泡酒而闻名世界。

资料来源：Champagne, USA.

　　2005年，来自美国多个产酒区的代表和欧盟共同签署了一份《保护酒庄和原产地宣言》（Declaration to Protect Wine Place & Origin）。该组织目前有来自北美洲、欧洲和大洋洲9个以上国家的成员。2006年，美国和欧盟签署了一项葡萄酒协议，禁止葡萄酒生产商滥用包括香槟在内的 16 个地区的名称，要求在 2006 年 3 月后不能将这些名称用于非原产于这些地区的葡萄酒的标签上。在该日期之前误用这些地区名称的葡萄酒生产商仍被允许这样做。

侵犯知识产权的行为有多种方式。第一种**假冒**（counterfeiting）是指未经允许对产品进行复制和生产。第二种**模仿**（associative/counterfeit/imitation）是使用与某著名品牌仅有细微差异但非常近似的品牌名称，以至于消费者会联想到那个真正的品牌产品。第三种**盗版**（piracy），即未经允许复制有版权出版物的行为。假冒和盗版在电影、录音、电脑软件和教材的出版业中是非常重要的问题，对娱乐业和软件产业的危害尤其大；计算机程序、录像带、磁带以及激光碟片特别容易被非法复制，假冒和盗版是尤为典型的方式。这些行业的公司生产的产品容易被复制，并广泛分销。

全球知识产权保护与美国的既得利益尤为相关，因为美国是上述行业中许多公司的总部所在地。

在美国，专利、商标和版权是在联邦专利局（Federal Patent Office）注册的，即使产品不被生产和销售，专利持有人始终拥有对专利的所有权。商标问题包含在 1946 年生效的《1946 年商标法修正案》，亦称《兰哈姆法》（Lanham Act）之内。里根总统签署了《商标法修正案》，使之于 1988 年 11 月生效。该法律使公司能比较容易地注册新商标。在美国，专利和商标得到了很好的保护，而且美国的法律是以先前法院的判例为指导的。

在欧洲注册专利的公司有两种选择：以国家为单位注册或向驻慕尼黑的欧洲专利局（European Patent Office）申请，获取在指定数量的国家的专利注册。公司很快会有第三种选择：《共同体专利公约》（Community Patent Convention），它将使发明者获得同时在 27 个国家生效的专利。目前，在欧洲申请专利非常昂贵，部分是因为将技术文件翻译成欧盟所有国家语言的费用很高，翻译问题一直没有得到解决。[14] 1997 年 7 月，为应对投诉，欧洲专利局将在 8 个国家的专利申请费平均降低了 19%。

美国加入了世界知识产权组织（World Intellectual Property Organization，WIPO），这一体系是根据 1891 年达成的《马德里协定》（Madrid Agreement）和更为灵活的 1996 年达成的《马德里协定有关议定书》（Madrid Protocol）运行的，它允许商标拥有者在多达 74 个国家里凭借一份申请而获取保护（见图 5 - 4）。

公司有时会设法利用个别国家在专利法和商标法上的漏洞和机会。有时，一些人也会在公司实际法人提出申请商标保护前就在当地注册商标。比如，星巴克 1997 年就在俄罗斯申请了商标保护，但并没有在那里开咖啡馆。一名莫斯科律师谢尔盖·朱可夫（Sergei Zuykov）于 2002 年向法院提交了取消星巴克对该品牌名称所有权的请愿书，理由是星巴克公司并没在商业中使用该牌名。从技术上讲，朱可夫只是利用了俄罗斯的民法条款，尽管被斥责为"商标擅用者"（trademark squatter），但他并没有违反法律。后来朱可夫又出价 60 万美元，想把此牌名卖回给总部设在美国西雅图的星巴克公司。

图5-4 总部在瑞士日内瓦的世界知识产权组织是联合国下属机构之一。该组织的使命是在全世界推广和保护知识产权，它把知识产权视为经济发展的一个关键要素。该组织创作了一些直观的、容易理解的插图手册以解释商标、版权和其他知识产权问题。各地代理机构可以访问其网站并直接打印这些手册。

资料来源：Trademarks Comic Book（2004），WIPO。

美国专利商标局曾授予古巴政府哈瓦那俱乐部朗姆酒的商标。这导致了两家全球蒸馏酒巨头之间的法律纠纷。总部位于巴哈马国的百加得（Bacardi）有限公司曾是一家古巴公司。百加得在美国市场销售自己的哈瓦那俱乐部酒；这种朗姆酒在波多黎各生产。

自1993年以来，法国的保乐力加集团（Pernod Ricard）与古巴政府成立了一家各占一半的合资企业，以古巴甘蔗为原料在古巴生产哈瓦那俱乐部朗姆酒，并在美国境外销售。保乐力加集团认为其品牌是正宗的，因为它是在古巴特有的气候和生长条件下的产物。在古巴，哈瓦那俱乐部标志存在于各种非酒精产品中，包括酒杯、T恤和纪念品。这项新规定为古巴制造的哈瓦那俱乐部朗姆酒在美国上市铺平了道路。哈瓦那俱乐部朗姆酒在全球朗姆酒消费量中排名第一。百加得有限公司与保乐力加之间都声称拥有哈瓦那俱乐部品牌的权利。

知识产权问题在19世纪就引起了国际关注，其结果形成了两个重要的协议。第一个是协议《保护工业产权巴黎公约》（International Convention for the Protection of Industrial Property），亦称巴黎联盟（Paris Union）。这个公约始于1883年，如今已有近百个国家加入其中。该公约方便了在多国注册专利，其方法是确保一家公司在签约国申请时，会在其他国家获得自申请日起一年的"优先权"。期望获得外国专利权的美国公司必须在美国申请专利后的一年内向巴黎联盟提出申请，否则它将遭受永久丧失国外专利权的风险。[15]

1886年，国际保护文学艺术作品联盟（International Union for the Protection of Literary and Artistic Property）成立，当时这个联盟中部分国家签署了《伯尔尼公约》（Berne Convention），这是版权保护中的里程碑式协议。对该公约的引用会突然出现在一些意想不到的地方。例如，在《大卫深夜脱口秀》节目末尾处滚动出现的演职员名单里，出现如下信息：

出版地为美利坚合众国。根据《伯尔尼公约》第 15（2）条及其生效的所有国家法律，WAD Productions,Inc.是本部电影的创作者。

另外两个条约也值得一提。《专利合作条约》（Patent Cooperation Treaty，PCT）有超过 100 个签约国，其中包括澳大利亚、巴西、法国、德国、日本、朝鲜、韩国、荷兰、瑞士、俄罗斯，以及美国等。成员国结成一个联盟，向所有成员国在申请提出和申请书审查过程中提供特定的技术服务与合作。欧洲专利局为《欧洲专利公约》（European Patent Convention，EPC）（也称《慕尼里公约》）管理申请事宜，该公约在欧盟和瑞士生效。一份申请书可用于申请在所有签约国内的专利保护权，其优点是这份申请书只需经过一个批准程序。在此制度下，各国的专利法仍然有效，同时被批准的专利自申请日起在所有成员国生效，有效期为 20 年。

近年来，美国政府采用了很多外交手段来改善知识产权保护的全球环境。例如，中国于 1992 年同意加入《伯尔尼公约》组织；1994 年 1 月 1 日，中国成为《专利合作公约》的正式签约国。2015 年，根据《专利合作条约》（PCT）提交申请的前三大公司中有两家是中国公司（见表 5-2）。大量的专利往往表明一家公司是创新领域的领导者，如杜邦公司拥有 700 多万项专利。

表 5-2　2015 年获得专利数的排行榜

排名及公司	国家	所获专利数/件
1. 华为	中国	3898
2. 高通公司	美国	2442
3. 中兴通讯	中国	2155
4. 三星电子	韩国	1683
5. 三菱电机	日本	1593
6. 爱立信公司	瑞典	1481
7. LG 电子	韩国	1457
8. 索尼	日本	1381
9. 飞利浦	荷兰	1378
10. 惠普	美国	1310

资料来源：世界知识产权组织。

根据《关税及贸易总协定》（GATT），新的美国专利获准后有效期为自申请之日起 20 年，此规定自 1995 年 6 月 7 日起生效。此前，专利自批准后有效期为 17 年。这一修改使美国的专利法与欧盟和日本的达成一致。不过即使经过这一改变，日本的专利法仍比美国的狭窄。其结果是，像卡特彼勒这样的公司未能在日本保护其关键的发明，因为与美国公司制造的产品很相似的产品仍然可以在日本申请专利，不必担心侵权的问题。[16]

另外一个关键问题是软件的全球专利保护。虽然版权法保护计算机代码，但它不适用于体现在软件中的创意。自 1981 年起，美国专利及商标局（United States Patent and Trademark Office）已将专利保护延伸到了软件领域；微软公司迄今已有 500 多项专利。在欧洲，软件的专利并不受《慕尼黑公约》（Munich Convention）的保护，但在 1997 年 6 月，欧盟表示它已经准备修改专利法，从而覆盖对软件的保护。[17]

2011 年，随着《美国创新法案》（Amercian Innovation Act）的通过，美国政府再次彻底改革了专利体系。该法案解决了所谓的专利骗子的问题，他们提交了多项专利申请，目的是让脸书、苹果和谷歌等大型科技公司支付大笔款项以解决专利索赔。美国成立了一个新的实体，即专利审判和上诉委员会，以加快解决专利侵权案件的进程。一些观察人士指出，专利保护的倒退导致美国在生命科学和软件方面的投资下降。[18]

5.3.3 反托拉斯／反垄断

美国和其他国家的反托拉斯法旨在反击限制性商务行为，以鼓励竞争。美国联邦贸易委员会（U. S. Federal Trade Commission）、日本公平贸易委员会（Fair Trade Commission）和欧盟委员会（European Commission）这样的组织负责强制施行这些法律。一些法律专家认为，在全球竞争的压力下，价格联盟和公司勾结的事件越来越多。时任美国联邦贸易委员会主席的罗伯特·皮托夫斯基（Robert Pitofsky）对此评价道："多年来，关税和贸易壁垒妨碍了全球贸易的发展。如今，这些障碍正在减少，但我们不得不面对仍然经常存在的公司的反竞争行为。"[19] 例如，超威半导体公司（AMD）曾是世界第二大个人计算机和服务器的微处理器供应商，它被公认为技术创新领导者。主导市场的领导者英特尔多年来占有的市场份额稳固在 80%～90% 之间。AMD 向美国联邦法院提起对英特尔的诉讼，声称后者利用其市场主导力量，扼杀或排除竞争，并从事在世界各地的反竞争行为。AMD 曾用整版广告描述诉讼案中提及的英特尔的所作所为。

最近，在美国仓促采取的一系列针对外国公司的反托拉斯行动引起了很多关注，人们批评美国违反了国际法，侵犯了其他国家的主权。美国的反托拉斯法是 19 世纪"打碎托拉斯"时代的遗产，其目的是通过限制经济大户的集中来维护自由竞争。1890 年通过的《谢尔曼反托拉斯法》（Sherman Antitrust Act）禁止某些限制性商业手段，包括限定价格、限定生产、分配市场，或任何其他旨在限制和回避竞争的计谋。该法也适用于在美国从商的外国公司，并延伸至美国境外的美国公司的活动。

在先前的判例中，日本造纸工业公司（Nippon Paper Industries）因和日本的其他公司共谋提高传真纸在美国的价格，被美国法庭判为有罪。日本政府谴责美国在 1995 年 12 月对日本造纸工业公司的指控违反了国际法和侵犯了日本的国家主权。价格策略的讨论会是在美国境外举行的；一名美国联邦法官否定了这项指控，判定《谢尔曼反托拉斯法》不适用于外国人的境外行为。然而波士顿联邦上诉法院之后又推翻了这一判决，美国联邦巡回法官布鲁斯·塞尔亚（Bruce Selya）书面表达了他的观点："我们生活在一个国际商务时代，在世界某个角落的一个决定会引起全球各地的反响。"[20]

在过去的40年里，欧盟委员会的保护竞争机构有权禁止那些避免、限制和/或扭曲竞争的协议和做法。该委员会对总部在欧洲的公司，以及像微软这样的在欧洲创造可观收入的非欧洲公司都具有司法管辖权。例如，欧盟委员会可能会阻止一项提议的兼并或合资项目，或仅做微小改动就予以批准，或要求做出很大的让步后再批准。欧盟委员会首先要对股权交易方案做前期研究，如果存在严重的问题，那么它就要开展长达数月的深度调研。

自20世纪90年代中期以来，欧盟委员会越来越多地采取激进的方式。时任反托拉斯部部长马里奥·蒙蒂（Mario Monti）是具有经济学背景的意大利人，欧洲报纸给他起了个"超级马里奥"（Super Mari）的外号。例如，2009年，英特尔因违反反垄断法被罚款12亿美元。2017年，经过7年的调查，竞争专员玛格丽特·维斯塔格（Margrethe Vestager）对Alphabet公司（谷歌的母公司）旗下的谷歌子公司处以24.2亿欧元（合27.2亿美元）的罚款，罪名是滥用其在搜索领域的主导地位。具体来说，欧盟委员会指责这家科技巨头通过推广自己的谷歌购物（Google Shopping）比较购物服务，而不是Foundem. co. uk等竞争对手提供的替代服务，扼杀了竞争。[21]与此同时，欧盟委员会还有另外两起针对谷歌的反垄断案件有待审理。

大西洋两岸也有人呼吁监管机构挑战在线零售巨头亚马逊的统治地位。例如，在2016年美国总统大选期间，候选人唐纳德·特朗普（Donald Trump）点名批评该公司，抱怨道："亚马逊控制了太多。"亚马逊的崇拜者指出，尽管或可能因为其规模，但亚马逊是一家"消费者至上"的公司，为大约4亿种不同的产品提供低价。更广泛的问题是，现有的反垄断法律法规是否需要修订以适应互联网时代的要求。一些观察家希望脸书和谷歌等公司作为公共事业受到监管！

表5-3总结了一些世界不同地区反托拉斯当局审查中的合资、合并和其他全球化公司的交易案例。

表5-3 反托拉斯案裁决汇编

涉及的公司	全球反托拉斯审查	美国反托拉斯审查
2016年，百威英博啤酒集团（AB InBev）（比利时）以1 010亿美元收购英国南非米勒酿酒公司（SABMiller）	该交易在中国获得附加限制性条件批准，但米勒公司必须出售其在华润雪花公司的股份	获得批准；百威英博被要求出售米勒公司
2008年，比利时/巴西的英博啤酒集团以520亿美元收购美国安海斯-布希（Anheuser-Busch）	在中国获得附条件批准，但该公司被禁止收购华润雪花啤酒和北京燕京啤酒公司	获得批准，英博集团必须售出拉巴特啤酒美国公司（Labatt USA）

（续）

涉及的公司	全球反托拉斯审查	美国反托拉斯审查
2001 年，美国通用电气（GE）以 400 亿美元收购霍尼韦尔（Honeywell）	由于合并后的公司将在航空设备业强于竞争对手，此交易被否决	在获批过程中，结果会受各种情况的影响
2000 年，英国百代集团（EMI GROUP.PLC）与美国时代华纳公司（Timewamer）共同出资 200 亿美元成立合资音乐公司	欧盟监管官员表示担忧，新的百代集团（EMI-Time Wamer）恐怕会在蓬勃增长的数字音乐分销市场中占据统治地位	2000 年在监管审查开始前双方取消交易

《罗马条约》（Treaty of Rome）有关国际贸易的条款适用于与第三国开展的贸易，由此一个公司必须清楚其分支机构的行为。为鼓励一些重要产业的成长，欧盟委员会也允许一些卡特尔（cartel）组织免受该条约第 85 条和第 86 条的约束。其用意是允许欧洲公司与日本和美国的公司平等竞争。在有些情况下，欧洲个别国家的法律适用于特定的营销组合要素。例如，有些国家准许选择性分销或独家分销。不过，欧盟法律可以参照先前的判例。

在某案中，一家名为康斯坦（Consten）的法国公司拥有从德国根德公司（Grundig）独家进口和分销消费电子产品的权利。康斯坦起诉另一家法国公司，指控它在法国进行非法的平行进口，即康斯坦指责这个竞争对手在康斯坦不知情的情况下从各家外国供应商那里采购根德公司的产品，并在法国销售。尽管康斯坦的指控得到法国两个法院的支持，但在欧盟委员会对根德 – 康斯坦的协议是否违反《罗马条约》第 85 条、第 86 条判决之前，巴黎上诉法院暂缓判决。结果欧盟委员会以"地域保护被证明特别有害于共同市场的建立"为由裁定康斯坦违法。[22]

在某些情况下，公司或整个行业能确保不受反托拉斯法的管制。例如在航空运输业，荷兰皇家航空公司（KLM）和美国西北航空公司（Northwestern）赢得了美国政府的豁免，如今共享计算机代码，并联合定价。同样，欧盟委员会允许派拉蒙（Paramount）、环球（Universal）和米高美/联美（MGM/UA）的合资公司——联合国际影像公司（United International Pictures，UIP）通过在欧洲联手分销影片，降低成本。然而，在 1998 年，欧盟委员会推翻了上述决定，通知三家制片公司必须在欧洲独立分销它们各自的影片。[23]

卡特尔（cartel）是一些共同制定价格、控制产出或采取其他措施以使利润最大化的独立公司的联盟。例如，石油生产国集团"欧佩克"（OPEC，石油输出国组织的简称）就是一个卡特尔。在美国，多数卡特尔组织是非法的，但有一个引人注目的特例，对全球营销有直接的影响。一些世界主要的海运公司，包括总部分别在美国和丹麦的海陆联合服务公司（Sea-Land Service）和 A. P. 穆勒 – 马士基集团（A. P. Moller/Maersk line），自 1916 年通过《海运法案》（Shipping Act）以来一直免受反托拉斯法的限制。该法本来是为确保可靠性而制定的。但如今，据估计，由卡特尔制定的海运价格比各

全球营销（原书第10版）

128

海运公司单独定价高出 18%。近年来虽有一些改变该法案的尝试，但都没有成功。[24]

5.3.4 许可经营和商业机密

许可（licensing）是一种契约。按照这种契约，许可商允许受许商使用其专利、商标、商业机密、技术及其他无形资产，以获取许可费或其他形式的补偿。美国法律不像欧盟、澳大利亚、日本和许多发展中国家的技术转让法律那样管制许可过程本身。许可协定的持续时间和有关公司所能收到的许可费数额被认为是许可方和受许方谈判的结果，政府对向国外汇出许可费的事不设限制。有关许可经营值得斟酌的重要问题包括：公司可用哪些资产来获得许可、如何为这些资产定价，以及是否只准许"制造"产品，还是也许可对方"使用"和"销售"产品等。分层许可是另一个重要的问题。如同分销协议，许可经营合同也需界定有关独家或非独家分销权限的安排以及受许商的领地范围。

为预防受许商利用已许可的技术与许可商直接竞争，后者可设法限制受许商只在其本国销售。许可商也可以争取通过合同的方式约束受许商，要求其在合同期满后停止使用有关技术。实际上，东道国政府，乃至美国的反托拉斯法使这样的协定很难达成。许可经营是一种潜在的危险行动：它可能是培养竞争对手的工具。所以，许可商应该谨慎行事，确保自己处于领先的竞争地位。为此，许可商需要不断创新。

显然，许可协定可能受到反托拉斯机构的严格审查。在一个案例中，德国拜耳公司将有关新型家用杀虫剂的一项专利许可给了庄臣公司（S. C. Johnson & Sons）。德国公司的这一许可协定部分是基于通过美国环境保护局批准所需的时间（现已延长到 3 年）。拜耳公司决定让美国公司对付它们的管制机构，作为回报，它只要求得到销售额 5% 的许可费，并认为这样做会使双方都有利可图。然而，这两家公司受到共同起诉。起诉方宣称这项许可交易将允许庄臣公司垄断 4.5 亿美元的家用杀虫剂市场。

于是美国司法部涉足此案，称该项许可协定为反竞争性交易。时任司法部反托拉斯司司长的安妮·宾格曼（Anne Bingaman）在一次发言中说："拜耳公司和庄臣公司维护的这一契约安排是一个高度集中的市场所不能接受的。"拜耳公司同意以比原来与庄臣公司达成的更优惠条件向任何有兴趣的公司许可其相关专利。庄臣公司同意向美国政府报告所有可能在将来达成的家用杀虫剂独家许可的协定。如果拜耳公司参与任何此类协定，司法部就有权否决这种协定。不出所料，法律界对此的反响是否定的。一位专长于知识产权法的华盛顿律师指出，此案"真正打击了传统的许可惯例"。国际许可贸易工作者协会（Licensing Executives Society，LES）会长梅尔文·杰格（Melvin Jager）则解释道："独家许可是提升知识产权并将其推向市场的重要手段。"[25]

假如受许商得知了许可商的商业机密，会出现什么结果？**商业机密**（trade secrets）属于私密的信息或知识，它具有商业价值，不属于公用的范畴，应采取措施做好保密工作。商业机密包括制造过程、产品配方、设计及顾客名单。为预防秘密的泄露，应和每一位有机会接触受保护信息的雇员签订保密合同，并将无专利的商业机密许可与该合同捆绑起来。在美国，商业机密受到各州法律而不是联邦法律的保护；大多数州都采用了《统一商业秘密法》（Uniform Trade Secrets Act，UTSA）。美国的法律规定了第三者通过中介获取私密信息应负的责任。补救措施包括损失赔偿或其他形式的救济办法。

20世纪90年代，有关商业机密的法律获得普遍完善。数个国家都首次采用了商业机密法规。墨西哥的第一套保护商业机密法规于1991年7月28日生效；《中华人民共和国反不正当竞争法》于1993年12月1日起施行。日本和韩国也修订了它们的知识产权法，以涵盖商业机密。中欧、东欧地区的许多国家也纷纷制定和颁布了保护商业机密的法律。

《北美自由贸易协定》（NAFTA）于1994年1月1日生效，它因为是第一个含有保护商业机密条款的国际贸易协定而令世人瞩目。这一里程碑很快得到《与贸易有关的知识产权协定》（Agreement on Trade-Related Aspects of Intellectual Property Rights，TRIPs，即《关税及贸易总协定》乌拉圭回合谈判的结果）的效仿。TRIPs要求签约方保护商业机密不受企业窃取、泄露和偷用的侵犯，这些做法往往有悖于诚实经商的风格。[26] 尽管这些官方法律不断完善，但在实际生活中，法律的执行仍是关键问题。越境转让商业机密的公司应该注意的不仅是法律保护是否存在，还包括因执法松懈而引起的风险。

5.3.5 贿赂和腐败：法律和道德问题

贿赂（bribery）是在商讨跨境交易时，要求或提供某种报酬（典型的是现金偿付）的腐败商业惯例。

在美国，《反海外腐败法》（Foreign Corrupt Practices Act，FCPA）是理查德·尼克松任总统期间水门事件丑闻的历史遗产。水门事件特别检察官在调查过程中发现，有300多家美国公司曾向外国官员支付秘而不宣的款项，总计达数亿美元。《反海外腐败法》获得国会一致通过，并于1977年12月17日经卡特总统签署成为法律。

美国司法部、美国证券交易委员会（Securities and Exchange Commission）负责执行该法，它含有明示和禁律两部分。FCPA的明示部分要求公开上市的公司记录所有交易的内部财务控制。禁律部分将美国公司贿赂外国政府官员或政党以争取和维持业务的行为认定为犯罪。当公司有理由相信部分或者全部款项可能会被转送给外国官员时，它们也应停止向第三方支付资金。

美国商界立即开始游说，要求修改该法。他们抱怨其中的条例过于模糊和宽泛，以致它可能会严重地限制美国公司在国外的商业活动。1988年，修改条例作为《综合贸易和竞争法》（Omnibus Trade and Competitiveness Act）的一部分，经里根总统签署成为法律。修改之处包括不再将有些行为算作贿赂，如"打点"低层官员以缩短程序，加快"政府常规行动"，如货物通关、确保准许，或离境前在机场的护照查验等。

违反《反海外腐败法》的定罪将被判处严厉的监禁和巨额罚款。该法律措辞相当宽泛，有许多灰色地带；即便如此，在2009年和2010年，美国司法部收取了20亿美

全球营销（原书第10版）

元的罚款和罚金。[27]公司无法支付或报销"无赖"员工所产生的罚款；理由是个人犯下了此类罪行。如司法部网站所述：

> 违反《反海外腐败法》的反贿赂规定可能会受到以下刑事处罚：公司和其他商业实体将被处以高达 200 万美元的罚款；高级职员、董事、股东、员工和代理人将被处以最高 10 万美元的罚款和最高 5 年的监禁。此外，根据《替代罚款法》（Alternative Fines Act），这些罚款实际上可能相当高，实际罚款可能高达被告通过腐败付款寻求获得的利益的两倍。您还应该知道，对个人的罚款可能不是由其雇主或委托人支付的。[28]

此外，该法律不允许任何人间接（例如，通过代理人、合资伙伴或其他第三方）做其直接禁止的事情。

劳斯莱斯（飞机发动机制造商，而非豪华汽车品牌）是一家知名公司，在美国和其他地方违反了《反海外腐败法》。这家英国公司在包括民航在内的多个领域都有业务。其能源业务于 2014 年出售给德国西门子，但在出售之前，有证据表明它在巴西、哈萨克斯坦、尼日利亚和俄罗斯发生了多起犯罪活动。劳斯莱斯同意向英国、美国和巴西支付6.71 亿英镑（约为 9.19 亿美元）的罚款。作为交换，该公司没有受到刑事指控。然而，被美国司法部指控共谋违反《反海外腐败法》的几名前劳斯莱斯员工最终认罪。[29]

有些批评家指责 FCPA 令人遗憾地展现了精神帝国主义。这是一个美国法律的治外法权问题。按照这些批评家的观点，将美国的法律、标准、价值观和道德观强加于驻在全球各地的公司和公民的做法是错误的。然而正如一位法律专家所指出的那样，这种批评内含一个基本的谬误：没有一个国家具有容忍政府官员受贿的法律文本。因而，由 FCPA 建立的标准至少在原则上可与其他国家共享。[30]

对 FCPA 的另一个批评是，它使美国公司处于一个相对于外国竞争对手（尤其是日本和欧洲国家公司）的困难境地。好几项舆论调查和对商界的调查揭示了一种普遍的认知，即该法

> 腐败可能是俄罗斯企业面临的最直接的威胁和困难，而且这种趋势正在加剧。[31]
> ——企业风险评估顾问，卡罗·盖罗（Carlo Gallo）

律对海外的美国公司造成了负面影响。一些学术研究人员得出的结论是，FCPA 没有对美国工业的出口表现造成负面的影响。不过，在美国情报部门的协助下，商务部的报告显示，仅 1994 年一年，非美国公司的行贿是达成价值为 450 亿美元的 100 桩生意的一个要素。[32]外国公司在其中 80% 的生意中占据上风。

行贿受贿在世界各地市场司空见惯，这一现实不会因为美国国会的谴责而出现改变。在许多欧洲国家，贿赂款项事实上被当作一种可抵扣的商业支出。据估计，每年德国公司的非法支出一项就超过 50 亿美元。尽管如此，不断增多的全球化公司正在采纳行为准则，旨在减少非法活动。而且，OECD 通过于 1997 年 5 月草拟的一份约束性公约，采纳了反对贿赂的正式标准，规定公司在合同竞标过程中，贿赂外国官员即构成贿赂罪。经济合作与发展组织（OECD）的《关于打击国际商业交易中行贿外国公职人员行为的公约》（Convention on Combating Bribery of Foreign Public Officials in

International Business Transactions）于 1999 年 2 月开始生效。OECD 也正在小范围内创造一些被称为 "诚信岛域" 的试验区。目标是所有参与者都保证不搞贿赂，使每一笔交易都有透明度。[33]

记者经常会报道一些关于受贿或其他不正当行为的故事。在新兴市场国家，记者如果批评了有钱有势的人，他们自己可能会成为靶子。当公司在没有母国法律限制下的外国经营时，它们面临有关公司伦理的各种各样的选择。一种极端做法是，它们可以在世界各地维持母国的道德标准，绝对不随当地的做法而因地制宜。另一种极端做法是，它们不再努力维持公司原有的道德标准，而是按公司经理们对每一个环境的感觉，完全迎合当地情况地为人处世。在两个极端之间，公司可选的一个做法是利用母国道德水准的浮动范围，做一个选择；或者对当地习俗和惯例的各种迎合程度做一个选择。

如果竞争对手想要主动贿赂，美国公司应该怎么做？可行的做法有两种，一是不予理会，只当贿赂不存在；另一种是承认贿赂做法的存在，把它当作营销组合的一个要素，并评估其对顾客采购行为的影响。公司向顾客提供的产品服务总体价值必须等同于或高于竞争对手的（贿赂包括在内）。公司也许可以提供一种较低的价格、较好的产品、较便利的分销，或较新奇的广告以抵消贿赂带来的附加价值。自卫的最佳方法是拥有一种比对手优势明显的产品。在此情况下，行贿不能改变顾客的购买决策。另外，如果你在服务和当地销售代表等方面具有明显优势，也会导致天平向你这边倾斜。

5.4 冲突化解、争议调停和诉讼

描述在母国以外开展业务时解决冲突和争端的可用替代方案。

欧盟组织内的法律合作与和谐的程度是独特的，这个特征来自具有共同约束力的民法的存在。其他地区性组织在和谐方面的进步大大小于欧盟。各国在化解冲突方面各有其法。美国是全世界拥有从业律师最多的国家，这个情况部分反映了美国文化的低语境特质，以及针锋相对的竞争精神。其他因素也会造成对诉讼的不同态度。此外，欧洲的律师不允许按胜诉酬金的方式承接案子。但随着欧洲正在经历脱离福利国家的政治改革，人们能感觉到变化正在发生。[34]

冲突将不可避免地出现在任何地方的商务活动中，特别是当不同文化背景的人都来到全球市场购买、销售、建立合资企业、竞争与合作时。对美国公司而言，与外国商人的争议经常出现在母国的司法管辖中。问题可以在美国提起诉讼，因为这里的公司及其律师据说都愿意享受 "本国法庭" 的优势。而外国法庭的诉讼程序比美国的复杂得多。其原因部分来自语言、法系、货币以及传统的商务习俗和模式的差异。

此外，问题还产生于取证程序上的差别。简而言之，**取证**是一个获取证据以验证申诉，并决定哪些证据、在哪些国家、在哪些情况下容许提出的程序。更复杂的情况是，在别国法庭判决可能在母国执行不了。以上原因导致很多公司在不能靠诉讼解决问题之前，宁可争取仲裁。

替代诉讼的争端解决途径

1995 年，古巴政府突然撤销了与西班牙公共事业公司安第莎（Endesa）的合同。安第莎并没有求助于古巴法院以挽回合同，而是诉诸巴黎的国际仲裁院（International Arbitration Tribunal）请求赔偿 120 万美元。安第莎的行为说明争端处理替代方式可以使当事各方不用诉诸法院系统就能解决国际商业争端。正式的仲裁是一个庭外解决商务争端的手段。**仲裁**（arbitration）是按照当事双方事先约定和承诺采用的方式谈判的过程。由于它是当事各方自己创造的方式，从这个意义上说，它是一个公平的程序。一般来说，仲裁是包含一个三人仲裁专家组听取当事方申诉的过程。每一方选择专家组中的一位仲裁员，被选择的两位仲裁员接着选择第三位仲裁员。仲裁专家组在做出判决前要确保双方都同意遵守。

有关国际仲裁最重要的条约是 1958 年 6 月 10 日在纽约召开的联合国商业仲裁会议上签署的《承认及执行外国仲裁裁决公约》（Convention on the Recognition and Enforcement of Foreign Arbitral Awards），该公约亦称为《纽约公约》。由《纽约公约》组织创作的条约，因以下几个原因显得很重要。首先，当当事各方达成提供国际仲裁的协议时，签约方要求当事方兑现使用仲裁的保证。其次，仲裁完成后，仲裁员做出判决，签约方予以承认并执行这个判决。最后，签约方同意挑战仲裁结果的理由很有限。被认可的理由不同于法庭允许的典型的上诉理由。

一些缺乏国际商务仲裁经验的公司和律师仅把合同中的仲裁条款当作合同的"又一常用条款"。事实上，每份合同的条款都有所不同，所以仲裁条款不应该是一样的。例如，想象一份美国公司和日本公司签订的合同，如果当事双方需要仲裁，该在哪里仲裁？美方不太愿意去日本仲裁，日方也不想去美国仲裁。那么只有"中立"的地点可以考虑，如新加坡或英国，并写入仲裁条款。用哪种语言的文字撰写仲裁程序？如果仲裁条款中没有界定语言种类，仲裁员将会自行选择。

除了地点和语言外，还有其他问题需要解决。例如，达成专利许可协议的双方同意在仲裁条款上写上专利的有效性是无可争辩的，这样的条款可能在某些国家无法执行。用哪个国家的法律作为检测无效性的标准？以国家为单位深究这样的问题会耗费太多的时间，而且有一个接受的问题：根据法律，美国的法院必须接受对专利争端的仲裁决定，但其他国家却没有关于接受的一般规则。

为缩短有关这类问题拖延的时间，有专家建议起草仲裁条款时包含尽可能多的细则。如在可能的情况下，应该涉及各国的专利政策。专利政策也可以包含如下条款，即所有外国专利争端将按照其母国法律规定的标准进行判决。另外一个条款可以禁止当事方在其他国家采取单独的法律行动，其目的是帮助仲裁院专注于当事方明确表达的意向。[35]

几十年来，在总部位于巴黎的国际商会（International Chamber of Commerce，ICC）的国际仲裁院的努力下，商业仲裁得到了推广。国际商会最近更新了一些旧规则，但因为是世人皆知的组织，它也积压了很多来不及处理的案件。与其他组织相比，国际商会给人的总体印象是：运作缓慢，费用更高，手续繁杂。第二次世界大战后，随着美国全球商务活动急剧增加，美国仲裁协会（American Arbitration Association，AAA）也被公认为一个有效解决争端的机构。1992年，AAA与中国的北京调解中心（Beijing Conciliation Center）（2000年起改名为中国国际商会调解中心）签署了合作协定。

另一家解决争议的代理机构是瑞典斯德哥尔摩商会仲裁院（Arbitration Institute of the Stockholm Chamber of Commerce）。这一代理机构经常处理西方和东欧国家间的争端，并因审判水平较高赢得了信誉。然而获得有利的仲裁院判决是一回事，执行却是另外一回事。例如，加拿大的IMP集团把与俄罗斯宾馆开发的合作伙伴之间的争端呈交给斯德哥尔摩商会仲裁院仲裁，裁决结果是获赔940万美元。没能收到赔款后，IMP集团的代表自行处理了这件事：他们在加拿大扣押了俄罗斯民用航空总局的一架喷汽式飞机，直到俄方付清赔款后才放行！[36]

其他类似的机构近年来迅速繁衍。除已提及的外，积极活动着的仲裁中心还分布在温哥华、中国香港、开罗、吉隆坡、新加坡市、布宜诺斯艾利斯、波哥大和墨西哥城。世界仲裁协会（World Arbitration Institute）已在纽约成立；英国的咨询、调解和仲裁服务处（Advisory，Conciliation and Arbitration Service，ACAS）在处理行业争议方面成绩卓著。国际商事仲裁理事会（International Council for Commercial Arbitration，ICCA）已经成立协调仲裁组织的广泛活动。ICCA每4年在不同的地点召开一次会议。

联合国国际贸易法委员会（United Nations Commission on International Trade Law，UNCITRAL）也是仲裁领域的一支重要队伍。由于前述各家组织纷纷采取UNCITRAL的规则，这些规则略加修改后几乎已成为标准。许多发展中国家长期以来对ICC、AAA等其他发达国家的组织抱有成见。发展中国家的代表认为这样的组织一般偏向跨国公司。发展中国家坚持要求在本国法院解决争议，而跨国公司不能接受。此种情况在拉丁美洲国家尤为突出，那里的卡尔沃主义（Calvo Doctrine）要求与外国投资者发生的争端需按该国法律在该国法庭解决。ICCA和UNCITRAL规则日益扩大的影响，伴随着地区仲裁中心的繁衍，已经对改变发展中国家的态度产生了作用，其结果是世界各地越来越多地采用仲裁方式解决商务争端。

监管环境

概述欧盟的监管环境。

全球营销的**监管环境**（regulatory environment）由各种政府和非政府代理机构组成。

这些机构执行法律或制定商务行为指南。这些机构处理范围宽广的营销问题，包括价格控制、进口和出口产品的评估、贸易惯例、标签、食品和医药法规、雇用条件、集体议价、广告内容以及竞争手段等。《华尔街日报》曾经指出：

> 每一个国家的法规都反映和强化了资本主义的烙印——美国的掠夺、德国的家长式统治和日本的自我保护，及其社会价值观。在美国比在德国更容易新建公司，因为德国更看重社会舆论，而不是冒险，但是美国人雇人更难，因为美国人更害怕因歧视雇员而遭到起诉。在美国进口童装比在日本容易，因为日本的官僚体系保护着日本杂乱无章的进口限制。但是很难在全美建立银行的分行，因为美国严厉保护各州的特权。[37]

在多数国家里，法律监管机构的影响广泛，理解它们的运作方式对保护公司利益、促进新项目成功很有必要。许多全球化公司的主管意识到需要雇用说客为他们的利益游说，影响司法程序的导向。例如 20 世纪 90 年代初，麦当劳、耐克、丰田在比利时布鲁塞尔没有一个代表，如今每家公司在欧盟委员会都有自己的代表。美国的律师事务所和咨询公司在比利时布鲁塞尔也迅速增派了各自的代表，以期洞察欧盟的政治，接近政策制定者，有些甚至雇用了欧盟的官员。总体而言，如今已有将近 1.5 万名代表全球约 1 400 家公司和非营利组织的说客常驻布鲁塞尔。[38]

区域性的经济组织：以欧盟为例

诸如世界贸易组织和欧盟这类地区组织的总体重要性已经在第 3 章中讨论过。法律相关的各层面虽然很重要，但在此简单提及。欧盟的前身是根据《罗马条约》建立的欧洲共同体（European Community，EC）。该条约创建了一个制度性框架。在此框架中的委员会——部长理事会是一个主要的决策政体，每个国家在其中都有一个直接代表。共同体的其他主要三个机构是执行机构欧盟委员会、立法机构欧盟议会和欧洲法院。

1987 年《单一欧洲法》（1987 Single European Act）修正了《罗马条约》，强劲地推动了单一市场于 1993 年 1 月 1 日建立。尽管在技术层面还没有完全达到目标，约 85% 的新立法建议都在目标期限内融进了成员国的国家法律，结果达到了实质上的和谐。欧洲理事会（The European Council）明显不同于欧盟理事会（Council of the European Union），该理事会是凭借《单一欧洲法》的第二个条款，被正式融入欧盟的组织机构。欧洲理事会由欧盟成员国领导人和欧洲理事会主席、欧盟委员会主席组成，其职责是界定欧盟的总体政治指导方针，提出诸如货币联盟这种一体化问题的发展方向。[39]希望加入欧盟的中东欧国家政府正在着手将它们的法律与欧盟的法律保持一致。

《罗马条约》包含数百条条款，其中不少条款适用于全球化公司和全球营销经理。第 33 ~ 36 条建立的一般政策在成员国被称作"货物、人员、资本和服务的自由流动"。包含竞争规则的第 85 ~ 86 条得到欧盟委员会各项法令的修正补充。这些条款和法令构成了欧盟的法律，它多少类似于美国的联邦法律。欧盟委员会是欧盟的管理机构，它在布鲁塞尔的总部起草各种法律和政策，监视欧盟法律的执行，管理和实施欧盟的立法，在国际组织中充当欧盟的代表。[40]欧盟委员会成员代表欧盟，而不是代表他们各自的国家。

由欧盟委员会起草的法律、法规、法令和政策都必须提交到欧洲议会，吸收意见后呈交欧洲理事会做最后的表决。一旦欧洲理事会批准了被审议的法律，它即成为欧盟的法律。这一法律与美国联邦法律很相似。法规也自动成为欧盟通用的法律；法令包含成员国的立法机构实施该法的时间范围。例如在 1994 年，欧盟委员会发布了有关比较广告中使用商标的法令，欧盟的各成员国一直在努力实施这个法令。例如在英国，《1994 年商标法》（1994 Trade Marks Act）赋予公司把商标用于保护气味、声音和形象的权力，还为公司提供了新的防止商标被假冒的保护。

单一市场时代是一个许多产业面临新的监管环境的时代。总部在卢森堡市的欧洲法院（ECJ）是欧盟的最高法律权力机构（见图 5 – 5），作为欧盟法律的唯一仲裁者，它负责确保法律和条约在整个欧盟辖区内得到统一解释。欧洲法院由两个独立的机构组成，高层机构被称为法院（Court of Justice）。欧盟普通法院（原名为初审法院，Court of First In Stance），是另外一个机构。它审理的案件包括贸易和竞争案（见表 5 –4）。

图5-5　欧洲法院（ECJ）是组成欧盟法院（CJEU）的三个法院之一。

资料来源：EQRoy/Shutterstock.

表5-4　欧洲法院/欧盟普通法院最近审理的案件[41]

涉及的主体	事项
Taxi driver（西班牙）/优步（美国）	法院裁定优步是一家运输公司。优步曾试图作为一家科技公司
Parfümerie Akzente（德国）/科蒂（美国）	法院支持美国美容产品公司禁止其授权的德国经销商在亚马逊上销售科蒂品牌的决定
欧盟／爱尔兰	欧盟竞争部长试图迫使爱尔兰向苹果公司收取 130 亿欧元的滞纳税[42]
脸书（爱尔兰）/隐私倡导者 Max Schrems	2015 年，在爱德华·斯诺登（Edward Snowden）泄露的有关美国国家安全局（U.S.National Security Agency）监视的文件发布后，法院推翻了《安全港法案》（Save Haven Law）

涉及的主体	事项
Chocoladefabriken Lindt&Sprüngli AG（瑞士）/ Franz Hauswirth GmbH（奥地利）	Lindt 销售金箔包装的巧克力复活节兔子（Goldhase），并拥有其商标。在奥地利公司开始销售自己的金箔包装兔子后，Linalt 起诉 Hauswirth 侵犯商标权。奥地利最高法院要求欧洲法院对商标事项中的"恶意"做出裁决[43]
欧莱雅（法国）/Bellure（法国）	香水销售商欧莱雅起诉竞争对手 Bellure 销售模仿欧莱雅品牌的瓶子、包装和"山寨"的香水。欧洲法院裁定欧莱雅胜诉，理由是 Bellure 产品与欧莱雅产品的相似性构成不公平优势。上诉法院后来维持了欧洲法院的决定[44]

  尽管欧洲法院的功能与美国最高法院相似，但也有重要的差别。欧洲法院不能决定审理哪些案件，它也不发布不同的意见。该法院对一系列包括贸易、个人权力和环境法的民事案件行使司法权。例如，法院可以评估某些国家没有在截止日期前实施法令而造成的损失。欧洲法院也申理在 27 个成员方之间由诸如公司合并、垄断、贸易壁垒和法规，以及出口等贸易问题产生的争端案。欧洲法院也被授权解决国家法和欧盟法之间的冲突。在多数情况下，后者取代前者。

  然而，全球营销经理必须意识到，应始终咨询国家法律。国家法律可能比欧盟法律更严格，尤其是在竞争和反垄断等领域。在可能的情况下，欧盟法律旨在协调国家法律，以促进实现第 30 条至第 36 条规定的目的。目标是使一些成员方的宽松法律达到设计的最低标准，但在一些国家法律中可能仍然存在更多的限制性立场。

  例如，意大利出台的《雷古佐尼 – 范思哲法》（Reguzzoni-Versace Law），旨在规范纺织品、皮革和鞋类贸易。它指出，如果意大利至少有两个生产阶段，总共有四个阶段，那么一件衣服可以贴上"意大利制造"的标签。此外，必须确定剩余生产阶段所在的国家。《雷古佐尼 – 范思哲法》本应于 2010 年 10 月 1 日生效，但布鲁塞尔表示反对，理由是该法律与第 34 条相冲突，该条禁止采取限制欧盟贸易的国家措施。在欧盟监管机构看来，《雷古佐尼 – 范思哲法》是"保护主义"的，比欧盟法律更为严格，欧盟法律只要求在欧洲进行一个主要生产阶段。[45]

  在意大利发生的另一起案件涉及佛罗伦萨大学，该大学被比利时一名讲师以歧视为由起诉。意大利法院被要求确定案件事实是否表明意大利法律平等适用于意大利和外国学者。如果法院认定国家法律事实上得到了平等适用，案件将就此结束。如果没有，案件将继续审理，欧洲法院将根据欧盟法律裁决，禁止基于国籍的歧视。

本章小结

  全球营销的政治环境是由代表世界各国民众心声的政府机构、政党和组织构成的。任何从事全球营销的个人，尤其应从总体上理解**主权**对各国政府的重要性。各国的政治环境有差异，**政治风险**评估至关重要。同样重要的是了解特定政府在税收和获取资产方面采取的行动。获取资产的方式包括**征用**、**没收**和**国有化**三种。

法律环境由法律、法院、律师、法律习俗和惯例等因素构成。**国际法**是由被各国认为可以约束它们自己的规则和原则构成的。世界各国可宽泛地按照**普通法系**或**民法系**进行划分。美国和加拿大以及英国原殖民地属普通法系国家；大多数其他国家采用民法系。一些重要的法律问题涉及**司法管辖权**、知识产权、反托拉斯和许可经营。此外，**贿赂**和**腐败**问题已经充斥世界很多地区；**《反海外腐败法》**（FCPA）适用于在海外经营的美国公司。知识产权保护是关键的问题。**假冒**是全球营销中的一个重要问题，它经常涉及对公司**版权**、**专利**或**商标**拥有权的侵犯。当出现法律冲突时，公司可以争取通过法院诉讼或**仲裁**解决问题。

监管环境是由政府和非政府代理机构形成的，它们执行法律或制定商务行为指南。全球营销活动会受到一些国际或地区经济组织的影响，如在欧洲，欧盟制定统治其成员方的法律。世界贸易组织也对全球营销活动产生广泛的影响。

尽管政治、法律和监管这三种环境是复杂的，敏锐的营销经理通常未雨绸缪，以避免可能导致冲突、误解或公然违反国家法律的情况发生。

注　释

1. Richard Stanley, *Changing Concepts of Sovereignty：Can the United Nations Keep Pace？*（Muscatine，IA：Stanley Foundation，1992），p. 7.

2. Karen Pennar, "Is the Nation-State Obsolete in a Global Economy？" *BusinessWeek*（July 17，1995），p. 80.

3. Kathrin Hille, "Putin Sidesteps Celebration of Bolshevik Revolution," *Financial Times*（October 26，2017），p. 4.

4. Rachel Sanderson, "Italy's Richest Regions Back Call for Greater Autonomy," *Financial Times*（October 24，2017），p. 4.

5. Ethan Kapstein, "Avoiding Unrest in a Volatile Environment," *Financial Times—Mastering Uncertainty，Pt 1*（March 17，2006），p. 5.

6. Richard Milne, "Carlsberg Takes a Sobering Look at Russia," *Financial Times*（August 12，2014），p. 14.

7. Dan Bilefsky, "Intrepid Shoe Executive Casts Lot with Albania," *The New York Times*（October 8，2009），p. B6.

8. Franklin R. Root, *Entry Strategies for International Markets*（New York，NY：Lexington Books，1994），p. 154.

9. 本节中大部分内容改编自 Randall Kelso and Charles D. Kelso, *Studying Law：An Introduction*（St. Paul，MN：West Publishing，1984）.

10. Harry Jones, "Our Uncommon Common Law," *Tennessee Law Review* 30（1975），p. 447.

11. Gregory Maggs, "Conversation with Clarence Thomas," C-SPAN（February 15，2018）.

12. Mark M. Nelson, "Two Styles of Business Vie in East Europe," *The Wall Street Journal*（April 3，1995），p. A14.

13. Tony Barber, "'Patents Are Key' to Taking on China," *Financial Times*（July 25，2006），p. 2.

14. Frances Williams, "Call for Stronger EU Patent Laws," *Financial Times*（May 22，1997），p. 3.

15. Franklin R. Root, *Entry Strategies for International Markets*（New York，NY：Lexington Books，1994），p. 113.

16. John Carey, "Inching toward a Borderless Patent," *BusinessWeek*（September 5，1994），p. 35.

17. Richard Pynder, "Intellectual Property in Need of Protection," *Financial Times*（July 7，1998），p. 22.

18. Rana Foroohar, "A Better Patent System Will Spur Innovation," *Financial Times*（September 4，2017），p. 11.

19. John R. Wilke, "Hunting Cartels：U. S. Trust-Busters Increasingly Target International Business," *The Wall Street Journal*（February 5，1997），p. A10.

20. John R. Wilke, "U. S. Court Rules Antitrust Laws Apply to Foreigners," *The Wall Street Journal* (March 19, 1997), p. B5.

21. Kim Hjelmgaard, "Google Fined Record-Setting $2. 72 Billion over EU Rules," *USA Today* (June 28, 2017), p. 3B.

22. Detlev Vagts, *Transnational Business Problems* (Mineola, NY: Foundation Press, 1986), pp. 285 – 291.

23. Alice Rawsthorn and Emma Tucker, "Movie Studios May Have to Scrap Joint Distributor," *Financial Times* (February 6, 1998), p. 1.

24. Anna Wilde Mathews, "Making Waves: As U. S. Trade Grows, Shipping Cartels Get a Bit More Scrutiny," *The Wall Street Journal* (October 7, 1997), pp. A1, A8.

25. Brigid McMenamin, "Eroding Patent Rights," *Forbes* (October 24, 1994), p. 92.

26. Salem M. Katsh and Michael P. Dierks, "Globally, Trade Secrets Laws Are All over the Map," *National Law Journal* 17, no. 36 (May 8, 1995), p. C12.

27. John Bussey, "The Rule of Law Finds Its Way Abroad—However Painfully," *The Wall Street Journal* (June 24, 2011), p. B1.

28. www. justice. gov/criminal/fraud/fcpa/docs/lay-persons-guide. pdf. Accessed June 1, 2011.

29. Peggy Hollinger, "Charges Revealed over Rolls-Royce Bribery Scheme," *Financial Times* (November 9, 2017), p. 18.

30. Daniel Pines, "Amending the Foreign Corrupt Practices Act to Include a Private Right of Action," *California Law Review* (January 1994), p. 205.

31. Rebecca Bream and Neil Buckley, "Investors Still Drawn to Russia Despite Pitfalls," *Financial Times* (December 1, 2006), p. 21.

32. Amy Borrus, "Inside the World of Greased Palms," *BusinessWeek* (November 6, 1995), pp. 36 – 38.

33. José Ángel Gurría, "Rich Must Set the Example of Bribery," *Financial Times* (September 13, 2006), p. 5.

34. Charles Fleming, "Europe Learns Litigious Ways," *The Wall Street Journal* (February 24, 2004), p. A17.

35. Bruce Londa, "An Agreement to Arbitrate Disputes Isn't the Same in Every Language," *Brandweek* (September 26, 1994), p. 18. 同时参见 John M. Allen, Jr., and Bruce G. Merritt, "Drafters of Arbitration Clauses Face a Variety of Unforeseen Perils," *National Law Journal* 17, no. 33 (April 17, 1995), pp. C6 – C7.

36. Dorothee J. Feils and Florin M. Sabac, "The Impact of Political Risk on the Foreign Direct Investment Decision: A Capital Budgeting Analysis," *Engineering* 45, no. 2 (2000), p. 129.

37. Bob Davis, "Red-Tape Traumas: To All U. S. Managers Upset by Regulations: Try Germany or Japan," *The Wall Street Journal* (December 14, 1995), p. A1.

38. Raphael Minder, "The Lobbyists Take Brussels by Storm," *Financial Times* (January 26, 2006), p. 7. 同时参见 Brandon Mitchener, "Standard Bearers: Increasingly, Rules of Global Economy Are Set in Brussels," *The Wall Street Journal* (April 23, 2002), p. A1.

39. Klaus-Dieter Borchardt, *European Integration: The Origins and Growth of the European Union* (Luxembourg: Office for Official Publications of the European Communities, 1995), p. 30.

40. Klaus-Dieter Borchardt, *The ABC of Community Law* (Luxembourg: Office for Official Publications of the European Communities, 1994), p. 25.

41. 原名为初审法院 (Court of First Instance)。

42. Rochelle Toplensky, "Upmarket Brands Win Online Sales Ban," *Financial Times* (December 7, 2017), p. 16.

43. Charles Forelle, "Europe's High Court Tries on a Bunny Suit Made of Chocolate," *The Wall Street Journal* (June 11, 2009), p. A1.

44. Michael Peel, "L'Oréal in Legal Victory over Rival," *Financial Times* (June 18, 2009), p. 3.

45. David Segal, "Is Italy Too Italian?" *The New York Times* (July 31, 2010), p. B1.

全 球 营 销
（原书第 10 版）

GLOBAL
MARKETING
10th EDITION

第 3 篇
进军全球市场

GLOBAL
MARKETING

|全|球|营|销|
（原书第10版）

第6章　全球信息系统与市场调研

本章精要

- 讨论信息技术、管理信息系统和大数据在全球化公司决策过程中的作用。
- 描述市场信息的各种来源，包括直接感知。
- 确定传统市场调研过程中的各个步骤，并解释全球营销人员适应这些步骤的方式。
- 比较跨国公司组织市场调研工作的方式以及全球化或跨国公司处理组织问题的方式。
- 解释信息作为战略资产的作用是如何影响全球化公司的结构的。

案例6-1　　　大数据：音乐行业中的"头号子弹"

随着数十年的商业模式被数字革命颠覆，全球唱片业正处于转型期。颠覆性技术允许在**海盗湾**（Pirate Bay）和类似网站上点对点共享数字音乐文件，而实体 CD 的销量多年来一直在稳步下降。在苹果 iTunes 商店鼎盛时期，合法付费下载的收入往往是单曲，而不是整张专辑，这不足以抵消实体 CD 销量的损失。

然而，现在音乐行业正显示出新的生机。音乐爱好者已经接受了新一代的流媒体服务，音乐所有权已经让位于音乐"出租"。全球付费流媒体音乐订阅数量现已突破 1 亿大关。如卡迪·B（Cardi B）这样新一代艺术家的流媒体播放列表的流行推动了这一趋势，*Bodak Yellow* 是 20 多年来第一首女说唱歌手独唱的在美国公告牌百强单曲排行榜上排名第一的歌曲。

声田（Spotify）是全球流媒体领导者，拥有超过 4 300 万名用户；拥有 3 000 多万名用户的苹果音乐排名第二。其他流媒体服务包括 Amazon Music、Google Play Music、Deezer 和 Tidal。大多数服务将其收入的 3/4 支付给唱片公司、音乐出版商和歌曲作者。

即便如此，许多唱片艺术家仍在努力适应新的音乐经济。一个常见的抱怨是，即使一首歌被推送了数百万次，他们也看不到显著的财务回报。事实上，2014 年，超级巨星泰勒·斯威夫特（Taylor Swift）将她的音乐从声田上删除，以抗议艺术家的低版税，从而成为头条新闻。2017 年秋季，斯威夫特发布了她的第六张专辑《声誉》（*Reputation*），当时只有四首歌曲可供播放。然而，歌迷们（"Swifties"）仅在第一周就抢购了 200 万张实体专辑和数字音乐下载！

当然，大多数唱片艺术家并没有达到像斯威夫特、阿黛尔、卡迪·B、艾德·希兰或 Jay-Z 那样的全球成功水平。为了补充收入，许多艺术家选择不断巡演，希望从门票和商品销售中获得收入。随着全球社交媒体使用量的增长，音乐家们试图通过脸书、照片墙、推特（Twitter）和其他在线平台与粉丝互动并吸引粉丝。例如，美国某当红说唱歌手将他的音乐上传至 SoundCloud，听众在那里可以免费获得，他向数百万推特粉丝发布了数千条推特。

现在，艺术家和包括环球音乐集团、华纳音乐集团和索尼音乐娱乐在内的主要唱片公司正在利用来自音乐销售、媒体热议和在线播放的数据，以获得有助于他们做出更好的营销决策和赚更多钱的见解。简而言之，音乐行业已经拥抱了信息科学和大数据。

大数据让唱片公司高管和乐队经理能够发现模式、识别市场趋势和粉丝偏好，并且通常是实时的。例如，数据分析允许唱片公司高管在社交媒体帖子上叠加诸如艺术家在《吉米今夜秀》或在格莱美奖（Grammys）上的亮相信息，以及在纽约市或洛杉矶的演唱会上的相应回应信息。大数据让高管们能够看到哪些因素在各种指标上"发挥作用"。

音乐行业对大数据的使用表明，有关买家行为和整体商业环境的信息对于有效的管理决策至关重要。当研究市场、寻求任何问题的解决方案或试图回答关键问题时，营销人员必须知道去哪里获取信息。他们还必须知道要调查哪些主题领域和寻找哪些信息，他们可以通过哪些方式获得信息，以及各种类型的分析如何产生重要的见解和理解。

在互联网上可以找到大量的市场信息，这是营销人员的幸运。营销人员只需敲击几下键盘就能找到数百篇文章、研究结果和网站，从中了解有关市场相关问题的丰富信息。即便如此，如果营销人员想充分利用现代信息技术，就必须做好准备。首先，他们需要了解信息技术和营销信息系统作为战略资产的重要性；其次，他们应该对正式的市场调研过程有一个大致的了解；最后，他们应该知道如何管理营销信息收集系统和市场调研工作。这些主题是本章的重点。

用于全球营销的信息技术、管理信息系统和大数据

讨论信息技术、管理信息系统和大数据在全球化公司决策过程中的作用。

信息技术（information technology，IT）是指一个组织创造、存储、交换、使用和管理信息的过程。例如，**管理信息系统**（management information system，MIS）为管理者和其他决策者提供关于公司运营的持续信息流。MIS 是一个通用术语，可以指代公司用来管理信息的硬件和软件系统，还可以用来描述 IT 部门，此时它指代人、硬件和软件。MIS 应当提供收集、分析、分类、存储、检索和报告有关信息的手段。**大数据**（big data）一词是指可以进行计算分析以揭示模式和趋势的超大数据集（见图 6 - 1）。

图 6 - 1　可口可乐的 Freestyle 自动售货机利用"微剂量技术"，可以提供 170 种可能的饮料组合。这些设备产生的用户数据促使可口可乐开发出一种新口味：樱桃雪碧。

资料来源：Roberto Machado Noa/LightRocket via Getty Images.

大数据和大数据分析一直是天文学家、气象学家和科学界其他成员的领域。直到最近，大数据收集和分析才应用于商业环境。特别是脸书和其他社交媒体平台的"爆炸式"流行产生了大量的大数据。当然，这些数据中有很多可能是冗余的或不相关的，原因很简单：数据收集的成本大幅下降，以至于一家公司可以收集大量数据而不管其营销经理可能有什么特定的疑问、问题或目的。

视频流媒体先锋奈飞（Netflix）就是一个很好的例子，它从订阅用户那里获得了超过 10 亿美元的电影收视率。奈飞还收集了所有订阅用户的人口统计数据，包括年龄、性别和居住地。例如，奈飞知道，大约 20 多岁的男性有观看习惯，许多人会将这种习惯与 70 岁的女性联系起来，反之亦然。奈飞的管理人员必须确定如何将评分与人口统计信息和收视率数据结合使用，以便新订阅用户享受更好的内容发现体验。

正如奈飞的例子所示，收集数据本身并不是目的，而是达到目的的一种手段。面对来自各种来源的堆积如山的数据，包括 UGC（用户生成内容），营销经理必须能够确定什么是重要的，什么不是。打个比方，这像需要将小麦与谷壳分离，或者正如数据

科学家说的那样,将信号(signal)与噪声(noise)分离。一家公司的数据宝库,其中包括大量的"噪声",必须通过消除统计冗余和损坏,将其转换为信息或"信号"。最后,通过将数据分析应用于需要解决的问题或需要回答的问题,营销经理可以得出可解释和相关的见解。这些见解可用于改进决策制定(见图6-2)。

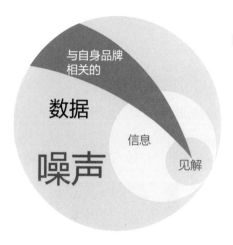

图6-2 数据、信息与见解之间的关系

> 我们将自己定位为一家数据公司。我们有5亿客户,我们知道他们的购物意向和付款方式。我们知道客户是谁,客户想要什么,客户讨厌什么。[1]
> ——张勇,阿里巴巴前首席执行官

企业MIS的一个组成部分是帮助管理者做出决策的商业智能(business intelligence,BI)网络。BI网络的主要目标是:

实现对数据的交互访问,实现对这些数据的操作,并为管理者和分析师提供进行适当分析的能力。通过分析历史和当前的数据、情况和表现,决策者可以获得有价值的见解,从而做出更明智、更好的决策。[2]

全球竞争,加上大数据时代的到来,加剧了对整个公司都可以访问的有效MIS和商业智能网络的需求。正如雷诺前首席信息官(CIO)让-皮埃尔·科尔尼乌(Jean-Pierre Corniou)所指出的那样:

我的愿景是设计、制造、销售和维护汽车。我所做的一切都与此直接相关,与提高营业额、利润率和品牌形象的迫切需要直接相关。IT领域的每一项投资和支出都必须由汽车业务的这一愿景驱动。[3]

近年来,许多拥有全球业务的公司对其IT基础设施进行了大量投资。这些投资通常用于升级公司的传统计算机硬件和软件。亚马逊云服务(AWS)、微软、SAP、甲骨文(Oracle数据库)和IBM是这一趋势的受益者。所有这些公司都是全球化公司,他们的许多客户也是全球化的。复杂软件系统的供应商会发现很难实现100%的客户满意度。希柏系统软件有限公司(Siebel Systems)的创始人托马斯·希柏(Thomas Siebel)解释了他的公司如何应对这一挑战:

希柏系统软件有限公司是一家全球化公司,而不是跨国公司。我认为,跨国公司的概念是,一个部门可以自由遵循自己的一套商业规则,这已经过时了,尽管还有很多公司遵循这一原则。我们的客户，如 IBM、苏黎世金融服务公司（Zurich Financial Services）和花旗银行（Citicorp）等全球化公司，无论我们在世界何处与他们做生意，他们都希望得到同样高水平的服务和质量，以及同样的许可政策。我们的人力资源和法律部门帮助我们制定尊重世界各地文化和要求的政策，同时保持最高标准。我们有一个品牌，一个形象，一套公司色彩，一套信息，遍布世界各地。[4]

与公共互联网不同，**局域网**（intranet）是一种私有网络，允许授权的公司人员或外部人员以安全的电子方式共享信息，而无须堆积如山的纸张。局域网与最先进的 IT 系统相结合，可以作为 24 小时的"神经中枢"。通过使用它们，亚马逊、联邦快递、谷歌、奈飞、声田（一个正版流媒体音乐服务平台）、沃尔玛和其他公司可以作为实时企业（RTE）运营。RTE 模型越来越受欢迎，因为越来越多的高管和经理意识到，通过高级分析利用的大数据可以成为竞争优势的来源。

电子数据交换（electronic data interchange，EDI）系统允许公司的业务部门提交订单、开具发票，并以电子方式与公司其他部门以及外部公司开展业务。EDI 的关键特征之一是其交易格式是通用的，这使得不同公司的计算机系统能够"说相同的语言"。沃尔玛以其复杂的 EDI 系统而闻名。多年来，供应商一直收到这家大型零售商的订单，订单的生成基于使用拨号调制解调器连接到第三方传输网络的个人计算机。2002 年，沃尔玛通知供应商，它正在转向基于互联网的 EDI 系统。这种转换节省了时间和金钱，因为基于调制解调器的系统容易受到传输中断的影响，每传输 1 000 个字符的成本在 0.10 ~ 0.20 美元之间。现在任何希望与沃尔玛做生意的供应商都必须购买并安装必要的计算机软件。[5]

经营业绩不佳往往是因为缺乏足够的有关公司内外部环境的数据和信息。例如，德国运动用品制造商阿迪达斯 AG 在为其美国分部建立一个新的管理团队时，竟然没有关于正常库存周转率的数据。一套新的报告系统显示，阿迪达斯当时的竞争对手锐步和耐克的库存周转率为一年 5 次，而它是一年 2 次。这个信息促使公司决定，将营销集中于那些最好卖的阿迪达斯产品。在日本，7 - 11 公司也通过分销系统的计算机化使其在便利店市场中获得了竞争优势。每家 7 - 11 便利店都与分销中心连接。正如一位零售专家所指出的那样：

> 利用这个系统，顾客无论何时去商店，货架永远不会是空的。如果有顾客在凌晨 4 点到店但没有找到想要的产品，那将对商店的形象造成严重的影响。[6]

全球化对公司造成的压力越来越大，因此必须尽最大可能节约成本。信息技术提供了一系列有用的工具。如上所述，EDI 与供应商连接，从而使零售商提高库存管理水平，以低成本及时地购进热销产品。除了 EDI 外，零售商还越来越多地使用一种被称为**高效消费者回应**（efficient consumer response，ECR）的技术，目的在于在补货方面与供应商更紧密地合作。ECR 可定义为了使顾客受益，供应链中各成员为改进和优化供应链各环节共同努力。ECR 系统利用收银台扫描仪收集**电子销售点**（electronic point of sale，EPOS）数据，帮助零售商了解产品销售状况和不同地区消费者偏好的差异。虽然

ECR 技术当前在美国最为流行，但它在欧洲的影响也正在扩大。家乐福、麦德龙、可口可乐和汉高等公司都已经采用了 ECR 技术。供应链方面的各种创新，如射频识别（radio frequency identification tags，RFID）技术很可能为 ECR 系统提供更多的动力。

EPOS、ECR 以及其他信息技术工具还可以增进企业发现目标客户并提高其忠诚度的能力。零售业的发展趋势是建立以客户为中心，提供个性化和差异化服务的策略。除了销售点（POS）扫描仪数据外，电子智能卡（Smart card）这种忠诚度项目可以为零售商带来有关购买习惯的重要信息。另外一种帮助公司收集、存储和分析客户资料的商业模式称为**客户关系管理**（customer relationship management，CRM）。尽管报告中采访的行业专家对 CRM 的描述和定义不尽相同，但他们普遍认为，这是一种注重公司和客户之间双向沟通的理念。公司与消费者或者商业客户发生的每一个接触点（在 CRM 术语中称为"touchpoint"）都是收集数据的机会。接触方式多种多样，如网站、保修卡或彩票抽奖、信用卡支付或呼叫中心查询。同样，每次声田用户单击"播放"时，都会生成一个数据点。CRM 工具使公司能够确定哪些客户最有价值，并及时做出反应，提供与客户需求密切匹配的定制产品和服务。如果实施得当，CRM 可以提高员工的工作效率，提高公司的盈利能力，它还通过提供增值产品和服务使客户受益。

公司使用 CRM 的方式多种多样。例如，在酒店行业，CRM 可以基于前台员工的工作形式，监控、响应和预测回头客的需求。一个访问亚马逊网站的人在购买泰勒·斯威夫特最新 CD 时，如果他收到"经常购买您添加的物品：艾德·希兰（Ed Sheeran）的 X 和山姆·史密斯（Sam Smith）的《在孤独的时刻》（*In the Lonely Hour*）"的信息，那么说明他遇到 CRM。CRM 也可以基于网站访问者遵循的点击路径。然而，在这种情况下，互联网用户可能不知道公司正在跟踪他们的行为和兴趣。

这种做法的挑战在于将数据整合为关于客户本身、他与公司以及他与公司产品或服务之间关系的完整画面，这样的画面有时被称为"360 度客户视图"。对全球营销经理而言，挑战更为艰巨。世界各地的分公司所采用的客户资料格式可能不同，而商业化的 CRM 产品可能不支持各地的语言。鉴于这种情况，行业专家推荐分阶段执行全球 CRM 计划。

第一步可以集中到诸如**销售能力自动化**（sales force automation，SFA）这样的具体应用。这个术语是指一套软件系统，它把前期任务分配、合同实施追踪以及报告机会等销售和营销常规工作的内容自动化。虽然 Salesforce 是这一领域的关键参与者，但是 Microsoft Dynamics CRM 和 Oracle Siebel CRM 是提供 SFA 的其他几个供应商之一。SFA 还可以分析销售成本和营销活动的有效性。有些 SFA 软件可以协助准备报价并管理销售活动中的其他部分，比如群发邮件和会议参会者的后续追踪。

例如，在执行 CRM 时，重要的第一步可以是采用来自甲骨文公司或 Onyx 软件公司的 SFA 软件。该阶段的目标是使分布在全国各地的销售代表接入网络门户站点，以了解整个公司的销售状况。为了简化执行过程，公司可以要求所有销售人员都用英文做记录。如此一来，营销、客户服务及其他职能部门就可以加入系统。[7]

隐私问题的严重性在各个国家也有所差别。例如在欧盟，《数据收集指导》（Directive on Data Collection）于 1998 年开始生效。若想在欧盟 27 个成员国中的任何一个国家使用 CRM 收集个别客户的资料，公司需要符合该法规的要求。此外还有关于跨境使用这些信息的限制。2000 年，美国商务部和欧盟达成了一项《安全港协议》（Safe Harbor Agreement），该协议确定了那些希望将数据从欧洲转移到美国的公司所必须执行的隐私保护规则。

然而，2013 年，在爱德华·斯诺登（Edward Snowden）披露美国情报活动后，一位名叫马克斯·施雷姆斯（Max Schrems）的奥地利活动家向欧洲法院（ECJ）提起诉讼，辩称脸书缺乏足够的保护措施来保护用户信息不受美国英特尔服务的影响。结果导致《安全港协议》的崩溃。欧盟监管机构因无法执行数据保护法而越来越沮丧，决定将矛头对准脸书和其他控制全球生成的大部分数据的美国"大科技"公司。新法律《通用数据保护条例》（General Data Protection Regulation，GDPR）于 2016 年生效，并于 2018 年 5 月 25 日对美国和其他非欧盟国家/地区的公司生效。GDPR 涵盖了各种与隐私相关的问题，包括个人数据保护、数据主体和数据处理。[8]

名为**数据仓库**（data warehouse，DW）的数据库通常构成公司 CRM 系统的一个内在组成部分。数据仓库还有其他用途。例如，它们可以帮助有多个店铺的零售商精调其商品组合。公司员工，包括那些非计算机专家，可以通过标准 Web 浏览器进入数据仓库。天睿公司（Teradata）、甲骨文、IBM 和 SAP 是领先的数据仓库提供商。

这些例子只说明了信息技术影响全球营销的若干途径。然而，EDI、ECR、EPOS、SFA、CRM 和其他信息技术工具并不只是代表营销，它们也涉及不可避免的组织问题。设计、组织和执行信息系统，这些任务必须协调一致，服务于一个组织的总体战略导向。现代信息技术工具为公司的营销信息系统和调研部门提供了必要手段，使其能够及时地以节约成本和可行的方式提供相关信息。

总体来看，全球化组织具有以下需求：

- 高效的系统，可以搜索并分析公司总部所在国/地区及其他业务相关国家/地区公开发行的信息资料和技术类刊物。
- 每天审核、解释、分析、总结各种信息，并将电子信息输入市场情报系统。如今，随着信息技术的发展，各种版本的信息来源都可以以 PDF 格式在网上获得。纸质版的文件资料可以轻松地扫描并转化为电子版，随后输入公司的信息系统。
- 将信息覆盖面扩展至世界其他地区。

全球营销

6.2

市场信息来源

描述市场信息的各种来源，包括直接感知。

尽管搜索是一个重要的信息来源，但调查表明，全球化公司总部的管理者所需信息的 2/3 来自个人。大量的外部信息通过公司驻海外的子公司、联营公司和分部的管理人员那里获得。这些管理者可能与分销商、消费者、客户、供应商及政府官员进行过沟通。确实，全球化公司的海外主管在获得和传播关于世界环境的信息方面扮演着重要角色，这是全球化公司的一个突出特点，也是其竞争优势的主要来源。公司总部的管理者通常都承认海外主管最清楚他们所在地区的情况。

信息问题暴露了国内公司的一个主要弱点。即使外部存在其他富有吸引力的市场机会，这个机会也很可能被忽略，因为国内公司的信息搜索一般不会跨越国界。同样，如果公司只在有限的地域范围内经营，就会面临失去市场机会的风险，因为公司海外的内部信息来源也只限于对有关它们所在国家/地区的信息的搜索。

直接感知为来自人员和资料的信息提供了一个至关重要的背景。**直接感知**（Direct srensory）涉及全部感官，是指通过视觉、触觉、听觉、嗅觉和味觉了解某个国家/地区正在发生的情况，而不是通过道听途说获得的有关某个问题的二手资料。有些信息很容易通过其他渠道获得，但需要感知经验来加深认识。通常，在观察形势时获得的背景信息有助于正确地认识自身和大环境的关系。例如，沃尔玛在中国开设的首批商店堆积了许多不适合当地消费者的产品，如延伸式铝梯和巨大的瓶装酱油。沃尔玛亚洲区总经理乔·哈特菲尔德（Joe Hatfield）开始在深圳大街上边逛边想点子。他的观察富有成效。当公司 2000 年 4 月在大连的大型商店开张时，第一周内就有 10 万人光顾（见图 6-3）。他们抢购各种产品，从午餐盒到玉米或菠萝口味的比萨饼。[9] 当吉姆·斯登戈尔（Jim Stengel）担任宝洁公司首席营销官时，他引导下属经理人员从调研数据转向以直接感知为基础的、更为广阔的视角。斯登戈尔指出：

- 我们经常发现消费者无法明确地表达他们的意愿，这就是为什么我们需要一种理解消费者的文化。这里不允许脱节。你不能脱离消费者和品牌，期待通过数据、资料或和学者谈话获取洞察。你必须有体验。一些最好的创意通常来自深入一线体验和聆听的人。[10]

图6-3 朱迪斯·麦肯纳（Judith McKenna）于2018年2月成为沃尔玛国际业务的总裁兼首席执行官。尽管沃尔玛规模庞大，但麦肯纳专注于"TNT"——"微小、引人注目的东西"。

资料来源：Julio Cortez/Associated Press.

当公司的国内市场被全球竞争者控制时，直接感知也会十分重要。微软就曾遇到这种情况：当它推出其 Xbox 家用电视游戏机时，市场已被索尼公司控制。集团负责全美消费者推广和赞助的经理辛迪·斯波代克－迪奇（Cindy Spodek-Dickey）与诸如排球职业运动员协会（Association of Volleyball Professionals，AVP）等各家推广合作商一起，带着 Xbox 巡回推广。在不同城市举行的 AVP 锦标赛上，观众（也是潜在客户）有机会参观 Xbox 的体验区，试用这种新游戏机。在一次锦标赛上，辛迪·斯波代克－迪奇解释了非正式市场调研的重要性：

鞋业的案例研究表明，直接感知在识别市场机会方面的重要性。迭戈·德拉·瓦勒（Diego Della Valle）是托德斯（TOD's）的首席执行官；马里奥·莫雷蒂·珀莱加托是 Geox 的负责人；布雷克·麦考斯（Blake Mycoskie）创立了汤姆斯布鞋（TOMS）。他们的共同点是，当灵感袭来时，这三个人都在国外旅行，环游世界，体验世界。[11]

——马克·C. 格林（Mark C. Green），辛普森学院市场营销学教授

> 其他赞助商都在做什么？人们在追逐什么？他们穿着什么品牌的衣服？他们是怎样与我们的产品互动的？当他们走出体验区时，我会拦住他们问："你觉得怎么样？你喜欢 Xbox 的哪些方面？你觉得你的 PlayStation 怎么样？"这是一种亲朋式的调研。我当然不会根据这些就投入 1 000 万美元做广告活动，但我认为这样做可以帮助你保持信息的可靠性和真实性。当你开始听到同样的回馈，三次，四次，五次，你最好去关注……我认为，优秀营销经理的一部分工作就是密切联系他们的受众和产品。任何方式都不能替代面对面的沟通。[12]

全球营销

6.3

正式的市场调研

确定传统市场调研过程中的各个步骤，并解释全球营销人员适应这些步骤的方式。

信息是成功制定和实施营销战略的关键要素之一。如前所述，营销信息系统应当产生持续的信息流。与此相反，**市场调研**（marketing research）是搜寻模式中针对专门项目开展的系统的数据收集活动。美国市场营销协会（American Marketing Association，AMA）将市场调研定义为"使营销人员通过信息与消费者、客户和公众相联系的活动"。[13]在**全球市场调研**（global market research）中，调研活动在全球范围内开展。全球市场调研的挑战在于承认国家/地区间的巨大差异影响到信息获取方式，并对此回应。这种差异包括文化、语言、经济、政治、宗教、历史和市场等各个方面。

迈克尔·琴科塔（Michael Czinkota）和伊卡·龙凯宁（Illka Ronkainen）认为，国际市场调研和国内市场调研的目的相同。但是，他们指出了导致国际市场调研与国内市场调研不同的四个特定环境因素。第一，研究人员必须

传统的调研集中在"什么"上。现在我们正试图建立"为什么"的概念。我们不是问消费者对产品和想法的看法，而是关注是什么让他们做出反应。[14]

——西蒙·斯图尔特（Simon Stewart），碧域（Britvic）营销总监

对商务活动中新的限定条件做好准备。不仅要求不同，而且实施规则的方法也不同。第二，当公司人员面对不同文化背景下对商业行为的一整套新认知时，会产生"文化大冲击"（cultural megashock）。第三，进入多个新地理市场的公司会面临一组新生的互相关联的因素，调研有助于防止出现过重的心理负担。第四，在国际市场上，公司的调研人员可能不得不扩展对竞争者的定义，包括在国内市场上不存在的竞争压力。[15]

进行市场调研有两种基本的方法。一是由公司内部人员设计并执行一项研究；二是利用外部的专业市场调研公司。在全球营销中，通常建议将内部和外部两种方法结合起来。许多外部公司有可观的国际经验。据美国市场营销协会统计，2015年全球排名前25的研究公司的全球市场研究收入总计225亿美元。[16]尼尔森公司是世界上最大的市场研究机构之一，它是美国市场著名的尼尔森电视收视率的来源。尼尔森媒体研究国际还为全球40多个市场提供媒体监测服务。其他研究专家包括凯度集团（Kantar Group，品牌意识和媒体分析）、艾美仕市场研究公司（IMS Health，制药和医疗保健行业）和德国捷孚凯市场咨询公司（GfK SE，定制研究和消费者跟踪）。

收集数据并将其转换为有用信息的过程可以非常具体（见图6-4）。在接下来的讨论中，我们将重点讨论8个基本步骤：识别信息需求、识别调研问题、选择分析单元、检查资料的可获得性、评估调研价值、调研设计、数据分析以及解释与展示。

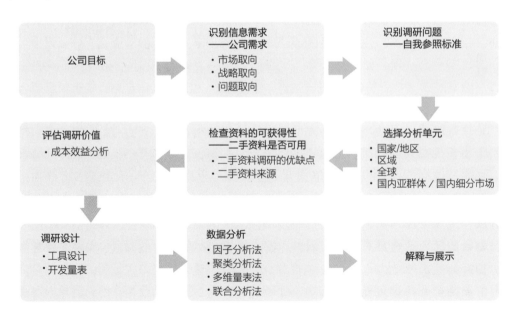

图6-4 市场调研程序

资料来源：改编自 V. Kumar, *International Marketing Research*，第1版© 2000. 经培生教育出版集团许可转载，新泽西州上鞍河。

6.3.1 步骤1：识别信息需求

托马斯·贝塔（Thomas Bata）自称是一名"鞋商"，他把贝塔鞋业公司（Bata Shoe Organization）发展成为全球化的大公司，该公司总部设在瑞士。贝塔出生于捷克，在瑞士接受教育，他曾经解雇了一名销售员，因为这名销售员在从非洲返回的途中指出，在非洲所有的人都赤脚走路，根本没有销售鞋的机会。后来，贝塔聘用了另外一名销售员，因为这名销售员认为非洲是销售鞋的巨大潜在市场。这个故事所强调的事实是，直接感知必须与无偏见的认知和见解联系起来。不过，尽管很多营销人员都承认这一点，但却很难改变根深蒂固的消费者行为模式。

正式的调研通常是在确认问题或机会之后才开始进行的。企业可能需要补充直接感知和其他信息，才能确定某个国家或地区市场是否具有良好的发展潜力。潜在客户转化为实际客户的可能性有多大？竞争者是否正在开拓某个或多个重要的世界市场？是否需要调查当地人的口味偏好以决定是否需要将某种食品本地化？市场调研的一个不证自明之理是："问题如果能界定清楚，就相当于解决了一半。"因此，不管在何种情形下开始市场调研，营销经理应该首先提出的两个问题："我需要什么信息"和"我为什么需要这些信息"。表6-1列出了可能需要调研的各种主题。

表6-1　全球营销信息系统的主题议程类别

类别	范围
市场需求潜力	需求预测，消费者行为，产品评估，销售渠道，传播媒介
竞争者信息	公司、经营和职能战略；资源与意向；能力
外汇	国际收支，利率，国家货币的吸引力，分析家的预测
规定性信息	法律，法规，税法，收益，在所在国/地区和本国/地区的股息
资源信息	人员、资金、物资和信息来源的可获得性
一般条件	社会、文化、政治和技术环境的总体评估

6.3.2 步骤2：识别调研问题

如第4章所述，当个人的价值观和信仰影响到对一种外国文化或国家的评价时，就说明自我参照标准在起作用。自我参照标准倾向强调了理解全球市场中文化环境的重要性，详见下面两个例子：

- 当美泰公司在日本市场上首次推出芭比娃娃时，管理层认为日本女孩会像美国女孩一样喜欢这款洋娃娃的设计。但是，日本女孩并不喜欢。
- 当迪士尼公司在巴黎开办迪士尼乐园后，公园员工需要遵守一系列关于个人仪表的书面规定。这样做的目的是确保游客能得到与迪士尼名字相关的一种经历。不过，法国人认为这种规定是对法国文化、个人主义和隐私的侮辱。

从以上例子可见，在全球化经营过程中，公司基于本国/地区成功经验的假设往往是错误的。营销人员可能会认为，在某个国家/地区市场获得成功的营销计划也会适用于该区域其他国家/地区的市场。重新考虑一下迪士尼主题乐园的经营案例。尽管日本的迪士尼乐园自开业之日起一直非常成功，但投资32亿美元的中国香港迪士尼乐园在2005年开业后却并非很成功。部分原因是中国内地的游客不熟悉传统的迪士尼"面孔"，如白雪公主等。正如迪士尼乐园及度假区总裁杰伊·拉苏洛（Jay Rasulo）所指出的那样："来自中国内地的游客并不像其他乐园的游客那样关注那些深入人心的'迪士尼软件'"。[17]

在开拓全球市场时，营销经理最好"睁大眼睛"。换言之，营销经理必须认识到自我参照标准可能会产生的影响。这样做会带来多个正面效果：第一，它可以提高管理者实地开展市场调研的主动性；第二，认识到自我参照标准对确保以最小的本国/地区误差进行调研活动大有帮助；第三，能够提高管理者对于调研结果的接受程度，即使结果有悖于那些在其他地区市场上试验并取得成功的营销经验。

6.3.3　步骤3：选择分析单元

接下来需要识别公司应当在世界哪个（些）地区开展业务，并最大限度地了解这个（些）地区的商务环境。这些问题反映在表6-1列出的主题议程类别中。分析单位可能是一个国家/地区，也可能是像欧洲或南美洲这样的区域。在某些情况下，营销经理会对全球市场中的某个子市场感兴趣，并非所有关于市场进入的决策都需要全国/地区范围的资料。相反，一个专门的城市、州或省份都可以是相关的分析单位。例如，一个考虑进入中国市场的公司可能最初将分析重点集中于上海。上海市是中国最大的城市之一，上海港是中国主要海港。由于上海是一个制造业中心，有发展齐备的基础设施，而且人均收入相对较高，因此理所当然地成为市场调研活动的重点所在。

6.3.4　步骤4：检查资料的可获得性

这个阶段的首要任务是回答几个关于资料可获得性的问题：需要收集什么资料？所需资料是否可从公司文档、图书馆、行业或贸易杂志以及网络中获得？是否可以采用**二手资料**（secondary data）？管理者何时需要此信息来做出对市场的进入决策？营销经理在进入调研的下一步之前必须考虑这些问题。采用已有的可用资料可以节约资金和时间。而一项正式的市场研究可能耗资数万美元、花费数月才能完成。

一种低成本的市场调研和资料收集的方式从案头调研开始。换言之，"一种低成本的外国市场调查方法是站在巨人的肩膀上成长"。[18]假设某营销经理希望估计某一特定产品的基本市场潜力。为了达到这个目标，二手资料是一个很好的出发点。有的资料来源需要花费的时间和精力很少，如来自个人文档、公司或公共图书馆、在线数据库、政府普查记录、贸易协会。通过这些来源获得的资料已经存在，它们被称为二手资料——并不是专门为手头上某个项目而收集的。《美国统计摘要》（*Statistical Abstract of the United States*）是美国政府发表的包含大量国际市场资料的年度出版物之一。

美国政府最全面的世界贸易数据来源是国家贸易数据库（NTDB），这是商务部的在线资源。在美国，经济分析局（www. bea. gov）和在美国，人口普查局（www. census. gov）是对外贸易、经济指标和其他当前和历史数据的优秀在线资源。欧盟的贸易数据可从欧盟统计局获得。大多数国家都会编制国民生产总值（GNP）、国内生产总值（GDP）、消费、投资、政府支出和价格水平的估计数。人口数据表明人口规模、按年龄类别的人口分布和人口增长率，这类资料也很容易获得。市场数据的另一个重要来源是国外商业服务。

许多国家都建立了网站以帮助小企业在全球市场上寻找机会。例如，加拿大贸易专员（www. tradecommissioner. gc. ca）是加拿大对外事务和国际贸易部（Department of Foreign Affairs and International Trade，DFAIT）提供的一项服务。该网站是一个大型数据库，包含所有从事出口贸易的加拿大公司名单。

能够获取的信息不止以上这些类型。单单一本《联合国统计年鉴》（*The Statistical Yearbook of the United Nations*）就包括农业、矿业、制造业、建筑业、能源生产和消费、内外贸易、铁路和机场、工资和物价、健康、住房、教育、电信基础设施、大众传播媒体等方面的全球资料。其他重要的资料来源还有世界银行、国际货币基金组织和日本国际贸易和工业部（Japan's Ministry of International Trade and Industry，MITI）。《经济学人》和《金融时报》持续地编辑并发表有关国家和地区市场的全面的调查报告。来自这些渠道的资料通常既有印刷品，又有电子版。

如何使用上述资料？以工业增长模式为例，资料中往往揭示了消费模式，如此根据生产状况就能估计市场机会。再者，生产制造的趋势显示出那些供应制造所需投入品的企业的潜在市场。在一个国家的初级增长阶段，人均收入偏低，生产制造集中于必需品，如食品、饮料、纺织品和其他轻工业。随着收入的不断增加，这些行业的相对重要性将降低，重工业随之开始发展。

这里必须谨慎，信息来源是多种多样的，其中有些是不可靠的。即使来源本身是可靠的，不同来源提供的同一资料也可能有差异。用户必须明白资料确切地在描述什么。例如，研究收入资料需要明白数字代表的是 GNP 还是 GDP。同样，任何将互联网作为重要信息来源的用户都必须衡量网站的可信度。此外，正如琴科塔和罗恩凯宁（Ronkainen）所指出的那样，[19]二手资料可为寻求在母国以外的市场提供决策帮助，但它不可能对专门问题提供启示，我们的家具在印度尼西亚的市场潜力是什么？典型的尼日利亚消费者在软饮料上花了多少钱？既然德国法律不再要求"绿点回收标志"（Der Grune Punkt）出现在产品包装上，那么在德国，去掉标志会对消费者的购买行为产生什么影响？

私人调研公司出版的辛迪加研究是二手资料和信息的另一来源。"辛迪加"（syndicated）一词是指向多个不同组织出售文章、（报刊上的）政治性漫画或客户名单的报业的商业行为。例如 MarketResearch. com（一个市场调研信息和服务领先供应商）销售广泛的全球商业领域的报告，包括消费品、食品和饮料以及生命科学领域。该公司与数百家研究公司合作，提供一套全面的报告。虽然一份报告可能要花费数千美元，但一家公司可能能够获得其所需的市场信息，从而无须承担与进行初步研究相关的更大成本。

6.3.5　步骤5：评估调研价值

当管理者无法在公开出版物或研究报告中找到所需资料，他们可能想对国家市场、地区或者全球子市场开展进一步的研究。然而，收集信息的成本很高。因此，调研计划应该详细说明信息收集的成本和该信息对我们的价值如何（用美元、欧元、日元或其他货币计算）。得不到能够转化为有用信息的资料将引起多大损失？调研要求资金和管理时间两方面的投入，因此必须在进行下一步调研前进行成本效益分析。在某些情况下，不管调研揭示出什么事实，公司总是采取相同的行动步骤。虽然高质量决策还需要更多的信息，但只要对开展正式研究的成本做一次现实的估算，就会发现成本实在太高。

全球范围内的小型市场给调研人员带来了一个特殊问题。小型市场的利润潜力相对较低，营销支出就应当有限。因此全球调研人员必须设计一些与市场利润潜力相适应的技术和方法。在小型市场上，调研人员感到这样一种压力，即他们必须发现当地人口统计与经济的关系以便用最少的信息估计出该市场的需求状况。同样，在小型市场的预算约束下，他们有可能不得不使用一些廉价的调研手段，从而丧失调查的精确性和统计上的严谨性。

6.3.6　步骤6：调研设计

如图6-4所示，如果二手资料可用，调研者可以直接进入步骤7"数据分析"阶段。但是，假设在出版的统计资料和研究报告中找不到所需资料；进一步说，假设步骤5中所进行的成本效益分析使管理者决定开展调研活动，那么需要进行一手资料的收集。**一手资料**（primary data）需要针对步骤1所确定的特定问题，通过专门的调研活动收集。它要求制订一个调研设计方案。

全球营销学权威戴维·阿诺德（David Arnold）就资料收集提出了下列指导意见：[20]

- 采用多种指标而非单一度量，这将降低决策者的不确定程度。俗话说，"任何故事都有三个方面，你的、我的和事实真相。"土地测量员能在已知两个物体位置的条件下确定第三个物体的位置。这种称为三角测量（triangulation）的技术在全球市场调研中同样有用。
- 公司可以针对特定的产业、产品市场或商业模式建立量身定做的指标。这些指标应该使公司在全球市场中的过往经验得到充分利用。例如，在有些发展中国家，玫琳凯公司（Mary Kay）以女秘书的平均工资为基础来估计其美容顾问的潜在收入。
- 一定要在多个市场进行可比的估计，而不要孤立地衡量一个特定市场。可比估计使管理者获得一种组合式办法，并借此形成各种不同的特征和情境。比如，为了从总体上更好地了解捷克消费者，公司可能在附近的波兰和匈牙利开展调研。相反，如果一个饮料公司希望对捷克的啤酒消费状况有更多的了解，它可能必须在爱尔兰和德国进行调研，因为这些国家的人均啤酒消费量很高。

- 相对购买意向或价格敏感性的报告或观点，对购买模式及其他行为的观察更为重要。尤其对正在发展中的市场来说，很难精确地调查消费者的观点。

在牢记这些指导意见后，营销经理必须回答关于收集一手资料中的一系列新问题。调研应当转向定量的数字化数据以便进行统计分析，还是应当采用定性技术？在全球市场调研中，建议同时采用定量和定性技术。关于消费者，定性技术尤其适用于完成以下任务：[21]

- 帮助消费者理解产品，或者"接近"消费者。
- 描述消费者行为的社会和文化背景，包括影响决策的各种文化、宗教和政治因素。
- 识别核心的品牌资产并了解品牌的深层内容。
- 贴近消费者，明白他们的真正所想。

6.3.6.1 资料收集中的有关问题

调研有时更紧密地集中于营销问题，比如需要使产品和其他营销组合要素适合当地消费者的口味，以及估计市场潜量和盈利可能。需求和利润潜量反过来部分地取决于所研究的市场是否可分为现有市场和潜在市场。**现有市场**（existing market）是客户需求已被一家或几家公司满足的市场。在许多国家，关于现有市场规模（即以美元计的销售额及销售量的市场）的资料很容易获得。但是，在某些地方，正式的市场调研相对而言还是一个新现象，资料奇缺。

近年来，麦肯锡公司（McKinsey & Company）、高德纳集团亚洲分部（Gartner Group Asia）、葛瑞中国广告公司（Grey China Advertising）在中国非常活跃。例如，利用焦点小组座谈等方法，葛瑞中国广告公司收集到关于态度和购买模式的大量信息，发表在《葛瑞中国数据库消费者年度研究》（*Grey China Base Annual Consumer Study*）中。它最新的发现表明：消费者对未来的忧虑加剧，食杂用品采购西方化，市场饱和度加大，消费者鉴别力提高，消费者尝试新产品的愿望加强。但是，不同来源收集的信息可能出现不一致。中国软饮料的消费水平如何？欧睿信息咨询有限公司（Euromonitor）的估计为230亿升，而可口可乐公司内部调研小组公布的数字为390亿升。类似地，中国广视索福瑞媒介研究（CSM，一个中国电视排行公司）估计每年的电视广告市场为28亿美元。但根据尼尔森媒体调查，这一数字接近75亿美元。[22]

在信息不一致以及市场所在国家缺乏类似资料时，调研者必须首先估计市场规模、需求水平或产品购买及消费比率。其次，对现有市场的调查目的可能是估计公司在产品吸引力、价格、分销、促销覆盖率和效率方面的总体竞争力。调查者有可能发现竞争者产品中的某个弱点，或者识别一个尚未满足的子市场。比如，汽车业中的小型客车和运动型汽车子市场显示了现有市场中可能存在的机会。多年以来，克莱斯勒公司一直主导着美国的小型客车市场，其年销售量曾一度达到 120 万辆。大多数全球营销经理在这一子市场中展开竞争，尽管很多车型由于销售量下降而停产。例如，丰田于 1991 年在美国推出了日本产的普瑞维亚（Previa），批评家嘲笑它的泪珠式设计并指责其动力不足。在 1998 年的新款中，美国产的赛那（Sienna）代替了普瑞维亚。为了保证赛那符合美国人的喜好，丰田公司的设计人员和工程师研究了克莱斯勒的小型客车，并复制了若干关键特征，如多个茶托和司机一侧可滑动的后门。

在某些情况下，没有现成的市场可供研究，此时市场的类别为**潜在市场**（potential markets）。潜在市场可以进一步分为潜伏市场和初始市场。**潜伏市场**（latent market）在本质上是一种尚未发现的子市场。在这个市场上如果有适当的产品出现，那么需求就会变为现实，而在该产品出现之前需求等于零。当面对如以上描述的小型客车这样的现有市场时，调研的主要任务是理解竞争如何能够全面满足客户的需要。正如美国丰田汽车销售公司的一位管理者戴维斯·伊林沃思（Davis Illingworth）所言："我认为美国公众会将赛那视为与他们需求相吻合的美国产品。"[23] 面对潜伏市场时，公司的初始成功不以竞争力为基础，而是取决于首先行动的优势，即发现机会并推出开发隐性需求的营销方案的能力。克莱斯勒正是通过单独开发小型客车市场获得了在该子市场的成功。

传统的市场调研有时并不是识别潜伏市场的一种有效方式。在《华尔街日报》刊登的一篇文章中，彼得·德鲁克（Peter Drucker）指出，美国之所以没有成功地在市场上推出传真机，原因可追溯到市场调研，因为调研发现不存在对此类产品的需求。在德鲁克看来，该问题源于为满足隐性需求的产品进行调研时的典型问题。假使某调查人员这么询问："你会购买这样一个电话机图表吗？它价格为 1 500 美元，你可以用它发信，每页 1 美元，而邮局发这样一封信只需 25 美分。"仅单纯根据经济学的原理，就可以判断出回答很可能是"不买"。

德鲁克解释道，日本人之所以成为当今传真机销售的领先者，原因在于他们对市场的理解不是基于市场调研。相反，通过回顾大型计算机、复印机、蜂窝电话以及其他信息和通信产品的早期发展情况，他们意识到如果仅仅依靠购买和使用这些新产品的初期情况来判断，可以预测市场接受过程将非常缓慢。然而，每一款产品在人们使用后都获得了巨大成功。这一发现促使日本人寻求传真机带来的利益市场而非传真机本身的市场。看到联邦快递等邮递服务公司的成功，日本人认为，对于传真机的市场需求实际上早已存在。[24]

为了说明德鲁克的观点，我们来看看红牛能量饮料的例子。德莱克·马斯特斯（Dietrich Mateschitz，红牛创始人）聘请了一家市场研究公司来评估其产品的市场潜力。在测试中，消费者对味道、标志和品牌名称反应消极。马斯特斯忽略了这项研究，红牛现在是一个价值 20 亿美元的品牌。正如马斯特斯所解释的："当我们刚开始时，我们说红牛没有现有市场，但红牛会创造它。这就是最终成为现实的。"

初始市场（incipient market）是指在某一特定经济、政治和社会文化趋势持续发展的情况下会迅速成长的市场。如果公司在某初始市场趋势尚未确定之前提供产品，那么市场反应水平会很低。一旦趋势显现，初始市场就会发展为潜伏市场，然后发展为现有市场。初始市场的概念也可以通过人们收入提高对汽车及其他高价耐用消费品需求的影响说明。随着一国人均收入水平的提高，对汽车的需求会相应增加。因此，如果公司能够预测一国未来的收入增长速度，它也就可以预测该国汽车市场的增长速度。

那时，日本女性从不使用睫毛膏，因为她们天生拥有较直且细短的睫毛，我们设计的睫毛膏可使睫毛变长并弯曲。这是一个巨大的成功。我们从未在焦点小组座谈中看到这种情况。[25]

——欧莱雅公司首席执行官让·保罗·阿贡（Jean Paul Agon）用睫毛膏在日本重新树立美宝莲品牌形象

例如，为了充分抓住中国经济快速发展所提供的市场机会，包括大众、标致、克莱斯勒在内的西方汽车制造商进入中国并建立生产基地。中国甚至还存在对有异国情调的进口小汽车的初始需求。1994 年初，法拉利在北京开设了第一家展示厅。由于高达 150% 的进口关税，首批中国购买者是利用西方营销和日益提高的开放程度而赚钱的企业家。到 20 世纪 90 年代末，对豪华车的需求增长速度超过了预期水平。[27]如今，中国乘用车年销量已突破 2 000 万辆。显然，中国对汽车制造商来说是一个非常有吸引力的市场机会。

过去，有些公司得出结论，认为中国内地当时的市场潜力有限。例如，1998 年，总部在英国的零售商玛莎百货（Marks & Spencer）关闭了在上海的办事处，并搁置了在中国内地开一家商店的计划。在接受媒体采访并就此做出评论时，一名公司代表直接谈到了中国内地能否代表初始市场这个问题：

> 经过三年的调研，我们得出结论：现在不是最佳时机。我们的客户大多来自中等收入人群。可是，在我们感兴趣的上海市，尽管中等收入人群的规模在扩大，但尚未达到能够支持在那里开一家店的程度。[28]

然而，在十年内，中国内地新兴的中产阶级代表了一个有吸引力的机会。2008 年，玛莎百货在上海开设了第一家门店；截至 2017 年，共有 10 家门店。然而，当其销售停滞不前时，该公司第二次退出了中国内地市场。部分原因是：品牌知名度低，加上许多中国内地购物者更喜欢 ZARA 和 H&M 等"快时尚"品牌。

6.3.6.2 调研方法

问卷调查研究、消费者调查小组、观察法和焦点小组座谈等工具可以用来收集一手资料。只进行国内营销活动的营销人员也使用同样的工具，但必须关注国际营销活动中的调整和其他需要特别考虑的因素。

问卷调查研究（survey research）使用设计好的问卷来获取定量资料（你将购买多少）、定性资料（为什么你会购买）或是二者皆有。调查研究往往通过电话、邮寄或人员发放问卷，

数据回归到平均值。一些真正原创、真正真实的东西，可能不会得到那么好的分数，因为人们对新事物有下意识的反应。[29]

——詹姆斯·吉尔莫，（合著）《消费者真正想要的》

从顾客或其他指定群体那里获得资料。许多好的市场调研教材在问卷设计和操作方面都有详细说明。

在全球市场调研中，可能会产生许多关于调查设计和操作方面的问题。当使用电话作为调查工具时，由于基础设施差异、文化障碍和其他原因，必须记住一个国家的习惯可能不适合其他国家。例如，可能很难找到电话目录或名单；此外，城市和农村的居民之间可能有巨大差异。

从更深层次看，文化将影响受访者的态度和价值观，进而直接影响他们是否愿意回答采访者所提出的问题。开放式问题可以帮助调查人员确定受访者的参照系。在某些文化背景中，受访者可能不愿意回答特定问题，或者有意提供不正确的答案。

回顾全球市场调研的步骤 2 中要求识别导致自我参照标准偏差的可能原因。这个问题在调查研究中尤其重要，因为偏差可能源于问卷设计者的文化背景。例如，即使问卷被认真翻译，在美国设计和实施的一项调查在非西方文化背景下可能也不适用，尤其在问卷设计者没有意识到自我参照标准时更是这样。一项被称为回译（back‑translation）的技术可以提高对问卷理解和问卷的有效性，它要求当问卷这一调查工具被翻译为某一"目标语言"后，再由别人重新翻译为原始语言。为了获得更好的精确性，可以使用平行翻译（parallel-translation），即由两名译者翻译出两个版本，再据此进行回译。同样的技术可用来保证广告文案被准确地翻译为另一种语言。

消费者调查小组（consumer panel）是代表受访者的一个样本，他们的行为被长期追踪。例如，包括总部在荷兰的 VNU 集团的尼尔森媒体调查部（Nielsen Media Research），AGB 尼尔森、捷孚凯（GFK）和特恩斯市场研究公司在内的许多公司都通过研究家庭小组的收视习惯而进行电视受众测量（television audience measurement，TAM）。广播公司利用收视率资料来确定广告收费；宝洁、联合利华和可口可乐等广告主利用该资料选择插播广告的节目时间。在美国，半个世纪以来，尼尔森享有收视调查实质性的垄断地位。但是，多年来，四家主要的美国电视网络公司抱怨尼尔森的资料收集方法降低了收视水平，从而影响了它们的广告收入。尼尔森对此种忧虑的反应是改善调查方法：公司目前使用一种被称为**个人收视记录仪**（peoplemeter）的电子设备来收集全国电视观众的收视数据。该系统目前在全球包括中国在内的多个国家采用，尼尔森也在纽约这样的重要城市安装该设备以收集当地观众收视方面的资料。

当用**观察法**（observation）收集资料时，一名或更多的观察者（或一台机器，如摄像机）观察并记录当前或潜在购买者的行为。调查结果将用于指导营销经理制定相关决策。例如，大众汽车在美国的销售额大幅下滑之后，公司推出了"太空城"计划，这个历时 18 个月的计划帮助工程师、营销人员和设计专家更有效地了解美国消费者。尽管在加利福尼亚州建立了设计中心，德国沃尔夫斯堡总部的决策

> 你不能因为人们不知道，就出去问他们需要什么或想要什么。整个诀窍就是拿出一个产品，然后说，"你想过这个吗？"然后听到消费者回答，"哇！不，我没有。"如果你能做到，你就成功了。[30]
> ——戴维·刘易斯（David Lewis），Bang&Olufsen（B&O）首席设计师

者通常不理会来自美国客户的反馈。大众公司产品战略部主管斯蒂芬·里斯克（Stefan Liske）回复：“我们需要一种完全不同的策略。我们会问自己我们是否全面了解这个市场”。“太空城”团队造访了位于明尼阿波利斯市的美国购物中心和位于克利夫兰的摇滚名人殿堂。此外，他们还在佛罗里达州度春假，借机观察大学生的消费习惯。

这次经历令人大开眼界。正如一名设计师所解释的那样：“在德国，一切只与驾驶有关。但是在美国，人们所关心的是除驾驶之外的所有方面。人们希望以其他方式使用自己的时间，如通过手机聊天等。”团队的另一名工程师跟踪了一名单身母亲，观察她带孩子去学校并顺便购物的过程。这名工程师注意到，美国司机需要一个放纸巾的地方，还需要一个地方放置在“免下车”餐厅购买的快餐。“我开始思考她的汽车需要哪些具体的特点。我们应该设身处地考虑这些问题。”他说。[31]

早餐谷物制品的营销经理可能会派调查人员在早晨 6 点到事先选好的家庭中，观察家庭成员的早间常规活动。公司还可以指派一名调查人员陪同家庭成员去食杂商店购物，以观察他们在真实购买条件下的行为。公司可能希望了解他们对与广告宣传相连的店内促销活动有何反应。调查人员可以用磁带录音机记录他们的言论，或者悄悄地用小型照相机拍照。公司如果使用观察法进行调研，那么它必须对公众对隐私问题的关注保持敏感。观察法的另一个问题是**反应性**（reactivity），它是指当调查对象知道自己在被调查时，表现的与以往行为不同的倾向。其他例子包括：

- 为了确定改进产品和包装设计的策略，宝洁公司选派多名录像摄制人员到英国、意大利、德国和中国的 80 户家庭中。宝洁公司的最终目的是建立一个内部的录像资料馆，用关键词搜索就可以直接访问。信息技术经理斯坦·约斯滕（Stan Joosten）指出：“如果你用‘零食’一词进行搜索，就能找到全世界与此相关的所有文章段落。它迅速为你提供有关特定主题的一个全球视角。”[32]
- 米歇尔·阿尔诺（Michelle Amau）是雀巢公司“活力四射”（PowerBar）品牌的营销经理，她参加了 2004 年的纽约马拉松比赛，目的是观察参赛者如何使用单条包装的能量胶（PowerGel）。这是一款浓缩的、快速提高人体机能的胶状产品。阿尔诺注意到，参赛者通常用牙齿撕开外包装，然后在不影响自身跑步速度的情况下尽量一口吞掉整条能量胶。她失望地看到由于外包装的中间封口处较长，有时候会妨碍参赛者快速吸出能量胶。随后，雀巢公司的设计人员改进了包装，顶部采用倒三角式的设计，其窄度可以有效控制能量胶自动流出，同时非常适合运动员用嘴吸出。[33]

在**焦点小组**（focus group）座谈中，包含 6~10 人的小组在经过培训的组织者的协助下，就产品概念、品牌形象和个性、广告、社会趋势等问题展开讨论。全球营销经理可以利用焦点小组座谈技术获得重要认知。例如：

- 20 世纪 90 年代中期，惠而浦公司在欧洲发起了一场突出奇异虚幻人物的广告活动，如烘干机迪娃、洗衣机女神等。该活动的成功促使公司在美国和拉丁美洲国家/地区使用了同样的广告。但是，公司首先进行了焦点小组座谈以确定消费者对广告的反应。尼克·莫特（Nick Mote）是法国阳狮广告公司（Publicis）的全球客户主管，他说："我们已经获得了一些不可思议的调研结果，就像是在黑暗中有人开了灯。"[34]

- 在新加坡，可口可乐公司用十几岁青少年所组成的焦点小组为其广告项目提供指导。正如公司的新加坡营销总裁王凯伦（Karen Wong）所解释的那样："我们测试从最激动人心的到最无聊的所有事：全身穿了不少洞、脏兮兮的孩子，坐在车上一路听着震耳欲聋的摇滚音乐。这里的年轻人所做的与美国年轻人一样。"一些参加者认为广告的人物形象过于叛逆。一名新加坡青年提出："他们仿佛是瘾君子。他们这样如何能在学校里有好的表现？"利用焦点小组座谈的调查结果，可口可乐的管理者设计了在新加坡的广告活动，使其处于社会许可的范围之内。[35]

典型的焦点小组座谈在装有录音设备的地方举行，还有一面单面镜供客户公司的代表在后面观察整个过程。组织者可以采用多种办法来激发参与者的反应和回答，包括投射技术、可视化和角色扮演。采用投射技术时，调查者提出开放式问题或显示模糊刺激。按照假定，当调查对象回答一个问题时，他将"投射"，即暴露自己下意识的态度和偏好。通过分析这些回答，调查者能够更好地了解消费者对于特定产品、品牌或公司的认知。

可视化对于希望创造突破性或颠覆性创新的公司来说尤其适合和有效。假设一家消费电子公司想要为一个新的家庭影院系统产生创意。在焦点小组中，主持人试图通过调暗灯光消除所有刺激。参与者闭上眼睛，躺在舒适的枕头上。主持人轻声细语：

> 想象一下，在一个阳光明媚的春天，你舒适地躺在吊床上。专注地盯着一棵树，然后聚焦在一片叶子上，看着它从绿色变成白色，就像电影屏幕一样，在那里你可以投射你想要的任何东西。想象一下你最完美的地方，把你自己和任何你想要的人放在场景中。现在想象一下，你正在看和听你最喜欢的节目。你怎么看这个图像？你看到什么家具或设备了吗？房间里还有什么？图像大小如何？还有谁？

在进一步提出此类问题后，主持人建议参与者看到的场景逐渐消失，直到屏幕变白，树叶从白色变回绿色，然后他们再次看到整棵树，从而引导参与者回到"此时此地"。参与者睁开眼睛，坐起来，拿一张纸，尽可能多地用文字和图片记录他们的经历。这些经验与团队分享，可以作为新家庭娱乐概念的跳板。

角色扮演技术存在许多变体，可用于揭示创新见解。揭示这些隐藏点的探索通常采取思维研讨会的形式。消费者可能有未满足的需求或者她没有直接传达的愿望，因为她没有意识到这些需求或愿望。这些需求可能在角色扮演过程中出现这项技术具有前瞻性，因为消费者将自己看不到（或不会看到）的东西投射到其他人身上。也许各种心理因素，如动机、态度或恐惧，都会影响消费者接受或拒绝产品。此外，当角色扮演的参与者在一个过程中每一分钟都在表演一个步骤时，研究人员可能会注意到一些不协调或无意识的事情，从而促使产品改进。

例如，一家家庭护理产品公司的经理可能会参与同样涉及消费者的角色扮演。在召开焦点小组会议之前，主办方需要向客户团队的每位经理简要介绍已招募的消费者。然后，经理们聚在一起，每个角色扮演使用特定产品的消费者。换句话说，他们穿着消费者的鞋子"行走"，目的是理解和预测消费者的行为以及与产品的相互作用。然后，实际消费者到达会场并使用产品执行任务。客户公司的经理们可以亲眼看到他们在各自的消费者中扮演的角色是好是坏。在这种情况下，管理者直接见证了他们的对错以及原因。

接上例，假设一家汽车制造商召集一个焦点小组来评估由二十几岁的人组成的细分市场中的购车偏好。研究人员可能会要求参与者描述一个有各种汽车品牌的聚会。日产穿什么、吃什么、喝什么？本田有哪种运动鞋？他们的性格是什么样的？谁害羞？谁声音大？谁与那个女孩（或男孩）产生了互动？小组成员之间的互动可以产生协同效应，产生重要的定性见解，这些见解可能不同于通过更直接的提问收集的数据。

例如，美国广播公司家庭频道（ABC Family Channel）的高管们意识到，在研究揭示了观众与该频道名字之间的联系后，他们需要重新命名该频道。正如负责编程和开发的副总裁凯里·伯克（Karey Burke）所解释的那样：

> 我们看到了一项心理学研究，研究了观众认为不同频道会是什么样的人。MTV是一个"酷少年"，CW是一个"体贴的大学生"，ABC Family是一个"中西部家庭主妇"，我们不是这样的。

几个月后，该频道改名为Freeform。

焦点小组、可视化和角色扮演产生的定性数据不适用于统计预测。这些数据只能表明问题，而不是证实假设；此外，定性数据往往是方向性的，而不是决定性的。这些数据在项目的探索阶段非常有价值，通常与通过观察法和其他方法收集的数据结合使用。

6.3.6.3　量表开发

市场调研要求以某种形式对受访者的回答测量、排序，并在排序中设定合适的级差。以一个简单的测量为例，名义度量标尺用来确定一个调查因素的身份。例如，男性回答者可以标为1，女性回答者可以标为2。也可以将答案对应于某种形式的连续轴，常见的例子是李克特量表（Likert Scale），它要求每个回答者对给出的一个陈述，标出"完全同意"或"完全不同意"，或者位于中间的某个态度。在多国调查项目中，**度量对等性**（scalar equivalence）非常重要，它是指不同国家的两名回答者如果对于一个既定变量有相同的评价，他们应当在同一调查题目上获得相同的分值。

即使有标准的数据收集技术，某种特定技术的具体应用也可能会因国家而异。总部在新泽西的全方位研究公司（Total Research）的副总裁马修·德雷珀（Matihew Draper）认为"量表偏差"是一个大问题，"人们使用量表的方式显著不同，因此基于量表形成的资料往往有大量偏差从而掩盖真实情况，如用1～10之间的一个数字来评价某产品有用性就是一例"。典型的美国量表把10这样的大数字对等于"最多/最好"，把1对等于"最少"。相反，德国人偏爱的量表是将1作为"最多/最好"。再者，美国调查中有关支出的问题提供的是数字区间，德国人则喜欢使他们有机会提供一个确切数字的调查。[36]

6.3.6.4 抽样

在收集资料时，调查人员一般不可能对指定群体中的每个人都进行调查。样本是从总体中选出并能代表总体的一个子集。两类最著名的样本是随机样本和非随机样本。一个随机样本是通过以下统计规则产生的：它能保证在抽样时总体中的每一个成员被抽中的可能性或概率相同。随机样本的结果以一定的统计可靠性（反映抽样错误、置信度和标准差）推广至总体。

非随机样本的结果不能以统计可靠性推广至总体。方便样本是其中一种形式，正如其字面含义，调查者选择那些最容易接触到的个体作为调查对象。例如，在一项对美国、约旦、新加坡和土耳其消费者的购买态度的对比调查中，后三个国家的资料是通过调查者的一名熟人提供的方便样本获得的。尽管用这种方法得到的资料不能进行统计推断。但它们可能足够用于解决步骤 1 中确定的问题。如在这个调查中，调查者能够看出跨越现代工业化国家、新兴工业国家和发展中国家界限的购买态度和习惯上的文化趋同的明显倾向。[37]

为了获得配额样本（quota sample），调查者将总体分类，样本从每一个类别中抽取。"配额"是指需要确保每一类别中抽取到足够的个体以反映总体的一般构成。例如，假设一个国家的人口可以根据月收入分为以下 6 类：

人口比例（%）	10%	15%	25%	25%	15%	10%
月收入/美元	0 ~9	10 ~19	20 ~39	40 ~59	60 ~69	70 ~100

如果假定收入是一个足以区分总体的特征，那么配额样本应包含不同收入水平的被调查人群，他们在样本中所占的比例应等同于各类人群在总体中所占的比例，也就是说月收入在 10 ~19 美元之间的个体应占 15%，其他亦如此。

6.3.7 步骤7：数据分析[38]

到此步骤为止，所收集到的资料必须经过分析才对决策者有用。本书不详细讨论此事，在此仅做一个简单的概述。首先，资料必须经过处理，也称"清洗"（cleaned）才能进一步分析。资料必须链接并存储到一个中心地点或数据库。如果调研在世界上的多个地区展开，那么聚集数据可能有一定困难。不同样本之间的数据是否可比，从而能够进行多国分析？这需要一定程度的编辑，例如，有些回答可能缺失或难以解释。另外，问卷必须进行编码。简而言之，编码涉及识别回答者和变量。最后，可能需要进行一些数据修正工作。

接下来资料分析进入制表阶段，即用表格形式对数据进行整理。调查者可能希望明确若干值：平均数、中位数和众数；范围和标准差；分布状况（如正态分布）。对如"男性"和"女性"这样的名义变量，可以制作一个简单的透视表。比如，假设尼尔森媒体调查公司对玩视频游戏的人进行调查研究，以了解他们对在游戏中植入的某种产品（如软饮料）或广告（如为某款手机所做的户外广告牌）的看法。此时，它就可以采用透视表来分别研究男性和女性受访者的答案，从而明白他们之间是否存在显著差别。如果女性回答的正面性与男性相同甚至高于男性，视频游戏公司可以利用这一信息来说服消费品公司选择购买一些产品，这些产品把女性作为目标市场并使女性形象成为游戏的一个组成部分。调查人员也可以使用各种相对简单的统计技术，如假设检验（hypothesis testing）和卡方检验（chi-square testing），或者更为复杂的技术，如方差分析、相关分析和线性回归。

如果调查者对变量之间的关系感兴趣，就可以使用**相依技术**（interdependence technique），如因子分析法、聚类分析法和多维量表法等。**因子分析法**（factor analysis）可用于将大量数据转变为可管理的单位；专门的计算机软件能够从众多调查答案中"提炼"出反映态度和认知的若干有意义的因子，从而缩减数据。因子分析能够用于心理细分研究及制作感知图。

在此类分析中，变量不分自变量和因变量。调查对象被要求按"五分制"标出特定的产品利益。表6-2所列的是一个假设的量表，谷歌公司可能用它来评估消费者对某款智能手机的感知。尽管表6-2中列出了10个特性/优势，但因子分析还将生成因子载荷量，使调查者能够确定产生这些利益的2~3个因子。这就是因子分析能导致数据缩减的原因。有关这款智能手机，调查者可能将因子标记为"使用便利"和"设计时尚"。计算机还会算出每个被调查者的"因子得分"，回答者1在"使用便利"因子上的得分为0.35，回答者2的得分为0.42，依此类推。当所有被调查者的因子得分均值算出后，就可以确定谷歌智能手机在感知图中的位置。其他智能手机品牌也可以用同样的方法来定位。

表6-2　了解消费者对谷歌 Pinel 2 智能手机感知的假设量表

说明：**请根据下面列出的产品特性或优势打分。**

变量（产品特性/优势）	分值				
	低				高
	1	2	3	4	5
1. 电池寿命长	—	—	—	—	—
2. 有许多 APP 可用	—	—	—	—	—
3. 4G 上网	—	—	—	—	—
4. 薄型外壳	—	—	—	—	—
5. 直观界面	—	—	—	—	—
6. 音乐存储能力	—	—	—	—	—
7. 大显示屏	—	—	—	—	—
8. 手部贴合舒适度	—	—	—	—	—
9. 在全球范围可用	—	—	—	—	—
10. 处理速度快	—	—	—	—	—

聚类分析法（cluster analysis）使研究人员能够将变量集合为簇，使不同变量群之间差异性最大，同一变量群内部相似性最大。聚类分析的有些特点与因子分析相同：不区分自变量和因变量，可用于心理细分。聚类分析非常适用于全球市场调研，因为在全球范围内，地区、国家、区域市场之间可以识别它们的相似性和差异性。聚类分析还可以用于利益细分和识别新产品的市场机会。

多维量表法（multidimensional scale，MDS）是另一种用来描绘感知图的技术。如果使用多维量表法，受访者需要对产品或品牌进行逐对比较，判断它们的相似程度。之后，调研人员将推导出支持这些判断的维度。当有许多产品可供选择，如饮料、牙刷或汽车品牌等，或者消费者陈述其感知可能有困难时，这种技术尤为重要。为创建一个定义明确的空间图，至少需要使用8种产品或品牌。

例如，假设蔻驰（Coach）等奢侈品营销人员发起了一项全球奢侈品品牌消费者感知的研究。有很多奢侈品品牌可供选择，一些品牌（包括蔻驰）有以折扣商品为特色的门店，一些提供"闪购"，在有限的时间内提供精选款式。一些品牌，包括迈克高仕（Michael Kors）和拉夫劳伦（Ralph Lauren），除了高端系列之外，还提供价格较低但利润很高的"扩散"系列。包括路易威登（Louis Vuitton）在内的一些奢侈品公司只通过公司所有的零售店分销商品；对于博柏利（Burberry）和其他品牌，渠道战略包括批发业务。

消费者可能会以各种方式将一个设计师品牌与另一个品牌区分开来：购买每个品牌有多么容易，每个品牌的可视性如何，品牌是否提供"扩散"系列，等等。对研究人员来说，这可能代表了"无处不在及罕见"的潜在感知维度。表6-3显示了8个奢侈品品牌的五点相似程度判断。

表6-3 多维量表录入数据：品牌相似程度判断配对量表

	相似程度				
	很相似				很不同
奢侈品品牌	1	2	3	4	5
博柏利/古驰（Gucci）					
博柏利/蔻驰					
博柏利/迈克高仕					
博柏利/托德斯（Tod's）					
博柏利/杜嘉班纳（Dolce & Gabbana）					
博柏利/迪奥（Dior）					
博柏利/葆蝶家（Bottega Veneta）					
古驰/蔻驰					
古驰/迈克高仕					
古驰/托德斯					
古驰/杜嘉班纳					
古驰/迪奥					
古驰/葆蝶家					

图 6 – 5 显示了 8 个品牌在假设受访者的"普遍性"维度上的位置。该图显示，博柏利和蔻驰被认为是最相似的，而蔻驰和迪奥是最不相近的。这些反馈有助于营销经理了解本例中特定类别的奢侈时尚品牌中哪些品牌彼此直接竞争，哪些没有。这些反馈被用作运行多维量表法程序的计算机的输入；输出的是一张感知地图，如图 6 – 6 所示。一旦计算机生成了地图，营销人员就会检查不同品牌的位置，并推断出维度，在这种情况下是"普遍性/稀缺性"和"排他性/可及性"。蔻驰在可及性方面的高排名可以部分归因于定价策略，其中包括价格最低的入门级手提包。古驰在普遍性维度上的地位取决于该品牌的多家公司拥有的零售店和门店、百货公司的广泛可及性以及 Poppy 系列副线产品。

图 6 – 5　假设的单维度相似程度判断示意图

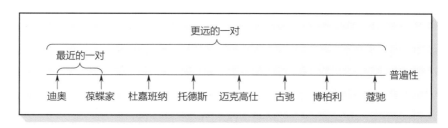

图 6 – 6　假设的基于多维量表法的奢侈品品牌感知图

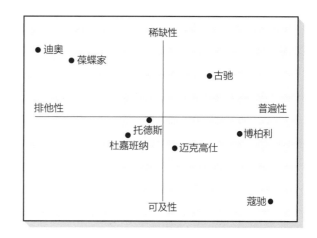

这种类型的研究可以帮助蔻驰和其他奢侈品营销人员应对新的行业现实，其中包括对奢侈品构成的看法的转变和消费者品位日益分散。中国和其他新兴市场机会的增加推动了市场的一些变化。[39]这样一张地图也将有助于，比如，一位希望推出新产品线的崭露头角的时装设计师，也许可以找到一个最佳的普遍性/可及性平衡，并适合博柏利、蔻驰和杜嘉班纳之间的差距。

非相依技术（dependence techniques）衡量两个或两个以上的因变量与一个或者更多自变量之间的相互影响。以 SUV 为例，假设起亚的新产品小组在图 6 – 5 中选择了一个理想位置，现在的任务是选择特定的产品特性以表达这个定位。调研人员希望确定产品的显性特性在消费者决策中的作用，即消费者对产品的质量或者特性赋予的相关性和重要性。如果目标定位是"平稳的，像乘坐小汽车一样的感受，同时保护你的家人"，那么小组成员必须确定有关的产品物理特征，比如6缸发动机、6速变速箱。此外，他们还必须确定其他消费者最偏好的产品特性（如价格、行车里程、保修条款等）。每种产品特性都应提供几种不同水平的服务，如保修5年或10年。

联合分析法（conjoint analysis）使研究人员得以发现对消费者最具吸引力的产品特性组合。该工具假设产品特性对消费者的认知和偏好都会产生影响。表6-4列出了一些消费者可能喜欢的特性，总计36种不同的组合。如果采用**全轮廓法**（full-profile approach），将每种组合（比如6缸发动机，三排座位都装有防侧撞安全气囊，5年保修，价格27 500美元）都打印在一个索引卡上，请消费者按照偏好的程度进行排序。然后用联合分析法，确定产品特性不同层次的价值或效用，并以图形中的点表示。由于组合的数目太大，消费者会感到吃力和疲惫，有时最好使用每次只考虑两种特性的**配对比较法**（pair-wise approach）。

表6-4　用于联合分析法的 SUV 产品特性组合

		SUV 的产品特性组合		
	发动机尺寸	变速箱	保修	价格/美元
一级	4 缸发动机	4 速自动	3 年 / 50 000 英里①	22 500
二级	6 缸发动机	6 速自动	5 年 / 75 000 英里	27 500
三级	8 缸发动机	8 速自动	20 年 / 100 000 英里	32 500

① 1 英里 =1.609344 千米。

高效的市场调研可能会帮助诺基亚公司在竞争激烈的全球手机市场保持领先优势。该公司只关注产品的功能和特性，即使消费者的偏好已经转向更时尚的风格以及拍照功能和宽大的彩色屏幕等。多年来，诺基亚只生产所谓的直板手机，因为管理层认为这个款式是诺基亚品牌的标志，公司不提供翻盖式、滑盖式或旋转式手机。同时，索尼、LG、三星和摩托罗拉都在研制新的手机款式。

在欧洲，诺基亚的市场份额从2002年的51%下降至2004年的33%。"诺基亚缺乏流行元素，"行业咨询师杰克·戈尔德（Jack Gold）指出，"它根本没有生产过翻盖手机，在研发拍照功能方面也落后于其他品牌。消费空间中的流行元素是非常重要的，但诺基亚的手机款式都已过时。"诺基亚的多媒体部主管安希·范约奇（Ansii Vanjoki）表示："我们有点误解了市场上的各种信号。竞争的主要领域应该是颜色的多样性和屏幕大小等因素。这些因素对于提高销售额至关重要，但我们却忽略了它们。"[40]

比较分析和市场类推估计

全球营销分析的一个特点是能够在同一时点对不同国家或地区市场的市场潜力和营销表现进行对比。比较分析的一种常见形式是公司内部开展跨国比较分析。例如，两个或多个国家的总体市场条件（用收入、工业化阶段或其他一些指标来衡量）相似，但对某一特定产品的人均消费却在两国间存在显著差别，此时营销经理就有理由表示怀疑并考虑应当采取什么行动。看以下几个例子：

- 金宝汤公司（Campbell Soup Company）是全球最大的罐装汤生产商，占据美国近80%的市场份额。但是，该公司的产品仅销往全世界6%的罐装汤市场。俄罗斯人每年要消费320亿份罐装汤，中国人每年消费3 000亿份，而美国人每年的消费量仅为150亿份。金宝汤公司首席执行官道格拉斯·科南特（Douglas Conant）特意派营销团队赴俄罗斯和中国调查消费者的饮食习惯。[41]
- 卡夫食品（Kraft Foods）旗下的英国糖果公司吉百利（Cadbury）估计，印度的巧克力市场每年价值约4.65亿美元。相比之下，英国的巧克力年销售额为48.9亿美元。吉百利高管认为，印度糖果和巧克力市场的年增长率将超过12%。[42]
- 在印度，只有10%的剃须男性使用吉列剃须刀。全世界有50%的剃须男性使用吉列产品。为了在印度实现更大的渗透，吉列推出了一款价格为15卢比（约34美分）的无装饰品牌。吉列防护装置手柄更轻，生产成本更低，没有吉列更昂贵剃须刀中的润滑条，更换刀片只需5卢比（11美分）。[43]

在上述例子中，资料大多是可获得的。但是，全球营销经理可能发现，在某个特定国家市场中很难获得所需要的某些资料，尤其是在发展中国家。在此情况下，有时可以通过类推估计市场规模。**类推**（analogy）只是简单地陈述部分相似性。例如，德国和意大利分别拥有旗舰汽车制造商——大众和菲亚特。俄罗斯的一个旗舰汽车制造商是AvtoVAZ。所以，我们可以说"AvtoVAZ之于俄罗斯，就像大众之于德国，菲亚特之于意大利"。诸如此类的陈述都是类推。类推通过强调两个不同事物的"共性"减少未知。[45]

> 松露之于地球，犹如牡蛎之于海洋。它们捕捉了栖息地的精华。[44]
> ——主厨雅各布·肯尼迪（Jacob Kenedy）

戴维·阿诺德（David Arnold）指出，通过类推进行预测的方式共有以下四种：[46]

- 在同一国家可获得一种可比产品的资料；
- 在一个可比国家可获得同一产品的资料；
- 从相邻国家的一个独立分销商处可获得同一产品的资料；
- 在同一国家可获得一个可比公司的资料。

时间序列位移（time series displacement）是建立在市场不同时期具有相似性这一假设基础上的一种类推技术。如果有关于两个不同发展层次的市场的资料，那么时间序列位移就是一种有用的市场分析方法。时间序列位移法要求营销经理估计两个市场何时能达到同样的发展阶段。例如，对宝丽来（Polaroid）而言，20世纪90年代中期的俄罗斯拍立得相机市场可以与20世纪60年代的美国相比。如果获得美国1964年和俄罗斯1994年对拍立得相机需求的影响因素的相关资料，并知道美国1964年的实际需求，那么就可以估计出俄罗斯市场的潜在需求。

6.3.8 步骤8：解释与展示

在市场调研基础上形成的报告必须有助于管理者进行决策。不管报告以书面、口头形式还是以录像带等电子形式提交，它必须与步骤1确定的问题或机会密切相关。

一般来说，建议将主要的调研结果简单概括为一个备忘录，用来说明步骤 1 所提问题的一个或多个答案。许多管理者都不适应调研术语和复杂的定量分析。调研结果需陈述清楚并成为采取管理行动的基础，否则它们的结局只能是堆在书架上落满尘土，让人们回想它曾浪费了那么多的时间和金钱。

由于公司信息系统和市场调研可以提供越来越多的基于全球视角的资料，因此有可能跨越国境来分析营销支出的效益。营销经理们也可以决定他们的营销支出在何处获得了最大边际效益并相应调整营销支出。

全球营销
6.4

总部对全球市场调研的控制

比较跨国公司组织市场调研工作的方式以及全球化或跨国公司处理组织问题的方式。

全球化公司的一个重要问题是在何处对组织的调研活动实施控制。在这个问题上，跨国多中心公司与全球化公司之间的差异是显著的。在跨国公司中，研究责任委托给运营子公司。相比之下，全球化公司将研究责任委托给运营子公司，但作为总部的职能，保留对研究的全面责任和控制。单一国家市场研究和全球市场研究之间的一个关键区别是可比性的重要性。实际上，这意味着全球化公司必须确保研究的设计和执行能够产生可比资料。

简而言之，**可比性**（comparability）是指在调研所覆盖国家获得的调研结果可以进行互相比较。[47] 为此，公司必须在全球范围内对市场调研进行一定程度的控制和检查。当全球营销总监寻求能够在全球实施的一个调研方案时，他必须考虑各地的具体条件。特别地，他应当注意获取的资料是基于**主位分析**（emic analysis，局内人取向）还是**客位分析**（etic analysis，局外人取向）的结果。换言之，这是另一种视角，常用于比较分析和跨国研究。在某一特定的调研项目中，客位分析量表意味着在所有国家使用同样的调查问题，因此使得结果具有可比性，但同时丧失了一定的精确性。

相反，主位分析适用于一个特定的国家，如果研究者以此为基础进行跨文化外推，这一行为只能是主观的。不妨考虑可口可乐在中国推出果味瓶装茶的经验。在发布失败后，这家饮料巨头委托进行了一项研究，获得了两个关键的见解。首先，可口可乐美国总部位于佐治亚州的亚特兰大。研究人员发现，添加甜味剂和风味的茶与愉悦和放纵有关，尤其是当人们与温暖的南部各州的下午烤肉一起享用时。这一背景有助于解释水果口味和添加糖的流行。其次，在中国，茶有不同的联想，它的本质是减法，而不是加糖和调味品。克里斯琴·马兹比尔格（Christian Madsbjerg）在最近的一本书中描述了这些发现：

> 茶是中国文化中揭示真实自我的工具。这种体验应该消除刺激和分心，如噪声、污染和压力。直到可口可乐对"茶的体验"有了这种根本不同的理解，他们的瓶装产品才获得了显著的市场份额。[48]

一个很好的办法是使用一种调查工具，将这两种分析的要素结合在一起。营销总监很可能最终会针对组内表现出相似性的国家群制订一系列营销计划。全球协调调研计划的议程可能如表6-5所示。

表6-5　全球市场调研计划

调研目标	全球范围的市场调研计划		
	国家群 A	国家群 B	国家群 C
发现市场潜力			×
评估竞争对手动向		×	×
评价产品吸引力	×	×	×
研究市场对价格的反应	×		
评估分销渠道	×	×	×

全球营销总监的职责不应仅限于指导各国调研经理的工作，而是要保证公司从调研资源的总体配置中获得最大效益。为实现这一点，公司在各国负责调研的人员都应当知道公司正在世界其他国家进行什么调研。它们对本国的调研甚至对全球总体调研方案都要起一定的作用。最后，全球营销总监必须负责全球的调研设计和规划。他的任务就是从全世界获取资料，制定一套协调的调研策略，该策略有助于产生实现全球销售和利润目标所必需的信息。

全球营销

作为战略资产的营销信息系统

6.5

解释信息作为战略资产的作用是如何影响全球化公司的结构的。

跨国公司的出现意味着企业与外部世界的界限正在消失。营销历来负责管理多种跨边界的关系。营销与其他职能部门之间的界限也在消失，将市场营销作为公司内部一个独立职能部门的传统观念正在让位于一种新的模式。营销决策过程也在改变，主要因为信息的角色发生了改变。它不再是一个支持性工具，而是成为能够创造财富的一种战略资产。

一些公司正在试验更加扁平化的组织结构，即等级较少、集中程度较小的结构。这些组织促进了以前可能作为自主"筒仓"（即职能孤岛）运作的部门之间的信息交流和流动。企业信息越密集，营销在传统上与其他职能领域相关的活动中的参与程度就越高。在这些公司中，信息的并行处理发生了。

公司内的信息密集度会影响公司的市场吸引力、竞争地位和组织结构。密集的信息会引起传统的产品/市场的界限迁移。从本质上看，公司将越来越多地面临新的竞争对手，尤其是那些信息密集型公司，这些竞争对手来自原本与本公司没有竞争关系的产业。处于不同产业的公司发现它们正在开展直接竞争。它们提供实质上相同的产品，反映了一种传统的产品线和营销活动的自然延伸和重新界定。今天，当公司谈到"价值附加"时，它很少指独特的产品特性，而是强调作为客户交易一部分的信息交换，其中不少贯穿于传统的产品线。

本章小结

信息是构成一个成功的营销战略的基本要素之一。公司的**管理信息系统**和**内联网**为决策者提供了一个持续的信息流。信息技术使管理者能够获得并操纵信息以辅助他们做出决策，从而深刻地影响着全球营销活动。**电子数据交换**（EDI）、**电子销售点**（EPOS）**数据**、**高效消费者回应**（ECR）、**客户关系管理**（CRM）和**数据仓库**（DW）是众多可用新工具中的几种方式。全球营销经理必须在全球范围内浏览关于机会和威胁的信息，并通过管理信息系统使信息成为可用的资源。

在营销人员制定重要决策之前往往需要进行正式市场调研，即按特定项目的方式，系统地收集信息。通过在全球范围内收集信息，全球市场调研可以把客户和营销经理连接起来。营销经理确定问题并设定目标之后，调研过程就开始了。这一步引起对特定市场是否属于**潜伏市场**或**初始市场**的判断。调研计划通常把调研人员所要的定性和定量信息的相对数量具体化。他们通过**一手资料**或**二手资料**来源收集信息。在当今的网络世界里，互联网作为二手资料的一个重要来源取得了与传统渠道相同的地位。在有些情况下，收集一手资料的成本可能超过潜在利益。有的市场太小，不值得花费太多的时间和资金做调研，此时二手资料的来源对这类市场特别有用。

如果成本效益分析的结果使我们有理由开展一手资料的收集，调研可以通过多种方式进行，如问卷调查研究、**消费者调查小组**、**观察法**和**焦点小组座谈**。在收集资料之前，调研人员必须明确是否需要一个随机样本。在全球营销过程中，必须密切注意消除文化偏见，准确翻译调查的资料，保证不同市场的数据可比性等问题。分析资料有若干技术手段，包括**因子分析法**、**聚类分析法**、**多维量表法**和**联合分析法**。调研成果和建议的陈述必须很清晰。最后一个问题是总部在多大程度上对调研本身、对组织的信息系统的总体管理进行控制。为了确保信息的可比性，调研人员应该同时利用**主位分析**和**客位分析**两种研究方法。

注　释

1. John Thornhill, "Single-Minded Leader behind a Supercharged Empire," *Financial Times* (September 4, 2017), p. 24.

2. Efraim Turban, Ramesh Sharda, Jay E. Aronson, and David King, *Business Intelligence: A Managerial Approach* (Upper Saddle River, NJ: Pearson Education, 2008), p. 9.

3. Jean-Pierre Corniou, "Bringing Business Technology out into the Open," *Financial Times—Information Technology Review* (September 17, 2003), p. 2.

4. Bronwyn Fryer, "High-Tech the Old-Fashioned Way: An Interview with Tom Siebel of Siebel Systems," *Harvard Business Review* (March 2001), pp. 118 – 125. In 2006, Siebel Systems merged with Oracle.

5. Ann Zimmerman, "To Sell Goods to Walmart, Get on the Net," *The Wall Street Journal* (November 21, 2003),

pp. B1, B6.

6. Bethan Hutton, "Japan's 7-Eleven Sets Store by Computer Links," *Financial Times* (March 17, 1998), p. 26.

7. Gina Fraone, "Facing up to Global CRM," *eWeek* (July 30, 2001), pp. 37 – 41.

8. Tim Bell, "GDPR: What Does It Mean for U. S. Business in the EU?" Solo Session, SXSW Interactive (March 12, 2018).

9. Peter Wonacott, "Walmart Finds Market Footing in China," *The Wall Street Journal* (July 17, 2000), p. A31.

10. Gary Silverman, "How May I Help You?" *Financial Times* (February 4 – 5, 2006), p. W2.

11. Mark C. Green, "Entrepreneurship, Italian Style." Paper presented at Schumptoberfest Conference on Innovation and Entrepreneurship in the Liberal Arts, Grinnell College (October 2012).

12. Kenneth Hein, "We Know What Guys Want," *Brandweek* (November 14, 2002), p. M48.

13. Peter D. Bennett, ed., *Dictionary of Marketing Terms*, 2nd ed. (Chicago, IL: American Marketing Association, 1995), p. 169.

14. Louise Lucas, "Up Close and Personal Brands," *Financial Times* (October 14, 2010), p. 13.

15. Michael R. Czinkota and Ilkka A. Ronkainen, "Market Research for Your Export Operations: Part I—Using Secondary Sources of Research," *International Trade Forum* 30, no. 3 (1994), pp. 22 – 33.

16. Michael Brereton and Diane Bowers, "The 2016 AMA Gold Global Top 25 Report," *Marketing News*. www. ama. org, accessed March 1, 2018.

17. Merissa Marr and Geoffrey A. Fowler, "Chinese Lessons for Disney," *The Wall Street Journal* (June 12, 2006), p. B1.

18. Michael R. Czinkota and Ilkka A. Ronkainen, "Market Research for Your Export Operations: Part I—Using Secondary Sources of Research," *International Trade Forum* 30, no. 3 (1994), p. 22.

19. Michael R. Czinkota and Ilkka A. Ronkainen, "Market Research for Your Export Operations: Part II—Conducting Primary Marketing Research," *International Trade Forum* 31, no. 1 (1995), p. 16.

20. David Arnold, *The Mirage of Global Markets* (Upper Saddle River, NJ: Financial Times Prentice Hall, 2004), pp. 41 – 43.

21. John Pawle, "Mining the International Consumer," *Journal of the Market Research Society* 41, no. 1 (1999), p. 20.

22. Gabriel Kahn, "Chinese Puzzle: Spotty Consumer Data," *The Wall Street Journal* (October 15, 2003), p. B1.

23. Kathleen Kerwin, "Can This Minivan Dent Detroit?" *BusinessWeek* (February 3, 1997), p. 37.

24. Peter F. Drucker, "Marketing 101 for a Fast-Changing Decade," *The Wall Street Journal* (November 20, 1990), p. A17.

25. Adam Jones, "How to Make up Demand," *Financial Times* (October 3, 2006), p. 8.

26. Kerry A. Dolan, "The Soda with Buzz," *Forbes* (March 28, 2005), p. 126.

27. Jason Leow and Gordon Fairclough, "Rich Chinese Fancy Luxury Cars," *The Wall Street Journal* (April 12, 2007), pp. B1, B2.

28. James Harding, "Foreign Investors Face New Curbs on Ownership of Stores," *Financial Times* (November 10, 1998), p. 7.

29. Charles Duhigg, "Yoplait Battles the Greeks," *The New York Times* (June 26, 2017), p. B3.

30. Deborah Steinborn, "Talking about Design," *TheWall Street Journal—The Journal Report: Product Design* (June 23, 2008), p. R6.

31. Gina Chon, "VW's American Road Trip," *The Wall Street Journal* (January 4, 2006), pp. B1, B9.

32. Emily Nelson, "P&G Checks out Real Life," *The Wall Street Journal* (May 17, 2001), pp. B1, B4.

33. Deborah Ball, "The Perils of Packaging: Nestlé Aims for Easier Openings," *The Wall Street Journal* (November 17, 2005), p. B1.

34. Katheryn Kranhold, "Whirlpool Conjures up Appliance Divas," *The Wall Street Journal* (April 27, 2000), p. B1.

35. Cris Prystay, "Selling to Singapore's Teens Is Tricky," *The Wall Street Journal* (October 4, 2002), p. B4.

36. Jack Edmonston, "U. S. , Overseas Differences Abound," *Business Marketing* (January 1998), p. 32.

37. Eugene H. Fram and Riad Ajami, "Globalization of Markets and Shopping Stress: Cross-Country Comparisons," *Business Horizons* 37, no. 1 (January-February 1994), pp. 17 – 23.

38. 此部分内容改编自 Glen L. Urban, John R. Hauser, and Nikhilesh Dholakia, *Essentials of New Product Management* (Upper Saddle River, NJ: Prentice Hall, 1987), Chapters 6 and 7.

39. 此部分内容改编自 Vanessa Friedman, Rachel Sanderson, and Scheherazade Daneshkhu, "Luxury's New Look," *Financial Times* (December 24, 2012), p. 5.

40. Nelson D. Schwartz and Joan M. Levinstein, "Has Nokia Lost It?" *Fortune* (January 24, 2005), pp. 98 – 106.

41. Bruce Horovitz, "CEO Nears 10-Year Goal to Clean up a Soupy Mess," *USA Today* (January 26, 2009), pp. 1B, 2B.

42. Sonya Misquitta, "Cadbury Redefines Cheap Luxury," *The Wall Street Journal* (June 8, 2009), p. B4.

43. Ellen Byron, "Gillette's Latest Innovation in Razors: The 11-Cent Blade," *The Wall Street Journal* (October 1, 2010), p. B1.

44. Ben McCormack, "Truffle Hunting: The Best London Restaurants to Enjoy White Truffles," *The Telegraph* (October 31, 2016), p. 4.

45. Ikujiro Nonaka and Hirataka Takeuchi, *The knowledge-Creating Company* (Cambridge, MA: Harvard Business school Press, 1995), p. 67. 正如野中郁次郎和竹内弘高解释的那样，"隐喻和类推经常被混淆。通过隐喻将两种事物联系起来，主要是由直觉和整体意象驱动的，并不旨在找出它们之间的差异；通过类推的联想是通过理性思维进行的，侧重于两种事物之间的结构/功能相似性……因此，类推有利于我们通过已知了解未知。"

46. David Arnold, *The Mirage of Global Markets* (Upper Saddle River, NJ: Financial Times Prentice Hall, 2004), pp. 41 – 43.

47. V. Kumar, *International Marketing Research* (Upper Saddle River, NJ: Prentice Hall, 1999), p. 15.

48. Christian Madsbjerg, *Sensemaking: The Power of the Humanities in the Age of the Algorithm* (New York, NY: Hachette Books, 2017), p. 118.

GLOBAL
MARKETING

全|球|营|销|
（原书第10版）

第 7 章   市场细分、确定目标市场与市场定位

本章精要

- 指出全球营销人员可以利用哪些变量来细分全球市场，并对每个变量举例说明。

- 解释全球营销人员选择特定市场作为目标市场时采用的标准。

- 了解全球营销人员是如何利用产品市场网络来做出确定目标市场的决策的。

- 对三个主要的目标市场战略选项进行比较。

- 描述可供全球营销人员选择的各种市场定位方式。

案例 7-1　　　　　　　　　　　　　　　细分中国奢侈品市场

　　受中国超过 14 亿人口的吸引，全球营销人员正蜂拥至中国。中国拥有发展迅速的中等收入群体，这个群体的购买力不断提高。总体来说，中国消费者比其他任何一个国家的消费者购买的奢侈品都多。中国许多城市的人口都超过 100 万，在上海、深圳、北京等一线城市，以及中国的二线城市，购买法国葡萄酒、意大利名牌服装和德国豪车等都可以展现中国消费者的财富（见图 7-1）。

图 7-1　福特公司将旗下的分支林肯重新定位为林肯汽车公司。林肯开始在中国销售 MKZ 轿车、MKC 跨界车和其他豪华车型。为了使林肯品牌在这个市场上与众不同，该公司正在创建一个有精品感觉的零售网络。公司高管相信，专注于提供个性化关注、服务和其他便利设施能使林肯吸引富有的中国购车者。

资料来源：Ng Han Guan/Associated Press.

　　为推动业务增长，全球营销人员正将目标放在中国的经济精英身上，就在这么做时，他们发现"一刀切"的战略将毫无作用。从中国最富有的 1% 人口中能明显发现几个不同的细分群体，这些群体包括超级精英、暴富者等。

　　全球化公司为与中国消费者建立联系所做的努力，强调了巧妙地进行全球市场细分和确定目标市场的重要性。**全球市场细分**（global market segmentation）是根据共同特征对消费者和国家进行识别和分类的过程。**确定目标市场**（targeting）涉及评估细分市场，并将营销力量集中于存在相当大市场潜力的某个国家、地区或人群上。这种确定目标市场的做法反映了一个现实情况，即公司应该找出能够最有效、最迅速地接触，并能产生最大效益的那些消费者。最后，还需要有适当的**市场定位**（positioning），使目标客户对产品或品牌的差异特征了然于心。

　　全球市场的细分可以根据购买者类别（如消费者、企业、政府或教育机构）、年龄、性别、收入和许多其他标准来划分。**市场细分**和**确定目标市场**是两种既相互分离又密切相关的进入市场的活动。这些活动发挥了纽带作用，一边是市场需求和欲望，另一边是公司经理为迎合一个或几个细分市场的特定需要而开发的营销项目、价值主张等具体的策略决定。市场细分、确定目标市场和市场定位都将在本章讨论。

全球市场细分

指出全球营销人员可以利用哪些变量来细分
全球市场，并对每个变量举例说明。

全球市场细分被定义为：识别可能对公司的市场营销组合有相似反应的同质性潜在消费者群体（不论它们是国家群体还是个体消费者群体）的过程。[1] 几十年来，营销届从业人员和学者都对全球市场细分怀有兴趣。20 世纪 60 年代后期，一位观察家提出，仅从消费者对同一种广告创意的假定接受程度来看，欧洲市场可粗略地分为三大类——在国际方面成熟的、半成熟的和偏狭的。[2] 另一位作者提出，一些主题（如对美丽的渴望、对健康和免受痛苦的渴望、母亲和孩子之间的爱等）具有普遍性，因而可用于全球性广告。[3]

请考虑以下几个市场细分的例子：

- 计算机和相关产品市场可分为家庭用户、团体（也称"企业"）用户和教育用户。2014 年，惠普拆为两家公司：惠普企业（Hewlett Packard Enterprises）向企业市场销售服务器和数据存储服务，惠普公司（HP Inc.，有着相似的蓝色圆圈标识）则专注于个人计算机和打印机的消费市场。[4]

- 希克 – 威尔金森·斯沃德（Schick-Wilkinson Sword）曾在全球召开员工会议，研究女性在剃须方面的喜好，后来他推出了一款带有可更换刀片匣的女用剃须器。这种被称作舒芙（Intuition）的刮毛套装包含一种"固态护肤剂"，可让女士在剃除腿毛的同时涂抹护肤剂。舒芙是一款高端产品，直接针对吉列的三刀片式女用剃须器——维纳斯（Venus）的用户。

- 多芬（Dove）是联合利华旗下的品牌，该品牌的护肤品一贯以女性为目标客户。2010 年，公司推出了一个新品牌"男士护理"（Men + Care）。这一举措使其竞争对手欧仕派（Old Spice）推出了一个明显针对多芬的幽默广告，取笑那些使用"女士香味沐浴露"的男士。

- 通用汽车（GM）最初为中国制定的市场进入策略是针对有权购买大型轿车的政府和公司官员。如今，通用汽车在中国的产品线包括针对中国中产阶级的别克英朗 GT（Buick Excelle GT）和别克威朗（Buick Verano）。

西奥多·莱维特（Theodore Levitt）教授在 40 年前发表了这样的观点：不同国家/地区的消费者越来越寻求多样化，同一种新的消费者群体可能在许多国家/地区的市场中出现。于是民族的或是地区的食品，像寿司、油炸鹰嘴豆饼或比萨饼可能会在全世界任何地方产生需求。莱维特认为，这种在不同情况下分别被称为消费多元化（pluralization of consumption）和细分市场同步（segment simultaneity）的趋势，为营销人员提供了占据一个或几个全球规模细分市场的良机。亚洲音乐电视网（MTV Networks Asia）总裁弗兰克·布朗（Frank Brown）谈到他们在亚洲商业活动呈下降趋势的情况下仍然取得成功时，确认了这一趋势。他说："当营销预算紧张时，广告商就要设法更有效地使用资金，而我们能够向他们提供真正跨越地区范围的市场利基受众。"[5] 作家约翰·米克尔思韦特（John Micklethwait）和阿德里安·伍尔德里奇（Adrian Wooldridge）对这一情况概述如下：

> 在任何一个国家，迈克尔·蒂皮特（Michael Tippett）的交响乐新版录音的听众和关于火烈鸟交配习惯的纪录片的观众可能都为数寥寥，但若将全世界的蒂皮特和火烈鸟痴迷者加在一起，就会出现诱人的商机。互联网提供的低廉分销手段，将使这一利基市场更具有经济上的吸引力。[6]

全球市场细分的前提是公司要试图在不同的国家/地区找出具有相同需求和愿望的消费者。但当然，在不同国家/地区找到了数量可观的比萨饼爱好者，并不意味着他们吃的东西完全相同。例如，在法国，达美乐的比萨饼使用羊奶酪和肥猪肉片，即肥腊肉片（lardons）。在中国台湾省，比萨饼的配料包括鱿鱼、蟹、虾和菠萝；而巴西人点的比萨饼可能用香蕉泥和肉桂做配料。正如达美乐国际部执行副总裁帕特里克·多伊尔（Patrick Doyle）所说："只需更换比萨饼上的配料，就能够完美地适应世界各地消费者的需要。"[7]

科斯坎·萨姆里（Coskun Samli）对全球市场细分提出了一种有用的看法，将"传统"和"非传统"智慧加以对比。[8] 例如，传统智慧可能认为：欧洲和拉丁美洲的消费者对世界杯足球赛感兴趣，美国消费者则没有兴趣。但非传统智慧却可能注意到：在许多国家，包括美国，都有一个"全球体育爱好者"细分市场。[9] 同样，传统智慧可能认为：所有印度人都是低收入者，因为印度的人均收入只有约 1 670 美元。非传统智慧则可能注意到其有一个高收入中产阶层。诚如印度拉奥银行的食品行业分析师萨普纳·纳亚克（Sapna Nayak）所指出的那样，"麦当劳或赛百味在印度的潜在客户基础大于整个发达国家"。[10] 在中国也有类似的情况，西部和东部省份之间的收入有差距。例如，上海市的人均年收入是 47 710 元，相比之下，甘肃居民的收入则要少。[11]

7.1.1　与全球细分相对应的看法

我们在本书中多次指出，全球营销人员必须明确，究竟是标准化还是本土化的市场营销组合能够最好地服务于消费者的需求和欲望。通过进行市场细分，营销人员能够对如何制定最有效的方案形成战略眼光。全球市场细分的过程始于对一个或多个变量的选择，这是对客户进行分类的基础。常见的变量包括人口统计数据、消费心态、行为特征和利益取向。同样也可按环境条件（如以某一行业存在或缺少相关政府法规为条件）分别组合不同国家/地区的市场，以建立不同的群组。

7.1.2　人口细分

人口细分（demographic segmentation）是基于可测量的人口特征，如收入、人口数量、年龄分布、性别、受教育程度和职业等开展的细分。不少全球人口领域的趋势，如结婚人数减少、家庭规模缩小、妇女角色转变、收入和生活水平提高，都促成了各种全球性细分市场的出现。以下是几个全球性人口统计方面的主要情况和趋势：

- 东南亚有 6 亿人口，其中 70% 的人口年龄在 40 岁以下。
- 印度是世界上人口最年轻的大国，有 2/3 的人口年龄在 35 岁及以下。这一年轻群体有望成为经济增长的关键驱动因素，带来"人口红利"。
- 在欧盟国家，16 岁及以下消费者的人数正迅速接近 60 岁及以上消费者的人数。
- 到 2025 年，日本的半数人口将达到或超过 50 岁。
- 到 2030 年，美国达到或超过 65 岁的人口将占 20%（即 7 000 万人），而现在是 13%（即 3 600 万人）。
- 美国的三大少数族群（非洲裔美国人、西班牙裔美国人和亚洲裔美国人）的年购买力总和达 3.5 万亿美元。
- 美国有 2 840 万在外国出生的居民，其总收入为 2 330 亿美元。

这类统计数据有助于正在全球寻觅商机的营销人员增强洞察力。如第 4 章所述，迪士尼希望能利用印度大量年轻人（及其父母们）不断增长的收入，作为其扩展品牌的手段。营销策略必须依据人口老龄化和其他人口统计方面的趋势予以调整，全球化公司的经理必须密切关注这种可能性。例如，经营消费品的公司在召集焦点小组座谈时，应选择那些 50 多岁接近退休的人群。这些公司还必须瞄准巴西、墨西哥、越南和其他发展中国家市场，以便在今后实现拓展的目标。

人口统计方面的变化能够为营销创新提供机会。例如，早在山姆·沃尔顿（Sam Walton）创建沃尔玛连锁店之前的若干年，法国的两位企业家就开始改写零售业的规则。马赛尔·福尼尔（Marcel Fournier）和路易斯·德弗雷（Louis Defforey）在 1963 年就开办了第一家家乐福（意为"十字路口"）超市。当时，法国只有残缺不全的商店系统，由占地仅 5 000 平方英尺⊖的小型专营店组成，如面包房和猪肉铺。商店系统是法国传统的组成部分，顾客与店主会建立个人关系。然而，随着时间的流逝，双职工家庭变得没那么多时间为日常采购而跑遍多家商店。家乐福的创立者指出，在其他国家/地区同样出现了这种趋势。到 1993 年，家乐福已经成为全球性连锁超市，销售额达 210 亿美元，资产总市值为 100 亿美元；2016 年，销售额总计 830 亿美元。如今，家乐福已在 35 个国家和地区运营着超过 12 200 家门店。阿德里安·斯赖沃茨基（Adrian Slywotzky）指出，正是人口结构的转变为马赛尔·福尼尔和路易斯·德弗雷提供了机会，使他们能够创造一种新颖的、适应顾客所需且节省成本的商业模式。[12]

人口结构的转变也是美国大型购物中心复兴背后的驱动力。1956 年，美国第一个封闭式购物中心开业；然而 50 年后，零售业专家们却用"消亡的文化"这样的术语来形容这些购物中心。尽管美国号称拥有约 1 500 家商场，但在美国家庭可以通过互联网浏览世界各地的商店后，许多商场都已倒闭。然而，现今的企业家正通过美国面貌的

⊖ 1 平方英尺 = 0.092 9 平方米。

改变探索机会。例如，亚特兰大地区的拉美裔人口数在 1990~2000 年间翻了两番，这一变化促使房产经纪人何塞·莱加斯皮（José Legaspi）翻修了亚特兰大的一个破败的购物中心，并将其重新命名为嘉年华广场（Plaza Fiesta）。这个购物中心每年能吸引超过 400 万游客，其中许多是西班牙裔家庭，他们会聚在一起听墨西哥流行音乐，放松，当然还有购物。莱加斯皮也曾在其他地方施展这种"魔法"，这包括位于洛杉矶郊区的全景购物中心（Panorama Mall）。[13]（见图 7-2）

图 7-2 21 世纪头十年，西班牙裔美国人占美国人口增长的一半以上，家庭收入在 5 万美元以上的西班牙裔家庭数量也在迅速增长。根据皮尤研究中心的数据，到 2020 年，西班牙裔人的年购买力将达到 1.7 万亿美元。显然，这个美国人群的细分对营销人员而言非常有吸引力。

资料来源：Photo by Emily Berl.

7.1.2.1 按收入和人口数量细分全球市场

当公司制定全球市场拓展计划时，往往会发现收入是一个宝贵的细分变量。市场毕竟是由有购买意愿和购买力的顾客组成的。就香烟、软饮料、糖果和其他单价较低的商品而言，人口是比收入更具价值的细分变量。然而，对当今全球市场上多数类别的工业品和消费品来说，收入是评估市场潜力的一个重要的有价值的宏观指标。约 2/3 的国民收入总值产生于三大区域（即北美洲、西欧和环太平洋地区），然而这些区域国家的人口仅占世界总人口的 12%。

大量的财富集中于少数工业化国家，这对从事全球营销的人员来说具有重大意义。按照"收入"这一单一人口统计变量对潜在市场进行细分后，只需瞄准不到 20 个国家——半数欧盟国家、北美国家和日本，公司便可涉足最富裕的市场。但是，营销经理这样做并不能触及其余近 90% 的世界人口！在此不妨提醒一句，关于收入（和人口）的资料唾手可得，价格低廉，这是优点，但是管理层有可能无意中对其"过度解读"。换言之，尽管这种宏观层面的人口统计数据能够提供评估市场潜力的某种尺度，但也不宜将其作为存在（或没有）市场机会的唯一标志。在调查新兴国家或地区市场时尤其如此。

理想的情况是，通过将转换为美元的国民收入总值和国民收入的其他计量参数，按购买力平价（即该货币在当事国的购买力）加以计算，或直接比较某一产品的实际价格这一方法，可以将世界各国/地区生活水平做出实际比较。表 7-1 左列为 2016 年人均收入前 10 名的国家，右列是按购买力平价调整后的数字。按照人均收入，美国虽排名第六，但按其货币在国内的购买力来衡量，其生活质量却排在第五位。[14]根据大多数衡量标准，美国市场是庞大的：18.6 万亿美元的国民收入总值，以及从 2006 年起就已越过 3 亿大关的人口数量。无怪乎有众多的非美国公司瞄准并迎合美国消费者和集团买主！

表 7 -1　2016 年部分国家人均收入

	2016 年人均收入/美元	2016 年按购买力平价调整后的人均收入/美元
1. 挪威	82 440	62 550
2. 瑞士	81 240	63 660
3. 卢森堡	71 470	70 430
4. 丹麦	56 990	51 100
5. 冰岛	56 990	52 490
6. 美国	56 810	58 700
7. 瑞典	54 590	50 030
8. 澳大利亚	54 420	45 970
9. 新加坡	51 880	85 190
10. 爱尔兰	51 760	56 870

注：排名忽略了 2016 年没有数据的国家/地区，如摩纳哥、列支敦士登和卡塔尔。

　　三菱汽车公司就是这方面的例证。它原本已开始对其蒙特罗 SUV 进行改型设计，目标是打造一款无须多做改动即可畅销世界各地的"全球车"。现在，该设计方案已经改弦更张，新的目标是增大内部空间和加大马力，以使其更加"美国化"。三菱北美公司的一位高管矢岛宏（Hiroshi Yajima）说，导致这一改动的起因是美国汽车市场的活力和规模。他说："即使这种车在美国以外销售不畅，我们也不在乎。"[15]蒙特罗一直在美国销售，直到 2004 年被 Endeavor 取代。在伊利诺伊州生产的 Endeavor 是三菱"美国项目"的一款车型，该车型只针对美国市场，而不考虑出口市场的司机偏好。该项目颇具成效：三菱目前的 SUV 产品——欧蓝德（Outlander），在极具影响力的《消费者报告》杂志中获得了"推荐"评级。

　　其他一些工业化国家尽管人均年收入相当可观，但年收入总额却很小（以 2016 年数据为例，见表 7 -2）。例如瑞典的人均收入为 54 590 美元，但其人口较少，仅有 990 万人，这意味着其市场是相对有限的。这有助于说明为什么爱立信、宜家、沃尔沃和其他瑞典公司要向境外寻找更大的拓展机会。

　　虽然表 7 -1 强调了 2016 年世界上最富裕国家的直接收入数据和生活水平之间的差异，但这种差异在欠发达国家可能表现得更突出。在坦桑尼亚的一间土房子里可以看到许多能用钱买到的东西，如铁床架、瓦楞铁屋顶、啤酒、软饮料、自行车、鞋、照片、收音机乃至电视机。但坦桑尼亚 900 美元的人均收入所不能反映的事实是：人们无须支付水电费，因为坦桑尼亚当地有水井和阳光。传统和风俗确保老人在家中由家人照顾，而不是住养老院。

表 7-2　2016 年国内生产总值排前 10 名的国家

国家	国内生产总值/百万美元
1.美国	18 589 100
2.中国	11 199 100
3.日本	4 939 400
4.德国	3 466 800
5.英国	2 618 900
6.法国	2 465 500
7.印度	2 263 500
8.意大利	1 850 000
9.巴西	1 796 200
10.加拿大	1 529 800

在工业化国家，构成国民收入相当大一部分的商品和服务的价值，在欠发达国家是不收费的。因此，许多低收入和较低收入国家的生活水平往往高于收入数据可能反映的水平；换言之，其当地货币的实际购买力可能远高于兑换价值所显示的。例如，按 6.26 元兑 1 美元的汇率计算，2016 年中国人均收入的 51 645 元等于 8 250 美元。但51 645 元在中国的购买力要远远高于 8 250 美元在美国的购买力。中国按购买力平价调整后的人均收入估计为 15 500 美元，这近乎是未经调整数据显示的两倍。

同样，按购买力计算，坦桑尼亚的人均收入约为 2 740 美元。事实上，到前首都达累斯萨拉姆就会发现商店里摆满了电视机和时尚产品，还可以看到商人们在用智能手机谈判交易（见图 7-3）。在卡利亚库市场（Kariakoo market），供应商通过移动货币交易而不是用现金。事实上，根据世界银行的报告，在非洲所有国家中，坦桑尼亚是每 1 000 名成年人中拥有最多移动货币账户的国家。[16]

图 7-3　在坦桑尼亚，移动货币正取代现金成为一种兑换方式，因为那里大多数人都没有银行账户。

资料来源：iStock Unreleased/Getty Images.

2016 年，世界上人口最多的 10 个国家/地区的收入占世界总收入的 60%；其中前 5 名就占约 46%（见表 7-3）。虽然人口的集中程度不如收入的集中程度，但就国家/地区的大小而言确实存在一个相当集中的模式。收入集中在高收入和多人口的国家/地区就意味着：一家公司只要瞄准 10 个甚至更少国家/地区的买主就可成为一个全球化公司。全世界人口现已超过 70 亿，按照目前的增长率，到 21 世纪末，人口将达到 110 亿。

如前所述，产品的价格低到一定程度，人口就会成为一个比收入更重要的判断市场潜力的变量。因此，总人口都在 14 亿以上的中国和印度两国将成为极具吸引力的目标市场。在像印度这样的国家里，一种市场细分方法被用以满足现有的广大低价消费品市场。花王、强生、宝洁、联合利华和其他包装商品公司正在瞄准并大力开拓印度市场，部分诱因就是可能有多达数亿的印度消费者愿意并能买得起几美分一小袋的一次性洗发水和其他个人护理产品。

表 7-3　2016 年人口最多的前 10 个国家/地区

全球收入和人口	2016 年人口/百万人	占世界人口百分比/%	2016 年国内生产总值/10 亿美元	2016 年人均国民总收入/美元	占世界国内生产总值的百分比/%
世界总数	7 422	100.00	75 544	10 298	100.0
1. 中国大陆	1 383	19.0	11 199	8 250	15.0
2. 印度	1 324	18.0	2 264	1 670	3.0
3. 美国	323	4.4	18 589	56 810	25.0
4. 印度尼西亚	261	3.5	934	3 400	1.0
5. 巴西	207	2.8	1 796	8 840	2.0
6. 巴基斯坦	193	2.6	283	1 510	0.4
7. 尼日利亚	185	2.5	405	2 450	0.5
8. 孟加拉国	162	2.2	221	1 330	0.3
9. 俄罗斯	144	1.9	1 280	9 720	1.7
10. 墨西哥	127	1.7	1 046	9 040	1.4

麦当劳在全球的扩张表明收入和人口在市场活动方面的重要性。80% 的麦当劳餐厅开在 9 个国家市场（澳大利亚、巴西、加拿大、中国、法国、德国、日本、英国和美国）。来自这 9 个国家的收入占该公司总收入的近 80%。其中 8 个国家出现在表 7-2 所列国内生产总值前 10 名的名单上，然而，只有 3 个出现在表 7-3 按人口排序的名单中。目前，麦当劳在约 100 个非主要国家/地区市场所开的餐馆，只贡献了不到 20% 的经营收入。麦当劳希望扩大在中国和其他多人口国家/地区市场的经营，以实现公司在 21 世纪的增长。

在快速增长的经济体中，市场营销人员在利用收入、人口和其他宏观数据对市场进行细分时，必须小心谨慎。例如，营销人员必须牢记，所引用的诸如中国和印度的国民收入数字是平均数。而只单从平均水平来看，可能会低估一个市场的潜力；中国和印度都有快速成长的高收入细分市场。正如哈罗德·L.谢尔金（Harold L. Sirkin）、林杰敏（James W. Hemerling）和阿瑞丹姆·K.巴塔查里亚（Arindam K. Bhattacharya）在《全球性》（*Globality*）一书中指出的，在中国和印度，收入的差距反映在它们巨大人口的多样性之中。在中国，这种多样性还表现在八大方言及小语种上；此外，中国有 30 个城市的人口超过 200 万。谢尔金和他的合著者写道：

- 在中国北方的主要城市，普通话是占主导地位的语言，但在南方，尤其是香港，则是粤语。而每一种语言的背后都有其独特的地域历史，它们的共同作用造成了品位、活动和追求方面的根本差异。
- 这些差别成为各公司进入市场开展基本活动时的主要挑战：细分人口，了解其动机、期望和追求（并估计每个细分群体的支付能力）。这使得"大众市场"一词几乎毫无意义。不错，在快速发展的经济中的确有大量的消费者，但公司难以笼统地对待他们，至少不能对他们使用同一套产品方案或开展同一项口头/文字宣传活动。[17]

印度也是如此，超过 10% 的人口可化为中上阶层。确定一个基于人口统计的细分市场可能还需要额外的信息。据估计，印度的中产阶层共有 3 亿人。但是，如果将中产阶层更狭隘地定义为"拥有汽车、计算机和洗衣机的家庭"，这个数字就会小得多。

> 印度的城市市场趋于饱和。在城市里，凡买得起电视的都已经买了。如果想维持高增长就必须深入印度乡村。[18]
> ——飞利浦印度电子公司（Philips Electronics India）首席执行官，K.拉马钱德兰（K. Ramachandran）

根据一位印度专家的说法，印度人口还可以细分出一个包括 2 500 万家庭的"双轮车"细分市场，这些家庭有电话和摩托车。但是，印度的多数人口构成了一个"牛车"细分市场，这些家庭缺少多数使人便利的现代化设施，但基本上都拥有一台电视机。[19]而且，当"本地化"非常多样化时，一家跨国公司该如何做到"本地化执行"？亚马逊印度公司的负责人阿米特·阿加瓦尔（Amit Agarwal）指出，"几乎没有标准化措施：每个地区都有用来定义自己的东西。大概有 25 个不同的国家都是这样。"[20]这其中的教训是明确的：要避免被平均数误导，切莫一概而论。

7.1.2.2 年龄细分

年龄是全球营销中另一个有用的人口统计变量。**全球青少年**（global teens）就是一个用人口统计细分的全球细分市场，即由 12～19 岁的年轻人组成的市场。由于他们都对时尚、音乐和年轻化的生活方式感兴趣，这些身处各国的青少年所表现的消费行为具有显著的一致性。迪赛品牌的创始人，也是意大利 H-Farm 创新孵化项目的投资人伦佐·罗索（Renzo Rosso）曾说："一群从世界各地随机挑选出来的青少年却有着很多共同的兴趣。"[21]年轻的消费者尚未适应文化准则，实际上，他们可能正在反叛这些文化。这一事实与共有的需要、需求、欲望和幻想（如对品牌、新奇事物、娱乐、时尚和形象突出的产品的向往），使得公司能够以统一的营销方案应对全球青少年细分市场。

这个细分市场无论在人口规模（约 13 亿人）还是在其数十亿美元的购买力方面都十分诱人。总部位于伦敦的趋势咨询公司 LS：N Global 表示，美国青少年市场的年购买力约为 2 000 亿美元；英国 750 万青少年每年的花费超过 100 亿美元。[22]可口可乐、贝纳通、斯沃琪和索尼是致力于全球青少年细分市场的几家公司。全球通信革命是促使这个细分市场出现的一个关键驱动力。类似音乐电视网（MTV）、脸书和推特这样的全球性媒体是接触这个细分市场的最佳媒介。同时，卫星正把西方的节目和广告传播给中国、印度和其他新兴市场的上百万观众。

另一个全球性细分市场是**全球精英**（global elite）的一群人：他们是富裕的消费者，游历甚广，有钱购买那些具有独特形象的高声望商品（见图 7-4）。虽然这个细分市场往往是指在漫长的职业生涯中积累了财富的较年长者，但也包括电影明星、音乐家、顶尖运动员、企业家，以及其他相对年轻但在经济上已取得巨大成果的人。中国有 1.8 万这样的人士，这使得它在全球排名第二。

图 7-4 劳斯莱斯——一个代名词是华贵尊享的汽车制造商，每年销售大约 1 000 辆汽车。该公司在 47 个国家/地区开展业务，其中美国占其整个市场的约 1/3。该汽车制造商还向柬埔寨、印度、印度尼西亚、尼日利亚和越南等主要新兴市场的客户销售汽车。

资料来源：PORNCHAI KITTIWONGSAKUL/AFP/Getty Images.

全球精英的需求和欲望覆盖各种商品类别：耐用消费品（诸如劳斯莱斯或梅赛德斯 - 奔驰之类的豪华汽车）、非耐用消费品（如水晶香槟酒或灰鹅伏特加等高档饮品），以及金融服务（美国运通金卡和铂金卡）。劳斯莱斯旗舰车型幻影（Rolls-Royce Phantom）的起售价约为 40 万美元，其典型的买家拥有超高净值资产，其中流动资产超过 3 000 万美元。售价 25 万美元的新车型古思特（Ghost）的推出推动了劳斯莱斯的销售。潜在买家可以下载一款 iPhone 的应用程序，让他们可以创建自己的汽车。最近有位行业分析师指出："有件事劳斯莱斯做得特别好，即不为增长或利润而砸掉自己的品牌。"

7.1.2.3 性别细分

出于显而易见的原因，许多公司按性别细分市场是一种明智的选择。但是不那么明显的是，公司必须确保不会错过任何能够清晰地瞄准某一种性别需要或欲望的机会。虽然有些公司（比如时装设计公司和化妆品公司）主要或完全面向女性市场，但也有些公司向男女提供不同系列的产品。

例如，耐克 2015 年在全球女鞋及服装市场的销售额达到 57 亿美元。耐克公司高管认定，其全球女性业务有望大幅增长，预计到 2020 年销售额将增至 110 亿美元。最近这一细分市场的增长在很大程度上是由于女性对健身和运动休闲兴趣的增加。耐克最近以"只为更赞"（#betterforit）为主题的广告活动，就是鼓励女性在社交媒体上分享她们的健身目标。[23]

在欧洲，李维斯也在加强对女性的关注。该公司于 2003 年在巴黎开设了第一家面向年轻女性的时装精品店——李维斯女孩（Levi's for Girls）。其负责欧洲、中东和非洲业务的助理品牌经理苏珊娜·加拉赫（Suzanne Gallacher）说道："在欧洲，牛仔服是女孩的专属。"这是李维斯为应对美国的 CK 公司与盖璞公司以及欧洲的拓扑肖普（Topshop）和迪赛（DIESEL）公司所带来的激烈竞争而采取的扩大业绩的战略行动之一，旨在提高李维斯的业绩。加拉赫预计，如果李维斯女孩在法国能取得成功，那么公司在其他欧洲国家就会开设类似商店。

7.1.3 心理细分

心理细分（psychographic segmentation）涉及按态度、价值观和生活方式将人们分群。用于对个人进行分类的数据来自一些问卷，这些问卷要求受访者对一系列语句表明自己在多大程度上同意或不同意。消费心态的研究主要与斯坦福国际研究院（SRI International）这一市场调研组织相连，该院原创的有关消费者价值观和生活方式的分析（VALS）以及更新版 VALS 2 为大众所熟知。多年来，诺基亚相当倚重对移动手机用户的心理细分；其最重要的细分市场是"装腔作势者""潮流引领者""社交联络者"和"雄心勃勃者"。通过仔细研究这些细分市场并为每个细分市场分别定制产品，诺基亚一度占据了世界移动通信设备市场的 40%。[24]最终，出于新一代苹果和安卓手机的激烈竞争，诺基亚的市场份额下降了。

德国跑车制造商保时捷公司在经历了全球销量从 1986 年的 5 万辆下降到 1993 年的约 1.4 万辆之后，便开始从心理学角度寻求答案。其美国子公司——保时捷汽车北美公司对自己的典型客户已经有了一个清晰的人口统计情况轮廓：40 多岁，年薪超过 20 万美元，大学毕业的男性。一项消费心理的研究表明，除了人口统计数据外，保时捷的购买者还可以分为几个不同的类别。比如，"精英人物"购买保时捷是希望引起他人的注意；相比之下，对"骄傲的主顾"和"幻想者"来说，这种炫耀性消费是没有意义的。保时捷利用这种数据针对每一种类型分别定制广告策略。保时捷销售和营销副总裁理查德·福特（Richard Ford）指出："我们要向特征截然相反的人销售。"其结果令人惊叹：在新一轮广告宣传活动启动后，保时捷在美国的销量增长了近 50%。[25]

保时捷不是唯一将心理细分与其他细分变量结合使用的全球汽车制造商。然而在某些情况下，营销人员会触及他们本非特意瞄准的细分市场。在过去的 10 年中，菲亚特、通用、起亚、丰田和其他汽车制造商将目标锁定在美国的"千禧一代"，这一细分市场包括 8 000 万精通科技的二三十岁的年轻人。如图 7-5 所示，最近进入小型车市场的车型，如雪佛兰索尼克、丰田赛恩、菲亚特500和起亚秀尔，在设计上都采用了时髦的设计元素和造型特征，这使它们明显区别于"典型"的汽车。营销传播（包括起亚的霹雳舞仓鼠）直接针对"千禧一代"。而事实证明，出生于1946~1964年的美国婴儿潮一代一直在抢购外观时髦的汽车，这一代的规模和购买力让汽车制造商很难忽视这个群体；2012年，他们占据了新车销量的40%。相比之下，18~34岁的购车者只占新车购买量的12%。[26]

图7-5 在起亚秀尔跳霹雳舞的仓鼠的广告中，音乐是其中引人注意的一个重要因素。

资料来源：Raymond Boyd/Getty Images.

这些例子说明，就像相同年龄的人不一定态度相同，一个年龄段的人有时会与另一个年龄段的人持相同的态度和品位。以心态而不是某一特定年龄段为营销对象，有时效果会更好；在这种情况下，心理研究可以帮助营销人员对消费者行为获得更深刻的了解，而传统的细分变量如人口统计等则不太可能做到这一点。

对市场进行心理剖析的资料来源有很多，公司使用这些研究成果可能需支付数千美元。在大数据时代，脸书和其他科技公司可以利用他们在挖掘社交媒体数据方面的竞争优势来提供答案，并得出关于全球消费者行为和技术趋势的见解。它们的分析方法通常既有定性技术又有定量技术，并覆盖本章讨论的各种市场细分基础。

请考虑如零售专卖类别的网上购物者的行为。许多零售商为消费者提供两种购物方式，让他们既可以在网上浏览后购买，又可以在实体店购物；这些公司往往会在自己的网站中嵌入脸书的二维码。脸书在一项研究中收集到了数据，用以分析160万名网购者在2017年的一个月中线上行为的线索和信号。该公司的消费者洞察团队按"购买前在品牌网站上停留的平均天数"和"平均每天在网站上浏览的页面数"的线上行为将人群分类，分成包括购物达人、知情动员者、时尚狂热者、机会主义购物者、社交精明者和线上不情愿者在内的不同市场细分。购物达人（约占总数的10%）的看法包括"某个品牌或零售商网站上的信息让我有所启发"和"我对零售专卖非常有兴趣"。相比之下，线上不情愿者的态度可能是"在网上不能亲自接触到产品"。零售商可以利用这些和其他理解来优化他们的广告活动，并针对每个细分市场定制整体营销方案。[27]

公司细分市场和确定目标市场的方法可能因国家/地区而异。在欧洲，李维斯倚重性别细分。相反，前任首席执行官菲尔·马里诺（Phil Marineau）却认为，在牛仔裤的故土，心理细分战略才是重振这个老牌牛仔裤品牌的关键。马里诺的团队明确了几个不同的细分市场，包括时尚主义者、时髦青少年、中年男士和经济型购物者。他们的目的就是要为这些不同的细分市场设计出不同款式、不同价位的牛仔裤，并使这些牛仔裤在从沃尔玛到尼曼·马库斯（Neiman Marcus）的不同商店都能买到。[28]同样，美国索尼公司旗下的一个分部——索尼电子也对其营销职能进行了重组。索尼在传统上是从产品类别的角度进行营销的。如今它改变了理念，成立了一个新的部门——消费者细分营销部，负责与美国的消费者加强联系（见表 7 -4）。[29]那么索尼是依据什么变量做出这种分类的呢？

表 7 -4　索尼的美国消费者细分市场

细分市场	描述
富裕	高收入消费者
消费电子产品的先驱	率先使用高科技消费电子产品，年龄不限
过客	年龄超过 55 岁
SOHO 一族	小型办公室/家庭办公室
家庭	35~54 岁
年轻专业人士/丁克一族	双职工，无子女，25~34 岁
Y 世代	25 岁以下（包括双胞胎、青少年和大学生）

7.1.4　行为细分

行为细分（behavior segmentation）可以专注于人们是否购买和使用某产品，以及使用或消费的频率和数量。在如今社交媒体饱和的环境下，行为细分也可以在反映某品牌或公司线上参与度的大数据的基础上进行。消费者可以按**使用率**（usage rate）分类，分为大量用户、中量用户、少量用户和非用户，还可以按照**用户状态**（user status）把消费者分为潜在用户、非用户、过去的用户、常用户、初次用户和竞争品牌用户。

营销人员在估计使用率或参与度时常运用 **80/20 法则**（80/20 rule）。此法则又称**不匀称法则**（law of disproportionality）或**帕累托法则**（Pareto's law，又称 ABC 分类法）。例如，80% 的公司总收入或利润来自 20% 的产品或顾客。如 7.1.2.1 小节所述，9 个国家市场创造了麦当劳近 80% 的总收入。同样，正如在案例 6 -1 中介绍的，5% 的唱片艺术家带动了脸书上 95% 的艺术家的参与度。因此，一个新兴的或"未被发掘的"歌手在音乐行业力图建立自己的知名度时会面临一项挑战，即如何在脸书、推特及其他线上平台上增加听众的数量——也许通过每月发布一首新单曲来引起网络轰动？

7.1.5　利益细分

全球的**利益细分**（benefit segmentation）专注于 $V = B/P$ 这一价值等式中的分子，即指代利益的 B。这种着眼点的基础是：营销人员对产品所解决的问题、提供的利益和解决的问题了如指掌，而不考虑发生在何地。如果食品经销商能创造出一种产品，可以帮助父母用尽量少的时间制作有营养的家庭餐，它就会获得成功。金宝汤正大举进军价值 5 亿美元的日本汤料市场，因为时间短缺的家庭主妇们更看重方便性。保健和美容用品的经销商也采取利益细分的做法。许多品牌的牙膏实际上就是针对龋齿的，也因而拥有了很大的市场。然而，随着消费者日益关心增白、牙神经受损、牙龈疾病和其他口腔护理问题，营销人员正在针对已感知的需求，开发新品牌的牙膏。

人口趋势也为具有药用价值的食品创造了商机。世界卫生组织预测，到 2050 年，60 岁及以上的人口将占世界人口的 22%，而如今这个比例仅为 12%。欧睿国际（Euromonitor international）的统计数据显示，目前全球健康食品市场的年销售额约为 6 000 亿美元。雀巢是一家正扩展其产品至健康食品类别的先锋公司，它将 60 岁及以上的人口定为关键目标人群。这家瑞士巨头公司最近成立了两家新的子公司，雀巢健康科学（Nestlé Health Science SA）和雀巢健康科学研究所（Nestlé Health Sciences Institute），主营医疗食品、功能性食品和营养药品等产品，其目标是创造针对疾病的新食品。近日，雀巢收购了一家英国初创公司——CM&D 医药，该公司开发了一种可以缓解肾脏疾病的口香糖。雀巢还收购了 Accera 公司的部分股权，该公司生产了一种名为艾克桑那（Axona）的用于轻度至中度阿尔茨海默病临床饮食管理的处方医疗食品。[30] 在美国，只有少数经 FDA 批准的药物可用于治疗阿尔茨海默病患者。

7.1.6　种族细分

许多国家的人口都包含相当一部分的各类族群。例如，美国有三个主要族群：非洲裔美国人、亚洲裔美国人和西班牙裔美国人，而每个细分市场都表现出极大的多样性，因而可以进行再次细分。例如，亚洲裔美国人包括泰裔美国人、越南裔美国人和华裔美国人，各个群体有不同的语言。

尽管美国的西班牙裔人口拥有共同的语言，但也可以根据来源地进行细分，来源地包括多米尼加共和国、古巴、中美洲国家、南美洲国家、波多黎各。西班牙裔美国人有超过 5 500 万人口，占美国总人口近 17%，年购买力近 2 万亿美元。西班牙裔美国人作为一个族群是勤奋的，并有强烈的家庭和宗教倾向。然而，不同的细分市场也是十分多样化的，营销人员需要警惕陷入"所有西班牙裔都是一样的"这种思维陷阱。有人将这个新机遇称为"1 万亿美元的西班牙裔女子"。事实上，2 400 万西班牙裔女性生活在美国，其中 42% 是单身，35% 是户主身份，54% 是职场女性。

从市场营销的角度看，各种西班牙裔美国人的细分市场代表着一个巨大的机会。各种行业领域（包括食品和饮料、耐用消费品、休闲和金融服务）的公司正在意识到，在为美国制定营销方案时，需要把这些细分市场包括在内。大约 20 年前，总部位于墨西哥的公司开始瞄准北部的机会。Famsa、Gigant 集团和 Chedraui 商业集团等三家墨西哥零售商都已在美国开设门店。Famsa 的总裁温贝托·加尔扎·瓦尔迪兹（Humberto Garza Valdez）在加利福尼亚州圣费尔南多一家商店的盛大开张仪式上说："我们到美国来不是要迎战电路城或百思买之类的大公司。我们的重点是西班牙裔市场。"[31]

莫德罗（Modelo Especial）啤酒是一个墨西哥啤酒品牌，它成功地利用自己的传统，在以西班牙裔美国人为目标的同时也吸引了"梅尔卡多将军"。该品牌于 1982 年首次引进美国；如今，拉美裔占其销售额的 50%。在几十年的时间里，拉丁美洲文化的各个方面在美国逐渐被广泛接受，詹妮弗·洛佩兹（Jennifer Lopez）和皮特布尔（Pitbull）等艺术家的盛极一时就是证明。[33]此外，经销莫德罗啤酒的星座集团（Constellation Brands）的营销团队将该品牌如今被广泛喜爱的部分原因归功于城市"千禧一代"消费者对不同的文化和生活方式普遍持开放态度。此外，莫德罗还受益于其品牌忠诚消费者是新媒体的"超级社交"用户这一事实。汤博乐是该啤酒母公司的首选社交媒体网站，公司会在上面发布包括拉丁美洲风格鸡尾酒的"啤酒配方"的帖子。

> 我们的目标是针对我们称为 M 世代的新群体：多元文化、移动时代和"千禧一代"[32]
>
> ——环球德莱门多公司（Universal Telemundo Enterprises）NBC 主席，塞萨尔·康德（Cesar Conde）

以上讨论粗略地概括了全球化公司（以及那些为它们服务的调研公司和广告公司）在世界范围内利用市场细分来发现、界定、了解并回应客户欲望和需求的方法。除了前面提及的市场细分变量外，为顺应当今瞬息万变的商业环境，一些新的市场细分方法随之出现。例如，互联网和其他新科技得到了广泛应用，因而全球的消费者形成了极大的共性。这些消费者亚文化由下述人群体现：他们相似的世界观和追求共有的、超越语言和民族差别的思想倾向。消费品巨头宝洁公司是一个紧跟时代变化的公司。公司的全球保健和女性护理用品分部前总裁梅兰妮·希利（Melanie Healey）指出："我们看到的是在全世界形成的各个全球部落，而科技又使它们的联系日益紧密。"[34]

7.2 评估市场潜力与选择目标市场或细分市场

解释全球营销人员选择特定市场作为目标市场时采用的标准。

按照刚刚讨论过的一个或多个标准对市场进行细分后，下一步就是确定日本市场：对已认定的细分市场的吸引力进行评估。[35]在将新兴国家市场作为潜在目标进行估量时，这一过程尤为重要。正是在这个阶段，全球营销人员应当提防市场细分过程中相关的若干意想不到的潜在风险。

首先，存在一种过分渲染个别国家市场规模和短期吸引力的倾向，特别是当主要依据收入和人口等人口数据预判时。例如，虽然印度、巴西和其他新兴市场从长远来讲无疑具有潜力，但管理层必须认识到短期利润和收入增长的目标可能难以实现。20世纪 90 年代，宝洁公司和其他包装消费品公司在拉丁美洲得到了这一教训。相反，俄罗斯麦当劳在同一时期的成功则是一个坚持从长计议并获得回报的实例。

其次，全球营销人员可能为自己设置的一个陷阱是，他们选定某一国家为目标市场是因为股东或竞争对手向管理层施加压力，让他们不要"错过"战略良机。例如，回想一下在第 2 章中印度前财政部长所说的，21 世纪将是 "印度的世纪"。这类言论可能会造成一种印象，即管理层必须 "立即行动"，抓住这个有限的机会窗口。

最后，有这样一种危险，即管理层的关系网将成为确定目标市场的主要准则。结果，市场分析的决策基础可能是出于便利而不是扎实的市场分析。举例而言，公司可能与一名非本国雇员达成分销协议，该雇员希望在回国后成为公司代表。关于选择适当的外国分销商问题将在第 12 章作详细阐述。

营销人员应牢记这些隐蔽的风险，在确定全球目标市场时，可以运用三项基本准则来评估潜在的机会：细分市场的当前规模和预期增长潜力、潜在竞争对手、成功触及指定目标市场的可行性以及与公司总体目标的兼容性。

7.2.1 细分市场的当前规模和预期增长潜力

细分市场目前是否已足够大，能否给公司带来盈利的机会？如果今天的答案是 "不"，那么它是否具有可观的增长潜力，使从公司的长期发展战略来看具有吸引力？请看下述关于印度的事实。

- 印度是世界手机市场中发展最快的国家之一。这个市场正以两位数的年增长率迅速扩张，每月都有数百万新用户加入。2008 年中期，印度有 2.61 亿手机用户；而到 2016 年底，这一数字接近 6.5 亿。然而，其中只有 3 亿人拥有智能手机。
- 印度每年的汽车销量约为 300 万辆。从绝对意义上讲，这个数字还较小。然而，但这也意味着印度轻型汽车市场的规模在过去 10 年增长了不止一倍。
- 印度约有 70% 的人口年龄在 35 岁以下。这部分人越来越富裕。如今，有品牌意识的年轻消费者开始购买售价 100 美元的汤米·希尔费格（Tommy Hilfiger）牌牛仔裤和售价 690 美元的 LV 手提包。穆罕·穆尔加尼（Mohan Murjani）得到了汤米·希尔费格品牌在印度的授权。在谈到印度近十年的经济繁荣情况时，他说："发生了令人瞩目的变化。就消费者的资产、收入和利用信贷手段的购买力而言，我们看到的都是大幅的增长。"[36]

如上文所述，从全球角度挑选细分市场的好处之一是：单个国家的某个细分市场可能狭小，但是如果几个国家都存在同样的细分市场，那么即使这个细分市场本身很狭小，也可以为公司创造盈利。此外，对许多消费品公司来说，全球青少年细分市场的庞大规模和购买力极具吸引力。对印度、中国这样的庞大国家市场而言，可以用不同的方式评估细分市场的规模和增长潜力。

例如，从包装类消费品公司的角度看，虽然印度有 75% 的人口生活在农村地区，但低收入和缺乏分销基础设施使得这一事实无足轻重。正确的决策可能是只将目标市场放在城区，尽管住在城区的只有 25% 的人口。

维萨（Visa）在中国的战略依据是人口统计数据，恰好完美地说明了这个准则，但同时也突显了在技术快速变革的时代进入中国市场的难度。维萨的目标是月薪 300 美元以上的人群。该公司曾预计，到 20 世纪 10 年代初，这一群体的人数可能会多达 2

亿。当时，只有1%的中国人拥有信用卡。然而实际情况是，中国人普遍不喜欢负债；此外，政府的规定也使维萨难以进入中国市场。与此同时，随着消费者对阿里巴巴支付宝和腾讯微信支付的接受程度不断提高，移动支付技术迅速普及（见图7-6）。现在，维萨和其竞争对手万事达（Mastercard）都相继推出了自己的移动支付应用程序。

图7-6 在中国，支付宝和微信支付是人们首选的移动支付平台，它们共占据90%以上的市场份额。比起用现金支付，中国消费者现在更喜欢用手机中的数字钱包。

资料来源：Visual China Group/Getty Images.

在将与生活方式相关的需求和有利的人口统计数据相结合后，对外国汽车制造商而言，美国是个极具吸引力的市场。例如，20世纪90年代，美国人对SUV的需求激增。1990年到2000年，SUV的销量增长了两倍，从1990年的近100万辆，增长到1996年的200万辆，再到2000年的逾300万辆。这些汽车为何如此受欢迎？主要得益于四轮驱动的安全性以及能够在不利驾驶条件下提供额外牵引力的高底盘。此外，SUV通常也有更大的载货空间。

看到吉普切诺基、福特探险者和雪佛兰开拓者销售形势火爆，美国以外的制造商推出了不同价位的新款汽车（见表7-5）。由于丰田、马自达、本田、起亚、日产、路虎、宝马、奔驰、大众和其他全球汽车制造商都瞄准了美国的买主，现在市场上有多达数十种的SUV车型。许多汽车制造商还供应不同类型的SUV，包括全尺寸、中型、紧凑型和跨界车型。即使SUV在美国市场的销量增长放缓，这种车在其他许多国家也日益受到欢迎。例如在中国，SUV在进口车中约占40%，是汽车工业增长最快的一个板块。2008年，通用汽车开始向中国出口其畅销车型凯雷德（ESCALADE），标价为约15万美元。

表7-5 全球汽车制造商以SUV瞄准美国市场

汽车制造商	所选SUV车型	组装或制造国别	上市年份/年
保时捷	卡宴	德国	2003
大众	途锐	斯洛文尼亚	2004
本田	CR-V	日本	1995
丰田	RAV-4	日本	1994
起亚	索兰托	韩国	2003
宝马	X5	美国	2000
奔驰	ML350	美国	2003

全球营销（原书第10版）

7.2.2　潜在竞争对手

我们还应避开竞争激烈的细分市场或国家市场。然而，如果价格或质量是竞争对手的软肋，那么市场新进入者就有可能赢得市场突破。例如在过去的几十年里，尽管美国当地一直存在地位稳固的市场领导者，但各行各业的日本公司仍瞄准了该市场。事实证明，有些新进入者非常擅于细分市场和选定目标，进而取得了重大进展。例如在摩托车工业领域，本田开创了小排量越野摩托车的市场。随后，该公司转向高端市场，推出了更大型自行车，目标客户是休闲骑手，他们的心理细分特征与铁杆哈雷—戴维森骑手的截然不同。在文件影印业务方面，佳能瞄准了部门经理和秘书，推出紧凑型桌面复印机，从而大胜施乐。类似案例也出现在土方设备（小松制作所对卡特彼勒）、摄影（富士对柯达）以及众多其他行业。

相反，也有许多公司努力在富有吸引力的国家市场开拓地盘，却以失败告终。例如，德国 DHL 在 2003 年试图进入美国行李托运场，为实现规模化经营，DHL 收购了航空快车公司（Airborne Express）。然而，管理层低估了联邦快递（FedEx）和联合包裹（UPS）这两家美国老牌快递公司对市场的主导作用。最终，在亏损近 100 亿美元后，DHL 不得不于 2008 年退出美国市场。同样，沃尔玛也因未能找到合适的定位和产品组合而遗憾地退出韩国和德国市场。

20 世纪 90 年代中期，维珍集团首席执行官理查德·布兰森（Richard Branson）（见图 7-7）在其直接针对可口可乐的核心市场推出维珍可乐（Virgin Cola）后，得到了深刻的教训。在他的书《商界裸奔：理查德·布兰森与他的维珍之旅》（*Business Stripped Bare：Adventures of a Global Entrepreneur*）中，布兰森回忆道：

> 与可口可乐开展一场软饮料战争是疯狂的。这是我们最引人注意的商业错误之一……是的，不知何故，我们设法完全忽视一个全球品牌的力量和影响力，而这个品牌正是美国资本主义实力和威慑力的缩影。[37]

图 7-7　维珍集团首席执行官理查德·布兰森爵士在宣传方面有过人之处。他乘坐热气球和快艇横跨了大西洋，当然，这都是由维珍公司赞助的。1998年，布兰森乘坐军用坦克进入纽约时代广场，碾碎了一堆可口可乐罐，为维珍可乐的上市做足了准备。为了维珍可乐在日本的上市，布兰森在日本东京特地穿上了这套服装公开亮相。

资料来源：PA Images/ Alamy Stock Photo.

7.2.3　可行性和兼容性

如果一个细分市场被认为足够大，而且尚无强有力的竞争对手或者竞争者的状态不佳，那么最后要考虑的问题就是公司是否能够和应该以此为目标市场。将某一特定细分市场选为目标市场是否可行，可能会受到多种因素的负面影响。例如，可能会有重要的监管政策限制市场准入，也可能出现有关营销的其他具体问题。例如在印度，对许多消费品来说，需要3~5年时间才能建立一个有效的分销系统。这一事实可能导致有些外国公司原本被印度人口众多的明显潜力吸引，但仅上述问题就足以使它们望而却步。[38]

经理们必须决定，公司的产品或商业模式在多大程度上适合拟议中的国家。或者说，如果公司目前无法提供合适的产品，它能否开发出这样的一款产品呢？营销人员如欲做此决定，就必须考虑若干准则：

- 是否需要修改产品？如需修改，按预测的销售量评估，这一举动在经济上是否合理？
- 是否会遇到进口限制、高关税或原产地的货币走强从而使产品的目标市场货币价格上升，并使需求受到实际抑制？
- 在当地采购是明智的选择吗？在许多情况下，进入全球细分市场需要在分销和公司人员流动方面投入大量资金。在一国采购产品并出口到该地区的其他地方是否可行？

最后，还有一个要解决的重要问题，即确定一个特定细分市场的做法是否符合公司的整体目标、品牌形象，或是否与竞争优势的既定来源相符。例如，宝马是全球顶级汽车品牌之一。它是否应该在其产品系列中增加一款面包车？显然目前管理层把重心放在了应对其他竞争机会和威胁上。2013年，宝马推出了i系列电动轿车，为意图购买特斯拉S型电动汽车的消费者提供了一个新选择。同时意大利的玛莎拉蒂正在针对宝马5系推出6.5万美元的"入门级"车型。管理层希望意大利时尚搭配上法拉利引擎可以对豪华车买主产生不可抗拒的吸引力。[39]

7.2.4　确定目标市场的框架

从现在的讨论中可以推断出，在评估新兴国家市场时，如果手头有正式的工具或原则框架，定会大有裨益。表7-6展示了一个市场选择原则的框架，其中包含了刚才讨论的一些元素。假设一家美国公司要将中国、俄罗斯和墨西哥确认为潜在的目标国家市场。表7-6将这些国家按市场规模由大到小依次排列。仅从规模判断，中国拥有最大的潜力。然而，假设这家公司在中国的竞争优势仅为0.07，而在俄罗斯为0.10，在墨西哥却是0.20。在将市场规模与竞争优势指数相乘之后，得出中国的市场潜力为7，俄罗斯为5，墨西哥为4。

表7-6　市场选择原则的框架

市场（人口）	市场规模	竞争优势		市场潜力	准入条件指数	市场准入
中国（14亿）	100	0.07	=	7	0.50	3.5
俄罗斯（1.44亿）	50	0.10	=	5	0.35	1.75
墨西哥（1.28亿）	20	0.20	=	4	0.90	3.6

这项分析的下一步要求对市场准入的各种考虑因素加以评估。在表7-6中，所有这些因素或条件都被简化为准入条件指数：中国为0.50，俄罗斯为0.35，墨西哥为0.90。换言之，对这家假想的公司来说，墨西哥的"市场准入因素"比俄罗斯和中国都有利。

虽然表7-6中的框架可用作跨国比较的初步市场筛选工具，但不足以用来评估实际的市场潜力。全球营销专家戴维·阿诺德（David Arnold）提出了一个框架，该框架超越了人口统计数据的范围，包含其他对市场规模和增长潜力所做的营销导向型评估。他提出的框架不是基于"自上而下"的细分分析（如从某一特定国家的收入或人口数据开始），而是基于"自下而上"的分析，即从产品—市场层面开始。

如图7-8所示，阿诺德的框架包括两个核心概念：营销模式驱动因素和启用条件。**营销模式驱动因素**（marketing model drivers）是企业在特定的国家市场环境中扎根并成长所需的关键要素或因素。根据公司的服务对象是消费者市场抑或工业产业市场，驱动因素可能有所不同。成功与否取决于建立或利用品牌名称？例如在越南，宝洁公司在促销活动中将其汰渍品牌洗涤剂称为"全美第一"（Number 1 in America）。或者，分销或技术精通的销售人员是不是关键因素？寻找机会的营销高管对真正影响其特定产品市场成功的驱动因素必须有深刻的洞察。

图7-8 市场细分的筛选原则

资料来源：David Arnold, The Mirage of Global Markets: How Globalizing Companies Can Succeed as Markets Localize."

© 2004 Reprinted by permission of Pearson Education, Inc. Upper Saddle River, NJ.

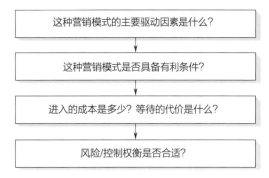

启用条件（Enabling conditions）是结构性市场特征，这种条件存在与否决定了营销模式能否成功。例如在印度，并不是所有商店或市场的食品店都配有冰箱。这一情况给雀巢和吉百利带来了挑战，因为它们看到印度消费者对巧克力甜点的需求日益增多，并意欲充分利用。尽管雀巢的奇巧脆心巧克力（KitKat）和吉百利的牛奶巧克力块（Dairy Milk bars）都已改变了配方，以增强抗热性，但冷藏条件的缺乏或不成熟，使这些公司无法保证其产品维持可销售状态。

在确定了营销模式驱动因素和启用条件之后，管理层要对进入和服务于一个具有潜在的短期和长期收入流量的市场所涉及的相关估计成本予以权衡。现在进入这个细分市场或国家市场是否值得？或者，等到具备特定的启用条件后再进入是否更好一些？

关于时机的问题往往是从追求**先行者优势**（first-mover advantage）的角度判断的；传统观点认为，首先进入市场的公司最有可能成为市场领头羊。在全球营销年鉴中，支持这一信念的似乎包括在第二次世界大战期间在全球站稳脚跟的可口可乐公司。然而也存在**先行者劣势**（first-mover disadvantage）。首先进入市场的公司往往要投入巨额营销费用，结果有些果实就被后来的竞争者攫取。

大量证据表明，全球市场的后来者也可以取得成功。它们成功的方法之一就是：对已确立地位的公司，先照猫画虎，再胜它一筹，先在当地，后在全球。以菲律宾为基地、经营模式受到麦当劳影响的快餐连锁店快乐蜂（Jollibee）就是一个其中很好的实例。后来者也可以通过开发创新的商业模式获得成功。澳大利亚酿酒商哈迪（BRL Hardy）的首席执行官斯蒂芬·米勒（Stephen Millar）就采用了这种方法。米勒注意到酒类行业还没有出现全球领先的品牌，换言之，还没有酒业的可口可乐。20世纪90年代，米勒将哈迪塑造成了全球领先的品牌。他通过在几方面的齐头并进实现了这一目标。首先，他控制了销售部门。其次，他确保哈迪牌产品能适应更广泛的人群，而不是迎合那些偏好法国和意大利瓶装酒的"酒类挑剔者"。最后，他在哈迪牌澳大利亚酒类系列之外，有选择地增加了其他国家的品牌。2002年，哈迪在全球售出了2 000万箱酒；如今，哈迪已是世界十大酒类公司之一。[40]

一个判断营销模式驱动因素和启用条件的方法就是创建一个产品–市场概况表，其中应解决部分或全部下列基本问题：

1. 谁购买我们的产品或品牌？
2. 谁不买我们的产品或品牌？
3. 我们的产品满足什么需要或功用？我们的产品或品牌是否符合这种需要？
4. 是否存在我们现有产品或品牌未能满足的市场需要？
5. 我们的产品解决什么问题？
6. 顾客目前购买何物来满足我们的产品试图满足的需要或试图解决的问题？
7. 顾客目前购买的这种产品是什么价格？
8. 顾客什么时候购买我们的产品？
9. 顾客在哪里购买我们的产品？

全球营销

7.3

产品—市场的决策

了解全球营销人员是如何利用产品市场网络来做出确定目标市场的决策的。

评估细分市场的下一个步骤是公司审核现有或潜在的代售产品在多大程度上适用于该国家/地区市场或细分市场。评估方法可以是创建一个产品—市场矩阵，矩阵的各行为市场，各列为产品。每个单元格代表产品与细分市场可能的相交点。在前面谈到的糖果公司的情形中，雀巢和吉百利公司都认定，液体巧克力将是应对印度炎热天气问题的一种办法。它们同时还在设法向商家提供降温设备，以改善出售传统美味巧克力的条件。

表7-7是雷克萨斯的产品—市场矩阵。丰田于1989年创立雷克萨斯品牌，推出了两种型号的轿车。从市场细分的角度看，雷克萨斯希望吸引的豪华车买主属于高收入

人群。1996 年，雷克萨斯首次推出 SUV。进军 SUV 产品—市场的决定，表明了该品牌管理层想要连接高收入消费者的愿望，他们的生活方式需要豪华轿车以外的东西。2012 年，雷克萨斯在美国售卖的车型共有 11 种，其中包括产品系列顶端的 LX470 豪华多用途车、LS 430 豪华轿车和入门级的 IS 系列。雷克萨斯汽车在 60 多个国家和地区有售，而美国是第一大市场。具有讽刺意味的是，在日本，这些车多年来都在丰田名下销售；2005 年这个系列改用雷克萨斯品牌重新推出。[41]

表 7-7　2012 年雷克萨斯产品 - 市场矩阵（精选市场）

市场细分	IS	RX	CT	LS	GS	IS C	IS F	LX	ES	LFA	HS
亚洲											
中国大陆	√	√	√	√	√	√		√	√	√	
中国香港	√	√	√	√	√	√				√	
中国台湾	√	√	√	√	√	√	√	√			
印度											
北美洲											
加拿大	√	√	√	√	√	√	√	√	√	√	√
美国	√	√	√	√	√	√	√	√	√	√	√
拉丁美洲											
巴西	√			√					√		
欧洲											
奥地利	√	√	√	√	√	√	√				
比利时	√	√	√	√	√	√	√				
丹麦	√	√	√		√						
芬兰	√	√	√	√	√	√	√				
法国	√	√	√	√	√	√	√			√	
德国	√	√	√	√	√					√	
英国	√	√	√	√	√	√				√	
希腊	√	√			√						
爱尔兰	√	√	√	√							
荷兰	√	√	√	√							
葡萄牙	√	√	√	√	√						
俄罗斯	√	√	√	√	√	√	√	√	√		
瑞典	√	√	√	√	√	√	√				
瑞士	√	√	√	√	√	√	√				
中东地区											
以色列	√	√	√	√	√	√					
阿拉伯联合酋长国	√	√	√	√	√	√	√	√	√	√	
科威特	√	√	√	√	√	√	√	√	√	√	
沙特阿拉伯	√	√	√	√	√	√	√	√	√		

资料来源：经丰田公司许可使用。

丰田管理层有意将雷克萨斯塑造成全球豪华车品牌，2016年全球销量总计677 615辆。雷克萨斯不得不将德国列为目标市场，因为德国是欧洲最大的市场，在那里售出的每10辆车中就有4辆是豪华型。欧洲每年的汽车销量约为1 500万辆，其中德国约占1/4。2013年初，德国注册的雷克萨斯约有25 000辆；相比之下，奔驰和宝马两家的注册量之和已超过680万辆。雷克萨斯能在世界最大的两家豪华车制造商的地盘取得成功吗？

在充分认识到在德国高端汽车细分市场中，当地品牌占有率超过90%后，雷克萨斯对汽车进行了相当大的适应性调整。例如，德国人希望能买到安装柴油发动机的车型，雷克萨斯便开发了新的柴油动力车型以及油电混合动力的RX系列车型。注意，雷克萨斯在欧洲只将其高端产品LX470 SUV投放到一个国家：俄罗斯。你能解释这一决定吗？它在金砖国家投放的型号有何不同？

全球营销

7.4

确定目标市场及其战略选择

对三个主要的目标市场战略选项进行比较。

在用前述三个标准（细分市场的当前规模和预期增长潜力、潜在竞争对手及可行性和兼容性）对认定的细分市场进行评估之后，公司要决定是否继续抓住某一具体机会。在全球营销中，一个涉及进入某个国家或地区市场的基本决定，毫无疑问是十分重要的。例如，总部位于美国的糖果公司好时（Hershey）最近就将目标锁定在英国、欧洲和中东地区，而在那里，玛氏（Mars）和卡夫（Kraft）一直占据主导地位。此前，好时的业务主要集中在北美洲、南美洲和亚洲。以下案例也可以为如何确定目标市场提供一些参考：

- 全球家居用品市场可以按性别细分。女性占宜家顾客的70%左右。
- 印度购车者可以细分为踏板车与摩托车驾驶员以及那些买得起四轮汽车的消费者。塔塔汽车公司的纳努微型车就是针对那些愿意并有能力升级为四轮车的两轮车消费者。当纳努于2009年4月推出时，拉丹·塔塔（Ratan Tata）曾预计每月将销售2万辆车。
- 美国购车者可按年龄划分。丰田的塞恩（Scion，现已停产）针对的是20岁出头的首次购车者，他们一般被称为Y世代（Generation Y）。

如果决定继续进行，就必须制定一套合适的目标市场营销战略。目标市场营销战略有三个基本类别：标准化全球营销、集中全球营销和差异化全球营销。

7.4.1 标准化全球营销

第一种战略——**标准化全球营销**（standardized global marketing）近似于在单个国家内进行的大众营销，针对一个具有潜在购买者的广阔大众市场，创造相同的市场营

全球营销（原书第10版）

销组合。标准化全球营销也被称为**非差异化细分市场营销**（undifferentiated target marketing），其前提是要有一个世界范围的大市场。此外，这个大市场是用标准化营销要素组合运作的。对产品的调整减到最少，分销得到强化，确保产品能达到尽量多的零售网点。标准化全球营销的吸引力显而易见：生产成本更低。标准化的全球沟通也是如此。

7.4.2 集中全球营销

第二种确定目标的战略——**集中全球营销**（concentrated target marketing），要求设法使营销组合达到**利基**（niche）。利基是在全球市场上的一个细分市场。在化妆品行业，雅诗兰黛、香奈儿和其他化妆品销售商就成功地运用这种方法瞄准了高档次、高声望的细分市场。莱纳德·兰黛（Leonard Lauder）指出，"我的父母作为品牌创始人，只有两个非常简单的想法：产品质量，以及面向高端零售商的有限分销渠道。我们从未想过要大众化。"[42]

集中确定目标也是那些低调的全球营销高手采用的战略：那些不为多数人所知的公司为许多国家/地区的利基市场提供服务，取得了成功。这些公司把他们的市场定得很狭小，更看重全球的深度，而不是国家/地区的广度。例如德国的温特豪德（Winterhalter）就是洗碗机市场不知名的冠军，它从未向消费者、医院或学校出售过一台洗碗机，只向酒店和餐馆供应洗碗机和饮水处理机。尤根·温特豪德（Jürgen Winterhalter）说："将市场定位缩小是我们最重要的战略决策。它是我们过去十年成功的基础。"[43]

7.4.3 差异化全球营销

第三种确定目标的战略——**差异化全球营销**（differentiated global marketing），比集中全球营销显得更雄心勃勃。差异化全球营销又称确定**多重目标子市场**（multisegment targeting），该方法将两个或多个不同的细分市场作为目标市场，并设置多重营销组合。这种战略可以使公司扩大市场覆盖面。例如，法国食品公司达能集团以发达国家为目标市场，向消费者提供优质品牌，如依云和波多矿泉水，以及 Dannon 和 Activia 酸奶品牌等。在担任达能的首席执行官期间，弗兰克·里布（Franck Riboud）也十分关注发展中国家的市场。在孟加拉国，当地妇女销售一种名为 Shoktidoi（意为能量酸奶）的廉价酸奶。在塞内加尔，达能出售的产品包括 50 克装的 Dolima 可饮用酸奶，售价 50 美分。[44]我们将在 7.5 节讨论的"市场定位"是成功实施该战略的关键（见图 7-9）。

里布说，公司众多产品线中的任何一个品牌定位都不同。以瓶装水为例，依云的定位将品牌与健康和美丽联结——通过饮水维持年轻的外表。而富维克（Volvic）品牌的营销传播在采用同样的创意战略时，则将其吸引力和创意执行方案侧重于在体力消耗期间或之后为身体补充能量。这两个品牌不会互相蚕食，因为它们在营销过程中被各自定位为不同的品质。[45]

图7-9 百事生命之水（Lifewtr）品牌的定位是基于"艺术点燃灵感，而灵感如水般不可或缺"的信念产生的。

资料来源：Mike Coppola/Getty Images

在化妆品行业，联合利华采用的就是差异化全球营销战略，它把目标同时对准了高档和低档的香水市场。联合利华用 CK 和"伊丽莎白·泰勒激情"（Elizabeth Taylor's Passion）吸引高消费市场；而"风之歌"（Wind Song）和"布拉特"（Brut）则是其在大众市场上的品牌。以"欧仕派"（Old Spice）和"匿名"（Incognito）等品牌闻名的宝洁公司，在 1991 年收购露华浓欧洲公司（Revlon's EuroCos）的时候也使用了这种战略，露华浓欧洲公司经销雨果博斯（Hugo Boss）男士香水和罗娜罗马（Laura Biagiotti）香水。20 世纪 90 年代中期，宝洁在美国和几个欧洲国家推出了一款名为威尼斯（Venezia）的高档香水。目前宝洁还作为意大利时尚品牌的特许代理，经销嫉妒（Envy）、狂爱（Rush）和其他古驰的香水。

全球营销

7.5

市场定位

描述可供全球营销人员选择的各种市场定位方式。

"市场定位"一词出自营销界权威人士艾·里斯（Al Ries）和杰克·特劳特（Jack Trout），他们在 1969 年发表于《工业品营销》（*Industrial Marketing*）杂志的一篇文章中首次提出了这一概念。在本章开头处已经提到，**市场定位**是指使消费者根据产品提供和未提供的属性和利益，在心中区分某一品牌及其竞争者的做法。换言之，市场定位是在目标客户心中制定"圈定地盘"或"填补空隙"战略的过程。[46]

市场定位常与前面提到的市场细分和确定目标市场战略并用。例如，联合利华和其他消费品公司经常进行差异化的目标市场营销，在特定的产品类别中提供全系列的品牌。联合利华有各种品牌的洗涤剂，包括奥能（All）、威斯克（Wisk）、冲浪（Surf）和宝莹（Persil）等，每种品牌的市场定位都略有不同。在某些情况下，一种热门的品牌也可以按不同的市场定位予以延伸。高露洁全效（Colgate Total）系列牙膏的品牌定位是全面应对口腔卫生问题，包括牙龈疾病。在世界大部分地区可以买到多种配方的全效系列牙膏，包括全效深度洁净、全效清新口气和全效亮白。有效的市场定位使产品的各种版本都有所区别。

几十年前，里斯和特劳特首次注意到市场定位这一概念的重要性；迄今，营销人员运用了多种市场定位战略，包括根据属性或利益、根据质量与价格、根据使用方法或使用者，以及根据竞争态势来定位。[47]最近的研究还发现另外三种市场定位战略在全球营销中特别有用：全球消费者文化定位、外国消费者文化定位和当地消费者文化定位。

7.5.1 属性或利益

一种常用的定位战略是利用特定产品的属性、利益或特征定位。经济性、可靠性和耐用性是经常使用的属性或利益定位战略。沃尔沃汽车以结构牢固著称和可在碰撞中为乘客提供安全保障而闻名。相对而言，宝马的定位是"终极驾驶机器"，这一提法象征着高性能。在持续不断的信用卡大战中，维萨（VISA）的长期广告主题"维萨无处不在"（It's Everywhere You Want to Be）提醒人们注意世界各地的商家都接受该卡的优点。在全球营销方面，传达某一个品牌是舶来品的信息，也许是重要的。这叫作外国消费者文化定位。

7.5.2 质量与价格

这种战略可理解为，从很时髦/高质量和高价格到合理价位上的高价值（而非"低质量"）的一个连续轴。比利时斯泰拉·阿托斯（Stella Artois）啤酒的一个传奇平面广告活动运用了各种表现手法，将品牌定位于高端市场。其中之一是把一个从斯泰拉酒瓶上撬下的瓶盖同一架施坦威（Steinway）钢琴组合一起。仅有的文案是一条警句：确实昂贵的啤酒（Reassuring expensive）。仔细观察广告上的施坦威钢琴，读者就会发现其中一个琴键因用来开启酒瓶而损坏！英博是斯泰拉·阿托斯啤酒的营销商，也是世界上产量最高的酿造商。虽然斯泰拉啤酒在比利时当地市场是"家常"用酒，但英博公司的营销团队将其重新定位为全球高端品牌。[48]

在蒸馏酒行业的高端，雪树（Belvedere）和灰鹅等进口伏特加的营销商已经成功地将品牌定位为超优质产品，售价比优质（即"普通"）伏特加高一倍。多种出口型伏特加的广告强调了其原产国，表明外国消费者文化定位有助于抬高质量和价格定位。有些广告旨在设法改变购买和使用产品的经验（即改变产品带来的效益），以说明该产品应享有的高价格/品质的定位，营销人员有时会用"转换广告"这个词来形容这类广告。据推测，对消费者来说，购买和饮用（法国的）灰鹅伏特加、（波兰的）雪树伏特加或（荷兰的）坎特一号比购买和饮用波波夫这类"酒吧品牌"（谁知道在哪里制造的）大概是更有满足感的消费经历。

7.5.3 使用方法或使用者

还有一种市场定位战略体现在如何使用产品或将某品牌与何种使用者相联系上。例如，吉列公司的金霸王电池，为了利用电影《指环王》三部曲在全球获得的成功和高知名度，在平面和电视广告中宣称，《指环王》的导演彼得·杰克逊（Peter Jackson）和摄制组在新西兰偏远地区拍摄时只使用金霸王电池。同样，蜜丝佛陀（Max Factor）化妆品则被定位为"艺术化妆师使用的化妆品"。

7.5.4 竞争态势

隐晦或公开提及竞争对手都可为有效的定位战略提供基础。例如，安妮塔·罗迪克（Anita Roddick）在 20 世纪 70 年代创建美体小铺国际（The Body Shop International）时，就强调了"主流"保健和美容品牌所遵循的原则与她所在公司追求的原则不同。美体小铺品牌代表着自然成分、未经动物实验以及可循环使用的容器。此外，公司还通过与世界各地的供应商直接接洽采购关键原料；可持续的采购和向供应商支付公平的贸易价格更是该品牌的精髓所在。不仅如此，罗迪克还摒弃了允诺会出现奇迹的行业常规手法，而是要女士们对保健和美容品的效力有现实的期待。

后来，多芬发起"真美运动"（Campaign for Real Beauty）另辟新径，用美的新概念定位其品牌。这场运动的依据是多芬的全球品牌主任西尔瓦·兰纳多（Silvia Lagnado）的调研结果。调研显示，全球范围内只有 2% 的女性认为自己漂亮。掌握了这个深入的见解后，坐落于杜塞尔多夫市的奥美环球广告公司办事处提出了作为"真美运动"基础的新概念。为加强"真美运动"与多芬产品之间的联系，多芬公司在 2008 年建立了一个新的网络社区。该网站的用户可以观看曾在 MTV 播放的"新镜头"（Fresh Takes）系列短片，还可进行有关皮肤护理的医疗咨询。[49]

7.5.5 全球、外国和当地的消费者文化定位

全球消费者文化定位（第 4 章已经提及，本章也简单讨论过）是一种战略，可用于选定与新兴全球消费文化有关的各种目标细分市场。[50]**全球消费者文化定位**（global consumer culture positioning，GCCP）被定义为一种将品牌视为特定全球文化或细分市场象征的战略。事实证明，它已经成为与各种群体沟通的有效战略，这些群体如全球青少年、都市精英、自视为"跨国商业文化"成员并奔波于世界各地的商务人士以及其他群体。例如，索尼将其色彩鲜艳的"我的第一台索尼"（My First Sony）系列定位为全球具有眼光的父母为年轻人挑选的电子用品品牌。飞利浦目前的全球公司形象的宣传活动主题是"精于心，简于形"（Sense and Simplicity）。贝纳通则以"全色彩的贝纳通"（United Colors of Benetton）为口号，将自己定位为关心人类团结的品牌。喜力拥有全球的强势品牌资产，在相当大程度上是由于采用了全球消费者文化定位战略，从而增强了消费者的都市自我形象。

某些种类的产品更适于全球消费者文化定位。高科技和高情感的产品都需要消费者的高度参与，而且用户之间有共同的"语言"[51]高科技产品是尖端的，技术复杂，而且/或者难以解释或理解。消费者购买这种产品往往出于专门的需求或兴趣以及理性的购买动机。高科技品牌和产品通常是按照既定客观标准对其性能进行评估的。手机、个人计算机、家庭影院音/视频组合件、豪华汽车和金融服务设备都是高科技类别的产

品，许多公司也因此确立了强势的全球定位。购买者一般已经拥有（或希望获得）相当多的技术信息。例如，世界各地的计算机购买者一般对奔腾微处理器、大硬盘、软件所需的内存以及高分辨率平板显示器都有相同的知识储备。高科技产品全球消费者定位对于休闲娱乐类的特殊兴趣产品也很有效。富士自行车、阿迪达斯运动装备和佳能照相机都是特殊兴趣产品的全球成功范例。大多数购买和使用高科技产品的人"有一种共同的语言"，并具有同样的思维方式，因此营销方面的沟通应该更侧重于传达信息，并强调与性能有关的属性和特色，以期确立预想的所需的全球消费者文化定位（见图7-10）。

图7-10 这则标注葡萄牙语的普利司通（Bridgestone）平面广告强调，普利司通虽然是一家全球化公司，但也是一家本土公司。广告上的葡萄牙语文案翻译过来就是："只有一样东西会比日本轮胎更好，就是用日本的技术在巴西制造的日本轮胎。"

资料来源：普利司通美洲轮胎运营有限公司。

相反，消费者购买高情感产品一般出于情感而非理性的购买动机。消费者可能觉得与高情感产品有一种情感上或精神上的联系，对其性能是从主观的、审美的角度，而非客观的、技术的角度。购买高情感产品可能意味着个人的主观需求，反映了使用者实际的或理想的自我形象，或增强了使用者和家庭成员或朋友间的人际关系。高情感产品的诉求是感觉而非理智。如果产品附有详细的使用说明，很可能是高科技式的，而不是高情感的。

名贵香水、定制时装和优质香槟酒都是适合全球消费者文化定位的高情感产品的例证。有些高情感产品是与"生活细微时刻"才有的快乐或愉悦相连的。有的广告显示的是朋友们在咖啡厅或某人的厨房里喝咖啡聊天，而产品则放在日常生活的中心位置。正如雀巢令人信服地用雀巢品牌咖啡所展示的那样，这种高情感的、感性的诉求是全世界都能理解的。

通过精心选择被纳入广告和其他沟通活动中的主题、语言或视觉组件，可以增强品牌的全球消费者文化定位。对于试图建立高情感产品全球消费者文化定位的营销人员来说，休闲、浪漫和物质享乐主义是三个可以跨越国界的主题。而对于全球金融服务之类的高科技产品而言，专业精湛与经验丰富才是行之有效的广告主题。例如，大通曼哈顿银行（Chase Manhattan bank）于20世纪90年代初发

当然，中国的公司正在成长，但它们还没有掌握那些使西方同行在"高科技和高情感"产品行业如此成功的技能。[52]
——巴塞罗那 IESE 商学院（IESE Business School, Barcelona）全球战略教授潘卡基·格玛沃特（Pankaj Ghemwat）

起了一场耗资 7 500 万美元的全球广告活动，主题就是"得益于经验"（Profit from experience）。银行副总裁兼公司营销总监奥布里·霍斯（Aubrey Hawes）表示，大通的业务"跨越全球"，私人银行客户"遍布世界"。"他们只知道一个大通，我们为什么要迷惑他们？"[53] 看来大通的目标对象都相当老练，足以领会广告执笔者的匠心——"profit"一词可以理解为名词"利润"，也可以理解为动词"得益于"。

在有些情况下，产品的全球定位可能表现为"双极"模式，即既是高技术的又是高情感的。如果产品既满足了购买者的理性标准，同时又能激起情感上的反应，就可采用这种方法。例如，丹麦 B&O 公司（Bang & Olufsen）的视听组合件（见图 7-11）因其性能和优雅款式被认为既是高技术的（如先进的工艺和优良的音效）又是高情感的产品（如优美的外表、现代的设计）。公司的前首席执行官托尔本·鲍里加德·索伦森（Torben Ballegaard Sørensen）解释说："我们的品牌关乎你在家里的舒适感受，或者即使不在家里，如在车里或在酒店，也令你感觉像在家一样。当日常生活混乱复杂，你回到家里打开我们的音响系统，绝佳的效果让你身心宁静，周身被音乐包围。"[54]

苹果公司之所以能成为世界上最有价值的科技公司之一，是因为它将最先进的技术性能与时尚导向结合，使用户可以将 iPod、iPhone 和 Apple Watch 视为自己的延伸。苹果产品的定位既根据性能又根据设计（一位评论家在《金融时报》上撰文称 iPod 是"空前的设计经典"）。自 2015 年发布了自己的手表起，苹果将自己定位为一个奢侈品品牌，它通过提供三个价格段来细分市场：低价位的运动款，高价位的定制款，以及有不锈钢表壳的中段价格款。

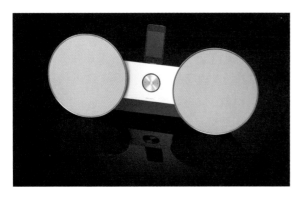

图 7-11 以精工细作和创新享誉全球的丹麦企业 B&O，在全球高情感、高科技的品牌定位中是教科书般的典范。左图是 B&O 的 BeoPlay A8 扬声器基座。一位评论者称它为"真正卓越的产品……B&O 推出的最酷也是最'新'的产品距今也有许多年了"。

资料来源：David Caudery/Tap Magazine via Getty Images.

英语是国际商务、大众媒体和互联网的基本语言，人们因此可以认为英语象征着现代主义和世界化的视角。因此，在世界范围的广告和标签上使用英语也就成了全球消费者文化定位的另一种方法。贝纳通的宣传语"全色彩的贝纳通"的英语语句出现在该公司所有的广告中。言下之意是，无论在世界任何地方，有时尚观念的消费者都在贝纳通购物。在日本，英语常用作营销的工具。尽管以英语为母语的人会觉得句法混乱，但重要的是使用英语带来的象征意义，而不是那些字词可能（或可能没有）传达的具体含义。

加强全球消费者文化定位的另一种方法是使用不会被说成与某一具体国家文化有关的品牌标志。具体实例有雀巢的带有成年鸟喂养幼雏的"小鸟巢"徽标、耐克的飞升标记和奔驰的星标。

外国消费者文化定位（foreign consumer culture positioning，FCCP）的营销战略是使人将某品牌的使用者、使用的场合或原产地与某个外国或某种外国文化联系在一起。福斯特酿酒集团（Foster's Brewing Group）就长期在美国开展的广告活动中骄傲地宣扬了该品牌的原产国；其平面广告的标语是"福斯特，啤酒还是澳大利亚的"（Foster's. Australian for beer），而电视和广播的插播广告主题则是"怎么说澳大利亚语"。不用说，这些广告并不用于澳大利亚本国！人们一般把莫德罗星座品牌的啤酒广告与拉丁美洲联系在一起。李维斯牛仔裤、万宝路香烟、美国服饰（American Apparel）和哈雷–戴维森摩托车等因它们有时含蓄、有时不含蓄地传达"美国风格"而赢得对全球各地世界主义者更多的青睐，并获得以外国消费者文化定位的机会。

家居用品零售商宜家的总部位于瑞典，它实际上就是将自己置身于瑞典国旗的环抱之中。店内外都用瑞典国旗色——蓝色和黄色装饰。为增强该连锁店的斯堪的纳维亚半岛的传承特色，也为了吸引顾客在店内逗留，许多门店设有供应瑞典肉丸和其他食品的自助餐厅！有时即使某品牌是当地的原创品牌，也会被设计成外国消费者文化定位。例如哈根达斯冰激凌，虽然该冰激凌是由一家美国公司推出的，但取此名的用意在于强调它的斯堪的纳维亚半岛的起源。相反，不凡帝公司（Perfetti）在意大利广为销售的一种口香糖，却取名"布鲁克林"（Brooklyn）。

营销商还可以使用**当地消费者文化定位**（local consumer culture positioning，LCCP），它将品牌与当地的文化含义相联系，反映当地的文化准则，使品牌具有当地人按本国文化消费的品牌形象，或表明该产品是在当地为当地消费者生产的。在百威的美国广告中就可以看到当地消费者文化定位的做法。例如，广告中有一匹标志性的克莱兹代尔（Clydesdale）种的马，这就把品牌与美国小镇文化联系起来了。研究人员对7个国家/地区的电视广告研究后发现，在食品、个人非耐用消费品和家庭非耐用消费品的广告中，当地消费者文化定位占主导地位。

本章小结

公司在准备进入一个新的地区市场之前，必须对全球环境进行分析。通过**全球市场细分**，公司能识别消费者或国家，并根据共同的需要与愿望对其进行分组。**人口细分**可以基于国家的收入和人口、年龄或其他变量。**心理细分**根据态度、价值观、和生活方式对人们进行分组。**行为细分**以**使用率**和**用户状态**作为细分变量。**利益细分**以购买者寻求的利益作为细分的基础。**全球青少年**和**全球精英**是全球细分市场的两个例子。

营销人员识别了各个细分市场后，下一步就是**确定目标市场**：对已认定的各个细分群体予以评估和比较，从中选出一个或几个潜力较大的细分市场。对各细分群的评估基于若干要素，包括细分市场的当前规模和预期增长潜力、潜在竞争对手、可行性和兼容性。对目标市场评估时要对涉及的**产品–市场**有透彻的了解，并决定所研究国家/地区的**营销模式驱动因素**和**启用条件**。决定进入市场的时机时，应该考虑能否获得**先行者优势**。在对已认定的细分市场进行评估后，营销人员必须确定适当的目标市场营销战略。三种全球目标市场营销战略是：**标准化全球营销**、**集中全球营销**和**多重目**

标子市场。

可以用不同方法定位一种产品或品牌，使其能在目标客户心中与众不同，如以**属性或利益定位、以质量与价格定位、以使用方法或使用者定位，以及以竞争态势定位**。在全球营销中，**全球消费者文化定位、外国消费者文化定位和当地消费者文化定位**可用作附加的战略选择。

注　释

1. Salah S. Hassan and Lea Prevel Katsanis, "Identification of Global Consumer Segments: A Behavioral Framework," *Journal of International Consumer Marketing* 3, no. 2（1991）, p. 17.

2. John K. Ryans, Jr., "Is It Too Soon to Put a Tiger in Every Tank?" *Columbia Journal of World Business*（March-April 1969）, p. 73.

3. Arther C. Fatt, "The Danger of 'Local' International Advertising," *Journal of Marketing* 31, no. 1（January 1967）, pp. 60 – 62.

4. Charles Forelle, "Schick Puts a Nick in Gillette's Razor Cycle," *The Wall Street Journal*（October 3, 2003）, p. B7.

5. Magz Osborne, "Second Chance in Japan," *Ad Age Global* 1, no. 9（May 2001）, p. 28.

6. John Micklethwait and Adrian Wooldridge, *A Future Perfect: The Challenge and Hidden Promise of Globalization*（New York, NY: Crown Publishers, 2000）, p. 198.

7. Neil Buckley, "Domino's Returns to Fast Food's Fast Lane," *Financial Times*（November 26, 2003）, p. 10.

8. A. Coskun Samli, *International Consumer Behavior*（Westport, CT: Quorum, 1995）, p. 130.

9. Robert Frank, "When World Cup Soccer Starts, World-Wide Productivity Stalls," *The Wall Street Journal*（June 12, 1998）, pp. B1, B2; Daniela Deane, "Their Cup Runneth Over: Ethnic Americans Going Soccer Crazy," *USA Today*（July 2, 1998）, p. 13A.

10. Saritha Rai, "Tastes of India in U. S. Wrappers," *The New York Times*（April 29, 2003）, p. W7.

11. "Rich Province, Poor Province," *The Economist*（October 1, 2016）, p. 11.

12. Adrian Slywotzky, *Value Migration*（Cambridge, MA: Harvard Business School Press, 1996）, p. 37.

13. Miriam Jordan, "Mall Owners Woo Hispanic Shoppers," *The Wall Street Journal*（August 14, 2013）, p. C1.

14. 更详细的讨论参见 Malcolm Gillis et al., *Economics of Development*（New York, NY: Norton, 2001）, pp. 37 – 40.

15. Norihiko Shirouzu, "Tailoring World's Cars to U. S. Tastes," *The Wall Street Journal*（January 1, 2001）, p. B1.

16. John Aglionby, "Tanzania's Fintech and Mobile Money Transform Business," *Financial Times*（July 13, 2016）, p. 8.

17. Harold L. Sirkin, James W. Hemerling, and Arindam K. Bhattacharya, *Globality: Competing with Everyone from Everywhere for Everything*（New York, NY: Boston Consulting Group, 2008）, p. 117.

18. Chris Prystay, "Companies Market to India's Have-Littles," *The Wall Street Journal*（June 5, 2003）, p. B1.

19. Sundeep Waslekar, "India Can Get Ahead If It Gets on a Bike," *Financial Times*（November 12, 2002）, p. 15.

20. Andrew Hill, "Multinationals Ignore India's Bottom Billion at Their Peril," *Financial Times*（October 31, 2016）, p. 10.

21. Alice Rawsthorn, "A Hipster on Jean Therapy," *Financial Times*（August 20, 1998）, p. 8.

22. Lucie Greene, "Pretty, Posh, and Profitable," *Financial Times*（May 14 – 15, 2011）, p. 19.

23. Hadley Malcolm, "How Nike Plans to Turn Women's Fitness into an $11 Billion Empire," *USA Today*（November 9, 2015）, p. B1.

24. John Micklethwait and Adrian Wooldridge, *Future Perfect: The Challenge and Hidden Promise of Globalization*（New York, NY: Crown Business, 2000）, p. 131.

25. Alex Taylor III, "Porsche Slices up Its Buyers," *Fortune*（January 16, 1995）, p. 24.

26. Christina Rogers, "Who's Buying 'Young' Cars? Seniors," *The Wall Street Journal*（August 14, 2013）, p. B1.

27. Helen Crossley and Yini Guo, "Reading Signals: The New Segmentation," Panel Presentation, SXSW Interactive, March 11, 2018.

28. Sally Beatty, "At Levi Strauss, Trouble Comes from All Angles," *The Wall Street Journal* (October 13, 2003), pp. B1, B3.

29. Tobi Elkin, "Sony Marketing Aims at Lifestyle Segments," *Advertising Age* (March 18, 2002), pp. 1, 72.

30. John Revill, "Nestlé Seeks Foods to Treat Disease," *The Wall Street Journal* (April 13, 2016), p. B1, B2. 另见 John Revill, "Nestlé Buys U. S. Maker of 'Brain Health' Shake," *The Wall Street Journal* (July 20, 2012), p. B1.

31. Joel Millman, "Mexican Retailers Enter U. S. to Capture Latino Dollars," *The Wall Street Journal* (February 8, 2001), p. A18.

32. Shannon Bond, "Networks Revamp Content in Hispanic Ratings War," *Financial Times* (September 18, 2017), p. 19.

33. E. J. Schultz, "Modelo Especial Goes for Mainstream Audience with National Campaign," *Advertising Age* (March 6, 2015), p. 2.

34. Carol Hymowitz, "Marketers Focus More on Global 'Tribes' Than on Nationalities," *The Wall Street Journal* (December 10, 2007), p. B1.

35. 下面的部分讨论摘自 David Arnold, *The Mirage of Global Markets* (Upper Saddle River, NJ: Pearson Education, 2004), Chapter 2.

36. Eric Bellman, "As Economy Grows, India Goes for Designer Goods," *The Wall Street Journal* (March 27, 2007), pp. A1, A17. 另见 Christina Passariello, "Beauty Fix: Behind L'Oréal's Makeover in India: Going Upscale," *The Wall Street Journal* (July 13, 2007), pp. A1, A14.

37. Richard Branson, *Business Stripped Bare: Adventures of a Global Entrepreneur* (London, UK: Virgin Books, 2010), p. 178.

38. Khozem Merchant, "Sweet Rivals Find Love in a Warm Climate," *Financial Times* (July 24, 2003), p. 9.

39. Tommaso Ebhardt, "Maserati Woos Drivers Bored with BMW," *Bloomberg Businessweek* (July 8, 2013), pp. 21 – 22.

40. Christopher A. Bartlett and Sumantra Ghoshal, "Going Global: Lessons from the Late Movers," *Harvard Business Review* 78, no. 2 (March-April 2000), pp. 138 – 140. 另见 Christopher Lawton, "Aussie Wines Star at Spirits Marketer Constellation Brands," *The Wall Street Journal* (January 16, 2004), pp. B1, B4.

41. Jathon Sapsford, "Toyota Introduces a New Luxury Brand in Japan: Lexus," *The Wall Street Journal* (August 3, 2005), pp. B1, B5.

42. Natasha Singer, "What Would Estée Do?" *The New York Times* (March 26, 2011), p. BU 1.

43. Hermann Simon, *Hidden Champions: Lessons from 500 of the World's Best Unknown Companies* (Boston, MA: Harvard Business School Press, 1996), p. 54.

44. Christina Passariello, "Danone Expands Its Pantry to Woo the World's Poor," *The Wall Street Journal* (June 29, 2010), p. A1.

45. "Think Global, Act Local," *Outlook* 3 (2003), p. 9.

46. Al Ries and Jack Trout, *Positioning: The Battle for Your Mind* (New York, NY: Warner Books, 1982), p. 44.

47. David A. Aaker and J. Gary Shansby, "Positioning Your Product," *Business Horizons* 25, no. 2 (May-June 1982), pp. 56 – 62.

48. "Head to Head," *The Economist* (October 29, 2005), pp. 66 – 69.

49. Suzanne Vranica, "Can Dove Promote a Cause and Sell Soap?" *The Wall Street Journal* (April 10, 2008), p. B6.

50. 以下讨论摘自 Dana L. Alden, Jan-Benedict Steenkamp, and Rajeev Batra, "Brand Positioning through Advertising in Asia, North America, and Europe: The Role of Global Consumer Culture," *Journal of Marketing* 63, no. 1 (January 1999), pp. 75 – 87.

51. Teresa J. Domzal and Lynette Unger, "Emerging Positioning Strategies in Global Marketing," *Journal of Consumer Marketing* 4, no. 4 (Fall 1987), pp. 26 – 27.

52. Pankaj Ghemawat and Thomas M. Hout, "Softening the 'Red Edge,'" *The Wall Street Journal* (October 10, 2008), p. B4.

53. Gary Levin, "Ads Going Global," *Advertising Age* (July 22, 1991), p. 42.

54. John Gapper, "When High Fidelity Becomes High Fashion," *Financial Times* (December 20, 2005), p. 8.

GLOBAL
MARKETING

第8章 进口、出口和货源获取

本章精要

- 了解出口销售和出口营销之间的差异。

- 识别公司在成为出口商的过程中需要经历的阶段及可能遇到的问题。

- 描述各国与进出口有关的政策。

- 解释协调关税制度的结构。

- 描述参与出口过程的各种机构。

- 确认母国出口组织机构的考虑因素。

- 确认市场国出口组织机构的考虑因素。

- 讨论贸易融资中经常使用的各种支付方式。

- 识别全球营销人员在做出采购决策时应该考虑的因素。

游戏开始：出口使英国鞋业复苏

2016 年，英国的 Joseph Cheaney & Sons 公司荣获英国女王国际贸易企业奖（Queen's Award for Enterprise in International Trade），这对于这家有着 130 年历史的公司来说具有里程碑式的意义。该奖项还让人们注意到，英国制鞋业在经历了多年的衰退后，正逐渐复苏。更笼统地说，该奖项是范围更广的"英国制造"运动的一部分，如今这项运动正推动英国国内创造最需要的有技术含量的工作机会（见图 8-1）。

Joseph Cheaney & Sons 总部位于英国北安普敦郡，自中世纪以来，那里就一直是英国传统制鞋业的中心。北安普敦郡位于伦敦以北的东密德兰，该郡享有制鞋必不可少的两种自然资源：橡树和丰富的水资源。木材被用来做鞋楦，鞋匠在制鞋时会用这种足型鞋楦作为模型。水和树皮则是鞣制皮革的必要条件。北安普敦郡的地理位置也为需要购买鞋子的人创造了理想的条件，因为赶牛到市场的牧人在前往伦敦的途中经常会在这片地区停留。

起初，制鞋在北安普敦郡只是一个家庭手工业，直到 19 世纪中期，制鞋变得更加工业化。随着生产率的提高，到 20 世纪中期，北安普敦郡大约有 200 家鞋厂，每年约生产 1.6 亿双鞋，就连英国的传奇特工詹姆斯·邦德（James Bond）也穿那里的鞋。

之后，随着低收入国家的生产力变强，英国的制鞋业开始走向衰落，许多工厂倒闭了。直到 2005 年，电影《长靴》（Kinky Boots）改变了这一情况。电影讲述了北安普敦郡一家鞋业公司 WJ·布鲁克斯（WJ Brookes Ltd.）的真实故事，这家成立于 1898 年的公司当时濒临倒闭。就在它开始为变装皇后生产坚固但华丽的靴子后，这家公司的命运出现了转机。几年后，《长靴》被改编成音乐剧，在百老汇和伦敦西区上演，并屡获殊荣。

虽然现实生活中的这家公司最终被迫关门，但这部电影大获成功，为北安普敦郡作了宣传并带来一些热度。如今，除了 Joseph Cheaney & Sons，北安普敦郡仍是 Alfred Sargent and Son（1899 年创立）、Church's（1873 年创立）和 John Lobb（1849 年创立）等著名品牌的故乡。Tim Little 等新品牌开始出现。对出口的日益重视使得这些公司进入了价值 180 亿美元的全球高档鞋类市场。

本章主要介绍进口和出口的一些基本概念，从解释出口销售和出口营销的区别开始，介绍对组织出口业务的调查结果，并分析支持出口和/或遏制进口的国家政策。在讨论关税制度之后，介绍主要的出口参与者。之后概述了企业从事出口业务时的组织设计问题。

随后一部分的主题是出口融资和支付方式，这部分内容非常重要。本章最后讨论了业务外包问题，随着世界上许多企业开始将体力和脑力工作转移到低收入国家以削减成本，这个主题越来越重要。

图 8-1 "英国制造"鞋的出口增加了 Joseph Cheaney & Sons 及其他英国公司的财富。

资料来源：Rob Stothard/Getty Images.

对比出口销售和出口营销

了解出口销售和出口营销之间的差异。

为了更深入地理解进口和出口，我们首先需要区分**出口销售**（export selling）和**出口营销**（export marketing）。首先，出口销售并不对产品、价格或促销资料做调整以满足全球市场的需求。唯一不同的市场营销组合要素是"渠道"（place），即销售产品的国家。这种出口销售理念可能对某些产品或服务有效，例如对那些全球竞争不激烈或根本没有竞争的独特产品，这种方法是可行的。同样，刚刚开始从事出口的公司也可以靠出口销售取得成功。即使在今天，许多公司的管理思维模式仍然很重视出口销售。但是，随着公司在全球市场上不断成熟或新竞争对手的出现，开展出口营销就变得十分必要。

出口营销旨在整体市场环境中确定自己的目标客户。出口营销人员不是仅仅将国内产品"原封不动"地销售给国际客户。对他们来说，为国内市场提供产品只是一个起点。产品要进行调整才能满足国际目标市场的需求偏好，如中国制造商在进入美国家具市场时就实行了这一战略。同样，出口营销人员为了适应营销战略而改变价格，而不是简单地将母国价格延伸到目标市场。发生在出口准备、运输和财务方面的费用必须在定价时予以考虑。最后，出口营销人员还需根据市场需要调整沟通和促销的策略和计划。换言之，要实现针对不同出口市场的客户关于产品特性和用法的有效沟通，就要制作不同文案、图片和艺术效果的宣传手册。正如某制造公司的销售和营销副总裁所言，"我们必须通过营销而非销售观念进入国际市场。"

出口营销是面向国际市场客户的产品和服务的整合营销，它要求：

1. 对目标市场环境的理解。
2. 进行营销调研，确定市场潜量。
3. 进行营销组合决策，包括产品设计、定价、分销渠道、广告和沟通。

在调研瞄准潜在市场后，营销人员必须实地考察以获取市场状况的一手资料，并开始制订实际的出口营销计划，没有其他办法可以替代。实地考察市场时要做以下几件事情。首先，证实（或否定）关于市场潜力的假设和研究。其次，营销人员应进一步收集资料，针对出口营销计划做出是否进入该市场的最终决定。有一些信息无法简单地通过二手资料获得。例如，通过美国商务部，某出口营销经理或国际营销经理可能已经有了潜在分销商的名单，与他们有过联系，并对他们是否满足公司的国际标准形成了一些推测性的看法。但是，要想进行谈判并签订协议，就必须和国际分销商面对面地会谈，对彼此的特点和实力做出评价。最后，对出口市场进行实地考察的第三个目的是，公司能与当地的代理商或分销商合作制订一项营销计划。这项计划需要在必要的产品修改、定价、广告和促销费用以及分销计划等方面达成协议。如果该计划需要投资，在费用上也需达成统一意见。

如图8-2所示，访问潜在市场的方法之一是参加**贸易展销会**（trade show）或参加由州政府、联邦政府发起成立的**贸易代表团**（trade mission）。每年在主要市场，围绕一类产品或一个产业都会举行成百上千次的展销会。通过参加这些活动，公司营销人员可以进行市场评估、市场开发或市场拓展，寻找分销商、代理商或当地潜在的最终用户。最重要的是，参加展销会可使公司营销人员有机会很好地了解竞争对手的技术、定价和市场渗透率。例如，展览会通常会提供具有战略意义的技术信息的产品说明。总而言之，在努力销售本公司产品的同时，公司经理或销售人员可以对市场竞争者有一个良好的总体印象。

图8-2 米兰是公认的世界设计之都。2016年是世界上最大的家具和家居用品贸易展销会——米兰国际家具展（Milan Furniture Fair）创办的第55周年。每年4月，来自160多个国家/地区的约2 000家供应商和30万名游客聚集在米兰共享最新的设计。许多意大利工业设计师正认识到扩大到国内市场之外的必要性。要做到这一点，出口将是关键的一个环节。

资料来源：Courtesy Salone del Mobile. Milano/Photo by Andrea Mariani.

有组织的出口活动

识别公司在成为出口商的过程中需要经历的阶段及可能遇到的问题。

当世界各地的公司都更加努力地为本国之外的市场提供产品和服务时，出口日益重要。[1]研究表明，出口基本上是一个发展过程，它包括以下不同的阶段：

1. 公司不愿意出口，甚至不愿接受一个送上门的出口订单。原因可能是公司管理者自认为时间不够（"太忙而无法接受"），或者他们漠然或无知。
2. 公司接受送上门的出口订单但不主动寻求订单，这是一个出口销售公司。
3. 公司探讨出口的可行性（这一阶段可能跨过阶段2）。
4. 公司向一个或多个市场进行试验性出口。
5. 公司成为针对一个或多个市场的富有经验的出口商。
6. 在之前成功的基础上，公司基于某种特定的标准（如所有讲英语的国家/地区或者所有无须进行水路运输的国家/地区等）追求在某个国家或地区的集中营销。
7. 公司在评估全球市场潜量后，搜寻可以纳入营销战略计划的"最佳"目标市场。"所有"的国内和国际市场都具有同等的考虑价值。

公司是否有可能由前一个阶段进入下一个阶段取决于不同因素。例如，由阶段2进入阶段3就取决于管理层对出口吸引力的态度以及本公司国际竞争力的信心。然而，决心是一个公司国际导向最重要的方面。公司在到达阶段4之前，必然会接受送上门的订单并做出反应。管理的质量和活力是获得这些订单的重要因素。阶段4的成功使公司走向阶段5和阶段6。到达阶段7的公司是一个成熟的、以全球为中心的公司，它根据全球机会来安排全球资源。要到达这一阶段，管理层必须富有远见和决心。

一项研究指出，精通出口程序和拥有充足的公司资源是出口成功的必要条件。[2] 一个有趣的发现是，即使是经验丰富的出口商，也对运输安排、支付程序和法律法规等方面的了解表现出缺乏信心的态度。该研究还表明，虽然出口的主要目的是谋求福利，但也会带来其他好处，包括有利于提高公司应对本国市场销售波动的灵活性和反应能力。规模越大的公司从事出口业务的获利能力越高，尽管这一说法在总体上得到一些研究结果的支持，但出口强度（出口额占销售总额的比例）与公司规模的正相关关系并不明晰。表8-1列出了公司面临的与出口相关的一些常见问题。

表8-1　潜在的出口问题

物流与后勤	为出口提供服务
运输安排	提供零部件
决定运输费率	提供维修服务
文件处理	提供技术建议
获得财务信息	提供仓储
分销协助	促销
包装	广告
取得保险	人员销售
法律程序	营销信息
政府的官僚程序	外国市场信息
产品责任	确定市场位置
许可	贸易限制规定
海关/关税	海外竞争态势
合同	
代理商/分销商协议	

全球营销

8.3

管理进出口业务的国家政策

描述各国与进出口有关的政策。

进出口对世界各国国民经济的发展至关重要。例如1997年，美国的商品和服务进口总额首次突破了1万亿美元；2017年进出口总额达到2.9万亿美元。欧盟的进口额（包括欧盟内部贸易以及与非欧盟成员国之间的贸易）总计超过3万亿美元。进出口业务的发展趋势反映了中国在亚太地区的经济发展速度。自从中国加入世界贸易组织以来，中国的出口贸易在这些年里显著增长。从图8-3中可以看出，中国内地在服装出口方面大幅超过其他地区。以往，中国通过征收两位数的进口关税保护本国生产者，而按照世界贸易组织的规定，中国已降低了关税。

显然，许多国家的服装、鞋类、家具和纺织行业的代表都深深担心着，不断增加的对华贸易将对自身所在行业产生不利影响。这一事例说明，国家的进出口政策可以被归纳为一个词：自相矛盾。几个世纪以来，各国政府对商品的跨境流动同时采取两种相反的政策态度：一方面，国家直接鼓励出口；另一方面，通常对进口流动加以限制。

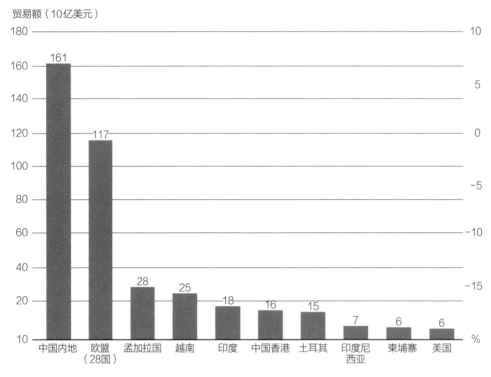

贸易额（10亿美元）

图8-3　2016年十大服装出口地区

8.3.1　政府支持出口的计划

受政府鼓励的出口战略能带来经济的快速发展，如日本、新加坡、韩国市场。由于采取了国际贸易与工业部制定的出口战略，日本从第二次世界大战的经济重创中全面复苏，并发展成为超级经济大国。新加坡、韩国吸取了日本的经验，也发展了自己强大的以出口为基础的经济。尽管由于增长失控，亚洲"经济泡沫"于1997年破裂，但日本、新加坡和韩国还是以更稳健的步伐迈入了21世纪。中国这一自给自足的经济体已经吸引了包括戴姆勒、通用汽车和惠普在内的许多外国公司投资建厂，产品不仅用于满足当地市场的需要，还出口到世界其他市场。

任何政府如果关注贸易赤字问题或致力于经济发展，就应当注重向各公司宣传出

全球营销（原书第10版）

口的潜在利益。政策制定者还应该减少那些阻碍公司出口的官僚主义做法。国家、地区和地方各级政府层面都应当如此。例如，印度泰米尔纳德邦的领导者允许韩国现代公司的工厂夜以继日地生产，使现代公司成为全世界第一家可以 24 小时生产的工厂（见图 8-4）。[3]

图 8-4 在印度古尔冈的马鲁蒂铃木装配线上，一名工人正在组装 K 系列发动机。马鲁蒂铃木是印度领先的汽车制造商之一。然而，随着福特、本田、日产、丰田和其他公司争相利用印度对乘用车日益增长的需求，外国投资在印度汽车行业呈爆炸式增长。

资料来源：Gurinder Osan/Associated Press.

政府通常采取四种手段支持并鼓励国内公司的出口业务，分别是税收激励、补贴、出口援助和设立自由贸易区。

第一种手段**税收激励政策**是用对出口得来的收入实行低税率或出口退税政策给出口活动收入提供优惠对待。支持出口的政府提供的税收优惠包括：对出口收入实行不同程度的免税或延缓征税，对生产出口产品的相关资产实行加速折旧，对海外市场开发活动实行大幅税收优惠等。

1985~2000 年间，美国税法中对出口商的主要税收激励是有关**海外销售公司**（foreign sales corporation，FSC）的规定，即出口商国际销售收入的 15% 可以免税。大型出口商从中获益最多，比如波音公司每年可以节约 1 亿美元，伊士曼柯达公司每年可以节省近 4 000 万美元。但是，世界贸易组织于 2000 年规定任何出口减税都等同于非法补贴。因此，美国国会开始着手改革 FSC 制度；若非如此，欧盟可以强制征收高达 40 亿美元的报复性关税。那些可能因 FSC 法律变更而获益或受损的公司则开始了激烈游说。提议中的一部新法律将使得通用汽车、宝洁、沃尔玛等在海外有大量工厂和销售点的美国公司受益。相反，波音公司将无法继续得到好处。正如波音公司一位负责政府事务的执行官鲁迪·德·莱昂（Rudy de Leon）所言，"我们认为该法案将使美国商用飞机的出口价格大幅上涨。"[4]

第二种手段是补贴。政府还通过提供无条件的补贴（subsidies）促进出口，表现为各种直接或间接对生产者有利的资金支持或激励。出口补贴会严重扭曲贸易模式，因为在世界市场上缺乏竞争力但享有补贴的厂商将取代那些富有竞争力的厂商。经济合作与发展组织（OECD）成员每年的农产品补贴将近 4 000 亿美元；当前，欧盟每年的农产品补贴总额估计为 1 000 亿美元。美国每年的补贴大约为 400 亿美元，为单个国家中补贴数额之最。农业补贴特别容易引起争议，因为它以牺牲发展中地区（比如非洲国家和印度）农业生产者的利益为代价来保护发达国家农业生产者的利益。

欧盟已经对其**共同农业政策**（Common Agricultural Policy，CAP）进行了全面修订。批评家曾将它称为"最令人吃惊的保护政策"和"全球独一无二的最有害保护主义条款"。[5] 2002年5月，美国总统小布什签署了一项价值达1 180亿美元、为期6年的农业法案，切实提高了对美国农业生产者的补贴。此举令欧洲各国颇为不快。小布什政府的态度是，虽然美国的农业补贴有所提高，但总体上仍低于欧洲国家和日本的水平；后来，美国国会通过投票决定将该农业法案的有效期延长5年。

第三种支持手段是扩大对出口商的**政府援助**。公司可以利用大量有关市场分布和信用风险的政府信息。政府援助还可能包括出口促销。各级政府机构通常带头举办展销会或组织贸易代表团，向外国客户进行促销。

第四种手段是成立自由贸易区。进出口过程中往往也会遭遇因繁文缛节和官僚主义造成的拖延，在印度等新兴市场尤其如此。为了推动出口业务的发展，各国正在划定**自由贸易区**（free trade zone，FTZ）或**经济特区**（special economic zone，SEZ）等特定区域。这些区域性的实体可以为生产商提供简化的清关流程、灵活的操作和宽松的政策环境。

8.3.2 限制进口和阻碍市场准入的政府决议

采取关税、进口控制和大量的非关税壁垒等措施的目的就是限制外国商品流入本国市场。**关税**（tariffs）可以被看作全球商业中的"三个R"：规则（rules）、税率（rate schedules）和单个国家的法规（regulations of individual countries）。[6] 税率表显示了针对个别商品或服务的关税（见表8-2）。一位全球贸易专家将**税率**（duties）定义为"个人因违背政府意愿选择商品而受罚所缴的税"。[7]

表8-2 贸易壁垒的例子

国家或地区	关税壁垒	非关税壁垒
欧盟	对来自中国的鞋类征收16.5%的反倾销税，对来自越南的鞋类征收10%的关税	对中国的纺织品限定配额
中国	对进口汽车配件征收6%的关税	获得药物进口许可的程序费钱、耗时

正如在前面章节所讲述的那样，在关税及贸易总协定（General Agreement on Tariffs and Trade，GATT）乌拉圭回合谈判中，美国的一个主要目标是促进其主要贸易伙伴放宽对美国公司的市场准入条件。乌拉圭回合谈判于1993年12月结束，这次谈判降低或取消了对美国出口到欧盟地区、日本、4个欧洲自由贸易联盟（EFTA）成员（奥地利、瑞士、瑞典、挪威）、芬兰、新西兰、韩国、中国香港和新加坡的11类产品的关税。涉及的产品大类包括建筑设备、农业机械、医药和科学工业领域的设备，还有钢材、啤酒、暗色蒸馏酒、药剂、纸张、纸浆和印刷品、家具和玩具。其余的关税计划在5年内逐步取消。

受海关合作理事会（Customs Cooperation Council），即现在的世界海关组织（World Customs Organization）赞助而建立的**协调关税制度**（Harmonized Tariff System，HTS）于1989年1月生效，并被大多数的贸易国/地区采用。根据协调关税制度，进口商和出口商需要确定跨境流动的某一既定商品或服务的正确分类号码。在协调关税税率表 B（Harmonized Tariff Schedule B）中，任何出口商品的出口分类号码都与进口分类号码相同。此外，出口商还必须在出口文件上标明协调关税税率表 B 规定的商品号码以便报关。在海关官员眼中，精准性尤为重要。美国统计局（U. S. Census Bureau）根据 HTS 制度进行贸易统计。不过，HTS 中任何价值低于 2 500 美元的出口都不被统计在内。相反，所有的进口，不管金额多少，全部统计在内。

尽管在简化关税手续方面已取得了若干进步，但管理关税仍然是一个巨大的负担。从事进出口的人员必须熟悉各种不同分类并能够准确运用。即使是包含几千种商品的关税目录，也不可能清楚地描述全球交易中的所有产品。此外，推出新产品以及在制造过程中采用新材料，都会带来新的问题。通常，确定某一特定产品的税率需要评估产品的使用方式及其主要材料，工作人员可能不得不考虑两种或两种以上的可选分类方法。

一种产品的分类方法可能会对其适用的税率产生重大影响。例如，一个中国制造的 X 战警动作造型是玩偶还是玩具？多年来，美国对进口玩偶征收 12% 的关税，对玩具则只征收 6.8% 的关税。代表非人类生物的动作造型（如怪兽或机器人）也被归类为玩具，因此其适用税率低于被海关划分为玩偶的人物造型。现在这两种关税都已取消。但漫威公司（Marvel）的比兹玩具分部（Toy Biz）花了将近 6 年的时间向美国国际贸易法庭证明其 X 战警动作造型不代表人类。尽管这一举动使那些超级英雄的粉丝们感到惊骇，但比兹玩具分部希望就以往所交关税的超额部分得到赔偿，因为美国海关曾经将进口的金刚狼及其他动作造型划归为玩具。[8]

在唐纳德·特朗普（Donald Trump）的"美国优先"政策中，最具争议的一个方面就是他决定对进口钢铁和铝征收关税。这项政策的反对者（包括贸易伙伴和一些美国行业领袖）认为，关税将对美国经济产生负面影响，并会招致国外的报复。

非关税壁垒（nontariff barriers，NTB）是指拖延或阻碍商品在海外市场上销售的任何非关税措施。非关税壁垒有时也称隐性贸易壁垒，它包括配额、歧视性采购政策、限制性海关程序、专制性货币政策和限制性规定等。

配额（quota）是指政府对某一特定产品或产品大类的进口实行数量或总金额的限制。一般来说，设定配额的初衷是保护本国/地区的生产商。例如，意大利及欧洲其他国家的纺织品生产商曾在 2005 年对来自中国的 10 种纺织品设定进口配额。该配额一直持续到 2007 年底，其目的是帮助欧洲生产商做好参与更激烈竞争的准备。[9]

歧视性采购政策（discriminatory procurement policies）可能以政府规章、法律或行政条例的形式出现，它要求从本国/地区公司购买商品或服务。例如，1933 年的《购买美国货法案》（Buy American Act）规定美国联邦机构及政府项目必须购买美国生产的产品，除非没有本国产品或本国产品成本太高，或者"购买美国货"有悖于公共利益。同样，《美国差旅飞行法案》（Fly American Act）规定，只要有可能，美国的政府职员必须乘坐本国航班。

如果在执行时采用的方式既复杂又昂贵，**海关程序**就会被认为是具有限制性。例如，某产品被美国商务部按照分类编号，而加拿大海关可能不同意。美国出口商因此就必须与加拿大海关官员出席听证会以达成协议。此类拖延对进出口商双方来说都既费时又费钱。

专制性货币政策与选择性进口关税和出口补贴一样会造成贸易扭曲。一些西方政策制定者认为，货币保持疲软与其政策走向有关。该政策可使商品在世界市场上拥有充满竞争力的价格优势。

限制性管理和技术规定（restrictive administrative and technical regulations）会导致贸易壁垒。具体形式包括反倾销政策、产品规模规定、安全和健康规定。某些规定的目的在于抵制外国商品，一些则旨在保证进口达到国内的一些合法目标。例如，美国正在制定的汽车安全和污染规定几乎完全出于对高速公路安全和污染问题的合理关注。然而，这些规定带来的一个实际后果是满足美国安全要求的代价太大，因此一些汽车制造商不得不将某些型号的汽车撤出美国市场。例如，几年前大众汽车就不再向美国销售柴油车。

如前面章节所述，地区范围内的所有限制性贸易壁垒被取消的趋势正日益增加。欧盟始于1993年1月1日建立共同市场的努力堪称这方面的最大动作。其意图是在整个欧洲就汽车安全、药物检验和认证、食品和产品质量控制等方面达成统一，并推行欧元这一单一货币，以促进贸易和商业的发展。

全球营销

8.4

关税体系

解释协调关税制度的结构。

关税体系或者是对产品实行单一税率，适用于所有国家，或者是实行两种或两种以上的税率，适用于不同国家/地区或国家集团。关税通常分为两类。

单式税则（single-column tariff）是最简单的关税形式，包含一个税率表，对从所有国家/地区进口的产品实行同样的计税基础。按照**复式税则**（two-column tariff，见表8-3），第一栏包括"普通"关税和"特惠"关税，后者表示通过与别国的关税谈判而达成的关税减让。按照"公约"达成的关税协定，可以适用于在世界贸易组织框架内具备**正常贸易关系**（normal trade relations，NTR）的所有成员，即从前享有最惠国（most-favored nation，MFN）待遇的所有成员。除了例外情况，根据世界贸易组织的规定，各成员同意对所有世界贸易组织签约方实行最优惠的或最低的关税税率。第二栏表示对不具备NTR资格的成员所适用的关税。

全球营销（原书第10版）

表8-3　美国进口关税税率示例

第一栏		第二栏
"普通"关税税率	"特惠"关税税率	不具备正常贸易关系资格
1.5%	免税（A，E，IL，J，MX） 0.4%（CA）	30%

注：A—一般优惠制度；E—加勒比海盆地经济振兴计划特惠关税；IL—以色列自由贸易协定特惠关税；J—安第斯协定特惠关税；MX—北美自由贸易区加拿大特惠关税；CA—北美自由贸易区墨西哥特惠关税。

表8-4展示了协调关税税率表中第89章的详细项目，涉及的产品为"轮船舶、小船和漂浮构造物"（为了解释方便，每栏用一个字母标记）。A栏包含头项数字，用以标识每种商品。例如，头项数字为"8903"的产品为"用于娱乐或体育活动的游艇或其他船只；划桨船和独木船"。次项数字8903.10表示"可充气船"，8903.91指"其他：带有或不带有附设发动机的航船"。签约参加协调关税制度的100多个成员全部采用这些6位数。项目编号可以扩展到10位数之多，后面4位供单个成员使用，目的是标明其个别关税以及用来收集资料。栏目E和F合并起来相当于表8-3中的第一栏，而G栏则相当于表8-3中第二栏。

表8-4　协调关税税率表第89章

A	B	C	D	E	R	G
8903		用于娱乐或体育活动的游艇或其他船只；划桨船和独木船				
8903.10.00		可充气船		2.4%	免税（A，E，IL，J，MX）0.4%（CA）	
		价值超过500美元				
	15	附有硬质船身	无			
	45	其他	无			
	60	其他	无			
8903.91.00		其他：带有或不带有附设发动机的航船		1.5%	免税（A，E，IL，J，MX）0.3%（CA）	

注：A—一般优惠制度；E—加勒比海盆地经济振兴计划特惠关税；IL—以色列自由贸易协定特惠关税；J—安第斯协定特惠关税；MX—北美自由贸易区加拿大特惠关税；CA—北美自由贸易区墨西哥特惠关税。

美国给全世界约180个地区以正常贸易关系待遇，所以正常贸易关系这个名字其实并不恰当。只有朝鲜、伊朗、古巴和利比亚被排除在外，这一点说明正常贸易关系更像一个政治工具而非经济工具。如果失去正常贸易关系待遇，一个国家/地区产品的落地价格（货物运至港口并卸货通关的费用）将大幅上升，意味着其产品将因此失去美国市场。

特惠关税（preferential tariff）是对来自某些特定国家的进口商品实行的税率减让。

除去以下三种例外情况，关税及贸易总协定禁止使用特惠关税。第一，国家之间存在历史性的优惠安排。例如，英联邦国家间的优惠安排以及类似的在关税及贸易总协定之前就存在的优惠安排。第二，特惠关税是正式的经济一体化合约的组成部分，如自由贸易区或共同市场。第三，允许工业化国家对总部设在欠发达国家的公司给予优惠的市场准入。

美国现在是关税及贸易总协定关税估价准则（Customs Valuation Code）的签约国。美国于1980年修正了《完税价格法案》（Customs value Law）以便与关税及贸易总协定的估价标准相吻合。按照关税估价准则，确定产品报关价值的主要基础是"交易价值"。顾名思义，**交易价值**（transaction value）是指在实际发生的个别交易中，买方为购买该被估价产品而支付给卖方的价格。在买卖双方互相关联（如本田在美国的制造子公司向其日本总部购买部件）时，海关当局有权审查其转移价格以确认该价格真正反映了产品的市场价值。如果产品没有确定的交易价值，就采用其他替代办法来计算报关价值，这样做有时会使价值升高从而提高关税。20世纪80年代末，美国财政部就日本汽车制造商向其美国子公司收取的转移价格展开了大规模调查。有人认为，日本人实际上在美国没有缴纳任何所得税，因为每年进口到美国的数百万辆汽车给他们带来的是所谓的"亏损"。

在关税及贸易总协定乌拉圭回合谈判期间，美国试图对关税估价准则做出一些修改，其努力获得了成功。最重要的是，美国希望弄清楚在涉嫌作弊时进出口国的权利与义务。两大类产品通常会成为调查对象：第一类包括纺织品、化妆品和耐用消费品；第二类包括录像带、录音带和光盘等娱乐软件。准则的修正将提高美国出口商在被控诈骗时保护自身利益的能力。修正案同时鼓励非签约国（尤其是发展中国家）成为该估价准则的成员。

8.4.1 海关关税

关税税率按其计算方式分为两大类：一是按照商品价值的百分比［从价税（ad valorem duty）］来计算，二是每个单位收取一个专门数额［从量税（specific duty）］，或者是上述两种方法的结合。第二次世界大战以前，从量税使用范围广泛，许多国家的关税体系非常复杂，欧洲和拉丁美洲国家尤其如此。在过去的半个世纪里，许多国家逐渐转向使用从价税。

如上所述，从价税是商品价值的一个百分比。商品报关价值的确定因国家而异，因此，出口商最好对其产品出口目的地的估价方法有充分了解。原因很简单，即获得一个与当地竞争对手相比富有竞争力的价格。对那些执行关税及贸易总协定关税估价准则的国家而言，关税价值是到港的落地成本、保险加运费（CIF成本价）。该成本价应当反映商品在缴纳关税时点上的市场价格。

从量税表示对每单位重量、体积、长度或者其他度量单位征收一定数额的税款，如"每磅50美分""每双1美元"等。从量税通常用进口国/地区货币表示。但也有例外，尤其是当进口国/地区遭遇持续的通货膨胀时。

在有些情况下，某种产品的关税分别按照从价税和从量税两种方法计算，通常采用计算结果数额较大的税率作为该产品的适用税率，但有些情况下则相反。复合税或者混合税是指对同一种产品同时征收从价税和从量税。

8.4.2 其他关税和进口费用

倾销（dumping）是指以不公正的价格在出口市场上销售商品，这在第 11 章有详细论述。为了抵消倾销的影响并惩罚当事公司，大多数国家都会制定法规，在本国生产者利益受到损害时对进口品强制征收**反倾销税**（antidumping duties），这种税等同于倾销边际收益的一笔进口附加费。反倾销税几乎总是应用于那些本国也在生产或种植的产品。在美国，当商务部发现外国公司有倾销嫌疑，并经国际贸易委员会裁定倾销产品损害了美国公司的利益时，就可以征收反倾销税。

反补贴税（countervailing duties，CVD）是指为抵消出口国提供的补贴而征收的附加关税。在美国，反补贴税的法规和程序与反倾销税非常相似。根据 1984 年《贸易和关税法案》的有关条款，商务部和国际贸易委员会联合执行了反补贴税和反倾销税的有关法律。关于补贴和反补贴的措施在关税及贸易总协定乌拉圭回合谈判中引起了广泛关注。2001 年，国际贸易委员会和商务部对加拿大木材生产者同时征收反补贴税和反倾销税。加拿大对在政府所属森林进行砍伐的锯木厂只征收很少的费用，这构成了某种形式的补贴。而且因美国厂商抱怨加拿大以低于成本的价格出口木材，美国还针对进口软木、地板和外壁板征收了反倾销税。

针对某几类进口农产品，包括瑞典及其他几个欧盟成员在内的一些国家执行**可变进口征费**（variable import levies）制度。当进口品的价格低于本国产品时，这些费用能够将进口品的价格提高到本国产品的价格水平。为了对本国工业提供额外保护，尤其是当国际收支出现逆差时，英美等国家会不时地征收**临时进口附加费**（temporary surcharge）。

主要出口参与者

描述参与出口过程的各种机构。

任何出口负责人都应当由若干熟人或者熟悉的机构来协助完成各种任务。他们当中有些不承担客户委托责任，如采购代理、出口经纪人和出口商人；另一些却有客户责任，如出口管理公司、制造商的出口代理、出口分销商和货运代理。

海外采购代理（foreign purchasing agents）被冠以"出口货买主""出口代理行""出口确认行"等不同名称。它们代表着被称为"委托人"（principal）的海外客户，并由后者支付报酬。它们通常寻找那些在价格和质量方面能满足其海外委托人需要的制造商。海外采购代理经常代理一些国外的大宗材料用户，如政府、公用事业单位和铁路公司。除非与制造商或出口商订立长期供货合同，海外采购代理的需求量并不稳定。这种采购可能类似于国内的交易，采购代理处理一切出口包装和运输的细节问题，或者依靠制造商处理装运事宜。

出口经纪人（export broker）通过为卖方和海外的买方牵线而获得报酬。报酬通常由卖方支付，但有时也由买方支付。经纪人不拥有商品的任何权利，因此没有资金责任。他们往往专营一种农产品，如谷物或棉花，而很少涉及制造品的出口。

出口商人（export merchants）有时被称为"小宗货物的批发商"，这些营销中间商在某个国家或地区寻找市场机会，然后在其他国家或地区购买商品来满足这些需求。出口商人通常向生产商或制造商购买没有商标的产品，随后为这些产品制作商标并完成其他所有的营销活动，包括分销等。例如，出口商人在中国发现了优质女鞋的货源，大批量采购后在欧洲和美国市场上销售。

出口管理公司（export management company，EMC）是指独立的营销中间商，其运作模式类似于两家或更多家相互之间不存在竞争的制造商（委托人）的出口部门。在出口市场上，EMC通常以委托人的名义开展交易，但有时也以自己的名义经营。它可以作为独立的分销商，以既定的价格或利润率购买和转售商品。此外，EMC还可以作为受托代表，在交易中不享有任何商品权利，也不承担任何资金风险。对美国EMC的一项调研发现，为了在出口市场上获得成功，这类公司最重要的业务包括收集营销信息、开展营销沟通、设定价格和确保商品的可得性。此项调研还按照困难程度对出口活动进行排名，其中分析政治风险、管理销售团队、设定价格和获得财务信息是最难完成的四项工作。调研的结论之一是，美国政府应该更多地帮助EMC及其客户分析与海外市场相关的政治风险。[10]

另一种类型的中间商是**制造商的出口代理**（manufacturer's export agent，MEA）。与EMC类似，MEA可以充当出口分销商或出口受托代表。但MEA不履行出口部门的职责，其营销活动往往局限于少数几个国家/地区。

出口分销商（export distributor）承担相关的资金风险。由于它们通常会代表几家制造商，因此有时被称为综合出口经理商（combination export manager）。此类企业通常在原产地之外的全部或某些市场上拥有某制造商产品的独家销售权。出口分销商需支付货款并承担与海外销售相关的所有资金风险，同时还负责处理所有的运输事宜。MEA一般按制造商的海外标价销售产品，酬金通常按标价的商定比例收取。出口分销商以自己的名义或制造商的名义开展业务。

与出口分销商不同，**出口委员会代表**（export commission representative）不承担资金风险。制造商分配给佣金代表一个或几个国外市场。尽管通常由佣金代表检查买主信用和安排融资，但仍由制造商负担全部经济责任。与出口分销商一样，出口佣金代表可以为若干制造商服务，因此也被称为综合的出口管理公司。

合作出口商（cooperative exporter）有时被称为"鸡妈妈"（mother hen）、"附带出口商"（piggyback exporter）或"出口商贩"（export vendor），是指某制造商的一个出

全球营销（原书第10版）

口机构，该机构被其他独立的制造商借用，以在国外市场上销售它们的产品。合作出口商通常作为其他制造商的出口分销商开展工作，但在特殊情况下，它们也以出口佣金代表的身份工作。它们被看作某种形式的出口管理公司。

货运代理（freight forwarders）是指取得许可并在交通运营、清关以及运费和运输安排方面从事专门业务的公司。简而言之，可将它们看作货物运输代理。总部位于明尼苏达州的罗宾逊全球物流公司（C. H. Robinson Worldwide）就是这样一家公司。它寻找货物运输的最佳路线和最低价格，它还帮助出口商确定并支付运费和保险费。在必要时，它也负责出口包装。通常，它们负责将货物从出口港运到海外的进口港，也可能涉及内陆运输，即从工厂运到出口港，并通过海外联营机构将货物从进口港运抵客户手中。这些货运代理商也提供陆运、空运和海运的联运服务。由于承包了船舶或飞机上的大量舱位，它们还可以将这些舱位转售给各个托运人，这比单个托运人直接与出口承运人交涉拿到的价格要低得多。

取得许可的货运代理商可以根据预定的舱位从航运公司获得经纪佣金或回扣。虽然有些公司和制造商自己从事货运代理或其中的部分业务，但根据法律它们可能无法从航运公司获取佣金。

全球营销

8.6

制造商所在国的出口组织机构

确认母国出口组织机构的考虑因素。

关于出口，母国方面的问题涉及如下决定：公司是将出口任务交给公司内的部门，还是与一个精通某一产品或某一地区的外部组织机构协作。大部分公司在组织机构内部执行出口业务。根据公司的规模大小，出口任务可能包含在雇员的国内工作职责范围内，或者是由公司一个单独的部门或组织机构负责。出口业务的安排有以下几种形式：

1. 作为国内雇员工作的附带部分。
2. 通过与国内营销机构联营的出口合作伙伴，合作伙伴在货物离开本国前拥有货物的所有权。
3. 通过独立于国内营销机构的出口部门。
4. 通过国际分部中的出口部门。
5. 对实行多分部组织结构的公司来说，可采用上述形式中的任意一种。

公司如果给予出口业务一个足够高的优先等级，就会建立一个内部出口组织机构。它所面临的问题是如何有效地进行组织。这取决于两点：公司对出口营销市场机会的评估及其关于全球市场的资源配置战略。公司可能将出口视为国内雇员工作的附带部分。这种组织方式的优点显而易见：成本低，无须新增员工。然而，这种方法仅在两个条件下适用：第一，负责出口的国内雇员在产品和客户知识方面具有胜任能力；第二，上述能力必须适应目标市场。第二个条件隐含的关键问题是，目标出口市场与国内市场的差异程度如何。如果客户环境和特点是相似的，那么对专门的地区知识的要求就会降低。

如果公司决定不由内部组织机构从事出口营销和促销业务，就有众多的出口服务商可供选择，其中包括前面提到的出口管理公司、出口商人、出口经纪人、出口分销商、制造商的出口代理或佣金代表。可是，因为这些术语和名称在使用中可能出现不一致，我们建议读者对特定的独立出口组织机构提供的服务进行查询和核实。

全球营销

8.7 目标市场国家的出口组织机构
确认市场国出口组织机构的考虑因素。

公司不仅需要决定在每国采用内部组织机构还是专业的外部出口组织机构来完成出口，还需要安排在目标市场国家分销产品。每个出口组织机构都面临一个基本决策：在多大程度上依赖直接市场代表而非独立的中间商代表？

在市场上采用直接代表有两个好处：控制和沟通。直接代表能够使与项目发展、资源配置或价格调整有关的决策得到很好的执行。另外，如果产品在市场上立足未稳，就需要特别的努力才能实现销售。直接代表的好处正在于这些特别的努力可以通过营销人员的投入来保证。相比之下，如果采用间接或独立代表，那么此种努力和投资就不容易实现了；在很多情况下，独立代表没有足够的动力为所代理的产品投入大量的时间和金钱。采用直接代表的另一大好处是公司获得反馈和市场信息的可能性更大。这些信息可以极大地促进有关产品、价格、沟通和分销的出口决策。

请注意，使用直接代表并不意味着出口商直接向消费者或客户销售产品。在大多数情况下，直接代表意味着销售给批发商或零售商。例如，德国和日本的主要汽车出口商在美国市场就以分销代理机构的形式使用直接代表，该分销代理机构由制造公司拥有并控制。然后，再由分销代理机构将汽车售卖给特许经销商。

在规模较小的市场上，由于销售有限，设立直接代表通常在成本上不具有可行性。即使在较大的市场上，小制造商也往往因销量不足而难以弥补设立直接代表的成本。只要销售规模小，采用独立分销商就不失为一种有效的方法。此时寻找"好的"分销商就成为出口成功的关键所在。

全球营销

8.8 贸易融资和支付方式[11]
讨论贸易融资中经常使用的各种支付方式。

显而易见的是，公司需要为其出口销售支付费用。然而，许多刚接触国际贸易的人却认为这个问题是事后才需要考虑的。经验丰富的出口商和进口商（卖方和买方）

知道一项交易的资金和运输条件是任何一场谈判的正常组成部分。事实上，设定一项交易中的各个细节对规范各方来说是一种有价值的举措，因为这样可以减少未来的误解或冲突。信用和催收功能既是艺术又是一门科学，需要高层管理者不断监督。对贸易融资而言，不存在"放之四海而皆准"的方法。当然，从市场营销的角度看，公司需要确保其销售条款具有竞争性。

跨境销售的风险比在本国销售的风险更大。管理人员可能对本书前几章所涉及主题的了解比较有限，包括语言、文化差异和外国政治环境。另一个现实问题是，在经济合作与发展**组织**（OECD）之外的公司在遇到困难时，将没有有效的法律追索权。从事国际贸易的人必须把控商业伙伴的"拒付"和"不履约"带来的核心风险，即出现出口商可能收不到货款、进口商可能收不到承诺物的情况。幸运的是，国际银行系统在促成国际贸易成功方面发挥着关键作用，它降低了这些交易的风险。但在开始讨论银行的作用之前，我们需要强调两种基本的支付方法：订单预付金和赊销。

订单预付金（cash with order，CWO）对出口商而言交易风险最小。在这种付款方式中，出口商会向进口商寄送一份**形式发票**（pro-forma invoice，在拉丁语中是"事前"或"出于形式"的意思），其中包括未来装运物的细节情况和所需费用。资金数据和其他信息不具有约束力，但会反映在未来的实际发票上。在收到这个"形式发票"后，进口商会将它的采购订单与预付款（订单预付金）发送给出口商。虽然这对出口商有利，但也给进口商带来风险：虽然进口公司已经向出口商提供资金，但这并不能保证装运发生。

赊销（open account）付款对出口商而言交易风险最大。在这种约定中，进口商向出口商发送采购订单，然后出口商生产、运输商品，并为进口商开具发票。之后，进口商通过电汇将货款汇给出口商。虽然这种办法对进口商有利，但对出口商来说是有风险的，因为即使它已经装运了要求的货物，也不能保证付款一定发生。

8.8.1 信用证

尽管订单预付金和赊销这两种支付方式都有风险，但它们在两家公司之间存在长期互利关系时都有可能被使用。而对大多数与新的商业伙伴进入跨境业务的公司来说，不付款或不履行合同带来的风险实在是太大了，业务失败也可能会使他们的公司面临风险。

这就是银行系统通过一种被称为**信用证**（letter of credit，L/C），又称跟单信用证（documentary credit）的关键文件帮助管控风险的原因。信用证用银行自己的信用来替代进口商的信用。从出口商的角度看，如果它按照信用证发货并"履行"职责，它就可以依靠银行的完全诚信条款（而非买方的信用）而收到款项。与此同时，直到出口商已经履行了信用证规定的条款，否则进口商没有义务为装运付款。出口商向买方银行提供的跟单包（documentary package）可以证明它已履行了自己的职责。在信用证中列出的一套一致同意的单据可以共同证明出口商履行的职责已受到认可。

进口商银行被称为"发证行"或"开证行"。应买方要求，它会开立一个对出口商有益的信用证，即出口商之后会成为受益人。在某些情况下，开证行可能要求进口商存入一笔资金或提供信用证担保品，因为在本质上，开证行是在代表进口商扩大自己的信用。但是，如果银行和进口商之间已经建立了关系，则可以免除这一要求。刚刚被开出的信用证会被发送到出口商银行，通知出口商令它受益的信用证已被开立。出口商银行被称为"议付行"或"通知行"。

最常见的一种信用证是**不可撤销信用证**（irrevocable letter of credit）。顾名思义，开证银行在没有得到出口商和进口商双方同意的情况下，不能取消（即撤销）或修改信用证条款。从出口商的角度看，最关键的一点是即使进口商之后取消了订单或拒绝付款，只要出口商履行了信用证中的条款，开证行就仍然有义务向出口商付款。

如果出口商想要（这是它享有的特权），它可以通过要求其通知行确认开证行的信用证确保额外的一项特别保护（即收取费用）。这种确认函在进口商银行现有承诺的基础上增加了出口商银行的完全信任。如果买方的开户行最终没有或无法支付应付款，如出于政府实施的货币管制，出口商银行仍然可以保证其收到付款。在这种情况下，出口商被称为是在**保兑不可撤销信用证**（confirmed irrevocable letter of credit）之下经营的。银行开立信用证的费用因国家和商业风险而异，但基本在总信贷的 0.125% ~ 1% 之间不等。银行对保兑信用证也收取类似的费用。

在确信自己能够履行信用证条款后，出口商会生产商品并将其装运发往进口商。然后，出口商会将信用证中所列的单据组合在一起。如前所述，信用证包括一份（由买方和卖方）一致同意的单据清单，用来证明卖方履约。这种跟单包通常包括商业发票、汇票、货物清单、保险证明、原产地证明和海运提单（代表货物所有权）。这个跟单包和信用证会通过通知行（或是现在的保兑行）寄出，并"提交"给买方的开证行。买方银行会审查跟单包，如果一切都一致，就会"承兑"信用证。

如果交易是凭**即期汇票**（sight draft）进行的，银行将立即向受益人转账。如果出口商同意延长信用证期限，那么该汇票将是**延期汇票**（time draft），银行将在约定的期限到后付款。对于进口商想要占有货物这一点，开证行将安排买方付款，可以是即期付款，也可以是按延期汇票上规定的晚些时候付款。进口商向开证行付款或签署**期票**（promissory note，用来保证未来付款）时，银行会将跟单包发向买方。这个跟单包包括海运提单，使进口商能够从货运承运人那里获得这些货物。这个过程中需要注意的是，银行只根据单据操作，而不是根据合同或货物的实际动向来操作。

8.8.2　跟单托收（即期或延期汇票）

随着时间的推移，出口商和进口商可能会建立起良好的合作关系，双方可能会决定采用一种更简单、不那么复杂的付款方式，即**跟单托收**（documentary collection）。采用这种方式需要出口商在赊销运输带来的高风险和应用信用证带来的繁重负担但低风险之间进行平衡。银行作为中介再次参与进来，但这次不提供担保或信贷。用跟单托收的方式，无论即期汇票还是延期汇票，出口商都会生产并装运订购的产品。包括汇票在内的跟单包会被发送到出口商在买方国家的代理行（代表出口商的利益）。进口商每次会去银行按照汇票上规定的条款付款。就即期汇票（即付款交单的过程）而言，当进口商向银行付款并由银行出具装运单据（包括代表货物所有权的提单）时，货物的所有权便转移给进口商。同样，这与货物的实际动向是分开的。

对出口商而言，延期汇票（一种被称为承兑交单的过程）是一种风险较高的变更。在这种情况下，出口商将汇票和跟单包再次发送到其代理银行。在那里，买方签字并因此"接受"延期汇票（现在是一个对在未来某天付款的正式责任），以换取代理银行的跟单包。当接受的时间过去后，代理银行会从进口商那里收取并转付货款。

这两种选择都不能保护出口商免受买方取消发货或拒绝付款的影响。此外，**承兑交单**（documents against acceptance，D/A）还增加了买方在没有付款的情况下占有实物的风险。

8.8.3　探索现实世界：一项简单的案例研究

虽然用信用证通常是首选，但在一些市场，这种方式是不能使用的。拜耳是全球生命科学和制药领域的领导者，为向委内瑞拉人民提供重要药品而管理着复杂的非信用证支付流程。拜耳的生产成本按照硬通货国家的方式计算，所以它最终需要用硬通货来支付这些成本。然而在委内瑞拉，人们用玻利瓦尔购买药品，这在该国是一种变化波动很大且易贬值的货币。此外，总统尼古拉斯·马杜罗（Nicolás Maduro）政府实施了严格的货币管制。那么，拜耳当年是如何管理其在委内瑞拉的药品支付的呢？

在一个多步骤的过程中，拜耳向委内瑞拉政府的国家医疗保险计划出售商品，并用玻利瓦尔收款。之后，拜耳需要与政府谈判，将这些玻利瓦尔以不同的汇率水平（药品之间的汇率甚至都不同）兑换成美元（或欧元）。当货币转换完成后，拜耳还需要政府的许可才能将资金转移到国外。这些来自政府的硬货币付款是以"承兑交单"的形式安排的。当政府签署（"接受"）一份拜耳即期汇票后，药品的所有权（在文件中显示）就转移给了政府，该汇票规定了商定的未来付款日期、货币数量和未来玻利瓦尔与美元之间的汇率。

拜耳自然是更倾向于用信用证经营，但这可能会冒犯政府，并可能导致公司高管被捕和他们的家人受到骚扰。更复杂的是，有时仅仅是政府违约。然后，作为受益人的拜耳必须与政府重新协商条款，将承兑票据转换为另一个到期日以美元计价的委内瑞拉政府债券。遗憾的是，政府只在原定付款的基础上打折提供此类债券。

一旦收到债券，拜耳立刻以更低的折扣将其出售，导致收入比原始账单低25%～35%。考虑到委内瑞拉的高通货膨胀率（2017年已超过800%）以及玻利瓦尔贬值的情况，拜耳的管理层更注重现金流以及能否及时收到应收账款，而非收到的绝对金额。尽管存在这一重大难题，拜耳的高级管理层仍然致力于市场并认识到他们支持社会医疗保健的道德责任。拜耳和许多其他全球化公司都在期待着委内瑞拉的政治和经济环境变得更加稳定的那一天。拜耳制药掌门人迪特尔·维南（Dieter Weinand）指出："每一个国家、客户和中介机构的组合都需要一种独特的方法。信用和催收本身就既是艺术又是一门科学，需要由很多人共同完成。"

8.8.4 探索现实世界：另一项简单的案例研究

斯巴鲁在美国的历史为信用证的重要性提供了另一个很好的案例研究。如今，斯巴鲁是一个广受盛赞的全球品牌，但在60年前，完全不是。20世纪60年代末，企业家马尔科姆·布里克林（Malcolm Bricklin）和哈维·拉姆（Harvey Lamm）在新泽西州的樱桃山成立了斯巴鲁美国公司，并开始从日本进口斯巴鲁360。母公司富士重工业（Fuji Heavy Industries）起初同意了一份5年制的合约。当布里克林和拉姆要求永久延长该合约时，富士坚持要做出几个让步。兰德尔·罗滕伯格（Randall Rothenberg）描述道：

> 制造商告诉美国斯巴鲁，所有的付款必须预先支付。如果美国人不能从他们的经销商那里获得现金，就必须从银行借钱。新的合同规定，美国斯巴鲁"在订购车辆或设备之前必须向富士公司提交不可撤销信用证以支付账单上的价格时，在某些情况下，还需要支付所有订购产品的运费"。在富士公司将车辆放到日本横滨的船上时，信用证将被开出，需要在自装运日期起的180天内支付。[12]

几个月来，斯巴鲁360在美国的销量一路飙升。之后，在1969年4月，《消费者报告》（*Consumer Reports*）对斯巴鲁360进行了实地测试，并将其评为"不可靠"；消费者对这款汽车的需求随之迅速消失了。美国斯巴鲁的经销商不再订购额外的汽车（并支付费用），因此布里克林和拉姆没有资金支付给富士（上述的"预付款项"）了。随后，富士便用信用证收款；美国斯巴鲁无法向银行偿还，因此也违背了其信贷协议。不良的信用历史意味着没有银行会再开具信用证；美国斯巴鲁面临其进口合约被取消的风险。最终，马尔科姆·布里克林被迫离开了公司。美国斯巴鲁找到了新的融资来源，并开始在美国乡村建立经销商网络。剩下的，正如俗话所说，都是历史：如今的斯巴鲁拥有一些评价最好、市场上最畅销的汽车。

8.8.5 进出口业务中的其他问题

在"9·11事件"后的美国商务环境中，对国家安全问题的重视使美国对进口产品的审查更加严格。为了确保国际货物不被恐饰主义利用，美国政府采取了很多措施，其中包括实施《美国海关贸易伙伴反恐方案》（C-TPAT）。在美国海关（U. S. Customs and Border Protection，CBP）的网站上可以看到：

> C-TPAT中提出，只有与进口商、运输公司、集运商、报关行和生产商等国际供应链的最终所有者保持密切合作，CBP才能确保最高水平的货物安全。通过这些措施，CBP要求企业整合自身的安全措施，并沟通和核实其供应链中所有合作商的安全准则。

CBP主要负责审查进口货物交易；C-TPAT的目标是确保供应链参与者之间能自主合作，以减少审查造成的延误。经过C-TPAT认证的组织可以在CBP审查时获得优先权。进出口的另一个问题是退税，即对进口后经过处理或被加工为其他产品后再出口的进口产品进行退税。在美国，退税政策一直用于鼓励本国企业出口。不过，在《北美自由贸易协定》谈判时，美国贸易代表同意将退税政策限用于对加拿大和墨西哥的出口。当美国政府就新的贸易协定谈判时，有些工业群体会对相关官员进行游说，希望继续推行退税政策。[13] 退税在受保护的经济中也很常见，这种政策工具可以通过降低进口生产原料的价格的方式向出口商提供帮助。随着世界各国关税税率的普遍下降，退税问题将变得不再重要。

<table>
</table>

全球营销

8.9

货源获取

识别全球营销人员在做出采购决策时应该考虑的因素。

在全球营销中，顾客价值问题与**货源获取决策**（sourcing decision）紧密相连，即公司是自己制造还是从外部采购其营销的产品，在哪里制造或采购。**外包**（outsourcing）意味着公司为了降低成本，将生产任务或工作安排移交给另一家公司。当外包任务涉及另一个国家时，可能会用到"全球外包"或"离岸外包"等词语。如今市场竞争激烈，公司在降低成本方面面临巨大压力；办法之一就是将生产制造等活动安排在收入水平较低的国家。为什么不呢？许多消费者都不知道他们所买产品（如运动鞋）的生产地点。同样，第1章案例1-1表明，人们事实上无法将公司和品牌名称与特定国家联系起来。

从理论上讲，这一情形赋予公司很大的灵活性。但是，在美国，外包问题被高度政治化。选举期间，数名候选人利用了美国人对"失业"经济复苏的恐惧和忧虑。抵制生产外包的第一个浪潮首先会影响到**呼叫中心**（call center），这是一个复杂的电话系统，在世界各地的顾客都可以通过向美国打电话获得顾客支持等服务。此外，呼叫中心还经营类似电子营销的对外服务（见图8-5）。不仅如此，如今外包正在扩展至高科技部门的白领工作，由低收入水平国家的工作者来完成各种任务，如退税、处理保险索赔、为金融公司调研、查看医学造影和 X 光片，以及绘制建筑蓝图等。那些将工作转移到海外的美国公司发现自己正成为公众瞩目的对象。表8-5是高德纳公司（Gartner Group）提供的全球外包目的地 30 强。

图8-5 在印度孟买等一些地方，像这样的呼叫中心专门提供"远程"或"独立第三方"的服务。印度受过良好教育的工作人员和宽带互联网的不断普及，将促进更多的西方企业对服务类工作和行业实行全球外包。外包给印度的工作包括誊写医疗记录、准备纳税申报单和技术编程等。实际上，本书的英文原版书的排版工作就是在印度泰米尔纳德邦金奈做的。

资料来源：David Pearson/Alamy Stock Photo.

第8章 进口、出口和货源获取

229

表 8-5 外包目的地 30 强

区域	国家/地区
美洲	阿根廷、巴西、智利、哥伦比亚、哥斯达黎加、墨西哥、巴拿马、秘鲁
亚太地区	孟加拉国、中国、印度、印度尼西亚、马来西亚、菲律宾、斯里兰卡、泰国、越南
欧洲、中东和非洲	保加利亚、捷克、埃及、匈牙利、毛里求斯、摩洛哥、波兰、罗马尼亚、俄罗斯、斯洛伐克、南非、土耳其、乌克兰

以上讨论表明，在哪里开展关键业务活动不仅取决于成本，也受其他因素的影响，所以不存在指导货源获取决策的简单规则。因此，此类决策是全球化公司面临的最复杂和最重要的决策之一，可以考虑以下若干因素：管理视角、要素成本和条件、顾客需求、物流、国家/地区基础设施、政治环境和汇率。

8.9.1　管理视角

有些企业的执行官决心在母国保留部分甚至全部的生产制造过程。斯沃琪集团已故总裁尼古拉·海耶克（Nicolas Hayek）便是如此。任职期间，他是瑞士钟表业复兴的领军人物。斯沃琪集团的品牌组合包括宝珀（Blancpain）、欧米茄（Omega）、宝玑（Breguet）和雷达（Rado），当然还有价格不高的斯沃琪品牌本身。海耶克证明了童年及青年时代的独创和联想可以转变为一项突破，使得高收入水平国家的大众化产品可以与手工打造的奢侈品同时生产。斯沃琪品牌是机械制造的胜利，更是想象力的胜利。它未来的挑战是：让那些不相信自己需要拥有一块传统手表的消费者（尤其是年轻人）成为品牌的顾客。[14]例如，某知名美国说唱歌手是瑞士钟表制造商宇舶（Hublot）的品牌大使。宇舶的以该歌手本名命名的专属款腕表仅有黑色（17 000 万美元）和金色（33 900 万美元）两种款式。限量生产的共 350 块已全部售罄。

同样，佳能公司高层管理者的战略选择也以高附加值产品为核心，而非关注其制造地点。公司希望将其 60% 生产制造产能保留在日本国内。公司提供全线办公设备，包括打印机和复印机这样的大众产品。公司也是数码相机的顶级生产者之一。它从组装线转向了所谓的单元生产，而非提高其日本工厂的自动化水平。[15]

8.9.2　要素成本和条件

要素成本包括土地、劳动力和资本成本[正如《经济学 101》（Economics 101）这本书里所说的]。劳动力成本包含各个层次——生产制造、专业技术以及管理的人工成本。如今，基础制造业的直接人工成本在新兴市场普遍少于 1

> 20 年前，我们正把所有的家电制造工作都转移到中国或墨西哥。但是当我打开桌子下面的保险箱时，竟找不到我们存下来的硬币……因此，下一代产品将在美国制造。[16]
>
> ——通用电气（General Electric）前首席执行官杰夫·伊梅尔特（Jeff Immelt）

美元/小时，在发达国家一般为 6 ~ 12 美元/小时。在美国的特定工业部门，直接人工成本达到 20 美元/小时（不计津贴）。德国制造业工人每小时的报酬是美国工人的 160%，而墨西哥制造业工人的报酬却只有美国工人的一小部分。

大众公司面对的商业环境包括以下几点：墨西哥和德国之间显著的工资差异，欧元的强势以及全球对紧凑型和超小型车辆不断增长的需求。综合考虑这些因素，大众公司决定在墨西哥建立一家制造工厂，专门生产美国、中国、欧洲国家以及其他主要市场所需的车型。墨西哥工人在装配流水线上的工资约为每天40美元；相比之下，德国汽车工人的平均工资和津贴为每小时60美元。由于墨西哥与北美洲国家、欧洲国家、日本和南美洲大部分国家签订了共计近50个自由贸易协定，大众、本田、日产以及其他全球汽车制造商都可以从中受益。这些自由贸易协定降低了进口零部件以及出口成品车辆的成本。此外，墨西哥的汽车工业先发展，那里的劳动力技术水平高，生产效率也高。[17]

低工资成本是否要求企业必须百分百地将制造过程转移至低收入水平的国家呢？不一定。在费迪南德·皮埃希（Ferdinand Piech）担任大众公司董事长期间，他通过说服工会接受更灵活的工作时间安排，提高了公司的竞争力。例如，在高峰期，工人每周工作6天；当需求下降时，工厂每周只有3天用于生产汽车。在非制造业，世界上有些地区的人工成本也出奇地低于其他地区。例如，印度的一名软件工程师的年薪可能为1.2万美元，而有同样教育背景和工作经验的一名美国人可以每年赚8万美元。

除劳动力以外的其他生产成本包括土地、材料和资金。这些要素的成本取决于可获取性和相对稀缺性。通常情况下，这些要素成本之间的差异会相互抵消，若全盘考虑，所有公司都处于竞争的同一起跑线上。比如，有些国家土地资源丰富，而其他国家资本充足。这些优势部分地相互抵消了。在这种情况下，管理、职业化和工人队伍的效率就成为关键要素。

在许多行业，先进的计算机控制和其他新制造技术的应用使得人工相对于资本的比重下降。因此，公司管理者和执行官在设计货源获取策略时，应当考虑到直接制造成本在产品总成本中的比例下降这一事实。毫无疑问，高收入国家的许多公司在选择生产地点时都会首先考虑是否有低廉的人工成本。然而，直接人工成本可能只占产品总成本的较小比重，这也是事实。因此，可能并不值得去投入成本而将生产冒险地安排在一个很远的地点。

8.9.3　顾客需求

尽管外包有助于降低成本，但有时顾客并不追求最低的可能价格。比如，几年前，戴尔公司将一些呼叫中心重新设在美国，因为有重要客户抱怨印度的技术支持人员仅按照准备的答题稿回答客户提问，难以解决一些复杂问题。在此情形下，在母国开展支持业务可以更好地满足顾客的需求，由此带来的成本也变得合理。

8.9.4　物流

一般而言，产品货源和目标市场之间距离越远，则供货时间越长，运输费用越高。然而，创新和运输方面的新技术正在缩减时间和货币成本。为了方便全球供货，包括美国铁路公司 CSX 在内的运输公司正在结成联盟，成为产业价值系统中的一个重要组成部分。制造商可以利用多模式联运服务，集装箱可以在火车、船只、飞机和卡车之间运输。在欧洲、拉丁美洲以及其他任何地方，地区经济一体化的趋势意味着边境控制减少，从而大大地加快了运输速度并减少了成本。

尽管存在上述总体趋势，但仍有一些关于物流的专门问题会对货源获取决策产生影响。例如，在"9·11事件"之后，进口商被要求在装运前向美国政府提供电子货单，目的是帮助美国海关识别可能与全球恐怖网络相关的高风险货物。2014年，美国西海岸港口的一场罢工对美国造成了每天约20亿美元的经济损失。类似事件可能使货物运输耽误数周甚至数月之久。

> 《供应链101》（*Supply Chain 101*）说最重要的问题是保证供应的连续性。当你所建立的供应路线长时，你就必须权衡一下额外的存货及物流成本与你所能节省的产品或劳动力成本之间的关系。[18]
>
> ——供应管理协会（Institute for Supply Management）主席诺伯特·奥尔（Norbert Ore）

8.9.5 国家/地区基础设施

为了给制造业提供有吸引力的环境，国家的基础设施建设应该达到一定水平，以支持制造和分销。对基础设施的要求因公司或行业而异，但是最起码应包括电力、运输和公路、通信、服务和部件供应、劳动力储备、民事裁定和高效政府。此外，公司还必须能够可靠地获得外汇，以便从国外购买必需的原料和部件。其他要求还包括安全的环境，以保证正常地开展工作并将产品运抵顾客手中。

一国/地区可能拥有廉价劳动力，但它是否拥有必要的配套服务和基础设施来支持大量的商务活动呢？中国香港、中国台湾和新加坡等许多地区都提供了这些条件，不过，在很多工资水平较低的地方，基础设施的建设比较落后。

基础设施改进也是新兴市场中的重要问题。例如，在印度，通过卡车将货物从加尔各答运到孟买要花费8天的时间，历经的路程为1340英里。[19]若在新的俄罗斯市场开展业务，公司面临的挑战之一是基础设施不足，无法应对越来越多的装运事宜。

8.9.6 政治环境

正如第5章讨论的那样，高政治风险可能成为本地货源获取的阻碍因素。反之，政治风险程度越低，投资者越乐意到该国/地区市场去投资。评价一国/地区的政治风险，其难度与一国/地区的经济发展阶段成反比。在所有因素相同的情况下，国家/地区发展程度越低，就越难以预测其政治风险。例如，中欧、东欧的巨大变化清楚地表明，政治动荡可能同时带来风险和机会。

其他政治因素也可能影响货源获取决策。例如，随着保护主义抬头，美国参议院最近通过了一项修正案，禁止美国财政部和运输部接受雇用海外工人的私有公司的投标。在一次公开会议中，新泽西州州政府改变了呼叫中心合同，不再继续将工作转移到海外。约12份工作重新安置在了州内，成本大约是90万美元。

市场准入是另一种类型的政治风险。如果一个国家或地区由于当地法律、国际收支平衡问题等原因限制市场准入，那么公司就可能必须在该国/地区建立生产工厂。日本汽车公司就因为市场准入方面的考虑而在美国建厂。通过在美国生产汽车，它们拥有了不受关税和进口配额威胁的供应货源。市场准入同样对波音公司的决策起了关键作用，它决定在中国生产飞机部件。中国向波音订购了100架飞机，价值达45亿美元；作为回报，波音在中国投资并转移机械和制造技术。

8.9.7 汇率

当管理者决定在哪里购买产品或者建一个制造工厂时，必须考虑到世界各地的外汇行情。如今外汇波动十分剧烈，许多公司将全球货源获取战略作为降低汇率风险的途径之一。在任何时

> 最后，最好的战略就是在我们销售汽车的市场生产汽车。[20]
> ——丰田汽车（Toyota）高级常务董事伊地知隆彦（Takahiko Ijichi）

刻，富有吸引力的某个生产地点都可能因汇率波动而大大降低其吸引力。例如，2010年，日元升至15年来的最高点，1美元兑85日元。日元相对于美元每升值1日元，佳能公司的营业收入就下降60亿日元！如前所述，公司的管理者正集中于研发投资，以保证其产品可以带来超额毛利，抵消强势的日元所带来的影响。不仅如此，由于新兴市场的需求增加，佳能和其他日本公司对美国市场的依赖程度逐渐降低。

如今，商品和货币价格水平的剧烈波动成为全球经济的一个主要特点。这要求货源获取战略能够提供可选择的供货国家。如此一来，如果美元、日元或欧元过度升值，在其他地区有工厂的那些公司就可以通过在不同地点转移生产获得竞争优势。

本章小结

公司在母国之外的最初业务往往采取进口或出口的形式。这些公司应当认识到**出口营销**和**出口销售**的区别。通过参加**贸易展销会**和**贸易代表团**，公司人员可对新市场有很多了解。

政府采取多种手段来支持出口，包括税收激励、补贴、出口援助和设立自由贸易区。政府也采用**关税**和**非关税壁垒**的组合来限制进口。**配额**是非关税壁垒的典型例子。政府通过建立**自由贸易区**和**经济特区**鼓励投资。

积极参与进出口贸易的大多数国家/地区都会采用**协调关税制度**。**单式税则**是最简单的关税形式；**复式税则**包括针对享有**正常贸易关系**地位国家/地区的专门税率等。政府也可能征收其他特殊形式的关税，包括针对经政府官员认定的价格过低产品征收的**反倾销税**和抵消政府补贴的**反补贴税**。

进出口过程中的关键参与者包括**海外采购代理**、**出口经纪人**、**出口商人**、**出口管理公司**、**制造商的出口代理**、**出口分销商**、**出口委员会代表**、**合作出口商**以及**货运代理**。

进出口支付可通过多种方式进行。交易始于**形式发票**或其他正式文件的签订。**信用证**是一种基本的支付工具，是进口商银行的付款保证。**跟单托收**是一种既可以用**即期汇票**又可以用**延期汇票**的期权。销售也可以通过**订单预付金**、赊销等形式进行。

进出口与公司的**货源获取决策**直接相关。发达国家开始担心，将技术性或非技术性工作**外包**给工资较低的国家将导致本国工作机会的大量减少。许多因素决定了公司是制造还是采购产品，以及在何处制造或采购。

注　释

1. 本节主要依赖于 Warren J. Bilkey，"Attempted Integration of the Literature on the Export Behavior of Firms，" *Journal of International Business Studies* 8，no. 1（1978），pp. 33 – 46. 这些阶段是基于罗杰斯（Rogers）的采用过程，见 Everett M. Rogers，*Diffusion of Innovations*（New York，NY：Free Press，1995）。

2. Masaaki Kotabe and Michael R. Czinkota，"State Government Promotion of Manufacturing Exports：A Gap Analysis，" *Journal of International Business Studies* 23，no. 4（Fourth Quarter 1992），pp. 637 – 658.

3. Anand Giridharadas，"Foreign Automakers See India as Exporter，" *The New York Times*（September 12，2006），p. C5.

4. Edmund L. Andrews，"A Civil War within a Trade Dispute，" *The New York Times*（September 20，2002），pp. C1，C2.

5. John Micklethwait and Adrian Wooldridge，*A Future Perfect：The Challenge and Hidden Promise of Globalization*（New York，NY：Crown Publishers，2000），p. 261.

6. Ben Zimmer，"Tariff：From Arab Trade's Bygone Days，" *The Wall Street Journal*（May 5 – 6，2018），p. C4.

7. Edward L. Hudgins，"Mercosur Gets a 'Not Guilty' on Trade Diversion，" *The Wall Street Journal*（March 21，1997），p. A19.

8. Neil King，Jr.，"Is Wolverine Human？A Judge Answers 'No'；Fans Howl in Protest，" *The Wall Street Journal*（January 20，2003），p. A1.

9. Juliane von Reppert-Bismarck and Michael Carolan，"Quotas Squeeze European Boutiques，" *The Wall Street Journal*（October 22，2005），p. A9.

10. Donald G. Howard，"The Role of Export Management Companies in Global Marketing，" *Journal of Global Marketing* 8，no. 1（1994），pp. 95 – 110.

11. 作者感谢美国协和大学尔湾商学院的克里斯托弗·纳格尔（Christopher "Kit" Nagel）对本节的贡献。

12. Randall Rothenberg，*Where the Suckers Moon：The Life and Death of an Advertising Campaign*（New York，NY：Vintage Books，1995），pp. 47 – 51.

13. R. G. Edmonson，"Drawback under Attack at USTR，" *The Journal of Commerce*（August 11 – 17，2003），p. 21.

14. Matthew Dalton，"Time Runs out for Swiss Watch Industry，" *The Wall Street Journal*（March 13，2018），p. A8.

15. Sebastian Moffett，"Canon Manufacturing Strategy Pays off with Strong Earnings，" *The Wall Street Journal*（January 4，2004），p. B3.

16. Jeremy Lemer，"GE Plans to Return to U. S. -Made Products，" *Financial Times*（October 19，2010），p. 17.

17. Nicolas Casey，"In Mexico，Auto Plants Hit the Gas，" *The Wall Street Journal*（November 20，2012），pp. A1，A12. 另见 Adam Thomson，"Car Exports Power Mexico to Recovery，" *Financial Times*（October 19，2010），p. 17.

18. Barbara Hagenbaugh，"Moving Work Abroad Tough for Some Firms，" *USA Today*（December 3，2003），p. 2B.

19. Harold L. Sirkin，James W. Hemerling，and Arindam K. Bhattacharya，*Globality：Competing with Everyone from Everywhere for Everything*（New York，NY：Boston Consulting Group，2008），p. 23.

20. Jonathan Soble and Lindsay Whipp，"Yen's March Spoils the Party for Japan's Exporters，" *Financial Times*（August 10，2010），p. 14.

GLOBAL
MARKETING

全|球|营|销|
（原书第10版）

第 9 章　全球市场进入战略：许可经营、投资和战略联盟

本章精要

- 解释以许可经营作为市场进入战略的优缺点。
- 比较公司海外投资可采用的不同形式。
- 讨论有助于成功达成全球战略伙伴关系的因素。
- 识别与发展中国家达成伙伴关系的一些挑战。
- 描述亚洲合作战略的特殊形式。
- 解释合作战略在 21 世纪的演变。
- 使用市场扩张战略矩阵解释世界上最大的几家全球化公司所采用的战略。

案例 9-1　　　　百威英博与南非米勒：（啤酒业的）天作之合？

　　南非啤酒（South African Breweries，SAB）公司面临一个问题。这家公司在全球 24 个国家拥有 100 多家啤酒厂。在南非，南非啤酒在当地啤酒市场中的占有率高达 98%，每年收入约占其总收入的 14%。然而，南非啤酒旗下的城堡啤酒（Castle Lager）、皮尔森之源（Pilsner Urquell）和卡林黑标（Carling Black Label）等大多数啤酒品牌都只在当地或某片区域销售，它们都没有喜力（Heineken）、阿姆斯特尔（Amstel）或吉尼斯黑啤酒（Guinness）等品牌那样的全球地位。在美国，越来越多的"热潮"，即数量多达 7 500 万个孩子的婴儿潮一代中的人已达到饮酒年龄，这使得美国市场变得格外关键，但南非啤酒的品牌在那里也不出名。

　　21 世纪初，时任首席执行官的格雷厄姆·麦凯（Graham Mackay）开始大举收购。在 14 年的时间里，麦凯进行了数十场有关合并、收购和合资经营的谈判。不久之后，南非米勒（SABMiller）开始在近 80 个国家开展业务。例如，麦凯收购了菲利普·莫里斯（Philip Morris）的米勒酿酒公司。这笔价值 36 亿美元的交易缔造了酿酒产量居全球第二的南非米勒酿酒公司；安海斯－布希百威英博啤酒集团（Anheuser-Busch InBev）排名第一。米勒在美国经营着 9 家啤酒厂，其旗舰品牌米勒淡啤（Miller Lite）一直在努力维持着美国市场份额。南非米勒公司面临的挑战之一就是先在美国重振米勒淡啤这个品牌，然后将米勒作为一线品牌在欧洲市场推出。

　　在首席执行官麦凯的领导下，南非米勒开始了对全球市场机遇的不懈追求，且现任首席执行官艾伦·克拉克（Alan Clark）仍在延续这个策略，如图 9-1 所示。两位高管的行为表明了一个事实，即大多数公司都面临广泛的战略选择。在第 8 章中，我们研究了出口和进口这两种探索全球市场机会的方式。然而，对于南非米勒以及其他酿酒商来说，（传统意义上的）出口并非是使他们的品牌"走向全球"的最佳途径。在本章中，我们将跳过出口问题，谈谈组成连续统一体的其他几个可供选择的市场进入模式。如图 9-2 所示，公司沿着市场进入战略向前发展（如从许可经营到合资企业以及最终到各种形式的投资），其介入程度、风险和经济回报也会随之增加。

　　全球化公司如欲进入发展中国家市场，还面临另一个战略问题：是否可以不做重大修改地照搬在发达国家市场被证明行之有效的战略。

　　如果进入市场的目的在于深入，那么全球化公司的管理者最好还是抱有一种占领大众市场的心态。这可能要求其采取一种适应策略。[1] 制定市场进入战略意味着，在母国以外寻找机会时，管理层必须从诸多可用选项中选出一个或几个。选择什么市场进入战略取决于他们的眼光、对待风险的态度、可利用的投资资本以及希望得到多大的控制权。

图9-1 20年前，南非啤酒是一家占据国内市场的本土公司。通过合资和收购，该公司向非洲其他地区以及中国、印度和中欧等主要新兴市场扩张。如今，南非米勒酿酒公司是一家全球酿酒商，本土品牌仍在其销售组合中。例如，乞力马扎罗（Kilimanjaro）在坦桑尼亚很受欢迎，竞争对手包括帝亚吉欧（Diageo）旗下的塔斯克（Tusker）和塞伦盖蒂（Serengeti）等啤酒厂。南非米勒酿酒公司与安海斯－布希百威英博啤酒集团的合并创造了世界上最大的酿酒商。

资料来源：Fabian von Poser/imageBROKER/Alamy Stock Photo.

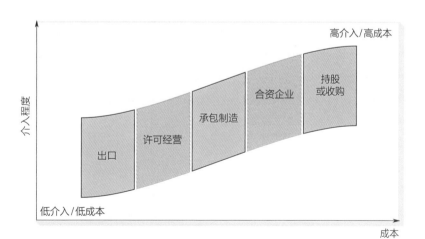

图9-2 市场进入战略的投资成本/介入程度

许可经营

解释以许可经营作为市场进入战略的优缺点。

许可经营（licensing）是一种合同安排，一家公司（许可方）据此向另一家公司（受许方）提供一种受法律保护的资产，交换条件是专利使用费、许可费或者其他形式的报酬。[2] 被许可资产可能是品牌名称、公司名称、专利、商业秘密或产品配方。许可经营在时装业广为应用。例如，与乔治·阿玛尼（Giorgio Armani）、雨果·博思（Hugo Boss）以及与其他全球设计师偶像同名的公司通过许可经营牛仔裤、香水和手表获得的收入通常高于它们自己的高价服装系列。不同类型的组织，如迪士尼、卡特彼勒、NBA 和可口可乐也在广

> 这件（总统印章）T恤就像一张巨大的国际畅销唱片，每个人都知道它，如果我们不这么做，盗版者也会替我们这么做。在签订了一份许可协议后，这就都是推广乐队的被动收入了。[3]
>
> ——朋克偶像雷蒙斯乐队（The Ramones）的鼓手马基·雷蒙（Marky Ramone）谈到商品许可协议对唱片人的重要性

泛运用许可经营。它们都不是服装制造商，然而许可经营协议使它们得以充分利用各自的品牌名称，并使自身财源滚滚。这些实例说明，许可经营作为一种进入或拓展全球市场的战略有巨大的吸引力。只要合同包含必要的履约条款，许可经营在协议有效期内就能提供诱人的投资回报。其成本仅仅是签署合同并监督其履行。

许可经营作为市场进入的一种模式有两个关键的优点：首先，受许方通常是当地企业，商品的生产和销售都在当地，因此许可经营可以使公司绕过关税、配额或类似第 8 章提到的其他出口壁垒；其次，受许方在适当的情况下可被授予相当大的自主权，对受许的产品修改以适应当地消费者的喜好。

迪士尼在许可经营方面的成功就是例证。迪士尼允许服装、玩具和手表生产商使用迪士尼标志性的卡通人物、商标名称和徽标，在世界各地销售。许可经营使迪士尼可以从主题乐园、电影和电视等方面获得协同效应。迪士尼给予受许方相当大的余地，允许后者根据当地的喜好修改色彩、材料或其他设计元素。

国际授权业协会（International Licensing Industry Merchandisers Association，LIMA）称 2016 年全球许可经营商品的销售总额为 2 630 亿美元。LIMA 还报告称，美国和加拿大占许可经营商品销售额约 60%。[4] 例如，由于消费者认为独特的带有黑色和黄色卡特彼勒标识的皮靴、牛仔裤和手提包代表了时尚，现在卡特彼勒的许可经营商品在全世界的销售额已接近 21 亿美元。斯蒂芬·帕尔默（Stephen Palmer）是英国陆上公司（Overland Ltd）的首席执行官，该公司于 2000 年取得了卡特彼勒服装在世界范围内的许可。帕尔默说："这里的人即使不知道这个品牌，也有一种好像他们知道的感觉。因为他们早年就见过卡特彼勒拖拉机。这是潜意识在起作用。"[5]

许可经营也有若干不利之处和机会成本。首先，许可经营协议的市场控制能力有限。通常许可方不介入受许方的营销计划，因此可能丧失潜在的营销利润。其次，如果受许方开发出自己的专有知识并开始在受许的产品或技术上实现创新，那么许可经营协议则可能是短暂的。对许可方来说，最坏的情况是受许方（特别是从事加工技术的）可能发展成为其在当地市场强劲的竞争对手，甚至最终成为行业领导者。这是因为许可经营的性质可以使一家公司能够从另一家公司"借"到（即利用和攫取）资源。皮尔金顿（Pilkington）就是这方面的一个实例。随着格拉弗贝尔（Glaverbel）、圣戈班（Saint-Gobain）、PPG 和其他竞争对手实现了更高的生产效率和更低的成本，皮尔金顿在玻璃行业的领导地位逐渐下降。2006 年，皮尔金顿被日本板硝子公司（Nippon Sheet Glass）收购。[6]

关于许可经营的机会成本，最著名的案例可能要追溯到 20 世纪 50 年代中期，当时日本索尼公司的联合创始人井深大（Ibuka Masaru）从 AT&T 的贝尔实验室取得了晶体管许可协议。井深大希望使用晶体管制造小型、以电池供电的收音机。但是，与他交谈的贝尔实验室的工程师坚持认为制造能够用于收音机的高频晶体管是不可能的；他们建议他尝试制作助听器。井深大并没有被吓倒，他将这一挑战留给了他的日本工程师们。日本工程师利用几个月的时间改进了晶体管的高频输出。索尼不是第一家推出晶体管收音机的公司。美国制造的"Regency"就使用了德州仪器（Texas Instruments, TI）的晶体管和彩色的塑料外壳。但是，索尼的高品质、独特造型和精明营销最终成就了其在全球市场上的成功。

公司可能发现，当受许方将从许可方那里学到的经验运用到自身优势上时，通过许可经营轻易赚得的前期款项的代价其实是非常高的。为防止许可方或竞争者单方受益，许可经营协议应该规定有关各方之间需交叉（相互）转让技术。如果一个公司还想继续留在行业内，至少就必须确保其许可经营协议内有全面相互许可的条款（即受许方的开发成果将与许可方共享）。

总体而言，实施许可经营战略前必须确保持续的竞争优势。例如，许可经营协议可以创造出口市场机会，并打开通往低风险制造关系的大门，还可能加速新产品或技术的传播。

特殊许可经营

利用合同生产（contract manufacturing）的公司向分包商或当地企业提供技术规格，然后由分包商监督生产。这种安排有许多优点。许可方可以专门从事生产设计和营销，而将所有与制造设施所有权相关的责任移交给承包商或分包商。其他优点还包括：财力和管理资源占用有限；能迅速进入目标国家/地区，特别是在目标市场太小、不值得大量投资时。[7] 这样也会带来一个不利之处，即公司可能成为众矢之的，而且如果承包工厂工人的待遇低下或在不人道的条件下工作，还会受到批评。为了避免公众形象方面的问题，添柏岚（Timberland）和其他从低收入国家寻求货源的公司利用其广告形象，向人们传达了公司践行可持续商业运作的政策。

特许经营（franchising）是许可经营的另一种形式。特许经营是母公司——特许方同受许方之间的合同，受许方依据合同经营特许方开办的事业，条件是必须付费并遵守许可范围内的政策与惯例。例如，南非的一家休闲连锁餐厅 Nando's，专门供应配有辣 peri-peri 酱的葡萄牙风味烤鸡（见图 9-3）。

图9-3 这家位于伦敦的 Nando's 门店将彩虹的颜色融入了其带有一只名叫 Barci 的鸡的品牌 Logo 中。该公司将特许经营作为其全球市场进入战略。

资料来源：DrimaFilm/Shutterstock.

> 受许方带给所属品牌企业的一个关键东西，就是它们对当地市场、潮流以及消费者偏好的了解。只要该受许方遵循指导方针和标准，且没有做任何损害我们品牌的事，我们很愿意为它提供支持。[8]
> ——Allied Domecq 快餐服务餐厅的首席营运官保罗·里奇（Paul Leech）

特许经营对于渴望学习并应用西方营销技巧的当地企业家有极大的吸引力。特许经营顾问威廉·勒桑特（William Le Sante）建议那些未来的特许方在向海外拓展之前先提出下列问题：

- 当地的消费者是否会购买你的产品？
- 当地的竞争有多么激烈？
- 当地政府是否尊重商标和特许方的权利？
- 你的利润能否便利地汇出？
- 能否在当地买到你所需的所有原材料？
- 能否找到商务活动场所，租金是否适合？
- 你在当地的合作伙伴的资金是否充足，他们是否懂得特许经营的基本知识？[9]

特许方可以通过询问这些问题对全球商机有更现实的了解。例如，中国的相关条例规定，受许方接手之前，外国特许方必须直接拥有两家或多家门店至少一年。

特制品零售业喜欢采用特许经营作为市场进入的模式。例如，英国的美体小铺在全世界 66 个国家和地区有超过 3 200 家商店，其中大部分由受许方经营。（2017 年，巴西的 Natura Cosméticos 从欧莱雅集团手中收购了美体小铺。）特许经营也是快餐业在全球实现拓展的奠基石，麦当劳依靠特许经营在全球拓展便是例证。这个快餐界巨头具有知名的全球品牌和一个在各种国家/地区市场都能轻易复制的商业体系。其成功的关键是麦当劳总部学会了利用当地市场知识的智慧，具体办法就是给受许方留出相当大的余地，允许他们调整店内设计和菜单，以适应具体国家/地区的偏好与口味。但

全球营销（原书第10版）

是，一般而言，特许经营作为一种市场进入战略，其本土化的程度通常低于许可经营。

公司如果确实决定采用许可经营的方式，那么其签订的协议就应预见未来更广泛参与市场的可能性。在可能的范围内，公司应该确保自己能有参与市场的其他选择方式和途径。其中许多都需要进行投资，而且相较于许可经营，进行投资的公司能够取得更多的控制权。

投资

比较公司海外投资可采用的不同形式。

公司通过出口和许可经营在母国以外取得经验后，高管人员往往会希望能以更加广泛的形式参与市场。具体地说，是希望在母国以外部分或完全地拥有某些运营机构，而这种欲望会驱使他们进行投资。**海外直接投资**（foreign direct investment，FDI）的数据表明，当公司收购或投资于工厂、设备或其他资产时，资金会从母国流往国外。海外直接投资可使公司在关键市场就地进行生产、销售和竞争。有关海外直接投资的案例众多：本田公司在印第安纳州的格林斯堡建造了一座耗资 5.5 亿美元的总装厂；现代汽车公司在亚拉巴马州的蒙哥马利工厂投资了 10 亿美元；宜家斥资近 20 亿美元在俄罗斯开店；韩国的 LG 电子公司收购了巅峰电子公司（Zenith Electronics）58% 的股份（见图 9-4）。

图 9-4　芬兰的菲斯卡（Fiskars）总部以优质餐具闻名。该公司最出名的可能是带有标志性橙色手柄的剪刀。菲斯卡通过投资扩大了品牌组合：2015 年收购了含华登峰（Waterford）和韦奇伍德（Wedgewood）在内的 WWRD 公司。

资料来源：Fiskars Brand，Inc.

20 世纪末是跨国合并与收购的高峰期。这一趋势现在仍在延续：2016 年，美国公司的海外直接投资累计达到 1.9 万亿美元。美国是全球第一大直接投资目的地；2016 年，仅收购一项就占了海外直接投资中的 3 660 亿美元。加拿大是美国海外直接投资的最大投资国，其次分别是英国、爱尔兰和瑞士。过去几十年里，对新兴和快速增长地区的投资增长迅速。例如前几章提到，对金砖国家（巴西、俄罗斯、印度、中国和南非）的投资兴趣在增加，特别是在汽车工业和国家经济发展的其他关键部门。

海外投资也可以在合资企业占少数或多数股权，或在另一企业持有少数或多数股权，或彻底收购。公司也可以选择使用下列市场进入战略的各种组合：收购一家公司，购进另一公司的股权以及和第三家公司共同经营合资企业。例如，联合包裹服务（United Parcel Service，UPS）最近几年重点对物流、卡车运输和电子商务公司采取了多次收购行动。

9.2.1 合资企业

与出口或许可经营相比，有当地合伙人参与的合资企业是一种更为广泛的进入外国市场的方式。严格地讲，**合资企业**（joint venture）是一种进入单一目标国家市场的模式，即由合伙人共享新建的企业实体的所有权。[10]这种战略之所以诱人有以下几个原因。第一，最主要的是分担风险。采用合资企业形式的进入战略，公司可以减少财务风险以及政治不确定性的影响。第二，公司可以利用合资企业的经验熟悉新的市场环境。如果能够成功地进入圈内，则以后还可以提高介入程度，增加亮相机会。第三，合资企业使合伙人有可能将不同价值链的实力结合起来形成合力。某公司可能对当地市场有深入的了解，有广阔的分销体系，或者拥有获得低成本劳动力或原材料的途径。这样，一家公司可以与一家拥有知名品牌或前沿技术、拥有制造专长或先进工艺的外国公司合伙。缺少足够资金来源的公司也可能需要寻找一个合伙人共同对某一项目进行投资。第四，如果政府项目的招标惯例是向当地公司倾斜，或进口关税较高，抑或法律不允许外国人对企业控股但准许建立合资企业，那么合资或许就是进入一个国家或地区市场的唯一途径。合资企业的市场进入和扩张示例如表 9 – 1 所示。

表 9 – 1　合资企业的市场进入和扩张示例

公司	合资目的
通用汽车（美国）、丰田（日本）	新联合汽车制造公司（NUMMI），位于加利福尼亚弗里蒙特的联合工厂（该合资企业于 2009 年终止）
通用汽车（美国）、上汽集团（中国）	50/50 合资企业，兴建组装厂，自 1997 年开始为中国市场生产 10 万辆中型轿车（总投资 10 亿美元）
通用汽车（美国）、印度斯坦汽车公司（印度）	合资企业年产量将达到 2 万辆的欧宝雅特（Astras）汽车（通用汽车投资 1 亿美元）
福特（美国）、马自达（日本）	50/50 合资企业，成立 AutoAlliance 国际公司，并在密歇根州福拉特洛克建成一家合营工厂
福特（美国）、马自达集团（印度）	50/50 合资企业，在印度泰米尔纳德邦建造福特嘉年华（总投资 8 亿美元）
克莱斯勒（美国）、宝马（德国）	50/50 合资企业，在南美建厂生产小排量四缸发动机（总投资 5 亿美元）

全球营销（原书第 10 版）

利用合资进入某国或某地区市场会有一定的不利之处。合资各方既要分享利润又要共担风险。第一个不利之处，合资企业的主要弱点是，为处理与合伙人共事时产生的控制和协调问题，公司会增加相当大的开支（不过在某些情况下，一些国家对外国资本份额的比例进行了限制）。

第二个不利之处是伙伴之间发生冲突的潜在可能。这些冲突时常是由文化差异所致。康宁玻璃器皿公司（Corning Glass）和墨西哥最大的工业制造商威托罗（Vitro）之间 1.3 亿美元的合资企业最终失败，就属于这种情况。合资企业的墨西哥经理有时认为美国合作伙伴太直截了当、太好斗；美国合作伙伴则认为他们的伙伴在做重要决定时耗时过长。[11] 如果合资企业内有若干合伙方，冲突也会相应增加。合资企业伙伴在第三国市场有时会相互将对方视为实际的或潜在的竞争对手，因此可能导致它们"分手"。为避免这种情况，很有必要制定一个进入第三国市场的计划，并将其作为合资协议的组成部分。

第三个不利之处在许可经营部分也已提及，一个充满活力的合资伙伴可能会演变成一个更加强有力的竞争对手。美国通用汽车公司和韩国的大宇集团在 1978 年组成合资企业，为韩国市场生产汽车。到 20 世纪 90 年代中期，通用汽车公司帮助大宇提高了作为汽车生产商的竞争力，但大宇集团董事长金宇中（Kim Woo-Choong）终止了这个合资企业项目，因为企业条款规定，不允许带有大宇名称的汽车出口。[12]

正如一位全球营销专家曾告诫的那样，"在一个联盟中，你必须学习合作伙伴的技巧，而不应将联盟仅看作无须大量投资就能得到产品以供出售的途径。"但是，与美国和欧洲国家的公司相比，日本和韩国的公司似乎对合资企业带来的新知识的运用更出色。例如，丰田公司从它与通用汽车公司的合作中学到了许多新知识（美国的供货和运输方式以及对美国员工的管理），随后运用到在肯塔基州生产凯美瑞汽车的工厂中。但是一些参与合资企业管理的美方人员却抱怨从中学到的生产技术没有在通用汽车公司得到广泛应用。

9.2.2 以股本或全部所有权方式进行投资

参与全球市场最广泛的方式是投资，其实现方式包括股本和全部所有权。**股本**（equitystake）仅是一种投资，如果持股不足 50%，则为少数股权；超过 50%，则为多数股权。**全部所有权**（full ownership），顾名思义，即投资者拥有 100% 的控制权。具体方式可以是通过新建企业，我们将其称为**绿地投资**（greenfield investment），也可以是通过**兼并**（merge）或**收购**（acquisition）现有的企业。

2016 年规模最大的并购交易之一是德国拜耳拟以 660 亿美元收购美国农业巨头孟山都公司（Monsanto）。2018 年 3 月，欧盟批准了这项并购计划；在接下来的一个月中，美国司法部做出了同样的决定。在 2008 的全球金融危机之前，媒体和电信行业发生并购的频繁程度在全球范围内名列前茅。这些交易和许多其他交易表明最高程度的资金及管理力量的投入，但也提供了最大限度参与市场的手段。

有些公司可能由许可经营或合资企业变为独资企业，以便在市场中得到更快的扩张、更多的控制和/或更高的利润。20 世纪 90 年代，拉尔斯顿·普瑞纳公司（Ralston Purina）终止了与日本公司长达 20 年的合资企业项目，开办了自己的宠物食品子公司。家得宝（The Home Depot）用收购的办法在中国扩张；2006 年，这家从事家居装饰装修业务的大企业收购了家世界连锁店。不过，中国顾客似乎并不接受这种"大卖场"式的自己动手（DIY）模式。2012 年底，家得宝关闭了它在中国的最后一家大卖场，仅剩的两家中国零售店分别是涂料和地板专卖店以及室内设计商店。

如果政府禁止外国公司持有 100% 股权，那么投资公司就只能持有多数股权或少数股权。例如在中国，政府通常限制合资企业的外国公司所有权不超过 51%。但是，持有少数股权可能也符合某些公司的商业利益。三星就觉得购进 AST 计算机制造公司 40% 的股权足矣，三星的经理迈克尔·杨（Michael Yang）说："我们觉得 100% 太冒险，因为不论所有权何时发生更迭，都会在员工心中造成很大的不确定感。"[13]

在其他情况下，投资公司也可以以少数股权开始，逐渐增加股份。1991 年，大众首次在捷克汽车工业投资就是购买斯柯达 31% 的股份。到 1995 年，大众的股份已经增加到 70%，其余股份为捷克政府所有。2000 年，大众收购了所有股权。2011 年，在大众进入整整 20 年后，斯柯达这家捷克汽车制造商已经由一家地区性公司演变为全球化公司，产品远销 100 个国家和地区，销量超过 75 万辆。[14]同样，在 21 世纪头 10 年的经济衰退期间，当美国汽车制造商克莱斯勒处于申请破产程序中时，意大利的菲亚特收购了其 20% 的股份。菲亚特首席执行官塞尔吉奥·马尔奇奥尼（Sergio Marchionne）带领克莱斯勒扭亏为盈，并增加公司股权至 53.5%，而后又增至 58.5%。最后，2013 年，菲亚特收购了剩余的 41.5% 股权，实现了完全收购克莱斯勒。[15]

通过建立新的设施进行大规模直接扩张可能代价高昂，而且需要在管理上投入大量的时间和精力。然而有时这个途径是由政治因素或其他环境因素决定的。例如，美国政府裁决日本的富士公司有倾销行为（即出售相纸的价格大大低于日本国内的价格），之后富士公司便在美国投资数亿美元。作为对新设施进行绿地投资的替代办法，收购是一条更便捷而且有时更便宜的市场进入或扩张途径。独资企业能避免合资企业或合作生产可能出现的沟通或利益冲突等问题，因而显示出格外的优势。但是，收购也提出了一项要求颇高的挑战性任务，即必须把所收购的公司纳入全球组织体系并协调其经营活动。

表 9-2、表 9-3 和表 9-4 介绍了汽车制造行业的公司如何运用前面讲到的各种市场进入的战略，包括股本、投资建立新企业和收购。如表 9-2 所示，通用汽车在非美国的汽车制造业中倾向于持有少数股权；1998~2000 年间，公司在这方面支出了 47 亿美元，而福特用了 2 倍的资金进行收购。尽管通用汽车在这些交易中的损失都已销账，但它的战略反映出通用汽车不相信大企业间的并购能起到实际作用。正如通用汽车公司的前董事长兼首席执行官里克·瓦格纳（Rick Wagoner）所言，"我们本来可以对别人实行 100% 的收购，但那样恐怕不能把资金用在最好的地方。"与此同时，公司投资

于少数股权的做法最终收到成效：公司在采购方面成比例地节省了资金。了解到柴油机的技术后，萨博公司在斯巴鲁公司的帮助下创纪录地在短时间内生产出了一款新车。[16]通用汽车在 2009 年提出破产申请后，从若干非核心业务和品牌（包括萨博）中抽回了资金。到 21 世纪 10 年代初，萨博汽车已破产。

表9-2 以股本方式投资

投资公司（母国）	投资（股份、金额、日期）
菲亚特（意大利）	克莱斯勒（美国，初始20％股份，2009 年；菲亚特使克莱斯勒免于破产）
通用汽车（美国）	富士重工（日本，20％股份，14 亿美元，1999 年）；萨博（瑞典，50％股份，5 亿美元，1990 年；其余50％，2000 年；2009 年通用汽车申请破产后将萨博卖给了瑞典集团）
大众（德国）	斯柯达（捷克，31％股份，60 亿美元，1991 年；1994 年增至50.5％；目前拥有70％的股份）
福特（美国）	马自达（日本，25％股份，1979 年；1996 年增至33.4％，4.08 亿美元；2008 年降至13％；2010 年降至3.5％）
雷诺（法国）	伏尔加（俄罗斯，25％股份，13 亿美元，2008 年）；日产（日本，35％股份，50 亿美元，2000 年）

表9-3 投资建立新企业

投资公司（母国）	投资（地点、日期）
本田（日本）	5.5 亿美元的汽车组装厂（美国印第安纳州，2006 年）
现代（韩国）	11 亿美元的汽车组装与制造设施，生产索纳塔、圣达菲（美国佐治亚州，2005 年）
宝马（德国）	4 亿美元的汽车组装厂（美国南卡罗来纳州，1995 年）
奔驰（德国）	3 亿美元的汽车组装厂（美国阿拉巴马州，1993 年）
丰田（日本）	34 亿美元的汽车组装厂，生产凯美瑞、亚洲龙和面包车（美国肯塔基州）；4 亿美元的发动机厂（美国西弗吉尼亚州）

表9-4 以收购方式进入和扩张市场

收购方	目标（股份、金额、日期）
百威英博（比利时）	南非米勒（英国，1 010 亿美元，2016 年）
塔塔汽车公司（印度）	捷豹、路虎（英国，23 亿美元，2008 年）
大众（德国）	西亚特（西班牙，6 亿美元，1990 年完成收购）
浙江吉利（中国）	沃尔沃汽车部门（瑞典，13 亿美元，2010 年）

　　什么力量驱动了这么多的并购活动呢？答案是全球化趋势。安海斯 – 布希公司的管理层意识到全球化的路程不能独行。20 年前，海伦·冠蒂工业公司（Helene Curtis Industries）的管理层也有类似的认识，并同意被联合利华收购。公司总裁兼首席执行

官罗纳德·吉德威茨（Ronald J. Gidwitz）说："很明显，海伦·冠蒂没有在全世界新兴市场投射自己形象的能量。市场变大，迫使较小的参与者采取行动。"[17]不过，管理层到国外投资的决定有时会与投资者的短期盈利目标相冲突，或与目标组织成员的意愿相违背。

合资企业的一些优越性同样适用于独资企业，包括市场准入、回避关税与配额壁垒。像合资企业一样，独资企业也允许转让重要技术经验，并能够向公司提供掌握新生产工艺的途径。

这里讨论的几种可供选择的办法，如许可经营、合资企业、持有少数股权或多数股权、独资企业，实际上是在进入并拓展国际市场时可以采用的一系列渐进战略的不同阶段。一个公司在设计进入国际市场的总体战略时可能要求将出口—进口、许可经营、合资和独资结合起来运用。雅芳使用了收购和合资企业两种办法进入发展中国家市场。随着时间的推移，公司的战略选择也可能发生改变。例如，博登公司（Borden）终止了在日本的品牌食品许可经营和合资企业项目，建立起自己的乳制品生产、分销和营销网络。同时，在非食品领域，博登仍然同日本的伙伴保持合资的关系，生产弹性包装及铸造材料。

在特定行业内的竞争者也可能采取不同的战略。例如康明斯发动机公司（Cummins Engine）和卡特彼勒公司在开发适合新用途的新型柴油发动机方面都面临高达 3 亿 ~4 亿美元的开发费用问题。然而，两家公司在对世界发动机市场方面采取的战略却不相同。

康明斯公司的管理层看好合作，而且公司 60 亿美元相对微薄的年收入对进行收购和一些其他市场进入方式构成了财务限制，因此它宁可选择合资企业。美国公司和俄罗斯公司之间的最大合资企业将康明斯发动机公司与设在俄罗斯鞑靼斯坦共和国的卡玛斯卡车公司（KamAZ）联系在了一起。这个合资企业使俄罗斯能够应用新的制造技术，同时使康明斯公司进入俄罗斯市场。康明斯公司在日本、芬兰和意大利都有合资企业。

相反，卡特彼勒公司的管理层则宁愿拥有全部所有权所带来的高度控制权。公司用 20 多亿美元购买了德国的马克（MaK）、英国的珀金斯发动机制造商（Perkins）、易安迪（Electro-Motive Diesel）和其他企业。管理层认为，买进现成的企业通常比独立开发新的项目省钱。此外，卡特彼勒公司还担心专有知识的保护问题，对它的核心建筑设备制造来说，这是根本。[18]

全球战略伙伴关系

讨论有助于成功达成全球战略伙伴关系的因素。

在第 8 章和本章前半部分，我们探讨了公司进入市场惯用的各种方式（出口、许可经营、合资和独资）。这些公司希望进入全球市场或在现有基础上拓展业务。但是全球化公司所处的政治、经济、社会文化和技术环境近年来发生了巨大变化，在这些变化的共同作用下，这些战略的相对重要性也发生了变化，如贸易壁垒的消除、市场的全球化、消费者需求和欲望的趋同、产品生命周期的缩短以及新的通信技术的出现等。

尽管这些发展提供了空前的市场机会，但对全球经营的企业而言也具有很强的战略含义，对全球营销者来说也是新的挑战。这样的战略无疑将包罗各种形式的合作（甚至可能是在这些合作基础上建立的）。以往人们心中的跨国联盟只是这样一种合资企业：统治地位较强的一方获得大部分合作收益（或承担大部分损失）。如今跨国联盟的组织形式是全新的，联盟对象也更让人意想不到。

为什么任何一家公司（无论是不是全球化公司）都会寻求与另一家公司合作，无论它是本国公司还是外国公司？如今竞争环境的特征是空前的动荡、有活力和难以预测的，因此，全球化公司必须迅速做出反应并不断适应市场条件。公司要在全球市场取得胜利，就不能仅仅继续依赖过去曾使它们获得成功的技术优势或核心能力。从交通运输到零售，从媒体到电信行业，各行各业都出现了明显的颠覆，它们都需要全新的视野和方法。

在 21 世纪，公司必须寻求新的战略，以增强对环境的应变能力。具体来讲，它们必须在全球化过程中不断发扬创业精神。为此，它们必须增加组织机构的弹性，不断创新，并据此修改其全球战略。[19] 本章接下来将集中讨论全球战略伙伴关系。此外，我们将研究日本的"联营公司"和如今的全球化公司所采用的其他各类合作战略。

9.3.1　全球战略伙伴关系的性质

用来描述合作战略新形式的术语五花八门。**战略联盟**（strategic alliance）、**战略国际联盟**（strategic international alliances）和**全球战略伙伴关系**（global strategic partnerships，GSPs）等术语经常用以表示不同国家的公司携手追求共同目标所建立的关系。这类术语可以涵盖范围很宽的公司间协议，包括合资企业。值得注意的是，此处探讨的战略联盟具有以下三个特征（见图 9-5）：[20]

1. 结成联盟后，参与各方仍保持独立。
2. 参与各方共同享有联盟的利益，并对执行指定任务的过程共享控制权。
3. 参与各方在技术、产品和其他关键的战略领域做出持续的贡献。

据估计，自 20 世纪 80 年代中期以来，战略联盟的数量每年增长 20%～30%。全球战略伙伴关系的增加趋势部分地是以牺牲传统的跨国兼并和并购为代价的。20 世纪 90 年代中期以来，推动伙伴关系建立的一个关键因素是各方意识到全球化和互联网提出的要求——建立新的跨公司架构（见图 9-6）。表 9-5 列出的是全球战略伙伴关系的示例。

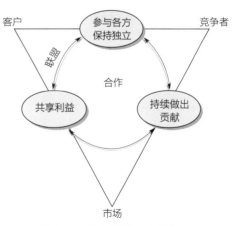

图 9-5　战略联盟的三个特征

图9-6 寰宇一家（Oneworld）是一个将美国航空公司（American Airlines）和其他不同国家的航空公司汇集在一起的全球网络。在任何一个网络成员上订票的乘客都可以很容易地与其他航空公司联系，从而顺利地环游世界。对旅行者而言的另一个好处是，从美国航空常旅客计划（AAdvantage）获得的航空积分里程可以在该网络的任何成员处兑换。

资料来源：First Class Photography/Shutterstock.

表9-5　全球战略伙伴关系的示例

联盟或产品名称	主要参与者	联盟目的
雷诺-日产-三菱联盟	雷诺集团、日产汽车、三菱汽车	共享车辆平台、跨品牌制造、联合采购运营
S-LCD	索尼、三星电子	生产高清平板电视机用显示屏
高性能发动机	阿斯顿·马丁、梅赛德斯-奔驰	梅赛德斯-奔驰的性能部门为阿斯顿·马丁生产4.0升的V8发动机
星空联盟	柏林航空、美国航空、全美航空、英国航空、国泰航空、芬兰航空、西班牙航空、日本航空、智利航空、马来西亚航空、澳洲航空、卡塔尔航空、皇家约旦航空、S7 西伯利亚航空、斯里兰卡航空、TAM 巴西塔姆航空	创建一个连接十几家航空公司的全球旅行网络，为国际旅客提供更好的服务

　　像传统的合资企业一样，全球战略伙伴关系也有不足之处。伙伴们共享被分派的任务控制权，这种局面造成了管理上的挑战。此外，使另一个国家的竞争对手更加强大，也带来了诸多风险。然而，寻求战略联盟也有令人信服的理由。首先，在资源短缺时，高昂的产品开发成本可能促使公司寻找一个或多个合作伙伴，这是索尼与三星共同生产平板电视机的部分缘由。其次，许多当代产品对技术的要求意味着单个公司可能因为缺少技术、资金或诀窍而不能独立完成。[21]这有助于解释为什么英国标志性的汽车公司阿斯顿·马丁会与梅赛德斯-奔驰建立伙伴关系，后者（这家德国公司）会提供高性能发动机、车舱电子设备和信息娱乐系统，这意味着阿斯顿·马丁的工程师可以专注于其他设计问题。[22]再次，伙伴关系或许是确保进入一个国家或地区市场的最好途径。最后，伙伴关系提供了重要的学习良机；事实上，一位专家把全球战略伙伴关系称为"学习的竞赛"。伦敦商学院教授加里·哈默尔（Gary Hamel）曾说，伙伴关系中学得最快的一方最终将会在这种关系中起主导作用。

　　如前文所述，全球战略伙伴关系与本章的前半部分所讨论的市场进入方式存在重大差异。许可经营协议并不要求在伙伴之间不断地转让技术或技能，因此这种协议不能算作战略联盟。[23]传统意义上的合资企业基本上是针对某一国/地区市场或是针对某一

全球营销（原书第10版）

具体问题而构建的联盟，前面谈到的通用汽车和上汽集团在中国的合资企业就是这种类型；而真正的全球战略伙伴关系则不同，其特征表现为以下五种属性。[24]S－LCD，即索尼与三星电子的战略联盟就很好地诠释了各个属性。[25]

1. 在两个或两个以上公司之间制定一个长期的联合战略，以期通过追求成本领先、差异化或是二者兼顾，取得全球领先地位。三星电子和索尼一直在相互较劲，都想争当全球电视机市场的领导者。要在平板电视机市场盈利，关键之一在于能否在平板显示屏的生产方面成为降低成本的领先者。S－LCD是一个拥有20亿美元资产的合资企业，月产显示板6万片。

2. 这种关系是互惠的。各方都拥有可以与另一方共享的特定优势，学习必须是相互的。三星电子在平板电视机的制造技术方面领先。索尼擅长将先进的技术融入世界水平的消费产品之中；它的工程师在优化电视图像质量方面拥有专长。三星电子的业务主管张仁植（Jang Insik）说："向索尼学习，将有助于我们提高技术。"[26]

3. 各方的视野和努力是真正全球性的，能超越本国及本地区的界限，延伸至世界其他地区。索尼和三星电子都是在世界各地销售全球品牌的全球化公司。

4. 这种关系是沿水平线而不是沿垂直线组织起来的，并要求各方不断进行资源的横向转移，其准则是技术共享和资源统一调配。张仁植和索尼的村山浩良（Hiroshi Murayama）每天都通电话，每月还要见面讨论显示器制造问题。

5. 当参与各方在伙伴关系之外的市场上竞争时，它们仍可保持各自的民族特点和意识形态。三星电子销售一系列使用数字光源处理（DLP）技术的高清电视机；索尼不生产DLP电视机。如要生产与电视机配套的DVD播放机和家庭影院音频播放系统，则三星电子团队会在电视机设计师康云时（Yunje Kang）的率领下与视听部门紧密合作。在三星电子，负责消费电子产品和计算机产品的经理向数字媒体总管崔志成（Gee-sung Choi）汇报。所有设计人员都在开放的办公环境里并肩工作。一份公司介绍说："业务部门之间的隔墙实际上并不存在。"[27]相反，索尼的各个部门基本上都是各自单独运作的，为在各部门之间取得一致意见，他们在沟通方面耗费了大量的时间，这些年来索尼已为此深感不堪重负。

9.3.2　成功要素

假如有一个联盟符合这五个前提，则有必要考虑以下六个被视为对全球战略伙伴关系的成功具有重要影响的基本因素：使命、战略、治理、文化、组织和管理。[28]

1. 使命。成功的全球战略伙伴关系会形成一种双赢的局面，各方追求的目标是建立在相互的需要和优势之上的。

2. 战略。一个公司可以与不同的伙伴分别建立全球战略伙伴关系；有关战略一定要预先考虑好以避免冲突。

3. 治理。经讨论达成一致的处事方法必须成为联盟的准则，伙伴各方必须一律平等。

4. 文化。联盟需要顺利地培育一套各方共享的价值观，个人之间的气息相通也很重要。通用电气英国公司和西门子之间的伙伴关系的破裂，部分原因在于前者是由财务导向的经理主管，后者是由工程师主管。

5. 组织。需要有革新性的结构和设计，以抵消多国管理的复杂性。

6. 管理。全球战略伙伴关系总会遇到不同类型的决策方式。必须事先看到可能导致分歧的潜在因素，并建立能使各方服从、明确而统一的权威。

正在建立全球战略伙伴关系的公司必须牢记这些因素。不仅如此，成功的合作者还需要遵循以下四条原则：第一，尽管合作各方在某些领域内追求共同的目标，各方仍需记住它们在其他领域仍然是竞争对手；第二，融洽并不是衡量成功最重要的尺度，出现某种冲突应属预料之中；第三，所有雇员、工程师和管理者都应该了解合作关系到哪里为止，竞争性的妥协从何开始；第四，如前所述，向伙伴学习是至关重要的。[29]

学习问题值得特别关注。某研究小组指出：

> 合作伙伴通过充分共享技艺、创造超越联盟外公司的优势，但同时要避免把核心技艺全盘送给合作方。这样做并不容易，其难度如同走钢丝。公司必须慎重地选择到底把哪些技艺和技术传给对方，还必须建立对于无意的、非正式的信息转让的防范措施，目的在于限制其经营过程的透明度。[30]

9.3.3　与亚洲竞争者的联盟

西方公司可能会发现，它们在与亚洲竞争者结成的全球战略伙伴关系中处于劣势，特别是当后者具有诱人的制造工艺时。对西方公司来说，遗憾的是，精湛的制造技术代表着一种由多因素构成的能力，不易转让。非亚洲的经理和工程师也必须更加留心并虚心接受新事物：他们必须克服"非此地发明"（NIH）综合症，并开始视自己为学生，而不是老师。与此同时，他们还必须学会克制自己总想炫耀专有实验室和工程成就的欲望。

为限制透明度，一些处于全球战略伙伴关系内的公司专门设立了"合作部"。这个部门很像公司的一个沟通部门，其职能类似门卫，找公司的任何人或信息，都必须通过它。为防范非有意的信息转让，这种"门卫"起着重要的控制作用。

麦肯锡公司 1991 年的报告进一步揭示了西方公司与日本公司结成的联盟中的一些具体问题。[31]通常，发生在伙伴间的问题多与互相感到失望或是错过良机有关，而非客观的业绩水平。研究发现，不成功的战略联盟通常在四个方面存在问题。第一个问题是，各自有"不同的梦想"：日方合作伙伴将自己视为联盟的行业领导者，或认为自己正在进入新的领域并在为未来打下新的基础；但是西方合作伙伴却在寻求相对快捷且无风险的财务收益。一位日本经理说："我们的伙伴是来寻求回报的。他们得到了，现在他们却抱怨未能做出一番事业。但那本来就不是他们当初的打算。"

第二个相关的问题是伙伴之间的平衡。各方都要为联盟做出贡献，而各方也都在一定程度上依赖对方，这种依赖正反映了参与联盟的必要性。从短期来说，最有吸引力的合作伙伴可能是在该行业已成气候并彰显实力却又需要掌握一些新技艺的公司。而最好的长期合作伙伴似乎应该是那种能力并不那么强的公司，甚至是行业外的公司。

第三个会造成问题的是管理理念、期望值和处理方式不同而导致的"摩擦性损失"。联盟内部的所有职能部门都可能受到影响，其结果是经营业绩受损。一位西方商人在谈论他的日本伙伴时说："我们的伙伴只顾往前冲，决定投资时不考虑能否获得回报。"而日方却声称："外国伙伴在决定一件本来已十分清楚的事情时花了太多的时间，结果使我们总慢半拍。"这些差异经常令人感到沮丧，引起旷日持久的争论，并阻碍了决策的进行。

第四个问题，研究发现，短期目标会导致外方限制派驻合资企业的人数，有时合资企业中人员的任期可能只有两三年。这会导致"公司遗忘症"，也就是说，公司几乎或根本没有建立如何在日本参与竞争的记录。每一批新的管理人员都有自己的目标，结果使合资企业的初始目标荡然无存。纵观这四个问题，几乎可以确定，从长远来讲，日方伙伴将成为联盟中唯一的成员。

9.3.4　商用风扇发动机国际公司：通用电气和斯奈克玛合作成功的范例

商用风扇发动机国际公司（Commercial Fan Moteur，CFM）是由通用电气喷气发动机分部和一家法国国有的宇航制造商斯奈克玛（Snecma）合作的企业，是人们时常提及的全球战略伙伴关系的成功典范。通用电气此举的部分动机在于进入欧洲市场，以便向空中客车公司出售其发动机；同时还有 8 亿美元的开发成本是它无力单独承担的风险。当通用电气集中精力于系统设计和高科技工作时，法国方面则解决了风扇、助推器和其他部件问题。2004 年，法国政府出售了斯奈克玛 35% 的股份；2005 年一家电子制造商萨基姆（Sagem）收购了斯奈克玛。新企业名为赛峰集团（Safran），其 2016 年的收入超过了 130 亿欧元（相当于 187 亿美元）；而其中一半以上来源于航空推进装置。[32]

这个联盟的两位最高执行官，通用电气的格哈德·纽曼（Gerhard Neumann）和已故的斯奈克玛的勒内·瓦沃（René Ravaud）将军之间的个人关系十分融洽，使联盟得以开门大吉。尽管双方在治理、管理和组织等方面的看法不同，伙伴关系仍然在蓬勃发展。通用电气发动机团队的高级副总裁布赖恩·罗（Brian Rowe）曾说，法国人喜欢从行业外部引入高级管理人员，通用电气则喜欢从组织内部选拔有经验的人。此外，法国同事解决问题时常依据大量的数据资料，而美国同事则更可能凭直觉行事。尽管存在理念上的差异，但双方派到合作企业中的高级管理人员都被委以重任。

9.3.5　有争议的案例：波音和日本某集团

全球战略伙伴关系曾是某些圈子的人士批评的对象。批评家警告说，在一个依赖外部公司提供关键部件的公司里，雇员的专长将会丧失，其工艺将会退化。这种批评经常指向那些涉及美国和日本公司的全球战略伙伴关系。比如，波音公司和日本某集团计划建立一个联盟，以制造一种新的节能型客机——7J7。此事引起了极大的争议。这个计划的预算为 40 亿美元，波音公司难以独自承担。日本公司拟出资 10 亿 ~ 20 亿美元，其条件是它应有机会向波音公司学习制造和营销技术。虽然 7J7 项目在 1988 年被搁置，但一种新的宽体客机——777 开发成功，其中 20% 的工作被分包给三菱、富士和川崎公司。[33]

批评家预料会出现这样一种情形：日本人会用他们学来的东西制造自己的飞机，将来直接与波音竞争——这是一种令人不安的念头，因为波音是世界上最大的出口商。某研究小组已经勾勒出一个轮廓，包含一个公司在越来越依赖于伙伴关系时可能经历的几个阶段：[34]

1. 向外部寻求从事装配工作的廉价劳动力。
2. 向外部寻求低价部件以降低产品价格。
3. 提高增值部件移向国外的程度。
4. 将与生产工艺、设计和功能相关的技术移向国外。
5. 将与质量、精密制造、检测和未来产品衍生途径相关的培训移向国外。
6. 将围绕部件、小型化和复杂系统整合的核心技能移向国外。
7. 竞争者学到与内在核心能力相关的整套技能。

吉野（Yoshino）和兰根（Rangan）从跨市场的依赖性方面描述了各种市场进入战略的相互作用与演变。[35]如第8章所述，许多商家在开始时采取基于出口的做法。从历史上看，日本汽车和消费电子产品工业的成功都可追溯到它们的出口热潮。日产、丰田和本田最初都专注于在日本生产，从而实现了规模经济。

最终，出口导向战略让位于基于联营的战略。各种类型的投资战略——股本、绿地投资、收购和建立合资企业，在企业内部形成了经营上的相互依存。公司在不同的市场运作，就有机会根据汇率波动、资源成本或其他考虑，将生产从一处转到另一处。虽然在有些公司，海外联营机构的运作如同自治领地（多国中心导向的多国公司原型），但其他公司看到了经营上的灵活性可能带来的益处。

当管理层认识到，实现全面的整合和形成不同国家市场的知识共享网络可以大幅提高公司的整体竞争地位，这时便出现了全球战略演变的第三个也是最复杂的阶段。公司人员所选战略的复杂性不断提高，他们就必须同时掌握新的依存关系和以前的依存关系。

全球营销

9.4

发展中国家的国际伙伴关系

识别与发展中国家达成伙伴关系的一些挑战。

中欧地区、东欧地区、亚洲地区（如印度）和墨西哥存在巨大的和尚未开发的市场，这给那些正在寻求进入这种市场的公司提供了令人振奋的机会。显然，进入这些市场的一个可选战略是战略联盟，像以前的美日合资企业一样，潜在的伙伴将用市场准入换取技术诀窍。其他的进入战略也是可行的。例如1996年，克莱斯勒和宝马同意在拉丁美洲投资5亿美元建立年产40万台小型发动机的合资企业。时任克莱斯勒董事长的罗伯特·伊顿（Robert Eaton）虽然对战略伙伴关系持怀疑态度，但他认为在某些情况下有限形式的合作如合资企业还是有道理的。他说："在美国以外，世界上销售的大多数汽车都是发动机排量在 2.0 升以下的。我们在这个领域根本无法竞争，因为我们没有排量小一点的发动机。毫无疑问，在世界市场的许多与此类似的领域，规模经济表明，我们确实应该拥有一个合作伙伴。"[36]

如果风险能够降到最小、问题能够得到解决，在中欧地区、东欧地区等过渡经济地区的合资企业能比过去与亚洲伙伴建立的合资企业发展得更快。一方面，许多因素的综合作用使俄罗斯成为一个设立战略联盟的极佳地点：俄罗斯有受过良好教育的劳动力，那里的消费者也十分注重质量。另一方面，在俄罗斯的合资企业也经常需要面对几个相关问题，包括有组织犯罪、供应短缺、过时的监管和不断变化的法律体系。尽管有这些风险，俄罗斯的合资企业数量仍在增加，特别是在服务和制造业部门。过去，大多数合资制造商的工作仅限于组装，但现在已在进行有较高附加值的活动，如零部件制造。

匈牙利是中欧一个具有诱人潜力的市场。匈牙利已经建成这一地区最为自由的金融和商业体制，而且为西方人投资制定了不少优惠政策，特别是在高科技产业。同俄罗斯一样，它自己也有问题。数字设备公司（Digital）最近与匈牙利物理研究所和受国家监督的计算机系统设计公司扎莫克（Szamalk）之间达成的合资企业协议就是一个例证。合资企业的建立虽然是为了数字设备公司能在匈牙利出售产品并提供相关服务，但这个企业更深层的重要意义却在于阻止中欧公司仿制数字设备公司的计算机。

9.5 亚洲合作战略

描述亚洲合作战略的特殊形式。

正如我们在前面章节中看到的，亚洲文化表现出了集体主义的社会价值观；在亚洲，个人生活和商业世界中都极为重视合作与和谐。因此，许多亚洲最大的公司（包括三菱、现代和 LG）都在寻求合作战略也就不足为奇了。

9.5.1　日本的合作战略：联营公司

日本的**联营公司**（keiretsu）是合作战略的一种特殊类型。一个联营公司就是一个业务交叉的联盟或是一个企业集团，用一位观察家的话说，"好像一个战斗部落，在其中，各个企业家族联合起来争夺市场份额。"[37]联营公司的出现，是 20 世纪 50 年代初对 1945 年前一直统治着日本经济的四家大型集团企业（财团）进行重组的结果。四大集团企业之所以解散，是因为第二次世界大战后美国占领军提出将反托拉斯作为国家重建的一部分。

如今，日本的公平贸易委员会似乎更倾向于支持和睦相处，而不是追求反竞争性行为。因此，美国联邦贸易委员会就价格垄断、价格歧视和独家供应安排进行了多项调查。日立、佳能和其他日本公司也被指控在美国市场上限制高科技产品的供应。美国司法部已有如下考虑，即如果日本公司的母公司在日本市场上有不公平贸易的违法行为，它们将对其在美国的子公司提起诉讼。[38]

联营公司广泛存在于各种类型的市场，包括资本市场、初级产品市场和零部件市场。[39]银行拥有大量股票，公司、买主和非资金供应商三者股权交叉，这些常使联营公司的内部关系更加牢固。而且，联营公司的管理者可以合法地参加对方的董事会，共享信息并在"总裁理事会"的内部会议上协调价格。因而，联营公司实质上就是得到政府保护的卡特尔。虽然建立联营公司本身并不是一种市场进入战略，但在日本公司寻找国际新市场时发挥了重要作用。

有人指责联营公司会对日本市场的竞争关系产生影响，但一些观察家持不同看法，他们声称这些集团主要发挥的是一种社会职能。另一些人承认与联营公司相关联的特惠贸易方式在过去意义重大，但断言现在联营公司的这种影响已经被大大削弱。详述这些内容超出了本章的范围，但是毫无疑问，对那些与日本公司竞争的企业或希望进入日本市场的企业来说，对联营公司有一个总体的理解至关重要。假设在美国，一家汽车制造商（如通用汽车）、一家电气制造商（如通用电气）、一家钢铁企业（如USX）和一家计算机公司（如IBM）彼此关联而非相互分离，试想那将意味着什么。在联营公司时代，全球竞争意味着竞争不仅存在于产品之间，还存在于不同的公司管理系统之间和产业组织之间。[40]

就像我们刚才假设的美国例子一样，日本的一些最大、最知名的企业就是联营公司的核心。比如，处于三井集团和三菱集团中心位置的是几家与银行有着共同联系的大型公司。这两大集团又与住友（Sumitomo）、扶洋（Fuyo）、三和（Sanwa）和DKB商社一起组成了六大联营公司。这六大商社都力争在日本经济的每一个部门中获得强势地位，商社的内部关系常常涉及共同持股和贸易关系，因而有时被称作"横向联营公司"。[41]每个商社的年营业收入都以千亿美元计。以绝对数而论，联营公司包罗的公司在日本公司总数中所占百分比很小，但这些联盟能有效地阻止国外供应商进入日本市场，结果是消费者承受了更高的物价。同时，随之而来的还有公司的稳定、风险共担和长期雇用等现象。

除了上述六大联营公司外，还有其他结构与上述基本形态不同的联营公司。纵向（供应和分销）联营公司是制造商与零售商的分级联盟。比如，松下公司在日本控制着一系列的全国连锁店，通过这些店出售其Panasonic，Technics和Quasar等品牌的商品。松下在本国的销售额半数来自这些连锁店，这些店的库存中有50%～80%是松下的品牌。包括东芝和日立在内的其他日本主要的家用电器生产商也都有类似的联盟（相比之下，索尼的连锁店小得多，也弱得多）。它们都是日本市场上强劲的竞争者。[42]

还有另外一种制造型联营公司，这些联营公司是由汽车制造商、供应商和零部件制造商组成的垂直型联盟。其集团内部的运营及系统均紧密地结为整体，供应商能得到长期的合同。比如，丰田有一个由 175 个一级供应商和几千个二级供应商组成的网络。其中一个供应商是小糸制作所（Koito），丰田拥有其大约 1/5 的股份，并购买它一半的产品。这种安排的最终结果就是丰田创造的价值只占其汽车销售价值的 25%，而通用汽车公司占 50%。制造型联营公司反映的是理论上供应者与购买者力量处于最佳平衡时可能得到的收益。丰田从几家供货商（有联营公司内部的，也有外部的）购买某一种零部件，并通过联营网络对其实行管束。此外，因为丰田的供应商并不是只为丰田提供生产，在受到外部刺激时，它们也会比较灵活并具有较强的适应能力。[43]

对于以高质量闻名的日本汽车工业来说，联营公司体系保证了高质量的关键因素：按时交付高质量的部件。然而随着美国和欧洲汽车制造商将质量差距缩小，较大的西方零部件制造商实现了规模经济，以使它们的运营成本低于规模较小的日本零部件制造商。此外，丰田、日产和其他公司在其供应网络中持股，占用了它们本可用于产品开发和其他目的的资金。

例如，在雷诺取得日产的控股权后，以卡洛斯·戈恩（Carlos Ghosn）为首的一支从法国新来的管理团队开始从公司的 1 300 项联营公司投资中撤回资金。日产开始公开招标，以选择零部件供应商，其中甚至包括一些日本以外的供应商。[44]最终，本田和丰田也采用了类似做法，它们开始搜寻联营公司以外的零部件供应商。这反而促成了汽车零部件制造商之间相互勾结，哄抬价格。近期，美国司法部提起的反托拉斯诉讼造成了总额约 10 亿美元的罚款。一些日本的汽车零部件供应商承认它们有所勾结，而美国司法部声称，美国汽车购买者为此支付了更高的车价。

即便如此，日本的变革仍很缓慢。丰田研发副总裁加藤光久（Mitsuhisa Kato）说："我们有责任保护我们的联营公司。我们也正在努力吸纳更多的外部供应商。但我们不会放弃我们在日本开展业务的方式。"[45]

联营公司曾经影响美国企业的两个实例

克莱德·普雷斯托维茨（Clyde Prestowitz）用以下实例证明联营公司的关系是如何对美国企业产生潜在影响的。20 世纪 80 年代初，日产公司在市场上寻找可用于设计汽车的超级计算机。公司考虑的两个候选供应商是当时超级计算机的全球领先者克雷公司（Cray）和日立公司，但日立当时尚无实用的产品。当日产看起来即将购买克雷计算机时，日立的管理者呼吁要团结一致（因为日立和日产同属于六大联营公司中的扶洋商社）。日立要求日产偏向自己，这一情形使美国贸易官员耿耿于怀。同时，日产公司内部一致要求购买克雷的计算机。最终由于美国向日产公司和日本政府施加压力，克雷拿到了这笔生意。

普雷斯托维茨描述了日本人对类似商业行为的态度：[46]

> 这种行为通过缓解冲击的做法提醒双方顾全彼此间的责任。今天日产可能购买日立的计算机，明天它就可能要求日立公司接收它裁减的一些工人。日立的计算机可能性能略差，但是买方可从其他方面得到弥补。此外，购买日立产品的决定是照顾性

的，因而可以使日立与自己联系得更为紧密，保证其会提供尽心的服务，还可以建立未来日立对日产公司产品的忠诚度……这种把双方绑在一起的态度便是日本人所谓的长远观念的含义。这使得他们有能力承受打击，得以长期生存。[47]

美国公司同样有理由关注日本市场以外的联营公司，因为联营公司关系正在跨越太平洋，并直接影响美国市场。根据德韦尔营销咨询公司（Dodwell Marketing Consultants）整理的数据，仅在加利福尼亚一个州，就有半数以上隶属于日本公司的制造厂为联营公司所拥有。而联营公司的影响并不局限于西海岸。设在伊利诺伊州的坦尼科汽车公司（Tenneco Automotive）是一家生产汽车减震器和排气系统的企业，它和丰田联营公司做了许多全球生意。但1990年，马自达不再将坦尼科公司作为其肯塔基工厂的供应商。一部分生意转给了同属马自达联营公司的一家日本公司——东京机器制造公司（Tokico Manufacturing）；还有一家非联营公司的日本公司KYB工业公司，也获得了部分生意。一位日本汽车公司经理解释了这一变化的缘由："第一选择是联营公司内的某家公司，第二选择是一家日本供应商，第三选择才是一家当地公司。"[48]

9.5.2 韩国的合作战略：财阀

韩国有自己的公司联盟，名叫**财阀**（chaebol）。同日本的联营公司一样，财阀由几十家公司围绕一家中心银行或控股公司组成，并由一个创始家族控制。然而与联营公司相比，财阀是时间上更近的产物：20世纪60年代早期，韩国的军事独裁政府向汽车、造船、钢铁和电子领域的几个优选公司集团提供了政府补贴和出口信贷。例如，20世纪50年代，三星以其毛纺厂闻名。到了20世纪80年代，三星已经成为廉价消费电子产品的领先生产者。

财阀是韩国经济奇迹背后的驱动力。韩国1960年的国民生产总值是19亿美元，1990年达到2 380亿美元。但在1997~1998年的金融风暴后，韩国前总统金大中向财阀领导人施压，要求他们进行改革。财阀在金融风暴之前已经变得臃肿且负债累累；在之后的几年里，财阀开始转型。三星开始进军制药和绿色能源领域，而LG电子开始关注废水处理领域。三星、LG、现代和其他财阀都在开发高附加值的品牌产品，配以高端广告，从而打造自己的品牌。[49]

最近，由于部分财阀总裁被指控涉嫌与政治圈勾结、腐败等各种犯罪，财阀的公司治理受到了质疑。

全球营销

9.6

21 世纪的合作战略

解释合作战略在21世纪的演变。

美国半导体制造技术战略联盟（Sematech）是美国的一个技术性联盟，其独特之处在于它是美国政府工业政策的直接产物。美国政府担心国内的主要半导体企业难以与日本竞争，因而同意从 1987 年起资助 14 家技术公司组成一个联合公司。Sematech 原来有700 名雇员，其中有些是固定人员，还有些是从 IBM、AT&T、超微半导体（Advanced Micro Devices）、英特尔和其他公司借来的。联合公司面临的任务是挽救美国芯片制造设备产业，因为面对日本的激烈竞争，美国在这一产业中的市场份额快速下降。由于各公司态度和文化的差异，Sematech 开始曾饱受困扰，但最终还是成功地帮助芯片制造商采用新的方式与设备供应商合作。到 1991 年，伴随日本经济衰退等原因，Sematech 已经初步扭转了半导体设备行业市场份额下滑的局面。[50]

Sematech 开创了技术公司合作的新时代。公司已向国际化发展，其成员名单也随之扩充，包括超微半导体、惠普、IBM、英飞凌（Infineon）、英特尔、松下、高通（Qualcomm）、三星和 ST 微电子（STMicroelectronics）。现在各行各业的公司都在寻求此类联盟。

"关系企业"可能是战略联盟发展的下一个阶段。在关系企业中，共同的目标把来自不同行业和不同国家的公司组成的群体融合到一起，并鼓励它们在行动上做到几乎如同一个公司。布兹、艾伦和汉密尔顿咨询公司（Booz Allen Hamilton）的前副董事长赛勒斯·弗雷德汉姆（Cyrus Freidheim）提出了一种他认为可以代表早期关系企业的联盟。他认为，在今后的几十年内，波音、英国航空公司、西门子、TNT 和斯奈克玛可能在某个国家/地区联合兴建一些新机场。作为整个交易的一部分，英航和 TNT 可能获得优先航线和停机位。当地政府可能与波音或斯奈克玛签订购买全部所需飞机的合同，而西门子将为所有的 10 个机场提供空中交通管制系统。[51]

关系企业比我们如今所知的简单战略联盟更进一步，它将是全球巨头间的超级联盟，其营业收入将接近 1 万亿美元。它们将能够运用大量的现金资源，绕过反垄断的壁垒，并在所有主要市场都设立总部，几乎在所到之处都能享受作为"当地"公司的政治优势。这种联盟的组建并非仅仅是技术发展驱动所致，而是出于建立多重总部的政治需要。

有关合作性战略发展前景的另一种观点正确预测了虚拟公司的出现。正如 20 世纪 90年代早期《商业周刊》的一篇封面文章所说，虚拟公司"看起来是一个具有巨大能量的单一实体，实际上是在需要时才汇集起来的诸多合作活动的产物"。[52] 在全球层面上，虚拟公司能够把成本效益和灵敏反应两种能力结合起来；因此，它更容易贯彻"思维全球化，行动当地化"的理念。这反映了朝"大规模定制"方向发展的趋势。上文提到的推动日本数字化联营公司 Keiretsu 形成的力量（如高速通信网络）也同样体现在虚拟公司中。正如威廉·达维多（William Davidow）和迈克尔·马隆（Michael Malone）在他们所著的《虚拟公司》（The Virtual Corporation）一书中所指出的，"虚拟公司的成功有赖于它是否有能力通过其所有组织成员收集和汇合大量的信息流并据此采取明智行动。"[53]

20 世纪 90 年代初，虚拟公司为何突然从天而降？以前，公司没有便于进行这种数据管理的技术，如今，数据库、网络和开放式系统遍布各地，使虚拟公司所需的数据流成为可能，尤其是这些数据流使得公司可以更好地进行供应链管理。福特公司提供了一个有趣的实例，说明技术如何使一家公司改善其相距遥远的运作部门之间的信息流通。福特公司投资 60 亿美元的"世界汽车"项目［在美国是水星奥秘（Mercury

Mystique）和福特轮廓（Ford Contour），在欧洲是蒙迪欧（Mondeo）］，就使用了国际通信网络，将远在三大洲的设计者和工程师的工作站连接起来。[54]

市场扩张战略

使用市场扩张战略矩阵解释世界上最大的几家全球化公司所采用的战略。

公司必须就拓展市场的方式决策，究竟是在已进入的国家中寻找新的市场，还是到新的国家市场去寻找已经发现并已开拓的细分市场。[55]如表9-6所示，这两方面的组合产生了4种可选择的**市场扩张战略**（market expansion strategy）。

表9-6　市场扩张战略

国家		市场	
		集中	多样化
	集中	1. 高度集中	2. 国家集中
	多样化	3. 国家多样	4. 高度多样

战略1是**国家与市场集中型**（country and market concentration），瞄准少数国家的少数细分市场。这对许多公司来说是典型的起点。这种战略使公司的资源与市场投资所需条件相匹配。除非公司规模很大且拥有丰富的资源，否则这种战略恐怕是唯一现实的起步办法。

战略2是**国家集中市场多样型**（country concentration and market diversification），一个公司在少数几个国家服务于多个细分市场。许多仍在欧洲并通过拓展新市场寻求发展的欧洲公司实施的就是这种战略。有些试图在美国市场上实现多样化的美国公司也采用这一方式，而不是用现有产品寻求国际市场或开发出一种新的全球化产品。美国商务部的数据显示，大多数美国出口公司将销售范围限制在5个或5个以下的市场中。这说明大多数美国公司仍遵循战略1或战略2。

战略3是**国家多样市场集中型**（country diversification and market concentration），这是一种比较经典的国际化战略。按照这一战略，公司为一种产品寻找国际市场。这种战略的吸引力在于，通过为世界范围内的客户服务，公司能以低于所有竞争对手的成本获得较大的累计销量，形成坚不可摧的竞争优势。这是管理良好的企业经常采取的战略，这类企业满足一种明确的需要和客户群。

战略4是**国家与市场多样型**（country and market diversification），这是类似于松下这样的全球化、跨行业公司常采用的战略。如今松下公司的业务范围是跨国界的，其各种业务单位和团队服务于多个消费者和业务细分市场。因此，在公司战略的层面，可以说松下实行的是战略4。但是在业务运作层面，单个业务单位的主管人员还必须重点迎合特定全球市场上的客户需求。在表9-6中，这属于战略3国家多样市场集中型。在世界各地，越来越多的企业开始认识到市场占有率的重要性，这种重要性不仅表现在国内市场上，也表现在世界市场上。公司在海外市场上的成功可以促使其销售量大增，并降低成本水平。

本章小结

希望超越出口和进口阶段的公司有范围广泛的**市场进入战略**可供选择。这些可供选择的办法各有其明显的优势与劣势，按渐进的顺序可排列成一个连续轴，反映出投资、投入和风险等水平的提高。**许可经营**是几乎无须投资即可带来滚滚财源的好办法，这种对于具有先进技术、稳固的品牌形象或宝贵的知识产权的公司来说，不失为良策。**合同生产**和**特许经营**是全球营销中被广泛使用的两种特殊形式的许可经营。

在更高水平上介入母国以外的市场将涉及**海外直接投资**。这种投资可以采取多种形式。**合资企业**给两个或多个企业提供分担风险和组合价值链优势的良机。考虑使用合资企业方式的企业必须小心策划，并与合作伙伴积极沟通以避免"分手"。海外直接投资也可通过**绿地投资**、收购外国公司的少数或多数股本、通过兼并或彻底收购现有的商业实体实现**全部所有权**，达到在母国以外建立公司事业的目的。

名为**战略联盟**、**战略国际联盟**和**全球战略伙伴关系**的合作联盟是 21 世纪重要的市场进入战略。全球战略伙伴关系可能涉及不同国家市场的商业伙伴，它是一种雄心勃勃、相互对等和超越国界的合作联盟。全球战略伙伴关系特别适合中欧、东欧、亚洲和拉丁美洲的新兴市场。西方的商业人士还应该知道亚洲出现的两种特殊的合作形式，即日本的**联营公司**和韩国的**财阀**。

为便于管理者对可供选择的**市场扩张战略**进行考虑，可将它们排列成矩阵形式：**国家与市场集中型**、**国家集中市场多样型**、**国家多样市场集中型**和**国家与市场多样型**。公司选择的扩张战略反映了公司自身的发展阶段（即国际公司、多国公司、全球化公司或跨国公司）。第五阶段，将前三个阶段的长处结合起来，形成一个统一的网络，以利于从全球各地学习。

注　释

1. David Arnold, *The Mirage of Global Markets: How Globalizing Companies Can Succeed as Markets Localize* (Upper Saddle River, NJ: Prentice Hall, 2004), pp. 78 – 79.

2. Franklin R. Root, *Entry Strategies for International Markets* (New York, NY: Lexington Books, 1994), p. 107.

3. Cliff Jones, "How the Music Industry Cares More about Making Money Than Music," *FT Wealth* 47 (December 2017), p. 23.

4. "LIMA Study: Global Sales of Retail Licensed Goods and Services Hit ＄262. 9 Billion in 2016," (May 22, 2017).

5. Cecilie Rohwedder and Joseph T. Hallinan, "In Europe, Hot New Fashion for Urban Hipsters Comes from Peoria," *The Wall Street Journal* (August 8, 2001), p. B1.

6. Charis Gresser, "A Real Test of Endurance," *Financial Times—Weekend* (November 1 – 2, 1997), p. 5.

7. Franklin R. Root, *Entry Strategies for International Markets* (New York, NY: Lexington Books, 1994), p. 138.

8. Sarah Murray, "Big Names Don Camouflage," *Financial Times* (February 5, 2004), p. 9.

9. Eve Tahmincioglu, "It's Not Only the Giants with Franchises Abroad," *The New York Times* (February 12, 2004), p. C4.

10. Franklin R. Root, *Entry Strategies for International Markets* (New York, NY: Lexington Books, 1994), p. 309.

11. Anthony DePalma, "It Takes More Than a Visa to Do Business in Mexico," *The New York Times* (June 26. 1994). Section 3, p. 5.

12. "Mr. Kim's Big Picture," *The Economist* (September 16, 1995), pp. 74 – 75.

13. Ross Kerber, "Chairman Predicts Samsung Deal Will Make AST a Giant," *The Los Angeles Times* (March 2, 1995), p. D1.

14. Andrew English, "Skoda Celebrates 20 Years of Success under VW," *The Telegraph* (April 19, 2011). See also Gail Edmondson, "Skoda, Volkswagen's Hot Growth Engine," *BusinessWeek* (September 14, 2007), p. 30.

15. Sharon Terlep and Christina Rogers, "Fiat Poised to Absorb Chrysler," *The Wall Street Journal* (April 25, 2013), p. B1.

16. James Mackintosh, "GM Stands by Its Strategy for Expansion," *Financial Times* (February 2, 2004), p. 5.

17. Richard Gibson and Sara Calian, "Unilever to Buy Helene Curtis for $ 770 Million," *The Wall Street Journal* (February 19, 1996), p. A3.

18. Peter Marsh, "Engine Makers Take Different Routes," *Financial Times* (July 14, 1998), p. 11.

19. Michael Y. Yoshino and U. Srinivasa Rangan, *Strategic Alliances: An Entrepreneurial Approach to Globalization* (Boston, MA: Harvard Business School Press, 1995), p. 51.

20. Kenichi Ohmae, "The Global Logic of Strategic Alliances," *Harvard Business Review* 67, no. 2 (March-April 1989), p. 145.

21. Michael Y. Yoshino and U. Srinivasa Rangan, *Strategic Alliances: An Entrepreneurial Approach to Globalization* (Boston, MA: Harvard Business School Press, 1995), p. 5. *For an alternative description, see* Riad Ajami and Dara Khambata, "Global Strategic Alliances: The New Transnationals," *Journal of Global Marketing* 5, no. 1/2 (1991), pp. 55 – 59.

22. Dan Neil, "2019 Aston Martin DB11 Volante: A Six-Figure Car That's Worth Every Penny," *The Wall Street Journal* (April 28, 2018), p. D11.

23. Kenichi Ohmae, "The Global Logic of Strategic Alliances," *Harvard Business Review* 67, no. 2 (March-April 1989), p. 145.

24. Michael A. Yoshino and U. Srinivasa Rangan, *Strategic Alliances: An Entrepreneurial Approach to Globalization* (Boston, MA: Harvard Business School Press, 1995), p. 6.

25. Phred Dvorak and Evan Ramstad, "TV Marriage: Behind Sony-Samsung Rivalry, an Unlikely Alliance Develops," *The Wall Street Journal* (January 3, 2006), pp. A1, A6.

26. Phred Dvorak and Evan Ramstad, "TV Marriage: Behind Sony-Samsung Rivalry, an Unlikely Alliance Develops," *The Wall Street Journal* (January 3, 2006), pp. A1, A6.

27. Frank Rose, "Seoul Machine," *Wired* (May 2005).

28. Howard V. Perlmutter and David A. Heenan, "Cooperate to Compete Globally," *Harvard Business Review* 64, no. 2 (March-April 1986), p. 137.

29. Gary Hamel, Yves L. Doz, and C. K. Prahalad, "Collaborate with Your Competitors—and Win," *Harvard Business Review* 67, no. 1 (January-February 1989), pp. 133 – 139.

30. 同上, p. 136.

31. Kevin K. Jones and Walter E. Schill, "Allying for Advantage," *The McKinsey Quarterly*, no. 3 (1991), pp. 73 – 101.

32. Robert Wall, "Airbus-Safran Deal Aims to Cut Costs for Rockets," *The Wall Street Journal* (June 17, 2014), p. B3.

33. John Holusha, "Pushing the Envelope at Boeing," *The New York Times* (November 10, 1991), Section 3, pp. 1, 6.

34. David Lei and John W. Slocum, Jr., "Global Strategy, Competence-Building, and Strategic Alliances," *California Management Review* 35, no. 1 (Fall 1992), pp. 81 – 97.

35. Michael A. Yoshino and U. Srinivasa Rangan, *Strategic Alliances: An Entrepreneurial Approach to Globalization* (Boston, MA: Harvard Business School Press, 1995), pp. 56 – 59.

36. Angelo B. Henderson, "Chrysler and BMW Team up to Build Small-Engine Plant in South America," *The Wall Street Journal* (October 2 , 1996), p. A4.

37. Robert L. Cutts, "Capitalism in Japan: Cartels and Keiretsu," *Harvard Business Review* 70, no. 4 (July-August 1992), p. 49.

38. Carla Rappoport, "Why Japan Keeps on Winning," *Fortune* (July 15 , 1991), p. 84.

39. Michael L. Gerlach, "Twilight of the *Keiretsu*? A Critical Assessment," *Journal of Japanese Studies* 18, no. 1 (Winter 1992), p. 79.

40. Ronald J. Gilson and Mark J. Roe, "Understanding the Japanese Keiretsu: Overlaps between Corporate Governance and Industrial Organization," *The Yale Law Journal* 102, no. 4 (January 1993), p. 883.

41. Kenichi Miyashita and David Russell, *Keiretsu: Inside the Hidden Japanese Conglomerates* (New York, NY: McGraw-Hill, 1996), p. 9.

42. 然而，由于制造商控制不了的大商家的销量不断增加，连锁店的重要性正下降。

43. "Japanology, Inc. —Survey," *The Economist* (March 6, 1993), p. 15.

44. Norihiko Shirouzu, "U-Turn: A Revival at Nissan Shows There's Hope for Ailing Japan Inc. ," *The Wall Street Journal* (November 16, 2000), pp. A1, A10.

45. Chester Dawson and Brent Kendall, "Japan Probe Pops Car-Part Keiretsu," *The Wall Street Journal* (February 16 – 17, 2013), pp. B1, B4.

46. 多年来，普雷斯托维茨（Prestowitz）一直认为，日本的行业结构（包括联营公司）为其公司提供了不公平的竞争优势。一个更温和的观点是，任何商业决策都必须有经济上的理由。因此，温和派会警告不要夸大联营公司的效果。

47. Clyde Prestowitz, *Trading Places: How We Are Giving Our Future to Japan and How to Reclaim It* (New York, NY: Basic Books, 1989), pp. 299 – 300.

48. Carla Rappoport, "Why Japan Keeps on Winning," *Fortune* (July 15 , 1991), p. 84.

49. Christian Oliver and Song Jung-A, "Evolution Is Crucial to Chaebol Survival," *Financial Times* (June 3, 2011), p. 16.

50. Robert D. Hof, "Lessons From Sematech," *MIT Technology Review* (July 25 , 2011).

51. "The Global Firm: R. I. P. ," *The Economist* (February 6, 1993), p. 69.

52. John Byrne, "The Virtual Corporation," *BusinessWeek* (February 8, 1993), p. 103.

53. William Davidow and Michael Malone, *The Virtual Corporation: Structuring and Revitalizing the Corporation for the 21st Century* (New York, NY: HarperBusiness, 1993), p. 59.

54. Julie Edelson Halpert, "One Car, Worldwide, with Strings Pulled from Michigan," *The New York Times* (August 29 , 1993), Section 3, p. 7.

55. This section draws on I. Ayal and J. Zif, "Market Expansion Strategies in Multinational Marketing," *Journal of Marketing* 43 (Spring 1979), pp. 84 – 94; and "Competitive Market Choice Strategies in Multinational Marketing," *Columbia Journal of World Business* (Fall 1978), pp. 72 – 81.

全 球 营 销
（原书第 10 版）

GLOBAL
MARKETING
10th EDITION

第4篇
全球营销的组合决策

GLOBAL
MARKETING

全球营销
（原书第10版）

第 10 章　全球营销中的产品
和品牌决策

本章精要

- 回顾成功的全球营销产品策略中产品的基本概念。

- 比较本地产品与品牌、国际产品与品牌以及全球产品与品牌的异同。

- 解释马斯洛需求层次理论如何帮助全球营销人员了解世界各地买家寻求的利益。

- 概述"原产地"作为品牌元素的重要性。

- 列出营销人员在全球产品规划过程中可以使用的五种策略。

- 解释新产品的连续性创新，比较不同类型的创新。

案例 10-1   Alphabet

Alphabet，前身为谷歌，开发了一些世界一流的技术产品和服务。Alphabet 由拉里·佩奇（Larry Page）和谢尔盖·布林（Sergei Brin）创立于 1998 年，专注于互联网搜索，其使命是将人与技术联系起来。该公司的核心搜索和广告驱动业务仍称为谷歌（Google），这个品牌名称几乎无处不在。例如，在欧洲，尽管谷歌在监管审查的严苛条件下运营，但仍占在线搜索流量的 90%。全球每年大约 1/3 的数字广告收入流向了谷歌。

如今，该公司的发展已远远超出其在搜索领域的根基，这也是其在 2015 年 8 月宣布的公司重组和更名的原因之一。Alphabet 以谷歌品牌开发了令人印象深刻的产品组合，其中包括面向消费者的产品，如 Google +、应用商店（Google Play）、谷歌钱包（Google Wallet）、谷歌浏览器（Google Chrome）和谷歌投屏接收器（Google Chromecast）。Alphabet 还进行了多项战略收购，包括视频分享网站 YouTube 和物联网恒温器品牌 Nest。

Alphabet 也为其企业客户提供服务。例如，三星和其他几家手机制造商使用其安卓（Android）智能手机操作系统。Google Fiber 正在为越来越多的美国城市提供 1GB/t 的高速互联网服务。Google Analytics 是大数据的来源，Google AdWords 允许广告商（无论大小）竞标网页上的首选位置。Alphabet 还在世界各地运营着庞大的数据中心。

Alphabet 每年在研发上花费大约 100 亿美元。该公司的半秘密研究部门 X（前身为 Google X）被称为"登月实验室"。这个名字参考了它的崇高使命：工作人员从事代表前沿技术飞跃的"登月"项目（见图 10-1）。阿斯特罗·泰勒（Astro Teller）是该部门的首席执行官，号称"登月队长"。

图10-1　Alphabet投资"登月"项目,如"气球计划"(Project Loon),这是一个在平流层由气球组成的网络,将为数十亿人带来互联网接入。

资料来源:CB2/ZOB/Supplied by WENN. com/Newscom.

另一个研究小组,先进技术和项目(ATAP)专注于移动应用程序。目前正在开发的众多新产品和服务包括:自动驾驶汽车;Wing,一种无人机送货服务;可穿戴设备。

Alphabet的无数产品开发计划表明,产品和品牌可能是公司营销计划中最关键的元素,它们是公司价值主张不可或缺的一部分。在本书前几章中,我们研究了在公司进入全球市场时直接影响产品战略的几个主题。来自公司商业智能(BI)网络和市场调查研究的输入引领产品开发过程。市场必须被细分,选择一个或多个目标市场,并建立强有力的定位。全球营销人员还必须做出有关出口和采购的决定,也可以考虑其他市场进入战略,如许可经营和战略联盟。

正如我们将在本书接下来的内容中看到的,公司营销计划的每个方面,包括定价、分销和沟通政策,都必须适合产品。本章探讨了全球产品和品牌决策的主要方面,首先是对产品和品牌基本概念的回顾,其次是对当地、国际和全球产品与品牌的讨论,以及确定产品设计标准,探索对外国产品的态度,再次是介绍可供全球营销人员使用的产品规划过程中的策略选择,最后是讨论全球营销中的新产品问题。

产品的基本概念

回顾成功的全球营销产品策略中产品的基本概念。

营销组合要素中代表产品的 P（Product），是当今全球公司所面临挑战的核心。管理层必须制定相应的产品和品牌政策与策略，使其能够灵活应对全球范围的市场需求、竞争以及公司的目标与资源问题。有效的全球营销要能在以下两个因素之间找到平衡点：一是按照当地市场的偏好大幅修改产品与品牌所获得的回报；二是公司集中资源于相对标准化的全球产品与品牌所带来的收益。

回顾构成成功的全球营销产品战略的基本产品概念。

所谓**产品**（product），是指货物、服务或构想，其所具备的有形和无形的属性共同为购买者或使用者创造价值。产品的有形属性可用于物理术语予以评估，如重量、体积或所用材料。例如一台 42 英寸（1 英寸≈0.0254 米）液晶屏平板电视机，重 22 磅（1 磅≈0.45 千克），厚 3 英寸，有 4 个高清多媒体接口（HDMI），内置可接收高清电视开放信号的调谐器，还有 1080 逐行扫描桢全高清屏显解析度和 120Hz 屏幕刷新率。这些有形的物理特征和属性带来的好处是增加了收看高清电视节目和 DVD 影片的乐趣。墙壁挂架和落地支架等附件使消费者能够更加随意地将电视机用于起居室或家庭影院，从而提升了它的价值。无形的产品属性也同样重要，诸如与拥有产品相关联的地位象征、制造商的服务承诺和品牌本身的信誉或神秘感。例如，在选购新电视机时，许多人要买"最好的"，他们不仅要求功能齐全（有形的产品要素），还希望"帅气"，能够显示品位（无形的产品要素）。

10.1.1　产品类别

常用的产品分类原则是按消费品和工业品加以区分。例如，三星公司同时向全世界的消费者和商家提供产品与服务。而消费品和工业品又可按标准（如买主取向）做进一步划分。**买主取向**是一种复合衡量手段，如顾客投入的精力、购买涉及的风险程度和顾客介入情况等。买主取向原则的种类包括便利、偏好、选购和特色商品。电子产品往往是顾客高介入类产品，许多顾客在决定购买之前会对多种品牌进行比较。产品也可按照寿命长短（如耐用、非耐用和一次性）进行分类。**三星和其他电子产品公司**经营的都是可以使用多年的物品，换言之，是耐用品。上述电子产业的例子显示，传统的产品分类原则也完全适用于全球营销。

10.1.2　产品担保

担保可以成为产品价值主张的重要因素。**明示担保**（express warranty）是一种书面担保，保证购买者可以得到所购买的物品，或者在万一产品不能实现预期性能时拥有追索权。在全球营销中，担保可以作为竞争手段，为公司的定位发挥积极作用。例如20世纪90年代后期，现代汽车（美国）公司的首席执行官芬巴·奥尼尔（Finbarr O'Neill）意识到，许多美国的购车者把韩国汽车视为"廉价品"，对现代汽车品牌的可靠性持怀疑态度。公司在汽车的质量和可靠性上已经取得了显著的进步，但消费者对这个品牌的看法并未因此改变。为此，奥尼尔提出了一项10年/10万英里（1英里＝1.609344千米）的担保计划，这可是汽车行业里最全面的担保。与此同时，现代汽车还推出了若干款新车型，并增加了广告开支。其结果令人惊叹——现代汽车在美国的销量从1998年的约9万辆，增长到2011年的50多万辆。因此，现代汽车也取代了丰田，成为欧洲最畅销的亚洲汽车品牌。

10.1.3 包装

在许多情况下，包装是产品决策的一个组成部分。如果产品要运往世界偏远角落的市场，就尤其要重点考虑包装问题。不仅如此，快速消费品被称为"包装消费品"，适用于品种繁多的产品，这些产品的包装是（在运输途中、零售店以及在使用或消费地点）用来保护和盛放产品的。"环保包装"（eco-packaging）是当前企业面临的关键问题，包装设计者必须考虑到回收、生物降解以及可持续林业等环境问题。

包装还具有重要的沟通作用。包装（和附着于包装物上的标签）包含沟通的线索，为消费者做出购买决定提供参考。现在许多行业专家都认为，包装必须引起感官的反应和情感的联系，并增强消费者对品牌的感受。哥伦比亚大学全球品牌领导力中心主任伯恩德·施米特（Bernd Schmitt）认为，"对消费者来说，包装不应只限于具有展示和保护物品的功能性用途，还应使消费者从中获得感受"。[1] 有些品牌的价值观中包括"感受性包装"（experiential packaging），绝对（Absolut）伏特加、Altoids薄荷糖和高迪瓦（Godiva）巧克力等便是其中几例。

酿造商、软饮料营销商、制酒厂和其他饮料制造商在包装上通常颇费心机，以确保其能向消费者传递特定的信息并提供某些价值，而不仅限于盛放饮品。例如，科罗娜特级（Corona Extra）啤酒在出口市场获得成功的一个关键因素在于管理层决定保留传统的包装设计：刻有"墨西哥制造"字样的透明高玻璃瓶。当时，酿造业的正统观念是使用绿色或棕色的矮瓶和粘贴上去的纸标签。也就是说，酒瓶应该像喜力（Heineken）啤酒的瓶子！事实上，科罗娜特级啤酒的酒瓶可使消费者看清里面的啤酒，从而让酒显得更加清澈自然。如今在美国、澳大利亚、比利时、捷克和其他许多国家，科罗娜都是最畅销的进口啤酒。[2]

可口可乐独具特色（且已注册为商标的）手握形玻璃瓶和塑料瓶有助于消费者找到"真货"。这种瓶子的设计可以追溯到1916年，旨在将可口可乐和其他软饮料区分开来。这种设计非常独特，消费者甚至可以仅凭借触感就能在黑暗中识别瓶子！可口可乐的案例还说明包装策略可因不同国家或地区而异。在北美洲，许多家庭都有大冰箱，可口可乐包装的创新之一就是"冰箱装"，一种窄形长盒，容量相当于12罐饮料。

它可正好放进冰箱的底层，还有一个便于流出饮料的开关。而在拉丁美洲，可口可乐的管理层试图用不同大小的瓶装可乐来提高盈利。例如在阿根廷，直到最近，75% 的可口可乐销售额依然来自售价 45 美分的 2 升装可乐。可口可乐也推出了冷藏的单次用瓶装可乐，售价为每瓶 33 美分，放在商店中间靠前的位置；在商店后部的货架上还有非冷藏的 1.25 升可回收玻璃瓶装可乐，售价为每瓶 28 美分。[3]

其他包装创新的案例还有：

- 世界上最畅销的超级优质伏特加品牌灰鹅是已故的西德尼·弗兰克（Sidney Frank）的构想。弗兰克拥有一家位于纽约州新罗谢尔的进口公司，他首先提出了酒瓶设计和品牌名称的概念。这时，他才就实际酿造伏特加的事同法国的科尼亚克（Cognac）蒸馏酒厂商接触。[4]
- 雀巢公司在全世界都有负责包装的队伍，要求他们按季度提出改进包装的建议。已经实施的改变有：给冰激凌盒子装上新的塑料盖，便于开启；在巴西，将糖块包装袋封口处的一侧再缩短些，更便于撕开；在中国，将雀巢咖啡单份分装袋的切口加深等。雀巢还请供货商设法为聪明豆（Smarties）巧克力糖块的圆桶形包装寻找一种封口用胶，以便消费者在打开包装时能发出更响亮的声音。[5]
- 当葛兰素史克在欧洲推出水晶莹（Aquafresh）牙膏时，其营销和设计团队希望将该品牌与行业领导者"高露洁全效"牙膏区分开来。多数牙膏都以纸盒包装横放在商店的货架上销售。而该团队将水晶莹牙膏设计为直立式，可以直接将牙膏管立在商店货架的置物托盘上。无纸盒包装每年能省下数百吨纸。[6]

10.1.4 标签

许多产品都使用多语种进行标示，这是现代全球市场的标志之一。在今天的自选式零售市场环境里，产品标签可以用来吸引人们的注意、强调产品的定位和促使消费者购买。标签也可以向消费者提供各种各样的信息。当然，我们应当注意到，有关成分、使用和保养的一切说明都应予以恰当的翻译。产品标签的内容也可能取决于具体国家或地区的规定。世界各地关于标签内容的强制性规定各有不同。例如，欧盟现在对某些含有转基因成分的食品标签有强制性要求。

澳大利亚、新西兰、日本、俄罗斯和其他一些国家的法规制定者也提出了类似的立法议案。20 世纪 90 年代初生效的美国《营养标识与教育法》（Nutrition Education and Labelling Act）旨在使食品标签的内容更加丰富易懂。如今几乎所有在美国销售的食品都必须按照标准格式提供关于营养（如能量和脂肪成分）和食用量的内容。有些词语的使用也受到限制，如"清淡"和"天然"等。在全球营销中有关标签的案例还有如下这些：

- 多数国家强制要求烟草制品注明有关健康的警示。
- 《美国汽车标签法》要求每辆在美国出售的轿车、卡车和面包车都必须明示原产地、组装地和外国部件的主要供货源各自所占的百分比（自 1994 年 10 月 1 日起生效）。
- 2006 年，麦当劳迫于消费者群体的压力，开始在全世界关键市场的约 2 万家餐厅的所有食品包装上注明相关的营养成分。管理层表示，此事涉及语言和营养成分检测等问题，因此在其他较小国家/地区市场的 1 万家餐厅中，标签工作将延后展开。[7]

- 雀巢公司在美国市场推出了在拉丁美洲颇受欢迎的婴儿配方奶粉——能恩。由于目标对象是西班牙裔母亲，雀巢公司在能恩品牌罐装产品正面使用西班牙文说明。其他品牌则是外面使用英文标签，背面印有西班牙文说明。[8]
- 2008 年，美国颁布了《原产国标签条例》（Country-of-Origin Labelling，COOL），要求超市和食品零售商店明示肉、禽和其他食品的国别来源。

10.1.5 审美

第 4 章讨论审美观问题时，曾提到世界各地对颜色的不同理解。全球营销人员必须了解各种产品、标签或包装的形状或颜色所体现的视觉审美（visual aesthetics）的重要性。同样，世界各地对审美风格（aesthetic styles），如标签的复杂程度也有不同的认识。例如有人说，如果能使标签简化，德国酒在出口市场上将会更具吸引力。在本国认为妥当、诱人和有吸引力的美学元素，在其他地方可能会产生不同的看法。

在有些情况下，标准化的颜色可适用于所有国家，如卡特彼勒的挖掘设备和室外装备上使用的独特黄色、万宝路的红色 V 形图案，以及约翰迪尔（John Deere）的标志性绿色。而在另一些情况下，则应根据当地的看法选择颜色。

包装美学对日本人格外重要，一家美国小公司的主管就领教了这一点。这家公司制造用以控制腐蚀的电子器件。这位主管在日本花了很长时间才得到这种产品的订单。在初期获得火爆成功之后，日本的订货量随即下降，这位主管听说包装太素是一个原因。他说："这是个用在汽车发动机盖下面或公用事业公司锅炉房里的器件，我们不懂为何它还需要五彩的标签和定制的盒子。"一天，他在日本等候新干线列车时，他的当地分销商在车站购买了一块廉价的手表，并配以精美的包装。分销商请他根据包装来猜测这块手表的价值。这位美国人之前的所闻与所读都是关于日本人如何看重质量，这时才懂得日本其实是个注重外表包装的国家。于是公司更新了包装，而且不放过任何细节，连包装盒封口带的长度都剪裁得完全一致。[9]

全球营销

10.2

品牌的基本概念

比较本地产品与品牌、国际产品与品牌以及全球产品与品牌的异同。

品牌（brand）是消费者心中的印象与其个人经历的复合物。品牌具有两大作用：首先，品牌代表一家特定公司对一个特定产品的承诺，也可当作一种质量证明；其次，品牌可以帮助客户寻找并发现特定的产品，从而更有效地梳理自己的购物经验。因此，品牌的重要作用之一就是使某一特定公司提供的产品或服务有别于众多其他公司。

客户会将他们观察、使用或消费某一产品的全部经历，同他们听到和读到的关于

全球营销（原书第10版）

该产品的所有信息加以整合。关于产品和品牌的信息有各种来源和线索，包括广告、宣传、口碑、推销人员和包装。售后服务、价格和分销等方面的情况也都会被考虑在内。这些印象的总和构成了**品牌形象**（brand image），被界定为由品牌联想反映的、留在消费者记忆中的关于品牌的感知。[10]

品牌形象是同行业的竞争对手用以显示自己有别于他人的方法之一。以苹果和诺基亚为例，二者都经营智能手机。苹果的首席执行官史蒂夫·乔布斯经常在媒体出镜，是煽情高手，iPhone、iPad 和其他苹果产品都得到了明星级的评论，人们盛赞它纤细的外形、强大的功能和对用户友好的界面。苹果的零售商店也强化了品牌时尚性和帅气的形象。与之相反，诺基亚的品牌形象更偏重于科技，很少有诺基亚用户可以说出该公司首席执行官的姓名。

另一个重要的品牌概念是**品牌资产**（brand equity），它反映了公司在营销品牌方面的前期投资所积累的附加值。品牌资产也可视为一种价值资产，它是由品牌与其客户长期形成的关系所创造的。关系越牢固，资产就越丰富。例

> 如果你喜欢某个品牌，你会期待一定的术语和词语。对品牌而言，说出目标受众的语言很重要。[11]
> ——Capgemini 的洞察和数据全球首席技术官，罗恩·托莱多（Ron Toledo）

如，据估计像可口可乐和万宝路这类全球超级品牌的价值为数百亿美元。[12]正如品牌专家凯文·凯勒（Kevin Keller）概括的强势品牌资产拥有的好处如下：

- 忠诚度更高；
- 不易受到对手营销行动的伤害；
- 不易受到营销危机的影响；
- 能获得更多的利润；
- 消费者对价格上涨的反应（弹性）较小；
- 消费者对价格下跌的反应（弹性）较大；
- 营销沟通的效果更好。[13]

伯克希尔 – 哈撒韦公司（Berkshire Hathaway）的老总，美国传奇投资人沃伦·巴菲特（Warren Buffett）声称，像可口可乐和吉列这类品牌的全球实力足以使拥有这些品牌的公司在其经济堡垒周围筑起一条护城河。他说："相反，普通公司则需每天在没有这条护城河的情况下奋战。"[14]这条护城河经常会产生额外的利润，因为强势品牌的所有者通常可以开出比小品牌所有者更高的价码。换言之，强势的全球品牌拥有巨大的品牌资产。

公司设计出各自的标志（Logo）、独特的包装和其他沟通手段，作为自己品牌的直观代表。标志可以采取不同的形式，首先是使用自己的品牌名称。例如，可口可乐部分地采用由独具特色的白色书写体 "Coke" 和 "Coca-Cola" 字样组成的文字标记，而在罐装和瓶装可乐的红色标签中的 "波浪形" 条纹则是非文字标志（有时称作品牌标志）。耐克的钩、奔驰的三叉形星标和麦当劳的金色拱门等非文字标志具有超越语言的优势，对全球营销人员来说分外有价值。为了保护创建和维护品牌所投入的大量时间与金钱，

公司将自己的品牌名称、标志和其他品牌要素注册为商标或服务标记（service marks）。正如第 5 章所述，保护商标和其他形式的知识产权是全球营销的一个关键问题。

10.2.1 当地产品与品牌

当地产品（local product）或**当地品牌**（localbrand）是指在单一国家市场取得成功的产品或品牌。有时，全球化公司推出当地产品或品牌是为了迎合一个特定国家市场的需要或偏好。例如，可口可乐专为日本市场开发了几种饮料，包括一种无碳酸盐的人参味饮料、一种名为爽健美茶（Sokenbicha）的混合茶饮料，以及 Lactia 牌发酵乳饮料。在印度，可口可乐销售 Kinely 品牌的瓶装水。烈性酒产业常使用**品牌延伸**策略，利用知名品牌，省去大笔营销开支。例如帝亚吉欧公司在英国销售 Gordon's Edge，一种以杜松子酒为主的调配饮料；联合多米克在巴西销售 TG，一种融合了教师苏格兰威士忌（Teacher's Scotch）和瓜拉纳（Guarana）两种酒味的品牌。[16]

当地产品和品牌也是国内公司的命脉。根基牢固的当地产品与品牌可能是全球化公司进入新国家市场的重大竞争障碍。例如在中国，由奥运金牌得主李宁开办的公司在中国卖出的运动鞋多于全球巨头耐克。日益增强的民族自豪感可能产生社会自发的抵制行为，从而使当地产品和品牌受益。例如，生产白色家电的海尔集团曾成功地击退外国竞争者，现在占据中国冰箱销售额的 40%。此外，海尔还占有 30% 的洗衣机和空调市场。办公室墙壁上的标语勾画出了公司总裁张瑞敏的愿望：“海尔——明日的全球知名品牌”和“绝不对市场说‘不’”。[17] 2002年，海尔集团宣布与中国台湾声宝集团（Sampo）组成战略联盟。这项价值 3 亿美元的交易要求各方都制造对方的冰箱与通信产品，并在全球和当地销售。

> 酿造业有着浓厚的地方传统。人们认同当地的啤酒厂，这使啤酒不同于洗涤剂或电子产品。[15]
> ——喜力啤酒总裁 Karel Vuursteen

10.2.2 国际产品与品牌

国际产品（international product）和**国际品牌**（international brand）是为某一地区的数个国家市场提供的。例如，很多欧洲产品和欧洲品牌（诸如戴姆勒公司的双座 Smart 汽车）是专供欧洲市场的，后来 Smart 汽车又在美国上市。通用汽车公司 20 世纪 90 年代初关于可赛（Corsa）汽车的经验也是值得研究的案例，即国际产品或品牌是如何走向全球的。欧宝的可赛原本是在欧洲推出的一款新车，后来通用汽车公司决定在中国、墨西哥和巴西制造不同的版本。亚当欧宝公司（Adam Opel AG）的董事长戴维·赫尔曼（David Herman）说道：“原来的情况并不是我们计划把这款车从火地岛一直卖到西伯利亚以外。但我们看到了它的无限可能性。”通用汽车公司称可赛为“意外的世界车”。[18]

本田的飞度（Fit）也有类似的经历。飞度是本田公司在其全球小型汽车平台建造的五门掀背车，2001 年在日本成功推出后，公司又将其推向欧洲（在那被称作“爵士"）。几年之后，本田将飞度又相继推往澳大利亚、南美洲国家、南非和中国。2006年，飞度在北美面世。

10.2.3 全球产品与品牌

全球化迫使各公司开发全球产品，并在世界范围内运用品牌资产。**全球产品**（global product）满足的是全球市场的需求与欲望。真正的全球产品要面向世界上所有地区和处于各个发展阶段的国家。**全球品牌**（global brand）则在世界各地都使用同样的名称，在某些情况下具有相同的形象和定位。有些公司的全球品牌地位已牢固确立。例如雀巢的"味道好极了"，这种对质量的承诺在全球被了解与认知。其他全球化公司的情况也一样，如吉列（男人的选择），宝马（终极驾驶机器），通用电气（梦想启动未来），哈雷－戴维森（美国式传奇），通用汽车（"寻找新道路"）等（见图10-2）。

吉列（Gillette）公司的前首席执行官阿尔弗雷德·采恩（Alfred Zeien）对该公司的做法有如下描述：

> 多国公司在不同国家经营，而全球化公司把世界视作一个国家。我们知道阿根廷与法国不同，但我们仍对它们做同样对待。我们向它们销售同样的产品，我们使用同样的生产方法，我们实行同样的公司政策。我们甚至使用同样的广告，当然，是用不同语言。[19]

图10-2　在法语［"La perfect au masculin"（完美的男性）］、德语［"Für das Besteim Mann"（为了男人的最佳状态）］、意大利语［"Il meglio di un uomo"（最优秀的男人）］、葡萄牙语［"O melhorpara o homem"（人类的最佳选择）］或任何其他语言中，吉列的商标品牌承诺很容易被理解。

资料来源：Joy Scheller/Avalon/Photoshot License Limited.

采恩这段话表明，吉列营销全球产品，并利用全球品牌，创造了竞争优势。吉列通过在全世界范围内使用相同的广告活动、相同的品牌战略取得规模效益。而雀巢前首席执行官包必达（Peter Brabeck-Letmathe）却对此有不同的观点：

> 我们坚信，没有所谓的全球消费者，至少在食品和饮料方面如此。人们因其独特的文化和传统形成了各自的口味——受巴西人喜爱的糖果棒到了中国可能就不那么受待见了。因此，组织内的决策必须深入基层、紧贴市场。否则，怎么可能做出好的品牌决策？品牌绑定了一系列的功能和情感特征。我们不可能在位于瑞士沃韦的办公室与越南消费者建立起情感联系。[20]

无论全球化公司总部更偏向于哪种观点，它们都在设法使自己的品牌更加显眼，特别是在美国和中国这样的关键市场。例如飞利浦的"精于心，简于形"的全球形象宣传和西门子的"西门子来作答"（Siemens Answers）活动。

21世纪，全球品牌的重要性日益增加。诚如一个研究团队指出的：

- 不同国家的人——而且往往是持有对立观点的人，参与共同的谈话，并找到共同的象征。这种对话的关键象征之一就是全球品牌。同娱乐明星和体育名人一样，全球品牌已成为全世界消费者的交际语言。人们或喜爱或痛恨跨国公司，但都无法忽略它们。[21]

研究人员说，在世界各地销售的各个品牌不仅展示了它们自身的优秀，同时也代表着一系列的义务。在全球范围内，消费者、集团买主、政府、活动人士以及其他群体，都将全球品牌与三个特征相关联；消费者在做购物决定时，将这些特征视作指南。

- 质量指针。全球品牌之间竞争激烈，争相提供世界水平的质量。全球品牌仅凭借其名称就可以实现产品差异化，允许营销人员收取溢价。
- 全球奇闻。全球品牌是文化理念的象征。第7章已经谈到，营销人员可以利用全球消费者文化定位传达品牌的全球身份，并将其与世界上所有地方的愿望相联系。
- 社会责任。消费者对公司和品牌进行评价的依据，是看它们对待社会问题的态度和在生意方面的行为（见图10-3）。

图10-3 Nucor（纽柯）是一家钢铁公司，以其开创性地使用小型轧机而闻名。小型钢厂通过在电弧炉中熔化废钢来生产钢材——这一工艺比传统综合钢铁生产商使用的工艺效率高得多。Nucor使用印刷品和在线媒体综合进行品牌推广活动，其标语是"这是我们的本性"。该活动旨在提高人们对公司在各种问题上的立场的认识，包括环境、节能、可持续性以及创建强大企业文化的重要性。

资料来源：Nucor Corporation.

注意，全球品牌与全球产品不是一回事。例如，个人立体声音响是全球产品中的一个种类，而索尼是一个全球品牌。包括索尼在内的许多公司都制造个人立体声音响。然而，是索尼于30年前在日本推出随身听时，创造了这个产品种类。索尼随身听是**复合（梯次）品牌**（combination or tiered branding）策略的绝好例证，公司名称"索尼"与产品品名"随身听"（Walkman）完美结合。通过复合品牌，营销人员可以运用公司的声誉，开发具有明显品牌特征的产品系列。复合品牌策略可以成为推出新产品的有力工具。索尼虽然也经营一些当地产品，但作为全球化公司品牌、全球产品的制造者和全球品牌的营销商，它也有显著的业绩。例如，以随身听的品名为出发点，索尼推出了便携式CD播放机Discman和便携式电视机Watchman。索尼随后推出的全球产品/品牌包括Bravia高清电视机、CyberShot数码相机、PlayStation家族的视频游戏机和便携机，以及 XperiaZ 智能手机。

联合品牌（co-branding）是复合品牌策略的变形，即两个或多个不同的公司或产品品牌同时出现在产品的包装或广告上。联合品牌如果运用得当，有助于提升顾客对品牌的忠诚度，并使公司获得双重优势。然而，联合品牌也会使顾客感到迷惑，进而冲淡品牌的价值。联合品牌策略在相关产品互为补充的情况下最为有效。信用卡公司是这方面的先驱，如今使用信用卡积攒飞行里程和享受购车折扣已成为可能。另一个熟知的联合品牌示例是与不同品牌的个人计算机相结合的"内置英特尔"（Intel Inside）活动，它既是英特尔公司本身又是其奔腾处理器的推广行动。

全球化公司也可创造**品牌延伸**（brand extension），以充分利用强势品牌。这种策略要求在进入一个新的行业或开发新类型的产品系列时，以一个老的品牌名称作为保护伞。英国企业家理查德·布兰森（Richard Branson）是这方面公认的高手：他曾将维珍（Virgin）品牌广泛用于不同的业务和产品。维珍是一个全球化品牌，公司的业务涉及航空公司、铁路专营权、零售商店、电影院、金融和健身俱乐部等领域。这些业务中，既有全球性的，又有地方性的。例如，在世界的许多地方都有维珍大型商场（Virgin Megastores），而维珍铁路集团（Virgin Rail Group）和维珍媒体（Virgin Media）仅在英国经营。维珍品牌的建立完全仰仗布兰森的精明，他既能发现竞争对手在顾客服务技巧上的弱点，又极具自我推销的天分。根据布兰森的经营理念，品牌的建立要靠声誉、质量、创新和价格，而不是形象。虽然布兰森有意在新的千年里将维珍树立为英国的标志性品牌，但有些行业观察家却在质疑这个品牌把摊子铺得过大。布兰森还投资创建了维珍美国航空公司（Virgin America Airlines）和维珍银河公司（Virgin Galactic）。

索尼随身听的历史经验说明，全球品牌需由有眼光的营销人员来创造。起初，索尼随身听准备用三个品名进行营销。在《突破！》（*Breakthroughs*!!）一书中，作者兰加纳特·纳亚克（Ranganath Nayak）和约翰·凯特林安（John Ketteringham）描述了在知名的索尼创始人盛田昭夫意识到全球消费者比他的营销人员超前一步时，这个全球品牌是怎样形成的：

> 在日本东京的一次国际推销会上，盛田昭夫向索尼在美国、欧洲和澳大利亚的代表们介绍了随身听。不到两个月，随身听就以"Soundabout"的品名在美国推出；两个月之后，又以"Stowaway"的品名在英国出售。日本索尼公司同意对品名进行改动，是因为英语营销组的人员说"Walkman"一词在英语里听起来很好笑。不过，旅行者从日本带回随身听，使得这一品名的传播速度快过了所有广告，因此多数到商店购买随身听的人都说要"Walkman"。就这样，索尼的管理者发现他们的销售遭受损失，因为他们给一种商品用了三个品名。盛田昭夫遂于 1980 年 5 月在美国索尼销售大会上宣布，不管是否好笑，大家都必须使用"Walkman"这一品名，从而解决了这个问题。[22]

表 10-1 用矩阵形式展示了当地和全球的产品和品牌的四种结合方式。每一种方式代

表一种策略，公司可以选择一种或多种适宜的策略。有些全球化公司采用第一种策略，为个别国家或地区开发当地产品和品牌。可口可乐广泛采用这种策略，在日本推出的乔治亚（Gorga）牌罐装咖啡就是一例。可口可乐的旗舰产品可乐品牌则是第四种策略的范例。在南非，可口可乐销售瓦普儿（Valpre）品牌瓶装水（第二种策略）。全球化妆品行业广泛使用第三种策略，香奈儿、纪梵希、娇韵诗、娇兰和其他主要化妆品品牌的营销人员都为世界的不同地区打造不同的配方，然而可能在各处都使用统一的品牌名称和包装。

表 10-1　全球营销的产品—品牌策略矩阵

		产品	
		当地	全球
品牌	当地	1. 当地产品/当地品牌	2. 全球产品/当地品牌
	全球	3. 当地产品/全球品牌	4. 全球产品/全球品牌

10.2.4　全球品牌的开发

表 10-2 展示的是 2017 年全球品牌的排序，这是国际品牌咨询公司（Interbrand）和花旗集团的分析师根据不同全球品牌的经济价值做出的。列入排序名单的品牌必须有大约 1/3 的销售额来自本国之外，像玛氏（Mars）这类私人公司的品牌未计入。毫不奇怪，科技巨头苹果和谷歌占据了前两位。⊖巧合的是，谷歌在 Siegel + Gale 编制的 2017 年全球品牌简洁性指数中排名第三；德国折扣店奥乐齐（ALDI）位居榜首。[23]

表 10-2　2017 年全球最有价值品牌

排名	价值/百万美元	排名	价值/百万美元
1. 苹果	184 154	14. 迪士尼	40 772
2. 谷歌	141 703	15. 英特尔	39 459
3. 微软	79 999	16. 思科	31 930
4. 可口可乐	69 733	17. 甲骨文	27 466
5. 亚马逊	64 796	18. 耐克	27 021
6. 三星	56 249	19. 路易威登	22 919
7. 丰田	50 291	20. 本田	22 696
8. 脸书	48 188	21. SAP	22 635
9. 梅赛德斯-奔驰	47 829	22. 百事	21 491
10. IBM	46 829	23. H&M	20 488
11. 通用电气	44 208	24. ZARA	18 573
12. 麦当劳	41 533	25. 宜家	18 472
13. 宝马	41 521		

注：资料改编自 "Best Global Brands：2017 Rankings，" www. bestglobalbrands. com/2017/ranking/（2018 年 3 月 1 日访问）。

⊖　2023 年全球最有价值品牌前两位是苹果和微软，谷歌位居第四。——编者注

排名显示，从包装消费品到电子产品再到汽车，各行各业的公司都在实施强有力的品牌管理。但即使是顶级品牌也有起有落：2012 年排名公布时，诺基亚已跌出前 10 名。斯蒂芬·埃洛普在担任诺基亚总裁兼首席执行官时，曾与微软合作开发新一代智能手机。尽管有这种合作，但在 2014 年的排名中，诺基亚跌出前 25 名。在微软收购诺基亚的设备和服务业务后，埃洛普被任命为微软设备集团的执行副总裁。HMD Global 集团曾是诺基亚智能手机品牌的所有者。

开发全球品牌未见得总是一个妥当的目标。诚如戴维·阿克（David Aaker）和埃里克·乔基姆塞勒（Erich Joachimsthaler）在《哈佛商业评论》中所说：寻求建立全球品牌的经理必须首先考虑这样做是否适合他们的公司或市场。第一，经理必须现实地评估其预想的规模经济能否实现；第二，他们必须认识到建立一支成功的全球品牌队伍的困难；第三，经理还必须提防这种情况——单一品牌并不能成功地应用于所有市场。阿克和乔基姆塞勒向各公司建议，应优先建立**全球品牌领导地位**（global brand leadership），从而在所有市场上创建强势品牌：

> 全球品牌领导地位意味着要利用组织结构、程序和文化，在全球范围调集建立品牌所需的资源，借以形成合力优势，并开发出可以协调并利用国别品牌策略的全球品牌策略。[24]

玛氏公司在不同国家使用不同品牌销售其外裹巧克力的焦糖棒，如在美国使用士力架（Snickers），在英国使用马拉松（Marathon），因而面临品牌全球化的问题。管理层决定将这种已是全球产品的巧克力棒变成一个全球品牌。

> 一个伟大的厨师讲述的是他的故事，而不是他的邻居或他在电视上看到的故事。未来是全球和本地的"全球"烹饪。[25]
> ——阿兰·杜卡西（Alain Ducasse），摩纳哥，路易十五餐厅

这个决定会带来一定的风险，例如英国的消费者可能会将 Snickers 与本国指代妇女内衣的俚语 Knickers 联想到一起。玛氏也将其在欧洲非常成功的巧克力饼干 Raider 改为在美国使用的特趣（Twix）。在这两个例子中，单一的品牌名称使玛氏获得跨越国境开展同一产品宣传的杠杆效应。现在经理们被迫从全球的角度考虑士力架和特趣的定位，这是当这些糖果产品以不同的当地品牌做营销时所不需要做的。面对这一难题，营销班子开始迎接挑战。萨奇勋爵（Lord Saatchi）说：

> 玛氏认为，只要掌握人类的一项需求——满足食欲，就可以获得丰硕的商业奖赏。从中国香港到秘鲁利马，人们都知道"一块能顶一顿饭"的士力架。虽然掌握了这种情感还不能百分百地拥有全球糖果市场，但会拥有足够的市场。它的吸引力足以使士力架成为世界第一糖果品牌，而现在正是如此。[26]

表 10-3 列出了几个全球品牌的名称，并描述了这些名称背后的历史。

以下六项指导原则会对致力于建立全球品牌领导地位的营销经理有所帮助：[27]

1. 从本国市场开始，每进入一个新市场，就要为顾客创建一套令人信服的价值主张。全球品牌也始于这种价值基础。

2. 在把品牌带出国境之前，必须先全面考虑**品牌识别**（brand identity）的方方面面，选定具有全球化潜力的品牌名称和标志。要特别考虑到日本、西欧国家、美国和金砖国家。

3. 建立全公司的沟通系统，共享和利用与各国营销计划和顾客有关的知识和信息。

4. 制定横跨各个市场与产品的一致的计划流程，并使所有市场的所有经理都能使用该流程模板。

5. 明确管理品牌问题的具体责任，以确保当地品牌经理能接收到全球范围内的最佳做法。形式多种多样：可以由业务管理团队或（由高级管理人员领导的）品牌监督机构负责，也可由全球品牌经理或（由中层管理人员领衔的）品牌管理队伍负责。

6. 利用全球优势并对相关地域的差异做出反应，打造品牌战略。

表 10-3 这个名字是从哪里来的

公司名称/总部所在国	名字背后的历史
ALDI（奥乐齐）/德国	"Albrecht Discount"，以创立公司的两兄弟命名
ALFA（阿尔法）/意大利	"Anonima Lombarda Fabbrica Automobili"（A.L.F.A）
阿里巴巴中国	"每个人都知道阿里巴巴的故事。他是一个愿意帮助别人的年轻人。"
F.I.A.T.（菲亚特）/意大利	"Fabbrica Italiana Automobil Torino"
HARIBO（哈里波）/德国	Hans Riegel Sr.，Bonn，以创始人和他居住的城市命名
IKEA（宜家）/瑞典	Ingvar Kamprad Elmtaryd Agunnaryd，"以创始人姓名首字母命名，他长大的农场和他家乡的名字
Kering（开云）/法国	奢侈品公司前身为 PPR。"Ker"在布列塔尼的意思是"家"，"Kering"在英语中读起来像"carcing"；更名旨在"使公司形象柔软"
LEGO（乐高）/丹麦	"Leg godt"在丹麦语中的意思是"玩得好"
RIMOWA（日默瓦）/德国	取自理查德·莫斯泽克，理查德是公司创始人保罗·莫斯泽克的儿子
TOMS（汤姆）/美国	创始人布雷克·麦考斯将其名字从"为更美好的明天而鞋"和"明天的鞋"（Tomorrow's Shoes）中缩短

毫无疑问，可口可乐是全球产品和全球品牌中的经典。可口可乐在所有国家都采用类似的定位和营销，它展示了一种开心、美好时光和享乐的全球形象。但是其产品本身却为了迎合当地口味而做出了诸多调整，如可口可乐在中东地区增加了饮料的甜度，因为当地的消费者喜爱较甜的饮料。同时，可以适当调整价格来适应竞争状况。销售渠道也可以有所不同。2009 年，可口可乐推出全球性的广告主题"打开快乐"（Open Happiness）。此前的广告语"生活中的可乐一面"（The Coke Side of Life）也是全球性的，但是需要适应类似俄罗斯这样的新兴市场的要求。[28] 2016 年，可口可乐用一句新的全球口号"品味这种感觉"取代了"打开快乐"。

综上所述，品牌管理的基本战略指导原则在全球范围内是相同的。问题不完全在于是否一致，而在于是否提供基本相同的产品和品牌承诺。正如我们将会在后几章探讨的那样，营销组合的其他要素，如价格、沟通诉求和媒体策略和分销渠道等，都可以因地制宜。

以需求为基础的产品计划

解释马斯洛需求层次理论如何帮助全球营销人员了解
世界各地买家寻求的利益。

可口可乐、麦当劳、新加坡航空、奔驰和索尼，这些只是将当地产品与品牌转化
为全球产品与品牌的公司中的几个举例。营销的精髓在于发现需求并予以满足。**马斯
洛需求层次**（Maslow's needs hierarchy）理论是社会学和心理学课程的重要内容，它也
提供了一个框架，有助于人们了解当地产品和品牌的延伸何以能够跨越国界。马斯洛
假定，人们的欲望可以分为五个层次的需求。[29] 每一个层次的需求得到满足后，便迈向
更高的层次（见图 10-4）。在人类生存的基层，生理和安全的需求必须得到满足。人
们有衣、食、住的需求，能够满足这些基本需求的产品就具备全球化的潜力。

图10-4　马斯洛需求层次理论

资料来源：A. H. Maslow, "A Theory
of Human Motivation," in Readings in
Managerial Psychology, Harold J. Lev-
itt and Louis R. Pondy, eds. (Chica-
go, IL: University of Chicago Press,
1964), pp. 6 - 24. Original—Psycho-
logical Review 50 (1943).

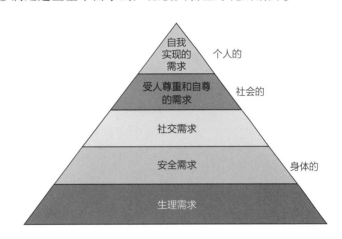

当然，满足人们的基本饮食需要是一回事，想要或偏好巨无霸或可口可乐是另一
回事。在走向国际之前，麦当劳和可口可乐公司都已在美国建立了各自的品牌和经营
体系。它们之所以能够建立超越地理界限的全球品牌专营事业，是因为它们的产品满
足了人们的基本需求，也因为它们都是营销高手。同时，麦当劳和可口可乐都从经验
中认识到：有些饮食方面的偏好（如中国的）有其深远的文化渊源。[30] 对这种区别做出
回应，意味着要为具体的国别市场创建当地的产品和品牌。索尼生意兴隆的原因也是
如此。视听娱乐产品发挥着重要的社会作用。在整个历史中，索尼公司的眼光要求它
开发适合娱乐需求的新产品，如晶体管收音机、立体声随身听等。

中间层次的需求有自尊、自重和受人尊重。这些社会需求可能在人们内心形成一
种强烈的动机，促使人们追求有地位象征的产品，因而存在于国家发展的不同阶段。
吉列公司的阿尔弗雷德·采恩了解这一点。吉列公司派克笔分部的营销人员坚信，购
买高档礼品的马来西亚和新加坡的消费者与在尼曼·马库斯（Neiman Marcus）百货商
店购物的美国人一样，都会购买同样的派克笔。采恩说过："我们不会特意为马来西亚
另做一种产品。"[31]

奢侈品营销商特别善于迎合全球范围都存在的尊重的需求。劳力士、路易威登和唐培里依香槟王（Dom Perignon）便是消费者为满足尊重的需求而购买的全球品牌中的几个。有些消费者为了摆阔而购买引人注目的昂贵产品或品牌，这种行为被称作炫富或炫耀性消费。如果一个公司的高价产品或品牌能够因满足尊重的需求而在当地市场胜出，就应考虑将其推向全球。

同样的产品在不同国家/地区可以满足不同的需求。以高收入的工业化国家使用的冰箱为例。在这些国家，冰箱的首要用途是满足基本需求，包括较长时间地存储冷冻食品，在向超市配送货物的途中保持易腐食品（如奶、肉等）的新鲜，还有就是制冰。

相反，在低收入国家，冷冻食品并不普遍。主妇们每日都采购食品，而不是一周一次。人们不愿意为不必要的功能（如制冰）花钱。这些需要较高的收入才用得起的功能都属于奢侈性功能。在较低收入的国家，冰箱的功能不过是存储一天用量的食品和较长时间地存放剩饭菜。冰箱在这些国家所满足的需求有限，一个小冰箱足矣。

在有些发展中国家，相对于较高阶层的需求而言，冰箱还有一个重要的用途——满足体面的需求。在这些国家，冰箱要最大的，并且摆放在起居室的显眼位置，而不是藏在厨房里（见图 10 - 5）。

如今，一些印度公司正在开发该国最贫穷的消费者能够负担得起的创新产品。例如，一家公司创造了 Little Cool 冰箱。该设备售价相当于 70 美元，小巧便携。它只有20 个零件，大约是传统全尺寸单元中零件数量的 1/10。

图 10 - 5　部分新兴市场中产阶级的增长对科勒来说是一个机遇。该公司的现代浴缸和淋浴套房吸引了有抱负的消费者。

资料来源：Kohler Co.

赫尔穆特·舒特（Hellmut Schütte）提出了一个经过修改的需求层次图，用以说明亚洲消费者的需求与欲望（见图 10 - 6）。[32] 两个较低的需求与传统的需求层次相同，而三个较高层次则突出了社会需求。当个人为群体所接受时，就满足了亚洲人的归属的需求（affiliation needs）。与群体的准则保持一致便成为消费行为的驱动力量。例如，当一款酷炫的新手机受到市场追捧时，每一个希望顺应潮流的青少年都想去买一部。日本公司的经理了解了该情况，便开发出专门用于吸引青少年的当地产品。下一个更高层次的需求是羡慕（admiration），满足这种需求则要能在群体中引起尊重。

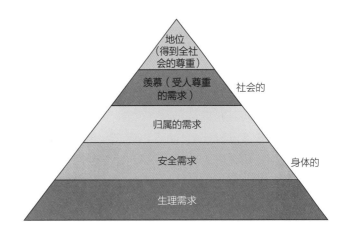

图 10-6　马斯洛的需求层次理论（亚洲版）

亚洲版需求层次图中的最高层需求是地位（status），即得到全社会的尊敬。希望获得高地位的部分原因是受性格的驱使。不过，追逐地位也会导致炫富。舒特声称地位是亚洲的最高需求层次。将全球 2 000 多亿美元的奢侈品市场按地区加以分解，便可得到这种说法的根据：在这个领域的销售额中，有 20% 来自日本，另有 22% 来自其余的亚太地区。意大利古驰集团的销售总收入中将近半数来自亚洲。

全球营销
10.4

品牌的"原产地"要素

概述"原产地"作为品牌元素的重要性。

全球营销中的一个基本事实是：对某些国家的看法和态度往往会延伸到来自这些国家的产品和品牌。这些看法与**原产地效应**（country-of-origin effect）概念的形成不无关系，而且成为品牌形象的一部分，对品牌资产也会产生影响。在汽车、电子、时装、啤酒、音乐录音制品和某些其他类型产品领域尤其如此。

对产品原产地的看法既可以是积极的，又可以是消极的。从积极的方面来说，正如 20 世纪 90 年代中期一位营销专家指出的那样，"'德国的'是优质工程的同义词，'意大利的'是时尚的同义词，而'法国的'则是高雅的同义词"。[34]

> 中国很复杂，但"德国制造"在这里仍然具有很大的吸引力，如果你认真准备，你所能取得的成就几乎没有限制。[33]
> ——德国工业和贸易中心，夏建安（Christian Sommer）

一个特定国家的制造声誉可能随着时间的推移而改变。20 世纪七八十年代的研究表明，"美国制造"的形象败在"日本制造"之下。然而今天，美国品牌在全球正重新得到认可。例如，切诺基吉普，Lands'End 和美国服饰公司的衣饰，以及百威啤酒，都以鲜明的"美国"主题成功地打开了市场。即便如此，公司本身必须能够支持他们的"美国制造"声明。例如，总部位于底特律的制造商神诺拉（Shinola）在其手表广告中使用了"美国制造的地方"和"底特律制造"的口号。然而，事实证明，这些手表是在美国使用进口部件组装而成的。美国联邦贸易委员会裁定，该公司必须将其口号修改为"使用瑞士和进口零件在底特律制造"。

芬兰是诺基亚的故乡，诺基亚曾经是手机领域的领导者，现在专注于电信设备。诺基亚在十多年的时间里从一家本土公司跃升为全球化公司。然而，正如品牌战略专家西蒙·安霍尔特（Simon Anholt）所指出的那样，如果芬兰要成为一个有价值的民族品牌，其他芬兰公司需要迅速采取行动，利用诺基亚的成功。例如，拉伊西奥集团的倍乐醇（Benecol）品牌人造黄油已被证明可以降低胆固醇水平。如果全世界有大量注重健康的消费者接受所谓的营养保健品，拉伊西奥和倍乐醇可能会成为知名品牌，进一步提升芬兰在全球舞台上的形象。安霍尔特还指出，斯洛文尼亚和其他国家是"启动品牌"，因为它们缺乏数百年的传统与外国互动来建立声誉（见图 10-7）：

> 对于像斯洛文尼亚这样的国家，提升其在国外的形象与苏格兰或中国是完全不同的事情。斯洛文尼亚需要让世界各地的消费者了解它在哪里、它制造什么、它必须提供什么以及它代表什么。这本身就代表了一个强大的机会——建立一个现代国家品牌的机会，不受几个世纪可能的负面联想的影响。[35]

图 10-7 斯洛文尼亚曾发起一项品牌形象综合活动，将被各种政府和非政府组织使用。"斯洛文尼亚绿"是新标志的主色调。正如政府通信办公室解释的那样，"它指的是斯洛文尼亚人的自然平衡和冷静勤奋。森林的气息，溪流的湍急，水的清新，木头的柔软，都能让人感受到斯洛文尼亚的气息……"

资料来源：Embassy of the Republic of Slovenia.

20 世纪 90 年代中期以来，"墨西哥制造"的地位显著提高，因为当地公司和全球制造商都在墨西哥建立了供应全球的达到世界水准的制造厂。例如，福特、通用汽车、日产、大众和其他全球汽车制造商已在墨西哥建立了年产近 200 万辆汽车的设施，其中 3/4 供出口。[36]同样，20 世纪 70 年代中期以来，消费者对"日本制造"的态度也经历了漫长的发展过程。那么，"印度制造"怎么样？印度对其制造能力感到非常自豪，但总的来说，消费者的认知落后于现实。他们在塑造品牌方面面临相当大的挑战：应如何改变这种形象？[37]

就某些产品种类而言，外国产品相对于国内同类产品具有明显的优势，仅仅因为它们是"外国的"。全球营销商有机会利用这一情况开出高价。啤酒行业的进口子市场就是例证。在一项关于美国人对啤酒态度的研究中，首先让被调查者品尝无标签的啤酒，结果表明他们对本国啤酒的偏好高于进口啤酒。然后又让他们品尝各种贴有标签的啤酒并评定偏爱的等级，在这次测试中，被调查者则偏好进口啤酒。结论：被调查者知道自己喝的是进口啤酒，这一认知影响了他们的看法。1997 年，莫德罗集团的科罗娜特级啤酒凭借出色的营销活动，超越了喜力，成为美国最畅销的进口啤酒。科罗娜已分销到 150 个国家及地区，成为把一个当地品牌打造成一个全球性强势品牌的教科书式范例。

英国苏格兰拥有强大的品牌资产，却有些遭人误解，因此它成为研究这类国家地区的有趣案例。有一项名为 Project Galore 的研究课题，目的是了解苏格兰地区资产的哪些方面可能用来获取商业利益。研究人员发现了诸多可以称作苏格兰核心产业的高质量产品与服务，其中包括威士忌、羊毛、鲑鱼和高尔夫球场。事实上，从苏格兰地区出口的高端类别是信息技术！研究人员编制了一幅想象图，确定苏格兰的四大关键价值观：正直、坚韧、创新和锐气。[38] 同样，其他国家、地区和城市也使用各种营销工具来促进商业和经济发展（见图 10-8）。

图 10-8　新墨西哥州的拉斯克鲁塞斯市是美国太空港的所在地。从这里开始，维珍银河（Virgin Galactic）将提供民用太空飞行服务。拉斯克鲁塞斯市的经济发展经理设计营销活动，通过提供"机遇之山"来吸引个人和组织到该地区。

资料来源：拉斯克鲁塞斯市。

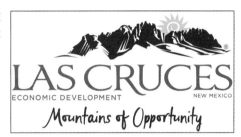

考虑一下"巴西制造"和"泰国制造"等标签。有一天它们可能是高品质和高价值的象征，但今天许多消费者认为这些国家的产品质量低劣。[39]
——克里斯托弗·A.巴特利特（Christopher A. Bartlett）和苏曼德拉·戈沙尔（Sumantra Ghoshal）

全球营销

10.5

延伸、调整、创新：全球营销的产品规划策略选择

列出营销人员在全球产品规划过程中可以使用的五种策略。

公司经理如想充分利用国外的机会，就必须提出并实施适当的营销计划。根据组织目标和市场需要，具体的计划可以包含延伸策略、调整策略，或将二者相结合。已经开发出成功的当地产品或品牌的公司可以实行第一种选择——**延伸策略**（extension strategy），这种策略只要求将产品几乎原封不动地提供给（即"延伸"至）本国之外的市场。第二种选择是**调整策略**（adaptation strategy），这种策略可能要求根据特定的国家/地区市场的需求与情况，对设计元素、功能元素或包装元素加以改变。这些产品策略可以和沟通策略的延伸或调整结合使用。有的公司在向全球市场拓展之前已经在国内市场建立起品牌和产品/服务，如星巴克，这种公司的经理就面临这类策略抉择。第三种选择是**产品创新**（product invention）策略，它要求着眼于世界市场，"从零开始"开发新产品。

不同国家的法律和法规经常造成产品设计的强制性修改。这一点在欧洲可能尤为明显。欧洲创建统一市场的一个动因是，希望消除对泛欧市场标准化产品销售造成阻碍的法规和法律壁垒。这些情况在技术标准和健康安全标准方面尤为严重。例如在食

品行业，对 10 种食品在欧盟内部的跨境贸易设有 200 条法律和法规壁垒。其中，有对含有某种成分的产品禁用或征税的法规，也有不同的包装法和商标法。这些壁垒被消除后，修改产品设计的需要将减少，许多公司将能够生产标准化的"欧洲产品"。

尽管上述趋势走向一致，但现在许多保留下来的产品标准仍有待协调。这种情况给主要业务在欧盟以外的公司造成了一些麻烦。例如，位于宾夕法尼亚州艾克斯波特市的多蒙特制造公司（Dormont Manufacturing），制造用于油炸锅和食品工业的其他类似器具上的软管。多蒙特制造公司的燃气软管是不锈钢的螺旋形管，没有套管。英国的行业规定要求采用镀锌的金属环纹管外加橡胶套管；意大利的规定要求不锈钢环纹管不加套管。适应这些规定所需的成本足以将多蒙特制造公司被拒于欧洲市场之外。[40]

不仅如此，欧盟委员会还在继续制定产品标准，迫使许多非欧盟公司调整其提供的产品或服务，以符合市场的规定。例如，消费者安全规定意味着麦当劳欧洲门店不能在其欢乐套餐里包含软塑料玩具。微软已被迫修改它同欧洲软件制造商和互联网服务提供商的合同，以确保欧盟的消费者能够大范围享用新技术。欧盟委员会还制定了有关产品成分的严格规定，因为这事关可回收性。联合技术公司在布鲁塞尔的说客马加·韦塞尔斯（Maja Wessels）最近说道："20 年前，按照美国标准设计的产品几乎可在世界各地畅通无阻。现在不是这样了。"联合技术公司运营事业部的工程师对公司的空调进行了重新设计，使其在可回收方面达到比美国标准更严格的欧洲规定。[41]

第 1 章曾提及，延伸/调整/创新的抉择是公司全球营销策略应处理的最基本问题之一。虽然此事关系到营销组合的所有要素，但延伸/调整在产品和沟通决策中具有特殊的重要性。本章前面的表 10-1 将产品—品牌的策略选择用矩阵形式列出，图 10-9 又做了进一步展开，将推广与沟通的所有方面（不仅是品牌策略）都纳入了考虑范围。图 10-9 列出了四种策略选择，可供星巴克和其他欲从本国向新的地理市场拓展的公司选用。

图 10-9　全球产品规划：策略选择

处于国际、全球和跨国等发展阶段的公司都运用延伸策略。关键的区别在于执行和心态。以一个国际公司为例，延伸策略反映了母国中心导向和所有市场都相同的假定。而像吉列这样的全球化公司就不会陷入这种假定，公司的全球中心导向使其充分认识自己的市场，并有意识地利用世界市场的相同之处。同样，多国公司的多国中心导向和所有市场均不相同的假定促使其采用调整策略。相反，全球化公司的经理和高管的全球中心导向使他们能敏锐地察觉市场之间的实际（而不是假定的）差别。一位高管人员指出，关键在于"既不做无可救药的当地派，又不盲目追求全球化"。

10.5.1 策略一：产品延伸—沟通延伸（双重延伸）

许多公司用**产品延伸—沟通延伸**（product—communication extension）策略在全球市场上寻求机会。在合适的条件下，这是一种非常简单易行的营销策略，也可能是收益最大的策略。采用这种策略的公司，在两个或更多的国家市场或目标子市场中，运用与国内市场相同的广告和促销诉求方式，销售几乎未加改动的同样的产品。要使这种策略切实有效，广告主所要传递的信息必须能为具有不同文化背景（包括新兴市场）的人所理解。这种双重延伸的示例包括：

- 苹果公司于 2007 年中在美国推出 iPhone。随后的几个月，iPhone 又逐渐在另外几个市场上市，包括法国和英国。一年之后，苹果推出第二代 iPhone 时，同时在 21 个国家和地区上市。
- 汉高公司（Henkel KGaA）使用双重延伸策略在全球销售其乐泰（Loctite）品牌的黏合剂产品系列（见图 10-10）。该公司的各种产品线，包括医用黏合剂和螺纹锁固剂，都带有乐泰品牌名称。广告还包括汉高公司标志。

作为一般的规律，延伸/标准化策略更多地运用于工业品（企业对企业），而不是消费品中。理由很简单：工业品一般没有消费品那种文化渊源。但如果的确如此，那么苹果作为一个完美的消费品品牌又是如何运用双重延伸策略取得如此优异的效果的呢？有一种解释是，如第 7 章所述，该品牌的高科技、高情感形象有助于其全球消费者文化定位。

图 10-10　德国的汉高是一家全球化公司，主要销售三个主要类别的工业和消费品：黏合剂，洗衣和家庭护理以及美妆。乐泰黏合剂和密封剂系列在家庭以及医疗和工业环境中具有广泛的应用。汉高的产品组合还包括 Right Guard、Dial、Persil 和 Purex 等受欢迎的消费品牌。

资料来源：汉高公司。

这些示例表明，科技公司和工业品制造商对于双重延伸的可能性应该予以高度重视。不过，汉高公司还经营其他数百种不同配方和不同品牌的黏合剂、洗涤剂和个人护理产品。说到乐泰品牌产品，汉高公司的首席执行官乌里希·莱赫纳（Ulrich Lehner）说："像这样的产品没多少。通常，你都要按当地的需求做些修改。你必须在对当地的了解与集中化规模经济之间取得平衡。这是一场永不停歇的战斗。"[42]汉高的宝莹（Persil）牌洗衣粉就是一个很好的例子。虽然 Persil 这个名字在超过 20 个国家和地区被使用，但在希腊、意大利和塞浦路斯，同一种洗涤剂以 Dixan 为名，进行销售。Wipp 是在西班牙和中国使用的名称；其他市场，使用的名称还包括 Nadhif 和 Fab。

10.5.2 策略二：产品延伸—沟通调整

在某些情况下，一个产品或品牌的沟通策略只需稍做修改，便可成功地延伸到多国市场。研究可能已经表明，不同国家的消费者对价值主张的一个或几个方面的感知也有所区别。还可能出现以下情形：在不同的国家或地区，产品满足的是另一种需求，受到另一种子市场的青睐，或发挥了不同的功效。不管原因如何，将产品进行延伸并同时调整营销沟通计划，可能是取得市场成功的关键。**产品延伸 - 沟通调整**（product extension-communication adaptation）策略的诱人之处在于其相对低廉的实施成本。产品本身并无变化，从而避免了研发、生产设施和库存等方面的开支。这种做法的最大支出是市场调研、广告修改、促销、销售点的宣传资料以及其他一些适当的沟通要素。

请思考以下产品延伸 - 沟通调整的示例：

- 在匈牙利、斯洛文尼亚和其他中欧国家，英国南非米勒酿酒公司将其米勒纯生啤酒定位为一种国际生活方式品牌（全球消费者文化定位），而不是美国品牌（外国消费者文化定位）。之所以选择这种沟通调整策略，是因为焦点小组座谈的调研表明，许多欧洲人对美国啤酒的评价不高。[43]

- 在本杰瑞（BEN&JERRY's）公司的经理向英国市场推销其冰激凌之前，公司曾进行广泛的调研，以判断其包装设计能否有效地反映品牌的"超高价"定位。调研结果表明：英国消费者对色彩的看法与美国消费者不同。公司改变了包装，成功地在英国市场推出了本杰瑞产品。

- 英特尔公司为推广其迅驰（Centrino）无线芯片，开展了一场全球广告活动，由多位名人代言。在平面、电视和在线广告中，一位名人坐在一位移动计算机使用者的膝盖上。选中这些名人是因为他们在世界关键市场得到了广泛认可，其中有喜剧演员、美国华裔演员和美国滑板运动员。[44]

- 在美国，索尼为其 Bravia 高清电视机做广告，鼓励电视观众登录互联网，并选择不同的广告故事结局。在欧洲的广告则截然不同，其特点是形象色彩明亮，如带有环形条纹的彩球以慢动作弹跳。索尼电子公司的首席营销官麦克·法苏洛（Mike Fasulo）说："在不同地区，消费者是否选用高清产品，以及高清产品的普及程度（包括我们的 Bravia 系列电视机），存在巨大差异。"[45]

- 约翰迪尔公司的工程师瞄准了现在还在使用耕牛拉犁的 3 亿印度农民，创造出了一系列相对低价、有基本功能的简易拖拉机。约翰迪尔公司的团队随后发现，这些设备同样可以卖给美国的耕作爱好者和小土地所有者——一个此前被他们忽视的子市场。[46]

像威特基（Wild Turkey）这样的美国优质波旁威士忌品牌的营销人员发现，三角洲蓝调音乐、新奥尔良和 66 号公路的形象符合美国以外的高层次饮酒人的品位。然而，那种强调波旁威士忌质朴而粗犷的形象却不能吸引美国人。正如《波旁威士忌之书》（*The Book of*

> 我能想到的真正有效的全球广告很少。品牌通常处于世界各地的不同阶段，这意味着有不同的广告工作要做。[47]
>
> ——李奥贝纳首席创意总监迈尔克·康拉德（Michael Conrad）

全球营销（原书第 10 版）

Bourbon）的作者加里·里根（Gary Regan）所说的，"当欧洲人想到充当世界警察的美国人时，他们恨美国人，当想到蓝色牛仔裤、波旁威士忌和牧场时，他们爱美国人"。[48]

同样，野格（Jägermeister）烈性酒在关键国家市场的营销手段也不同。这种基于草本作物的棕色饮品产自德国，首席执行官汉索·坎普夫（Hasso Kaempfe）认为，它在德国以外取得成功的关键因素是形象的多样化。20 世纪 90 年代中期，在美国"发现"野格酒的是高校的学生。坎普夫的营销经理避开了传统的媒体广告，利用品牌崇拜心理，雇用了"野格"女孩散发免费样品，还在摇滚音乐会上发放公司的 T 恤和橙色横幅。而在第二大出口市场意大利，野格酒是饭后饮用的高档消食剂。在德国、奥地利和瑞士，啤酒文化盛行，野格酒和其他品牌的烈性酒给人带来的是较为传统的联想，如被当作治疗咳嗽、胃痛或对付"宿醉"的灵丹妙药。[49]

野格是**产品转换**（product transformation）的一个实例：同一实体产品发挥了与原设计或制作目的不同的功能或用途。在有些情况下，具体国家或地区的环境使当地经理在处理沟通任务时有更大的创作和冒险空间。

10.5.3　策略三：产品调整—沟通延伸

全球产品规划的第三种方式是对产品进行调整以适应当地的使用环境或偏好，同时将本国市场的基本宣传策略或品牌名称尽量原封不动地延伸。这种策略，即**产品调整—沟通延伸**（product adaptation-communication extension）。例如：

- 多年来，福特公司一直在全世界销售福睿斯、福克斯和其他品牌的汽车。然而，这些汽车在不同地区往往有些区别。2010 年，福特在美国推出了一种新型福克斯，80% 的部件与欧洲版福克斯相同，另外 20% 依各地相关的法规做出调整，如保险杠碰撞标准等。[50]
- 1996 年，卡夫食品公司采用延伸策略，在中国推出奥利奥品牌曲奇。几年来销量平平，卡夫的驻地营销团队遂展开调研。他们发现，根据中国人的口味，奥利奥过甜，而且价格太高，14 片装售价 72 美分。改变配料后，奥利奥甜度降低，是一种外有巧克力涂层、内有香草和巧克力酱的四层威化饼干。新包装威化奥利奥的片数减少，售价约为 29 美分。如今，奥利奥已是中国最畅销的威化饼干品牌之一。[51]

卡夫食品公司在中国销售奥利奥的经历是在延伸策略不能取得预期效果时由产品延伸改为产品调整策略的示例。与之相反，福特公司的经理在面临丰田、本田和其他汽车制造商的强大竞争时，却在寻求替代产品调整策略的办法。2008 年，福特推出了新版的嘉年华，它被设计为一种高产量汽车（年产可高达 100 万辆），无须多作改动即可在全世界销售。福特的执行官马克·希尔兹（Mark Shields）说："这是一辆真正的全球车，因而是我们一个真正的转折点。"[52]

10.5.4　策略四：产品调整—沟通调整（双重调整）

公司也可采用**产品调整—沟通调整**（product-communication adaptation），即双重调

第10章　全球营销中的产品和品牌决策

整（dual adaptation）策略。顾名思义，该策略是指为适应某一具体国家或地区，同时调整（一个或多个）产品和促销要素。营销人员有时会发现，不同国家的环境状况或者消费者偏好会有所差异，而产品具有的功效或消费者对于广告诉求的接受程度也是如此。当某国/地区经理具有相当大的自主权，并决定进行调整时，他可能只是在行使其独立行动权。如果总部试图在国家/地区间实现协调，其结果可能像一位经理所说的那样——像在溜猫。

联合利华的双重调整策略就是其中一个例子。联合利华的意大利经理发现，意大利女性每周花在打扫卫生、熨衣服和做其他家务的时间超过 20 小时，但她们对省力的方便设备不感兴趣。因为最终结果（真正清洁光亮的地板）比节省时间重要。为向意大利市场供应商品，联合利华对西夫（Cif）喷雾清洁剂的配方进行了修改，以更加有效地去除油渍；另外，联合利华还推出若干变形产品以及更大容量的瓶子。电视广告对西夫的介绍是强力而不是方便。[53]

在另一条产品线上，联合利华的舒耐止汗剂曾经有 30 种不同的包装设计和 48 种不同的配方。广告和品牌策略也根据当地情况进行了调整。[54]西夫品牌产品在意大利的情况是，经理根据商业情报改进了产品和沟通，使销量大增。与此相反，舒耐品牌的多重配方在很大程度上是多余的和不必要的。为解决这些问题，联合利华于 1999 年开展了一场"增长之旅"活动，旨在减少为产品配方和包装问题而在逐个国家/地区折腾的行为。

注意，如前所述，这四个选项并非互相排斥的。换言之，同一个公司可以同时在世界的不同地方采用不同的产品—沟通策略。例如，耐克在对其技术先进的高价运动鞋进行营销时，辅以突出美国式的直截了当和"想做就做"态度的广告，从而建立起了全球品牌。然而，在巨大并有重要战略意义的中国市场上，这种做法有若干局限性。

其一，耐克的"坏小子"形象与根深蒂固的中国价值观（如尊重权威和孝道）格格不入。一般来说，耐克在中国的广告内容不会破坏和谐。其二，价格也是个问题。耐克在 20 世纪 90 年代中期制造了一种专门供应中国市场的鞋，使用的材料较为便宜，售价不到 40 美元。耐克多年来一直使用其长期广告代理公司威登肯尼迪为西方市场设计广告，后来它雇用了来自 WPP 集团上海智威汤逊广告公司讲汉语的艺术指导和制作人员，他们借助当地运动员形象创作的新广告，顺应了中国人的民族感情。

10.5.5 策略五：产品创新

延伸和调整策略对于许多全球市场机会来说都是有效的方法，但并非对所有的市场都有效。例如，对于那些虽有需要但无力购买现有产品或经过调整的产品的市场，这些策略就无法奏效。全球化公司选定印度和其他新兴市场的消费者时，就有可能遭遇这种情况。当潜在客户的购买力有限时，公司就可能需要开发一种全新的产品，以潜在客户能够接受的价格抓住这种市场机会。反过来也是如此：低收入国家的公司在当地取得成功之后，如果想在高收入国家取得成功，就必须超越仅限于调整的阶段，"升高横竿"，把产品设计提高到世界水平。**创新**（innovation）是赋予资源以创造价值的新能量的过程，也是一项要求高但具有潜在回报的产品策略，不仅对进入欠发达国家的大众市场而言是如此，对工业化国家的重要子市场也是如此。

两位独立工作的企业家认识到，全球有千百万人需要低价的眼镜。美国配镜师罗伯特·J. 莫里森（Robert J. Morrison）创造了一种即时眼镜（Instant Gyeglasses），使用常规镜片，几分钟便可装配完毕，每副售价约 20 美元。牛津大学的物理学教授乔舒亚·席尔瓦（Joshua Silva）提供的办法的科技含量较高：他采用透明的薄膜镜片，内注无色液态硅。使用者可用两个手动调节器增减液体的含量，以调整镜片的度数。席尔瓦教授现任发展中国家视觉中心（Centre for Visionin the Developing World）首席执行官，该组织的使命就是在发展中国家销售低成本、可自我调节的眼镜。[55]

另一个创新策略的案例涉及一家南非公司，它获得了英国专利授权，可以生产手摇式收音机。这种收音机是一位英国发明家根据低收入国家对收音机的需求设计的。这些国家的消费者家里没有电，也难以承担更换电池的费用。他的发明显然提供了一种解决办法：手摇式收音机。这是一种理想的办法，可以解决新兴市场人群对收音机的需求。使用者只需用手摇，短时间内手摇产生的电量就可收听广播约 1 小时。

有时，想走向全球的发展中国家的制造商也运用创新策略。例如，印度的特迈斯公司（Thermax）制造的小型工业锅炉在印度国内市场取得巨大成功。而后，工程师为印度市场开发了一种新产品，这种新型设计大幅缩小了单个锅炉的体积。然而这种新设计在国外却难以获得成功，因为安装复杂且费时。在印度，劳动力成本低，相对复杂的安装不成问题。而在工资较高的国家就不同了，那里的工业客户要求有便于快速安装的先进的整体系统。特迈斯的总经理便要求工程师为世界市场重新修改设计，关键是要便于安装。这个宝押对了，现在特迈斯是世界上最大的小锅炉生产商之一。[56]

公司开发的产品既可提供最大利益，又可为世界任何地方的购买者创造最大价值，这样才可能成为全球竞争的赢家。在有些情况下，界定价值的不是业绩，而是客户的看法。产品质量至关重要（的确，这经常是既定的），但也有必要用富有想象力的、能创造价值的广告和营销沟通来支持产品的质量。多数行业专家认为，全球诉求和全球营销活动比一系列单个国家/地区的活动更能有效地创造客户对价值的认知。

10.5.6 如何选择策略

大多数公司都期望找到一种能够长期优化公司利润的产品—沟通策略。哪一种全球营销策略能最有效地达到这个目标呢？这个问题尚无普遍适用的答案。初次涉足的公司必须先处理前面提到的问题。此外，值得注意的是，在产品和沟通决策方面，经理有可能犯两类错误。一种错误是患上**"非此地发明"**（"not invented here" syndrome，NIH）综合症，对子公司或分公司经理的决定置若罔闻。这样行事的经理实质上并不愿意想办法在国外市场利用产品—沟通政策。另一个错误是假定凡对本国市场的客户正确的，对其他地方的客户也必然正确，将政策强加于所有分公司。

总之，选择全球营销的产品—沟通策略是三个关键因素作用的结果：第一，产品本身，以其提供的功能和满足的需要来定义；第二，市场，以产品使用的环境、潜在客户的偏好和对有关产品的购买力和意愿来定义；第三，对于考虑选用这些产品—沟通方式的公司来说，其调整的成本和制造的成本。只有经过对产品—市场组合、公司能力和成本的分析后，经营者才能选定最能获利的策略。

<table>
<tr><td>全球营销
10.6</td><td>## 全球营销中的新产品
解释新产品的连续性创新，比较不同类型的创新。</td></tr>
</table>

图 10-9 展示的矩阵提供了评估延伸或调整策略是否有效的框架。不过矩阵中的四种策略选择并不一定是针对全球市场机会的最佳可选对策。如欲在全球竞争中获胜，营销人员、设计人员和工程师都必须跳出条条框框，换位思考，并创造出在全世界都具有卓越价值的开创性创新产品。在当今充满活力与竞争的市场环境下，许多公司认识到持续不断地开发和推出新产品是生存和发展的关键因素。这就是策略五的主旨：产品创新。同样，营销人员应该寻找机会，开展支持新产品或品牌的全球广告活动。

10.6.1 识别新产品构思

什么是新产品？产品是否新颖，可以从它与购买者或使用者的关系中得到评定。产品之新也可能体现在组织方面，例如公司收购了一种它以前不曾涉足的现成产品。最后，对一个公司来说并不新颖的现有产品可能对某一特定市场来说是全新的。

有效的全球新产品开发方案的起点是一套信息系统，这套系统可以依赖所有可能有用的资源和渠道寻找新产品构思，并将这些构思引向组织内部相关的筛选和决策中心。这些构思可能来自许多方面，包括客户、供应商、竞争者、公司销售人员、分销商和代理商、子公司主管人员、总部主管人员、文件（如信息服务报告和出版物），最后还有关于市场环境的真实的一手观察资料。

> 这张专辑改变了音乐行业；盒式 8 轨磁带，改变了行业。CD，引爆了行业。接下来是什么？ MP3——使行业缩水减半。所以这些事情随时可能发生。 没人可以预知。[57]
>
> 苹果音乐，吉米·艾欧文（Jimmy Iovine）

如图 10-11 所示，产品新颖度的三个等级可以用一个连续轴来表示。在这个连续轴的一端，产品可能是全新的，其形式是需要用户大量学习的创新。当此类产品取得成功时，它们会创造新的市场和新的消费模式，并对行业结构产生颠覆性影响。有时被称为**跨越性创新**（discontinuous innovations），属于这种"新的和不同的"类别的产品代表着与过去巨大突破。[58]简而言之，它们是游戏规则的改变者。

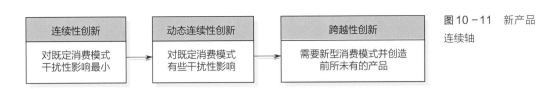

连续性创新	动态连续性创新	跨越性创新	图 10 - 11　新产品
对既定消费模式 干扰性影响最小	对既定消费模式 有些干扰性影响	需要新型消费模式并创造 前所未有的产品	连续轴

例如，20 世纪 70 年代，录像机的革命性影响可以用时间转换的概念予以说明：这种设备最初的好处是可以使电视观众摆脱电视节目时间表的约束，观众可以选择快进以跳过广告！同样，30 年前开始的个人计算机革命促成了科技的普及化。个人计算机的首次出现是一种跨越性创新，它使人们的生活和工作方式发生了巨变。苹果公司在 21 世纪头 10 年推出了一系列新产品——iPod（2001 年）、iPhone（2007 年）和 iPad（2010 年），实现了跨越性创新的"帽子戏法"。

有一种中度创新的新产品，其革新跨度较小，消费者需要学习的地方也不多。这类产品称作**动态连续性创新**（dynamically continuous innovations）。具有这种程度创新的产品与前几代产品共有某些特性，又包含产生附加值的新特性，如性能的显著提高或使用更加方便。这类产品对以前已有的消费模式造成的干扰较小。吉列公司的感应型（Sensor）、超常感应型（Sensor Excel）和 MACH3 等产品反映了该公司不断为湿面剃须引入新科技的做法，而几个世纪以来，湿面剃须的方式几乎未曾改变。

消费电子产品行业经常发生动态连续性创新。个人用立体声音响设备（如索尼的随身听）使人们可以在行走时欣赏音乐，这是 20 世纪 50 年代有了晶体管收音机以来人们习以为常的事，创新之处在于一个微缩型单放式卡带系统。20 世纪 80 年代早期出现的光盘改进了收听音乐的效果，但并不要求人们的行为有多大改变。同样，令电视迷欣喜的是，宽屏平板高清电视在性能上有了极大的提升。但必须指出的是，高清电视用户必须从有线电视公司或卫星公司处订购高清服务，或者有足够的无线网络宽带用以流式传输高清节目。

大多数新产品属于第三种类型——**连续性创新**（continuous innovation）。这类产品是典型的现有产品的"新型号和改进型号"，开发这类产品的研发开支少于动态连续性创新产品。连续性创新对现有消费模式的干扰很小，购买者需要学习的地方也最少。前面已经谈到，对"新"的评定是相对于购买者或使用者而言的。若一位想要升级的个人计算机使用者会购买一台处理速度更快或存储空间更大的新型机，那么这台个人计算机可以算作连续性创新产品。而对一个首次使用个人计算机的人来说，则是跨越性创新。

快速消费品公司和食品营销人员推出新产品时，非常倚重连续性创新。这种做法往往采取**产品线延伸**（line extensions）的形式，如新的尺寸、口味和低脂型。

10.6.2　新产品的开发

开发全球产品的主要动力是产品的研发成本问题。随着竞争的加剧，一些公司发现，进行全球产品的设计可以降低研发成本。它们的目标通常是建立一个可以迅速而廉价地转向不同国家/地区市场的单一的产品**平台**（platform），产品设计元素或部件。克里斯托弗·辛克莱（Christopher Sinclair）在担任百事食品与饮料国际公司总裁兼首席执行官期间曾说："你真正想做的是看着这四五个产品平台，它们能够使你跨越国界，成为大规模的经营者，去做全球营销人员该做的事。"[59]

即使是汽车这类必须符合国家安全和排放标准的产品，在设计时也是着眼于全球市场的。汽车制造公司如果拥有全球产品平台，在需要时便可拿出一个全球设计的调整版，而不必为不同国家或地理区域分别进行设计。福特公司于 1998 年和 1999 年分别在欧洲和美国推出的第一代福克斯，时下已在全球销售，而且改动极

> 对于 Model 3，埃隆·马斯克（Elon Musk）的目标是一个完全不同的愿景，这种愿景以前没有在电动汽车领域展现过。与公司的许多现有客户不同，这些人不是买得起多辆汽车的人，也不是把生态证书戴在袖子上的人。[60]
> ——汽车交易员、分析师，米歇尔·克雷布斯（Michelle Krebs）

少。福克斯项目的首席项目工程师是英国人，首席技术官是德国人，项目经理是爱尔兰人，主任设计师是英裔澳大利亚人。根据福特 2000 年计划，每一辆车减少了约 1 000 美元的开发费用。[61]

通用汽车公司在 20 世纪 90 年代着手重新设计面包车时，标准平台也成了其首选。具有全球头脑的通用汽车公司董事会指示其设计班子创造一种在美国和欧洲都会受欢迎的汽车。欧洲的道路通常较窄，燃油较贵，因此欧洲的工程师力争制造一种比典型面包车小的车辆。有些部件改用较轻的金属（如镁）可以尽量减轻整车的质量，油耗的经济性也相应得到提高。[62]事实证明，由此制造出的车型——雪佛兰 Silhouette（美国）、欧宝 Sentra（德国）和沃克斯豪尔 Sintra（英国）在各自的市场上收效有限。由此得到的经验教训是：制定全球策略是一回事，成功地执行它是另一回事！

其他与设计有关的费用（无论是由制造商承担还是由最终用户承担）也必须考虑在内。耐用性和质量是产品的重要特性，必须适合目标市场。在美国和欧洲，汽车买主不希望承担高昂的维修费用。因此，新型的福特福克斯的设计重点就是要降低保养费用和修理费用。例如拆卸发动机仅需 1.5 小时，比福睿斯节省一半时间。此外，车身使用螺栓连接，而不是焊接；尾灯安装位置较高，即使在停车场发生碰撞也不易破碎。

10.6.3 国际新产品部门

如前所述，企业需要大量的信息以便从中搜索新产品的机会，随后还需要下大力气筛选这些机会，以确定值得开发的候选产品。为满足这些需要，最好设置一个新产品部。这个部门的经理有几项工作：首先，保证不间断地发掘所有相关的信息来源，以寻找新的产品构思；其次，对这些产品构思进行筛选，以确定适合进行调查的候选对象；再次，对选出的新产品构思进行调查和分析；最后，保证企业将资源投入在最有希望的候选新产品上，同时保证企业在全球范围内不断参与有秩序的新产品开发和推广计划。

由于可能产生的新产品构思数量巨大，许多企业建立了筛选网格，以便聚焦于那些最适合被调查的创意。以下问题与这一任务相关：

1. 这种产品在各个不同价位上的市场有多大？
2. 对于我们就此产品所采取的行动，竞争者可能会有什么反应？
3. 我们能否通过现有的组织结构营销该产品？如果不能，需要做什么变动，这些变动需要投入多大的成本？
4. 已知该产品在各种具体价位、各种竞争强度下的估计潜在需求量，我们如果将产品外包，能否产生足够的利润？
5. 这一产品符合我们的战略发展计划吗？①产品与我们的总体目的和目标是否一致？②产品与我们可得的资源相吻合吗？③产品与我们的管理结构相符吗？④产品是否具有足够的全球潜力？

例如，维珍公司的开发队伍要评估每天十几条来自公司外部的建议，还要评估维珍员工提出的建议。维珍公司的前集团公司开发主任布莱德·罗瑟（Brad Rosser）曾统领这支开发队伍多年。在评估新产品的构思时，罗瑟和他的团队都要在下述方面寻求协同效应：维珍公司的现有产品、定价、营销机会、投资的风险与回报，以及新产品构思"是利用还是滥用"维珍品牌。获得通过的业务包括：服装连锁店维珍牛仔裤、婚庆咨询服务公司维珍婚庆和互联网服务公司维珍网络。[63]

10.6.4　新产品测试

向国外市场推广新产品的主要教训是，无论产品何时与人、机械或化学成分产生互动关系，总能出现令人吃惊和出乎意料的不兼容性。几乎所有产品都可能出现这种情况，因而在全面推出某产品之前，将其置于实际市场环境中进行测试是十分重要的。测试并不一定要动用全部的试销力量，它可能仅仅需要观察目标市场使用产品的实际情况。

如果事先不对产品的实际使用环境进行评估，其结果可能会令人震惊。对这一点，联合利华已经领教过，当时它在欧洲未经充分测试便推出一种新品牌的洗衣粉。公司耗资 1.5 亿美元开发了一种新型洗涤剂，其成分中含有去污力强的复合锰分子，能比宝洁公司的碧浪等竞争产品用更低的水温快速洗净衣物。1994 年 4 月，凭借 3 亿美元的营销预算，联合利华在欧洲以宝莹强力、奥妙强力和其他品牌名称推出了这种产品。公司还在组织重组后，将在欧洲推出新品所需的时间由 3 年调整到 16 个月。在这个具体的案例中，新配方去污效率的提高和公司对新配方的热衷造成了营销的惨败。消费者发现，使用强力洗衣粉后，有些衣物受损。宝洁公司迅速借此大做文章，刊登广告指责强力洗涤剂，并委托实验室进行检验，以证明造成损坏之事属实。联合利华的董事长迈克尔·佩里爵士（Sir Michael Perry）将强力的惨剧称作"我们遭受的最大营销挫折"。联合利华之后修改了强力配方，但为时已晚，已无法挽救品牌。公司丧失了在欧洲与宝洁公司争夺市场份额的良机。[64]

本章小结

产品是营销方案中极其重要的要素。全球营销人员面对的挑战是为公司制定一个前后一致的全球产品和品牌策略。**产品**可以视为共同为购买者或使用者提供价值的有形和无形属性的集合体。**品牌**在消费者心中是印象与其个人经历的复合物。在多数国家，**当地品牌、国际品牌**和**全球品牌**互相竞争。**当地产品**只在单一国家市场销售，**国际产品**则可在某一地区的若干个国家买到，**全球产品**适合满足全球市场的需求与欲望。

全球品牌在世界各地使用同样的名称并具有相同的形象和定位。许多全球化公司运用**复合（梯次）品牌、联合品牌**和**品牌延伸**策略，以充分利用有利的**品牌形象**和**高价值的品牌资产**。公司可以利用**全球品牌领导地位**，在所有市场上创建强势品牌。**马斯洛需求层次理论**是一个以需求为基础的框架，它提供了一种方法，用以了解在世界不同地方开发当地产品和全球产品的机会。有些产品和品牌从**原产地效应**中受益。产品决策还必须涉及**标签、审美**等包装问题。此外，公司还必须对每个国家市场提供妥当的**明示担保**政策。

产品和沟通策略的选择范围包括下述三种策略及其相互组合：**延伸策略、调整策略**和**创新策略**。公司进行地理扩张时有五种策略选择：**产品延伸—沟通延伸、产品延伸—沟通调整、产品调整—沟通延伸、产品调整—沟通调整**和**产品创新**。某一具体公司采用哪种策略，取决于公司的产品及其满足的需求、潜在客户的偏好与购买力，以及调整与标准化产品之间的成本差别。若产品进入新市场后，其功能与用途均已背离初衷，便出现了**产品转换**。管理层在选择策略时，应当有意识地尽量避免"**非此地发明**"（NIH）综合症。

全球竞争给公司造成了压力，迫使它们精于开发标准化产品平台，以便在平台基础上进行产品调整，节省成本。新产品可以分为**跨越性创新、动态连续性创新**和**连续性创新**（如**产品线延伸**）。成功地推出产品需要了解市场是如何演进的：随时间先后还是并行发展。随着产品开发周期的缩短和产品开发成本的飙升，如今许多新产品都是在多个国家市场上同时推出的。

注　释

1. Queena Sook Kim, "The Potion's Power Is in Its Packaging," *The Wall Street Journal* (December 21, 2000), p. B12.
2. Sara Silver, "Modelo Puts Corona in the Big Beer League," *Financial Times* (October 30, 2002), p. 26.
3. Betsy McKay, "Coke's Heyer Finds Test in Latin America," *The Wall Street Journal* (October 15, 2002), p. B4.
4. Christina Passariello, "France's Cognac Region Gives Vodka a Shot," *The Wall Street Journal* (October 20, 2004), p. B1.
5. Deborah Ball, "The Perils of Packaging: Nestlé Aims for Easier Openings," *The Wall Street Journal* (November 17, 2005), p. B1.
6. Clare Dowdy, "GlaxoSmithKline's New Toothpaste," *Financial Times* (August 11, 2011), p. 8.
7. Steven L. Gray and Ian Brat, "Read It and Weep? Big Mac Wrapper to Show Fat, Calories," *The Wall Street Jour*

nal (October 26,2005), p. B1.

8. Miriam Jordan,"Nestlé Markets Baby Formula to Hispanic Mothers in U. S. ," *The Wall Street Journal* (March 4, 2004), p. B1.

9. Nilly Landau,"Face to Face Marketing Is Best," *International Business* (June 1994), p. 64.

10. Kevin Lane Keller, *Strategic Brand Management :Building ,Measuring ,and Managing Brand Equity* (Upper Saddle River, NJ: Prentice Hall, 1998), p. 93.

11. Ming Liu, "Brands Seize on Artificial Intelligence," *Financial Times—FT Special Report :Watches & Jewellery* (November 11,2017), p. 11.

12. 关于品牌资产的完整讨论参阅 Kevin Lane Keller, *Strategic Brand Management :Building ,Measuring ,and Managing Brand Equity* (Upper Saddle River, NJ: Prentice Hall, 1998), Chapter 2.

13. Kevin Lane Keller, *Strategic Brand Management :Building ,Measuring ,and Managing Brand Equity* (Upper Saddle River, NJ: Prentice Hall, 1998), p. 93.

14. John Willman, "Labels That Say It All," *Financial Times—Weekend Money* (October 25 – 26,1997), p. 1.

15. John Willman, "Time for Another Round," *Financial Times* (June 21,1999), p. 15.

16. Deborah Ball, "Liquor Makers Go Local," *The Wall Street Journal* (February 13,2003), p. B3.

17. John Ridding, "China's Own Brands Get Their Acts Together," *Financial Times* (December 30,1996), p. 6.

18. Diana Kurylko, "The Accidental World Car," *Automotive News* (June 27,1994), p. 4.

19. Victoria Griffith, "As Close as a Group Can Get to Global," *Financial Times* (April 7,1998), p. 21.

20. Suzy Wetlaufer, "The Business Case Against Revolution," *Harvard Business Review* 79, no. 2 (February 2001), p. 116.

21. Douglas B. Holt, John A. Quelch, and Earl L. Taylor, "How Global Brands Compete," *Harvard Business Review* 82, no. 9 (September 2004), p. 69.

22. 改编自 P. Ranganath Nayak and John M. Ketteringham, *Breakthroughs! How Leadership and Drive Create Commercial Innovations That Sweep the World* (San Diego, CA: Pfeiffer & Company, 1994), pp. 128 – 129. See www. prnayak. org, where the whole of *Breakthroughs!* is available for free download.

23. "Global Brand Simplicity Index 2017. " www. siegelgale. com/siegelgale-unveils-seventh-annual-global-brand-simplicity-index-brands-that-embrace-simplicity-enjoy-increased-revenue-valuation-brand-advocacy-and-employee-engagement/. Accessed March 1,2018.

24. David Aaker and Erich Joachimsthaler, "The Lure of Global Branding," *Harvard Business Review* 77, no. 6 (November-December 1999), pp. 137 – 144.

25. Leslie Hook, "Bozoma Saint John," *Financial Times—FT Weekend Magazine* (December 9/10, 2017), p. 28.

26. Lord Saatchi, "Battle for Survival Favours the Simplest," *Financial Times* (January 5, 1998), p. 19.

27. Warren J. Keegan, "Global Brands :Issues and Strategies," Center for Global Business Strategy, Pace University, Working Paper Series, 2002.

28. Betsy McKay and Suzanne Vranica, "Coca-Cola to Uncap 'Open Happiness' Campaign," *The Wall Street Journal* (January 14, 2009), p. B6.

29. A. H. Maslow, "A Theory of Human Motivation," in *Readings in Managerial Psychology*, Harold J. Levitt and Louis R. Pondy, eds. (Chicago, IL: University of Chicago Press, 1964), pp. 6 – 24.

30. Jeremy Grant, "Golden Arches Bridge Local Tastes," *Financial Times* (February 9, 2006), p. 10.

31. Louis Uchitelle, "Gillette's World View :One Blade Fits All," *The New York Times* (January 3, 1994), p. C3.

32. Hellmut Schütte, *Consumer Behavior in Asia* (New York, NY: NYU Press, 1998).

33. Bertrand Benoit and Geoff Dyer, "The Mittelstand Is Making Money in the Middle Kingdom," *Financial Times* (June 6, 2006), p. 13.

34. Dana Milbank, "Made in America Becomes a Boast in Europe," *The Wall Street Journal* (January 19, 1994), p. B1.

35. Simon Anholt, "The Nation as Brand," *Across the Board* 37, no. 10 (November-December 2000), pp. 22 – 27.

36. Elliot Blair Smith, "Early PT Cruiser Took a Bruising," *USA Today* (August 8, 2001), pp. 1B, 2B; see also Joel Millman, "Trade Wins :The World's New Tiger on the Export Scene Isn't Asian; It's Mexico," *The Wall Street Journal* (May 9, 2000), pp. A1, A10.

37. Vanessa Friedman, "Relocated Labels," *Financial Times* (September 1, 2010), p. 5.

38. Kate Hamilton, "Project Galore：Qualitative Research and Leveraging Scotland's Brand Equity," *Journal of Advertising Research* 40, nos. 1/2 (January-April 2000), pp. 107 – 111. Galore 是取自盖尔语的两个英文单词中的一个,另一个是 whisky(威士忌)。

39. Christopher A. Bartlett and Sumantra Ghoshal, "Going Global：Lessons from Late Movers," *Harvard Business Review* 78, no. 2 (March-April 2000), p. 133.

40. Timothy Aeppel, "Europe's 'Unity' Undoes a U. S. Exporter," *The Wall Street Journal* (April 1, 1996), p. B1.

41. Brandon Mitchener, "Standard Bearers：Increasingly, Rules of Global Economy Are Set in Brussels," *The Wall Street Journal* (April 23, 2002), p. A1.

42. Gerrit Wiesmann, "Brands That Stop at the Border," *Financial Times* (October 6, 2006), p. 10.

43. Dan Bilefsky and Christopher Lawton, "In Europe, Marketing Beer as 'American' May Not Be a Plus," *The Wall Street Journal* (July 21, 2004), p. B1.

44. Geoffrey A. Fowler, "Intel's Game：Play It Local, But Make It Global," *The Wall Street Journal* (September 30, 2005), p. B4.

45. Jorge Valencia, "Sony Paints Lavish Hues to Sell LCDs," *The Wall Street Journal* (August 3, 2007), p. B3.

46. Jenny Mero, "John Deere's Farm Team," *Fortune* (April 14, 2008), pp. 119 – 126.

47. Vanessa O'Connell, "Exxon 'Centralizes' New Global Campaign," *The Wall Street Journal* (July 11, 2001), p. B6.

48. Kimberly Palmer, "Rustic Bourbon：A Hit Overseas, Ho-Hum in the U. S.," *The Wall Street Journal* (September 2, 2003), p. B1.

49. Bettina Wassener, "Schnapps Goes to College," *Financial Times* (September 4, 2003), p. 9.

50. Joseph B. White, "One Ford for the Whole World," *The Wall Street Journal* (March 17, 2009), p. D2.

51. Bruce Einhorn, "Want Some Milk with Your Green Tea Oreos?" *Bloomberg Businessweek* (May 7, 2012), pp. 25, 26.

52. Bill Vlasic, "Ford Introduces One Small Car for a World of Markets," *The Wall Street Journal* (February 15, 2008), p. C3.

53. Deborah Ball, "Women in Italy Like to Clean But Shun the Quick and Easy," *The Wall Street Journal* (April 25, 2006), pp. A1, A12.

54. Deborah Ball, "Too Many Cooks：Despite Revamp, Unwieldy Unilever Falls Behind Rivals," *The Wall Street Journal* (January 3, 2005), pp. A1, A5.

55. Amy Borrus, "Eyeglasses for the Masses," *BusinessWeek* (November 20, 1995), pp. 104 – 105; Nicholas Thompson, "Self-Adjusted Glasses Could Be Boon to Africa," *The New York Times* (December 10, 2002), p. D6.

56. Christopher A. Bartlett and Sumantra Ghoshal, "Going Global：Lessons from Late Movers," *Harvard Business Review* 78, no. 2 (March-April 2000), p. 137.

57. Colin Stutz, "Jimmy Iovine Breaks Down What's Wrong with the Music Business," *Billboard* (November 29, 2017). Accessed December 15,2017.

58. 此处描述的术语和框架改编自 Thomas Robertson, "The Process of Innovation and the Diffusion of Innovation," *Journal of Marketing* 31, no.1 (January 1967), pp. 14 – 19.

59. "Fritos' Round the World," *Brandweek* (March 27, 1995), pp. 32, 35.

60. Richard Waters, "Tesla and Elon Musk's Moment of Truth with First Mass-Market Car," *Financial Times* (July 23, 2017), p. 11.

61. Robert L. Simison, "Ford Hopes Its New Focus Will Be a Global Bestseller," *The Wall Street Journal* (October 8, 1998), p. B10.

62. Rebecca Blumenstein, "While Going Global, GM Slips at Home," *The Wall Street Journal* (January 8, 1997), pp. B1, B4.

63. Elena Bowes, "Virgin Flies in Face of Conventions," *Ad Age International* (January 1997), p. i4.

64. Laurel Wentz, "Unilever's Power Failure a Wasteful Use of Haste," *Advertising Age* (May 6, 1995), p. 42.

GLOBAL
MARKETING

|全|球|营|销|
（原书第10版）

第 11 章　定价决策

本章精要

- 回顾成功的全球营销定价策略中的基本定价概念。

- 认识在全球市场中会对产品定价决策造成影响的各种定价策略和目标。

- 总结影响产品最终价格的各种国际贸易术语。

- 列出影响价格的一些环境因素。

- 将母国中心、多国中心和全球中心框架应用于定价的相关决策。

- 解释全球化公司可以用来解决灰色市场商品问题的一些策略。

- 评估倾销对全球市场价格的影响。

- 对比不同类型的价格限定。

- 解释转移定价的概念。

- 定义对销贸易并解释它可以采取的各种形式。

案例 11-1　　　　　　　　全球汽车制造商瞄准低收入消费者

　　20 世纪五六十年代的太空竞赛使前苏联和美国陷入了探索外层空间的竞争。半个多世纪以后，国际空间站已是俄罗斯、美国还有其他国家的合作项目。与此同时，另一项竞赛已经展开。这场竞赛较为"脚踏实地"，不涉及不同半球的超级大国对地缘政治优势的角逐。在 21 世纪的这场竞争中，亚洲、欧洲和美国的大牌汽车制造商竞相创造出能向印度和其他发展中国家消费者大量出售的廉价汽车。

　　法国汽车集团雷诺于 2004 年推出了达契亚洛冈（Dacia Logan）汽车，迄今已销售了 120 多万辆，雷诺因此成为低价汽车子市场的领先者。最初，达契亚洛冈只在雷诺位于罗马尼亚的达契亚分部生产。达契亚分部主管吕 - 亚历山大·梅纳（Luc-Alexandre Ménard）说："当时我们也不确定该拿这款车怎么办，原来的意图是将其作为一次性打入发展中国家新市场的'特洛伊木马'。"而今，达契亚洛冈已在多国生产，包括伊朗、印度和巴西，并在 50 多个国家和地区销售（见图 11-1）。

　　另外两家汽车制造商也加入了竞争，开始向新兴市场的民众提供低成本的汽车。2009 年，印度塔塔汽车公司推出了纳努，一款全新设计、底价为 10 万卢比（相当于 2 500 美元）的汽车。纳努配备了后置双缸发动机，可以提供 33 马力的动力。其最高时速为 60 英里，每加仑汽油可以跑 50 英里。

　　一般而言，市场价格的上下限是由两个基本因素决定的。第一个因素是产品的成本，它决定了价格的下限或最低价格。虽然我们完全可以使产品价格低于成本，但长期如此则少有公司能够承受得起。不仅如此，正如第 8 章所述，出口市场的低价还会招来反倾销调查。

　　第二个因素是同类可替换产品的价格，它构成价格的上限或最高价格。在许多情况下，国际竞争会给国内公司的定价政策和相关成本结构造成压力。降低成本（特别是固定成本）的必要性是增加外包的原因之一。在某些情况下，当地的市场条件（如低收入）迫使公司进行创新，开发出可以低价销售并实现盈利的新产品。

　　在每一产品的价格上下限之间都有一个最佳价格，它是一个产品需求函数，由顾客的购买意愿和购买力决定。本章我们将首先回顾基本定价概念，然后讨论几个与全球营销有关的定价课题，包括目标成本核算、价格升级和环境影响，如币值波动和通货膨胀。在本章后半部分，我们将讨论灰色市场商品、倾销、价格限定、转移定价和对销贸易。

图 11-1　Dacia Logan 是雷诺首席执行官卡洛斯·戈恩低价战略的核心要素之一。一些入门级车型没有动力转向或空调；尽管如此，事实证明，Logan 品牌在新兴市场和发达国家都非常受欢迎。Logan 的成功展示了一个非常简单的营销理念：价格销售汽车。许多首次购房者发现他们可以以与摩托车相同的价格拥有一辆新的 Logan。

资料来源：Grzegorz Czapski/Shutterstock.

基本定价概念

回顾成功的全球营销定价策略中的基本定价概念。

一般而言，国际贸易使货物价格走低；低价格又反过来使国内的通货膨胀率受到抑制。**一价定律**（law of one price）通常在真正的全球市场中盛行：市场中的所有顾客都能用最好的价格买到最好的产品。正如洛厄尔·布赖恩（Lowell Bryan）和他的合作者在《争夺世界》（*Race for the World*）一书中所言，某些产品存在全球市场，如原油、商用飞机、钻石和集成电路。在同等条件下，一架波音 787 的售价在全球都相同。相反，啤酒、CD 和许多在全世界都能买到的其他产品却分别在各国市场，而不是在全球市场销售。换言之，在这些市场，国家的竞争反映了如下因素的差异：成本、规章和同业对手之间竞争的激烈程度。[1]

啤酒市场极为分散，尽管百威是领先的全球品牌，但也只占市场销售总额的 4%。啤酒市场的特性表明，为什么 6 瓶（听）装喜力啤酒在不同地方的售价会相差 50% 之多（包括按购买力平价、运输和其他交易费用所进行的调整）。例如在日本，啤酒的价格取决于喜力与其他进口品牌和 4 个日本本国品牌的竞争，日本的这 4 个品牌是麒麟、朝日、札幌（Sapporo）和三得利，它们共占有当地市场的 90% 的份额。

因为各国市场存在这些差异，全球营销人员制定的定价体系与定价政策必须考虑到价格下限、价格上限和最佳价格。一个公司的定价体系与定价政策还必须顺应其他独特的全球机会与限制。例如，活跃于欧元区的许多公司正在适应新出现的跨国界价格透明现象。同样，互联网使全世界的人们都能得到许多产品的价格信息。公司必须慎重考虑，如果一个国家或地区的客户发现购买同样的产品支付的价格比世界其他地方高出许多，他们会做何反应。

除了成本，还有一种重要的内部组织因素。在一个典型的公司里，会有许多利益团体，并且经常会有相互矛盾的定价目标。产品分部副总裁、地区分部经理和各国分公司经理都会关心他们各自组织层面上的盈利能力。全球营销总监也同样力求在世界市场上确定具有竞争力的价格。总会计师和财务副总裁关心利润。生产副总裁力求生产能长期持续地运行，以达到最高的生产效率。税务经理则关注公司是否遵守政府有关转移价格的法规。此外，公司的法律顾问会关心国际定价措施的反垄断含义。但最终，价格大体上反映了销售人员、产品经理、公司分部主管和（或）公司的首席执行官所制定的目标。

全球定价目标与策略

认识在全球市场中会对产品定价决策造成影响的各种定价策略和目标。

无论对单一国家市场还是对多国市场，营销经理都应该制定定价目标以及实现这些目标的策略。请记住：价格是一个独立的变量；作为一种营销策略，管理者可以提高、降低或维持价格，并将其作为整体营销战略的一部分。然而许多定价问题是全球营销所独有的。某一特定产品的定价策略可能因国家而异，同一产品在有些国家可能被定位为低价的大众市场产品，而在另一些国家则被定位为高价的小众市场珍品。斯泰拉·阿托斯啤酒就是例证，在比利时本土它是低价的"家常"啤酒，但在出口市场却是高端品牌（"完美有代价"）。定价目标也可能因产品所处的生命周期阶段和各国竞争状况而异。在做全球定价决策时，有必要考虑一些外部因素，如商品越境长途运输所增加的成本，也可将全球定价的问题完全融入产品设计阶段，这是日本公司广泛采用的方法。

11.2.1 市场撇脂定价策略与财务目标

价格可以作为战略变量使用，以达到具体的财务目标，包括投资回报、利润和快速回收产品开发成本。当利润和保持毛利率等财务指标成为目标时，产品对买方而言必须是卓越的价值主张的一部分，因此，价格成为整个定位战略的组成部分。**市场撇脂**（market skimming）定价策略常常是一种尝试，以帮助公司进入那些愿意为某特定品牌或者为专用或独特的产品支付高价的目标子市场（见图 11-2、图 11-3）。

图 11-2　锐步（Reebok）在印度的鞋类市场占据主导地位，其板球鞋在印度是最畅销的。其一双价值 2500 卢比的鞋，需要相当于一个初级公务员一个月的工资。

资料来源：Tsering Topgyal/Associated Press.

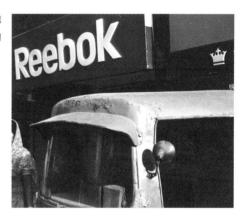

图 11-3　加拿大的 IMAX 公司是全球首屈一指的大画幅电影放映技术供应商。该公司已为新的 IMAX 影院确定了 900 个潜在市场，其中 2/3 是全球性的。中国是 IMAX 增长最快的市场之一。截至 2016 年中，中国有 335 家 IMAX 影院，该公司与房地产和媒体巨头大连万达达成的协议要求到 2022 年再增加 150 块银幕。IMAX 在中国的一、二、三线城市都享有盛名。

资料来源：Zhang Peng/LightRocket via Getty Images.

那些以差异化战略或将其产品定位于高价子市场来寻求竞争优势的公司，经常使用市场撇脂定价策略。路威酩轩和其他以全球精英子市场为目标市场的奢侈品营销公司就运用了市场撇脂定价策略。正如印度锐步的第一任首席执行官穆克什·潘特

（Muktesh Pant）所说，"该公司相对高价的鞋子有意向的买家认为 2000～3000 卢比，他们真的可以炫耀一番。例如，如果想在派对上大放异彩，这比购买新手表便宜。尽管我们的高价鞋让我们与冰箱和奶牛等产品竞争，但好处是我们现在被视为一个享有盛誉的品牌。"

在产品生命周期的引入期，生产能力有限、竞争尚不激烈，采用市场撇脂定价策略也是适宜的。用故意制定高价的办法将需求限制在那些愿意并且有能力支付高价的领先采用者和早期采用者中，而他们想成为第一批拥有并使用该产品的人。在产品进入生命周期的成长期且竞争加剧时，制造商便开始降价。消费电子产品行业一直在使用这种策略。例如，索尼于 20 世纪 70 年代首次推出磁带录像机时，其零售价格超过 1 000美元；20 世纪 80 年代初期推出 CD 播放机时也是如此。但是，几年之内，这些产品的价格便降到 500 美元以下。如今，磁带录像机已经过时了，而 CD 播放机也成了普通商品，声田和奈飞等流媒体音频和视频平台主导着各自的行业。

高清电视的模式显然与此类似；1998 年秋，高清电视在美国发售，当时起价约 7 000美元。这个价格不仅用有限批量的产品获得了最大限度的收入，还使供需水平相当。现在，消费者对高清电视及其优点已经较为熟悉，且亚洲的第二代产品工厂也使成本下降、产能上升，因此高清电视的价格已经大幅下降。2005 年，索尼推出了售价 3 500 美元的 40 英寸（1 英寸 = 2.54 厘米）高清电视，一举震惊业界；而到 2006 年底，类似的高清电视只卖 2 000 美元左右。如今，采用最先进显示技术的电视机售价不到 1 000 美元，而索尼的主导地位已被 LG 和三星电子等韩国品牌取代。制造商现在面临的挑战是控制价格，如果他们不成功，高清电视也可能会成为普通商品。

11.2.2 市场渗透定价策略与非财务目标

有些公司力求以定价策略实现其非财务目标。价格可被用作竞争武器以此获得或保持市场地位。在各自行业享有成本领先地位的公司经常设定市场份额目标或基于销售的目标。**市场渗透定价策略**（market penetration pricing strategy）要求将价位降低到足以迅速占领市场份额的水平。过去，使用这类定价办法的许多公司位于环太平洋地区。有规模效益的工厂和低成本的劳动力使这些公司可以用闪电战般的攻势占领市场。

应当注意的是，初次出口的企业不大可能使用这种市场渗透定价策略。原因很简单：渗透定价经常意味着，产品可能会在相当一段时期内以亏损价销售。刚刚开始出口的企业不像索尼公司，它们无法承受这种损失，也不可能拥有到位的营销体系（包括运输、分销和销售组织），而正是该体系使索尼之类的全球化公司可以有效地利用市场渗透定位策略。

11.2.3 伴侣产品：配套定价策略

给视频游戏机、DVD 播放器和智能手机等产品制定定价策略时，有必要将其置于更广阔的背景下进行考量。视频业的最大利润来自游戏软件，即使索尼和微软在每一

302

台游戏机上可能赔钱，但热门游戏软件的销售仍可给其带来可观的收益和利润。索尼、微软和任天堂也从游戏软件制作公司收取使用许可费。不仅如此，一般的家庭只有一两台游戏机，却有几十款游戏软件。同样，在手机业务中，大量的利润来自手机使用者购买的服务，如应用软件和音乐下载。

这些例子说明了**伴侣产品**（companion products 也称"剃须刀与刀片"定价策略）这一概念：没有游戏软件，游戏机便毫无价值；没有影碟，DVD 播放机也分文不值。类似的事例不胜枚举：没有刀片，剃须刀无用武之地。因此，吉列可以用不到 5 美元的价格出售锋速 3 剃须刀，甚至免费赠送。而几年之后，公司出售的替换刀片组合却会带来丰厚的利润。正如俗话所说，"如果你能靠刀片赚钱，刀架可以白送。"

> 对我们来说，"意大利制造"非常重要，质量、工匠和材料非常重要，如果我们的盈利能力受到任何压力，我们就会提高价格。我们发现，只要我们的质量保持不变，客户就愿意支付溢价。[2]
> 葆蝶家董事长兼 CEO，马可·比萨利（Marco Bizzarri）

长期以来，沃达丰（Vodaphone）、美国国际电话电报公司（AT&.T）和其他移动通信供应商都喜欢采用伴侣产品定价策略。它们按照与手机制造商约定的价格购买手机，然后予以补贴，具体方式是以很低的折扣价格向签订长期合约的用户提供购买折扣（或干脆白送），而运营商对提供的额外服务项目（如漫游、短信等）收取费用，以弥补差价。然而这一方法并非全球通用。

例如，在美国，苹果 iPhone 的 2 年合约机定价为 199 美元。而在印度和其他市场，人们不愿意被长期合约套牢。并且，其进口电子产品的税负相当高。这也解释了为何 iPhone SE 等产品成本为 325 美元，但入门款的 16GB iPhone 6s 却卖到 955 美元。此外，苹果公司仅通过印度运营商 Airtel 和 Vodaphone 运营的商店在印度分销 iPhone。iPhone 在印度的销售一直缓慢，因为该国的消费者倾向于选择诺基亚和三星的低价机型，这些机型通过更多的零售商分销。在该产品的早期，大量价值 199 美元的 iPhone 5S 被旅客装进行李箱，从美国运往印度！[3] 如今，所有主要手机制造商都在为新兴市场设计低价版本。

20 世纪 70 年代后期，索尼公司开发了随身听，最初计划将零售价定为 5 万日元（249 美元），以达到收支平衡。然而，当时的感觉是，如果要赢得极为重要的年轻人子市场，就需要将价格定为 3.5 万日元（170 美元）。后来，工程团队做出了让步，削减了成本，实现在单价 4 万日元水平下的量产，就可收回成本。但董事长盛田昭夫步步紧逼，坚持将零售价定为 3.3 万日元（165 美元），以庆祝索尼公司成立 33 周年。按照这个价格，即使首批 6 万件产品全部售出，公司每卖出一部随身听也要亏损 35 美元。

营销部门也确信这个产品会失败：谁会要一个不能录音的随身听？项目经理黑木靖夫（Yasuo Kuroki）甚至做了两手准备：他订购了 6 万份部件，但实际只生产了 3 万件产品。随身听虽然在 1979 年 7 月刚刚推出的那段日子里销量平平，但到了夏末时节销售却突然变得火爆。后来发生的事就众所周知了。[4]

> 没有人会因为喜欢硬件而购买硬件。他们购买它是为了播放电影或音乐内容。[5]
> ——索尼公司前董事长，霍华德·斯金格（Howard Stringer）

11.2.4　目标成本核算法[6]

日本公司对待成本问题的传统做法总会实现大额的生产节余，同时还会使其产品的价格在全球市场具有竞争力。实行目标成本核算法的著名公司有丰田、索尼、奥林巴斯和小松制作所等。这个过程有时称作按成本设计（design to cost），可以概述如下：

> 目标成本核算（target costing）在于确保开发团队能拿出可盈利的产品投放市场，不仅质量和功能要上乘，价格也要适合目标消费者子市场。它是一种约束，在开发工作中，使本来互不相干的参与者（从设计师和制造工程师到市场调研人员和供货商……）相互协作。实际上，公司从顾客的需求和付款的意愿做逆向推理，而不是沿袭有缺陷但是惯用的成本加成定价法。[7]

西方公司现在也开始采纳这种省钱的思路。例如，雷诺公司就使用目标成本核算法开发了洛冈汽车，这种车在欧洲的零售价不到 1 万美元，日产也使用目标成本核算法开发了 3 000 美元的达特桑。雷诺公司达契亚分部的主管梅纳说，这种设计思路避免了添加顾客并不认为绝对必要的配置。例如，洛冈的侧窗使用相对平直的玻璃；虽然弧面玻璃看起来更有吸引力，但会增加成本。洛冈汽车的原定目标市场是东欧的消费者，但出乎公司的预料，这种车在德国和法国也很受欢迎。[8]

目标成本核算始于市场勘测和产品定义与定位；这里需要使用第 6 章和第 7 章讲到的概念和技巧。营销团队必须做到下述各项：

- 确定待选定的子市场，以及该子市场的顾客愿意支付的价格。团队运用市场调研技术，如焦点小组座谈法和联合分析法，设法更好地了解顾客如何看待产品的特点和功能。
- 计算总体目标成本，以确保公司的长期盈利能力。
- 将目标成本分摊至产品的各种功能。计算目标成本与估算的实际生产成本之间的差额。需要考虑会计的借方与贷方：因为目标成本是固定的，一个部件组装部门为改进某一具体功能的额外开支必须从另一个部件组装部门扣除。
- 遵守基本规则：如果设计不能达标，产品就不应推出。

目标成本核算法可用于廉价的非耐用消费品。墨西哥和其他新兴市场，工人通常按日支付工资，无怪乎墨西哥的顾客通常携带 5～10 比索的硬币。要保持洗发液和洗洁剂的价格低于 11 或 12 比索，同时又要保证有令人满意的利润空间，宝洁公司使用了目标成本核算法（宝洁将它称为"逆向策划"）。宝洁公司未先制造产品后赋予价格（传统的成本加成定价法），而是先估计新兴市场的消费者能够承受的价格，然后按各种价格目标调整产品属性和制造程序。例如，墨西哥人使用的 Ace Natural 手洗洗衣液，宝洁公司为保持低价而减少了其中的酶含量。结果，价格比一次性包装的正常 Ace 牌产品低 1 比索，而且新配方产品对皮肤刺激更小。[9]

目标成本核算过程也可以与采购决策齐头并进。考虑一家销售日常高质量服装和鞋类的意大利公司的案例。制造业是意大利的强项，但该国的劳动力成本很高。事实上，消费者愿意为某些产品支付的目标价格太低，无法在意大利生产。多亏了互联网，世界各地的消费者都熟悉了价格，并很快发现了价格差异。同样，零售商想要"平等价格政策"。这家意大利公司面临的挑战是如何在不将其泄露给罗马尼亚或斯洛文尼亚等原始设备制造商（OEM）工厂的情况下保留其工业专有技术。

假设该公司正在设计一种采用先进材料的新型滑雪靴。在产品开发和研发方面，团队会问："高端运动员需要什么，无论成本如何?"如果产品测试人员喜欢原型，这个概念就会被提炼成一种不那么激进的消费产品，这样它就可以以合适的价格销售。

当然，世界不同地区的消费者有不同的需求。因此，另一个挑战是尽可能标准化，并在针对美国、欧盟和亚洲的版本方面做出妥协。

当考虑到所有这些因素时，团队会得出第二个设计，该设计将被消费者接受并具有成本效益。在滑雪靴的例子中，高端、高附加值的版本将是"意大利制造"，而低价消费版本将是"斯洛文尼亚制造"。

11.2.5 计算价格：成本加成定价法和出口价格升级

笔记本计算机、智能手机、平板计算机和其他受欢迎的消费电子产品说明了今日全球供应链的许多特点：无论是什么品牌（如宏碁、苹果、戴尔或惠普），部件都来自不同国家/地区，而产品本身在中国或日本组装。几天之内，这些商品就可空运发往销售的国家。凡对管理会计学有所研究的人都知道，成品的价格与实际生产相互关联。然而在全球营销中，总成本取决于最终市场的目的地、运输方式、关税以及其他各类费用。**出口价格升级**（export price escalation）是货物最后的售价中反映跨国境交易因素而增加的部分。下列为负责在本国以外市场定价的人员应该考虑的 8 个基本定价因素：[10]

1. 价格是否反映产品质量?

2. 价格在当地市场条件下是否具有竞争力?

3. 公司应寻求市场渗透、市场撇脂还是其他一些定价目标?

4. 公司应该为国际顾客提供哪些折扣（贸易折扣、现金折扣、数量折扣）和折让（广告折让、交易折让）?

5. 价格是否应该因不同的子市场而异?

6. 当公司成本上升或下降时，有哪些可供选择的定价策略? 国际市场的需求是富有弹性的还是缺乏弹性的?

7. 公司的价格会被东道国政府视为合理的还是剥削性的?

8. 外国政府的反倾销法是否会给公司造成麻烦?

公司在向国外市场销售货物时经常使用成本加成定价法或成本导向定价法。**成本导向定价法**（cost-based pricing）的基础是对内部成本（如材料、用工、测试）和外部成本的分析。作为起点，践行西方成本核算原则的公司一般采用完全成本法，即将单件产品的成本界定为过去或现在所有直接和间接的制造成本与营业成本的总和。

但是当货物跨越国界时，会产生额外的成本和费用，如运输、关税和保险。这些费用如果均由制造商负担，则均应包括在成本之内（本章稍后会对国际贸易术语进行讨论）。在成本加成的数字上，再加上期望得到的利润幅度，经理们便可得出最终的售价。还有一点是重要的：有些发展中国家的许多制造企业是国营的和国家资助的，所以难以精确地估算成本数字，这也使这些国家的出口企业容易受到指控，认为它们以低于"真实"生产成本的价格出售商品。

使用**刚性成本加成定价**（rigid cost—plus pricing）的公司在定价时并不考虑上述 8 个因素，也不调整价格以反映国外市场的情况。这种刚性成本加成定价的优点是比较简单。假定内部和外部的成本都有现成的数字，生成报价则相对容易。这种做法的缺点是，它忽略了目标市场的需求和竞争情况，风险是可能定价过高或过低。

另一种方法是**柔性成本加成定价**（flexible cost—plus pricing），用这种方法可以确保定价在特定的市场环境中具有竞争力。有经验的出口商和全球营销人员经常使用这种方法。他们意识到，刚性成本加成定价法将导致严重的价格升级，结果会是事与愿违：使出口产品的定价超过顾客买得起的水平。经理们使用柔性成本加成定价法，就是承认前述 8 个因素的重要性。柔性成本加成定价法有时包含**未来成本估算法**（estimated future cost method），以便确定所有部件要素的未来成本。例如，汽车工业在催化转换器中使用的钯。重金属的市场价格起伏不定，随着供求关系的变化，部件制造商便可运用未来成本估算法，以确保它们出售产品的定价足以抵补成本。

全球营销

11.3

国际贸易术语解释通则

总结影响产品最终价格的各种国际贸易术语。

每一项商业交易都是以销售合同为依据的，合同中的贸易条款规定了商品所有权由卖方转给买方的准确地点，以及交易中的各项费用由哪一方负担。当货物跨越国境时，必须进行下述活动：

1. 如有必要，取得出口许可证（在美国，非战略性货物可依据总许可证出口，无须具体的许可）。

2. 如有必要，取得货币许可证。

3. 对货物做适于出口的包装。

4. 将货物运往发货地点（通常需用卡车或火车运往海港或空港）。

5. 填写提货单。

6. 办妥必要的海关出口文件。

7. 备齐目的地需要的海关发票或领事发票。

8. 安排海运并做好相关准备。

9. 取得海上保险及保险单据。

上述步骤由谁执行，取决于销售条件。国际公认的贸易术语称为**国际贸易术语解释通则**（International Rules for the Interpretation of Trade Terms，INCOTERMS）。国际贸易术语解释通则分为四类。其中**工厂交货**（Ex-works，EXW）、E 条款（E-Terms）或货源（origin）所指的交易方式是指买方在卖方所在地接货，并从此点起由买方承担所有的风险和费用。原则上，工厂交货使买方能够最大限度地控制货物的运输费用。可以将工厂交货与几种 D 条款（D-Terms）（后程主运输条款或到达条款）进行对比。例如，**完税后交货**（delivered duty paid，DDP）是指卖方同意将货物运至买方指定的进口国/地区某地点，并承担包括完税在内的所有成本。如果需要进口许可证，卖方应按合同规定负责取得该证。

国际贸易术语解释通则的另一类别称作 F 条款（F-Terms）或前程主运输条款。因为适用于所有运输模式，**货交承运人**（free carrier，FCA）在全球销售中被广泛使用。根据货交承运人条款，货物由指定的承运商送交到特定目的地，即构成卖方向买方的移交。另外，还有两种 F 条款仅适用于海运和内陆水运。国际贸易术语解释通则中的**指定装运港船边交货**（free alongside ship，FAS）是指卖方将货物置于接运货物出境的船边或置于该运输工具可取货之处。在此之前的所有费用由卖方承担。一旦货物出口手续完备，卖方的法律责任随即终结。实际装船的费用由买方支付。指定装运港船边交货常用于（非集装箱化的）散装杂货、混装货，如铁、钢或（堆放在货仓里而不是仓面集装箱中的）机械。若是指定装运港**船上交货**（free on board，FOB），卖方的责任和义务直到（往往是集装箱化的）货物越过船的舷栏才结束。有个实际问题，许多现代港口的终端站和码头都限制出入，在这种情况下，就应该使用货交承运人。

有些国际贸易术语被称作 C 条款（C-Terms）或主运输条款。若按指定装运港**成本、保险加运费** [cost，insurance，freight（CIF）] 运送货物，一旦货物越过船的舷栏，损失或损毁的风险随即转移到买方。在这个意义上，成本、保险加运费与指定装运港船上交货相似。但是按照成本、保险加运费条款，卖方必须支付运货到目的港的费用，包括保险费。如果贸易条款是**成本加运费**（cost and freight，CFR），则卖方对货物在出厂后任何阶段出现的任何风险或损失均无责任。

表 11-1 是出口价格升级的典型例子，当所有的费用都加到单件产品成本上时，就会出现此类价格升级。在此例中，得梅因城的一个农用设备分销商正通过西雅图港将一 20 英尺（1 英尺 =30.48 厘米）集装箱的农用轮胎运往日本的横滨。这批货物在得梅因城的工厂交货价为 45 000 美元，运到横滨后总计零售价超过 66 000 美元。对这些费用进行逐项分析，就可看出价格升级是怎样形成的。首先，运费总计为 2 715.00 美元，相当于得梅因城工厂交货价的 6%。这一运费的主要组成部分是陆运和海运费用，合计 2 000.00 ⊖美元。所有进口费用均按到港货物价格估算。注意，此例中并没有需要征税的产品细目，因为运到日本的农用设备都无须征税，而在其他国家则可能会

⊖ 原文此处为 1 475 美元，计算有误，此处应为 2 000 美元。

被征税。10%的名义分销商加成（4 925.46 美元），实际上相当于横滨总到岸价的10.3%，因为它不只是对工厂的交货价加成，还对包含运费和增值税的价格加成。最后，加上25%的经销商加成，即 12 313.64 美元（占横滨总到岸价的25.75%）。同分销商一样，经销商加成也是基于到岸总成本。

表 11-1　价格升级：一个从得梅因城到横滨的 20 英尺农用设备集装箱

项目	价格/美元	价格/美元	相当于工厂交货价的百分比/%
得梅因城工厂交货价		45 000	100
从得梅因城至横滨集装箱场的陆运和海运费用	2 000.00		4.44
燃油附加费	300.00		0.67
目的地手续费	240.00		0.53
发运费	150.00		0.33
丙烯腈填充	25.00		0.06
运费总额	2 715.00	2 715.00	6.03
保险（到岸价的110%）——每100美元扣0.20美元		104.97	0.23
横滨总到岸价		47 819.97	106.27
增值税（总到岸价的3%）		1 434.60	3.19
到岸总成本		49 254.57	109.45
分销商加成（10%）		4 925.46	10.95
经销商加成（25%）		12 313.64	27.36
总零售价		66 493.67	147.76

注：该集装箱在制造商门口装好，用堆栈火车运到西雅图，然后通过海运转移到横滨。从工厂门口到境外港口的总运输时间约为 30 天。

这个叠加累计过程的结果就是 66 493.67 美元的最终横滨零售价，即得梅因城工厂交货价的 147.76%。这就是价格升级。这里提供的绝不是极端的例子。的确，较长的或要求较高经营利润的分销渠道（普遍存在于出口营销中）可能会助长价格升级。由于日本的多层次分销体系，横滨中间商的加成很容易使最终价达到到岸价的 200%。

表 11-2 提供了单项产品价格升级的示例。一辆装有 V8 发动机的右座驾驶吉普大切诺基到达日本时，价格已达到 500 万日元（约 5 万美元）。这个最后价格相当于在美国标价（3 万美元）的 167%。

表 11-2　一辆美国制造的吉普大切诺基运往日本（估值）　　　　　　　　　　（单位：美元）

项目	价格升级数额	合计
工厂交货价	0	30 000
汇率调整	2 100	32 100

项目	价格升级数额	合计
运费	300	32 400
海关费用	1 000	33 400
分销商毛利	3 700	37 100
校验、零件	1 700	38 800
附加选项、规费	3 000	41 800
最终标签价格	8 200	50 000

这些成本加成定价的例子说明了新的出口商在确定到岸价格时可能用到的一种方法。这种方法也可用于差异化产品，如买主愿意出溢价购买的吉普大切诺基。然而，如前所述，有经验的全球营销人员可能采取更有弹性的做法，并将价格视为一个有助于达到营销和经营目标的主要策略性变量。[11]

从实际的角度出发，如果想在全球营销领域谋取入门级的职位，了解国际贸易术语解释通则的应用知识可能有助于增强竞争优势。贝思·道雷尔（Beth Dorrell）在一家总部设在美国、经营工业墨水的公司担任出口协调员，她道出了交易条款如何对价格产生影响：[12]

> 我们使用不同的国际贸易术语作为筹码，以期获得更大的订单。我们不是按"价格细则"报价，而是根据客户订单的大小，按照国际贸易术语解释通则，提出更好的报价。我们遵循几条基本指导方针：凡订单低于一吨的按出厂价出售；一吨或更多的按指定装运港成本、保险加运费出售；所有空运货物都是按出厂价出售的。当然，我们也将想方设法地确保客户满意。因此，即使产品是按出厂价出售，我们也时常安排发货到目的地港口、机场或国内港口，然后将货运费用写入发票。结果我们的价格是出厂价，而发票却是指定装运港成本、保险加运费或指定装运港船上交货的总额。听起来很复杂，对吗？这使我始终忙于安排发货。

环境对定价决策的影响

列出影响价格的一些环境因素。

全球营销人员在进行定价决策时必须考虑和处理一系列环境因素。这些因素包括币值波动、通货膨胀、政府管制、补贴与规制，还有竞争对手的行为。其中有些因素会共同发挥作用，如通货膨胀可能会与政府管制相伴而行。下面分别就每个因素进行详细的讨论。

11.4.1　币值波动

在全球营销中，汇率的波动使定价变得复杂。正如第 2 章所述，币值波动可能给从事出口的公司带来重大的挑战和机会。相对于本国货币而言，关键市场的货币坚挺或疲软，将使经理们面临不同的决策环境。本国货币疲软会使汇率朝着有利的方向摆动：弱势货币国家的生产者可以选择降低出口价格，以增加市场份额；或维持原价，以获得更加健康的利润率。海外销售所得可以在转换为本国货币时产生意外收益。

如果本国货币走强，则是另外一番景象。对普通出口商来说，情况会发生不利变化，因为其海外所得在转换为本国货币时会缩水。现在假设美元兑日元汇率趋弱。对美国公司如波音、卡特彼勒和通用电气来说，这是好消息，但对佳能和奥林巴斯（和购买照相机的美国人）而言，却是坏消息。的确，索尼公司的财务主管德中晖久（Teruhisa Tokunaka）说，在日元对美元的汇率中，1日元的变动就可使公司的年营业利润增加或减少80亿日元（见图11-4）。[13]这些示例说明，今天的商业环境在币值波动方面很像过山车或甩悠悠球，可能连着若干季度都朝着有利的方向摆动，然后突然逆转。

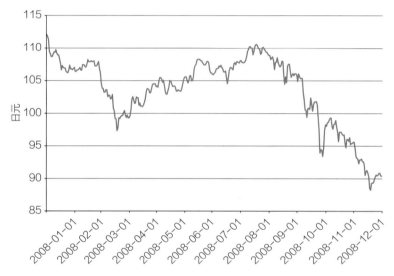

图11-4　1美元兑日元的价值

资料来源：根据美联储理事会收集的数据。

风险敞口的程度因公司而异。哈雷戴维森的大部分摩托车都是从美国出口的。在每个出口市场，公司的定价决策必须考虑到币值波动。同样，德国汽车制造商保时捷100%的生产都在国内进行，德国是其出口基地。然而，对于欧元区内的出口，保时捷不受币值波动的影响。

为了应对币值波动，全球营销人员可以利用除价格之外的营销组合的其他要素。在某些情况下，由于一国货币走强而导致的价格轻微上调对出口绩效影响甚微，特别是在需求相对缺乏弹性的情况下。强势货币国家的公司也可以选择承担将国际市场价格维持在先前水平的成本，至少在一段时间内如此。其他选择包括提供更好的质量或售后服务，提高生产力和降低成本，以及在国外采购。[14]

使用上述刚性成本加成定价法的公司可能被迫改变为更灵活的方法。使用灵活的成本加成法来降低价格，以应对不利的币值波动，这是**市场持有策略**（market holding strategy）的一个例子，并被不想失去市场份额的公司采用。相反，如果认为价格大幅

全球营销（原书第10版）

上涨是不可避免的，经理们可能会发现他们的产品不再具有竞争力。

在欧元区成立之初的 3 年中，欧元相对于美元贬值超过 25%。这种情况迫使美国公司（特别是小出口商）做出与强势货币相关的选择。各公司根据自身的情况做出了不同的选择。例如艾奥瓦州佩拉市的维米尔制造公司（Vermeer Manufacturing），是一家中型公司，年销售额达 10 亿美元，在欧洲市场以欧元为其产品定价。从欧元开始使用至 2000 年底，这家公司已经被迫 4 次提高其产品在欧洲的价格。它在荷兰的子公司用欧元支付员工工资，并在当地采购材料。

相反，伊利诺伊州梅尔罗斯帕克市的斯特恩弹球机公司（Stern Pinball）则用美元在出口市场为其机器定价。公司总裁加里·斯特恩（Gary Stern）的产品策略也反映出了其强势货币策略：由于一些欧洲客户在付款之前必须将欧元兑换成美元，为抵消他们增加的采购成本，公司开发出了新的产品功能，如会"说"几种欧洲语言的弹球机。它生产的新产品还有使用欧洲主题设计的足球游戏和以英国为目标市场的奥斯汀·鲍尔斯游戏。正如斯特恩自己所说，"如果有能力知道欧元将朝哪个方向走，我肯定不会在这里做弹球机，而是做货币生意了。"[15]

如前所述，欧元区内的价格差异应当逐渐消失，因为制造商再也不能以币值波动作为价格差异的理由了。**价格透明**（price transparency）的意思是消费者便于在商店间进行价格比较，因为商品将按欧元定价，而不再是按德国马克、法国法郎或意大利里拉。欧盟委员会发布了一份年度报告，对欧盟内部汽车价格的差异进行了比较。部分归功于互联网，价格差异已经缩小；2011 年，委员会终止了该报告。

即使在欧元区，由于安全设备标准不同，税收水平不同，一些汽车价格在各个国家也存在差异。例如，丹麦和瑞典的增值税为 25%，是欧盟最高的。此外，丹麦对奢侈品征收重税。芬兰、比利时、爱尔兰、奥地利和意大利的税收也很高。大众汽车已经开始协调其在欧洲分销的汽车的批发价格。

11.4.2 通货膨胀

通货膨胀或价格水平的持续攀升，是许多国家市场都存在的问题。通货膨胀可以由货币投放量增加而引起。前文已经谈到，在货币贬值的国家，通货膨胀常反映在进口货物的价格上。大宗商品和原材料成本的交替上升给商品价格带来了上行的压力。例如，在 2016 年英国"脱欧"公投后，英镑兑欧元和其他主要货币下跌了约 15%。这对英国起泡酒的生产商来说是喜忧参半。从好的方面看，英国产葡萄酒的出口价格更具吸引力并刺激了需求，而从法国进口到英国的香槟酒价格上涨。不利的一面是，大多数英国葡萄酒商从欧洲购买酿酒设备和酒瓶等用品，因此他们支付的价格更高。[16]

飙升的商品和原材料成本也可能对各种商品的价格造成上行压力。这些不仅仅是企业经营的理论问题。事实上，了解影响价格和产品决策的动态可以帮助读者回答棘手的工作面试问题。例如，未来的雇主可能会问你将如何应对不断增加的商品成本。如果被问到，你会如何回答？

以巧克力为例。亿滋国际（Mondelez International）标志性的三角巧克力棒在瑞士伯尔尼生产，并出口到120多个国家和地区。2015年1月，由于欧元兑瑞士法郎大幅贬值，瑞士的生产成本猛增。过去几年，可可价格也稳步上涨。公司是如何应对的？它没有提高价格，而是缩小了巧克力棒的尺寸（见图11-5）。它被称为"收缩膨胀"！

图11-5　Toblerone巧克力棒有不同尺寸，并通过各种零售渠道分销。通常由折扣店出售较小款，最近从170克"缩小"到150克，而价格保持不变。

资料来源：Darren Staples/Reuters.

玉米和小麦的价格上涨会迫使一些像卡夫食品这样的公司提高其商品价格，然而，许多全球化公司制定并实施了复杂的商品对冲策略，以避免此类价格上涨。铜、石油和其他大宗商品价格上涨则意味着联合技术公司的管理人员必须对公司制造的直升机、喷气式发动机和空调系统的定价进行重新审查。而且，任何购物者都可证明，毛衣、牛仔裤和T恤的价格一直在上涨。原因是棉花的全球库存量很低，棉花价格几乎翻了一番。[17]

在通货膨胀环境中进行定价的必要条件是维持营业利润率。基于这个条件，通货膨胀就会倒逼价格调整，理由很简单：上升的成本必须通过提高销售价格弥补。无论公司采取何种成本会计核算方法，如果保住了毛利，就已经有效地使自己免受通货膨胀之害。

有时，通胀力量源于政治环境的变化。例如，2018年初，美国总统唐纳德·特朗普宣布对从中国和其他几个国家进口的铝征收10%的关税，这对啤酒行业来说是个坏消息。美国啤酒市场的铝年销售额约为1 000亿美元，其中大部分以铝罐包装的形式出现。一个名为啤酒研究所的贸易组织估计，关税通过提高可变成本对饮料行业征收3.47亿美元的税。

一个铝制啤酒罐的制造成本约为10美分，因此对铝征收10%的关税将使每罐的成本增加约1美分，或每六罐约6美分。百威英博的营销经理面临一个决定，即他们是否可以在不减少对百威和其他品牌的需求的情况下将增加的成本转嫁给消费者。问题是，如果关税导致价格上涨，美国人会少喝啤酒吗？百威昕蓝啤酒的消费者会表现出弹性需求曲线还是非弹性需求曲线？

低通货膨胀又提出了另一类定价难题。20世纪90年代后期美国的通货膨胀率仅为一位数，强劲的需求迫使工厂满负荷或几乎满负荷地运转，按道理这时公司应该能够提高价格。不过美国国内的经济形势并非唯一的考虑因素。20世纪90年代中期，许多产业的产能过剩，许多欧洲国家出现了高失业率问题，亚洲的经济衰退仍未结束，在这种情况下，公司想涨价也难。加利福尼亚的一家工程公司的首席执行官约翰·巴拉德（John Ballard）说："我们曾想涨价，但我们对竞争对手和市场承受力的研究告诉我们，这样不值得。"到20世纪90年代末，全球化、互联网、大量涌入的发展中国家低价出口货物以及顾客重视价格的新动向等，都是制约因素。[18]

11.4.3 政府管制、补贴与规制

影响定价决策的政府政策和法规包括反倾销法、维持转售价格的法案、价格上限和对物价总水平的管制。政府的行动如果使管理层调整价格的能力受限，则会产生利润率压力。在某些情况下，政府的行动会对下属机构的获利能力造成威胁。如果一国正经历严重的金融困难并处于金融危机之中（如无法遏制的通货膨胀部分导致了外汇短缺），政府官员就面临采取某种行动的压力。多年来，巴西正是处于这种情况下。在有些情况下，政府只是采取权宜之计，如选择性管制或广泛的价格管制。

在实施选择性管制时，外国企业比当地企业更容易受到伤害，当外来者缺乏当地管理人员对政府决策所具有的政治影响力时尤其如此。例如20世纪80年代后期，宝洁公司在委内瑞拉遭到了严格的物价管制。尽管原材料的成本上涨，宝洁公司要求的涨价幅度还是被压缩了一半，事隔数月之后才获准涨价。因此直到1988年，委内瑞拉的洗衣粉价格始终低于美国。[19]

政府管制也可采取其他形式。公司如要进口产品，有时要将资金按规定投入无息托管账户内存放一段时间。在一个案例中，一家专门修复历史性古建筑的工程公司辛泰克国际（Cintel International），需要进口一些特殊工具，以便修复一座埃及的古建筑。为从埃及当局获得批准，公司耗费了8年时间。不仅如此，埃及的港务部门要求公司先存入约25 000美元，然后才允许其进口含有钻石的钻头和其他特殊工具。辛泰克国际的管理层为何要接受这种条件呢？开罗有数百座需要修复的古老的历史性建筑。辛泰克公司以耐心和毅力来回应埃及政府的要求，以使自己成为更多承包项目的头号竞标者。[20]

上述存入现金的要求会明显地刺激企业尽可能地降低进口产品的价格，价格越低，被要求存入的存款就越少。影响定价决策的还有其他政府要求，例如可以限制利润转移出境的规定。按照这些规定，由附属公司为进口产品支付较高的转移价格可被看作一种将利润转移出境的方法。

第8章还讲到了政府补贴问题。如前所述，农业补贴是全球贸易谈判的敏感话题。巴西和由另外20余成员组成的集团正在向华盛顿施压，要求终止农业补贴。例如，多哈回合谈判受到延误的原因之一便是华盛顿每年25亿~30亿美元的棉花补贴（欧盟的补贴则相当于每年7亿美元左右）。贝宁、乍得、布吉纳法索和其他国家抱怨说，补贴使美国棉花保持低价，而使非洲国家每年蒙受2.5亿美元的出口损失。[21]巴西向世界贸易组织控告美国对棉花补贴之事，已经胜诉。

政府的规章也能够从其他方面影响价格。例如在德国，价格竞争在许多行业历来都会受到严格的限制，服务行业尤其如此。德国政府最近采取了一些放宽管制的举动，改善了外国公司在许多行业的市场准入氛围，包括保险、电信和航空。解除管制也使德国公司首次得到在国内市场进行价格竞争的体验。解除管制在有些情况下意味着对等交换，它也为德国公司进入其他国家市场拓宽了道路。

例如，美国和德国在20世纪90年代末期达成了开放领空协议，汉莎航空公司能在美国国内飞行更多的航线。与此同时，德国航空市场也将对竞争者开放，结果德国国内城市间的航空旅行费用大幅下降。在过去的20年里，零售业也发生了缓慢的变化。互联网和全球化迫使德国的政策制定者废除了两部陈旧的法律。一部是将产品的折扣幅度限制在定价3%之内的折扣法；另一部是禁止公司发放诸如购物袋等免费商品的免费礼品法。[22]

11.4.4　竞争对手的行为

定价决策不仅受成本和需求性质的限制，还会受竞争对手行为的限制。在成本上涨的情况下，如果竞争对手不对其价格作相应的调整，公司管理层（即使确实意识到了成本上涨对营业利润率的影响）相应调整价格的能力也会受到严重的制约。相反，如果竞争对手在一个低成本国家进行生产或寻找货源，公司可能还需要降低自己产品的价格以保持竞争力。

在美国，李维斯公司要承受几方面的价格压力。首先，李维斯公司面临来自威富公司的威格（Wrangle）和李（Lee）品牌的激烈竞争。在杰西彭尼和其他百货公司，一条威格牛仔裤的零售价约为20美元，而一条李维斯501款约为30美元。其次，李维斯的两家主要零售商客户——杰西彭尼和西尔斯都在积极营销它们的自有品牌。最后，CK、保罗（Polo）和迪赛（Diesel）品牌牛仔裤都在不断地推陈出新，受到消费者的追捧。独家经销的时尚新品牌赛文·弗奥曼德（7 for All Mankind）和幸运（Lucky）牛仔裤的零售价每条超过100美元。

在美国之外，由于受品牌传统的影响，而且竞争没那么激烈，李维斯一条501款牛仔裤能以80美元或更高的价格出售。为维持产品的高档形象，李维斯都在精品店出售。李维斯在美国以外地区的销售收入占总收入的1/3，但所创利润超过公司总利润的50%。李维斯试图应用其全球经验，强化其在美国的品牌形象，在精挑细选的几个美国城市，开设了许多"原版李维斯商店"。尽管下了这么多功夫，李维斯在2016年的销售额仅为45亿美元，而其1996年的销售额则高达71亿美元。十多年前，公司宣布关闭了6家工厂，并将公司在北美的大部分生产工厂迁往海外，其目的是削减成本。[23]

11.4.5　以资源决策为战略定价工具

对于前文讲到的价格升级或环境因素等问题，全球营销人员有多种应对选择。究竟如何选择，部分取决于产品和市场竞争。营销国内制成品的企业可能会被迫转向海外寻购某些部件，以保持其成本和价格的竞争力。尤其是中国，它也因此迅速获得了"世界工厂"的美誉。美国自行车公司如赫菲（Huffy），正严重地依赖中国作为其生产地。

另一个选择是对目标市场的分销结构进行彻底的审查。分销结构的合理化可以大幅减少在国际市场上实现分销所需的加成总额。这种合理化包括选择新的中间商，赋予老中间商新的责任，或者建立直接营销业务。比如，玩具反斗城成功地瞄准了日本玩具市场，因为它跳过了分销的许多层次，并采用了如同它在美国使用的仓储式销售方式。玩具反斗城已被视为西方零售商（特别是折扣商店）能够改变分销惯例的一个例证。然而，到 2018 年初，时代发生了变化：玩具反斗城管理层宣布该公司将关闭其在美国的所有 885 家门店，并为其国际业务寻找买家。

全球营销

11.5

全球定价：三种可选政策

将母国中心、多国中心和全球中心框架应用于定价的相关决策。

全球化公司应该采用何种定价政策？请记住，价格是一个策略变量，可以使用合理的分析方法或直觉的方法来制定定价策略。例如，在西德尼·弗兰克创立灰鹅伏特加时，他将每瓶的价格设定为比红牌或绝对伏特加高 10 美元。为什么呢？因为他可以这么做！弗兰克没有进行任何形式的市场分析，而是依靠他在酒类企业长期工作获得的本能和见解做出的该决定。定价中使用的简单决策规则还包括以下示例：

- "我们的桌案上有竞争对手的价目表……我们能准确地知道竞争对手对哪些产品定什么价，我们可以据此进行计算。"
- "我们实行差异化，只是因为在有些国家我们能卖到好价钱，而在有些国家却不行。"[24]

从广义上看，公司在全球定价方面有三种可选择的政策。

11.5.1 延伸定价法或母国中心定价法

第一种称为延伸定价法或母国中心定价法（extension or ethnocentric pricing policy）。这种定价政策要求，某种产品无论在世界何地购买，其单位价格都一致，因此进口商必须承担运费和进口税。这种延伸方式的优点是非常简便，实施起来不需要关于竞争态势或市场状况的信息。这种母国中心做法的缺点是无法对每一个国家市场的竞争和市场状况做出反应，因此不会使公司在各国市场或在全球的利润最大化。例如，玩具制造商美泰（Mattel）将美国产品加以改造后便投向了国外市场，几乎未考虑将美国价格转换成当地货币后的价格水平。结果，假日芭比（Holiday Barbie）和其他一些玩具在全球市场的定价就过高了。[25]

同样，梅赛德斯-奔驰的高管们也开始放弃母国中心定价法。正如戴姆勒董事长迪特·蔡澈（Dieter Zetsche）所说，"我们一直说我们知道顾客想要什么，他们不得不付钱购买……我们并没有认识到世界已经变了"，[26]如当雷克萨斯以不到2万美元的售价出售达到"梅赛德斯-奔驰质量"的车时，梅赛德斯-奔驰终于醒悟了。1993年，首席执行官赫尔穆特·维尔纳（Helmut Werner）上任后，随即提高了员工的生产率，增加了低成本的外部供应商的数目，并在美国和西班牙投资兴建生产设施，以图进一步实行以顾客和竞争为导向的定价方针。公司还推出了新型的低价位E级和S级轿车。公司管理层的态度很快受到《广告时代》（Advertising Age）的盛赞，称梅赛德斯-奔驰已由"一个古板而自鸣得意的供应商"转变为"一个积极进取和市场导向的公司，它将在豪华汽车市场上，甚至在价格上，与对手展开互不相让的对垒"。[27]

苹果从中国定价的潜在弊端学到了重要的一课，在中国，许多智能手机应用程序让用户能够通过发送红包相互"打赏"，作为对用户创建内容的认可。苹果的政策是收取应用程序产生的费用的30%，它最初在中国实施了这一政策，它认为"打赏"是一种应用内购买。相比之下，腾讯控股广受欢迎的微信应用程序不收取小费。为了改变对其自身定价的弊端，苹果改变了政策。[28]

11.5.2　调整定价法或多国中心定价法

第二种定价政策称为**调整定价法或多国中心定价法**（adaptation/polycentric pricing）。这种政策允许子公司、附属公司或独立分销商制定它们认为最适合当地市场环境的价格，也不要求各国之间作价格协调。宜家采用的就是多国中心定价法：公司的政策是在每一个市场上都保持同类产品的最低价，每个国家的经理都各自确定价格。这在一定程度上取决于当地的因素，如竞争、工资、赋税和广告费。总体说来，宜家在美国虽然需要同大零售商竞争，但其价格是最低的。在意大利价格稍高，因为与美国市场相比，当地的竞争对手一般是规模较小、档次较高的家具店。一般而言，若宜家的品牌在一国表现强势，则其价格也会较高。宜家在中国的第一家门店开张时，公司首要的目标子市场群体——年轻的职业夫妇认为价格太高。在门店主事的英国人伊恩·达菲（Ian Duffy）迅速增加了中国制造的家具数量，以便降低价格，现在一般中国顾客每次光顾的平均消费是300元（约合36美元）。[29]

最近一项关于欧洲工业出口商的研究发现，使用独立分销商的公司最有可能运用多国中心定价法。这种做法对当地的市场情况反应灵敏，但是企业系统内部关于有效定价策略的宝贵知识和经验并没有应用于每一地的定价决策。分销商或当地经理有权自行确定他们认为合适的价格，因此他们可能无视借鉴公司经验的机会。**套利**（arbitrage）也是多国中心定价法的一个潜在问题，如果不同国家市场的价差高于运费和不同市场间的关税，经营者个人可能在较低价格的国家市场购买货物，然后运到较高价格的市场出售。

这正是制药业和教材出版公司出现的情况。

> 以与当地市场挂钩的价格向国外销售美国产品的做法由来已久。这并不罕见，不违反公共政策，当然也不违法。[30]
> ——美国出版商协会，艾伦·阿德勒（Allen Adler）

为非洲艾滋病患者准备的打折药品被走私到欧盟出售，并获得暴利。同样，出版教材的培生（Pearson）、麦格劳-希尔（McGraw-Hill）、汤姆森（Thomson）以及其他出版商，一般都使欧洲和亚洲的定价低于美国。原因是出版商利用多国中心定价法：它们以不同国家的人均收入和经济条件为基准，制定地区价格或逐个国家地制定价格。

11.5.3 全球中心定价法

第三种方法是**全球中心定价法**（geocentric pricing），它比前两种更具动态性和主动性。采用这种方式的公司既不制定单一的全球价格，又不允许子公司或当地分销商独立做出定价决策。相反，全球中心定价法是一种折中的方法，反映的理念是，在做出定价决策时应当考虑当地市场的独特因素。这些因素包括当地成本、收入水平、竞争和当地的营销战略。价格还应当与营销方案的其他要素相结合。按照全球中心定价法，公司在处理国际账户和套利问题时，要由总部出面协调价格。这种方法的采用者也有意识、有计划地力求使所积累的国别定价经验在适用的地方得以充分运用。

当地经营成本加投资和人工投入的回报确定了长期的价格底线。然而短期内，公司总部可能会确定追求市场渗透的目标，通过使用出口货源，使定价低于成本加成的回报价格，以开拓市场。前面讲到的索尼推出随身听的例子就属于这种情况。另一种短期目标可能是，按给定的当地资源和一定产量得出的有利可图的价格对市场规模进行预测。之后，不是立即在当地投资建厂，而是可能先由成本较高的现有外部供应源向目标市场供应产品。如果价格和产品都被市场接受，公司随后便可在当地开办制造工厂，以可获利的方式进一步开发已确认的市场机会。如果市场机会没有变成现实，那么公司可以试着给产品另定价格，因为它未在当地设厂，无须受工厂固定产销量的约束。

全球营销

11.6

灰色市场商品

解释全球化公司可以用来解决灰色市场商品问题的一些策略。

灰色市场商品（gray market goods）是从一个国家出口到另一个国家，由未经授权的人或组织销售的带有商标的产品。请参考以下例子：

设想一个高尔夫设备制造商向本国的分销商出售高尔夫球杆，价格是每根 200 美元，但向泰国分销商出售的价格是每根 100 美元。造成后者价格低的原因可能是海外需求或支付能力的不同。或许这种价格差异包含了需要补偿给外国分销商的广告和营销的费用。然而这根高尔夫球杆根本未出现在泰国，而是被泰国经销商以 150 美元的价格转卖给美国的灰色营销者。然后这个灰色营销者便可以低于本国分销商的价格出售，因为本国分销商的进价是 200 美元。这会迫使制造商降低在本国的价格，或面临销售市场被灰色营销者挤占的风险，从而压低制造商的利润率。此外，灰色营销者随意使用制造商的商标，但常常不能提供消费者指望从制造商或其授权分销商那里得到的担保和其他服务。[31]

上述情形也称为平行进口（parallel importing），发生于公司使用全球中心、多国中心定价法，在不同的国家市场采用不同的定价时。在产品供应短缺，生产商在特定市场采用撇脂策略，或商品经大幅加成时，灰色市场就会比较活跃。例如在欧洲药品市场，各国之间的药品价格差别很大。如在英国和荷兰，平行进口占某些药品品牌销量的10%。一种有力的新工具——互联网的出现，使潜在的灰色营销者既能得到价格的信息，又能接触到消费者。[32]

灰色市场迫使全球营销者不得不承受若干代价或后果。其中包括：[33]

- 排他性稀释——授权经销商不再是独家分销。产品通常可从多种途径取得，利润幅度受到威胁。
- 投机取巧——如果制造商对授权渠道人员的抱怨不予理睬，他们就可能投机取巧，即可能采取各种办法来抵消对利润幅度的挤压。这些办法包括削减售前服务、对顾客的指导和销售人员的培训。
- 损伤渠道关系——面对灰色市场商品的竞争，授权经销商会试图削减成本，向制造商抱怨，并对灰色营销者提起诉讼，因此灰色市场商品形成的竞争会引起渠道冲突。
- 破坏子市场定价格局——前面提到，多国中心定价法形成的价格差异可能导致灰色市场的产生。然而，贸易壁垒的消除、互联网上的信息爆炸和现代的分销能力等诸多因素会阻碍公司实行当地定价策略的能力。
- 声誉与法律责任——即使灰色市场商品与授权渠道销售的商品商标相同，在质量、成分或其他方面可能仍有差别。灰色市场商品可能降低制造商的声望，削弱品牌资产，譬如出售过期药品，将电子设备卖到未获得使用许可或不能得到制造商承诺担保的市场。

有些时候，灰色营销者将单一国家生产的产品（如法国香槟）运往其他出口市场，与授权进口商竞争。灰色营销者所定的售价低于那些合法进口商的价格。此外，还有一种类型的灰色营销。公司既在本国市场又在外国市场生产同一种产品。在此种情况下，公司的海外分部为在国外销售而生产的产品有时会被外国分销商销售给灰色营销者。后者随后又将产品带入该产品生产公司的本国市场，与其在国内生产的产品竞争。

上述例子表明，营销机会出现的条件是：灰色市场商品的定价低于授权分销商出售的产品或国内生产的产品的定价。显然，低价格和更多的选择使购买者受益。例如仅在英国，灰色市场商品的年销售额估计就高达数十亿美元。

欧洲的一个案例做出了有利于品牌所有者权利的裁决。奥地利高档太阳镜制造商侧影公司（Silhouette）有数千副拟销往东欧的太阳镜落到了哈特劳（Hartlauer）连锁折扣商店手中，因而其对后者提起了诉讼。欧洲法院做出了有利于侧影公司的裁决。法院澄清了一项1989年的指令，并如下裁决：未经品牌所有者允许，商店不能从欧盟以外进口品牌产品并以折扣价出售。但是，《金融时报》斥责这项裁决"不利于消费者，不利于竞争，也不利于欧洲经济"。[34]

在美国，灰色市场商品受 1930 年《关税法案》（Tariff Act of 1930）的管制。该法第 526 条明确禁止未经商标拥有者授权就进口海外生产的商品。然而法院对该法的解释有相当大的余地。一个法律专家坚称，美国议会应该废止第 526 条，并推行一项新法律，规定灰色市场商品应带有清晰的标签，且注明其与授权渠道产品的差异。其他专家认为，与其改变法律，企业不如对灰色市场商品采取先发性应对策略。其中之一是加强市场细分和产品差异化，使灰色市场商品缺乏吸引力；另一种是积极找出并制止分销商把产品销给灰色营销者的行为。

> 灰色市场是我们面临的最大威胁。没有合法的市场，你就不能适当地开发这个市场，并在零售、商品销售、售后服务和分销方面进行投资。[35]
>
> ——印度细胞协会主席，潘卡伊·莫辛德鲁（Pankaj Mohindroo）

全球营销

11.7

倾　销

评估倾销对全球市场价格的影响。

倾销是一个重要的全球定价策略问题。1979 年关税及贸易总协定的反倾销守则（GATT's Antidumping Code）将倾销定义为一种以低于国内或原产地的正常价格销售进口产品的行为。另外，许多国家也有自己保护国内公司免遭倾销的政策和程序。例如中国已经制定了自己的规则，以回击西方多年的反倾销裁定。国务院在 1997 年 3 月发布了《中华人民共和国反倾销和反补贴条例》。当时，由对外贸易经济合作部与国家经贸委负责反倾销事务。[36]

美国国会将倾销定义为一种对"美国工业发展"造成"伤害、破坏或阻碍"的不公平贸易行为。按此定义，如果在美国市场上销售的进口产品定价低于生产成本加 8% 的利润率，或低于生产国普遍的价格水平，就属于倾销。美

> 倾销是整个欧洲钢铁行业最直接的威胁。从长远看，在一个真正的全球市场中过剩的钢铁产能对任何人都毫无益处。[37]
>
> ——欧洲钢铁联盟主席，吉尔特·范·普尔沃德（Geert van Poelvoorde）

国商务部负责判断在美国销售的产品是否属于倾销，然后由国际贸易委员会判断该倾销行为是否已对美国商家造成伤害。

美国的倾销案例大多涉及来自亚洲的制成品，往往针对的是单一的或非常狭窄的产品类别。提出这类案件的通常是宣称低价进口货物使它们受到实质性损害的美国公司。美国国会于 2000 年通过了所谓的《伯德修正案》（Byrd Amendment）。该法案规定，因低于市场价格的进口货物而受到伤害的美国公司有权取得反倾销补贴。[38]

在欧洲，反倾销政策由欧盟委员会执行，对倾销货物课以关税只需部长会议的多数通过即可。征收临时关税的期限可达 6 个月，更加严厉的措施有 5 年的确定关税。低成本的亚洲进口货物在欧洲是倾销争端的主题。其中一个争端涉及每年从埃及、印度、印度尼西亚、巴基斯坦和土耳其等国进口的价值 6.5 亿美元的原色棉布。这个争

端使纺织品进口商与批发商联盟同代表法国、意大利和其他欧盟国家纺织业的欧洲棉纺织业联合会（Eurocoton）进行较量。欧洲棉纺织业联合会支持以关税作为手段，保护工作岗位免受廉价进口品的侵害。工作岗位问题在法国尤其敏感。而英国的纺织品进口商布鲁姆和韦林顿公司（Broome&Wellington）则认为，征收关税会提高物价，并使纺织品精加工和成衣业损失更多的岗位。[39]全球纺织品配额系统已于2005年1月废除。几乎一夜之间，中国对美国和欧洲的纺织品出口出现迅猛增长。短短数月之后，美国重启了对几个类别纺织品进口的配额制度；欧盟的贸易部长彼得·曼德尔森（Peter Mandelson）也实施了为期两年的配额管控。

倾销是乌拉圭回合谈判中的一个主要议题。许多国家不同意美国的反倾销法律制度，部分原因是美国商务部的裁决历来都是有利于提出申诉的美国公司的。而美国的谈判代表关切的是，在那些对法定诉讼程序几乎没有正式规定的国家，美国出口商经常是反倾销调查的目标。美国方面希望提高美国公司维护自身利益和理解裁判标准的能力。

谈判的结果是签订了《关于执行1994年关贸总协定第六条的协议》。按照美国的观点，这个协议与1979年的反倾销守则相比，最大的变化在于增加了"审查标准"，这将会使关税及贸易总协定的专家组更难对美国的反倾销决心提出质疑。另外，还有一些程序和方法上的变更。在某些情况下，这些变更使得关税及贸易总协定的规定与美国法律更加吻合。比如在计算某种特定产品的"公允价格"时，以低于出口国成本价格出售的任何产品均不在计算范围之内，如将这部分销售包括在内，就会拉低"公允价格"。该协议禁止各国政府对本国市场与出口市场价格差别小于2%的进口产品实行惩罚，从而也使关税及贸易总协定的标准与美国标准相一致。

如要证明在美国确已发生倾销行为，必须同时展示价格歧视和所受伤害的证据。**价格歧视**（price discrimination）是指在向不同买家销售同等数量的"同质"产品时，采取不同定价的做法。两项中如有一项不存在，就不足以构成倾销。

那些担心与反倾销法发生纠葛的企业找到了一些回避反倾销法的方法。一种方法是使所售产品有别于其母国市场的产品，所以不属于"同质"。例如，某公司将汽车附件与扳手及使用手册包装在一起，从而将"附件"变成了"工具"，而进口国市场对工具所征的关税恰巧较低，而且该公司还得以免受反倾销法的制约，因为这样包装的货物与目标市场上的竞争品没有可比性。另一种方法是对附属机构和分销商做出非价格性竞争调整，如提供信贷，这实质上与降低价格的作用相同。

价格限定

对比不同类型的价格限定。

下面解释价格限定的概念。在多数情况下，两个或两个以上公司选派代表秘密地为产品设定近似价格的做法是违法的。这种做法称作**价格限定**（price fixing），一般被视为一种反竞争行为。采取这种合谋手段的公司通常企图确保它们的产品能卖到较高的价格，而这是它们在自由运作的市场里做不到的。**水平价格限定**（horizontal price fixing）是指在同一个行业里制造并营销同一种产品的竞争对手合谋保持高价。例如 2011 年，欧盟委员会认定宝洁、联合利华和汉高密谋制定洗衣粉价格。这里使用"水平"一词是因为宝洁及其同谋都处于供应链的同一个"层面"（即它们都是制造商）。

如果制造商串通批发商或零售商（即在渠道内与制造商处于不同"层面"的成员），以确保维持某种零售价格，就成了**垂直价格限定**（vertical price fixing）。例如，欧盟委员会判定游戏机公司任天堂伙同欧洲分销商进行价格限定，因而对任天堂处以近 1.5 亿美元的罚款。20 世纪 90 年代，任天堂游戏机的价格在欧洲范围内有很大差别，在西班牙比英国和其他国家贵了许多。不过，零售价格较低国家的分销商已同意不向价格较高国家的零售商出售产品。[40]

在另一个价格限定的例子中，南非的钻石公司戴比尔斯（DeBeers SA）站在了美国的对立面。这个价格限定案涉及工业钻石，而不是宝石。不过戴比尔斯成为美国人熟悉的品牌名称，是因为它在历时长久的广告活动中反复出现的广告语："钻石恒久远，一颗永流传。"戴比尔斯公司本身在美国没有零售机构，而是通过中间商在美国营销它的钻石。公司高层已经表示愿意认罪并支付罚金，交换条件是获准进入美国市场。公司的一位发言人说："美国是最大的钻石首饰市场，占全球首饰零售额的 50%，我们的确希望解决这些争端。"[41]

11.9

转移定价
解释转移定价的概念。

转移定价（transfer pricing）是指一家公司向所属经营单位或分部买卖的商品、服务和无形资产的定价。换言之，转移定价涉及的是企业内部的交换，即属于同一母公司的买方与卖方之间的交易，如丰田子公司之间的相互买卖。转移定价是全球营销中的一个重要问题，因为只要货物跨越国界就是一次买卖。货物的定价不仅是税务部门感兴趣的事——它们要征收不菲的所得税，还是海关感兴趣的事——它们要对货物征收适量的关税。据美国银行（Bank of America）首席营销战略官约瑟夫·昆兰（Joseph Quinlan）的估计，美国公司在海外约有 2.3 万个子机构，25% 的美国出口是美国公司向美国以外的子公司或附属机构发货。

在确定向子公司的转移价格时，全球公司必须解决一系列的问题，包括税负、关税、国家的利润转移法规、合资企业合作伙伴之间的目标冲突以及政府法规。税务部门如美国国内收入署（Internal Revenue Service，IRS）、英国的国内税务局（Inland Revenue）和日本的国税厅（National Tax Administration Agency）等，都对转移定价政策有浓厚的兴趣。[42]转移定价在欧洲已经成为公司的一个关键问题，因为欧元使税务当局更容易对转移定价政策实施审计。

转移定价政策有三种可选的主要方法，选用哪一种因企业性质、产品、市场和历史背景而异。第一种**基于市场的转移定价**（market-based transfer price）派生于在国际市场中保持竞争力的价格。换言之，它是正常交易的一个近似值。第二种**基于成本的转移定价**（cost-based transfer pricing）将内部成本作为确定价格的出发点。基于成本的转移定价同本章已经讨论过的成本导向定价法可能采取同样的形式。界定成本的方法可能会影响关税及全球公司对子公司和附属公司的销售税。第三种选择方案是允许企业的附属公司**相互协商的转移定价**（negotiated transfer prices）。在市场价格经常变化的情况下可能会使用这种方法。表 11-3 对满足多种管理标准的不同方法进行了总结。

表 11-3　不同转移定价方法的比较

标准	基于市场的转移定价	基于成本的转移定价	相互协商的转移定价
达到目标一致	当市场竞争激烈时，可行	通常可行，但有例外	可行
激励管理工作	可行	基于预算成本时，可行	可行
用于评估子公司的绩效	当市场竞争激烈时，可行	除非转移价格超过全部成本，否则难以实现	可行，但转移价格会受到买卖双方谈判技巧的影响
保留子公司的自主权	当市场竞争激烈时，可行	因有章可循而不可行	因其基于子公司之间的协商，可行
其他因素	市场可能不存在或不完善	可用于确定产品的总成本，易于实施	议价和谈判需要时间，而且在情况发生变化时可能需要重新进行审查

资料来源：Adapted from Charles T. Horngren, Srikenk M. Datar, George Foster, Madhav Rajan, and Christopher lttner, Cost Accounting: A Managerial Emphasis (Upper Saddle River, NJ: Prentice Hall, 2009), p. 283.

11.9.1　税收规定和转移定价

全球化公司在世界各地经营，要承受各国不同的公司税率，因此公司会有一种倾向：在低税率国家（如爱尔兰）实现收入最大化，而尽量减少在美国和其他高税率国家的收入。就像我们在第 5 章谈到的，各国政府监管机构都非常清楚，苹果等各家公司都制定了税收筹划策略。[43]最近几年，许多政府试图通过检查公司的收益以及强制要求公司重新分配收入和支出，使国家税收最大化。最近涉及转移定价的案例包括如下几家公司：

- 摩托罗拉可能因其全球存在记账错误，应向美国国内收入署缴纳 5 亿美元的税款。
- 美国劳工部已向斯沃琪集团提出控诉，指责这家瑞士钟表公司不正当地利用转移定价逃避数百万美元的关税和其他税款。[44]
- 美国政府历时多年，试图向制药巨头葛兰素史克公司追缴 27 亿美元税款加利息。

美国国内收入署指控葛兰素史克对其大获成功的溃疡治疗药物雷尼替丁（Zan-
tac）的利润未能足额纳税。1989～1999年间，雷尼替丁在美国获得的收入共计
160亿美元，美国国内收入署指责葛兰素史克的美国营业部门向其英国母公司超
额缴纳专利费，从而降低了在美国的可征税收入。该案原定于2007年开庭审
理，然而2006年9月，葛兰素史克同意向美国国内收入署支付约31亿美元，该
案遂告了结。[45]

11.9.2 有形资产和无形资产的销售

每个国家都有处理公司内部转移的法律与法规。无论定价的理由如何，制定全球
定价政策的管理人员都应该熟悉相关国家的法律法规。定价的理由必须符合这些法律
和法规的意图。虽然适用的法律与法规貌似复杂，但有充分证据表明，大多数政府只
是为了设法防止逃税，确保从事国际贸易的公司的营业收入得到公正的分配。

有些公司真心尽力地遵守适用的法律与法规，并将这方面的所作所为记录在案，
但它们也可能被送上税务法庭。如果税务审计官提出质疑，高管人员应该能够为他们
的决定据理力争。幸运的是，咨询服务供应商可以帮助经理们对付转移定价的诡秘世
界。为审查转移定价政策，大型全球化公司通常不惜斥资数十万美元聘请国际会计师
事务所的专业人员。

全球营销

11.10

对销贸易

定义对销贸易并解释它可以采取的各种形式。

近年来，许多出口商不得不接受以货币以外的方式支付全部或部分货款，以维持
其国际交易。[46]广泛使用的替代性支付方法种类多样，统称为**对销贸易**（counter-trade）。
在对销贸易交易中，一笔销售生意的结果是产品流向买主，接着通常产生另一笔向相
反方向流动的产品或服务的销售。对销贸易通常包括西方国家的卖主和发展中国家的
买主，20世纪80年代中期是这种方式广泛使用的高峰时期，现在已被100多个国家和
地区采用。

一位专家指出，当坚挺的货币供应不足时，对销贸易就会繁荣。外汇管制可能阻止
公司向国外转移，公司可能不得不把钱花在国内，用以购买可出口并在第三国市场销售
的产品。历来，发展中国家通过银行贷款进行进口融资的能力下降，就成了对销贸易发
展的唯一重要的驱动力。这种趋势导致那些债台高筑的政府推行自我资助式交易。[47]

通常，对销贸易可能受到以下几个条件的影响。

- 进口所附加的优先条件。优先级别越高，要求实行对销贸易的可能性就越小。
- 交易价值。价值越高，进行对销贸易的可能性就越大。
- 从其他供货商处得到产品的可能性。如果公司是某差异化产品的唯一供货商，它

便能够要求用货币支付。

在过去的十年里，欧洲债务危机促使一些公司考虑使用对销贸易。例如，德国化工巨头巴斯夫（BASF）开展了一项应急计划，即愿意与农业领域的希腊买家进行对销贸易。此类交易对巴斯夫来说并不新鲜；在东欧，该公司就曾接受矿物作为支付其化学产品的对价。巴西的一些客户甚至使用糖浆来支付货款！巴斯夫北美首席财务官弗里德－沃尔特·敏斯特曼（Fried-Walter Muenstermann）表示，公司将在欧洲对新的对销贸易订单进行筛选。他说道："我们不需要葡萄酒和橄榄油。"[48]

下面讨论两种类型的对销贸易：易货贸易属于一种类型；另一种则包括反向采购、抵消、补偿贸易和转手贸易等的混合形式。它们与易货贸易有明显的区别，因为在交易中涉及现金和信用的问题。

11.10.1　易货贸易

易货贸易（barter）一词讲的是最单纯而又最古老的非货币化双边对销贸易。易货贸易（简单易货）是双方之间做货物或服务的直接交换。虽然不涉及货币，但双方都会对向各方流动的产品形成一个大概的影子价格。公司有时会向外界易货专家寻求帮助。例如，总部设在纽约的阿特伍德·理查兹（Atwood Richards）公司与世界各地进行易货贸易。但通常分销是在贸易伙伴之间直接进行的，没有中间商参与。

在进行易货贸易的公司中，百事公司当属最引人注意的公司之一，该公司曾在苏联市场以及苏联解体后做了几十年的生意。在苏联时代，百事公司用软饮料的浓缩糖浆交换红牌伏特加酒，再由百事酒类分公司出口到美国并由 M. 亨利酒业公司（M. Henri Wines）销售。俄罗斯卢布可以自由兑换以后，无须实行易货贸易。今天，红牌伏特加酒是由帝亚吉欧公司下属的卡瑞龙进口公司（Carillon Importers）进口并在美国销售的。

委内瑞拉已故总统查韦斯的经济政策中最为重要的一点就是用石油同其他拉丁美洲国家进行易货贸易。例如，古巴向委内瑞拉派遣医生以换取石油，其他国家则以香蕉或糖进行"支付"。商品短缺迫使委内瑞拉人通过 WhatsApp、脸书和照片墙以物易物来满足他们的日常需求，交易的例子包括用意大利面和糖换纸尿裤，用面粉换洗发水，用哥伦比亚用卫生纸换储藏食品。[49]

11.10.2　反向采购

反向采购（counter purchase）形式的对销贸易又称平行贸易或平行易货，它与其他对销贸易形式的区别在于每个方向的货物流动都是以现金结算的。例如，罗克威尔国际公司（Rockwell International）出售给津巴布韦一套价值 800 万美元的印刷机器。但是，只有当罗克威尔国际公司同意从津巴布韦购买价值 800 万美元的铁铬合金和镍，再向世界市场出售时，交易才最终达成。

罗克威尔国际公司与津巴布韦的交易反映了反向采购的几个方面。国外客户提供的产品一般与西方公司出口的产品无甚关系，也不能被直接利用。在大多数反向采购交易中，要分别签订两份合同。在一份合同中，供应商同意出售产品，并以现金结算（原始销售合同）；在另一份合同中，供应商同意从买主手中采购并销售与之前产品毫无关系的产品（一份单独的、平行的合同）。反向采购的美元金额通常代表向外方出售的商品价值的一定百分比（有时是全部价值）。西方供应商卖出这些货物后，整个贸易循环才算结束。

11.10.3 抵消

抵消（offset）是一种对等的安排，当进口国想要弥补其在大宗采购（如军用飞机或通信系统）中付出的大量坚挺货币时会运用这一安排。现实中政府会说："如果你要我们花政府的钱买你们出口的产品，你们必须从我国进口。"抵消的做法也可能涉及合作制造、某种形式的技术转让、与当地签订分包合同，或者按合同价值的一定百分比安排在当地组装或制造。[50]最近一笔涉及抵消的交易是洛克希德马丁公司（Lockheed Martin）向阿拉伯联合酋长国出售价值64亿美元的F16战斗机。为此，洛克希德马丁公司答应向与石油有关的阿联酋抵消集团（UAE Offsets Group）投资1.6亿美元。[51]

抵消与反向采购可以区别开，因为后者是以小额、短期为特征的。[52]抵消与其他形式的对销贸易的另一个主要区别是，协议不是合同形式的，而是一份谅解备忘录，其中记载着产品的美元金额中多少将被抵消，以及在多长时间内完成交易。此外，如果供货商不能履约，也没有什么处罚。一般而言，要求抵消的范围在供货商产品价值的20%~50%之间。在一些竞争非常激烈的销售项目里，抵消的要求甚至超过原始销售价值的100%。

抵消已经成为当今贸易环境中一个具有争议的侧面。为了在中国这样重要的市场赢得销售合同，全球化公司可能需要采用抵消的方式，即使交易并不涉及军用品采购。波音的一位高层管理人员迪安·桑顿（Dean Thornton）解释说：

> "抵消"不是个好听的字眼，它与关税及贸易总协定及一整套其他东西相抵触，但这就是无法改变的现实。20年前在加拿大或英国这些地方，这种交易是完全暴露在外的，它可以精确到小数位。"你要买东西来抵消你的价值的20%"，或21%，或其他数字。在军用品方面现在还是这样。（出售商用飞机时）这样做是不合法的，所以也没有原来那样露骨了。[53]

11.10.4 补偿贸易

补偿贸易（compensation trading）又称回购（buyback），是一种对销贸易形式，涉及两个平行的单独的合同。在一份合同中，供货商同意建设一座工厂或提供工厂的设备、专利许可，或是技术、管理和分销方面的专业知识，用于替代在交货时以硬通货支付定金。在另一份合同中，供货商同意在长达20年的时间里，以工厂的产成品作为对工厂初始投入（减去利息）的偿付方式。

实质上，补偿贸易成功的基础是双方都既是买主又是卖主。中国就大量使用补偿贸易方式。埃及也使用这种方法建立了一个铝厂。一家名为阿卢瑞士（Aluswiss）的瑞士公司建了该厂，并向埃及出口矾土（一种存在于铝土矿和黏土中的氧化铝）。阿卢瑞士公司从工厂制成的铝中运回一定比例作为建厂的部分收款。正如此案例所表明的那样，补偿贸易与反向采购不同，其技术和资金的提供是与生产的产出相关的。[54]而在前面讲到的反向采购中，供货商拿走的货物通常都不能直接用于其商业活动。

11.10.5 转手贸易

转手贸易（switch trading）又称三角贸易或交换，是一种可应用于易货或是对销贸易的方法。使用这种方法时，如果其中一方不希望接受交易的全部货物，第三方就会进入简单易货或其他对销贸易方式。这个第三方可能是专业的转手贸易商、转手贸易公司或银行。转手贸易为易货贸易或对销贸易中的货物提供了一个"二级市场"，增加了易货贸易和对销贸易的灵活性。转手贸易商的收费从商品市场价值的5%到高科技产品的30%不等。转手贸易商建立它们自己的公司网络和个人关系网，总部通常设在维也纳、阿姆斯特丹、汉堡或伦敦。如果交易的一方指望最终通过转手贸易商把在易货贸易或对销贸易中得到的货物打折售出，普遍的做法是将货物的原价提高，为港口仓储或咨询等加上"特殊费用"，或者要求由国家运输公司承运。

本章小结

定价决策是营销组合的一个关键要素，这个组合必须反映成本、竞争因素和客户对产品价值的理解。在真正的全球市场里，**一价定律**将会盛行。定价策略包括**市场撇脂**、**市场渗透**和**市场维持**定价。新的出口商经常使用**成本加成定价法**。工厂交货、完税后交货、货交承运人、船边交货、船上交货、成本、保险加运费，以及成本加运费等国际贸易术语都属于**国际贸易术语解释通则**的内容，它们明确规定了交易的哪一方负担哪些费用。这些成本和其他费用形成了**出口价格升级**，即产品从一国/地区运往另一国/地区的行程中所产生费用的累计。

对于币值波动、通货膨胀、政府管制和竞争对手的行为等的预计也应列为定价决策中需要考虑的因素。欧元的出现引起的**价格透明**影响欧盟市场的定价。全球化公司可随行情的变化改变用于生产的货源，以便在世界市场保持具有竞争力的价格。总体而言，公司的定价政策可分为**母国中心**、**多国中心**和**全球中心**三种类别。

与全球营销有关的还有另外一些定价问题。**灰色市场商品**问题的出现是因为不同国家之间的价格差异导致**平行进口**。**倾销**是另一个可能使贸易伙伴之间关系紧张的争议问题。公司之间的**价格限定**属于反竞争和违法行为。**转移定价**之所以成为问题，完全是因为公司内部交易涉及的金额，以及政府总希望获得尽可能多的税收。在当今的全球环境中，各式各样的**对销贸易**发挥着重要的作用。可供选择的主要对销贸易形式有**易货贸易**、**反向采购**、**抵消**、**补偿贸易**和**转手贸易**。

注　释

1. Lowell Bryan, *Race for the World*: *Strategies to Build a Great Global Firm* (Boston, MA: Harvard Business School Press, 1999), pp. 40 – 41.

2. Rachel Sanderson, "Bottega Veneta Hits Luxury Sweet Spot," *Financial Times* (April 9, 2013), p. 17.

3. Brian Caulfield, "iPhone's Pricing Problem in India," Forbes. com (November 18, 2008).

4. 改编自 P. Ranganath Nayak and John M. Ketteringham, *Breakthroughs! How Leadership and Drive Create Commercial Innovations That Sweep the World* (San Diego, CA: Pfeiffer, 1994), pp. 124 – 127.

5. Phred Dvorak and Merissa Marr, "Shock Treatment: Sony, Lagging Behind Rivals, Hands Reins to a Foreigner," *The Wall Street Journal* (March 7, 2005), p. A8.

6. 此处改编自 Robin Cooper and W. Bruce Chew, "Control Tomorrow's Costs through Today's Designs," *Harvard Business Review* 74, no. 1 (January-February 1996), pp. 88 – 97. 另见 Robin Cooper and Regine Slagmulder, "Develop Profitable New Products with Target Costing," *Sloan Management Review* 40, no. 4 (Summer 1999), pp. 23 – 33.

7. Robin Cooper and W. Bruce Chew, "Control Tomorrow's Costs through Today's Designs," *Harvard Business Review* 74, no. 1 (January-February 1996), pp. 88 – 97.

8. Norihiko Shirouzu and Stephen Power, "Unthrilling But Inexpensive, the Logan Boosts Renault in Emerging Markets," *The Wall Street Journal* (October 14, 2006), pp. B1, B18.

9. Ellen Byron, "Emerging Ambitions: P&G's Global Target: Shelves of Tiny Stores," *The Wall Street Journal* (July 16, 2007), p. A1.

10. 改编自"Price, Quotations, and Terms of Sale Are Key to Successful Exporting," *Business America* (October 4, 1993), p. 12.

11. 自关税及贸易总协定乌拉圭回合谈判以来, 日本降低或取消了数千种进口商品的关税。日本 2017 年的简单平均最惠国税率为 4% ; 约 60% 的关税细目(包括大多数工业产品)税率为 5% 或更低。

12. Beth Dorrell, 个人采访(December 20, 2008).

13. Robert A. Guth, Michael M. Phillips, and Charles Hutzler, "On the Decline: As the Yen Keeps Dropping, a New View of Japan Emerges," *The Wall Street Journal* (April 24, 2002), pp. A1, A8.

14. S. Tamer Cavusgil, "Pricing for Global Markets," *Columbia Journal of World Business* 31, no. 4 (Winter 1996), p. 69.

15. Christopher Cooper, "Euro's Drop Is Hardest for the Smallest," *The Wall Street Journal* (October 2, 2000), p. A21.

16. Alan Livsey, "Brexit Bonus for English Sparkling Winemakers," *Financial Times* (September 12, 2017), p. 5.

17. John Shipman and Anjali Cordiero, "Dilemma over Pricing," *The Wall Street Journal* (October 20, 2010), pp. B1, B4.

18. Lucinda Harper and Fred R. Bleakley, "Like Old Times: An Era of Low Inflation Changes the Calculus for Buyers and Sellers," *The Wall Street Journal* (January 14, 1994), p. A1. 另见 Jacob M. Schlesinger and Yochi J. Dreazen, "Counting the Cost: Firms Start to Raise Prices, Stirring Fear in Inflation Fighters," *The Wall Street Journal* (May 16, 2000), pp. A1, A8.

19. Alecia Swasy, "Foreign Formula: Procter & Gamble Fixes Aim on Tough Market: The Latin Americans," *The Wall Street Journal* (June 15, 1990), p. A7.

20. Scott Miller, "In Trade Talks, the Gloves Are Off," *The Wall Street Journal* (July 15, 2003), p. A12. 另见 James Drummond, "The Great Conservation Debate," *Financial Times Special Report—Egypt* (October 22, 2003), p. 6.

21. Neil King, Jr., and Scott Miller, "Trade Talks Fail Amid Big Divide over Farm Issues," *The Wall Street Journal* (September 15, 2003), pp. A1, A18.

22. Greg Steinmetz, "Mark Down: German Consumers Are Seeing Prices Cut in Deregulation Push," *The Wall Street Journal* (August 15, 1997), pp. A1, A4; David Wessel, "German Shoppers Get Coupons," *The Wall Street Journal* (April 5, 2001), p. A1.

23. Leslie Kaufman, "Levi Strauss to Close 6 U. S. Plants and Lay Off 3, 300," *The New York Times* (April 9, 2002), p. C2.

24. Barbara Stöttinger, "Strategic Export Pricing: A Long and Winding Road," *Journal of International Marketing* 9, no. 1 (2001), pp. 40 – 63.

25. Lisa Bannon, "Mattel Plans to Double Sales Abroad," *The Wall Street Journal* (February 11, 1998), pp. A3, A11.

26. Alex Taylor III, "Speed! Power! Status!" *Fortune* (June 10, 1996), pp. 46 – 58.

27. Raymond Serafin, "Mercedes-Benz of the '90s Includes Price in Its Pitch," *Advertising Age* (November 1, 1993), p. 1.

28. Li Yuan, "A Tip for Apple in China: Your Hunger for Revenue May Cost You," *The Wall Street Journal* (May 18, 2017), p. B1.

29. Mei Fong, "IKEA Hits Home in China," *The Wall Street Journal* (March 3, 2006), pp. B1, B4. 另见 Eric Sylvers, "IKEA Index Indicates the Euro Is Not a Price Equalizer Yet," *The New York Times* (October 23, 2003), p. W1; 和 Paula M. Miller, "IKEA with Chinese Characteristics," *The China Business Review* (July-August 2004), pp. 36 – 38.

30. Tamar Lewin, "Students Find $100 Textbooks Cost $50, Purchased Overseas," *The New York Times* (October 21, 2003), p. A16.

31. 改编自 Perry J. Viscounty, Jeff C. Risher, and Collin G. Smyser, "Cyber Gray Market Is Manufacturers' Headache," *The National Law Journal* (August 20, 2001), p. C3.

32. Perry J. Viscounty, Jeff C. Risher, and Collin G. Smyser, "Cyber Gray Market Is Manufacturers' Headache," *The National Law Journal* (August 20, 2001), p. C3.

33. Kersi D. Antia, Mark Bergen, and Shantanu Dutta, "Competing with Gray Markets," *MIT Sloan Management Review* 46, no. 1 (Summer 2004), pp. 65 – 67.

34. Peggy Hollinger and Neil Buckley, "Grey Market Ruling Delights Brand Owners," *Financial Times* (July 17, 1998), p. 8.

35. Ray Marcelo, "Officials See Red over Handset Sales," *Financial Times* (October 3, 2003), p. 16.

36. Lester Ross and Susan Ning, "Modern Protectionism: China's Own Antidumping Regulations," *China Business Review* (May-June 2000), pp. 30 – 33.

37. Michael Pooler and Emily Feng, "Steel Industry Grapples with Curse of Oversupply," *Financial Times* (October 30, 2017), p. 17.

38. Philip Brasher, "Clarinda Plant Takes Hit in Dispute over Imports," *The Des Moines Register* (November 16, 2005), p. D1.

39. Neil Buckley, "Commission Faces Fight on Cotton 'Dumping,'" *Financial Times* (December 2, 1997), p. 5; Emma Tucker, "French Fury at Threat to Cotton Duties," *Financial Times* (May 19, 1997), p. 3.

40. Paul Meller, "Europe Fines Nintendo $147 Million for Price Fixing," *The Wall Street Journal* (February 24, 2004), p. W1.

41. John R. Wilke, "DeBeers Is in Talks to Settle Price-Fixing Charge," *The Wall Street Journal* (February 24, 2004), pp. A1, A14.

42. Matthew Saltmarsh, "Tax Enforcers Intensify Focus on Multinationals," *The New York Times* (January 5, 2010), p. B3.

43. Rochelle Toplensky, "Tech Giants Hit by EU Tax Crackdown," *Financial Times* (October 5, 2017), p. 17;

44. Leslie Lopez and John D. McKinnon, "Swatch Faces Complaint over Taxes," *The Wall Street Journal* (August 13, 2004), p. B2.

45. Susannah Rodgers, "GlaxoSmithKline Gets Big Tax Bill," *The Wall Street Journal* (January 8, 2004), p. A8.

46. 此处的许多例子改编自 Matt Schaffer, *Winning the Countertrade War: New Export Strategies for America* (New York, NY: John Wiley & Sons, 1989).

47. Pompiliu Verzariu, "Trends and Developments in International Countertrade," *Business America* (November 2, 1992), p. 2.

48. Emily Chasan, "Currencies Pose New Risks," *The Wall Street Journal* (August 14, 2012), p. B5.

49. "Venezuelans Barter Diapers for Food on Smartphones," Agence France-Presse (June 14, 2016).

50. 根据供应商的规格在当地组装或制造的承诺通常被称为合作生产协议(*coproduction agreement*),它与抵消相关联,但本身不代表一种对销贸易。

51. Daniel Pearl, "Arms Dealers Get Creative with 'Offsets,'" *The Wall Street Journal* (April 20, 2000), p. A18.

52. Patricia Daily and S. M. Ghazanfar, "Countertrade: Help or Hindrance to Less-Developed Countries?" *Journal of Social, Political, and Economic Studies* 18, no. 1 (Spring 1993), p. 65.

53. William Greider, *One World, Ready or Not: The Manic Logic of Global Capitalism* (New York, NY: Simon & Schuster, 1997), p. 130.

54. Patricia Daily and S. M. Ghazanfar, "Countertrade: Help or Hindrance to Less-Developed Countries?" *Journal of Social, Political, and Economic Studies* 18, no. 1 (Spring 1993), p. 66.

GLOBAL
MARKETING

全|球|营|销|
（原书第10版）

第12章 全球营销渠道和实体分销

本章精要

- 识别和比较消费品渠道和工业品渠道的基本结构。
- 列出公司在全球市场中选择渠道中间商时应遵循的准则。
- 描述世界各地不同类别的零售业态。
- 对比6种主要的国际运输模式，并解释它们在可靠性、可达性和其他性能指标方面的差异。

欢迎来到快时尚世界

    全球快时尚的世界就像一场三人赛马竞赛。西班牙的印第迪克集团（Inditex SA）是专业零售商 ZARA 的母公司；瑞典是海恩斯莫里斯（Hennes & Mauritz AB）的所在地，购物者更熟悉的是 H&M；优衣库（Uniqlo）是日本快时尚的旗舰品牌。

    快时尚的部分吸引力在于低廉的价格。同样具有吸引力的还有库存的补充和更新速度，价格实惠，可以提供来自世界时尚之都的最新时装秀趋势。对速度的需求部分是由社交媒体推动的。一些快时尚品牌的一个关键特点是从亚洲和其他劳动力成本较低的地区采购服装。例如在柬埔寨，有 400 多家服装厂是注册出口商。

    然而，一些行业观察家指出，低价实际上带来了高昂的社会和环境成本。追逐最新趋势意味着购物者经常在穿几次后就丢弃廉价的服装。这导致消费者认为服装购买是一次性的，而不是长期投资。批评者断言，不想要的衣服通常会被填埋，而快时尚的趋势是不可持续的（见图 12-1）。

图 12-1　一些评论家断言，快时尚趋势导致生产过剩和"扔掉"心态。结果是大量废弃的衣服以及"滞销商品"（过季的服装和未使用的纺织品）。唯特萌（Vetements）设计的这个橱窗展示旨在引起人们对这个问题的关注。

资料来源：Michael Ross Photography.

    多年来，优衣库连锁店的创始人柳井正（Tadashi Yanai）一直在追求一种将他的公司与欧洲竞争对手区分开来的商业模式。优衣库的重心是日常基本用品和严重依赖创新材料的新产品开发过程。

    印第迪克集团是全球最大的时装零售商，在 92 个国家及地区拥有 7 000 多家门店。除了 ZARA，旗下品牌还包括巴适卡（Bershka）和马西姆·杜蒂（Massimo

Dutti)。公司不做广告，座右铭是"公司不说话；客户为公司代言。"与一些竞争对手不同，印第迪克将近 2/3 的产量保留在西班牙或邻国。

ZARA 于 2010 年进入印度，如今在该国拥有超过 18 家门店；H&M 从 2015 年开始进驻印度。全球流行趋势是快时尚的中流砥柱。然而，许多女性时装可以被认为是"活泼的"，因为它们的特点是低领、深背和露脐。一家印度公司未来集团（Future Group）投资了卡维尔斯图瑞（Cover Story），这是一个西式服装品牌，其剪裁更适中，更适合印度购物者的品位和需求。衣服的颜色也比较亮。出乎意料的是，卡维尔斯图瑞在英国伦敦设有设计工作室。正如未来集团首席执行官基肖尔·比亚尼（Kishore Biyani）解释的那样，"你无法在印度与世界各地的 ZARA 和 H&M 竞争。你需要观察并感受他们在自己的比赛中击败他们所做的事情。"

在 2017 年之前，H&M 正以惊人的速度增长。新店开张推动了收入增长；如今，该公司拥有约 4 700 家门店。然而，利润一直停滞不前，公司正感受到来自多方面的压力。折扣零售商普里马克（Primark）的价格较低，而一些购物者认为 ZARA 提供更高的质量。此外，只在线上零售的竞争对手，包括英国的 ASOS 和德国的 Zalando，它们提供免费送货和慷慨的退货政策，吸引顾客在线上购物。一位行业分析师将 H&M 的地位与诺基亚、爱立信和 IBM 等前行业巨头的地位相提并论：所有公司都拥有成功的商业模式，直到市场条件的变化比各自管理层意识到得更快。

ZARA、H&M 和优衣库等专业零售商只是构成全球分销渠道的众多要素中的三个。今天，全球供应链将世界各地的生产商连接起来，并利用复杂的物流来确保系统的顺畅流动。美国营销协会将分销渠道定义为"一个有组织的机构及其网络，它们联合起来执行所有必要的活动，使生产者与用户共同完成营销任务。"[1] 物流是货物通过渠道的流动；反过来，渠道由一组协调的个人或公司组成，这些个人或公司执行为产品或服务增加效用的功能。

分销渠道是国家营销系统中差异化程度最高的方面之一。零售商店的规模各不相同，从大型超市到拉丁美洲的小商店。渠道的多样性以及可能的分销策略和市场准入选择的范围可能会给负责设计全球营销计划的经理带来挑战。渠道和物流是整个营销计划的关键方面，没有它们，价格合适的优质产品和有效的沟通就变得毫无意义。

分销渠道：目标、术语和结构
识别和比较消费品渠道和工业品渠道的基本结构。

营销渠道的存在目标就是为客户创造效用。渠道带来的主要效用类型有：**地点效用**（place utility，产品或服务在潜在客户方便到达的地点可以得到）；**时间效用**（time utility，产品或服务在客户需要时可以得到）；**形式效用**（form utility，经加工可用的、状态良好的产品，且随时可用）；**信息效用**（information utility，客户对产品特征和利益的疑问能够得到解答和沟通）。由于这些效用可以成为竞争优势的基本来源，并且可以构成企业整体价值主张的重要组成部分，所以选择分销战略是管理层不得不做的一个关键决策。例如，可口可乐公司在世界市场上的领导地位，部分是基于它把可乐放在人们"唾手可得"的位置。换言之，它创造了地点效用。

在选择最有效的渠道安排时，公司的营销人员首先应该把营销力量集中于目标市场，并评估分销在公司整体价值主张中所起的作用。谁是目标客户？他们在哪里？他们需要什么信息？他们偏爱什么服务？他们对价格有多么敏感？另外，每个市场都要经过分析以确定提供渠道服务的成本。

适用于一国的东西未必在另一国也有效。即使是只关心某一国经营方案的营销经理也应该研究世界各地的渠道安排，以获取宝贵的信息并洞察潜在的新渠道战略和战术。例如，欧洲和亚洲的零售商在学习了美国的自助式折扣零售模式后，将自助概念引入自己的国家；同样，世界各国政府和企业经理也已经开始研究日本的贸易公司，以期学习它们的成功之道。沃尔玛所到之处，各国的竞争对手都对其经营模式进行了仔细研究和复制。

正如前面所定义的那样，**分销渠道**（channel of distribution）是连接厂商和客户的系统。虽然消费品和工业品的渠道很相似，但仍然存在一些明显的差异。在**企业与消费者间的营销**（business-to-consumer marketing，B to C）中，消费品渠道的设计旨在把产品送至用户手中；在**企业间营销**（business-to-business marketing，B to B）中，工业品渠道则是把产品送交到那些随后在生产过程或日常运营中使用该产品的制造商或组织那里。中间商在消费品和工业品的分销渠道中都发挥着重要的作用。**分销商**（distributor）是指有选择性地分销一些产品线或者品牌的批发中间商。**代理商**（agent）是指在两方或多方之间开展交易谈判，但对买卖货品不享有所有权的中间商。

12.1.1 消费品和服务

图 12-2 总结了消费品的 6 种渠道结构。买主和产品的特征对渠道设计都会产生重要的影响。第一种渠道结构是通过互联网、直接邮购、各种上门销售或制造商的自营商店，直接将产品卖给客户。其他的渠道结构则利用零售商以及制造商的销售队伍、代理商/经

纪人和批发商的各种搭配组合。个人消费者的数量、地理分布、收入、选购习惯和对不同销售方式的不同反应往往都因国家而异，所以要求公司做不同的渠道安排。

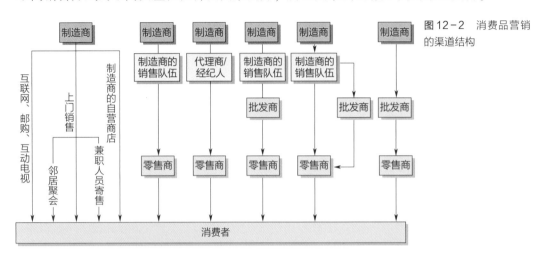

图12-2 消费品营销的渠道结构

　　产品特征，例如标准化程度、易腐性、体积大小、单价和需要的服务，对渠道设计也存在影响。一般而言，随着客户数量的增加和单品价格的降低，渠道会延长（需要更多的中间商）。对大体积产品的渠道安排通常要求运输距离最小化和产品到达最终消费者前的转手次数最小化。

　　互联网和与之相关的新媒体形式正在使分销版图发生巨大的变化。美国易贝（eBay）开拓了一种个人消费者向其他个人推销产品的在线商务模式，被称作**点对点营销**（peer-to-peer）。易贝成功的原因之一是，传统商家很快就认识到了互联网的潜力。为保持增长，易贝开始帮助诸如迪士尼和IBM这样的大公司建立在线"店面"，这些店面除了开展B To C拍卖，还能以固定的价格在线销售商品。易贝全球营销高级副总裁比尔·科布（Bill Cobb）说："我们原来只有拍卖竞标模式，后来增加了'立即购买'（Buy It Now）模式，下一步自然会为卖主提供展示系列产品的空间。"[2]一些观察家预言，随着更多的家庭被必需的互动技术连接，在不久的将来，互动电视也将成为一种可行的直销渠道。在很多国家，时间短缺的消费者日益被互联网和与之相似的新媒体技术所提供的时间效用和地点效用吸引。

　　针对大众市场的低成本产品和某些服务，可以使用直销人员上门销售的模式。在美国，**上门销售**（door-to-door selling）和**邻舍聚会**（house-party）的分销方式业已成熟，但在其他地方才刚开始流行。例如，总部位于佛罗里达州奥兰多的特百惠在印度尼西亚拥有20万名销售人员。具有品牌意识的消费者已经接受了该公司作为生产存储食物用的塑料容器的存在，而特百惠的直销模式使其在零售基础设施尚不完善的国家具有优势。如今，印度尼西亚是特百惠最大的市场。该公司前首席执行官里克·戈因斯（Rick Goings）说："对我们而言，这个地方无与伦比的美好。这是世界人口所在。你无法抗拒。"[3]根据前首席执行官兼现任执行主席Rick Goings的说法，"美国在我们的业务中占比不到10%。我们的总部恰好在美国，但我们是一家全球化公司。"[4]

1995 年，玫琳凯凭借其独立的销售代理网络进入中国市场。在成功渗透中国一线城市后，公司开始向二、三线城市扩张。[5]1998 年 4 月，中国下令全面规范各种直销活动。由于这项禁令是直接针对非法的金字塔型传销模式的，玫琳凯、特百惠、雅芳和安利等外国公司被允许继续在华经营，不过都必须调整自己的商业模式：它们的销售代理必须直接隶属于实体零售店。由于该规定限制了非法竞争，少数被允许开展直销的外国营销商在禁令生效期间获得了独有的增长机会。玫琳凯就是其中一个很好的例子：2011 年，玫凯琳在中国市场的销量是 1999 年的 50 多倍。如今，玫琳凯在中国拥有数十家分公司。

在日本，美国汽车制造商面临的最大障碍不是高额关税，而是销售方式：日本全年汽车销售量的半数都是通过上门销售实现的。丰田和它的日本竞争对手不仅保留了汽车展厅，还雇用了 10 多万人的汽车销售队伍。不像美国消费者，许多日本汽车买主从来不去经销店。汽车销售员和日本客户之间长期紧密的关系堪比第 9 章介绍的联营公司系统。

买车人期望和销售代表进行多次面对面交谈，从而建立互信。这种关系在成交后仍将继续，销售代表会给客户寄贺卡并争取让其持续感到满意。与此同时，像福特等美国竞争对手仍在试图增加汽车展厅的人流。在 20 世纪 90 年代，小仓信正（Nobumasa Ogura）在东京管理着一家福特经销商。"我们需要想出一些想法，在没有上门销售的情况下销售更多的汽车，但现实是我们还没有想出任何想法，"他说。[6]事实证明，这种挑战被证明是无法克服的，福特于 2016 年退出了日本市场。[7]

另一种直销方式是开设制造商自营店或独立的特许经营店。胜家公司（Singer）是总部在美国的最先获得成功的国际公司之一，它已经在世界范围内建立起公司自有自营的连锁商店，出售缝纫机并提供相关服务。正如前文所述，日本的消费电子产品公司把商店整合为它们的分销团队。苹果、李维斯、耐克、索尼及一些著名时装设计公司，以及其他拥有强势品牌的公司，有时会建立旗舰零售店，用来展示产品或获取营销情报（见图 12 - 3）。这些商店旨在提供互动式购物体验并与消费者建立紧密的联系。[8]以独立的零售商店为渠道，是对主要分销模式进行的补充而非替代。

图 12-3 苹果在 22 个国家和地区经营着 500 多家零售店。每家商店都设有 Genius Bar（天才吧），顾客可以在此与知识渊博的员工寻求一对一的技术支持。在许多商店，如伦敦的这家商店，都设有苹果联合创始人兼前首席执行官史蒂夫·乔布斯帮助设计的标志性玻璃楼梯。尽管乔布斯在 2011 年死于癌症，但他的遗产包括对全球零售战略和策略的深远影响。

资料来源：View Pictures/UIG via Getty Images.

消费品的其他渠道结构包括制造商的销售队伍和批发商（通过独立零售商，把货物卖给客户）的各种组合（零售将在本章后半部分详述）。像花式冰激凌、香烟和电灯泡这种大众市场消费品的购买者有千百万，只有连接制造商、分销商和零售商，才能建立足以覆盖市场的渠道。沃尔玛在美国得以快速增长的基石是：通过从制造商那里直接采购巨量产品以取得显著的规模效益。与此相反，一些公司则采用非常灵活的分销策略，以确保展示产品的环境具有吸引力。例如，男装设计师亚历山大·普罗科夫（Alexandre Plokhov）的系列作品已经在巴尼斯纽约精品店和塞尔弗里奇百货有售（见图 12-4）。

图 12-4　Alexandre Plokhov 的一些设计——如这些战斗靴——的灵感来自老式军装。在推出 Cloak 品牌和设计师同名系列后，他为范思哲（Versace）和海尔姆特·朗（Helmut Lang）设计。

资料来源：© NomenklaturaStudio.

易腐产品对渠道结构中的成员提出了特别的要求，后者必须保证产品（如新鲜水果和蔬菜）在消费者购买时保持令人满意的状态（形式效用）。在发达国家，这类产品由公司自己的销售队伍或独立的渠道成员分销。无论哪种情况，分销组织都要负责检查存货以保证产品的新鲜度。在欠发达国家，露天市场是重要的销售渠道，蔬菜、面包和其他食品生产商通常在那里销售它们的产品。新鲜农产品的高度易腐性是印度最大的供应链难题之一。

在发展中国家，有时候一个相对简单的渠道创新就可以大大优化一个企业的整体价值主张。例如 20 世纪 90 年代初，莫斯科面包公司（Moscow Bread Company）需要改进它的分销系统。俄罗斯消费者每天都会在无数的商店和小商亭外排队购买新鲜面包。遗憾的是，因流程烦琐，这家面包公司运行不畅，结果出售的面包大多不新鲜。安达信咨询公司（Andersen Consulting）发现，产出的面包有 1/3 被浪费了。在发达国家大约 95% 的食品都有包装，但在俄罗斯，这个比例很低。消费者不论在露天市场还是在商店里，看到的面包都是没有包装的。因此，咨询团队设计了一个简单的解决方法：用塑料袋包装以保持面包的新鲜。俄罗斯消费者对这一变化反响积极，不仅因为塑料袋保证了新鲜，将食品的保质期延长了不少，还因为塑料袋本身也创造了效用。在一个几乎不知道这种附加品的国家中，塑料袋被视为可再次使用的"赠品"。[9]

发展中国家的零售环境对销售非易腐产品提出了同样的挑战。在发达国家，宝洁、金佰利（Kimberly-Clark）、联合利华、高露洁以及其他全球消费品公司都习惯于迎合

"成捆成打购买"的消费心态。相反在墨西哥和其他新兴市场，许多消费者习惯每天在小型、独立的"家庭式"小店、售货亭和街摊多次购买食品、饮料和其他物品（见图 12-5）。那些销售点供应的是分装成仅够一次用量的洗发水、尿不湿和洗衣粉，实际上总体来看每次用量的价格相对较贵。

图12-5 巴西的中产阶级正在迅速增长，但接触到偏远农村地区的消费者对全球营销人员来说可能是一个挑战。雀巢的渠道战略包括水上超市。Nestlé Até Você a Bordo（"雀巢带你上船"）是一艘夜间航行于亚马逊河的船，白天在 18 个不同的城市迎接购物者。无法进入大卖场的消费者可以囤积狗粮、巧克力、奶粉和近 300 种其他雀巢产品和品牌。

资料来源：Marcia Zoet/Bloomberg via Getty Images.

在宝洁公司，这些销售点被称为"高频率商店"，仅在墨西哥，估计有70%的人口在这些商店消费。为激励店主囤积较多的宝洁产品，公司推出了"黄金商店"方案。在店主承诺经销至少 40 种不同的宝洁产品后，这些商店会迎来宝洁公司销售代表的定期探访，他们会帮助店主整理陈列区，并在显眼的地方放置宣传材料。宝洁公司最初使用自己的销售队伍，现已开始依靠独立的进货代理（提前付款），通过他们转售给商店经营者。宝洁的经验反映的事实是，[10]在图 12-2 所示的渠道结构代表可选的策略方案中，企业可以而且应该根据市场情况的变化改变它们的策略。

12.1.2 工业品

图 12-6 总结了工业品或商务产品公司的几种营销渠道。和消费品渠道一样，产品和客户特征对渠道结构会产生一定的影响。这涉及三个基本因素：制造商的销售队伍、分销商或代理商，以及批发商。制造商可以通过自己的销售队伍直接与客户接触，或由销售队伍要求批发商把产品卖给客户，或者二者兼有。制造商也可以不用销售队伍而把产品直接卖给批发商，批发商再卖给客户。

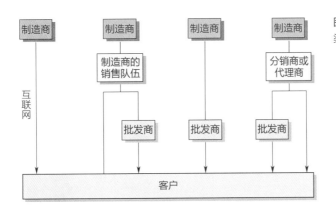

图12-6 工业品分销渠道的各种选择

意大利的喜客（Saeco）通过企业与消费者间的营销渠道以及企业间的营销渠道分销其产品。负责家用电器的营销经理通过零售分销的方式向消费者提供产品。而为自动售货及专业领域服务的经理则需要向组织客户提供自动售货机并向酒吧和咖啡馆提供专业的浓缩咖啡设备。

渠道创新可以是成功的营销策略的一个关键要素。戴尔赢得全球个人计算机产业的领导地位源于迈克尔·戴尔（Michael Dell）的决策，即绕过传统渠道实行直销，并按客户要求的技术指标定制个人计算机。戴尔由企业间的营销（B to B）起家，其商业模式被证明是如此成功，以至于公司开始用直销方式进军家用个人计算机市场。

考虑一下波音公司的例子，鉴于喷气式客机的价格、体积和复杂程度，波音依靠自己的销售队伍的原因显而易见。这种方式也被用于销售其他产品，包括大型计算机和大型复印机系统。这些都是昂贵、复杂的产品，必须针对各个客户的需要做出相应的解释和应用分析。经过公司培训的销售员、销售工程师或销售队伍比较适合完成为计算机买主创造信息效用的任务。

<table>
<tr><td>全球营销

12.2</td><td>## 建立渠道和与中间商共事
列出公司在全球市场中选择渠道中间商时应遵循的准则。</td></tr>
</table>

跨越国境扩展业务的全球化公司必须利用**现有的渠道**或者建立自己的渠道。在进入一个其他品牌和供应关系都已成熟的竞争性市场时，公司经常会遇到渠道障碍。如果管理层决定**直接介入**（direct involvement），公司就要组建自己的销售队伍或开设自己的零售店。

另一种选择是**间接介入**（indirect involvement）。间接介入需要利用独立代理商、分销商和零售商。在亚洲，西方奢侈品营销公司长期以来都依靠独立分销商，例如中国香港的华敦集团（Firto），其当地的市场知识和门店网络是成功的关键。同样，戴比尔斯在美国市场使用独立的中间商销售其钻石（见第11章）。

全球营销方案中的渠道策略必须符合企业的竞争地位和在每个国家市场中的整体营销目标。企业直接介入新市场分销渠道会导致大额的支出。它需要聘用和培训销售代表和销售部主管，而且在新市场的经营起始阶段，销售组织因为没有足够的销售量来抵消其高额的管理费用，经营亏损不可避免。所以，任何公司在考虑建立直接销售队伍时，都应该做好在一段合理的时期内承担因组建销售队伍而亏损的准备。

渠道决策之所以重要，原因在于必须对渠道成员的数量与合作关系的性质进行管理。渠道决策通常涉及对各种中间商的长期的法律承诺和责任。终止或改变这类承诺的代价往往极大，所以公司必须将其与国外合作伙伴之间的关系性质书写成文，并存档管理。俗话说，"好记性不如烂笔头"。至少，书面协议应该包含一条关于什么是构成终止协议的"充足理由"的定义。同样，正如第5章所说，最好通过仲裁而不是当地法院处理商业纠纷。所以，分销商协议或者代理商协议也应该规定由第三国的中立仲裁庭进行仲裁。在许多情况下，当地法律都对代理商和分销商有所保护，即使没有正式的书面协议，在一个大陆法系国家，法律也会提供相应的保护。除了靠书面规定的责任，承诺也要靠诚信和相互间的责任感来支撑。简言之，在目标市场中谨慎选择分销商和代理商是一项至关重要的任务。

公司首次进入新兴市场时，务必十分小心地选择渠道中间商。它们通常需要寻找一个当地分销商，因为新进入者缺乏当地商业惯例的相关知识，而且需要一个与潜在客户存在联系的合作伙伴。另外，一个特定市场的新进入者一般都希望降低风险和减少财务负担。虽然初始结果可能令人满意，但随着时间的推移，总部可能会对当地分销商的业绩感到不满。这时，全球化公司的经理经常会介入并试图从当地分销商手中获得控制权。哈佛商学院教授戴维·阿诺德（David Arnold）提出了防止此类问题发生的七条准则：[11]

1. 挑选分销商，不要让它们挑选你。当分销商代表在商品交易会上主动联系你之后，你的公司自然会与它们接洽。事实上，如此急切的候选者可能已经在为公司的竞争对手服务了，其目的也许是想要对特定市场中某一产品种类保持控制。先发制人的市场进入者可以通过从美国商务部或其他国家的同类部门获得的名单中识别潜在分销商。各国当地的商会和贸易协会也能提供类似的名单。

2. 寻找有能力开拓市场而不是仅有一些良好客户关系的分销商。具有良好客户关系的经销商似乎是"理所当然"的选择，它们能迅速提高销量并取得收益。然而，更好的选择往往是一个既愿意为取得成功进行必要投资，又能吸取跨国公司营销经验的合作伙伴。事实上，这样的合作伙伴可能并没有关于特定产品种类的经验。在此情形下，分销商可能会更加努力，并给予新伙伴较多的优先关注。原因很简单，承销某个产品线并不能代表现状。

3. 把当地分销商看作长期合作伙伴，而不是市场的临时载体。对分销商来说，如果市场进入者签订相关合同，为获取新客户、销售新产品或寻求其他形式的业务发展提供财务支持，那么这就是一个信号，意味着市场进入者正从长期的角度看待问题。这种业务发展可仰赖全球化公司管理者的投入实现。

4. 通过对资金、管理人员和有效营销创意的承诺支持市场进入。除了提供销售人员和技术支持，管理层还应该考虑通过对独立分销商的早期小额股权投资来表现其合作诚意。当然，与这种投资相关的风险不应大于在制造商母国与独立分销体系相关的风险。承诺得越早，则越有可能发展出好的关系。

5. 一开始就应保持对营销战略的控制。为了充分挖掘全球营销渠道的潜力，制造商需要在以下方面提供强有力的营销指导：分销商应该销售何种产品，如何为它们定位。另外，有必要安排现场员工或者地区级甚至国家级经理监督分销商的表现。一位经理说："考虑到分销商了解其市场，我们曾给予分销商过多的自主权。但结果是我们的价值主张很难实现，并屡次看到分销商降价处理，以补偿因未能正确定位目标客户或给予销售人员足够培训造成的损失。"这不是说不允许中间商调整分销策略以适应当地情况，关键是制造商要掌握领导权。

6. 确保分销商为你提供详细的市场和财务业绩数据。分销商组织通常是公司市场信息的最好来源，甚至是唯一来源。制造商和分销商的合同应包括具体的措施，使当地的市场信息和财务数据能够有效地传回制造商。制造商/分销商关系是否已成功建立的标志是后者有没有主动提供这类信息的意愿。

7. 一有机会就马上在全国分销商之间建立联系。制造商应努力在其不同的全国分销商网络之间建立联系。公司可以通过设立地区商贸客户办事处或者分销商理事会达到这一目的。在任何一个时间点，公司的分销网络中可能都会有一些代理商或分销商表现出色，有一些令人满意，当然也许还会有一些令人不满意。创造分销商之间沟通的机会，对基于单个市场的某些新产品设计思路会有所启发，而且分销商的整体业绩也会提高。

在设计渠道策略时，有必要对典型渠道中间商的动机保持现实的态度。一方面，中间商的责任在于执行公司营销策略中的一个重要部分。但是，当被授权自主决定策略时，中间商可能会努力为自己而不是为制造商谋求最大的利润。这些代理商有时会**"挑肥拣瘦"**（cherry picking），即只从确有需求的特定产品或品牌的制造商那里承接订单。挑肥拣瘦也表现为中间商只在供应商的产品线中订购少量的产品种类。挑肥拣瘦的中间商没有兴趣为新产品开发新市场，而这对试图拓展国际市场的公司来说却是个问题。

如前所述，制造商应投入一定资源与理想的分销商建立关系，并起到领导作用。如果制造商拥有新产品或其某一产品的市场份额很有限时，通过一些措施绕过那些挑肥拣瘦的分销商的做法可能更可取。在有些情况下，制造商必须直接介入投入资金，建立自己的直销组织，以获取一定的市场份额。最终当公司销售额达到临界规模时，管理层可能会决定由直接介入的营销模式转向成本效益更高的利用独立中间商的模式。

另一种应对挑肥拣瘦问题的方法则无须建立一支昂贵的直接分销队伍，而是依赖分销商的分销队伍。当分销商为销售公司产品指定某销售代表时，公司可以对该销售代表的花费提供补贴。该方法的好处是，通过与分销商现有的销售管理队伍和实体分销体系建立的联系，制造商能控制成本。使用这种方法，制造商可以为产品提供有效的直接销售和分销支持，而且只需为每个销售区域支付一名销售人员的费用。在这种模式中，分销商获得的合作激励是：它"无偿"地获得新产品的销售代表地位，这种产品有可能为其产品线增加获利潜力。这种合作安排最适合将新的出口产品推入市场分销渠道。此外，公司也可以决定给独立的渠道代理商提供特殊的绩效激励。

12.3

全球零售

描述世界各地不同类别的零售业态。

全球零售（global retailing）是指所有超越国界的零售活动。几个世纪以来，有冒险精神的商人都曾到国外去寻找货物和新思想，并开展零售业务。在 19 世纪和 20 世纪初，英国、法国、荷兰、比利时和德国的贸易公司都在非洲和亚洲设立了零售组织。国际贸易和零售店是那个时代殖民体制的两大经济支柱。到了 20 世纪，荷兰的服装与鞋类零售商 C&A 扩张到欧洲各地。1909 年，哈里·戈登·塞尔弗里奇（Harry Gordon Selfridge）从芝加哥来到了伦敦，开设了一家百货公司，并最终重塑了零售行业。同年，另一位美国人弗兰克·沃尔沃斯（Frank Woolworth）带着他的 5 ～ 10 美分廉价店概念（five-and-dime concept）越过大西洋，在英国利物浦开了第一家店。

全球零售商为全球分销的实现起了很重要的作用。当家乐福、乐购和沃尔玛在发展中国家开设店铺时，它们为客户提供了比以往更低的价格和更多的产品。我们在本书中一再指出，全球化公司在海外扩张时经常会遇到当地的竞争对手。零售行业也不例外，印度是一个恰当的例子。**有组织的零售**（Organized retail）是一个用来描述现代品牌连锁店的术语，此类商店目前仅占不到 5% 的印度市场。该业态预计将呈两位数的增长，并且这个事实已经吸引了全球零售业巨头。然而它们必须与当地的零售连锁商店竞争。印度信实工业公司（Reliance Industries）就是其中之一，其信实零售分部正在印度各地新建数以千计的现代化超市。另外，信实工业公司本身也在构建其全球扩张计划。[12]

在某些情况下，不是全球零售商，而是当地零售商通过改变购物体验开辟新的局面。肯尼亚的连锁超市纳库玛特（Nakumatt）就是一个很好的例子。多伦多大学政治学教授万布伊·姆万吉（Wambui Mwangi）指出："纳库玛特超市让你感到自己是受过教育的、成功的、见过世面的人。这是一个对所有人都有吸引力的、激励你追梦的空间，尤其是对那些没有真正购买力的人来说。"[13]

零售商业模式可能会在其起源国之外的一些国家经历重要的改变。例如，自 1973 年第一家日本 7 – 11 特许经营店开业后，门店迅速吸引了追求便利的客户。如今，日本的便利店超过 4.3 万家，可谓随处可见。经营 7 – 11 店的柒和伊控股公司（7&I Holdings）是日本最大的食品杂货店。便利店经营者使用尖端的电子销售点数据来跟踪客户的行为，并依靠准时配送体系确保易腐产品和其他商品在流量高峰期的配送。即使在当今困难的经济环境下，便利店的销售业绩依然强劲。现在经营者正在进一步差异化，例如，7 – 11 便利店内设有柒银行（Seven Bank）自动柜员机以及自有品牌 Seven Premium 的低价产品线。[14]

如今的全球零售业态具有多样化的特性（表 12 – 1 按销售额列出了 2017 年前五家公司）。在仔细讨论全球零售问题之前，我们先简单浏览一下零售可采取的各种业态。零售店可按占地面积，服务水平、产品线的宽度和深度等标准分类。每一个类别都反映了有意进行全球扩张的零售商的一个战略选择。

表 12 – 1 2017 年五大全球零售商

排名	公司	国家	业态	销售额/百万美元
1	沃尔玛	美国	折扣店、仓储式会员店	485 873
2	家乐福	法国	大卖场	82 996①
3	乐购	英国	超市/大卖场	69 501
4	麦德龙	德国	多种业态	43 828
5	奥乐齐	德国	折扣店	NA

注：资料来源于公司年报。

① 2016 年数据。

12.3.1　零售业态类型

百货商店（department stores）在同一屋檐下设有多个部门，每个部门负责不同的商品线并配有人数不多的售货员。典型的百货商店设有男装部、女装部、童装部、美容用品部、家居用品部和玩具部。表 12-2 列举了几个扩张到母国以外的大型百货商店。但是在大多数情况下，这种扩张也仅限于少数几个国家。伦敦一家咨询公司的零售分析师莫琳·辛顿（Maureen Hinton）指出："将百货商店品牌打入海外市场是相当困难的。你必须找到一个人口统计情况适合你的报价的城市。如果你要修改报价以适应当地情况，则会稀释品牌的价值。"布鲁明戴尔（Bloomingdales）前董事长马文·特劳布（Marvin Traub）则有不同的看法。他说："从概念上看，百货商店已经是全球品牌了，因为城市间和大洲之间的旅行在我们生活的世界已经司空见惯了。"[15]

表 12-2　拥有全球分店的百货商店

店名	发源地	全球营业地
哈维尼克斯	英国	沙特阿拉伯、爱尔兰、迪拜等
萨克斯第五大道	美国	迪拜、巴林、墨西哥
巴尼斯纽约	美国	日本
三越百货	日本	美国、欧洲、亚洲
H&M	瑞典	奥地利、德国、科威特、斯洛文尼亚、美国等 20 多个国家及地区

专卖店（specialty retailers）提供的商品品种数少于百货商店。它们集中经营某些针对特定目标市场的狭窄的产品组合。专卖店提供很多有深度的产品线（如多种风格、颜色和尺码）；知识渊博的员工提供高品质服务，展现清晰、有吸引力的价值主张。罗兰爱思（Laura Ashley）、美体小铺、维多利亚的秘密（Victoria's Secret）、盖璞、星巴克和迪士尼商店都是全球零售商在世界多地成功扩张的范例。在一些国家，这些连锁商店是由当地公司经营的。例如，在日本，永旺集团（Aeon Group）经营着罗兰爱思和美体小铺，并和体育权威（Sports Authority）建有合资企业。

超市（supermarkets）是提供食品（如农产品、烘焙食品、肉）和非食品商品（如纸制品、保健品和美容产品），多采取自助形式的单层分部门式零售业态。超市的平均占地面积为 5 万 ~6 万平方英尺[⊖]。

英国的乐购是一个全球化的零售集团，虽然其国内销售仍然占全部销售额约 80%，但是该公司已在 10 多个国家和地区开展业务。公司主管通常在对一国市场研究几年后才会选择进入。乐购初次进入日本市场是通过收购了东京的连锁店 CTwo-Network 实现的。正如乐购国际业务负责人戴维·雷德（David Reid）所解释的那样，因为提前做了功课并注重细节，乐购已经在全球范围内获得成功。即便如此，在 2000 年，乐购打入

⊖　1 平方英尺≈0.0929 平方米。

美国市场的努力还是失败了。

虽然沃尔玛的全球扩张带来很多头条新闻，但美国零售商在本国以外的市场拓展仍然落后于欧洲零售商。原因之一是美国本土市场规模庞大。[16]事实上，沃尔玛在北美以外的地区缺乏经验，这无疑导致了其在韩国和德国的失败。

便利店（convenience stores）提供的一些产品和超市一样，但其商品组合仅限于流动性高的便利商品和冲动购买品。一些商品的价格可能会比超市高15%~20%。按平方英尺计算，便利店与这里提及的各种零售店相比，面积是最小的。例如在美国，典型的7-11便利店占地3 000平方英尺⊖。便利店通常开在人流密集的地方，以超长的开店时间服务于上下班人群、学生和其他流动性高的消费者。7-11是世界上最大的连锁便利店，总共有64 000多家门店，包括特许加盟商、授权经营商和公司直营店。

便利店大多是位于商场、机场、写字楼和高校建筑内的小商店。正如全美便利店协会（National Association of Convenience Stores）发言人杰夫·莱纳德（Jeff Lenard）所说，"所有好的街角都已被占据，剩下的位置竞争非常激烈"。[17]

折扣店（discount retailers）可分为几种类型。它们最典型的共同特征是强调低价。**全线折扣店**（full-line discounters）通常以一种有限的服务模式提供各种各样的商品，包括非食品类和非易腐食品。表12-1清楚地显示，沃尔玛是全线折扣店的冠军。许多商店拥有12万平方英尺⊖或更大的占地面积，食品约占其中1/3的面积和销售额。沃尔玛商店通常充盈着亲民的气氛，提供**价值导向定价**的品牌商品。沃尔玛在折扣零售业中也是**仓储式会员店**（ware house club）的领导者，购物者"加入"会员店即可享受有限范围的低价产品（一般为3000~5000种不同的物品）。其中许多物品都"不加修饰"地陈列在装运箱里。

当沃尔玛进入新市场时，当地的折扣商店必须应对这种竞争威胁。例如在加拿大，哈德逊海湾公司（Hudson Bay）旗下的泽勒斯（Zellers）是最大的折扣连锁店。当沃尔玛收购了一家破产的加拿大连锁店之后，泽勒斯以粉刷店面、加宽走道以及为带小孩的妇女提供服务等措施来还击。[18]法国折扣店塔蒂正在全球扩张，除了在纽约第五大道开了一家商店，还在黎巴嫩、土耳其、德国、比利时、瑞士和科特迪瓦开办了自己的商店。

一元店（dollar stores）以单一低价出售所选类别的产品。在美国，家庭一元店（Family Dollar Stores）和一元树商店（Dollar Tree Stores）主导着这个行业。然而，我的一元店（My Dollarstore）作为新晋的行业进入者，正在经历迅速的国际增长。我的一元店公司在东欧、中美洲和亚洲开展特许经营。为在全球市场上取得成功，我的一元店调整了其在美国的商业模式。例如，典型的一元店形象是廉价的。相反，在印度我的一元店以富裕的中产阶层购物者为目标客户，吸引他们的低价品牌还能使他们联想到美国的"美好生活"。商品标价为99卢比（相当于2美元），店内装饰的主色是红色、白色和蓝色，并陈列着自由女神像。在美国，一元店以自助服务方式经营，配备

⊖⊖　1平方英尺≈0.0929平方米。

很少的员工。而在印度，我的一元店配备的员工人数较多，也可以更好地回答有关新潮产品或陌生产品的问题。[19]

硬折扣店（hard discounters）包括诸如德国的奥乐齐和利德尔（Lidl，"质优价廉的地方！"）以及法国的价格领袖（Leader Price，"质优价更低！"）等商店，以极低的价格出售高度集中的精选商品，通常只有 1 000 ~ 3 000 种物品。从 1976 年开始，奥乐齐每年都在美国新开几家商店。这些商店的占地面积相对较小，建筑面积一般都在17 500平方英尺⊖左右。奥乐齐美国业务副总裁贾森·哈特（Jason Hart）说："我们的店里有 1 500 种最受欢迎的杂货商品。[20]与那些有 20 000 ~ 30 000 种商品的大型超市相比，客户会惊讶地发现我们的小商店所能提供的商品种类之多。"

当沃尔玛进入德国市场时，奥乐齐和利德尔已经站稳了脚跟。经过多年的亏损，到 2006 年中期，沃尔玛决定关停当地的商铺。伴随当前经济低迷，囊中羞涩的消费者设法节省家庭开支，而硬折扣店正在蓬勃发展。占欧洲销售额约 10% 的硬折扣零售商在很大程度上依赖自有品牌，其中的一些产品以全球知名品牌价格的一半出售。有些商品的售价远低于全球知名品牌，严格的成本控制和供应链优化对于维持公司的利润至关重要。为了应对这种状况，家乐福等大型超市经营者以更低的价格供应更多的自有品牌产品。十年前，乐购开始以自有品牌提供数百种新的、更便宜的产品，包括茶包、饼干和洗发水。乐购的商务总监查理·布拉舍尔（Richard Brasher）说："如果这是一场战争，我们将赢得胜利。"

大卖场（hypermarkets）是在同一屋檐下融合了折扣店、超市以及仓储式超市的一种零售业态。大卖场占地极广，可达 20 万 ~ 30 万平方英尺。⊖[21]

超级购物中心（supercenters）以竞争性的定价提供种类繁多的食品杂货和日用商品：它的占地面积约为大卖场的一半。不论在国内还是在国外，超级购物中心都是沃尔玛成长战略的一个重要组成部分。1988 年，沃尔玛开办了它的第一家超级购物中心。如今，它经营着几千家超级购物中心，其中几百家在墨西哥，还有一些在阿根廷和巴西。巴西沃尔玛超级购物中心的一些产品价格比竞争对手低

> 南非有一个新的精明消费者中产阶级。南非的购物中心与澳大利亚的购物中心或英国的购物中心并没有太大区别。[23]
>
> ——沃尔沃斯集团 CEO，西蒙·苏斯曼（Simon Susman）

15%。一些观察家怀疑该公司的折扣策略可能做得太过了。公司高管则坚持强调其利润率在 20% ~ 22% 之间。[22]

超级商场［superstores，又称品类杀手（category killer）和大盒子零售商］是零售业同行提到诸如美国玩具反斗城、家得宝和宜家等商家时使用较多的标签（见图 12 - 7）。这个名称是指专门以大量低价销售特定产品类别（如大量低价的玩具或家具）的商店。简而言之，这些商店代表了零售业的"重达 900 磅⊜的大猩猩"，这给更

⊖⊜　1 平方英尺 ≈ 0.0929 平方米。

⊜　1 磅 ≈ 0.454 千克。

小、更传统的竞争对手施加了压力，并促使百货公司缩减与超级商场中更大选择直接竞争的商品部分。

图12-7　斯蒂尔（STIHL Inc.）制造和销售链锯、修剪机和其他类型的户外动力设备。营销组合的分销（P）因素是斯蒂尔营销策略不可或缺的一部分：其产品仅在提供完整售后服务的独立经销商处有售。斯蒂尔还赞助了"Independent We Stand"，这是一项由独立企业发起的倡议，旨在帮助消费者了解"购买本地产品"的重要性。

资料来源：Courtesy of STIHL Inc；ad campaign from 2010—2011.

超大型购物中心（shopping malls）由开在同一地点的多个商店组成。开发商汇集了各式各样的零售商，打造了一个有吸引力的休闲目的地，这里通常以一个或多个大型百货商店为主体（见图12-8）。超大型购物中心会为顾客提供大型免费停车场，毗邻交通要道，交通方便。传统的购物中心大都是封闭式设计，顾客可以舒适地游逛而不用顾忌天气状况。然而，目前的趋势是向称为"生活方式中心"的户外购物中心发展。美食城和娱乐设施可以使全家人在超大型购物中心里消磨若干小时。在美国，购物中心的兴起与人们从城市中心向郊区迁移的趋势有关。如今，全球超大型购物中心的发展反映了为寻求便利和娱乐的新兴中产阶层消费者服务的机会。

世界五大购物中心多家都在亚洲地区（见表12-3）。原因是很明显的：经济增长导致收入增加，而且旅游业在该地区蓬勃发展。一些业内观察家警告，超大型购物中心及其魅力四射的全球品牌正吸引消费者远离那些出售当地工匠制品的市场。倘若继续发展下去，某一天人们就会失去发现新事物的快感。东康涅狄格州立大学的教授埃米尔·波考克（Emil Pocock）是研究超大型购物中心的专家。他最近指出："我觉得非常令人不安的是，无论你走在世界何地，超大型购物中心都大体相同。我不确定是否希望由100家国际公司来决定我们对消费品的选择。"[24]

图12-8　柏林LP12购物中心于2014年9月开业。该综合体位于莱比锡广场，拥有270家商店和公寓。

资料来源：Art Kowalsky/Alamy Stock Photo.

表 12-3 世界最大的超大型购物中心（按可出租零售空间总额排名）

排名	超大型购物中心	所在地	店铺面积/百万平方英尺
1	华南购物中心	中国	7.1
2	世纪金源购物中心	中国	6.0
3	SM Megamall	菲律宾	5.45
4	SM City North EDSA	菲律宾	5.2
5	1 Utama	马来西亚	5.0

厂商直销店/奥特莱斯（outlet stores）是传统购物中心的一种变形，是著名消费品品牌厂商处理多余库存、过期产品或次等品的零售业态。为了吸引大量的购物者，多家厂商直销店常常组合为**厂家直销商城**（outlet malls）。美国是数百家名品厂家直销商城的发源地，如位于纽约中央谷、占地非常大的伍德博瑞名牌折扣城（Woodbury Common mall）。如今这种理念也被欧洲和亚洲采用，这反映了消费者和零售商态度的转变。在欧洲和亚洲，有品牌意识的消费者也渴望省钱（见图 12-9）。

图 12-9 McArthurGlen 在欧洲经营着多家高档设计师专卖店。尽管零售租户包括耐克等受欢迎的美国公司，但大多数商店都代表着名副其实的欧洲独家时尚品牌的"名人录"：芬迪、法拉利、Harmont & Blaine、Jil Sander、Prada、Salvatore Ferragamo 和 Versace（仅举几例）。时尚前卫的讨价还价者可以找到比正常零售价低30%到70%的折扣价。

资料来源：McArthurGlen Designer Outlets.

12.3.2 全球零售趋势

当前，许多环境因素共同推动着零售商走出本土市场，在全球范围内寻找机会。本土市场饱和、经济萧条或其他经济因素、对商店发展的严格管制和高运营成本，是促使管理层去海外寻找成长机会的部分原因。沃尔玛就是个恰当的案例：该公司 20 世纪 90 年代中期向国际市场扩张时，恰逢其在本土市场上的财务业绩让人失望的当口。

 2022 年排名如下：第 1 名 Iron Mall（伊朗，195 万平方米）；第 2 名华南购物中心（中国，65.9 万平方米）；第 3 名 Mall of Istanbul（土耳其，65.6 万平方米）；第 4 名天津 SM 城市广场（中国，56.5 万平方米）；第 5 名世纪金源（中国，55.7 万平方米）。——编者注

当许多公司的国内零售环境越来越具有挑战性时，审视一下环境可能就会在世界其他地方发现有待开发的或竞争不是很激烈的市场。另外，经济的高速发展，中产阶层的持续成长，年轻人占总人口的高比例以及较为宽松的监管制度，使一些国家的市场具有很大的吸引力。[25]开发商需要知名品牌来填充大型美式城郊购物商城的空间，它们正在吸引罗兰爱思、美体小铺、迪士尼商店和其他专卖品零售商前往日本。[26]随着一些国家和地方放宽了对零售业发展的约束，客户也越来越厌烦在拥挤的市区购物，这使购物商城得到了发展的机会。

然而，大量失败的跨境零售计划表明，任何试图进军国际零售市场的首席执行官都必须谨慎行事。几年前，家得宝首席执行官弗兰克·布莱克（Frank Blake）指出："海外市场的拓展已被证明是我们的一个竞争优势。在加拿大、墨西哥以及现在的中国，我们展示出我们可以在进入一个市场时，针对当地客户调整商业模式，从而获得类似于在美国市场早期的增长速度的能力。[27]尽管如此，2012年底，家得宝仍被迫缩减了其在中国的业务。其他失败的案例还有：

- 沃尔玛撤出德国和韩国。
- 百思买关闭了中国的几家门店。
- 美泰关闭了上海的芭比旗舰店。
- 在亏损达16亿美元后，乐购关闭了其在美国的新鲜便捷店（Fresh&Easy）。

这仅仅是一些例子，说明在国内市场取得成功的零售业务模式未必能在出口他国时仍然可行。一位行业分析家指出："跨洋经营十分困难。打开墨西哥和加拿大市场是一回事，而要把整个商店概念搬到海外去，分销任务就太艰巨了。"[28]

对于可能成为全球零售商的企业来说，关键的问题是"与当地竞争者相比，我们有什么优势？"当你考虑到竞争、当地规范零售活动的法律、分销模式和其他因素时，答案通常是"没有"。然而公司拥有的某些能力，则可能成为其在特定零售市场获得竞争优势的基础。零售商能为消费者提供不少好处，其中有些很容易被客户感知，如选择的便利性、优惠的价格及店内商品展示和销售的总体风格；此外，店址、停车场、店内气氛和客户服务等也可助力其价值主张。而分销、物流和信息技术这种不太明显的价值链活动也可以证明零售商的能力。麦德龙集团现购自运（Cash & Carry）国际业务的首席执行官托马斯·西普纳（Thomas Hubner）表示："商店只是冰山一角，其他90%的工作都在水面下。"[29]

例如，日本零售商历来就很少为客户提供额外的服务。没有特殊的订单，不许退货，进货也不是根据消费者需求，而是根据商店自身的购买偏好。一般情况下，商店会从自己喜欢的制造商那里购买数量有限的产品，当产品卖光时，客户不能要求商店补货。许多零售商对消费者的需求置若罔闻，而未设法利用巨大的市场。然而从零售商的角度看，这样做的结果是有利的，它们大部分的货品最终都能售出，因为客户不得不购买剩下的产品，他们别无选择。

后来，盖璞、艾迪堡（Eddie Bauer）和其他西方零售商多以合资的方式进入日本市场。这些商店提供自由退货政策，愿意承接特殊订单和补货，很多日本消费者转而忠诚于这些零售店。此外，由于达到了规模经济，并且运用了一些日本百货商店经营者不了解的现代分销方式，外国公司可以较低的价格提供种类繁多的商品。虽然高水平的外来竞争者挫伤了日本百货商店的经营者，但日本自身的经济低迷也是一个因素。在经济衰退的压力下，消费者都涌向像 Y100 连锁店这样的折扣店，传统零售商也受到低档商店的挤压。

世界许多地区的零售环境仍然充满挑战。例如，英国时尚零售商 French Connection Group PLC 关闭了其在美国和日本的所有门店，以及在欧洲表现不佳的门店。该公司面临的一个问题是：相对于 ZARA 和 H&M 等竞争对手而言，它价格更高，没有知名品牌，也没有配得上价格的高质量。同样，梅西百货这样的传统百货公司既没有 H&M 和其他平价快时尚零售商的优势，又没有奢侈品专业零售商的理想吸引力。[30] 即便如此，全球机遇仍然吸引着一些公司。例如，价值零售商普利马克的产品种类从内衣和休闲到家居用品，通过在美国开设商店，已将业务扩展到其英国基地和欧洲之外。[31]

图 12-10 是一个用来划分全球零售商类别的象限图。[32] 图中，横轴左端代表私有或自有商标，右端代表制造商品牌；纵轴上端是产品种类较少的零售商，下端则是产品种类较多的零售商。象限 A 中的宜家就是一个全球零售商的好案例，它同时聚焦于利基市场（定位于自行组装家具的市场）和自有品牌（销售自己品牌的产品）。宜家以及其他处于象限 A 的零售商通常依靠大量广告和产品创新构建强势品牌形象。

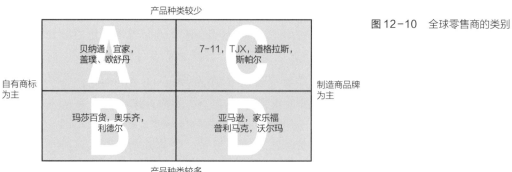

图 12-10 全球零售商的类别

在象限 B 中，零售商仍然以自有商标为主，但同时提供更多的产品种类。这正是总部设在英国的玛莎百货集团的战略，其自有商标圣米高（St. Michael）可见于一系列的衣服、食品、家具、珠宝和其他产品。试图进行全球扩张的自有商标零售商面临双重挑战，必须既要把客户吸引到商店中，又要把他们吸引到自有品牌商品上。玛莎百货凭借过去 100 多年里形成的创业管理风格取得了成功。1974 年玛莎百货开办了它在英国以外的第一家商店。现在其业务遍布 54 个国家及地区，拥有超过 450 家门店，光是上海就有 15 家。

1997 年，时任董事长的理查德·格林伯里爵士（Sir Richard Greenbury）宣布了一个雄心勃勃的计划——"带领玛莎百货集团走上建立全球企业之路"。他坚信消费者的需求正在全球化，至少在时尚服饰方面是这样的。食品另当别论，因为人们在食物方面的需求更加本土化。玛莎百货集团的管理者预计食品销售收入所占的比例会低于在英国的比例。[34]

> 服装一直都极具竞争力，而零售是整合度最低的行业之一。品牌必须不断发展，否则就有可能变得不那么重要。[33]
> ——伯恩斯坦研究公司分析师，杰米·梅里曼（Jamie Merriman）

处于象限 C 的零售商在界定得比较狭窄的范围内提供了很多知名品牌的产品。一些著名的案例包括玩具反斗城、百视达和维珍超级百货公司。几十年前，这种商店在理货方面比当地竞争对手技高一筹，并且凭借大库存、低价格为客户提供超高价值，于是很快就在小型零售商中占据主导地位。一般情况下，低价是买主实力和采购优势的结果，而这些正是当地零售商所缺乏的。事实证明，这里提到的三家公司实际上已经从零售领域消失了。与奈飞和声田等行业颠覆者以及电子商务巨头亚马逊相比，所有人都成了不断变化的消费者品位和购买习惯的牺牲品，并且适应和创新的速度更慢。

理查德·布兰森在当时的零售环境下建立了维珍大型商场，这又一次说明了创业型管理风格可以使企业家取得怎样的成功：

> 几乎无须具备零售专业技能就能看出，传统音像店死气沉沉的商业做法给创业者提供了巨大的商机。依仗风格多样的录音带收藏品，一种新型的音像店应运而生，与小型的社区音像店展开竞争。店面大、光线好，而且音乐艺术家的唱片按字母顺序清晰地排序。这种音像店涵盖了所有风格的流行音乐唱片，并且它的库存周转大大快于小型唱片零售商……它相当于音乐行业中的超市。[35]

自 1975 年在伦敦牛津街首建大型商场后，布兰森的维珍零售帝国如今已扩张到欧洲、北美、日本等地。

布兰森的另一家公司维珍大西洋航空公司（Virgin Atlantic Airlines），为提供不同的服务体验也付出了同样的努力。维珍大西洋航空公司的前首席执行官史蒂夫·里奇韦（Steve Ridgway）说："从根本上说，公司是围绕价值主张和消费者将为此支付的价格运营的。我们最大的创新就是总在试图打乱市场的步伐。我们的产品定位总比常规做法领先半个身位。"[36]

亚马逊、家乐福、普美德斯、沃尔玛和象限 D 中的其他零售商供应的商品种类已和当地知名的零售商相同。然而，这些新进入者带给市场的是在分销能力或其他价值链上的管理元素。迄今为止，沃尔玛国际部已经在美国以外的地区开设了 6 360 多家商店。在墨西哥和加拿大，它已经成为最大的零售商。其他商店坐落在中美洲、南美洲和中国。

12.3.3 全球零售市场扩张战略

在海外扩张市场的零售商面临四种可选的市场进入战略。如图 12-11 所示，矩阵有助于我们理解这些战略之间的差异：容易进入的市场相对于难以进入的市场、文化相近的市场相对于文化差异大的市场。矩阵的上半部分包括象限 A 和象限 D，是指购物模式和零售结构与本国相似的市场。矩阵的下半部分，即象限 C 和象限 B，是指在一种或多种文化特征上与母国存在显著差异的市场。矩阵的右半部分，即象限 A 和 B，是指难以进入的市场，这是因为存在强大的竞争对手、地理位置的限制、过高的租金、房地产成本大或其他因素。在象限 C 和 D 所指的市场中，任何障碍都比较容易克服。矩阵揭示了四种进入战略：有机增长、特许经营、连锁店收购，以及合资企业和许可经营。

图 12-11　全球零售市场进入战略矩阵

　　有机增长（organic growth）是指公司使用自己的资源在一个新址开设商店，或从其他零售商那里收购一个或多个现有的零售店。例如在 1997 年，玛莎百货宣布其在德国的扩张计划，即通过收购克拉默与米尔曼（Cramer and Meerman）经营的 3 家商店，使其在德国的商店数量从 1 家变为 4 家。理查德·布兰森投资数百万英镑在巴黎香榭丽舍大道创建了第一家维珍大型商场，该店的零售空间颇为壮观。在玛莎百货和维珍看来，德国和法国是文化相近、容易进入的零售环境。当然，这一进入战略之所以成功，关键是公司已有的资源能够承担投资初期的高成本。

　　特许经营（franchising）出现在图 12-11 的象限 C 中。当进入障碍较小、消费者行为或零售结构方面文化差异较大的市场时，这是一种合适的进入战略。第 9 章将特许经营定义为两个公司之间的一种契约关系。母公司许可方授权给受许方，允许后者经营由前者开发的业务。作为回报，受许方向许可方支付许可费，并遵守与特许相关的政策和惯例。特许经营店运行成功的关键在于，是否拥有将公司的经营技巧传递到新市场的能力。贝纳通、宜家和其他专一的自有商标零售商通常在把特许经营作为自己的市场进入战略的同时，还兼用有机增长战略，即开设自营商店。宜家在欧洲、美国和中国拥有 260 多家自营商店，而它在全球地区的商店则为特许经营店。

　　在全球零售业中，**收购**（acquisition）是一种通过购买公司进入新市场的战略，被收购的公司已在国外拥有多家现成的零售店。这种战略不仅能使收购者触及现有的品牌产品供应商、分销商和客户，还能使其实现快速增长。例如，2002 年，沃尔玛通过收购西友（Siyu）零售连锁店 6.1% 的股份，实现了首次进入日本市场的目标。2007 年，沃尔玛将其持股比例提升至 95.1%；次年，西友及其 414 家门店成为沃尔玛的全

全球营销（原书第10版）

资子公司。如今，沃尔玛又开始通过其他收购扩大其规模。正如沃尔玛亚洲首席执行官斯科特·普赖斯（Scott Price）所说的那样，"我们将规模化经营视为下一个目标，它可以改变我们针对日本客户的价值主张"。但沃尔玛不会选择有机增长。普赖斯说："我们不想在日本建立更多的零售业务。日本最不需要的就是零售空间了。"[37]

第9章对**合资企业**（joint venture）和**许可经营**（licensing）做了详细的阐述。当全球零售商把陌生的、难以进入的市场视为目标市场时，经常使用这些战略来降低风险。例如，巴尼斯纽约精品店将其店名授权给巴尼斯日本使用10年；萨克斯第五大道在中东将店名使用权授予当地公司。在一些国家，当地法规要求外方采用合资方式进入市场。如在2005年前，中国规定，外国零售商在中国市场时必须有当地的合作伙伴。中国政府在2005年放开了零售行业的管制，目前，宜家及其他最初以合资企业形式作为进入战略的零售商正在转变为全资商店。

维珍集团在亚洲的零售业务扩张为我们提供了一个很好的案例，展示了如何以合资企业的方式应对进入障碍。在日本，商用房房东一般要求租户在租用零售店面之前预付几百万日元。因此，1992年，维珍与丸井百货（Marui）成立了名为维珍日本大型商场（Virgin Megastores Japan）的合资公司。丸井百货是一家当地零售商，在迎合年轻人偏好方面有良好的记录并享有盛誉。首家合资大型商场开在日本新宿一家丸井百货商店的地下室里。该店和之后开出的一些商场都取得了极大的成功，维珍在亚洲其他地区也复制了这一合资模式，在每一个地方，维珍都与当地行业领先的集团建立合资公司。[38]

要想在母国市场以外的零售市场取得成功，单靠参考一个矩阵和选择上面建议的战略是不够的。管理层必须注意，商品组合、采购策略、分销或其他组成要素可能也需要进行调整。例如，克拉特·巴雷尔公司（Crate&Barrel）的管理层对是否在日本开店迟疑不决。部分原因是调研发现至少一半的公司产品线不得不根据当地的偏好加以调整。另一个问题则是公司能否将自己的专业知识转变为开辟新市场的能力。

全球营销

12.4

实体分销、供应链和物流管理
对比6种主要的国际运输模式，并解释它们在可靠性、可达性和其他性能指标方面的差异。

在第1章里，营销被描述为公司价值链中的一项活动。营销组合中的分销要素在现有公司价值链中起核心作用，毕竟像可口可乐、宜家、宝洁、丰田之类的全球化公司之所以能够创造价值，是因为它们能让客户在需要和期望的时间和地点买到产品。本章开头对实体分销的定义是，实体分销包括把成品从生产商运送到客户手中所涉及的所有活动。尽管如此，价值链的概念要宽泛得多。首先，价值链是一种评价组织能力的有用工具，因为它在更广泛的**供应链**（supply chain）中开展价值创造活动；而供应链又包括所有的相关公司提供的支持性活动，如提供原材料，将原材料转化为零部件或产成品，并将产品提供给客户。

公司是在某个特定行业（如汽车、消费电子产品、家具或医药行业）开展竞争的，而这个行业又有其独特的价值链。单个公司开展的具体活动有助于界定其在价值链中的位置。如果某公司或活动距离最终客户较远，可以认为它处在价值链的上游。请参考宜家前首席执行官安德斯·莫伯格（Anders Moberg）的以下言论："在宜家公司，我们走进森林去看哪棵才是应被挑选的合适的树，以期在锯木厂能优化生产，获得成本效益。[39]这是对上游活动的一个非常好的描述！而一个离客户比较近的公司或活动，如零售商，则可以说它处在价值链的下游。

所以，**物流**（logistics）是一个管理过程，它整合了包括上游和下游所有公司的活动，以确保产品在供应链上高效地流动。在 UPS 推出其全球"我们物流"广告活动之前，物流并不是一个真正家喻户晓的名词。UPS 在电视广告中使用了一首脍炙人口的短歌：哈里·沃伦（Harry Warren）作曲的《那就是爱》（That's Amore）。这首歌因为 1953 年由杰里·刘易斯（Jerry Lewis），和迪安·马丁（Dean Martin）主演的电影《球童》（The Caddy）而名声大噪。在 UPS 广告中，原歌词（如"当月亮击中你的眼睛，好像一大块披萨派，那就是爱"）被物流的颂歌取代了！比如说：

飞机在天上飞供应链来支配，那就是物流。

流水线各部件准点到守时间，那就是物流。

类推和隐喻也可以帮助我们更好地理解物流。一本写于 1917 年的书中有以下段落：

> 战略之于战争就是剧情之于戏剧。表演者的角色代表战术；而物流则提供了舞台管理、道具和维修保养。观众会因戏剧表演和表演者的艺术表现而兴奋不已，却会忽视舞台管理中所有巧妙隐藏的细节。[40]

这段话暗示了物流和其他与供应链管理相关的活动都发生在"幕后"。然而，近年来，供应链在全球营销中的重要作用愈加凸显。2011 年 3 月，日本发生了灾难性的地震和海啸，造成惨重的人员伤亡。自然灾害还扰乱了包括汽车和消费电子等众多行业的供应链。

中东的政治动荡也凸显了全球供应链设计中灵活性的重要之处。例如，2011 年春季，宝洁被迫临时关闭了其在埃及的工厂，该工厂的产能主要供应南非市场。在关停期间，匈牙利和土耳其工厂生产的产品被重新定向，用来供应南非市场。此类事件解释了为何供应链管理者要借用军事用语 VUCA 来描述"易变（volatile）、不确定（uncertain）、复杂（complex）和模糊（ambiguous）"的分销方式。[41]

沃尔玛是物流和供应链管理方面的大师，这是其竞争优势的重要来源。这个零售巨头的基本价值主张很简单：尽可能高效地为人们提供商品。为此，沃尔玛充分发挥了其核心竞争力：利用其庞大的客户数据来了解和预测客户的需求，并快速有效地将商品提供给客户。

然而，今天，该公司在食品和非食品类别中都面临巨大的竞争威胁。在美国，超过 2/3 的沃尔玛客户也在一元店购物；与此同时，奥乐齐正在加快新店开业的步伐。在线巨头亚马逊通过收购全食超市（Whole Foods）进军实体杂货零售领域。随着 Pinterest 等社交媒体应用程序增加了"立即购买"按钮等新功能，向在线购物的转变势头强劲。为了在寻找新的竞争优势来源的同时提高其电子商务能力，沃尔玛在 2016 年斥资 30 亿美元收购了 Jet．com。[42]

行业的价值链会随着时间的推移而变化。以医药行业为例，从 19 世纪初开始，研究、测试和交货三个步骤代表了这个行业的价值链活动。20 世纪 60 年代中期，克星克（Crick）和沃森（Watson）发表了他们在脱氧核糖核酸（DNA）方面的突破性研究后，行业价值链中出现了两个新的上游环节：与特定疾病相关的基因的基础研究，以及这些基因所产生的蛋白质的识别。最近，随着人类基因图谱基本绘制完成，医药行业的价值链正在向下游环节转移，以识别、测试和生产能够作用于基因所产生的蛋白质的分子。[43]

随着供应链伸展到全球，价值链、物流和相关的概念变得极为重要。正如某出口公司管理者贝斯·德瑞尔（Beth Dorrell）所说的那样，"来自非洲的原材料可以在亚洲提炼，然后运送到南美洲合成部件，再在中东完成最终工序，最后销往全球各地"。图 12–12 演示了全球家具公司宜家的一些概念和活动。宜家通过分散在数十个国家的供应商网络采购木材和其他原材料，这些供应商处在价值链的

> "我们正试图利用全球工厂的优势。我们是一家全球化公司；我们应该有一个反映我们客户群的供应链。"[44]
> ——通用电气投资集团前董事长和 CEO，基思·谢林（Keith Sherin）

上游，而木材运往工厂的过程称为**进厂物流**（inbound logistics）。宜家的工厂通过把原材料加工为成套家具增加价值，然后把这些家具运往宜家的商店。商店在宜家的价值链中处于下游，而将家具从工厂运往商店的这些活动称为**出厂物流**（outbound logistics）。[45]

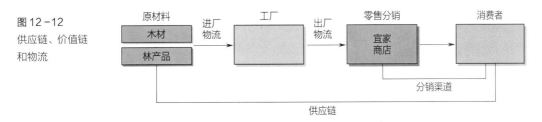

图 12–12
供应链、价值链和物流

实体分销和物流是使客户在期望的时间和地点买到他们想要产品的手段。最重要的分销活动是订单处理、仓储、存货管理和运输。

12.4.1 订单处理

与订单处理相关的活动为履行客户订单提供了所需的关键信息。**订单处理**（order processing）包括订单录人、订单处置和订货发送三个环节。其中，订单录入就是把订

单输入公司的信息系统；订单处置包括拣选、组装和把产品送入分销渠道；订货发送就是把产品送达客户可以买到的地方。

在某些情况下，客户是消费者，就像你在亚马逊或 Lands'End 网站下订单时一样。在其他情况下，客户是渠道成员。

订单处理可以作为提高公司配送效率的一种手段进行改进。百事装瓶集团（Pepsi Bottling Group）最近对它的供应链进行了彻底检查，以消除货品脱销的问题。过去，该公司的掌上电脑不能无线上网，必须通过固定电话服务联网；通过升级技术，销售代表现在已能无线订单。仓库工人现在都配备条码扫描仪以及耳机，这样他们就可以更好地工作，确保每个托盘上的饮料产品正是零售商所订购的。[46]

除了使用射频识别（RFID）标签，零售商尤其是那些从事电子商务业务的零售商，正在探索工业机器人在仓库和配送中心挑选物品并将其放入箱子中进行运输的潜力。自动化履行的驱动力有望减少准备装运订单所涉及的时间和劳动力成本。开发过程包括创建大量数据集和单个库存项目的 3D 渲染。与此同时，仅在美国，亚马逊和其他公司正在招聘数十万配送中心员工，以跟上在线销售增长的迅猛步伐。[47]

12.4.2 仓储

仓库被用于存储货物直到它们被卖掉，另一种类型的设施为配送中心。配送中心的建立旨在高效地从供应商那里接收货物并完成各商店或客户的订单。如今，配送和仓储已经成为一种自动化和高科技的服务，以至于许多公司已将这一职能外包出去。例如，ODW 物流公司代表迪尔公司（Deere&. Company）、有限品牌公司（Limited Brands）和其他客户经营着多家仓库。ODW 公司的大部分运送能力分布在俄亥俄州哥伦布市，该市是美国的一个主要纺织品入境口岸。

第三方仓储增长背后的一个主要驱动力是降低固定成本和加快交货速度的需要。ODW 公司对离开工厂后的货物进行追踪以增加更多的效用，比如从货物离开中国一直追踪到它们到达哥伦布市。这样的货物追踪可以让公司提醒零售商可能因天气或港口拥堵造成的货物延迟。此外，随着制造商开始在发货时使用射频识别标签，ODW 公司将同它的客户分摊使用新技术的成本。正如咨询顾问约翰·博伊德（John Boyd）所指出的那样，"现在，配送仓储是企业流程再造和削减成本的下一个竞技场"。[48]

12.4.3 存货管理

适当的库存管理可确保公司既不会用完制造部件或制成品，又不会因持有这些物品的过多库存而产生费用和风险。作为这一探索的一部分，订单处理成本必须与库存持有成本相平衡。订购产品的频率越高，与卸载、库存、运输包装和相关活动相关的订单处理成本就越高。订购产品的频率越低，库存持有成本就越高，因为必须在库存中保留更多的产品才能覆盖订单之间的较长时间。

社交媒体可以在库存管理中发挥重要作用。例如，唯特萌（Vetements）是古拉姆·

全球营销（原书第10版）

古瓦萨利亚（Guram Gvasalia）于2014年创立的奢侈时尚品牌。即使一条由回收牛仔布制成的牛仔裤，其售价也高达1300美元，该公司的年销售额也迅速扩大到1亿美元。它是怎么做到的？那就是严格的批发管理和将品牌近200万照片墙粉丝与其全球库存联系起来的数据战略。[49]

12.4.4 运输

运输决策涉及公司在利用国内和全球渠道运输产品时应采用的方法或模式。模式这一词意味着一种选择，最主要的产品运输模式有铁路、水运、卡车、空运、管道和互联网。每一种模式都有它的优缺点，表12-4对此进行了总结。但因基础设施不完善或存在地理障碍，一些国家可能没有某种运输模式。管道运输的专业性很强，采用这种模式的公司所运送的是与能源相关的资源，如石油和天然气。

> 根据数字：美国每天抽出850万桶石油。大部分通过管道运输，但有160万桶，几乎占总量的20%通过铁路运输。
>
> 资料来源：美国能源情报署。

表12-4 国际主要运输模式比较

模式	可靠性	成本	速度	可达性	运输能力	追踪便捷性
铁路	中	中	中	高	高	低
水运	低	低	慢	低	高	低
卡车	高	不定	快	高	高	高
空运	高	高	快	低	中	高
管道	高	低	慢	低	低	中
互联网	高	低	中到快	中，正在提高	低	高

铁路运输在远距离运输大量货物时，具有非常高的成本效益。在美国，按吨英里计算，像CSX和柏林顿北方公司这类运输公司运送的货物几乎占运输总量的一半。在运输的产品种类方面，铁路的运输能力仅次于水路，居于第二位。然而火车不如卡车可靠。轨道维护不良，会导致火车出轨，当运输线路过于繁忙导致堵塞时会延误运输进度。

卡车在长途、州/省际运输和当地货物运送中都是一种非常好的运输模式。在具备发达的高速公路系统的国家，卡车货运同时具有运送快捷、次数多、可达性最高的优势。现代信息技术使卡车运输的货物也很容易被追踪。然而在那些基础设施落后的国家，卡车运输会慢得多。

水运方式主要有两种：内河航运和远洋运输。**内河航运**（inland water transportation）是一种成本非常低的运输模式，主要用于运送农产品、石油、化肥和其他适合用驳船散装船运的货物。然而，内河航运速度慢，难免会因天气变化而延误运期。几乎任何产品都可以通过**远洋运输**（ocean transportation）送达。世界上的深海港可以接收各种各样的远洋船，如集装箱船、散装和分散统装船，以及滚升滚降式（ro-ro）滚装船。虽然它们的运输速度无法与空运竞争，但是在运输大量商品时海洋运输与空运相比更具有成本效益。丹麦的马士基是世界上最大的集装箱运输公司（见表12-5）。

表12-5 领先的航运公司

承运商	船只拥有量
马士基（丹麦）	600 +
地中海航运公司（瑞士）	458
达飞轮船集团（法国）	414
长荣海运（中国）	182
中国远洋运输集团（中国）	130 +

为什么水运在可靠性上得分较"低"？因为无论哪一年，都有近200艘货船由于恶劣的天气或其他原因而沉没（见图12-13）。其结果是，船员不幸丧生，货物沉入海底。有时候，船只虽然没有沉没，但货物也会丢失。例如在1997年，东京快船号（Tokio Express）货船在英国海域遭遇了巨浪冲击，几十个集装箱被抛入水中，其中包括一个装有近500万块乐高玩具拼装件的集装箱。这个集装箱原本计划的目的地是康涅狄格州，在那里这些部件将被组装成玩具。一年后，这些拼装件被冲到了佛罗里达的海滩上！

图12-13 集装箱船可能会在风暴中丢失或搁浅，导致悲惨的生命损失。如果无法打捞货物集装箱，它们可能最终会落到海底。

资料来源：Maritime New Zealand/ZUMAPRESS/Newscom.

当货物仍在船上而船并没有沉没时，损失也仍有可能发生。例如，一艘装有4 700辆马自达汽车的货船王牌美洲狮号（Cougar Ace），2006年侥幸避免了在太平洋沉没。船上的汽车那时都被捆绑着，但船的倾斜达到60°，几周后才被矫正。管理层担心这些车可能无法销售了，于是销毁了这批价值1亿美元的货物。[50]

公海上的海盗是影响水运模式可靠性的另一因素。近年来，海盗在靠近非洲海岸的印度洋开枪射击，并试图登上几十艘商业船只。在有些情况下，海盗成功登上了商船并劫持了货物。其中有一次，海盗抓获了插有美国国旗商船的船长，而该船正在将援助的食品运往东非。

空运的运输速度最快，是适用于运输鲜花或鲜鱼等易腐出口产品的运输模式，但它也是最昂贵的选择。物品的大小和重量可能决定了空运的成本效益比海运高。如果所运货物对时效很敏感，如紧急替换部件，空运也是一种合理的运输模式。

由于数字化革命，互联网逐渐成为一种重要的传输模式，它有多个优点和一个重要的缺点。首先，缺点是互联网的运输能力有限。根据麻省理工学院媒体实验室的尼古拉斯·尼葛洛庞帝（Nicolas Negroponte）的名言，只要由原子组成的东西，就不能通过互联网传送。但是，任何数字形式的东西，包括文本、声音、音乐、图像和录像，都能通过互联网传输。互联网的优点包括低成本和高可靠性。互联网的可达性正随着全球个人计算机需求的增加而上升；现如今，全球大约有一半的人已经可以访问互联网。网速取决于包括带宽在内的几个因素。近年来，宽带技术和蜂窝基础设施的改进为世界大部分地区提供了通往互联网高速公路的入口。脸书、奈飞、声田和 WhatsApp 只是这一趋势的一小部分受益者。

渠道策略（channel strategy）包括对每一种运输模式的分析，以期确定在特定的情况下，哪种模式或模式组合既有效果又有效率。有不少专业从事第三方物流的公司是帮助其他公司做运输物流的。例如，C. H. 鲁滨逊环球公司（C. H. Robinson Worldwide）可以将世界各地的货主与货运公司及其他承运商相匹配。集装箱运输是促使全球商业取得革命性进步的一种运输技术。20 世纪 50 年代中期，美国首次提出集装箱的概念。**集装箱运输**（containerization）是指将远洋运输货物装于宽 20 英尺、长 40 英尺[一]，或更长的钢制货柜中的做法。集装箱运输有很多优点，包括产品可以获得货柜运输的灵活性和运输模式的灵活性。

多式联运（intermodal transportation）结合陆地运输和水运两种模式，把产品从生产商手中运送到客户那里。[51]仅在美国，铁路就要运输超过 1 500 亿美元的港口货物，这个统计数据验证了多式联运的重要性正在提升。遗憾的是，美国的铁路基础设施缺乏相应的投入，导致货物在港口延误。运输与物流教授伯纳德·拉隆德（Bernard La-Londe）说："这是全球分销的'阿喀琉斯之踵'。货船越来越大，越来越快；贸易量在增加，但是我们没有相应的所需的铁路连接。"[52]

使用何种运输模式取决于特定的营销环境、公司的总体战略或者进口港的环境。例如每年 11 月，法国博若莱地区的葡萄酒酿造商都会参加当年的酒品上市推介活动。销往欧洲市场的葡萄酒通过铁路或卡车运输，而销往美国的葡萄酒则采用空运方式。一般出于对重量和体积的考虑，法国葡萄酒也通过水运的方式横渡大西洋。同理，宏碁集团使用空运的方式将主板和其他高科技零部件从中国台湾运出，以确保其计算机能够融合最新的技术。孟加拉国第一大港口吉大港经常会遇到货物装卸延误和罢工，迫使盖璞和其他服饰公司采用空运的方式。

每年圣诞节，热销玩具和电子产品的供应商都使用空运的方式从亚洲的工厂运输

⊖　1 英尺 = 0.304 8 米。

货物，以确保圣诞老人能及时送出礼物。索尼的 PS3 是一个恰当的例子：2006 年秋，公司把成千上万台 PS3 空运到美国。同样，2007 年，人们翘首以盼的苹果公司的第一批亚洲产 iPhone 也是通过空运送到的。因为美国公司不得不通过存储更多的零部件或用空运方式补偿铁路运输的延误，这使得美国每年的运输成本要增加 10 亿美元左右。

12.4.5 物流管理：简要的案例研究

物流管理（logistics management）这一术语描述了各种活动的整合，这些活动有助于确保原材料、半成品和成品从生产商向客户高效地流动。杰西彭尼为我们提供了一个 21 世纪物流、实体分销和零售供应链的变化过程的案例。几年前，杰西彭尼的管理团队做出了一个重要决定：将它的自有品牌衬衫供应链中的大部分环节外包给中国香港的 TAL 服装公司（TAL Apparel Ltd.）。杰西彭尼的北美商店实际上没有多余的自有品牌衬衫库存；如果一件衬衫被卖出，EPOS 扫描仪会将这一信息直接传输到 TAL 公司。TAL 公司的专有计算机模型会对是否向商店补充相同尺码、颜色和型号的衬衫做出决策。补充衬衫不经过杰西彭尼的仓库系统就被直接运送到商店，这些衬衫有时靠空运，有时靠海运。

这种方式与过去的做法有着天壤之别：杰西彭尼一般在仓库保有 6 个月的库存，在商店则保有 3 个月的库存。通过与 TAL 公司更加密切的合作，杰西彭尼能够降低库存成本，减少不得不降价处理的商品数量，更快地对消费者的品位和流行款式的变化做出反应。但是，麦肯锡咨询分公司董事陈维赞（Wai-ChanChan）指出："当你们把库存管理外包出去时，就意味着你们正放弃一项相当重要的职能，而这是许多零售商不愿意放弃的。"[53]

本章小结

分销渠道是由联系生产商和使用者的一些代理商和组织机构所组成的网络。实体分销是指商品通过渠道进行移动。企业与消费者间的营销使用的是消费品渠道；**企业间营销**则采用工业品渠道将产品运送到制造商或其他类型的组织。通过互联网进行的**点对点营销**是另一种渠道。在两种渠道中，**分销商**和**代理商**都是关键的中间商。由于渠道结构因国家而异，因此全球渠道决策很不容易把握。营销渠道可以为购买者创造**地点效用**、**时间效用**、**形式效用**和**信息效用**。客户、产品、中间商和环境特征都在影响着渠道设计和渠道策略。

由于使用**直接邮购**、**上门销售**或制造商的自营商店等方式，消费品渠道可能比较直接。制造商的销售队伍、代理商/经纪人和批发商这些渠道可混合使用。工业品渠道的种类较少，制造商常通过自己的销售队伍、批发商、分销商或代理商进行销售。

由于成功的零售商为实现增长目标而扩张到世界各地，全球零售已经呈现蓬勃发展的趋势。零售分销有许多不同的业态，包括**百货商店**、**专卖店**、**超市**、**便利店**、**折扣店**、**一元店**、**硬折扣店**、**大卖场**、**超级购物中心**、**超级商场**、**超大型购物中心**、**厂**

商直销店/奥特莱斯和厂商直销商城。选择的便利性、价格、店址和客户服务等都是零售商在进入一个新的市场时可用的部分战略性竞争能力。可以按照矩阵将零售商划分为以下四种：以自有品牌为主提供较少品类的公司，以自有品牌为主提供较多品类的公司，以制造商品牌为主提供较少品类的公司，以及以制造商品牌为主提供较多品类的公司。全球零售可以通过**有机增长**、**特许经营**、**连锁店收购**、**合资企业和许可经营**实现扩张。

　　运输和实体分销问题在公司价值链中非常重要，因为存在产品货源问题以及向世界各地的消费者提供服务都涉及地理距离。公司的供应链包括所有开展支持活动的公司，这些活动包括提供原材料或制造零部件。**物流**和物流管理整合了公司价值链中所有公司的活动，以确保商品在供应链中高效地流动。重要的活动包括**订单处理**、**仓储和存货管理**。为了降低成本，提高效率，许多公司正在通过外包部分或全部业务活动方式重新组合它们的供应链。铁路、卡车、水运、空运、管道和互联网6种运输模式在全球分销中已经得到广泛应用。**集装箱运输**是实体分销的一个关键创新，它为**多式联运**提供了便利。

注　释

1. Peter D. Bennett, *Dictionary of Marketing Terms* (Chicago, IL: American Marketing Association, 1988), p. 29.

2. Nick Wingfield, "Ebay Allows Sellers to Set up Storefronts Online in Bid to Expand Beyond Auctions," *The Wall Street Journal* (June 12, 2001), p. B8.

3. Eric Bellman, "Indonesia Serves Tasty Dish for Tupperware," *The Wall Street Journal* (April 25, 2013), p. B8.

4. Kathy Chu, "Tupperware's Party Goes Worldwide," *The Wall Street Journal* (July 6, 2014).

5. Terence Tsai and Shubo Liu, "Mary Kay: Developing a Salesforce in China," *Financial Times* (January 8, 2013), p. 10.

6. Valerie Reitman, "Toyota Calling: In Japan's Car Market, Big Three Face Rivals Who Go Door-to-Door," *The Wall Street Journal* (September 28, 1994), pp. A1, A6.

7. Yoko Kubota and Christina Rogers, "Ford to Exit Japan, Indonesia Amid Dim Prospects for Profit," *The Wall Street Journal* (January 26, 2016), p. B3.

8. Cassell Bryan-Low and Li Yuan, "Selling Cellphone Buzz," *The Wall Street Journal* (February 23, 2006), pp. B1, B5.

9. "Case Study: Moscow Bread Company," Andersen Consulting, 1993.

10. Ellen Byron, "Emerging Ambitions: P&G's Global Target: Shelves of Tiny Stores," *The Wall Street Journal* (July 16, 2007), p. A1.

11. 接下来的讨论改编自 David Arnold, "Seven Rules of International Distribution," *Harvard Business Review* 78, no. 6 (November – December 2000), pp. 131 – 137.

12. Eric Bellman, "India's Reliance Looks Abroad," *The Wall Street Journal* (March 16, 2007), p. A8.

13. Barney Jopson, "Consumerism for Kenya's As and Bs," *Financial Times* (July 8, 2008), p. 14.

14. Michiyo Nakamoto, "Convenience Stores Pay Price of Success," *Financial Times Special Report—Japan* (October 14, 2008), p. 3. 另见 Juro Osawa, "Convenience Stores Score in Japan," *The Wall Street Journal* (August 19, 2008), p. B2.

15. Cecilie Rohwedder, "Harvey Nichols's Foreign Affair," *The Wall Street Journal* (February 18, 2005), p. B3.

16. Michael Flagg, "In Asia, Going to the Grocery Increasingly Means Heading for a European Retail Chain," *The Wall Street Journal* (April 24, 2001), p. A21.

17. Kortney Stringer, "Convenience Stores Turn a New Corner," *The Wall Street Journal* (June 1, 2004), p. B5.

18. Elena Cherney and Ann Zimmerman, "Canada's Zellers Retools Itself in Bid to Battle Walmart," *The Wall Street Journal* (December 10, 2001), p. B4.

19. Eric Bellman, "A Dollar Store's Rich Allure in India," *The Wall Street Journal* (January 23, 2007), pp. B1, B14.

20. Stephanie Clifford, "Where Wal-Mart Failed, Aldi Succeeds," *The New York Times* (March 30, 2011), p. B1.

21. Christina Passariello and Aaron O. Patrick, "Europe Eats on the Cheap," *The Wall Street Journal* (September 30, 2008), pp. B1, B7.

22. Matt Moffett and Jonathan Friedland, "Walmart Won't Discount Its Prospects in Brazil, Though Its Losses Pile Up," *The Wall Street Journal* (June 4, 1996), p. A15; Wendy Zellner, "Walmart Spoken Here," *BusinessWeek* (June 23, 1997), pp. 138–139.

23. Robb M. Stewart, "Wal–Mart Checks out a New Continent," *The Wall Street Journal* (October 27, 2010), p. B1.

24. Stan Sesser, "The New Spot for Giant Malls: Asia," *The Wall Street Journal* (September 16/17, 2006), p. P6.

25. Ross Davies and Megan Finney, "Retailers Rush to Capture New Markets," *Financial Times—Mastering Global Business*, Part VII (1998), pp. 2–4.

26. Norihiko Shirouzu, "Japanese Mall Mogul Dreams of American Stores," *The Wall Street Journal* (July 30, 1997), pp. B1, B10; Norihiko Shirouzu, "Jusco Bets that U. S. – Style Retail Malls Will Revolutionize Shopping in Japan," *The Wall Street Journal* (April 21, 1997), p. A8.

27. Ann Zimmerman, "Home Depot Chief Renovates," *The Wall Street Journal* (June 5, 2008), p. B2.

28. Neil King, Jr., "Kmart's Czech Invasion Lurches Along," *The Wall Street Journal* (June 8, 1993), p. A11.

29. Eric Bellman and Cecilie Rohwedder, "Western Grocer Modernizes Passage to India's Markets," *The Wall Street Journal* (November 28, 2007), p. B2.

30. Michael J. de la Merced, "Macy's, Once a Retail Titan, Is Approached about a Buyout," The *New York Times* (February 7, 2017), p. B1.

31. Andrea Felsted, "Reborn in the USA," *Financial Times* (June 27–28, 2015), p. 6.

32. 此处的讨论改编自 Jacques Horovitz and Nirmalya Kumar, "Strategies for Retail Globalization," *Financial Times—Mastering Global Business*, Part VII (1998), pp. 4–8.

33. Scheherazade Daneshkhu, "Bricks – and – Mortar Retailers Struggle to Cope with Shift to Online Shopping," *Financial Times* (June 14, 2016), p. 19.

34. Rufus Olins, "M&S Sets out Its Stall for World Domination," *The Sunday Times* (November 9, 1997), p. 6. 另见 Andrew Davidson, "The Andrew Davidson Interview: Sir Richard Greenbury," *Management Today* (November 2001), pp. 62–67; and Judi Bevan, *The Rise and Fall of Marks & Spencer* (London, UK: Profile Books, 2001).

35. Tim Jackson, *Virgin King: Inside Richard Branson's Business Empire* (London, UK: HarperCollins, 1995), p. 277.

36. Daniel Michaels, "No, the CEO Isn't Sir Richard Branson," *The Wall Street Journal* (July 30, 2007), pp. B1, B3.

37. Mariko Sanchanta, "Wal-Mart Bargain Shops for Japanese Stores to Buy," *The Wall Street Journal* (November 15, 2010), p. B1.

38. Tim Jackson, *Virgin King: Inside Richard Branson's Business Empire* (London, UK: HarperCollins, 1995), pp. 289–291.

39. Ian Bickerton, "'It Is All about the Value Chain,'" *Financial Times* (February 24, 2006), p. 10.

40. Lt. Col. George C. Thorpe, *Pure Logistics* (Washington, DC: National Defense University Press, 1917; 1986).

41. Barney Jopson, "Business Diary: Keith Harrison, Procter & Gamble," *Financial Times* (March 8, 2011), p. 23.

42. Lindsay Whipp, "Trouble in Store," *Financial Times—FT Big Read: Walmart* (April 7, 2016), p. 7.

43. David Champion, "Mastering the Value Chain: An Interview with Mark Levin of Millennium Pharmaceuticals," *Harvard Business Review* 79, no. 6 (June 2001), pp. 108–115.

44. Francesco Guerrera, "GE to Shift Output from U. S.," *Financial Times* (July 27, 2006), p. 27.

45. 关于宜家的价值创造方法的详细分析参见 Richard Normann and Rafael Ramirez, "From Value Chain to Value Constellation: Designing Interactive Strategy," *Harvard Business Review* 71, no. 4 (July-August 1993), pp. 65–77.

46. Chad Terhune,"Supply-Chain Fix for Pepsi," *The Wall Street Journal* (June 6,2006),p. B3.

47. Brian Baskin,"Robots Picking,Retailers Grinning," *The Wall Street Journal* (July 24,2017),pp. B1,B2. 另见 Sarah Nassauer,"Retailers Check out Automation," *The Wall Street Journal* (July 20,2017),p. B3.

48. Kris Maher,"Global Goods Jugglers," *The Wall Street Journal* (July 5,2005),pp. A11,A12.

49. Jo Ellison,"Vetements:The Gospel of Guram Gvasalia," *Financial Times* (August 3,2017),p. 14.

50. Joel Millman,"A Crushing Issue:How to Destroy Brand-New Cars," *The Wall Street Journal* (April 29,2008), pp. A1,A9.

51. 关于美国联运技术发展的优秀案例研究参见 Jon R. Katzenback and Douglas K. Smith,*The Wisdom of Teams: Creating the High-Performance Organization* (New York,NY:HarperBusiness,1994),Chapter 2.

52. Daniel Machalaba,"Cargo Hold:As U. S. Seaports Get Busier,Weak Point Is a Surprise:Railroads," *The Wall Street Journal* (September 19,1996),p. A1.

53. Alexandra Harney,"Technology Takes the Wrinkles out of Textiles Manufacturing," *Financial Times* (January 11, 2006),p. 11. 另见 Gabriel Kahn,"Made to Measure:Invisible Supplier Has Penney's Shirts All Buttoned Up," *The Wall Street Journal* (September 11,2003),pp. A1,A9.

GLOBAL
MARKETING

全|球|营|销|
（原书第10版）

第 13 章　全球营销沟通决策 I：
广告与公共关系

本章精要

- 解释全球广告的含义，并识别全球广告支出排名靠前的公司。
- 阐明广告行业的结构，并描述代理控股公司与单个代理品牌之间的差异。
- 认识广告公司的主要人员，并描述他们在创造全球广告时各自的角色。
- 解释世界各地的媒体可获得性有何差异。
- 比较宣传与公关的异同，并识别曾受负面宣传影响的跨国公司。

大众的"柴油门"噩梦

2011 年 5 月，位于田纳西州查塔努加（Chattanooga，Tennessee）的大众汽车（Volkswagen），在价值 10 亿美元的新汽车装配厂开始生产。即将下线的帕萨特轿车（Passat sedans），象征着这家德国汽车制造商雄心勃勃的战略目标：大众汽车首席执行官马丁·温特科恩（Martin Winterkorn）计划在 2018 年超越丰田（Toyota），成为世界第一大汽车制造商。美国市场是实现这一目标的关键，温特科恩预测，截止到 2018年，大众汽车将累计在美国销售 100 万辆汽车。

大众旗下的品牌有奥迪（Audi）、宾利（Bentley）、布加迪（Bugatti）、兰博基尼（Lamborghini）和保时捷（Porsche）等高端品牌。其面向大众市场的品牌还包括斯柯达（Skoda）和西雅特汽车（SEAT），大众品牌本身约占年收入的 50%（见图 13-1）。大众汽车高管承认要实现 2018 年的目标，需要将目前在美国的汽车销量增加两倍。为了达成这一目标，他们设计并制造了一款吸引美国消费者具有的大众汽车铭牌的汽车。

许多美国购车者寻求高里程、低排放的环保汽车。大众的柴油机车型主打"绿色"概念，这一销售主张对美国汽车购买者来说极具吸引力。例如，一款被称为帕萨特 TDI（涡轮增压直喷）清洁柴油的车型。实际上在 2015 年上半年，大众的销量超过了丰田，这在一定程度上得益于美国的强劲销售量。

然而好景不长，因为大众卷入了一场规模宏大的公关噩梦。2015 年 9 月，美国环境保护局（EPA）的监管者查明，一些带有两升柴油发动机的大众车型配备了特殊软件，这种特殊软件使汽车能够通过严格的排放测试。随后的测试表明，这些汽车排放的一氧化二氮是一种已知的污染物，其实际排放量远远高于该公司声称的排放量。不久，人们确定，在全球范围内售出的 1 100 万辆柴油车也配备了所谓的故障排除装置。更多的信息披露随之而来，包括大众官方承认他们低估了 80 万辆汽车的二氧化碳排放水平，其中包括使用传统汽油发动机的汽车。

这起丑闻对这家德国公司来说是一场公关噩梦。马丁·温特科恩录制了一段道歉视频，他在视频中将错误归咎于"只有少数人"。当然，视频并不令人信服。温特科恩引咎辞职，马蒂亚斯·米勒（Matthias Müller）被任命为大众的首席执行官。此外，该公司的三名高级工程师被停职。

截至 2015 年 10 月底，即丑闻爆发一个月后，大众祸不单行：巴西和俄罗斯的经济问题加剧了对大众核心品牌需求的萎缩。由于担心美国司法部可能对大众提起刑事诉讼，并处以总计数千万美元的罚款，投资者纷纷抛售大众的股票。

大众汽车在排放危机后所面临的挑战，为营销计划中传播形式（包括广告、公共关系和其他传播形式）的作用提供了案例研究。营销沟通（即营销组合中的促销要素）是指用于通知、提醒、解释、劝说以及影响客户和其他人态度与购买行为的各种沟通活动。营销沟通的首要目的是告诉客户某个公司、国家、产品或服务能提供的利益和价值。促销组合的基本因素是广告、公共关系、人员销售和营业推广。

全球营销者可以单独或以各种组合的方式使用这些手段。大众汽车努力解决消费者和政府对其诚信的担忧。在世界舞台上，处于众目睽睽下的任何实体（无论国家还是商业企业）都必须明白公关工作至关重要。本章将从全球营销人员的视角审视广告和公共关系。第 14 章将涉及营销推广、人员销售、事件营销和赞助。阅读这几章时，切记此处所述的所有沟通工具都应用来强化某个一致的信息。

图 13-1　大众汽车位于沃尔夫斯堡市（Wolfsburg）的拥有 20 层的"狼堡汽车城"。

资料来源：John MacDougall／AFP／Getty Images／

全球广告

解释全球广告的含义，并识别全球广告支出排名靠前的公司。

营销沟通方案和策略的实施环境因国家而异。跨国公司及其广告代理公司钟情于**整合营销传播**（integrated marketing communication，IMC）概念，是因为跨国的有效沟通非常艰难。整合营销传播的拥护者坦率地承认，对公司的沟通策略中的各种因素必须进行周密的统筹协调。[1] 例如，耐克已将整合营销传播概念应用于各种营销传播渠道。正如耐克总裁特雷弗·爱德华兹（Trevor Edwards）在 2005 年指出的那样：

> 我们通过灵活地讲述故事，借此创造对我们品牌的需求。我们不是古板地坚持一种方法……我们采用整合营销的模式，涉及营销组合的所有元素（从数字营销到体育营销，从事件营销到广告再到娱乐活动），这些都是用于推动新想法的。[2]

广告是整合营销传播计划的因素之一。**广告**（advertising）可被界定为任何得到赞助的、有偿的，并通过非个人渠道传播的信息。有些广告信息设定的沟通对象是单一的国家或市场地区的客户群体。地区性或泛地区性广告设定的受众则跨越若干国家的市场，如欧洲或拉丁美洲。**全球广告**（global advertising）可被视为特意运用具有全球适用性的艺术方式、文案、标题、照片、广告标语或其他因素传播的信息。

采用全球性主题的公司有巴斯夫有限公司（"我们创造化学"）、雪佛兰（"寻找新道路"）、可口可乐（"品位感觉"）、IBM（"让我们把智能投入工作"）、麦当劳（"我就喜欢"）和飞利浦（"创新与您"）。我们在第 10 章中提及，有些跨国公司同时向不同地区的客户提供当地的、国际的和全球的产品和品牌。广告也是如此，一个跨国公司在使用适合地区或全球规模的广告手段以外，还可以运用针对单一国家的广告手段。

跨国公司在营销沟通方面具备一种关键的营销优势：有机会把国内广告活动成功地转变为一个全球的，或者也可以从无到有，发起一场新的全球性广告活动。若想开展全球性广告活动应该将本公司和广告公司的关键人员聚集起来，共享信息、洞察力和经验。

麦当劳的广告语"我就喜欢"就是一个例证。其全球营销总监拉里·莱特（Larry Light）召开了一次由麦当劳所有广告代理商代表参加的会议，之后便诞生了这条广告语。具有同一主题的全球性活动有助于开发长期产品，构建品牌形象，减少制作广告的相关费用从而节省大量的花销。欧洲等地区性市场正在经历标准化全球品牌的涌入，因为公司正通过并购、评估生产计划和定价策略定位自己，以便在一个统一的区域销售其产品和服务。从营销的角度看，这些公司进行了大量的活动，使其品牌得以在短期内成为真正的泛欧品牌。这一现象正在加快全球广告的增长。

随着公司认识到并接受"产品文化"之类的新概念，他们就有可能创造出更多有效的全球广告。啤酒文化的全球化便是其中的一个例证：德式啤酒屋在日本受到欢迎，爱尔兰式酒吧在美国亦是如此。同样，咖啡文化的全球化也为像星巴克这类公司提供了市场机会。营销经理们还认识到，对有些子市场的界定可以用全球人口统计的标准（如青少年文化或新生中产阶层），而不是以种族或民族文化为基础。例如，运动鞋和其他服装类产品的目标客户群体可以是 18～25 岁的男性这一全球子市场。

MTV 电视网络前全球董事长威廉·罗迪（WilliamRoedy）清楚地看到了这类产品文化对广告的意义。MTV 只是诸多媒介载体中的一个，它能使几乎全球各地的人看到世界上其他地方的人是怎样生活的，并了解最新的电子产品和时尚潮流。正如罗迪在20 世纪 90 年代初说的："相比他们的父母而言，巴黎的 18 岁少年与纽约的 18 岁少年有更多的相同之处。他们买同样的产品，看同样的电影，听同样的音乐，喝同样的可乐。全球广告正是在这个前提下发挥作用的。"[3]

根据各个行业团体编制的数据，2012 年全球广告总支出迈过了 5 000 亿美元大关。广告经常被用于增加产品或品牌的心理价值，因此沟通作用在消费品营销中比在工业品营销中更为重要。购买频率高的低成本产品往往需要大量的广告支持，且通常是提示性广告。所以也许并不奇怪，在按照广告支出排名的全球化公司中，经营消费品的公司名列前茅。就宝洁、联合利华、欧莱雅和雀巢等这类公司而言，它们的"全球化"可归因于其在外国市场上的大比重广告支出。

表 13-1 是《广告时代》（Advertising age）杂志按照广告支出对全球广告主所做的年度排名。[4]美国是世界上最大的广告市场；2016 年，广告商在美国主要媒体上花费1 760亿美元，这占了全球广告总花销的 1/3。

总体而言，新兴市场在广告支出方面呈现强劲的增长；2014 年，巴西的广告支出总额接近 170 亿美元；俄罗斯 101 亿美元；印度 80 亿美元；中国 455 亿美元；南非 42 亿美元。[5]事实上，在 2014 年，中国超过日本成为世界第二大广告市场。仔细查看表 13-1，可以找到公司全球化努力程度的线索。例如，包装商品巨头宝洁和联合利华在世界所有主要地区都投入了大量资金。

表 13-1　2016 年排名前 25 位的广告主（依据全球广告支出总额和选定地区的媒体支出）（单位：百万美元）

公司/总部	全球[1]	美国[2]	亚洲[3]	欧洲[4]	拉丁美洲[5]
1. 宝洁（美国）	1 045	356	236	356	413
2. 三星电子（韩国）	9 901	774	444	755	63
3. 雀巢（瑞士）	9 228	722	577	1 380	134
4. 联合利华（英国、新西兰）	8 559	866	2 386	1 758	560
5. 欧莱雅（法国）	8 302	1 288	540	2 029	143
6. 大众汽车（德国）	6 735	652	189	2 453	99
7. 康卡斯特公司（美国）	6 114	1 726	24	213	4
8. 安海斯－布希英博（比利时）	5 933	718	61	140	202
9. 通用汽车（美国）	5 300	1 807	65	190	164
10. 戴姆勒（德国）	5 090	391	30	656	0

全球营销（原书第 10 版）

公司/总部	全球[1]	美国[2]	亚洲[3]	欧洲[4]	拉丁美洲[5]
11. 亚马逊（美国）	5 000	921	142	607	0
12. LVMH（法国）	4 696	392	96	563	0
13. 福特汽车（美国）	4 300	1 250	132	909	72
14. 丰田汽车（日本）	4 151	1 194	1 370	709	117
15. 可口可乐（美国）	4 004	551	1 424	1 024	240
16. 菲亚特克莱斯勒（英国）	3 938	1 087	25	1 035	124
17. Alphabet（谷歌）（美国）	3 868	406	234	128	0
18. 普利斯林（美国）	3 775	415	14	2.3	0
19. 美国电话电报公司（美国）	3 768	1 592	0	0	48
20. 美国运通（美国）	3 650	469	28	58	0
21. 玛氏公司（美国）	3 500	710	568	725	4.5
22. 麦当劳（美国）	3 400	774	378	780	94
23. 索尼集团（日本）	3 650	518	1 100	395	13
24. 拜耳（德国）	3 288	675	35	421	66
25. 辉瑞（美国）	3 200	1 750	297	304	63

注：资料改编自"World's Largest Advertisers 2017，"Advertising Age（December 4，2017），p. 9. http://adage.com/datacenter/globalmarketers2017. 2017 年 12 月 1 日访问.

①代表广告总支出。

②③④⑤代表地区的测量媒体支出。

全球性广告活动为公司提供了广告方面的规模经济效益，同时也使公司更容易进入分销渠道。公司必须设法说服零售商将自己的产品摆放在货架中最显眼的位置。有全球广告支持的全球品牌可能会极具吸引力，因为从零售商的视角看，全球品牌产品在货架上遭受冷落的可能性较小。专精于品牌标识与设计的郎涛设计顾问公司（Landor Associates）最近发布了其有史以来第一份全球敏捷品牌研究报告，其中的指标包括"适应性""原则性"和"全球性"。在这份报告中，三星位列榜首；其劲敌苹果位居第 6 名。然而标准化并不是必须实施的，甚至在有些地方并不是被提倡的。尽管雀巢咖啡的广告信息和产品配方因各国文化差异有所不同，但它仍然作为全球品牌在营销。

13.1.1 全球广告的内容："标准化"与"因地制宜"之争

沟通专家一般都同意这样一种观点：有效沟通和成功说服的总体要求是固定的，不会因国家而异。沟通过程中的每个环节也是如此：营销者是信息的源头，其发布的信息必须经过编码；由适当的渠道传送，再由目标受众的成员解码。只有当欲表达的含义从来源向接收者传递时，沟通才会发生。可能会影响公司在任何地点与客户沟通的四个主要问题如下：

1. 信息可能无法传达给目标接收者。这个问题的出现可能是因为广告商缺乏对适当媒体类别或媒体媒介的了解，无法接触到特定类型的受众。

2. 信息送达目标接收者，但可能不被理解甚至被误解。这个问题可能反映了对目标接收者的教育水平不够了解，或者信息编码不当。

3. 信息传递到目标接收者并被理解正确，但未能使目标接收者采取行动。这个问题的出现可能是因为公司缺乏有关目标受众文化方面的知识。

4. 信息传达的效果可能被噪声削弱。这里所说的噪声是诸如广告竞争、其他销售人员以及接收终端的混乱等外部影响。这些因素会分散接收者的注意力，妨碍沟通的最终效果。

全球营销商面临的关键问题是：由于所处环境要求，具体的广告信息和媒体策略是否应该随地区和国家的不同而有所差异。赞同采取"同一个世界，同一种声音"做法的人认为：地球村的时代已经到来，全世界的品位和偏好日趋融合。根据标准化的论点，各地的人们出于相同的原因需要相同的产品。这意味着，公司可以通过标准划一的全球广告获取巨大的规模经济效益。

遵从本土化思维的广告商对地球村的论点表示怀疑。他们坚持认为：不同国家的消费者之间仍存在差异，所以要想连接他们，必须使用为不同国家量身定制的广告。本土化思维的支持者们还指出：大部分营销传播失误是因为广告商没能理解（并适应）外国文化。广告行业资深人士尼克·布莱恩（Nick Brien）现任电通安吉斯集团美国分部的首席执行官。20世纪90年代后期，他观察到，有关本土化和全球化的争论不一定非要被看作一个非此即彼的主张：

> 鉴于传统媒体的效力与日俱下，本土品牌的建立成本越来越高，而国际品牌的建立更具成本效益。广告商和广告公司面临的挑战是要找到在不同国家和文化里都有效的广告。与这种全球化趋势并行的是日益发展的本土化趋势。对这二者需求的了解正变得日益重要。[6]

宜家对外沟通经理尼尔斯·拉森（Nils Larsson）同意布莱恩的观点，但他更倾向于本土化：

> 如果我们能够找到一条基于全球的信息，这可能是有效的，但如今只有不同国家有不同需要。我们在瑞典已有60年的历史，但在中国只有4~5年，所以我们的感觉零售是本土化的。重要的是要会运用当地人的幽默和他们所关心的事情。[7]

试考虑一下李奥贝纳广告公司首席创作迈克尔·康纳德（Michael Conrad）所说的：

> 我想不出几个有效的纯粹的全球广告。品牌在世界各地常常不同的发展阶段，这就意味着有不同的广告工作要做。[8]

20世纪50年代，广告业内普遍流行的观点是：有效的国际广告需要由一个指定的本地广告公司来负责准备。20世纪60年代早期，这个委托当地广告公司的观点不断受到质疑。例如，爱瑞典广告公司的负责人埃里克·埃林德（Eric Elinder）曾写道："为什么要让来自三个不同国家的三位艺术家坐下来画同一个电熨斗，或让三个广告撰稿人为同一个电熨斗撰写几乎相同的文案呢?"[9]埃林德认为，不同国家的消费者之间的差别正在缩小；如果把一流的专家集合起来设计一场强有力的国际广告活动，他就能更有效地为客户利益而服务。在实施广告活动时，只需略作修改，即主要将文案译成非常契合特定国家的语言。

如前面章节所述，莱维特教授曾在 1983 年的《哈佛商业评论》中发表名为"市场的全球化"的文章。近来，全球化公司热衷于一种被称为**模板广告**（pattern advertising）的技巧，这与第 10 章所述全球产品平台的概念相近。模板策略介于全盘标准化与全盘因地制宜之间，是中间策略，它要求创建一种基本的泛地区或全球性的沟通概念，其中的文案、美工或其他要素可以根据每个国家市场的需要进行修改（见图 13-2）。例如，波音公司在欧洲市场的平面广告活动中有一些基本的设计元素，但文案和视觉元素按国别实行本土化。

图 13-2 这些来自英国的双面印刷广告提倡可持续使用印刷杂志和书籍的纸张。这些广告是模板广告的经典案例。总的来说，布局是一致的。主要视觉元素相似，但英国版本中提到的足球场和美国版本中提到的足球场是指两种不同的运动。副标题和正文副本已本地化。

资料来源：TwoSides.

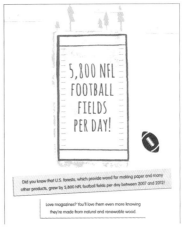

这方面的研究多集中于广告内容是否适应本地文化等问题。例如，阿里·坎梭（Ali Kanso）对两组不同的广告经理进行了调查，他们对广告分别采用了本土化和标准化的做法。结果发现：已适应文化问题的广告经理往往偏向于本土化广告，而对文化问题不敏感的经理则倾向于标准化广告。[10]MTV 欧洲公司的广告销售总监布鲁斯·斯坦伯格（Bruce Steinberg）发现，负责在当地执行全球广告的经理对全球性广告活动经常表现出强烈的抵触。斯坦伯格说，为使一部泛欧 MTV 广告片得到认可，他有时需要拜访同一公司的 20 位营销总监。[11]

坎梭说得对，广告标准化和本土化的争论由来已久，可能还要持续多年。坎梭的结论是：国际广告如要成功，就要在全球范围内重视本土化，充分了解当地国情。归根到底，有关究竟是采用全球广告还是本土广告的决策往往取决于经理们对利弊的权衡。全球广告会带来诸多实际的好处：降低成本、增强控制、充分利用潜在有效的全球**诉求点**（appeal）。不过，本土广告也可以专注于每个国家或文化中产品和品牌的最重要属性。

从实际出发，对于全球广告和本土广告，营销经理或许可以采取"兼收并蓄"而非"非此即彼"的态度。例如，先锋良种国际公司的营销与广告经理经常并用全球广告和本土广告。其管理层相信：有些广告内容适于直译，而有些则需要运用创造性的手法，使其最适合特定国家或地区的消费者、市场和风格。

何时使用哪一种广告，这取决于所涉及的产品和公司在特定市场的目标。以下概述可以用作指导原则：

- 标准化平面广告可以用于工业产品或高技术性消费品。例如，苹果的 iPhone 和 iPad。
- 带有强烈视觉诉求点的标准化平面广告往往传播效果好。例如，芝华士（"永远向前"，Keep Walking）。同样，宜家家居的安装说明书中也没有文字。基于图片的说明可以在全世界范围内通用而无须翻译。
- 使用旁白而不是演员或名人对白的电视广告可以使用标准化的视频画面配以翻译解说。例如吉列的"男人的选择"，通用电气的"梦想启动未来"和 UPS 的"我们♥物流"。

全球营销
13.2

广告公司：组织和品牌

阐明广告行业的结构，并描述代理控股公司与单个代理品牌之间的差异。

广告业是一个快节奏的行业，广告代理的世界是流动的与动态的。新的广告公司诞生，原有的广告公司解散，还有跨国投资、资产剥离、合资和并购，现实就是这样。这个行业也有很大的流动性，高管人员和高级人才从一家公司跳槽到另一家公司。表 13-2 列出了按照 2016 年全球总收入排序的全球前 20 家广告集团（advertising organization）。正如你所见，地理多样性相当多，并且可以在中国、法国、英国、日本和其他任何地方找到其代理公司。

理解表 13-2 的关键在于"集团"一词，此表列出的多数广告集团都是伞状或者控股公司，包括一家或几家"核心"广告公司，以及专门从事直接营销、营销服务、公共关系或调研业务的部门。仔细审视该表可以发现，IBM 已经涉足广告行业。毫不意外，IBM 的数字咨询机构（IBM iX）（在世界上排名第 8 位）是数字方面的专家。

2013 年，宏盟集团（Omnicom）和阳狮集团（Publicis）计划合并的通告震惊了整个广告界。该新公司一举超越了 WPP 集团，成为世界上最大的广告控股公司。而这两家公司也拥有了多个全球代理网络，其客户代表着全球公司里名副其实的"巨擘"。

例如，宏盟集团是恒美广告（DDB Worldwide）、天联广告（BBDO Worldwide）和腾迈广告（TBWA Worldwide）的母公司；其客户包括强生、日产和大众等。而阳狮集团的网络主要由百比赫广告公司（Bartle Bogle Hegarty）、李奥贝纳广告（Leo Burnett Worldwide）、阳狮广告（Publics Worldwide）、萨奇广告（Saatchi&Saatchi）；其客户包括欧莱雅（L'Oréal）、联合利华（Unilever）和雀巢（Nestlé）。

表 13-3 展示的是 2016 年单个广告公司（广告公司品牌）按照全球收入的排名。

在这些公司品牌中，大部分是**全面服务型公司**（full-service agencies）；它们制作广告，以及提供其他服务，如市场调研、媒体购买和直接营销。表13-3列出的广告公司均属于较大的集团（如IBM的数字咨询机构）或广告控股公司（如扬·罗比凯广告公司归WPP集团所有）。

表13-2 2016年全球前20家广告公司

公司/总部	2016年全球总收入/百万美元
1. WPP集团（英国伦敦）	19 379
2. 宏盟集团（美国纽约）	15 417
3. 阳狮集团（法国巴黎）	10 765
4. 埃培智集团（美国纽约）	7 847
5. 电通（Dentsu）公司（日本东京）	7 246
6. 埃森哲的埃森哲互动（美国纽约）	4 412
7. 普华永道的普华永道数字化服务（美国纽约）	3 267
8. IBM公司的IBM互动（美国纽约州阿蒙克）	2 954
9. 德勤的德勤数字化（美国纽约）	2 575
10. 汉威士（Havas）公司（法国叙雷纳）	2 520
11. 博报堂DY控股（日本东京）	2 205
12. 联合数据系统公司的艾司隆（Epsilon）（美国得克萨斯州爱文）	2 155
13. 蓝色光标传播集团（北京）	1 872
14. MDC伙伴（美国纽约）	1 386
15. DJE控股（美国芝加哥）	934
16. Acxiom Corp.（美国阿肯色州小石城）	873
17. 杰尔广告（韩国首尔）	859
18. 益百利市场营销服务（美国纽约）	720
19. Advantages Solutions的优势营销伙伴（美国加州尔湾）	640
20. MC（媒体查询）集团（德国柏林）	583

注：资料改编自"Agency Report 2017：Agency Companies,"Advertising Age（May 1, 2017），p. 22.

表13-3 2016年世界十大综合广告代理网络

广告公司	2016年预估全球收入/百万美元
埃森哲互动（埃森哲）	4 412
扬·罗比凯广告公司（WPP）	3 627
普华永道数字化服务（PwC）	3 267
麦肯世界集团（IPG）	3 193
IBM互动（IBM集团）	2 954
天联广告（宏盟集团）	2 577
德勤数字化（德勤）	2 575
阳狮.Sapient（阳狮集团）	2 402
电通公司（电通）	2 381
恒美广告（宏盟集团）	2 338

注：资料改编自"Agency Report 2017：Consolidated Networks,"Advertising Age（May 1, 2017），p. 22.

13.2.1 在数字颠覆时代，选择广告公司

公司既可以自己制作广告，又可以请外面的广告公司制作，或二者兼用。利用内部营销和广告人员进行创意工作或媒体规划的优势有很多，如实施更好的控制、研发优等品、传播品牌知识以及花费更低的成本。一些依赖内部人员进行营销传播的全球化公司有：波音、可口可乐、乐高和雀巢。当雇用外部的广告公司时，它们可以根据多国甚至全球范围内的需求为客户提供服务。既可以选择每个国家市场中不同的当地代理机构，又可以选择具有国内和国际办事处的全球代理机构。

有时多个广告公司可以为了达成一个既定的需求共同协作。例如，2007 年，福特汽车公司成立了一个由五家不同广告公司组成的联盟，在底特律为美国、加拿大和墨西哥的福特客户提供服务。智威汤逊广告公司（J. Walter Thompson）、传立媒体（Mindshare）、奥美环球（Ogilvy & Mather Worldwide）、伟门公司（Wunderman）、扬·罗比凯广告公司都隶属于 WPP 集团。2010 年，WPP 的三家广告公司：传立媒体、奥美环球和伟门公司成立了一家名为蓝色蜂巢（Blue Hive）的欧洲广告公司，其风格是由底特律团队（Team Detroit）设计的。2016 年，底特律团队、蓝色蜂巢和零售第一（Retail First）合并为 GTB "Global Team Blue"；这个新公司为福特和其他客户提供统一的全球服务。[12]

数字革命正在颠覆各行各业行，也对广告业务产生了影响。麦当劳和联合利华等全球化公司正在寻找有能力提供数字专业知识的新合作伙伴公司。随着客户试图利用"大数据"并利用社交媒体的机会改进细分市场和目标定位策略，广告公司的传统做法（包括广告创意、长期沟通渠道和媒体购买流程）正在被颠覆。

为了应对不断变化的环境，WPP 集团、宏盟集团、阳狮集团和其他广告控股公司正在争取数字营销公司和其他技术专家。这些公司的高级管理人员面临的一个挑战是消除员工创意与来自科技界新员工之间的文化鸿沟。[13]

谷歌和脸书现在占据了超过 3/4 的有别于从前的在线广告支出，色拉布（Snap-chat）作为一个广告论坛正在吸引大家的注意力。因此，随着印刷广告的预算转移给数字媒体，美国和英国等关键市场的印刷广告收入下降也就不足为奇了。从图 13 - 3 中

图 13-3 为了反击充斥着虚假新闻的社交媒体平台，100 多家杂志参与了一场广告活动，旨在提高人们对印刷媒体提供可靠编辑环境的认识。

资料来源：MPA—The Association of Magazine Media.

可以清楚地看出，这种状况促使行业里的公司提升印刷媒体的价值。此外，在社交媒体上"假新闻"泛滥之际，MPA（以前称为杂志出版商协会）正在提升来自可靠印刷来源的真实新闻的价值。

考虑到这些变化和挑战，公司在选择广告公司时需要考虑以下问题：

- 公司组织结构：实行分权的公司通常会让当地子公司的管理者自主做出挑选广告公司的决定。
- 对东道国市场的反应能力：全球化广告公司是否熟悉特定国家的当地文化和购买习惯？如果不习惯，是否应该选用一家当地广告公司？
- 地区覆盖面：候选广告公司能否覆盖所有的相关市场？
- 购买者的认知：公司想要达到一个什么样的品牌认知度？如果产品需要很强的当地认同，最好选用一家当地广告公司。
- 数字专业知识：该公司内部是否拥有计算机工程和编码人才，并有能力与创意服务和客户服务等传统职能部门的员工合作？

尽管使用全球化广告公司来支持全球营销的趋势已毋庸置疑，但全球中心导向的公司为适应全球市场的要求，会相应地选择一个或多个最佳的广告公司。西方广告公司仍然觉得像中国和日本这类的市场非常复杂。同样，亚洲的广告公司也认为在西方市场开展当地广告代理业务很困难。但日本电通公司（Japan's Dentsu Inc）是一个值得注意的例外；电通宙斯盾网络已从亚洲延伸至北美和欧洲。[14]

广告从业人员面临的压力日渐增大，需要平衡对创意自由的渴望与新兴的数据驱动方法。某些广告批评家抱怨说，广告公司有时致力于创作能够获奖和赢得赞誉与声望的广告，而不是满足客户需要的广告。与此同时，广告公司的创作人才与数字化人才存在分歧，数字化人才可能更倾向于通过社交媒体打造品牌，而不是"外景"拍摄电视广告。

为了解决营销效果的难题，一些客户公司竭力寻找新的创意源泉。例如，麦当劳历来是靠美国广告公司确立基本创意方向的。然而，其全球营销总监拉里·赖特曾开展一次由世界各地广告公司参加的竞赛。一家德国广告公司提出了"我就喜欢"的广告语。李奥贝纳中国公司的创意包括为麦当劳的全球广告设计的一个手势。[15]赖特："中国让我们豁然开朗。我们没想到还有这样的表达方式和乐趣，我们的预期偏于保守，缺乏个性化并相对谨慎。"[16]

2016年，麦当劳从李奥贝纳（阳狮集团旗下的一家公司）手中撤出了大部分广告业务，并将其转让给了宏盟集团。这是为什么？宏盟集团与脸书和谷歌合作，组成了一个由创意专家和数据科学家组成的综合团队。这个公司团队总部位于芝加哥，（名为"我们无限"We Are Unlimited）。尽管李奥贝纳失去了这个客户，但它还是获得了一个安慰奖：其伦敦办事处将负责麦当劳新推出的 McDelivery 服务的全球营销传播。

全球广告的创作

认识广告公司的主要人员，并描述他们在创造全球广告时各自的角色。

前边讨论因地制宜和标准化问题时曾经提到，广告的中心是信息。具体信息及其展示的方式取决于广告主的目标。制作广告的目的究竟在于告知、娱乐、提醒还是说服？不仅如此，在以信息过载为特征的世界里。广告必须与众不同，抓住受众的眼球，并能在人们心中留下印象。这就需要有原创性和有效的**创作策略**（creative strategy），即把具体信息或广告活动所要表达的内容或概念凝聚为一种表述或概念。

广告公司可以算作"创意工厂"；按照行话，创作策略开发中的"圣杯"就是人们所说的**大创意**（big idea）。传奇广告人约翰·奥图尔（John O's Toole）将大创意定义为"一种闪光的洞识，它能综合广告策略的目的，以新颖而又引人入胜的方式将产品的好处与消费者需求连接起来，使产品栩栩如生，从而使读者或观众停下来、观看它、倾听它。"[17] 兰德尔·罗滕伯格（Randall Rothenberg）在他关于北美斯巴鲁的书中，对大创意有这样的描述：

> 大创意演示容易，定义较难；说清大创意不是什么比说清它是什么容易。它不是一个"定位"（虽然一件产品在消费者心中占有的位置可能算是其中的一部分）；它不是"表现技巧"（虽然某则广告的写作和绘画风格肯定起了作用）；它不是一句广告口号（虽然广告语就是广告口号的简述）。
>
> 大创意是现实且世俗的广告策略与有力且持久的形象之间的桥梁。大创意理论的假设是，一般消费者在做购买决策时，会因为感到乏味而做出非理性的决策。[18]

有些令人难忘的世界级广告之所以成功，是因为其最初的创意非常"大"，似乎为无数新的实施方式提供了机会。据说这样的广告活动有持久力，因为它可以使用相当长的一段时间。绝对伏特加的平面广告就是其中一个很好的例证。在过去的 20 多年里，它的广告公司用该品牌名创作了数百条两个单词的双关语，并将其与独特形状的酒瓶效果图相联系。其他运用大创意的公司包括耐克的"说做就做"（Just do it）和万事达卡的"万事皆可达，唯有情无价"（There are some things in life money can't buy）。2003 年，麦当劳在一些国家面临消费者的抵制，这些人将公司与不得人心的美国政策联系在一起，为此麦当劳的高管们发起了一场创意征集活动，以期获得大创意，用到众多国家市场中去。

广告诉求（advertising appeal）是与目标受众的动机相关联的沟通方法。例如，基于**理性诉求**（rational appeal）的广告是依靠逻辑与受众的需求进行理性的对话。理性诉求基于消费者对信息的需求，通常包含大量的信息。处方药和金融服务就是其中的典型例子。

相反，运用**情感诉求**（emotional appeal）的广告则可能成为拨动目标受众的心弦，从而唤起强化品牌态度和直接购买行为的情感反应。例如，瑞典的家居用品零售商宜家在最近的全球广告活动中，将房屋定位为家："家是爱的港湾……是令人留恋的地方……是欢笑的地方。家是世界上最重要的地方。"[19]

或者，考虑一下位于明尼苏达州明尼阿波利斯的卡迈克尔·林奇广告公司（Carmichael Lynch）为斯巴鲁（Subaru）制作的广告语。"爱它，这就是斯巴鲁，斯巴鲁"，没有提及该汽车品牌最突出的功能属性，即其可靠的对称 AWD（全轮驱动）系统。此外，谁能忘记斯巴鲁的周日的超级碗比赛的"小狗碗"广告？当然，斯巴鲁汽车在有线电视喜剧《波特兰迪亚》中扮演着重要角色。[20]

特定广告的信息元素，部分取决于采用何种诉求方式。**销售主张**（selling proposition）是一种承诺或陈述，能够抓住客户购买产品的理由或拥有产品的好处。鉴于产品在不同的国家市场经常处于不同的生命周期阶段，同时这些国家市场在文化、社会和经济等方面存在差异，产品最有效的诉求或销售主张可能因市场而异。

有效的全球性广告也可能要求对产品的诉求与销售主张有不同的表达方式。诉求与销售主张的表达方式称作**创意实施**（creative execution）。换言之，说什么和怎么说会有所区别。广告公司人员可以选择的实施方式有很多种，包括直接销售、科学证据、演示、比较、见证、生活片段、动画、梦幻和戏剧化。决定诉求、销售主张和适当的实施方案的责任在于**创作人员**（creatives），这个名词是对艺术总监和文案人员的总称。

13.3.1 艺术设计与艺术总监

广告的视觉表现（"肢体语言"）属于**艺术设计**（art direction）的职能范围。**艺术总监**（art director）是对广告的总体外观负责任的人，其负责挑选出现在广告中的图形、图片、字体风格和其他视觉元素。某些视觉表现形式是为大众普遍接受的；有的则只针对小众人群。无论是哪种视觉表现形式，信息的呈现方式决定了人们感知信息的方式。

例如，由传奇图形艺术家兼艺术总监保罗·兰德（Paul Rand）设计的 IBM 标志传达了一种现代主义和企业稳定的感觉。魔爪能量饮料的标志设计与该品牌年轻"体验者"的目标人群完全一致。[21] 2017 年，当《广告时代》杂志从 Advertising Age 更名为 Ad Age 时，该公司委托广告公司制作了一个新标志，以表示在行业发生巨大变化之际的重塑。奈飞超自然系列之《陌生人的事情》的热播，也激发了人们对印刷术的兴趣，该系列现在有了标志性的发光红色标志。

全球广告主必须确保广告时，其视觉表现方式适应当地市场。20 世纪 90 年代中期，贝纳通公司（Benetton）的"全色彩的贝纳通"广告引起了相当大的争议。这场广告活动覆盖数十个国家，主要形式是平面广告和路牌广告，其艺术设计侧重于醒目、刺激性的种族间对比。

13.3.2 广告文案和文案人员

作为广告的口头或书面沟通元素的文字称为**文案**（copy）。**文案人员**（copywriter）

是语言专家，负责平面广告中的标题、副标题和正文以及广播广告中的文稿，包括由代言人、演员或者聘请的播音人员读出的文字。

一般来说，广告文案应该比较简短，避免使用俚语或俗语。为了传达同样的信息，不同语言需要的字数不同，因而全球广告更多地使用照片和插图。有一种简单的文案方法，即将品牌名称融入广告语，艾莉（Illy）将"快乐生活"（"Live Happ*illy*"）用于它的咖啡品牌。

有些全球性广告使用视觉诉求来传达特定的信息，尽量少用文字。低收入国家的低识字率使平面广告很难成为有效的传播手段，这要求在使用音响类媒体方面更具有创造力。

世界上许多地区（如欧盟、拉美、北美）的国家是多种语言重叠使用的，了解这一事实非常重要，利用这一点，全球广告主可以用同样的语言和信息为这些市场制作广告文案，从而获得规模效益。当然，要想使这种方法行得通，就要避免无意中使广告文案产生歧义。此外，在有些情况下，广告文案必须被译成当地语言。翻译文案是广告界争议很大的课题。广告口号的翻译通常是最难的翻译问题。在不同的民族和文化背景中，对广告口号和广告语的编码和解码十分苦难，可能会带来无意的错误。

公司的广告主管可以选用目标国家的语言为特定外国市场，准备新的广告文案，或者选择将原始文案译成目标国家的语言。还有一种选择是保留原始（母国语言）文案的部分（或全部）文案元素。广告主在上述三种方案中做选择时，必须考虑目标受众国家的观众能否领会和理解翻译后的信息。任何知晓两种或多种语言的人都明白，具备使用另一种语言思维的能力有助于准确地开展沟通。为了确保信息接收后被正确地理解，译者必须完全理解单词、词组、句式结构及其译文的意思。

同样的原则也适用于广告，并可能更甚。文案人员必须用目标市场的语言来思考，了解目标消费国家消费者，然后才有能力创造出最有吸引力的广告、构建好的创意、驾驭某种特定语言，特别是其口语、俗语和俏皮话。例如，花旗银行在试图树立其全球形象的过程中，发现它的口号"花旗从不休眠"（Citi never sleeps）的译文给人的印象是，花旗银行有失眠这样的睡眠紊乱症状。公司的高管最后决定保留原口号，但在全世界统一使用英文。[22]

13.3.3　文化因素

关于文化多样性的知识，特别是与文化特征相连的象征手法，在广告创作中必不可少。当地经理能够共享有关信息，例如在广告创作中何时该小心谨慎。对颜色和男女关系诉求的使用常会变为沟通的障碍。例如在日本，展示男女之间亲密的情境属于低级趣味；在沙特阿拉伯，这甚至是违法的。资深广告人约翰·奥图东（John O'Toole）向全球广告主提出以下真知灼见：

派驻外国的美国创作人员总爱拍摄欧洲男人亲吻女人手背的照片，但他们中很少有人知道男人的鼻子不能碰到女人的手背，且这一礼节只适用于已婚女性。

当拍摄夫妇双双进入饭店或剧院的情景时，你让女士走在男士前面，对吗？不，在德国和法国不是这样的。在电视广告中，一般都用手背朝外手指向内摆动的手势表示"过来"之意。但在意大利，这却表示"再见"。[23]

被某些国家的人认为是幽默或恼火的广告，对其他国家的人来说未必如此。美国的广告经常使用代言人并对产品进行直接比较，依靠富有逻辑的证据来争取受众的理解。日本广告则更强调形象，注重从情感上引起受众的共鸣。尽管布拉德·皮特（Brad Pitt）和阿诺德·施瓦辛格（Arnold Schwarzenegger）等好莱坞名人永远不会出现在美国电视广告中，但常常看到他们作为日本的电视广告代言人。

耐克的美国广告以一种桀骜不驯、"明目张胆"的风格出名，完全依靠体育明星的形象做宣传，如迈克尔·乔丹（Michael Jordan）。但在世界上那些将足球视为顶级赛事的地方，人们认为耐克的广告趣味低下，其代言人的相关性也较小。针对这种情况，耐克做出了调整，其前全球广告总监杰弗里·弗罗斯特（Geoffrey Frost）十多年前曾说："我们必须将自己置身于其他国家的环境。这是我们成长过程的一部分。"[24]

有些美国公司放弃了为拉丁美洲市场准备的电视广告，因为广告中带有对有色人种的刻板印象，存在种族歧视的嫌疑。纳贝斯克（Nabisco）、固特异（Goodyear）和其他一些公司对它们购买时间内的项目也保持更加小心的态度，因为有些很受欢迎的拉美节目有以阶级、种族和民族分歧为题材的内容。[25]

在使用带有性表现或挑逗性的广告形象时，有关适度的标准在各地存在很大差异。拉丁美洲和欧洲的广告中常见半裸体。而在美国市场上，网络电视的体面性标准以及保守性消费者活动家的抵制活动都制约了广告商的活动。有些行业的观察家注意到一种荒谬的现象，美国的电视节目常常是不雅的，但在节目期间播出的广告却不是。麦肯公司全球首席创作官玛奇奥·莫雷拉（Marcio Moreira）指出："美国人在娱乐方面追求刺激，但到了广告问题上，他们就不再是观众，而是消费者和批评家。"[26]

食品是最能显示文化敏感性的产品。所以，食物和加工食品的营销者必须对他们的广告是否需要进行当地化保持警觉。亨氏公司进军海外番茄酱市场的情况就是一个很好的例子。20世纪90年代初，亨氏的营销经理们制定了一个策略，要求产品和广告都要适应目标市场。[27]例如在希腊，广告展示番茄酱倒在面食、鸡蛋和肉块上的画面；在日本，广告教家庭主妇把番茄酱用作煎蛋饼、香肠、意大利面等西式食品的佐料。

驻伦敦的亨氏公司西半球贸易分部总经理巴里·蒂利（Barry Tilley）说，"亨氏通过焦点小组座谈来决定外国消费者需要什么口味和形象的产品。美国人喜欢相对甜一点的番茄酱，欧洲人则偏爱更辛辣刺激一些的番茄酱。为此，亨氏广告快速调整产品，使其适应当地文化偏好后，其海外营销工作取得了明显的成功。在瑞典，亨氏广告隐去了美国制造的信息，以至于没有瑞典人意识到亨氏是美国的，亨氏的品牌名让他们感觉那是德国品牌。"

相反，强调美国制造的主题在德国很受欢迎。卡夫和亨氏都在各自的广告中塑造鲜明的美国产品形象，以求胜过对方。在亨氏广告中，几个足球运动员因为他们点的

12 份牛排在送来时没加番茄酱而十分生气。这则广告结尾很愉快：所有的牛排都倒上了足够多的番茄酱。[28]

2018 年，亨氏仍在全球口味与本地口味中权衡：这家总部位于匹兹堡的公司的经理必须决定是否向美国消费者推出蛋黄酱和番茄酱的混合酱汁，这种混合酱汁在中东很受欢迎。带有#mayochup 标签的@ HeinzKetchup 美国推特广告活动收到了 100 万条回复。结果如何？超过 50 万人十分欢迎这款蛋黄酱和番茄酱的混合酱汁。

文化对广告的影响问题已有许多相关的学术研究。例如，岸井保（Tamotsu Kishii）总结了七条日本不同于美国的特征的广告策略：

1. 在信息表达上常用含蓄的手法。许多电视广告就不提及人们对正在使用的品牌的期望，而是让观众自己做出判断。
2. 广告的内容和被宣传的产品之间往往没有什么关系。
3. 电视广告往往只有简单的对话或叙述，用于解释的内容要尽可能少。在日本文化中，一个人说的话越多，别人越会认为他不自信、不值得被信任。
4. 幽默被用来创造一种共鸣。不同于粗俗的滑稽剧，幽默喜剧包含家庭成员、邻里和同事等多种角色。
5. 名人以亲近的熟人或普通人形象出现。
6. 被放在首位的是公司信誉，而不是产品质量。日本人多半认为，如果公司规模较大、形象好，那么其产品质量也应该是出类拔萃的。
7. 通过 15 秒的电视广告，产品名称就能在观众心中留下印象。[29]

格林、坎宁安和坎宁安（Green，Cunningham，and Cunningham）三人组织了一项跨文化的研究，以确定不同国籍的消费者用同样的标准评价软饮料和牙膏的概率。研究对象是来自美国、法国、印度和巴西的大学生。与法国和印度的大学生相比，美国大学生更注重对产品的主观判断，而不是产品的功能属性。而巴西大学生甚至比美国大学生还注重对产品的主观判断。研究者得出结论：如果广告主试图向这几个市场传递产品最重要的属性，那么其广告信息中的诉求点就应各不相同。[30]

全球营销

13.4

全球媒体决策

解释世界各地的媒体可获得性有何差异。

广告主面临的下一个问题是通过哪几种媒体或哪家媒体与目标受众沟通。可供使用的媒体也因国家而异。有的公司几乎把能用的各种媒体全都用了一遍，可口可乐就是一个很好的例证。其他公司更倾向于使用一两种媒体。在有些情况下，制作广告的公司也会提供关于媒体投放的建议。然而，许多广告主使用的是专业媒体策划和购买机构提供的服务。WPP 的传立媒体（Mind Share Worldwide）、宏盟的浩腾媒体（OMDWorldwide）和 WPP 的竞立媒体（Mediacom）是三大专业媒体公司。

可用的媒体可以大致分为三类：平面媒体、电子媒体和其他媒体。平面媒体的载体也有多种，如地方性日报和周报，也有面对全国、地区或国际读者的杂志和商业刊物。电子媒体包括广播电视、有线电视、广播电台和互联网。此外，广告主还可以利用不同形式的户外广告、交通广告和直接邮寄广告。全球范围的媒体决策必须考虑到各国的法规，如法国禁止零售商做电视广告。

13.4.1　全球广告支出和媒体载体

每年在美国花费的广告支出比世界上任何地方都多。此外，正如人们所料，人均广告支出最多的是高收入国家。

如今，广告支出增长中，有相当一部分（约占1/3）来自金砖国家。俄罗斯是一个例外，俄罗斯最大的广告主包括宝洁、欧莱雅、百事、雀巢和玛氏，但是石油收入减少和地理位置的紧张局势是该国广告收入增长相对平缓的原因之一。

广告主可以从各种媒体中进行选择，包括广播（如电视和广播电台）和印刷品（如杂志和报纸）。在这些类别中的每一种都有各种各样的可用于通过营销传播达到特定目标受众的媒体工具。例如在有线电视频道中，英国广播公司美国台（BBC America）和美国娱乐与体育电视台（ESPN）是媒体载体。同样地，《华尔街日报》和《金融时报》也代表着个人媒体载体。

多年来，包括广播、有线电视和卫星电视在内的电视一直是排名第一的广告媒体，占全球支出的40%～50%。报纸曾是全球排名第二的广告媒体，约占广告支出的25%。然而，现在媒体消费模式变化节奏十分迅速。报纸广告支出大幅下降，并且如前所述，数字化广告支出有望首次超过电视广告支出。一个时代的特征就是，亚马逊最近宣布其无广告打扰的优质视频（Prime Video）流媒体服务拥有一亿用户。

在世界各地，可作为广告渠道的媒体，以及购买媒体渠道所需的条件，存在很大差异。在墨西哥，支付整版广告费的广告主有可能得到头版；而在印度，由于纸张紧张，可能要提前6个月预订广告版面。在有些国家，特别是那些电子媒体为政府所有的国家，电视台和广播电台只能播放数量有限的广告。

与平面媒体和电视媒体相比，广播电台在世界范围内依旧是次要的。然而在广告费预算有限的国家，广播覆盖面广的特点可以使它成为与广大消费者市场沟通的高性价比媒体。同时，广告在那些识字率低的国家是有效的媒体。然而有一个正在全世界范围内蔓延的趋势：客户关系管理和互联网广告支出不断增加，导致电视和平面媒体广告支出缩减。

13.4.2　媒体决策

如前所述，数年来报纸广告的数量一直在缩减；许多报纸已经停刊或与其他报纸合并。在印度则相反，重新设计的报纸版面和用亮光纸印刷的增刊吸引了新一代读者，使平面媒体重获新生。印度有数百家使用两种印地语标题的日报，包括《觉醒日报》

（*Dainik Jagran*）和《帕斯卡日报》（*Dainik Bhaskar*）。其他受欢迎的报纸，包括英语版的《印度斯坦时报》（*Hindustan Times*）和《印度时报》（*The Times of India*），每份的价格只有 5 卢比（约 10 美分）。[31] 印度不断变化的媒体环境中的另一个因素：1/3 的人口可以通过使用手机访问互联网。

而在莫斯科，首选媒体是广告牌。托马斯·弗里德曼（Thomas L. Friedman）曾经指出，莫斯科是为 3 万辆汽车设计的城市；但 2000 年前后，汽车数量从 30 万辆增加到 300 万辆。[32] 结果交通拥堵不堪，路途不畅，因此，富有的生意人要在路上花费数小时，也就没有多少时间读报和看电视了。

即使在媒体可获得性高的地方，这些媒体被用作广告载体时也可能会受到限制。例如在欧洲的丹麦、挪威和瑞典的电视广告极为有限。有关商业广告的法规也各不相同；瑞典禁止向 12 岁以下的儿童做广告。2001 年，在瑞典担任欧盟轮值主席国时，政策制定者曾试图将该禁令扩展至欧洲其他地区。虽然最终无果，但瑞典仍然维持着国内的禁令。这也能解释为什么瑞典每年用于平面媒体的开销是电视的 3 倍。[33]

前面曾经提到，文化方面的考虑常会影响广告内容的表达方式。

当然，文化革新总是有可能发生的。例如，沙特阿拉伯最近解除了对电影院的禁令。2018 年，沙特人 35 年来首次在本国的电影院里享用爆米花和电影。首部在首都利雅得（Riyadh）的美国电影院线（AMC）影院上映的电影是令全球为之轰动的大片——《黑豹》。随着更多影院的开放，电影院广告的机会可能也会随之而来。

公共关系和新闻报道

比较宣传与公关的异同，并识别曾受负面宣传影响的跨国公司。

2011 年，美国公共关系协会（Public Relations Society of America，PRSA）推出了给公共关系下定义的活动（Public Relations Defined）。此举对以往公共关系的定义进行了更新。PRSA 向行业专业人士、学者和普通公众征求意见，共收到 900 多个定义。根据最终入选的定义，**公共关系**（publicrelations，PR）是指"在组织与公众之间建立互利关系的战略沟通过程"。[34] 公关人员负责培育公司的各个组成部分和利益相关者与公众之间的相互友善、理解与包容。公关同广告一样，也是营销组合要素中的 4 个因素之一。公关从业人员的任务之一是营造有利的**新闻报道**（publicity）。按照定义，新闻报道是有关公司或产品的信息传播，是免费的（在公关领域、新闻报道有时指"免费的媒体报道"，广告和促销则被称为"付费的媒体报道"）。

公关专业人士的关键作用还体现在应对公司在世界不同地区活动所引起的负面新闻报道、危机或争议等方面。在这种情况下，尤其是事关公司名誉时，较好的公关做法是迅速回应并将事实告知公众。公共关系的基本工具包括新闻发布稿、通信/简报、成套介绍资料、新闻发布会、参观工厂及其他公司设施的活动、商业杂志或专业杂志上的文章、公司刊物或宣传册、电视台或广播电台的访谈节目、特别事件（活动）、社交媒体和公司网页等。

有些公司的高级管理人员对能产生新闻报道的机会津津乐道。例如维珍集团（Virgin Group）创始人、声名显赫的理查德·布兰森就是一部单人宣传机器。他个人作为热气球驾驶员的辉煌成就，为他和公司吸引到了大量的免费笔墨宣传。然而，他们的确也使用传统意义上的媒体广告。维珍集团的品牌开发和公司事务主管威尔·怀特霍恩（Will Whitehorn）在 20 世纪 90 年代曾说："公共关系是公司的核心。如果我们这部分公司做不好，进而会对我们的品牌形象造成不良影响，这种不良影响比大多数公司的都严重。"他还说："在维珍，广告是公共关系的下属组成部分，反之则不成立。"[35]

毋庸置疑，社交媒体作为许多公司的公关工具之一，重要性与日俱增。公关专业人士指出，脸书、推特以及其他 Web 2.0 平台上的消费者与品牌间的互动越来越多。例如，截至 2018 年中，阿迪达斯的经典三叶草（Adidas Originals）已在脸书上获得了 3300 万个"喜欢"，喜力也有 2400 万个"喜欢"。

联邦快递的"我是联邦快递"脸书页面上有一个专题是"来自联邦快递团队成员的故事"。这一沟通渠道可以让该公司 28.5 万名员工分享他们工作和家庭生活的故事。凯旋公关公司（Ketchum Digital）高管乔·贝克尔（Joe Becker）认为，脸书上的对话可以增强联邦快递的品牌内涵。他说："主要目的是让员工们讲述故事或创造故事，从而影响公众对该品牌的看法。"[36] 另一个优点是：由于社交媒体网站的访问者可以立即点击那些指向电子商务网站的链接，因此公司可以很容易地跟踪投资回报率（ROI）。我们将在第 15 章中更详细地讨论社交媒体。

如前所述，公司完全控制着广告的内容，并支付在媒体上发布的费用。然而媒体收到的新闻发布稿和其他公共材料，远远超出它们所能采用的数量。一般而言，公司几乎无法控制新闻稿何时或是否会被采用，也无法直接控制新闻稿的偏向和语气。为弥补这种失控局面，许多公司采用**公司广告**（corporate advertising）的做法。公司广告不管其名称如何，一般认为是公关功能的组成部分。

和"常规"广告一样，公司广告也是由需要进行广告的公司或组织创作并由其支付费用。然而，和常规广告不同的是，公司广告的目的不是依靠通告、说服、娱乐或提醒消费者激发需求。在营销沟通的整体范围内，公司广告常常被用来提醒人们注意公司的其他沟通工作。除下文提到的案例，表 13-4 还归纳了几个著名企业全球新闻通稿的案例。

形象广告（image advertising）用于提高公司在公众中的感知度，以及建立友善关系或宣布重大变化（如合并、收购或剥离）。例如 2008 年，安海斯-布希英博在商业刊物上用整版广告宣布其合并的消息。全球化公司经常利用其形象广告，努力为自己在外国树立好企业公民的形象。

表 13 - 4　影响全球营销公司的负面报道

报道的性质	公司或品牌（母国）
脸书（美国）	当脸书 20 亿用户中约 8700 万人的个人数据与剑桥分析公司（Cambridge Analytica）共享时，隐私丑闻爆发。据称，剑桥分析公司利用这些数据影响了 2016 年美国总统选举
大众汽车（德国）	"柴油机门"排放欺骗丑闻涉及安装在数百万辆汽车上的非法软件破解设备
三星电子（韩国）	旗舰 Galaxy Note 7 上的电池过热，导致一些手机起火。三星宣布在全球范围内大规模召回 Note 7，并敦促所有 Note 7 用户立即关闭手机
巴西石油公司（巴西）	巴西国有石油公司的官员和政界高层，被指控与收取承包商勾结，收取数十亿美元的回扣。这一丑闻在奈飞系列剧《机械装置》（*The Mechanism*）中作为原型播出

　　巴斯夫公司利用广告提高公司生产一种用于汽车、住房建筑和制药行业的创新产品的知名度。波音公司利用在欧洲的消费者广告来建立知名度和商誉。同样，戴姆勒公司举办活动，旨在提高人们对该公司的环保型电动车辆的认识（见图 13 - 4）。该广告将戴姆勒定位为创新者和负责任的企业公民。由于信息和相关图像在全球都具有吸引力，这则广告有助于戴姆勒全球营销策略的实施。

图 13-4　戴姆勒公司是全球领先的无排放自动汽车技术开发商之一。该企业形象广告并非关于公司的汽车品牌本身，相反，是关于该公司正在努力创造未来的环保汽车。

资料来源：Daimler Corporation AG

　　在**观点广告**（advocacy advertising）中，一家公司就特定的社会、环境或文化问题发表其观点。这种传播不是为了销售特定的产品或服务。相反，这是为了表达公司的观点或是在管理层认为重要的问题上寻求支持。第 17 章中展示的新百伦（New Balance）平面广告是此类传播的例证。麦肯世界集团（IPG）开展的一项印刷活动呼吁人们关注干净水资源，短缺的干净水资源在世界许多地区是一个紧迫的问题（见图 13 - 5）。

图 13-5　由于全球水危机，8 亿多人无法获得干净的水。这场危机对妇女和儿童影响很大。麦肯世界集团的这则宣传印刷广告旨在提高人们对这一问题的认识。

资料来源：The Interpublic Group of Companies，Inc

有时公司只需参与全球营销活动，便可产生新闻报道。例如，耐克、沃尔玛和其他营销商收到了大量负面宣传，称其分包商开办血汗工厂。如今，耐克的公共关系团队比以前做得好些，他们通过阐释耐克在经济上给为其生产运动鞋的国家带来积极影响，对这些批评予以有效的回击（见图 13-6）。

图 13-6 在公开露面时，耐克董事长菲尔·奈特（Phil Knight）和其他高管经常为该公司制鞋的亚洲工厂的劳动规定和政策辩护。20 世纪 90 年代末，一名抗议者对耐克提起诉讼，指控耐克公司公开宣称的工作条件构成虚假宣传。在加州最高法院裁定耐克败诉后，耐克提出上诉。2003 年，当抗议者聚集游街时，美国最高法院审理了此案。后来法院驳回了耐克的上诉，案件被发回加州。最终，耐克以同意向工人权利组织支付 150 万美元解决了这起诉讼，但不承认有任何不当行为。

资料来源：Chuck Kennedy/KRT/Newscom.

任何致力于发展国外市场的公司都可以充分发挥公关人员的作用，使他们成为公司与员工、工会、股东、客户、媒体、金融分析家、政府或供应商之间沟通的桥梁。很多公司有自己内部的公关职员，公司也可以在公司之外雇用一个专业公关公司为自己服务。在过去几年中，一些大型广告控股公司外购公关公司。例如，宏盟集团就是由福莱希勒国际传播咨询有限公司（Fleishman Hillard）、凯旋公关公司（Ketchum）和培恩国际公关公司（Porter Novelli）三个广告公司组成的。

13.5.1 公共关系在全球营销沟通中日益重要的作用

担负国际责任的公关人员不能局限于处理媒体关系，也不能只充当公司的代言人。公司要求他们设法同时做好以下工作：与公众保持一致和相互谅解的关系，营造信任与和谐的氛围，说服和影响公众舆论，预见冲突，解决争议。[37] 随着公司越来越多地参与全球营销，产业全球化持续酝酿发展，公司管理层必须认识到全球公共关系的价值。如今，该行业面临的商业环境充满挑战，包含各种威胁和机遇。由于全球经济衰退，许多公关公司收入和利润有所下降。与此同时，经济衰退也增加了对公关服务的需求。爱德曼全球公共关系公司（Edelman Worldwide）的首席执行官理查德·埃德尔曼（Richard Edelman）指出，公关作为企业决策中的关键投入，其地位一直在提高。他说："我们（公关）曾经处于次要地位。"[38]

欧洲有着悠久的公关传统。例如，包括德国公共关系协会在内的许多欧洲公关从业者和行业协会，都是欧洲公共关系联盟成员。总部位于英国的国际公共关系协会有一个阿拉伯语网站，这说明全世界对公关的重要性都有所认知。

促进国际公关发展的另一个重要因素是各国政府间的关系日益紧密。政府、组织和社会团体正就共同关心的问题形成广泛的合作，比如近期全球衰退带来的后遗症、贸易关系、环境问题和世界和平。技术驱动的通信革命引领了信息时代，促使公共关系成为一个真正接触和联系全球各地的职业。智能手机、宽带互联网连接、社交媒体、卫星连接和其他渠道创新使公关专业人员几乎能够随时随地与媒体保持联系。

尽管有这些技术上的进步，公关专业人员仍需与记者、其他媒体代表以及其他主要利益群体的领导者建立良好的公共关系，所以仍然需要有娴熟的处理人际关系的技巧，公共关系实务中一个最基本的概念是了解受众。对全球公关工作者来说，这意味着要了解母国和东道国的受众。所需的具体技巧包括使用东道国语言进行交流和熟悉当地的风俗习惯。一个不懂东道国语言的公关专业人员没有能力与大部分主要受众直接沟通。同样，为了与东道国保持良好的工作关系，在那里工作的公关专业人员必须对各种非语言沟通方式很敏感。在对国际公关专业人员工作的复杂性进行评论时，一位专家指出：总体而言，受众正在变得"更陌生，怀有更多的敌意，而且更加有组织，有力量，疑心更重，类型也更加多样。"作为"跨越地球村内鸿沟的桥梁"（尽管鸿沟正在缩小），国际公关人员能够发挥重要的作用。[39]

13.5.2　世界各地公共关系实践的差异

各国的传统文化、社会背景、政治背景以及经济环境都可能影响公共关系的实践。正如本章前面所述，在许多工业化国家，大众传媒和书面文字是传播信息的重要工具。而在发展中国家，最好的沟通方式可能是在集市或市政厅前面的广场等公共场所敲锣打鼓、沿街叫卖。在加纳，跳舞、唱歌和讲故事是重要的宣传渠道。

即使在工业化国家，各国的公关实践也大相径庭。在美国，地方小型报纸上的许多信息都来自小镇新闻通告。而在加拿大，大都市人口集中，再加上经济和气候条件，都对地方报纸的发展构成阻力。小型报纸的缺乏意味着几乎不存在发送小镇新闻的做法。[40]在美国，公共关系越来越多地被看作一个单独的管理职能，而这种看法在欧洲尚未得到广泛接受。在欧洲，公共关系被视作营销职能的一部分，公关人员并不是公司里独具特色的专门人才。同时，欧洲的公关课程理论性较强，而在美国，公关课程往往是大众传播或新闻学院的组成部分，更侧重于实际的工作技能。

一个在公关实践中有母国中心倾向的公司会将本国的公关活动延伸到东道国。这种做法是因为任何地方的人被激励和被说服的方式多半相同。显然，这种做法没有考虑文化方面的因素。在公关方面采取多国中心方式的公司会给东道国的从业人员更大的余地，便于将当地的习俗融入其公关工作。显然这种方式的优点是能对当地情况反应，但它缺乏全球性的沟通和协调，并会导致公关灾难。[41]

在环境出现动乱时，尤其是出现潜在的或实际的危机时，一个组织对公关的威力和重要性的理解才会受到真正的考验。当灾难来袭时，公司或行业经常发现自己成了公众关注的焦点。在此期间，公司对沟通问题做出快速而有效的处理可能具有重要意义。公司最好做出直率和直接的反应，这可以既让公众放心，又给媒体提供准确的信息。

本章小结

营销沟通（营销组合中的促销要素）包括广告、公共关系、营销推广和人员销售。公司采用**整合营销传播**，就意味着它认可公司沟通策略中的各种因素必须周密地统筹协调。**广告**是一种得到赞助的、有偿的、通过非个人渠道传播的信息。**全球广告**在全世界的广告活动中使用相同的广告诉求、信息、美工和文案。开展全球性活动需要下一番功夫，这迫使公司决定其产品或品牌是否确实存在遍及全球的市场。广告的标准化和因地制宜之间的平衡点往往通过**模板广告**得以实现，这种方法可用于制作本土化的全球广告。许多广告公司隶属于更大的**广告集团**组织。广告主可以委托一家全球广告公司负责全球范围的广告，也可按地区划分，使用一家或多家广告公司。

广告策划的起点是**创作策略**，即表述所要宣传的信息。广告创作者通常要寻觅一个**大创意**，以构筑令人难忘的有效信息。**广告诉求**（理性的或感性的）是能与购买者动机完美结合的沟通手法。**理性诉求**是与心智的对话；**情感诉求**是与心灵的对话。**销售主张**是一种抓住了购买产品原因的承诺。**创意实施**是对诉求或主张的表达方式。**艺术设计**和广告**文案**的创作必须考虑到文化因素。媒体的可获得性在各国之间有相当大的差异。营销者在选择媒体时，不仅会受制于法律法规，有时还要面对识字率的问题。

公司利用**公关关系**促进公司内外各个组成部分之间的友善与理解。公共部门尤其要打造对公司及其产品和品牌有利的**新闻报道**。公关部门还必须在回应负面宣传时，完成公司的沟通工作。重要的公关工具包括访谈、成套介绍资料、新闻发布稿、社交媒体和参观活动等。许多全球化公司使用各种类型的**公司广告**，包括**形象广告**和**观点广告**。特别是在出现危机时，公关部门还负责提供准确、及时的信息。

注 释

1. Thomas R. Duncan and Stephen E. Everett, "Client Perception of Integrated Marketing Communications," *Journal of Advertising Research* (May-June 1993), pp. 119 – 122. 另见 Stephen J. Gould, Dawn B. Lerman, and Andreas F. Grein, "Agency Perceptions and Practices on Global IMC," *Journal of Advertising Research* 39, no. 1 (January-February 1999), pp. 7 – 20.

2. Gavin O'Malley, "Who's Leading the Way in Web Marketing? It's Nike, of Course," *Advertising Age* (October 26, 2006), p. D3.

3. Ken Wells, "Selling to the World: Global Ad Campaigns, after Many Missteps, Finally Pay Dividends," *The Wall Street Journal* (August 27, 1992), p. A1.

4. 要进入榜单, 公司必须报告至少在三个洲的媒体支出。

5. 改编自 "25 Largest Markets," *Advertising Age* (December 8, 2014), p. 28.

6. Meg Carter, "Think Globally, Act Locally," *Financial Times* (June 30, 1997), p. 12.

7. Emma Hall and Normandy Madden, "IKEA Courts Buyers with Offbeat Ideas," *Advertising Age* (April 12, 2004), p. 1.

8. Vanessa O'Connell, "Exxon 'Centralizes' New Global Campaign," *The Wall Street Journal* (July 11, 2001), p. B6.

9. Eric Elinder, "International Advertisers Must Devise Universal Ads, Dump Separate National Ones, Swedish Ad Man Avers," *Advertising Age* (November 27, 1961), p. 91.

10. Ali Kanso, "International Advertising Strategies: Global Commitment to Local Vision," *Journal of Advertising Research* 32, no. 1 (January-February 1992), pp. 10 – 14.

11. Ken Wells, "Selling to the World: Global Ad Campaigns, after Many Missteps, Finally Pay Dividends," *The Wall*

Street Journal (August 27,1992),p. A1.

12. Lindsay Stein, "WPP's Team Detroit, Blue Hive Unify Globally as GTB," *Ad Age* (May 5,2016),p. 3.

13. Nick Kostov and David Gauthier-Villars, "Digital Revolution Upends Ad Industry," *The Wall Street Journal* (January 20 – 21,2018),pp. A1,A10.

14. Angela Doland, "How Japan's Dentsu Climbed to the Top of the Agency World," *Advertising Age* (May 5,2015),p. 17.

15. Erin White and Shirley Leung, "How Tiny German Shop Landed McDonald's," *The Wall Street Journal* (August 6, 2003),pp. B1,B3.

16. Geoffrey A. Fowler, "Commercial Break:The Art of Selling," *Far Eastern Economic Review* (October 30,2003), pp. 30 – 33.

17. John O'Toole, *The Trouble with Advertising* (New York,NY:Random House,1985),p. 131.

18. Randall Rothenberg, *Where the Suckers Moon* (New York,NY:Vintage Books,1995),pp. 112 – 113.

19. Suzanne Vranica, "IKEA to Tug at Heartstrings," *The Wall Street Journal* (September 18,2007),p. B6.

20. Stuart Elliot, "Subaru's Ride with 'Portlandia' Is a Playful One," *The New York Times* (December 10,2014),p. B6.

21. Janet Morrissey, "Marketers Value the Wisdom of Fonts," *The New York Times* (April 1,2018),p. B5.

22. Stephen E. Frank, "Citicorp's Big Account Is at Stake as It Seeks a Global Brand Name," *The Wall Street Journal* (January 9,1997),p. B6.

23. John O'Toole, *The Trouble with Advertising* (New York,NY:Random House,1985),pp. 209 – 210.

24. Roger Thurow, "Shtick Ball:In Global Drive,Nike Finds Its Brash Ways Don't Always Pay Off," *The Wall Street Journal* (May 5,1997),p. A10.

25. Leon E. Wynter, "Global Marketers Learn to Say 'No' to Bad Ads," *The Wall Street Journal* (April 1,1998),p. B1.

26. Melanie Wells and Dottie Enrico, "U. S. Admakers Cover It Up;Others Don't Give a Fig Leaf," *USA Today* (June 27,1997),pp. B1,B2.

27. Gary Levin, "Ads Going Global," *Advertising Age* (July 22,1991),pp. 4,42.

28. Gabriella Stern, "Heinz Aims to Export Taste for Ketchup," *The Wall Street Journal* (November 20,1992),p. B1.

29. C. Anthony di Benedetto,Mariko Tamate,and Rajan Chandran, "Developing Creative Advertising Strategy for the Japanese Marketplace," *Journal of Advertising Research* (January-February 1992),pp. 39 – 48. 许多研究比较了世界不同地区的广告内容,包括 Mary C. Gilly, "Sex Roles in Advertising:A Comparison of Television Advertisements in Australia,Mexico,and the United States," *Journal of Marketing* (April 1988),pp. 75 – 85;和 Marc G. Weinberger and Harlan E. Spotts, "A Situation View of Information Content in TV Advertising in the U. S. and UK," *Journal of Advertising* 53 (January 1989),pp. 89 – 94.

30. Robert T. Green,William H. Cunningham,and Isabella C. M. Cunningham, "The Effectiveness of Standardized Global Advertising," *Journal of Advertising* (Summer 1975),pp. 25 – 30.

31. John Larkin, "Newspaper Nirvana? 300 Dailies Court India's Avid Readers," *The Wall Street Journal* (May 5, 2006),pp. B1,B3.

32. Thomas L. Friedman, "The Oil-Addicted Ayatollahs," *The New York Times* (February 2,2007),p. A19.

33. John Tylee, "EC Permits Sweden to Continue Child Ad Ban," *Advertising Age* (July 11,2003),p. 6.

34. Stuart Elliot, "Public Relations Defined,after an Energetic Public Discussion," *The New York Times* (March 2, 2012),p. B2.

35. Elena Bowes, "Virgin Flies in Face of Conventions," *Ad Age International* (January 1997),p. I.

36. Matthew Schwartz, "Metrics of Success:PR's New Numbers," *Advertising Age* (November 29,2010),p. S14.

37. Karl Nessman, "Public Relations in Europe:A Comparison with the United States," *Public Relations Journal* 21, no. 2 (Summer 1995),p. 154.

38. "Good News:Other Firms' Suffering Has Bolstered the PR Business," *Economist* (January 14,2010),p. 34.

39. Larissa A. Grunig, "Strategic Public Relations Constituencies on a Global Scale," *Public Relations Review* 18,no. 2 (Summer 1992),pp. 127 – 136.

40. Melvin L. Sharpe, "The Impact of Social and Cultural Conditioning on Global Public Relations," *Public Relations Review* 18,no. 2 (Summer 1992),pp. 103 – 107.

41. Carl Botan, "International Public Relations:Critique and Reformulation," *Public Relations Review* 18, no. 2 (Summer 1992),p. 155.

GLOBAL
MARKETING

|全|球|营|销|
（原书第10版）

第 14 章　全球营销沟通决策Ⅱ：营业推广、人员销售、特殊形式的营销沟通

本章精要

- 了解营业推广以及对全球营销者来说最重要的推广策略和工具。
- 列出战略性/顾问式销售模式的步骤。
- 解释在选择不同国籍的销售人员时必须考虑的因素。
- 解释直接营销的优势，并识别最常见的直接营销渠道类型。
- 说明全球营销者是如何将辅助媒体、赞助和产品植入整合到整体促销组合中的。

案例 14 - 1   2015 年米兰世博会

　　2015 年，对世界上一些大型的企业和国家品牌的营销人员来说，条条大路通意大利米兰。为什么这样说？米兰世博会是一系列大型国际展览中最近的一次，这些博览会可以追溯到 19 世纪中期。1851 年在伦敦举办的万国工业博览会是第一次，其他包括 1889 年的巴黎世界博览会、1893 年的芝加哥哥伦比亚世界博览会、1939 年和 1964 年的纽约世界博览会和 2010 年的上海世博会。

　　甚至在世博会之前，米兰就享有"世界设计之都"的美誉。许多具有全球影响力的意大利公司的总部都在那里，包括陆逊梯卡（Luxottica）、倍耐力（Pirelli）和范思哲（Versace）。每年 4 月举行的米兰家具展（Salone Internazionale Del Mobile）吸引了数百万游客前来参观。

　　2015 年 5 月 1 日至 10 月 31 日，米兰世博会的主题是"供给世界：生命的能量"（见图 14 - 1）。组织者承诺将在 250 英亩⊖的土地上进行"为期 6 个月的食物世界的多感官体验"。世博会预计耗资 30 亿美元，旨在为营养教育和更好地管理地球资源做出持久贡献。而且，在经历了多年的衰退和停滞之后，决策者们希望世博会也能造福意大利经济。

　　公司赞助商包括埃森哲、可口可乐、费列罗、麦当劳、三星和圣佩拉格里诺。位于意大利的里雅斯特的意利咖啡是咖啡集群的官方咖啡合作伙伴，其他集群包括谷物、大米、岛屿与鱼类和生物地中海。共有七个子主题，包括农业食品供应链的创新、改善生活方式的食品及世界文化和种族群体中的食品。

　　63 个国家拥有自己的环保展馆；较小的国家在 9 个特定的组别中有代表。还有一些国家是在较大国家的赞助下主办的。例如，法国、德国和中国在其展馆中赞助了较小的国家。

　　赞助和事件（活动）营销是全球公司的关键营销工具。在开发整合营销传播（IMC）解决方案和战略时，全球化公司和广告公司正在使这些和其他特殊形式的营销沟通在传播组合中发挥越来越突出的作用；在 21 世纪的前几十年，全球用于促销的支

⊖　1 英亩 = 4 046.86 平方米。

出一直以两位数的速度增长。

营业推广、直接营销和信息广告和互联网的特殊形式的营销沟通，也越来越重要。人员销售仍然是一个重要的促销工具。综上所述，本章和第13章中讨论的营销组合元素可用于创建支持全球品牌的高效、综合的促销活动。

图14-1　2015年米兰世博会的意大利馆展示了意大利在制造、技术和科学方面的卓越。托儿所象征着人才的培养和进步；这棵树是生命的象征；根传达了意大利许多地区之间的联系。

资料来源：Giovanni Tagini/Alamy Stock Photo.

营业推广

了解营业推广以及对全球营销者来说最重要
的推广策略和工具。

营业推广（sales promotion）是指在有限的时段内所有付费的、针对消费者或商家
的沟通方案，该方案能提升产品或品牌的有形价值。在价格推广中，有形价值可由降
价、赠券或邮寄退款等形式来体现。而在非价格推广中，则可能采取样品派送、赠品、
"买一送一"、抽奖和竞赛等形式。**消费者营业推广**（consumer sales promotions）的目的
是使消费者知晓新产品，刺激非用户试用某种既存产品，或是增加消费者的整体需求。
商贸营业推广（trade sales promotions）常被用来提升产品在分销渠道中的可获得性。
在许多公司，营业推广活动的支出超出了媒体广告的费用。然而，无论开支水平如何，
营业推广也只是诸多营销沟通手段之一。营业推广计划与方案应与广告、公共关系和
人员销售的计划和方案整合协调。

在世界范围内，对于营业推广这一营销沟通工具的日益流行，有多种解释。营业
推广不但给购买者有形的激励，还能降低购买者对所购产品的风险认知。从营销商的
角度看，营业推广的效果是可衡量的；负责促销的经理可以随时跟踪促销结果。总体
而言，许多公司的促销费用在增加，因为他们的广告经费已不再投向传统的印刷和广
播广告。表14-1列出全球营销公司的一些营业推广实例。

表14-1　全球营销公司的一些营业推广实例

公司/促销市场	促销
联合利华/全球	在一个涵盖60个国家、45种不同语言的竞赛中，艾克·阿波罗（Axe Apollo）品牌的营销人员邀请消费者填写一份"宇航员简介"。22名最终入选者有机会乘坐凌仕号亚轨道飞船开始一场太空之旅
迪士尼/中国	为打击假冒商品，迪士尼公司推出"迪士尼神奇游"促销活动，鼓励参与者将迪士尼真品上的全息贴纸寄回公司。参与者可赢得迪士尼的DVD光盘、电视机，甚至中国香港迪士尼乐园免费游的奖励。①
玛氏/全球	全球择色投票：邀请200个国家的消费者投票决定M&M糖果新产品应是紫色、海蓝色还是粉红色，最终紫色胜出
吉尼斯/全球	亚瑟·吉尼斯（Arthur Guinness）是总部位于爱尔兰都柏林的吉尼斯啤酒厂创始人，为纪念其诞辰250周年，公司举行了一系列"亚瑟日"音乐活动

① Geoffrey A. Fowler, "Disney Fires a Broadside at Pirates," *The Wall Street Journal*(May 31, 2006), p. B3.

抽奖、返现以及一些形式的促销手段可能要求消费者提供个人信息，以便公司完
善其数据库。例如，法国农业部（French Ministry of Agriculture）开展的一场全球促销

活动，其目的是促进法国葡萄酒和奶酪的出口。它知道有些消费者可能被法国的烹饪传统吓倒了，这次促销活动就是要展示法国烹饪也可以是轻松自在的。Spoexa 是一家食品营销公司，其受雇在包括加拿大、西班牙和美国在内的 19 个国家/地区举行鸡尾酒会。家庭酒会公司（House Party Inc）作为一家美国营销公司，通过其网站为在美国举办的酒会进行促销。想要主办酒会的人可以在线登记（经过允许后收集他们的个人信息），家庭酒会公司会从中挑选 1 000 人。胜出者将收到购买法国葡萄酒的折扣券；从指定网站购买法国奶酪时还可获得免费赠品（有更多的数据收集机会）。每位胜出者还会收到一套酒会用品，包括软木瓶塞钻和围裙等。作为回报，主办酒会的人同意家庭酒会公司通过照片和博客介绍他们的酒会，并在酒会之后回答相关问卷，向赞助方反馈有关所用食品和葡萄酒的信息（仍是更多的数据收集）。最后，各种商店和超市也会为在酒会中用到过的法国商品举办店内促销活动。[1]

全球化公司有时可以将在一国市场上获得的经验用于另一市场。例如，2015 年 7 月 17 日，百事可乐公司在加拿大、俄罗斯和泰国推出了"百事可乐"促销活动。此次活动期间恰逢世界表情日；该品牌软饮料罐和瓶子上的标签上有特殊的表情符号。常饮百事可乐的人可以下载一款 iOS8 应用程序，该应用程序配有一个定制的 35 个字符的键盘，消费者可以向社交媒体上的朋友分享表情符号。不久，随着用户提出新的设计，百事可乐成了潮流。2016 年此次推广非常成功，以至于其传播到了全球的 100 多个市场。该活动包括国际通用和当地的表情符号。而且，该计划以真正的整合营销传播方式，得到了传统和数字媒体广告的支持。[2]

通过参加诸如美国促销协会（Promotional Marketing Association of America，PMAA）等组织举办的专题研讨会，国际业务经理可以了解美式促销的策略和战术。但有时需要有所调整，以适应各国的具体情况。例如，法国的电视广告不准进行电影搭售。设计广告时必须注重营销而不是电影情节。这类规定对迪士尼这类媒体公司产生影响，因为这类公司的电影作品在全球范围内发行。

至于营销沟通的其他方面，一个关键问题是：促销工作究竟应由总部来指挥，还是应将权力交给所在国的经理。一份研究报告的作者指出，一度对**消费者营业推广**和**商贸营业推广**实行多国中心主义的雀巢公司和其他大公司，已经在重新安排它们的工作。卡萨尼和奎尔奇（Kashani and Quelch）认为，以下四种因素通常会使总部更多地介入营业推广活动：[3]

1. 成本：随着营业推广所需经费日益增多，总部经理自然对此更加关切。
2. 复杂性：促销计划的制订、实施和后续跟进可能需要一些技能是当地经理所不具备的。
3. 全球品牌建立性：全球品牌的重要性与日俱增，说明总部有必要介入，以保持不同国家之间的一致性，并确保当地促销计划得以在其他市场应用。
4. 跨国贸易：由于合并和兼并使零售业的集中度越来越高，伴随着行业的全球化进程，零售商将努力与供应商协调促销计划。

尽管有总部的介入，但在多数情况下，还是当地市场的经理最了解当地的具体情况。因而在推出促销计划之前，应当先咨询这些经理。在确定促销活动地方化程度时，必须考虑以下因素：

- 在经济发展水平较低的国家，低收入限制了可用的促销手段的种类。在这类国家，更可能采用样品派送和演示的方法，而不是赠券或赠品。
- 市场的成熟度因国家而异，消费品样品派送和赠券适用于成长中的市场，但在成熟市场可能需要实行贸易折让或品牌忠诚度方案。
- 对具体促销手段或方案的看法也不尽相同。例如，日本消费者不喜欢在收银台使用赠券。某种超值优惠可能是在浪费钱。
- 某些国家的当地规定可能不允许使用某种促销方式，如内附优惠券或邮寄折扣券等。
- 零售业的行业结构会影响营业推广的运用。正如在第 12 章所提到的，在美国和部分欧洲国家，零售业高度集中（即由沃尔玛等少数主要竞争对手统治市场）。这种情形要求企业在渠道和消费者两个方面都大力开展促销活动。相反，在零售业比较分散的国家（如日本），进行促销活动的压力就会小一些。

14.1.1　样品派送

样品派送（sampling）是一种营业推广技巧，可使消费者有机会免费试用产品或服务。正如宝洁公司首席品牌官马克·普理查德（Marc Pritchard）所说："消费者最关心的是在购买前能先试用。"[4]典型的样品派送就是通过邮寄、上门或在零售点给消费者分发单次用量的包装产品，如谷类早餐、洗发液、化妆品或洗涤剂。

50 多年前，龟甲万品牌（Kikkoman）酱油在美国并不为人所知。时任龟甲万公司名誉首席执行官兼董事会主席的茂木友三郎（Yuzaburo Mogi）开始在美国超市实施样品派送计划。茂木和他的雇员免费发放使用龟甲万酱油做调料的食品样品；如今龟甲万的海外利润中，70% 来自美国市场。[5]该公司仍在继续使用该方法作为营销沟通手段。例如，在烧烤季节，龟甲万的促销策略是在超市肉类商品区的过道上分发酱汁配方以及货架商品优惠券。在感恩节来临之际，其策略则是在销售禽类的区域放置火鸡腌制配方。[6]

样品的单价在 10 ~ 50 美分之间，每个派送方案一般派送 200 万 ~ 300 万份。样品派送的最主要问题是成本，另一个问题是营销经理难以评估派送方案的投资回报率。如今，许多公司采用活动营销和赞助的方法，在音乐会、体育活动或有大量消费者参加的特殊活动（如食品节和饮料节）现场发放样品。在信息时代，样品派送也可以是一周免费收看有限电视频道，或免费试用计算机上网服务；互联网用户也可以通过公司的网站索要样品。

与其他营销沟通方式相比，样品派送更可能使产品真正被试用。为确保产品试用，消费品公司越来越多地采用所谓的"使用地点"样品派送的方式。例如，星巴克在夏季派出"清凉巡逻队"，在交通拥堵时段到繁华市区，向在高温笼罩下的行人分送冷藏的卡布奇诺咖啡样品。在"易脏地点"样品派送中，联合利华公司雇了一家促销公司，在美食广场和互动式动物园中，分发利华2000（Lever 2000）擦手巾。联合利华公司的家庭和个人护理用品促销主管迈克尔·墨菲（Michael Murphy）说："我们正变得越来越聪明。我们要在何时、何地和发放什么赠品方面做得更加精确。"[7]

如果通过广告或其他途径不足以使消费者信服，那么样品派送就格外重要了。例如在中国，凡顾客不曾用过，特别是价格高于当地品牌若干倍的进口消费品，他们都不想按常规包装购买。

宝洁在中国的洗发水市场占有优势，其成功的原因在于公司精妙的市场细分，加上强有力的样品派送方案。宝洁向中国市场投放了四个洗发水品牌：飘柔（柔软美发）、潘婷（滋润）、海飞丝（去头屑）和沙宣（时尚）。[8]宝洁发放了数百万份洗发水样品，经过无风险试用后，已被许多消费者购入使用。然而，如今宝洁面临一个新的挑战：因为中国的城市"千禧一代"正在青睐高端、小众品牌，这是以海飞丝等主流品牌的利益为代价的。

14.1.2 赠券

赠券（coupon）是一种印制的证明，持有者在购买某种产品或服务时有权享受降价或其他特殊照顾。在美国和英国，营销人员大量使用报纸投送赠券；90%的赠券被印成单页分发，即**插页广告**（free-standing insert，FSI）。绝大多数插页由周日的报纸附送，**包装外赠券**（On-pack coupons）是产品包装的一部分或附件，通常可在收款台当场兑现。**内附赠券**（In-pack coupons）则置于包装之内。赠券也可在商场分发，挂在货架上供顾客自取或邮递到户，或在收款台以电子形式发放。另外，通过互联网发放赠券的数量也在增加。

交叉赠券（cross coupons）随某一产品分发，但也可用于兑现其他产品，如牙膏的赠券可能随牙刷附送。

美国发放赠券的数量远远超过世界上任何其他国家。据跟踪赠券趋势的NCH营销服务公司（NCH Marketing Services）的报告，美国每年发放约3亿份赠券，其中实际由消费者兑现的仅占1%左右。在线赠券也在快速增长，谷歌是试行在线赠券的公司之一。[9]

赠券是快速消费品公司（如宝洁和联合利华）最喜欢使用的促销手段，其目的是奖励忠实用户和鼓励非用户试用其产品。在欧盟，赠券被英国和比利时广泛使用。约瑟夫·波塔奇（Joseph Potacki）曾在美国促销协会（PMAA）专题研讨会上讲授"促销基本原理"，他说，赠券是促销组合的一个方面，但在实际操作方面则反映了美国与世界上其他国家最大的不同，在美国，赠券促销占整个消费品促销费用的70%。而在其他地方，这个比例要低得多。波塔奇说："赠券在许多国家不流行甚至不存在的原因是，它们的文化不接受赠券这种东西。"他还指出，赠券在英国等国家日益重要，是因为零售商对它的好处日渐了解。[10]

社交赠券（social couponing）是当今最热门的在线促销趋势之一。行业领导者高朋（Groupon）公司为其追随者提供了由当地企业赞助的每日团购赠券。这些粉丝可以通过社交网络分享他们的经历，为当地企业赢得客户，而高朋则会从这些赠券产生的收益中分一杯羹。高朋以惊人的速度增长，一年内从 1 个国家扩展到 35 个国家/地区。其大部分增长来源于收购。截至 2016 年底，高朋在几十个国家/地区拥有 5 000 多万用户。超过半数的高朋网站访问者生活在欧洲；33% 在北美。它的主要投资者之一是俄罗斯的互联网投资集团——数字天空科技（Digital Sky Technologies，DST）。

14.1.3　营业推广：争议与问题

如前所述，许多公司在选定样品派送目标方面注重其战略作用。而在赠券方面，零售商必须把已兑现的赠券汇集起来，集中送往处理中心。很多时候，赠券未能在购买时进行验证；此外，欺诈性的兑付也使营销商每年遭受数亿美元的损失。欺诈也有别样的方式。例如，在 2004 年超级碗转播期间，百事与苹果公司的 iTunes 音乐库联合开展促销活动。苹果公司计划免费（正常价格为每首 99 美分）赠送 1 亿首歌曲，消费者可从百事可乐的瓶盖里获得一个代码，上网输入代码即可获得下载权。促销计划是每 3 瓶百事可乐就有 1 次获奖机会。然而很多人发现，把瓶子向一侧倾斜，就能知道该瓶是否有奖。不仅如此，他们甚至无须购买百事可乐便可以看到代码![11]

由于各种各样的风险，公司在策划和执行营业推广时必须极为小心。在某些新兴市场，如果公司钻了法规的空子，而消费者对这种行为又未予抵制，那么这些活动的结果往往会让人惊讶和不满。营业推广在欧洲是受到严格管制的。由于广播广告在斯堪的纳维亚国家受到严格的管制，营业推广在那里较为流行。但是在北欧国家，促销活动本身就受到法律约束。随着欧洲单一市场的发展，如果相关法规协调一致，并变得宽松一些，公司就能推出面向整个欧洲的促销活动。

<table>
<tr><td>全球营销
14.2</td><td># 人员销售
列出战略性/顾问式销售模式的步骤。</td></tr>
</table>

人员销售（personal selling）是公司销售代表和潜在购买者之间进行的面对面的交流。卖方的沟通行为着力于向买房提供信息并劝说其购买产品，短期目的是达成一项交易，长期目的是与购买者建立一种关系。销售人员的任务是正确了解购买者的需要，并据此选择公司的产品进行匹配，然后说服顾客购买。因为人员销售过程提供了一个双向交流的渠道，所以它在价格昂贵、技术复杂的工业品营销中尤为重要。销售人员常可以向总部提供重要的顾客反馈，以帮助公司制定设计和工程决策。

若想实现有效的人员销售，就应在销售人员的本国市场与顾客建立联系。在全球营销中，买卖双方可能来自不同的国家和文化背景，因而更具挑战性。在全球市场上，

全球营销（原书第10版）

除了这些挑战，工业品更需要面对面的人员销售，其重要性再怎么强调也不为过。例如，西班牙伊比利亚航空公司（Iberia Airlines）要更新其远程机队时，波音及其对手空中客车的销售人员与西班牙伊比利亚航空公司的首席财务官进行了无数次会面。商谈的焦点是价值约 20 亿美元的 12 架飞机订单。入围的考虑对象是波音 777 – 300ER（增程型）和空中客车 A340 – 600。各方经过初次投标后，即进入谈判。波音首席推销员托比·布莱特（Toby Bright）与空中客车的约翰·利希（John Leahy）对阵。伊比利亚航空公司的要求包括飞机价格折扣和转卖价值保证。经过数月的会晤和对提案的修改，空中客车公司得到了这份合同。[12]

在广告受到各种限制的国家，人员销售也是常用的一种营销沟通手段。例如在日本，任何类型的对产品进行比较的广告都难以获得批准。在这种情况下，人员销售提供了与竞争产品进行硬碰硬、逐一比较的可能。在工资水平低，因而得以雇用大批当地销售人员的国家，企业也经常使用人员销售的方式。当 HBO 在中欧地区扩张时，该公司通过挨家挨户上门推销服务，在匈牙利建立了其核心用户群。

在世界上某些地方，人员销售的成本效益促使许多基于美国的商家得以在海外销售产品和服务。如果进入成本低，公司就更有可能试探新的领域或产品。例如，有些高科技企业利用拉丁美洲的低成本销售人员向顾客介绍其新产品特点。只有在反应积极时，商家才会投入大量资源在美国开工。

在海外建立人员销售结构所固有的风险仍然存在。关键问题并不是东道国的销售和营销人员能否比远程队伍带来更多的利润，即使在多数情况下他们能。相反，问题在于东道国的队伍应该由其国内人员还是由**驻外人员**（expatriates）——从母国被派到外国去工作的人——组成。

值得注意的是，许多环境问题以及前几章提到的挑战，往往是在完成了人员销售方案的初始阶段后才出现的。这些问题包括：

- 政治风险。不稳定或腐败的政府可能会完全改变相关销售队伍的规则。如果你想建立新业务的国家政变在即，或那里的独裁者要求某种"回报"（在许多发展中多家发生过这种事情），则需要特别小心。

  在专制体制下的国家，销售工作的目标对象和所要传达的信息常常受到压缩和限制，因为只有政府的计划制订者才能决定生意如何做。
- 法规障碍。政府有时会设置配额或征收关税，从而影响外国销售队伍入境。部分原因是政府认为这是方便的收入来源，但更重要的是政策制定者希望确保当地商家的销售队伍在产品服务及价格上都能保持竞争优势。
- 币值波动。币值波动而不是效率低下或缺乏市场机会，致使公司的销售工作脱轨，这类事件已有多起。例如在 20 世纪 80 年代中期，卡特彼勒的全球市场份额下降，原因在于美元的坚挺使小松制作所拉走了美国的顾客。此后，就在卡特彼勒的管理层陷于国内问题时，竞争对手削弱了它在全球市场的地位。
- 未知的市场信息。公司进入一个新的地区时，它的销售策略可能失灵，这可能是由对市场情况的不了解、当地的习惯做法或其国内竞争对手的牢固地位造成的。

等到终于研究出克服这些障碍的招数时，往往为时已晚，公司已无法取得成功。此外，如果公司在进入之前用过多的时间进行市场调研，也可能会发现已错失机遇，而没有受到"分析瘫痪综合征"侵扰的竞争者却已捷足先登。因此，很难笼统地说何时是进入一个新国家市场的最佳时机。

如果公司能够克服（或者至少最小化）上述挑战，人员销售可以在名为战略性/顾问式销售模式的辅助下得以实施。

战略性/顾问式销售模式

图14-2展示的是在美国被广为接受的**战略性/顾问式销售模式**（strategic/consultative selling model）。这种模式分为5个相互依存的步骤，每一个步骤有3种可选做法，可用作销售人员的查点清单。[13]许多美国公司已经开始拓展全球市场，并建立了面对面的销售队伍，其中有的直接用公司员工，有的则通过签约销售代理间接进行。结果战略性/顾问式销售模式在世界范围内的应用日益广泛。这种模式的预期效果是能同顾客建立高质量的伙伴关系，要达到这个目的，关键是将这个销售模式不折不扣地付诸实施，并持续跟踪。美国国内的销售队伍比较容易做到这一点，因为他们靠近总部，国际的销售队伍则困难得多。

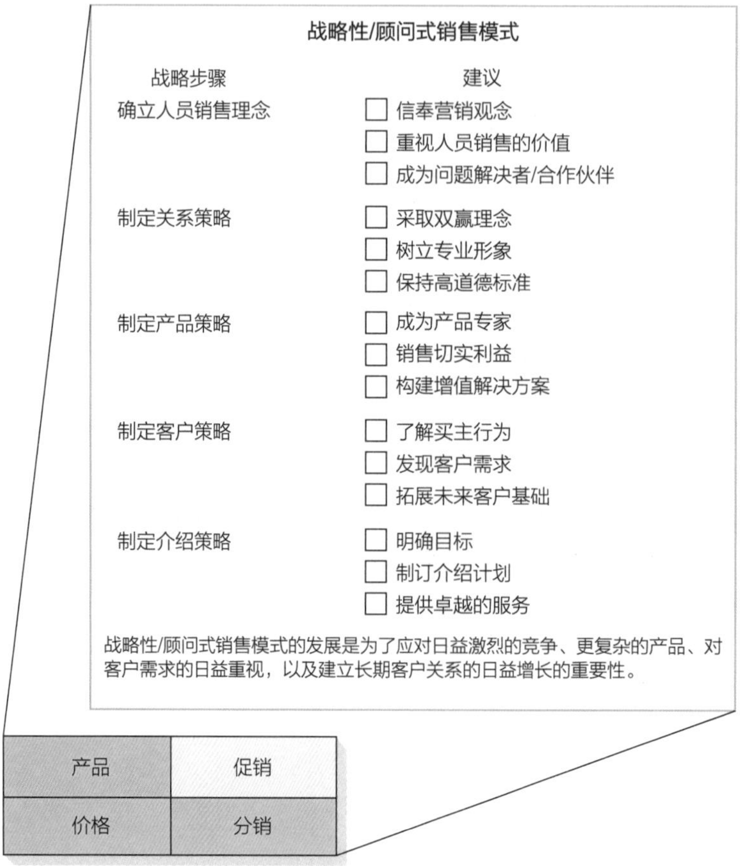

战略性/顾问式销售模式

战略步骤	建议
确立人员销售理念	☐ 信奉营销观念 ☐ 重视人员销售的价值 ☐ 成为问题解决者/合作伙伴
制定关系策略	☐ 采取双赢理念 ☐ 树立专业形象 ☐ 保持高道德标准
制定产品策略	☐ 成为产品专家 ☐ 销售切实利益 ☐ 构建增值解决方案
制定客户策略	☐ 了解买主行为 ☐ 发现客户需求 ☐ 拓展未来客户基础
制定介绍策略	☐ 明确目标 ☐ 制订介绍计划 ☐ 提供卓越的服务

战略性/顾问式销售模式的发展是为了应对日益激烈的竞争、更复杂的产品、对客户需求的日益重视，以及建立长期客户关系的日益增长的重要性。

产品	促销
价格	分销

图14-2 战略性/顾问式销售模式

资料来源：Manning, Gerald L.; Ahearne, Michael; Reese, Barry L., *Selling Today: Partnering to Create Value*, 14th Ed., © 2018, Pearson Education, Inc.

第一步，销售代表必须确立**人员销售理念**（personal selling philosophy）。这一理念表现为，销售代表信奉营销观念，并愿意扮演问题解决者或合作伙伴，为客户提供帮助。职业销售人员必须坚定地相信销售是有价值的活动。

第二步，要制定**关系策略**（relationship strategy），也就是与未来的和现有的客户建立高质量的关系。这种关系策略为融洽和相互信任创建了一个蓝图，而这是建立长期客户关系的基础。这一步把销售人员与关系营销直接联系起来，强调与客户建立长期客户关系的重要性。许多总部设在美国的公司在美国国内市场的销售中采用了关系营销法；对于希望在全球营销中获得成功的公司，这个概念同样相关（也许相关性更大）。

第二步，销售代表如果想形成国际水平的人际策略和关系策略，明智的做法是先后退一步，弄明白这种策略将如何适应外国环境。例如，"我要不惜一切地得到你的生意"的激进做法在许多美国大城市里是常用的，甚至是更为可取的，但在有些文化背景下，这却是最糟糕的做法。所以，对公司的销售管理部门和销售队伍来说，谨慎的办法是投入必要的时间和精力去了解他们将开展销售业务的全球市场。在许多国家，人们对销售技巧只有初步了解，接受程度也低。在美国表现出色的销售活动在其他国家可能根本不起作用。当地的专家，如顾问或代理，或许能够提供务实的信息，这种信息有助于销售代表制定有效的关系策略。如果销售队伍（包括驻外人员）在当地没有熟人可以咨询，那么上述人士提供的建议就特别有用。销售代表必须明白，要想在尊重的基础上发展关系，必须有耐心并入乡随俗，这是一种重要的品性。

第三步，要制定**产品策略**（product strategy），也就是形成一个计划，能够帮助销售代表对产品进行挑选和定位以满足客户的需要。职业销售人员必须是一个专家，不仅要对他所销售的每一件产品的特点与属性有深刻的了解，还应了解竞争对手所提供的东西；然后运用所了解的东西对产品进行定位，并就与客户的欲望和需求相关的利益进行沟通。同人员销售理念和关系策略一样，这一步也必须了解目标市场的特点，并清楚地了解，当地的需求和欲望可能会要求公司提供的产品不同于本国现有的产品。

直到最近，大多数从事国际销售的美国公司都只是提供产品，而不是提供服务。例如，约翰迪尔公司（John Deere）过去向那些仍以农业为经济支柱的国家出口高质量但相对简单的农机设备，因而奇迹般地扩大了其在全球市场的份额。而今天，由于全世界对科技相关服务的爆炸性需求，情况已经出现了改变。例如，2000 年，IBM 税前收入的 24% 来自硬件销售，另有 40% 来自服务。而如今，硬件只占其税前收入的 8%，软件服务（"认知解决方案"）占到 23%。增长最明显的领域是云平台和技术服务，目前约占公司收入的 43%。[14]2011 年，在 IBM 成立 100 周年之际，《经济学人》对该公司多年来的成功秘诀进行了总结：

> "从一开始，作为一家制造复杂机器的厂商，IBM 别无选择，只能向其客户解释其产品，因此他们对客户的业务需求了如指掌。从那之后，客户和供应商之间建立起了紧密的关系。"[15]

简而言之，IBM的成功在很大程度上归功于其出色地执行了战略性/顾问式销售模式的第四步，即制定**客户策略**（customer strategy）。它是一项计划，能够确保职业销售人员最大限度地回应客户需求。这样做需要对客户行为有基本的了解，而且职业销售人员必须尽可能收集和分析每个现有客户或潜在客户的需求信息。客户策略也包括建立未来客户的基础，其中既有现有的客户，又有潜在的客户（或销售线索）。符合条件的销售线索是指有较大可能性购买产品的人。许多销售组织因追逐过多的不符合条件的销售线索，而降低了自己的生产率。这个问题对于国际销售团队极具挑战性，因为客户的暗示或"购买信号"可能与销售代表在本国已经验证的并不相符。

第五步也是最后一步，面对面的实际销售要求有制定**介绍策略**（presentation strategy）。内容包括确定每一次销售访问的目的，并根据此目的制订介绍计划。介绍策略必须以销售代表承诺向客户提供优质服务为基础。如图14-3所示，这五种策略与适当的人员销售理念结合起来，才能构建高质量的伙伴关系。

人员销售理念

图14-3 构建高质量的伙伴关系

资料来源：Manning, Gerald L.; Ahearne, Michael; Reese, Barry L., *Selling Today*; *Partnering to Create Value*, 14th Ed., © 2018, Pearson Education, Inc.

介绍计划（presentation plan）是介绍策略的核心，通常分为六个阶段：接近、介绍、演示、谈判、成交和销售服务（见图14-4）。每个阶段的相对重要性可能因国家或地区而异。前面已多次说过，全球销售人员必须了解相关的文化准则和适当的礼仪——从得体的互换名片，到说话时音量适当，以及与决策者进行适当的目光接触。在某些国家，接近阶段是漫长的，买方先从个人层面对销售者进行了解或打量，全然不提有待进行的交易。在这种情况下，只有在确实已建立融洽关系后才可开始介绍。例如，在拉丁美洲和亚洲的某些地区，可能需要数周乃至数月才能建立起这种融洽的关系。客户所看重的可能是常规工作时间之外的表现，而不是早晨8点到傍晚5点的正式工作时间里有何成果。

在介绍计划的六个阶段中，第一个阶段是指销售代表同客户或潜在客户初次接触。这个阶段最关键的因素是要完全了解决策的过程和每一个参与者的角色，如决策者、影响者、同盟者或阻碍者。此外，了解跨文化沟通的差异也至关重要。例如，在英国，行为的"不成文规则"之一就是"没有名称"规则。正如凯特·福克斯

全球营销（原书第10版）

介绍计划的六个阶段	
第一阶段： 接近	☐ 回顾战略性/顾问式销售模式 ☐ 与客户接触
第二阶段： 介绍	☐ 确定未来客户的需求 ☐ 选择产品或服务 ☐ 开始销售介绍
第三阶段： 演示	☐ 确定演示内容 ☐ 选择销售手段 ☐ 开始演示
第四阶段： 谈判	☐ 预见客户所关心的内容 ☐ 设计谈判方法 ☐ 开始双赢谈判
第五阶段： 成交	☐ 设计适当的成交方法 ☐ 认识成交的线索 ☐ 提出成交方法
第六阶段： 销售服务	☐ 推荐销售产品 ☐ 顺势进行 ☐ 跟踪访问

服务、零售、批发和制造商销售

（Kate Fox）所解释的"傲慢的美国人"的做法，例如，伸出手并带有灿烂的笑容说"嗨，我是比尔，你好吗?"，这会让有些英国人感到畏缩和尴尬。[16]

在某些国家或地区，靠观察会谈期间的行为难以分辨谁的地位最高。通常是销售代表投入了相当多的时间营造了融洽的氛围，并从各个角度和不同的方面了解到客户公司的全面情况后，才能得到这种战略性的关键信息。

第二个阶段是介绍。公司应对未来客户的需求做出评估并匹配公司的产品。为了有效地同外国听众进行沟通，介绍的风格与内容都必须经过仔细斟酌。在美国，介绍的意图就是销售和说服，而国际版本的介绍意图就应是教育和通告。在全球销售中，高压手段很少奏效，尽管它在许多美国销售宣传中是一种常见的组成部分。内容同样非常关键，因为在美国的讨论中可接受的内容可能会使外国听众感到被冒犯或感到迷惑。阿道夫·库尔斯公司（Adolph Coors）的销售代表在同一家外国潜在客户的谈判中发生了一件好笑的事情。在介绍的过程中，第一张幻灯片里包含了库尔斯公司的口号"把它拧松"（Turn It Loose），然而几秒后听众都咯咯地笑了起来。原来，该口号翻译成当地语言就成了"腹泻"，而介绍者显然无意向观众传达这样的意思！

第三个阶段是演示。在这个阶段，职业销售人员有机会针对客户定制沟通方案，并可交替使用口述和演示的方法表明产品是如何迎合客户需求的。作为一种促销手段，在第三个阶段人员销售具有重要优势。潜在客户的感官也会发挥作用，他们可以看到、触摸到、品尝到或听到演示的产品。

在演示过程中，潜在客户可能会对产品本身、价格或销售等其他方面表示担心或反对。在国际环境中处理反对意见也是一门有学问的艺术。在有些情况下，这只不过是销售惯例的组成部分，客户也期望销售代表能够对相关产品的优劣进行生动的说明。而在某些情况下，如果已经明显出现某种形式的分歧，进行公开讨论则是大忌；这类对话应一对一地进行，或在只有少数关键人物在场的小范围内进行。销售培训中有一个常见的主题，即积极倾听的概念。如第 4 章所述，在全球销售中，语言和非语言的沟通障碍构成了特殊的挑战。在成功地克服反对意见后，即可进入实际谈判。

第四个阶段是谈判。要确保客户和销售人员在离开演示现场时都是赢家。有经验的美国销售代表知道，要想在美国赢得订单，谈判阶段常常需要使用坚持不懈的战术。然而当美国式的坚持不懈演变成固执或强硬时，则会使一些外国客户觉得粗鲁和无礼。这可能使谈判很快终止。

反过来说，在另一些国家，坚持不懈经常意味着"持久的耐力"，在实际成交之前，卖方愿意耐心地花上几个月甚至几年的时间。例如，期望进入日本市场的公司必须准备花费若干年的时间进行谈判。

谈判阶段完成后，销售代表便可进入第五个阶段——成交，进而请求客户订货。至于用多么直接的语言提出这个请求，不同国家的客户的接受程度也不尽相同。在拉丁美洲，大胆地宣布成交会受到尊重；而在欧洲，成交需要更多地顺从决策者的意愿。同处理反对意见和谈判一样，成交是由全球商务与销售的知识和经验带来的一种销售技巧。

第六个阶段也是最后一个阶段——销售服务。一笔成功的交易并非签署了订单就算结束；为确保客户对所购产品感到满意，必须制定实施程序（其中可能包括交货和安装），还必须确定客户服务方案（见图 14-5）。由于物流和运输问题，以及各个阶段需要东道国提供的资源等潜在问题，实施过程可能相当复杂。运输模式的选择在第 12 章已有叙述。有关实施过程和售后服务所需资源的决策与下文所述的人员销售结构决策类似。用客户所在国的国民完成实施过程在成本上有益处，但质量控制上较难得到保证。为了实施过程中的主要任务而专门建立外派团队，又成本太高，且在国际运作达到成熟和实现盈利之前没有理由这样做。然而，派出实施队伍到东道国也有费用和监督等问题。即使实施问题得到了妥善处理，完善的客户服务工作也需要面对同样的问题，即究竟使用东道国国民、驻外人员还是第三国国民？

图 14-5 这对杜邦先锋（Dupont Pioneer）的平面广告传达了这样一个事实，即该公司的全球销售代理网络致力于提供一流的客户服务。在全球范围内，先锋品牌、专家建议和客户支持相关联：对于农民来说，拥有适合其特定土壤和气候条件的适宜种子非常重要。先锋的销售人员配备平板设备进入农田，记录和存储每个农民需要的数据。代理商还可以搜索先锋的数据库，寻找每英亩产量最高的产品。2019 年，杜邦先锋公司更名为 Corteva Agricience。

资料来源：Courtesy of DuPont.

销售人员国籍

解释在选择不同国籍的销售人员时必须考虑
的因素。

　　如前所述，在全球开展销售业务的公司面临的基本问题是销售队伍的国籍组成。可能的选择有，利用驻外销售人员、雇用东道国国民或招募第三国销售人员（见图14-6）。人员决策取决于若干因素，包括管理层导向、产品技术的先进程度和目标国所处的经济发展阶段。母国中心导向的公司可能喜欢选用驻外人员（第一个办法），而且不管目标国家的技术或经济发展水平如何，都采用标准化做法。在发达国家进行销售的多国中心导向公司应该选用驻外人员销售技术复杂的产品；如果产品的科技水平较低，则可利用东道国的销售队伍。在欠发达国家，销售科技含量高的产品应当用东道国国民；销售科技含量低的产品用东道国代理。在地区中心导向的公司，销售人员的国籍最为多样化。除了发达国家的高科技产品外，在所有情况下都可能使用第三国国民。[17]

　　除了上述因素外，管理层还应权衡不同选择的利弊。首先，驻外人员来自公司本国，往往掌握着更多的产品知识，并可能完全熟知公司对售后服务的承诺。在他们的思想中，公司理念和公司文化根深蒂固。其次，他们制定的措施往往更为可取，并能够遵守总部的政策，而且一般来说出现失控或对总部不忠诚的可能性也较小。最后，派往国外也能给雇员提供宝贵的经验，从而增加晋升机会。

图14-6　在全球营销中，销售会议和演示通常涉及不同国籍的人。这些个人可能包括驻外人员（来自总部所在国）、东道国国民和第三国国民。一个成功的销售人员需要花时间使战略性/顾问式销售模式适应具体的销售情况。可能还需要调整介绍计划六个阶段的各种要素。你能想到你的母国沟通模式有哪些特点需要适应吗？

资料来源：Rawpixel．com/Shutterstock

　　但是，利用驻外人员也有几点不利之处。如果总部的理念过于根深蒂固，驻外人员可能很难理解并融入外国环境。这最终会造成巨大损失：他们的销售工作在市场上可能反响不佳，或因"身在曹营心在汉"，难以全力开发当地市场，反而导致高额成本。事实上，维持驻外销售队伍也是极其昂贵的：美国公司用于驻外人员及其家属的年平均费用超过25万美元。公司除了向他们支付薪水外，还需要支付搬迁费、生活费用补助金和东道国税负。尽管在他们身上投资很多，许多驻外人员还是不能完成任务，因为他们在派驻国外之前接受的培训和指导不够充分。

第二个办法就是建立一支由东道国人员组成的销售队伍。当地人有若干优势，包括熟悉市场与商业环境，有语言技能和通晓当地文化。最后一点在亚洲和拉丁美洲特别重要。此外，当地人员本来就在目标国家，所以没有高成本的搬迁问题。不过，东道国国民可能存在与母公司不相吻合的工作习惯和销售方式。不仅如此，公司的销售经理一般较难控制完全由东道国国民组织的活动。总部的管理人员在培养忠诚度方面可能也会遇到困难，在对东道国国民进行有关公司和公司产品的培训和教育方面，可能需要加大力度。

第三个选择是雇用既不属于总部所在国又不属于东道国的人员，这种人被称为第三国国民。譬如总部设在美国的公司可能雇用泰国人到中国做代表。这种办法与用东道国国民有许多共同的优势。此外，如果有由于冲突、外交关系紧张或其他方面引起的分歧引起公司所在国与目标国之间的不和，来自第三国的销售代表有可能被认为是中立的或"不相关"的，因而还可继续公司的销售活动。当然，第三国国民方案也有一些缺点。潜在客户可能感到不解，为什么他们所接触的既不是当地人又不是总部所在国的人；第三国国民的报酬如果不及驻外人员或公司东道国人员，他们可能会缺乏积极性；此外，如果他们期待的任职被派给了他人，他们可能会感到自己升迁无望。

大多数公司在经过多次创建销售队伍的摸索后，如今都想建立混合的销售队伍，即由驻外人员和当地国民构成均衡的组合。这种方式的关键词是"平衡"，因为这两组人之间发生冲突的可能性总是存在的。这也是在早期投入上最昂贵的方案，因为既有驻外人员的搬迁问题，又需要对当地国民进行全面培训。但是，为了做生意并开展海外人员销售，一般认为短期的开支是有必要的。

管理层研究过以上各种选择之后，可能会质疑由他们自己的人组成销售队伍的适当性。还有第四个选项，即利用**销售代理**（sales agents）的服务。代理人按合同行事，不是公司的全职雇员。从全球角度看，为了进入一个特定的国家或地区，更合理的做法往往是建立一个或多个代理机构。在某些情况下，由于地区偏远或缺少收入机会（客户与其总部不在一地，且客户地处服务网点可及范围之外）等原因，公司会在相当长的时期内雇用代理公司。迄今为止，在非洲开展销售活动的大多数美国、亚洲和欧洲公司都雇用代理机构来代表它们的利益。

销售代理比专职的东道国国民销售代表省钱得多，同时他们具有东道国国民销售人员一样的市场和文化知识。如果开始时使用代理机构，而且销售工作出现进展，便可逐渐用制造方的销售队伍取代他们。反过来，公司也可以在开始时用自己的销售队伍，然后改用销售代理。宝洁公司在墨西哥的黄金商店计划（Golden Store）便是利用各种销售队伍的绝好例证。最初宝洁公司使用自己的销售队伍，现在则依靠独立的销售代理，由销售代理先行付款备货并转售给商店。

其他介于销售代理和专职雇员销售队伍之间的国际人员销售办法包括：

- 独家许可安排（exclusive license arrangements）。根据这种安排，公司请在某国的（其他）公司销售队伍代其进行人员销售，并向他们支付佣金。例如，由于加拿大的监管部门不许美国电话公司进入市场，AT&T、美国微波通信、斯普林特还有其他公司便设计了一系列同加拿大的电话公司之间的独家许可安排。

- 合同制造或生产（contract manufacturing or production）。通过对潜在客户开放的仓库或展厅，实现一定程度的人员销售。西尔斯公司在各个海外市场都采用了这种办法，重点是制造和生产，但它同时也明白，实现销售的机会同样存在。

- 专职管理协议（management-only agreements）。公司通过这种协议，以一种类似特许的方式，管理一支外国销售队伍。希尔顿酒店在全世界都有此类安排，不仅限于酒店经营，还包括招揽大会举办、商务会议和大型活动的人员销售。

- 合资企业（joint ventures），即同当地国家（或地区）和合作伙伴建立合资企业。许多国家对境内的外国独资企业有所限制，因此建立伙伴关系就成为公司获得人员销售能力和现有客户基础的最佳途径。

全球营销

14.4

特殊形式的营销沟通：
直接营销

解释直接营销的优势，并识别最常见的直接营销渠道类型。

直接营销协会（Direct Marketing Association）将**直接营销**（direct marketing）定义为：任何以消费者或商家为对象，旨在换取对方做出订货、要求提供进一步资料，或参观商店或其他商业场所等回应的沟通行为。公司运用直接邮寄、电话营销、电视、印刷品和媒体取得回应，并建立有购买记录和其他信息的消费者信息库。与此相反，典型的**大众营销**（mass-marketing）沟通则针对广泛的，具有某些共同的人口特点、心理特点或行为特点的消费者子市场。直接营销和大众营销之间还有其他区别，如表14-2所示。

表14-2　直接营销与大众营销对比

直接营销	大众营销
营销者安排送货上门（创造地点效用），从而实现增值	正常情况下，产品的利益不包括送货上门
营销者全程控制产品直至交货	正常情况下，产品转到分销渠道的中间人后，营销者即失去了控制
采用直接回复式广告，以取得客户的询价或订单	使用广告是为了实现日积月累的效果，虽不敦促即刻购买，但能树立形象，扩大知名度，建立品牌忠诚度，且让客户牢记产品的益处
重复广告发布或产品推荐	产品在一段时期内重复发布
客户购买产品时见不到实物，通常感知风险较大，进行追偿时还会感到距离较远或不太方便	客户直接接触产品，故感知风险较小，距离较近，容易追偿

虽然几十年前就有直接营销，但现在的技巧和手段更加成熟。例如，唐·佩珀斯（Don Peppers）和玛莎·罗杰斯（Martha Rogers）推崇**一对一营销**（one-to-one marketing）的方法，一对一营销以客户关系管理这一概念为基础，它要求根据以往的购买记录或同公司的互动关系区别对待不同的客户。佩珀斯和罗杰斯将一对一营销解释为下述四个阶段[18]：

1. 辨认（identify）客户并积累他们的详细信息。
2. 区分（differentiate）客户并根据他们对公司的价值排序。
3. 与客户互动（interact）并创建成本效率和效益更高的互动形式。
4. 按客户需求定制（customize）产品或服务（例如，使直接邮寄更加个性化）。

近年来，直接营销在全球的普及率稳步上升。原因之一是信用卡的普及（在一些国家已经广泛使用，在另外一些国家用得也越来越多）。它是**直复购买**（direct-response purchases）的方便支付机制（事实上，维萨、运通和万事达都通过向持卡人发送直接邮寄广告，而获得了数额庞大的收入）。另一个是社会原因：无论在日本、德国还是美国，双职工家庭有钱花，但没时间出门采购。科技的进步使公司更容易直接接触到客户。例如，有线电视和卫星电视可使广告商在世界范围内触及特定的观众。MTV 已经在全世界深入数亿个家庭，并吸引着年轻观众。相反，公司如果想接触到与自己做生意的人，就可以在有线电视新闻网（CNN）、福克斯新闻网（Fox News Network）或美国消费者新闻与商业频道（CNBC）等电视网购买播出时间。

20 世纪 90 年代，直接营销在欧洲的受欢迎程度急剧上升。欧盟委员会预计，在不久的将来，用于直接营销的投资将会超过用于传统广告的开支。原因之一是，直接营销的方案能够较好地适应"思维全球化、行动当地化"的理念。20 年前，伦敦一家直接营销和数据库公司的总经理托尼·科德（Tony Coad）曾说："鉴于欧洲在语言、文化和地域上的多样性，'欧洲消费者'这一流传的概念分明是胡扯。直接营销的优点在于它努力应对差异并迎合每位消费者的不同需求。"[19]不过障碍依然存在，欧盟委员会对数据保护和隐私、某些国家高邮费以及邮寄列表行业相对不发达表示担忧。德国邮政公司（Deutsche Post）的雷纳·亨斯特（Rainer Hengst）对希望走向全球的美国直接营销公司提出如下指导意见[20]：

- 世界上充满了非美国人。千万别把他们都当美国人对待。
- 同政治一样，所有的营销都是地方性的。勿因你的直接邮寄活动在得克萨斯州行之有效，就以为在多伦多市也灵验。
- 虽然可能有一个欧洲联盟，但没有"欧洲人"这回事。
- 选中你的目标，聚焦于一个国家，然后去做功课。
- 假如你给出的退货地址是得克萨斯州的巴黎市，那你就很难在法国巴黎市找到客户了。客户需要能够在当地退货或者至少需要确信在他们国家有服务点。

14.4.1　直接邮寄

直接邮寄（direct mail）利用邮政服务向营销者选定的潜在客户寄送推荐材料。直接邮寄是银行、保险公司等其他金融服务提供商喜欢使用的手段。客户如直接对其做出答复，营销者便将有关信息添加到数据库中。这些信息反过来又可使营销者重新确定可提供的（商品或服务）内容，并生成针对性更强的明细表。美国拥有完善的邮寄列表行业。公司只要租用相关的邮寄名单，就基本上可选定所有类型的购买者；当然，名单的选择性和专门性越强，价格就越高。美国人收到直接邮寄的件数多于其他各国，原因在于在美国更可能取得优质的名单并拥有绝对领先的市场规模。但是按人均计算，德国消费者却在邮寄金额上领先世界其他地方，每人每年购买的商品价值超过500美元。

欧洲国家和日本不像美国，可以得到的名单极为有限。可得名单的质量可能也不如美国，错误和重复也多一些。尽管有这些问题，直接邮寄在世界某些地方仍然越来越普遍。例如，欧洲的监管部门担心，传统的烟草广告会影响到或有意针对儿童。烟草行业看到广告行为面临不断增强的限制，受此威胁，他们的策略正向直接邮寄方式转移。

在亚洲金融风暴之后，该地区的许多公司都转而采用直接邮寄的方式，以便更有效地使用广告经费。葛瑞环球集团于1997年建立了葛瑞直接互动（Grey Direct Interactive）的吉隆坡办事处；奥美环球公司（Ogilvy One Worldwide）是奥美集团专事直接营销的马来西亚子公司。在亚洲，银行和通信部门处于直接营销先行者的行列，因为它们可利用丰富的数据库，并通过邮件或互联网向目标消费者投递材料。

14.4.2　目录

目录（catalog）是一份杂志式刊物，内有照片、图画和对公司产品的详细介绍，有时使用**目录杂志**（magalog）一词来形容这种沟通媒体。每年全球目录零售业产生的年收入为数千亿美元。目录作为一种直接营销工具，在欧洲和美国都有着悠久且辉煌的历史。欧洲的目录市场是在第二次世界大战后兴盛起来的，因为消费者想要寻求方便、廉价且范围广的商品。美国的目录营销商包括杰西彭尼、Lands'End、里昂比恩（L. L. Bean）和维多利亚的秘密；在欧洲，德国的奥托邮售公司（Otto GmbH & Co KG）是领先的目录零售商。

目录被广泛认为是整合营销传播计划的重要组成部分，许多公司将目录与传统零售分销和电子商务渠道结合使用。美国的目录零售业约占全球总市场的1/3；每年邮寄的目录数量在2007年达到顶峰，约为200亿份。然而到2015年，部分由于网络购物的日益普及，邮寄的目录数量下降到只有1 200万份（见图14-7）。威廉姆斯-索诺玛（Williams Sonoma）的首席营销官费利克斯·卡布利多（Felix Carbullido）解释了他的公司对目录看法的变化过程："多年前，它是一种销售工具。现在它成为灵感的来源。我们知道我们的客户喜欢触觉体验。"[21]

图14-7 尽管网络购物越来越受欢迎，但一些消费者仍然更喜欢实体目录的"触觉"感受。时尚、生活方式和家居装饰专家 Anthropologie 是一家零售商的例子，该零售商分销商品目录，以努力在其门店建立人气，并推动在线销售。

资料来源：Kevin George/Alamy Stock Photo.

从历史上看，美国的目录营销商可以在东西海岸间运送货物，中间跨越多个州界，监管上的障碍相对较少，他们因此受益颇丰。相反，欧洲的目录营销商在单一市场形成之前却受到阻碍，因为邮寄的产品在通过不同国界的海关时要缴纳增值税。由于增值税抬高了跨境货物的价格，因此具体的目录往往针对国内买主。换言之，德国人按德国目录购买，法国人按法国目录购买。海关规定也影响了市场进入策略，目录营销商不断收购不同目标国家的现有公司，从而使自己壮大起来。

如今，欧洲的单一市场意味着邮购的货物可以在欧盟国家内部自由流动，而不产生增值税问题。此外，从1993年1月起，免收增值税的适用范围扩大到了运往欧洲自由贸易区（挪威、冰岛、瑞士和列支敦士登）的货物。鉴于潜在目录市场不断扩大以及免征增值税的环境，人们预计欧洲的邮购行业将会迅猛发展。欧洲的单一市场也吸引了美国的目录营销商，不过他们将面临更高的纸张、印刷和运输等成本，还有是否应使其商品适应当地口味的老问题。Lands'End 国际开发总管斯蒂芬·迈尔斯（Stephen Miles）说："最难弄明白的是应当在什么领域实行当地化。我们为自己是美国运动服装公司而感到自豪，但这不等于说大部分的德国消费者会愿意接听电话并用英语进行答复。"[22]

日本国内的目录业相当发达。最大的目录公司包括年销售额达10亿美元的女性服装和内衣公司塞西尔（Cecile）、出售教育用品的 Kukutake 出版社和出售大众商品的谢迪公司（Shaddy）。第12章已提到，分散的分销系统造成了营销公司进入日本市场的巨大障碍。因此越来越多的公司利用直接营销来绕过渠道瓶颈。20世纪90年代中期，日本各种形式的消费者和商业直复广告的年收入超过1万亿美元；2000年日本经济继续处于困境之后，这个数字降到了5 250亿美元。但是营销者仍然可以通过不同的策略取得成功。例如巴塔哥尼亚公司（Patagonia）出版了一份日文目录，其销售额急剧增长，里昂比恩公司则在传统目录中增加了日文插页。

西方国字的目录营销商在日本市场继续发展的同时，也将目光转向了其他亚洲国家。新加坡的邮政服务效率高。人口的受教育程度高，信用卡使用广泛，并且人均收入高，这些吸引了目录营销商的注意。Lands'End 的前国际业务开发主管迈克尔·格拉西（Michael Grasee）说："我们的亚洲客户和其他地方的客户基本是一样的，就是那些时间紧迫、到处奔波、勤奋工作的管理人员。"[23]目录营销商也瞄准了亚洲的发展中国家和地区。翱拓邮售公司 2016 年的总收入为 132 亿美元，占全球邮购营业额的 6%，它正计划进入中国、韩国市场。因为那些地方没有几家当地邮购公司可收购，翱拓邮售公司的进入策略是在与当地零售商成立的合资企业中控股。

14.4.3　信息广告、电视购物和互动电视

信息广告（infomercial）是一种付费电视节目，即在节目中演示和解释某种产品，并在电视屏幕上提供免费电话号码，向观众出售该产品。萨奇广告公司（Saatchi & Saatchi）信息广告部总裁托马斯·伯克（Thomas Burke）说，信息广告是"迄今创造的威力最强的广告形式"。一个信息广告的制作费用约为 300 万美元，然后广告商为美国有线电视和卫星系统以及当地电视频道的时段支付高达 50 万美元的费用。信息广告的标准长度是 30 分钟，片中有现场观众和知名播音员，许多观众认为他们是在观看普通脱口秀之类的节目。信息广告最初用于个人护理、健康和家用产品，诸如传奇式直复兜售人罗恩·波佩尔（Ron Popeil）叫卖的商品等，但近几年档次提高了。例如雷克萨斯通过信息广告推出其二手车计划后，接到了 4 万个咨询电话，其中 2% 的人最终购买了雷克萨斯车。

在亚洲，信息广告每年产生数亿美元的销售额。在日本深夜插播广告的费用为 10 万美元，在新加坡是 2 万美元。

在**电视购物**（teleshopping）方面，家庭电视购物频道如 QVC 和家庭购物网（Home Shopping Network，HSN）等将信息广告的概念又向前推进了一步，这种全天候的节目完全用于产品的演示和销售。全球范围的家庭购物构成了一个数十亿美元的行业。领先的家庭购物频道也在利用互联网。例如 HSN 除了在美国、中国、德国和日本经营家庭电视购物频道外，还通过公司网站提供在线购物服务。

QVC（"质量、价值和方便"）总部位于美国的家庭电视购物频道为全球近 2.5 亿个家庭提供服务。购物者可以在 QVC 的有线电视频道和线上两种方式，24 小时订购珠宝、家居用品、服装和其他商品。QVC 在中国（通过合资企业）、德国、意大利、日本和英国拥有国际零售业务。正如 QVC 首席营销官杰夫·查尼（Jeff Charney）所指出的那样，品牌的本质就是当顾客打开包装时第一眼的感觉。

QVC 同默多克的英国天空广播卫星公司（British Sky Broadcasting，BSkyB）达成的协议可以使其覆盖德国、意大利和英国，在日本也可以收到。QVC 的一位管理者弗朗西斯·爱德华兹（Francis Edwards）说："欧洲消费者有不同的反应方式，虽然基本前提和概念是相同的，但首饰的种类却不同。德国消费者不会买 14K 黄金，因为他们追求高成色。我们可以在德国卖葡萄酒，但在美国却不行。"[24]欧洲兴起了许多地方性或区域性的电视购物频道，德国的家庭订购电视（Home Order Television）是与一家名为奎勒·希克丹兹（Quelle Schickedanz）的邮购公司建立的合资企业。瑞典的电视商店（TV - Shop）覆盖了十多个欧洲国家。一般而言，欧洲人比一般的美国电视购物者拥有更强的鉴别力。

行业观察员预计，**随着互动电视**（interactive television）技术进入更多家庭，家庭电视购物在今后几年将更受欢迎。如其名字所示，互动电视可以让电视观众与其正在观看的节目进行互动。互动电视在欧洲的普及率高于美国，仅在英国，半数以上的付费电视用户已在利用互动电视服务。英国付费电视提供商的遥控器上有一个红色按钮，观众只需按下该按钮就可以订购家庭电视购物频道的产品，改变体育赛事的转播角度，在观众参与的节目如《老大哥》（*Big Brother*）中按按钮投票，或者索取广告产品的免费样品。2005 年，帝亚吉欧试用互动电视做皇冠牌伏特加的广告；广告开始 60 秒后要求观看者再按两次按钮观看完整的广告。斯米诺品牌的英国地区经理詹姆斯·棚内法特尔（James Pennefather）将这种新模式与传统电视广告加以比较后说："互动电视广告远未经检验与考量，对我们来说是一场精心策划的冒险。我们只有做了才知道它是否会成功。"[25]

全球营销

14.5

特殊形式的营销沟通：辅助媒体、赞助和产品植入

说明全球营销者是如何将辅助媒体、赞助和产品植入整合到整体促销组合中的。

传统的辅助媒体有移动广告和路牌广告，作为一个种类，这些媒体被称为户外广告。全球营销商还利用各种各样的赞助机会，使他们能够与流行的文化和体育赛事保持一致。例如，阿迪达斯、可口可乐、俄罗斯天然气工业股份公司和中国万达集团，都是 2018 年俄罗斯世界杯的一些官方赞助商。最后，全球营销商正在将其产品和品牌投放到流行的电影、电视和流媒体节目中。

14.5.1　辅助媒体

随着中国政府和其他新兴市场扩大公共交通系统，修建和改善其公路基础设施，广告主也在利用更多的室内外海报和广告牌向广大购买者传递广告信息。日本人倚重公共交通工具，东京的居民一般到上班地点有 80 分钟的通勤路程，因此，日本的户外广告和移动广告的支出高于大多数国家。

以美元计算，美国在户外广告支出方面排名第一。在全球范围内，户外广告代表着一个 280 亿美元的市场，约占总广告支出的 6%。近年来，这类广告的增长受到数字广告牌平台（称为数字户外广告）首次展出的推动。事实上，伦敦皮卡迪利广场（Piccadilly Circus）的标志，被广泛认为是世界上最有价值的数字户外广告资产，最近已经为纳入数字识别技术而更新，（见图 14-8）。这项技术每年可以向通过十字路口的 1 亿人中的一部分定向发送广告。

户外广告行业中最大的两家公司分别是总部设在得克萨斯州的清晰频道户外控股公司（Clear Channel Outdoor Holdings，其在 35 个国家和地区拥有近 60 万个户外和运输显示器）和法国的德高（JCDecaux）。德高是欧洲市场的领导者；总的来说，该公司在大约 75 个不同的国家和地区开展业务。目前，户外广告在中国正经历爆炸式增长，德

高在中国与汤姆集团（Tom Group）、白马户外媒体有限公司（Clear Media）和数千家的本地公司展开竞争，尤其是在北京、上海和广州等大城市。同样的趋势在俄罗斯也很明显，尤其是在莫斯科。

图14-8 可口可乐、三星、现代和斯特拉·麦卡特尼（Stella McCartney）都曾在皮卡迪利广场上做过广告。

资料来源：Pajor Pawel/Shutterstock.

14.5.2 赞助

赞助（sponsorship）是一种日渐流行的营销沟通方式，即公司通过支付费用，将自己的名称同某一特定事件（活动）、运动队或体育协会或体育设施相联系。赞助把公共关系和营业推广两种因素相结合。从公共关系的角度讲，赞助一般能保证解说员在无线广播或扩音系统中无数次地提到公司或品牌名称。大型活动也可大范围地吸引媒体的注意，因而在新闻和访谈节目中会多次提到赞助公司或品牌名称。例如，2014 年，可口可乐对俄罗斯索契冬奥会的赞助包括其当地电视节目。活动的赞助通常会提供无数接触点，可接触到人数众多的媒体，因此是样品派送和其他营业推广活动的理想载体。

对奥运会或世界杯足球赛的赞助可使公司接触到全球观众；而像职业体育比赛、赛车、热气球比赛、牛仔竞技赛和音乐会等可以接触全国或地区观众的活动也会吸引不少赞助商。例如，可口可乐公司将世界杯赞助视为一个重要的促销机会。在 2010 年南非世界杯期间，可口可乐花了大约 1.24 亿美元用于购买赞助权，另有 4.75 亿美元用于广告和促销活动。这家饮料巨头采用了整合营销传播的方式，在电视上、网络上和餐馆中推出非洲主题的广告。当世界杯比赛播出时，围绕球场的电子广告牌上出现了可口可乐 Powerade 运动饮料品牌的特写。可口可乐公司的整合营销总监斯科特·麦丘恩（Scott McCune）预测，在比赛前的几个月中，可口可乐的销售额会增长 5%。

就如同可口可乐联手世界杯足球赛一样，赞助可以是整合营销沟通计划的有效组成部分。在广告适用范围和其他营销形式受到监管限制的国家，就可以使用赞助的手段。例如中国禁止烟草广告，英美烟草公司和菲利普·莫里斯便斥资上千万美元用于赞助活动，如从中国香港至北京的汽车拉力赛和中国的全球足球联赛。2005 年中国政府批准了《世界卫生组织烟草控制框架公约》，这意味着一切形式的烟草促销和赞助活动都将在 2010 年之前逐步淡出。赞助活动在英国也很普遍，本森赫奇斯（Benson & Hedges）以 400 万英镑（600 万美元）签订了一份 5 年期合同——为板球赛事提供赞助；乐富门（Rothman's）每年出资 1 500 万英镑（2 300 万美元）赞助世界一级方程式赛车队。然而根据欧盟关于烟草广告的指令，烟草业已在逐渐退出所有体育活动（包括世界一级方程式赛）的赞助。

14.5.3　产品植入：电影、电视节目和公众人物

公司可以用**产品植入**（product placement）的办法获得独特的展现机会：安排产品和品牌名称出现在人们喜爱的电视节目、电影和类型的演出中。营销人员还可以向名人或其他公众人物出借或捐赠产品；当这些名人在公众场合使用这些产品时，产品也会得到宣传。当看到公众人物和名人使用他们最喜欢的品牌时，一些全球营销人员能够为他们的品牌宣传。例如，有人看到美国前第一夫人米歇尔·奥巴马（Michelle Obama）在阿斯彭滑雪时穿着一件昂贵的蒙克尔绗缝羽绒服；随后该公司的设计师外套已成为任何天气下的时尚宣言。[26]

这种策略特别受汽车制造商和时装设计师的欢迎，并常常与年度大众电视活动结合使用，如吸引媒体关注的奥斯卡和格莱美颁奖活动。奥迪生活方式和娱乐经理西莱斯特·阿特金森（Celeste Atkinson）的任务就是确保诸如 12 缸的 A8L 和 S8 轿跑车等能够成为娱乐记者拍照的焦点，以吸引眼球。[27]还有，小罗伯特·唐尼（Robert Downey Jr.）在《钢铁侠》（*Iron Man*）电影中饰演的托尼·斯塔克（Tony Stark）所驾驶的那辆奥迪 R8 Spyder！斯巴鲁的高性能 WRX 是演员安塞尔·埃尔格特（Ansel Elgort）在最近的热门电影《极盗车神》（*Baby Driver*）中首选的逃亡车。最近的热门电影《王牌特工 2：黄金圈》（*Kingsman：The Golden Cirde*）的粉丝甚至可以从波特先生的网站上的金斯曼收藏中购买一款泰格豪雅（Tag Heuer）（"别在压力下崩溃"）的智能手表和王牌特工系列服装。

具有轰动效应的电影大片在全世界的观众人数可以达到数千万。在很多情况下，产品植入会激起媒体的兴趣，从而得到额外的宣传。植入的方法有很多种。有时公司会为此付费，还有一种情况是节目制作人将产品写进剧本，以换取对新作品的营销和促销的支持。品牌所有者也可以与制片人达成一项交换协议，公司（如索尼）向制片人提供产品作为道具，换取在零售促销活动中使用如詹姆斯·邦德（James Bond）名字的许可权。产品植入代理公司，如瑞士的宣传（Propaganda）、好莱坞的英雄产品植入（Hero Product Placement）和永久（Eon）等，以人才中介机构的运作方式代理产品。作为代理，它们担负着若干重要任务，如从品牌所有者那里获得许可，向制作人推荐客户的产品，安排产品送到摄影棚等。

在电视植入方面，就在公司越来越怀疑传统广告的有效性时，广告与节目内容的界限明显地变得模糊了。事实上，有证据表明，在电视节目中明显植入的产品比传统广告更易引起回忆。此外，还有许多观众使用数字视频录像机（DVR）"跳过"广告，即实际上消费者不看广告。这种趋势迫使广告主寻找新的途径，使观众能接触到它们的信息。其中有一种做法有时被称作**品牌娱乐**（branded entertainment），它将产品和品

牌与娱乐有效地结合，热门电视节目《美国偶像》（*American Idol*）中就有这种手段。

除了有效性问题，负责道具和布景的人都面临预算压力，于是他们被迫尽可能使用免费的道具。不仅如此，故事片的营销费用已经上涨，制片厂在营销上用去2 000万~3 000万美元并不罕见，他们越来越希望寻找合伙人分担费用并吸引尽可能多的观众。然而，产品植入给全球营销者（特别是包装消费品公司）提出了一个有趣的问题。这种策略实际上是产品标准化的做法，因为一旦一个镜头已经拍成并编入电影或电视节目，产品的形象也会随之"定型"，而且将一成不变地出现在世界各地。[28]

不管是好是坏，产品植入已经进入戏剧与歌剧世界。2002年秋，百老汇版本的普契尼歌剧《艺术家的生涯》将场景设在1957年前后的巴黎。舞台布景包括一面印有名笔制造商万宝龙（Montblanc）和白雪香槟酒（Piper-Heidsieck champagne）的广告牌，其中一个场景——Momus咖啡馆的人潮中也出现了白雪香槟酒。有些行业的观察员提醒要防止产品植入的不利反应。突出或渲染有争议的产品（如香烟）会引起道德上的担忧。如果广告以常规形式出现（如广播商业广告），大多数消费者会知道他们是在看广告。而以产品植入形式出现时，就不一定了。事实上，这是在未经观众许可的情况下使他们下意识地成为营销对象。

怎样使用产品植入才算得当？宏盟媒体策划集团的管理者乔·尤瓦（Joe Uva）说："不应带有强制性的，不应使人受到侵扰。如果有人说'这是出卖行为，使产品植入'，那就不灵了。"[29]纽约大学的媒体研究教授尤金·西坎达（Eugene Secunda）也对此持怀疑态度："我认为这是个很危险的计划。观众对你的节目内容越是不信任，对你的真实意图越是怀疑，他们对你的信息做出回应的可能性就越小，因为他们将用愤世嫉俗的态度和抵触心理对待一切。"[30]

本章小结

营业推广是指所有付费的针对消费者或商家的短期沟通方案，以期给产品或品牌增加有形价值。**消费者营业推广**针对的是最终消费者。**商贸营业推广**则用于企业间营销。**样品派送**使消费者有机会免费试用产品或服务。**赠券**是一种印制的证明，持有者购买某种产品或服务时有权享受降价或其他增值的特殊照顾。

人员销售是潜在购买者和公司销售代表之间面对面的交流。在美国广为接受的**战略性/顾问式销售模式**在世界范围内也得到运用。这种模式的五个战略步骤要求**确立人员销售理念**、**制定关系策略**、**制定产品策略**、**制定客户策略**和**制定介绍策略**。介绍计划的六个阶段是接近、介绍、演示、谈判、成交和销售服务。成功的全球营销可能需要对销售计划的一个或多个步骤做出调整。全球营销中另一个需要考虑的问题是销售队伍的组成，其中可含**驻外人员**、**东道国国民**或**销售代理**。

在开展全球营销时还可使用若干的沟通形式。其中包括**直接营销**，即使用一种或多种媒体开始或完成销售的一种可衡量的体系。**一对一营销**是直接营销的升级，要求根据以往的购买记录或与公司的互动关系对不同的客户给予不同对待。**直接邮寄**、**目**

录、信息广告、电视购物和互动电视是几种已在全球成功使用的直接营销手段。全球营销者经常试图在全世界观众都能看到的大片中展开其产品。赞助活动和产品植入也已成为可在全球使用的重要营销沟通形式。

注　释

1. Max Colchester, "French Recipe for Launching 1,000 Parties," *The Wall Street Journal* (April 24, 2009), p. B7.

2. E. J. Schultz and Jessica Wohl, "Pepsi Preps Global Emoji Can and Bottle Campaign," *Ad Age* (February 19, 2016), p. 2.

3. Kamran Kashani and John A. Quelch, "Can Sales Promotion Go Global?" *Business Horizons* 33, no. 3 (May-June 1990), pp. 37 – 43.

4. Sarah Ellison, "Taking the 'Free' out of Free Samples," *The Wall Street Journal* (September 25, 2002), p. D1.

5. Mariko Sanchanta, "Soy Sauce Seeps into the Culture," *Financial Times* (August 10, 2006), p. 6.

6. Andrew Adam Newman, "Taking Pickles out of the Afterthought Aisle," *The New York Times* (April 26, 2011), p. B3.

7. Geoffrey A. Fowler, "When Free Samples Become Saviors," *The Wall Street Journal* (August 14, 2001), p. B1.

8. "Winning the China FMCG Market," ATKearney, 2003.

9. Steve Lohr, "Clip and Save Holds Its Own against Point and Click," *The New York Times* (August 30, 2006), p. C1.

10. Leslie Ryan, "Sales Promotion:Made in America," *Brandweek* (July 31, 1995), p. 28.

11. Ina Fried, "Pepsi's iTunes Promotion Goes Flat," *cnetNews* (April 28, 2004). www. news. cnet. com. Accessed June 1, 2010.

12. Daniel Michaels, "Dogfight:In the Secret World of Airplane Deals, One Battle up Close," *The Wall Street Journal* (March 10, 2003), pp. A1, A9.

13. Michael, Gerald L. ;Ahearne,Michael;Reese,Barry L. ,Selling Today:Partnering to Create Value,14th Ed. ,© 2018,Pearson Education,Inc.

14. *IBM* 2017 *Annual Report* (Armonk, NY), p. 35.

15. "1100100 and Counting," *The Economist* (June 11, 2011), p. 60.

16. Kate Fox, *Watching the English:The Hidden Rules of English Behavior* (Boston, MA:Nicholas Brealey, 2014), p. 52.

17. Earl D. Honeycutt, Jr. , and John B. Ford, "Guidelines for Managing an International Sales Force," *Industrial Marketing Management* 24 (March 1995), p. 139.

18. Don Peppers, Martha Rogers, and Bob Dorf, "Is Your Company Ready for One-to-One Marketing?" *Harvard Business Review* 77, no. 1 (January-February 1999).

19. Bruce Crumley, "European Market Continues to Soar," *Advertising Age* (February 21, 1994), p. 22.

20. Rainer Hengst, "Plotting Your Global Strategy," *Direct Marketing* 63, no. 4 (August 2000), pp. 52 – 57.

21. Rebecca R. Ruiz, "Catalogs Rewrite the Book," *The New York Times* (January 25, 2015), p. B1.

22. Cecilie Rohwedder, "U.S. Mail-Order Firms Shake up Europe," *The Wall Street Journal* (January 6, 1998), p. A15.

23. James Cox, "Catalogers Expand in Asia," *USA Today* (October 18, 1996), p. 4B.

24. Michelle Pentz, "Teleshopping Gets a Tryout in Europe But Faces Cultural and Legal Barriers," *The Wall Street Journal* (September 9, 1996), p. A8.

25. Aaron O. Patrick, "Selling Vodka with an Interactive Twist," *The Wall Street Journal* (October 11, 2005), p. B3. 另见 "Europe Wants Its ITV," *Chain Store Age* 77, no. 7 (July 2001), pp. 76 – 78.

26. Robert Williams, "When Cold-Weather Coats Get Too Hot," *Bloomberg Businessweek* (April 23, 2018), pp. 20 – 21.

27. Chris Woodyard, "Audi Works the Ropes to Put Stars in Its Cars," *USA Today* (February 22, 2007), p. 3B.

28. Stephen J. Gould, Pola B. Gupta, and Sonja Grabner-Krauter, "Product Placements in Movies:A Cross-Cultural Analysis of Austrian, French and American Consumers' Attitudes toward This Emerging, International Promotional Medium," *Journal of Advertising* 29, no. 4 (Winter 2000), pp. 41 – 58.

29. Richard Tompkins, "How Hollywood Brings Brands into Your Home," *Financial Times* (November 5, 2002), p. 15.

30. Richard Tompkins, "How Hollywood Brings Brands into Your Home," *Financial Times* (November 5, 2002), p. 15.

GLOBAL MARKETING

全球营销
（原书第10版）

第 15 章　全球营销和数字化革命

本章精要

- 列出数字化革命背后的主要创新和趋势。

- 认识"技术趋同"，并举例说明。

- 认识价值网络，并解释持续性技术和颠覆性技术之间的差异。

- 指出全球电子商务的当前趋势，并说明全球化公司应如何扩大其在网络上的存在感。

- 阐述全球化公司在设计和运营网站时面临的主要问题。

- 指出过去十年中出现的最重要的新产品和服务。

案例 15 – 1   你觉得你的现实是怎么样的？虚拟的、
增强的，还是混合的？

每年 1 月，数以万计的科技爱好者和记者聚集在拉斯维加斯，参加一个名为国际消费电子展的贸易展。在那里，参会者将测试最热门的科技产品，并了解最新的行业趋势。在过去的几年里，虚拟现实（virtual reality，VR）耳机和软件一直是最值得关注的新产品之一。人工智能（artificial intelligence，AI）也在国际消费类电子产品展览会上引起了不少轰动。

许多不同的公司，包括知名的科技巨头，已经在这个展览会上展示了他们的产品。例如，脸书在展会上展示了价值 600 美元的 Oculus Rift。索尼的 VR 项目是 PlayStation VR（400 美元）；三星的产品是 Gear VR（见图 15 – 1）；来自清华同方的 HTC Vive（800 美元）和 VR 项目也已在展会中推出。

为了充分感受 VR 体验，用户戴上 VR 眼镜，手持一组手柄，然后在一个装有激光传感器的区域，就会沉浸在 360°的虚拟世界中，这个世界可以是从印度洋底部到珠穆朗玛峰山顶的任何东西，在那里人们可能会与鲨鱼面对面接触。

拥护者认为，一个新的用户界面即将到来，虚拟现实和增强现实（augmented reality，AR）有潜力取代我们的手机、电视和桌面计算机。但还有更多！你听说过"混合现实"（mixed reality，MR）吗？一些行业专家甚至开始使用诸如"个人现实"和"首选现实"（preferred reality，PR）等术语来描述这个新的体验世界。

VR 和 AR 只是数字化方式的两个例子——革命正在推动新公司、新行业和市场的产生。它还促成了公司、行业和市场的转型，在某些情况下还造成了破坏。简而言之，这场革命正在极大地改变我们生活的世界。随着数字化革命获得牵引力并加速发展，全球营销人员将被迫适应手机、平板计算机和其他移动设备发挥着重要作用的进化世界。

本章出现在专门讨论营销组合的五章之后。为什么这样安排？因为营销组合的所有元素——4P 元素，都汇聚在互联网连接和商业的世界中。例如，产品（Product）包括脸书、谷歌、Pinterest、Snapchat、Twitter、维基百科，以及可以在全球范围内访问的其他网站。网络还可以作为一种销售渠道，而且是一种非常有效的渠道。典型例子如 iTunes、潘多拉（Pandora）、声田和 You Tube 正在改写音乐和视频发行的规则。

互联网也成为重要的交流平台。如今，几乎每个公司和组织都使用网络空间。互联网可用作广告渠道、公共关系工具、举办竞赛或促销的手段，以及支持个人销售工作。

最后，还有价格。购物比价网站使得顾客很容易查看和比较产品和服务的价格。此外，存储和发行数字化产品（如音乐文件）的边际成本几乎为零。这催生了一些有趣的定价策略实验。例如，来自英国牛津的创新摇滚乐队 Radiohead 通过提供免费下载其 2007 年专辑 *In Rainbows* 成为最早利用网络提高传播率的乐队之一。

我们首先简要回顾一下作为数字化革命先驱的关键性创新。在接下来的两节中，我们会讨论互联网技术的融合与颠覆性特质以及它们对全球性公司的影响；然后探讨全球营销人员面临的关键电子商务问题；讨论与全球营销有关的网站设计问题。本章的最后一小节将探讨一些推动数字化革命的产品和服务创新。

图 15-1　虚拟现实（VR）技术可以让人沉浸在一种取代现实的数字化体验中。

资料来源：Kobby Dagan/Shutterstock.

15.1

数字化革命简史

列出数字化革命背后的主要创新和趋势。

数字化革命（digital revolution）是指由技术进步引起的范式转变，它使得信息、声音和图像的模拟源可以数字化（即转化为二进制）。数字化革命可以追溯到 20 世纪中叶。在 1937 ~ 1942 年的五年间，约翰·文森特·阿塔纳索夫（John Vincent Atanasoff）和克利福德·贝瑞（Clifford Berry）在艾奥瓦州立大学研制出了第一台电子计算机。阿塔纳索夫 – 贝瑞计算机（ABC）包含计算方面的多项重大创新，包括二进制计算的使用、再生存储器、并行处理以及存储与计算功能的分离。

1947 年，威廉·肖克利（William Shockley）及其在 AT&T 贝尔实验室的两位同事发明了一个"固态放大器"，即人们所熟悉的**晶体管**（transistor）。这是一项关键的创新，因为当时计算机和电子产品中使用的真空管体积大、能耗多而且发热量高。由于这一项发明，肖克利及两位合作者约翰·巴丁（John Bardeen）和沃尔特·布拉顿（Walter Brattain）获得了 1956 年的诺贝尔物理学奖。

1948 年，贝尔实验室的研究人员克劳德·香农（Claude Shannon）撰写了一篇题为《传播的数学理论》的报告。他在报告中提出，所有的信息媒介都可以译成二进制数字，即比特（bit）。早在 1940 年，香农就曾在他的博士论文中提出，逻辑值"对"与"错"可以分别用"1"和"0"表示，而媒体文件可以通过电线用 1 和 0 的数据进行传递。由于他开创性的工作，香农被视为信息理论的发明者。

20 世纪 50 年代中期，索尼公司从贝尔实验室取得晶体管的许可。索尼的工程师提高了晶体管的效用，并开创了晶体管收音机市场。虽然声音的保真度低，但晶体管收音机易携带且非常时尚，正是消费者（尤其是青少年）所渴望拥有的。同样在 20 世纪 50 年代，罗伯特·诺伊斯（Robert Noyce）和杰克·基尔比（Jack Kilby）发明了硅芯片，又称**集成电路**（integrated circuit，IC）。[1]实际上，集成电路就是将电阻器、二极管和电容器等电路的各个部分整合到单片材料上。这一技术赋予了晶体管现代的形式，同时以一种可靠、低成本的方式发挥它的功能。

集成电路和二进制数字概念使**个人计算机**（personal computer）得以发展，体积紧凑、价格尚可的个人计算机的出现标志着数字化革命进入了新的阶段。这一时代的许多事件和人物已经成为传奇。20 世纪 70 年代初，加州施乐帕克研究中心（Xerox PARC）的罗伯特·泰勒（Robert Taylor）和阿伦·凯（Alan Kay）进行了一些开创性的研究，这使得第一批个人计算机得以发展。泰勒领导的团队开发了名为奥托（Alto）的个人计算机雏形。凯作为学习研究小组的组长，开发了基于"桌面隐喻"的图像显示软件。[2]

泰勒和凯在施乐帕克研究中心的工作曾对史蒂夫·乔布斯（Steve Jobs）产生了重要影响，后者与史蒂夫·沃兹尼亚克（Steve Wozniak）于 20 世纪 70 年代在一个车库里创立了苹果计算机公司（Apple Computer）。大多数人认为苹果Ⅱ是一台"真正的"个人计算机，1979 年 VisiCalc 电子表格的问世，使苹果Ⅱ的普及程度大大提高。**电子表格**（spreadsheet）是一个电子分类账的软件应用系统，当在行与列中输入数字后，可以自动计算其变化，而之前这些变化必须手工计算。虽然在今天来看，如此强大省时的功能是理所当然的，但 VisiCalc 是数字化革命进程中一个真正的里程碑。[3]

1981 年，IBM 推出了第一台个人计算机。比尔·盖茨（Bill Gates）最初拒绝为 IBM 的新机器编写**操作系统**（operating computer）——提供基本指令的软件代码，但他之后改变了主意，开发出微软磁盘操作系统（MS-DOS）。1984 年，苹果公司推出了革命性的麦金托什机（Macintosh），它具有用户友好的图形界面和点击式鼠标。若干年后，微软的视窗系统（Windows）取代了 MS-DOS。同时，部件生产商也在创新。英特尔公司于 1982 年推出了 286 微处理器，之后很快相继推出了 386 和 486。1993 年，英特尔公司的奔腾处理器问世。

互联网和万维网的兴起，标志着数字化革命进入下一阶段。互联网可以追溯到**美国国防部高级研究计划局**（DARPA）采取的一项举措，它建立了一个允许在战争期间维持通信路线的计算机网络。在施乐帕克研究中心工作的罗伯特·泰勒曾提及，在 1966 年，五角大楼已经拥有了针对信息处理技术的办公室。泰勒用获得的资金创建了一个单一的计算机网络，它可以单独连接计算机研究项目。1969 年，阿帕网（ARPA-NET）诞生，这是一个连接各个高校计算机研究中心的网络系统。1972 年，文件传输协议（FTP）的出现，使计算机在网络内部发送电子邮件成为可能。

但仍然存在一个问题，即不能从一种网络将电子邮件发送至另一网络中的计算机上。一年后，温顿·瑟夫（Vinton Cerf）（见图 15-2）和罗伯特·卡恩（Robert Kahn）创建了一个称为 TCP/IP（传输控制协议/网际互联协议）的软件架构，解决了这一问题。这种于 1973 年推出的交叉网络协议为"网络中的网络"铺平了道路，**互联网**（Internet）随之诞生。

图 15-2　温顿·瑟夫是谷歌的首席互联网布道者。他被认为是"互联网之父"之一。2017 年 3 月，瑟夫出现在得克萨斯州奥斯汀市举行的 SXSW 互动节上，在那里他讨论了一项名为"以人为本的互联网"的新倡议。

资料来源：Diego Donamaria/Getty Images.

正如技术权威斯图尔特·布兰德（Steward Brand）在20世纪80年代末期所说的那样，这种在互联网上交换电子邮件信息的能力，给社会带来了革命性的影响：

> 马歇尔·麦克卢汉（Marshall McLuhan）曾说，"古登堡使每个人成为读书人，施乐使每个人成为出版社。"个人计算机正在使每个人成为作者。电子邮件、可使人随心所欲进行修改的文字处理软件以及激光打印机，所有这些颠覆了写作—出版—发行程序，使之成为完全由个人掌控的事情。唯一的真正新闻自由是拥有一家媒体，如果真是这样，那么美国宪法第一修正案的全面实施正在靠技术而非政治来完成。[4]

当然，互联网革命并未止步于电子邮件的到来。更多硬件和软件的创新即将来临。正如美国在线（AOL）的联合创始人史蒂夫·凯斯（Steven Case）指出的那样，互联网革命的"第一波浪潮"开始于20世纪80年代中期，当时思科系统（Cisco System）和赛灵思（Xilinx）等公司创造了核心技术（如路由器），即互联网的基础设施或"导引滑道"。[5]

1990年，软件咨询师蒂姆·伯纳斯－李（Tim Berners-Lee）发明了确定在万维网上互联网网址的**统一资源定位符**（uniform resource locator，URL），控制网页外观的格式语言即**超文本标记语言**（hypertext markup language，HTML），以及能使超文本文件在互联网之间转移的**超文本传送协议**（hypertext transfer protocol，HTTP）。[6]这些发明使网页之间实现链接，并且人们可以发布和获取缤纷的网页内容。简言之，蒂姆·伯纳斯－李是**万维网**（World Wide Web）之父。

1992年，美国政府授权将互联网用于商业目的。当时，人们认为程序员和科学家将是网络的最重要用户。20世纪90年代中期，计算机科学家马克·安德森（Marc Andreessen）发明了第一款商用浏览器——马赛克（Mosaic），它能将图形和文字放在同一页面内，用户可以搜索和查看网上的资料。后来，安德森和硅谷图形公司（Silicon Graphics）的创立者之一吉姆·克拉克（Jim Clark）合作，共同成立了马赛克通信公司（Mosaic Communication Corporation），后来更名为网景通信公司（Netscape Communications Corporation）。随着全球对网景浏览器软件的商用需求量越来越大，网景通信公司逐步成为互联网时代发展最快的企业之一。托马斯·L.弗里德曼（Thomas L. Friedman）曾经指出："虽然马克·安德森没有发明互联网，但是他为互联网的发展和普及做出了突出贡献。"[8]

> 某些网络存在限制，我们正在为此挣扎。我们担心当我们努力解决网络本地化问题时，人们将无法再进行交流。如果有人给你一张印有中文电子邮件地址的名片，你该怎么办？
> ——温顿·瑟夫（Vinton Cerf）互联网先驱，ICANN前主席，谷歌首席互联网布道者[7]

在网络兴起的最初五年里，用户数量从60万猛增到4 000万。尽管计算机制造商在向个人计算机添加调制解调器方面进展缓慢，但像美国在线这种刚起步的在线服务公司展现出稳健的用户增长。由于部分直接邮寄营销活动，大量的软件光盘发送给了潜在客户，美国在线的用户从1996年的500万增长到1999年的2 000万。当然，该公司标志性的签名问候语"有你的邮件"也成了流行文化的一部分。

全球营销（原书第10版）

在互联网革命的第二波浪潮中，凯斯称其从 2000 年持续到了 2014 年，重点从建设互联网转移到了在互联网之上的建设。诸如谷歌和雅虎这样的搜索引擎问世，加密和安全性能也嵌入了网站。包括脸书、YouTube 和 Twitter 在内的社交媒体公司数量激增，iPhone 推出了"应用程序经济"。

凯斯设想，第三波浪潮会是一个互联网无缝融入日常生活的时代。他还预计，关键经济部门将出现一段重新创造和颠覆的时期，包括医疗保健、教育、金融服务和交通方面的重大变化。这种整合和中断已经发生，优步（Uber）和来福车（Lyft）等拼车服务的流行就证明了这一点。正如优步、来福车和其他拼车服务对汽车制造等传统行业的影响所展现的那样，第三波浪潮的特点可能是攻击者与革命的捍卫者之间的持续对话。

凯斯预测了第三波浪潮中的四种趋势。凯斯将第一个趋势描述为"所有人的资本"，全球众筹网站发挥的重要性越来越大，如 GoFundMe、Indiegogo 和 Kickstarter 等。第二个趋势是伙伴关系的重新出现；无论在医疗保健还是教育领域，公司与谁合作将与公司所做的事情一样重要。第三个趋势是将利润与目标联系起来的社会企业的兴起；常见的三个例子有 WarbyParker、特斯拉和 TOMS。凯斯将第四个趋势称为"其他人的崛起"，因为创业的全球化在区域性基础上获得了吸引力，远离了像硅谷这样的创业温床。

尽管数字化革命展现出前景，但这项技术的强大能力和日益增长的重要性也引发了一场以各种方式表现出来的强烈反应。

第一届联合国互联网治理论坛（Internet Governance Forum，IGF）于 2006 年在希腊雅典举行。IGF 的宗旨是指导"政府、私营部门和民间团体以共同的原则、规范、规则、决策流程和计划，在各自的作用下发展和运营，以实现互联网的演进和利用"。全球互联网界有许多相关人士都注意到该声明中包含了"政府"一词。

非营利性的互联网名称与数字地址分配机构（Internet Lorporation for Assigned Warnes and Numbers，ICANN）的总部设在美国加利福尼亚州的玛丽安德尔湾，该机构维护着网站地址的数据库，有权审批网站地址的新后缀（如 . ifo 和 . tv），同时执行其他一些幕后的程序，以维持互联网的正常运行。ICANN 的咨询机构中包括很多国际人士，但美国商务部对所有决策都享有否决权。例如，虽然 ICANN 暂时批准了域名 . xxx 用于色情网站后，但美国商务部阻止了该决定。

有些国家的政策制定者担心美国对互联网进行控制。例如，中国、印度、巴西和欧盟提出，由于互联网是全球性的，任何单个国家都不应该控制互联网。因此，这些国家正在努力，希望联合国在互联网管理方面发挥作用。[9]

隐私是另一个重要问题。随着亚马逊、脸书、谷歌和其他公司继续利用"商务对话"，利用互联网收集大量的客户信息，隐私问题正成为一个令政策制定者和公众担心的焦点问题。例如，俄罗斯和中国制定了新的网络安全法，要求将各自国家/地区的用户数据存储在国内服务器上。超过 2 000 家美国公司已承诺通过签署美国与欧盟之间的协议来遵守欧洲数据保护标准。此外，2018 年生效的《通用数据保护条例》（GPDR）要求所有在欧盟开展业务的公司在收集、存储和使用用户提供的数据方面遵守严格的指导准则。[10]

技术趋同

认识"技术趋同"，并举例说明。

数字化革命使产业结构发生了剧烈的颠覆性变化。2010 年初，《纽约时报》专栏作家乔恩·帕拉里斯（Jon Pareles）撰文总结了以下变化：

> 21 世纪初的十年是宽带的十年、脱媒的十年、文件共享的十年、数字录音（和图像）的十年、iPod 的十年、"长尾"的十年、博客的十年、用户生成的十年、随需应变的十年，以及全面接入互联网的十年。在新千年开启之后，互联网吞噬了所有的文化，而回馈给每一个上网人士的是更便宜、更快速、更精致的文化服务。[11]

技术趋同（convergence）是指以往分散的产业和产品类别聚合到一起，如图 15－3 所示。

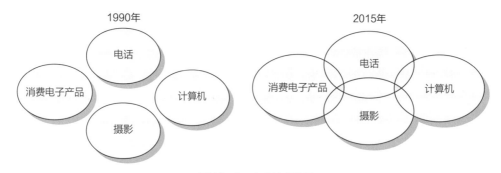

图 15－3　产业技术趋同

新技术影响着公司参与竞争的业务部门。索尼的业务是什么？最初，它是一个以创新产品著称的消费电子产品公司，这些产品包括晶体管收音机、特丽珑电视机、录像机和其他立体声音响部件，以及随身听个人音乐播放器系列。然后，索尼通过收购 CBS 唱片公司（CBS Records）和哥伦比亚电影公司（Columbia Motion Pictures）进入了新的业务领域。这些收购本身不代表技术趋同，因为它们发生在数字化革命的早期。电影、录音和消费电子产品仍然属于单独的产业。然而，如今索尼进入了比特（二进制）业务领域，其核心业务融合了数字化技术，以及声音、图像和数据的数字化和发布。索尼现在的竞争对手包括苹果（音乐播放器、智能手机）、戴尔（计算机）和佳能（相机）。

> 我认为网络信息和商业之间将会增加技术趋同性，他们将会更加关注消费者，而不是让消费者来寻找他们，令我特别兴奋的是，许多平台将允许越来越多的客户访问。
> ——娜塔莉·马斯奈（Natalie Massenet），Net-a-Porter 创始人[12]

技术趋同会带来什么样的挑战？想想柯达的处境，一个多世纪以来，它一直是摄影类产品行业无可争议的领先者。随着数码产品在 5 年内的销售额从零增长到 10 亿美元，公司一直在努力再造其商业模式。由于技术趋同，柯达的竞争对手中增加了戴尔和惠普等企业。此外，柯达的核心业务——胶卷、相纸和照片冲洗试剂已经被彻底颠覆。该公司面临的竞争对手还来自电信行业。可拍照手机出现于 1997 年，它的主要好处是可以从相机中下载数码照片，并将这些照片上传到网站上，或者通过电子邮件发送给朋友。手机行业的主要竞争者摩托罗拉公司是最早销售可拍照手机的企业之一。不过，管理层的注意力因为推出注定失败的卫星电话而分散。因此，发明者菲利普·卡恩（Philippe Kahn）带着他的想法来到日本，日本 1999 年才开始销售可拍照手机。[13] 2010 年，配有拍照功能的手机销售额已超过 10 亿美元。

价值网络和颠覆性技术

认识价值网络，并解释持续性技术和颠覆性技术之间的差异。

正如本章开头所指出的那样，数字化革命在带来机遇的同时也带来了威胁。[14]面对技术创新，许多全球化公司都已经奋力再造商业模式，戴尔、IBM、柯达、摩托罗拉、施乐和索尼就是其中的典型案例。IBM 之所以丢掉了微机市场，部分原因在于管理层相信微机的利润较低，且其市场也小于已经稳固的主机市场。DEC、Data General 和 Prime 创造了微机市场，但是它们却错过了个人计算机革命。不过，IBM 的高管团队很快吸取了教训：他们成立了一个独立的组织机构来打造公司的首台个人计算机。然而，IBM 在此后认识到笔记本计算机的增长需求时却慢了一拍。新进入该市场的公司包括苹果、戴尔、东芝、夏普和 Zenith 等。最近，IBM 退出了个人计算机市场。

为什么许多企业的管理者都未能成功地对变革做出及时的反应？按照哈佛大学教授克莱顿·克里斯坦森对问题的判断，管理者们过于专注当前有利可图的技术，以至于他们不能在风险较高的新技术上进行足够的投资。事实上，公司因拘泥于流行的正统营销理论，即只倾听现有顾客的声音，对他们的需求做出反应，而不是寻找新的机会。克里斯坦森称这一情形为**创新者的窘境**（innovator's dilemma）。

无论从事哪一个产业，公司都身处一个**价值网络**（value network）之中。每个价值网络都有一个与之相连的成本结构，决定了达到特定利润率所需的边际利润。网络的边界在一定程度上是由不同产品的性能属性按照重要性进行独特的排序所界定的。在一个定义广泛的产业内部，也可能存在平行的价值网络，其中每个网络对"什么使产品具有价值"的定义

现任领导人从未见过它的到来。他们专注于优质客户，并试图这些客户提供其需要的东西，但最初奔向新技术的客户通常是最赚钱的。

——克里斯坦森评论零售商 J. Crew 面临的问题[15]

不同，即每个网络有其自身的"价值量度"。例如，笔记本计算机，其价值量度包括体积小、重量轻、耗电少和设计好。在 20 世纪 80 年代，袖珍计算机的购买者愿意为体积更小的产品支付溢价，而台式机用户则不看重这一特性。相反，后者重视（即愿意为之支付高价）以兆字节度量的计算机存储容量，而袖珍计算机的买主不看重这一属性。简言之，台式机和袖珍计算机的价值网络是不同的。

随着公司在既定的网络中获得经验，它们就很可能根据各自价值网络的独特要求，发展出合适的公司产能、组织结构和企业文化。处于行业主导地位的公司（通常有"管理出色"的美名）在开发和/或采用**持续性技术**（sustaining technology）方面居领先地位，即有助于改善产品性能的渐进的或激进的产品创新。在克里斯坦森看来，现有公司开发的多数新技术在本质上都是持续性的。的确，创新技术中的绝大部分都属于这一类型。

然而，行业的新进入者在重新定义产品性能的**颠覆性技术**（disruptive technology）的开发方面居领先地位。颠覆性技术带来的益处不只是改善产品性能，它能使从前被认为不可能的事情变为现实，而且一般都能创建新市场。克里斯坦森解释道："一项对某个公司来说是颠覆性的创新，对另一个公司来说可能是持续性的。互联网对戴尔公司来说是持续性技术，因为该公司在互联网出现之前就利用直销渠道销售个人计算机。但是，它对于康柏公司而言就是颠覆性技术，因为康柏的主要分销渠道是中间零售商。"[16]

为了帮助管理人员认识创新者的窘境，并对环境变化做出适当的反应，克里斯坦森提出了颠覆性创新应该遵循的 5 条原则：

1. 公司依靠顾客和投资人获得资源。管理学权威罗莎贝斯·莫斯·坎特（Rosabeth Moss Kanter）指出，最好的创新是用户导向的。但自相矛盾的是，如果管理层倾听现有顾客的意见，就可能错过颠覆性创新的机会。[17]

2. 小型市场不能满足大公司的增长需要。小规模的组织最容易在小市场上对增长机会做出反应。这一事实要求大型组织组建一些独立单位去探索新技术，IBM 就是这样开发其个人计算机产品的。

3. 不存在的市场是无法分析的。克里斯坦森建议公司接受不可知论营销观。这是一个显性假设，即在公司员工或顾客实际使用和体验某一颠覆性创新产品之前，没有人能知道它是否会被采用，如何被采用，以及被采用的量有多大。

4. 一个组织的能量决定了其能力的局限。例如，微软曾是行业的潮流引领者。但是，如今，当微软仍然坚持投身于其 Windows 操作系统时，它已在诸如搜索和社交网络等高增长的消费者导向领域落后于新的行业进入者。[18]

5. 技术供应可能不等同于市场需求。有些产品的复杂程度超过了市场的需要。例如，财务软件开发商为小企业开发的软件功能超出了市场的需要，由此为那些提供足够功能（很高级）的颠覆性软件技术创造了市场机会，这些技术使用起来更简单，也更方便。斯科特·库克（Scott Cook）就抓住了这样的机会，开发出了 Quicken 和 Quickbooks 软件。

全球电子商务

指出全球电子商务的当前趋势，并说明全球化公司应如何扩大其在网络上的存在感。

电子商务（e-commerce）指利用互联网或类似的线上网络作为营销渠道开展的商品和服务的一般交换。2014年，全球电子商务销售额超过1.3万亿美元，同年，中国超过美国，成为全球最大的电子商务市场。随着智能手机普

> 这就是颠覆性的定义。就如奈飞公司取代了百视达。就如优步取代了出租车。
> ——弗雷斯特研究公司副总裁兼首席分析师布兰登·威彻（Brendan Witcher），评论亚马逊的"走出商店"对零售的潜在影响[19]

及率的提高，数亿中国消费者在网上购物的频率越来越高。美国人口普查局报告称，2016年美国线上零售销售收入总额为3 900亿美元，自2011年以来增长了100%。相比之下，2016年中国的线上零售交易总额约为7 500亿美元，几乎是美国的两倍。

世界上一些地区的互联网普及率一直低至个位数；尤其是非洲。例如，在厄立特里亚、布隆迪、塞拉利昂、索马里和其他低收入国家的普及率不到10%。相比之下，在韩国、荷兰、格陵兰岛、阿拉伯联合酋长国、巴林和卡塔尔等一些国家/地区，超过90%的人口都在使用网络。考虑以下现象：

- 2003年至2014年，中国的互联网用户数量从6 800万增加到6.4亿。超过6亿的中国人在网上购物，使得中国成为世界上最大的电子商务市场。市场由阿里巴巴和京东等本地公司主导。
- 美国弗雷斯特（Forrester）研究公司指出，从2017年到2022年，西欧的在线零售将以11.3%的复合年增长率增长。85%的欧洲手机所有者至少每周会在手机上使用互联网。[20]

电子商务活动可分为三个大类：企业对消费者（B to C）、企业对企业（B to B）、消费者对消费者（C to C）。许多人将电子商务与一些著名的消费者导向型网站联系在一起，如亚马逊、苹果的iTunes商店和易贝等。

正如第14章所述，德国的欧图集团（Otto Group）是全球第二大B to C电子商务零售商。事实上，根据弗雷斯特研究公司的数据，德国、法国和英国总共占了西欧在线销售额的2/3以上。最近，意大利和西班牙的消费者已经开始接受在网上购物，促进了这些国家电子商务的快速发展。总体来看，网购服装比其他类型的产品高出两倍。然而，消费电子产品、手表和珠宝的在线销售也在增长。[21]

网站可按用途进行分类：**促销网站**（promotion sites）是为商品或服务提供营销沟通的网站；**内容网站**（content sites）提供新闻和娱乐，并支持公司的公关活动；**交易网站**（transaction）是顾客能够购买商品或服务的线上零售点。在很多情况下，网站包含以上全部三种功能。

此外，网站还可以按照内容和受众焦点进行分类。例如，你所在大学的国际学生可能是通过互联网了解到该校的，即便该学校网站的首要目标群体是本国的学生。

与此相类似的是在线音乐服务商潘多拉（Pandora），它只为美国听众服务；法国在线音乐流媒体公司 Deezer，仅在其国内市场上运营。原因是什么？国际版权法的规定使歌曲很难取得演播权。然而，在 2015 年，Deezer 与 Sonos 和 Bose 的高保真音响市场建立了合作关系，使 Deezer Elite 面向美国用户。正如潘多拉前首席执行官乔·肯尼迪（Joe Kennedy）最近指出的，"好消息是互联网是全球性的，但坏消息是版权法是各国的"。[22] 苹果公司的 iTunes 音乐商店最初只面向美国用户。在过去十年里，其服务领域已经拓展到数十个国家。在线影片发行商奈飞公司也以类似的方式从国内扩展到国际。

古驰和联邦快递等公司的业务早已扩展到全球，互联网为它们构建了一个强有力且具有成本效益的沟通工具。同样，联合利华的互动营销人员相信，互联网可以作为一种重要的、低成本的产品展示媒介。该公司巨大的电视广告库已经完成数字化处理。计算机用户可以下载如沙龙精选洗发水（Salon Selectives）等产品的全景动作影像，并随时观看。最近，联合利华公司在雅虎网站的食品专栏中发起了为期 12 周的题为"寻找真正的食物"的系列节目。这个节目由美食频道的著名主持人戴维·利伯曼（David Lieberman）主持，主要围绕赫尔曼蛋黄酱（Hellman's Mayonnaise，联合利华的品牌）展开。奥美广告公司的娱乐执行总监道格·斯科特（Doug Scott）解释道："宽带内容的成本要远远低于电视产品，而且可以帮助你接触到更多的受众。"[23]

公司也寻求在全世界范围内与顾客进行电子商务交易。亚马逊可能是采用全球顾客交易模式中最成功的一例。在线书店的顾客可以从数百万册的图书中进行选择，其中许多是以折扣价出售的。当然，如今的亚马逊提供了更广泛的产品。

在对一些潜在产品的在线销售持续性进行适当评估后，公司创始人杰夫·贝佐斯（Jeff Bezos）选择了图书这种产品。原因有两个：第一，任何一个实体书店都无法持有太多的图书；第二个原因与产业结构相关，出版业高度分散，仅在美国就有 4 200 家出版社，这意味着没有一家出版社能有很强的供应商议价能力。贝佐斯的直觉被证明是对的，亚马逊获得了来自几十个国家/地区的订单。

今天，亚马逊网站是全球最大的在线零售网站，每年有数亿访客。亚马逊的 12 个国际网站占到该公司总销售额的 40%～50%，其中德国、日本和英国是亚马逊在美国以外的最大的三个市场。

2017 年，美国的在线销售总额超过 4 000 亿美元大关，其中包括来自国外的订单。美元走强意味着以欧元或其他货币支付的消费价格上涨，这促使更多的美国消费者从国外订购。快递巨头联邦快递、UPS 和 DHL 正在进行关键的收购与合作，以确保为在线购物者提供无缝衔接的、无障碍的订购和送货体验。[24]

显然，某些产品天生不适于在网上销售。在有些情况下，即使产品是可以在网上销售的，开展全球营销的公司制定的战略决策也可能只是在网上展示品牌而不提供交易机会。因此，这些公司的网络活动仅限于支持线下零售分销渠道的推广和信息传播。

这一做法有几方面的原因。第一，许多公司缺乏处理个人订单所必需的基础设施；第二，建立一个功能全面的电子商务网站的成本为 2 000 万～3 000 万美元。此外，还可能有与产品特性相关的一些其他原因。例如，戈丁（Godin）吉他的网站提供了大量的产品信息和公司的全球经销网络名录。但是，公司创始人罗伯特·戈丁（Robert Godin）相信，选购吉他的最佳方式是弹奏，这就要求顾客亲自到访乐器商店。

对消费品巨头宝洁公司而言，互联网展现了全球推广和信息传播的渠道，这是其品牌战略中不可或缺的一部分。例如，宝洁的第一大品牌帮宝适（Pampers），全球年销售额达100亿美元。它在网站上展示了全新的品牌概念。以前，品牌经理认为，帮宝适的一次性纸尿裤可以使婴儿感到愉悦；而新的理念是该产品是促进婴儿成长的好帮手。访问帮宝适在线社区（Pampers Village），不仅可以看到来自帮宝适育婴中心的建议，还可以看到其他妈妈的育儿经。此外，人们还可以在网站上下载折扣券。

宝洁公司推出了 thankyoumom. com 网站，并将宝洁定位为"妈妈们最大的支持者"。2010 年，宝洁在该网站举办活动，奖励是 10 万美元的旅行券，帮助妈妈们与家人团聚。宝洁还推出了一个零售网站，向美国消费者销售潘婷洗发水、帮宝适婴儿用品和其他品牌产品。这一线上战略使宝洁与沃尔玛、塔吉特（Target）及其他通过互联网销售对实体店进行补充的零售商展开了直接竞争。[25]

直到最近，大多数奢侈品供应商网站的访客仍然没有机会在网上购买产品。原因很简单：这些顶级的设计公司努力创造能够提升品牌形象的全面零售购物体验，这一目标与电子商务基本目标是不相符的。正如弗雷斯特研究公司分析师苏查丽塔·马尔普鲁（Sucharita Mulpuru）最近所解释的那样，"人们有这么一种信念，即无法在网上传达出你的品牌精髓"。[26]但这一信念正在发生变化。一些奢侈品营销商推出了智能手机和 iPad 应用程序，以帮助消费者购物。博柏利、香奈儿、蔻驰、古驰和许多其他奢侈品牌正在脸书上创造官方的在线社区。按照一家社交媒体管理公司的首席执行官雷吉·布拉德多（Reggie Bradord）的说法，他们正在做正确的事情。他说："奢侈品牌应该考虑的问题是'我们如何创设一场对话并让消费者与我们的品牌产生联系？'"[27]

随着互联网发展成为不可或缺的全球沟通工具，实际上所有组织的决策者都意识到，他们必须将这一新媒体纳入其交流计划。许多公司在热门网站上购买条幅广告，通常这些广告会链接到公司的主页或与其产品或品牌相关的网站。当用户点击该链接时，广告主就要为此付费。尽管条幅广告的创作空间有限，而且**点击率**（clickthrough rate，点击网上广告的用户百分比）通常比较低，但是在未来几年内将网络作为全球广告媒介的企业数目还有望大幅增长。

在数字化革命中，最值得关注的是由克里斯·安德森（Chris Anderson）所提出的方面，他是《连线》（Wired）杂志的主编和《长尾理论》（The Long Tail）的作者。此书的主题是如何利用在线零售的高效经济性来聚集大量销售速度相对缓慢的产品，并解释了易贝、亚马逊、奈飞和 iTunes 的成功原因，所有这些网站提供的产品数量和种类都远远超过传统的零售商。安德森解释说："《长尾理论》中的故事实际上是关于富足经济的，如果在我们的文化中供求之间的'瓶颈'开始消失，人们可以购买任何商品，将会发生什么呢？"安德森指出，关注度较低的产品，如晦涩难懂的图书、电影和音乐等，大大推动了亚马逊、奈飞和 iTunes 等电子商务网站销售额的增长。他说："这些高达几百万美元的附带销售是一种高效的、具有成本效益的业务……在历史上，畅销产品和利基产品在实现经济效益方面首次处于同等水平。"[28]

网站设计与网络工具

全球营销
15.5

阐述全球化公司在设计和运营网站时面临的主要问题。

为了充分利用互联网的潜力，公司高管必须将互动媒介加入其营销组合。[29] 网站的建立可以在公司内部完成，也可以外包给其他公司。在过去的几年里，出现了一种新型的互动广告代理机构，它们帮助公司实现网上销售的全球化。有些代理机构是独立的，而有些隶属于其他广告代理公司和控股公司（见第 13 章）。不管采取何种方式，在建立全球电子商务时有几个问题必须考虑到，包括选择域名、设计支付方式、实现网站的当地化、解决隐私保护问题和建立分销系统等。

关键的第一步是注册一个国别域名。亚马逊公司因此在其开展业务的每个国家都有一个域名（见表 15 - 1）。尽管欧洲的消费者可以浏览亚马逊的美国网站，但他们可能会更喜欢直接点击当地的网站。从营销者和消费者两个角度看，此类做法都有意义：他们所选的网站会以欧元而非美元计价，提供更适合当地人口味的产品，并从当地分销点发货。不过，正如前面所提到的，美元兑欧元持续走软，使得欧洲消费者能以更低的价格通过美国的在线零售商订购商品。

再者，研究结果表明网站的访客在浏览采用本国语言的网站时会花更多的时间，他们多半也会翻看更多的网页并购买更多的产品。许多人都会使用当地版本的知名搜索引擎来搜寻信息。例如，在法国，雅虎的当地网站是 http://fr.Yahoo.com。同样的原则也适用于将美国在线消费市场作为目标市场的非美国公司。沃特福德 – 韦奇伍德公司、哈罗斯精品百货公司和其他知名企业都曾经申请美国域名，而且网站上的产品都是以美元标价的。[30]

表 15 -1　亚马逊在其开展业务的国家注册的域名举例

域名	国家	域名	国家
amazon.com.br	巴西	amazon.it	意大利
amazon.ca	加拿大	amazon.co.jp	日本
amazon.cn	中国	amazon.es	西班牙
amazon.fr	法国	amazon.co.uk	英国
amazon.de	德国		

尽管在美国注册".com"网站域名的程序比较直接，但其他国家或地区的要求可能有所不同。例如，在有些国家或地区，在注册当地域名的网站之前，企业必须建立一个合法实体。**域名抢注**（cybersquatting）是指注册某一特定域名的行为，其明确的目

的是将该域名转售给某公司以便该公司能合法使用。这也是一个问题。雅芳、松下和星巴克都曾经是域名抢注行为的受害者。

付款可能是另一个问题。在很多国家或地区，信用卡的使用率较低。在这种情况下，电子商务运营商必须通过银行支票或邮政汇票来安排付款；货到付款也是一种选择。另外一个问题是信用卡欺诈，印度尼西亚、克罗地亚和波黑等国家的欺诈十分猖獗。因此，必须采用更多的身份识别手段，如要求顾客将他们正使用的信用卡以及带照片的身份证传真过来。[31]在日本，消费者在便利店（konbini）支付在网上购物的费用。在线挑选商品之后，购买者到附近的便利店（如7-11）为该商品支付现金，然后由店员将这笔钱汇到在线卖方的账户。不过，国外公司不能使用konbini系统，这意味着国外的在线零售商必须与当地公司结成联盟。

理想的状况是，每个国别网站都应反映当地文化、语言习惯、习俗和审美偏好。品牌识别体系中的公司标识和其他因素应该包括在网站中，但在必要时需调整颜色偏好和含义差别。例如，美国和许多欧洲国家的在线购物者对购物车标识十分熟悉，但在线公司必须确定该标识是否适用于所有国家的市场。即使在讲英语的国家之间，也会存在微小但很重要的语言差异。例如，www.figleaves.com 和 www.figleaves.com/uk 分别是一家英国女性内衣公司在美国和英国的网址。美国网址的英文含义是"女裤"，而英国网址的英文含义是"短裤"。当涉及两种以上的语言时，翻译人员应该确保文本能反映当前的语言习惯。同样重要的是，同一术语切忌被屡次翻译，以防"画蛇添足"。当地翻译人员应当能够使用内部字典，字典中包含特定公司对某些术语的偏向性译法。

姚明在2002年加入NBA后，NBA的中文网站与中国的门户网站搜狐网联合上线。该网站完全用中文书写，旨在利用篮球在世界最大市场的受欢迎现状。NBA还在非洲、澳大利亚、加拿大、印度、新西兰、菲律宾和英国推出了特定国家或地区的英语网站。此外，该网站还开发了其他几种语言，包括德语、希腊语、希伯来语、意大利语、葡萄牙语和西班牙语。

正如NBA的中文网站所展现的那样，仅仅把网站从本国语言翻译成其他语言是不够的。因此，另一个基本的步骤是将网站用目标地的当地语言和商业术语进行本地化。从技术角度看，那些支持英语、法语、德语和其他使用拉丁字母语言的网站最多只能存储256个美国信息交换标准码（ASCII）格式的字符。即便如此，也存在各种语言的不同需要。比如，一个德语网站所需的空间是英语网站的2倍以上，因为德文文本更占空间。[32]然而，日语和汉语等语言需要能支持双字节ASCII的数据库。为此，设计网站结构时以双字节ASCII码开始是比较明智的。网站架构也应当有足够的弹性，允许不同日期、币种和货币形式的存在。比如，对英国居民而言，"7/10/16"意为2016年10月7日。但对美国人来说，它是指2016年7月10日。

隐私是全球电子商务中的另一个关键问题。欧盟是在这方面立法最为严格的地区之一，公司在个人信息（如顾客的年龄、婚姻状况和购买模式）获取的数量和可保留的时间上受到种种限制。2012年，欧盟司法专员维维安·雷丁（Viviane Reding）宣布要对欧盟数据收集规则进行全面改革（见图15-4）。如果非欧盟的公司向欧盟公民提供服务，如苹果、谷歌和脸书等，则它们也将适用该规则。居住在欧盟境内的顾客将享有"被遗忘权"，即他们可以要求有关方面删除他们的个人数据。此外，公司在共享其数据之前必须取得欧盟公民的明确同意。[33]与此相反，美国政府在保护隐私方面表现得犹豫不决，部分原因在于美国宪法第一修正案以及2001年恐怖袭击所引起的对国家安全问题的忧虑。为了确保公司遵守隐私法，美国公司创造了一种新的行政级别的职位：首席隐私官。[34]

很多问题与物流配送决策息息相关。随着特定国家或地区在线销售的快速发展，企业需要在当地建立仓库设施，以便加速物流和降低运输成本。在美国，这种做法需要缴纳相应税款；营销人员可能需要征收销售税。为了缓解消费者对在线购物的担心，企业可以选择免运费，同时提供免费退货和退款的保证。

图 15-4　维维安·雷丁是欧盟司法、基本权利和公民事务专员。雷丁以官方身份公开谈论了数据隐私问题。欧盟的担忧是企业未经允许收集和使用消费者数据的做法很普遍。GDPR 将确保消费者有"被遗忘的权利"，并要求谷歌等公司在面对消费者要求时删除用户数据。

资料来源：GEORGES GOBET/AFP/Getty Images.

新产品与服务

指出过去十年中出现的最重要的新产品和服务。

数字化革命推动了很多不同行业的创新。全球各地的众多公司不断开发出新一代的产品、服务和技术。它们包括宽带、云计算、智能手机、移动商务、无线连接等。例如，GoDaddy 被许多需要帮助建立域名和托管网站的企业所使用（见图 15-5）。

图 15-5　GoDaddy 通过各种广告活动，提高了人们对其网络托管和互联网域名注册服务的认知。它的超级碗广告有时会引起争议，有的平面广告更直接。

资料来源：GoDaddy

> 宽带普及率的提高打开了两年前还不存在的可能性……我们需要意识到，在线服务现在是整体营销沟通组合的一个重要组成部分。我们不是一个网络公司，我们是一家饮料公司。但我们必须开发出与年轻人生活相关的引人注目的营销平台。
> ——蒂姆·科普（Tim Kopp），可口可乐公司全球互动营销的前副总裁[35]

15.6.1 宽带

宽带 (broadband) 是一种有足够能力同时承载多个语音、数字或视频通道的通信系统。带宽 (bandwidth) 决定了可以通过既定传输通道的频率范围。例如，与最先进的数字电话网络相比，传统电话网络提供的带宽就很有限。结果，传统电话听起来就是"低保真"的。带宽用比特/秒 (b/s) 来计量，一整页英文文本大约为 16KB (1.6万字节)。例如，连接到传统电话线上的一个 56Kb/s 的调制解调器，可以在 1 秒内传输 7KB [1B (字节) 由 8bit (位) 组成]；相比之下，采用同轴电缆的宽带互联网或DSL (数字用户线) 连接，每秒可传输的字节多达 10GB。

宽带为很多行业中的企业提供了大量营销机会。宽带使得互联网用户能够获取**流式音频** (streaming audio) 和**流式视频** (streaming video) 等**流媒体** (streaming media)。个性化的电台服务网站，例如苹果音乐 (Apple Music)、潘多拉、声田和泰斗 (Tidal) 等，允许用户创建自己最喜欢的艺术家和歌曲列表。潘多拉使用一种名为音乐基因组项目 (Music Genome Project) 的专利技术，为用户推荐与其目前最喜欢的歌曲风格相类似的音乐。随着亚马逊、iTunes、奈飞和 You Tube 等服务网站支持电影和电视节目的下载及将流媒体作为观看选项，流媒体对电视产业产生了重大影响。

流媒体代表着视频游戏产业的一个巨大的市场机会，该产业包括消费电子产品公司 (如微软和索尼)、游戏发行商 (如艺电) 和互联网门户网站 (如谷歌)。不同地方甚至不同国家的游戏玩家可以通过个人计算机、Xbox 或 Play Station 进行较量，这有时也被称为大型多人在线游戏 (MMOG)，其中最为流行的是《魔兽世界》(*World of Warcraft*)。微软的 Xbox 在线服务吸引了全球超过 4 800 万用户。消费者对在线游戏的兴趣受到新一代游戏机的推动，其中包括微软公司的 Xbox One 和索尼公司的 Play Station 4。

15.6.2 云计算

在 15.6.1 小节中，云计算被视为更高的宽带速度的一个驱动因素。**云计算**指的是在"云端"执行的下一代计算方式。此类应用程序无须安装 iTunes 或 Microsoft Office 等软件，而是通过网页浏览器提供服务。云计算意味着可以将档案 (包括音乐和电影文件、照片及文档等) 存储在海量远程的服务器和数据中心上，而不是存储在个人用户的计算机上。用户可以在任何地方、使用任何计算机通过互联网远程访问计算机文件。

谷歌的 Chrome 操作系统被描述为"一种新的计算模式"，旨在利用云计算的巨大商机。另一个行业潮流引领者亚马逊也建立了亚马逊网络服务 (AWS)，为企业提供云计算资源。AWS 是第 8 章讨论的外包趋势的变体；奈飞、Foursquare 和成千上万的其他公司都在使用该服务来替代自己的数据中心。

15.6.3 智能手机

手机是数字化革命的新产品中最成功的传奇之一。爆发式的需求增长成就了苹果、华为、OPPO 和三星等手机制造商，也成就了 AT&T，德国电信（Deutsche Telekom）、美国 Cellular 和威瑞森等服务提供商。新特性和功能为消费者定期升级手机提供了理由。传统的蜂窝电话（有时称为功能手机）可以通过**短信服务**（short message service，SMS）发送文本消息。SMS 是一种全球通用的无线传输标准，最多可发送 160 个字符的字母和数字消息。SMS 也是 Twitter 微博服务的技术基础。行业专家预测，营销人员将通过互动数字电视、互联网和电子邮件等其他数字化渠道将短信服务纳入营销沟通体系。

智能手机（Smartphone）具有比功能手机更强大的功能，融合了计算机的一些功能，其销量占全球手机销量的 1/4。一个恰如其分的例子是苹果公司热卖的 iPhone，它配备了该公司完善的 iOS 系统和网页浏览器。智能手机的普及部分归功于各种应用程序，例如照片墙、动作电影（Action Movie FX）和愤怒的小鸟（Angry Birds）等。2013 年，苹果的 iTunes 商店卖出了第 500 亿个 iPhone 应用程序。苹果公司为纪念这一里程碑式事件，推出了"500 亿应用程序下载"活动：下载第 500 亿个应用程序的幸运者可以赢得一张价值 10 000 美元的礼品卡。当然，这张卡可以在 iTunes 上进行兑换！苹果公司的许多竞争者都使用安卓系统，这是一款由谷歌开发的手机操作系统。

15.6.4 移动广告和移动商务

移动广告（mobile advertising）和**移动商务**（mobile commerce，m-commerce）是指人们以手机为渠道来传递广告信息并进行产品和服务交易的行为。大多数智能手机用户都可以通过 Wi-Fi 访问互联网；此外，手机服务提供商通常也提供数据流量，用户可通过 3G 或 4G 网络连接互联网。这使得苹果、Crisp 无线、谷歌、Medialets、Mobext 和其他公司可以向客户提供移动广告服务。例如，联合利华、日产和其他一些公司就利用苹果公司的 iAd 服务在 iPhone 和 iPod 应用程序中植入交互式广告。[36]

> 10 亿美元
> 2012 年，脸书为收购照片墙所支付的金额
>
> 8 亿美元
> 截至 2017 年 9 月的照片墙用户数量
>
> 75%
> 美国以外的照片墙用户

随着消费者远离台式计算机，把更多的时间花在移动设备上，移动搜索广告和移动展示广告的重要性与日俱增。事实上，谷歌最近宣布，它正在调整其自傲的搜索算法，以支持"移动友好型网站"，使之可以在小屏幕上进行文本阅读和展示适合屏幕的内容。没有为移动使用而优化的网站将在搜索过程中被淘汰。

装了**全球定位系统**（global positioning system，GPS）的智能手机可以帮助使用者确定他们所在的地理位置。这一功能为 Foursquare 等基于地点的移动平台创造了新的机会。随着配备了 GPS 的移动设备的普及，基于地点的广告也吸引了更多厂商的目光。例如，法国电信设备生产商阿尔卡特—朗讯公司（Alcatel-Lucent）曾推出一项服务，即当手机用户距离商店、酒店或餐馆等特定位置很近时，该项服务就可以向用户发送定制短信。这项服务由总部在旧金山的 1020 Placecast 公司进行管理，它可以提供企业的地址和电话号码，而且可以提供赠券链接和其他类型的营业推广信息。用户同意接

收广告则"加入"该服务。

NAVTEQ 媒体解决方案公司是隶属于诺基亚的一家数字地图数据公司。NAVTEQ 使用该公司的专利技术，提供基于位置的广告服务，即**置点广告**（见图 15 - 6）。NAVTEQ 的全球客户包括 Best Western Germany、印度的达美乐披萨和芬兰的麦当劳。最近针对各种客户的营销活动表明，移动营销活动可以为营销人员提供重要的指标，如可以用来计算投资回报率（return on investment，ROI）。

图 15 - 6　NAVTEQ 为智能手机等基于位置的设备提供数字地图数据。NAVTEQ 数据也被用于佳明（Garmin）的车辆导航设备。

资料来源：Krisztian Bocsi/Bloomberg via Getty Images.

在一项活动中，距离芬兰任何一家麦当劳方圆 5 英里（8046.72 米）内的手机用户都收到了邀请，以 1 欧元的价格购买芝士汉堡。结果是 7% 的点击率。在这些用户中，39% 的用户使用了该广告的点击导航选项，要求步行或开车到最近的麦当劳。在印度，达美乐一场接触现有和潜在客户的活动也取得了成功。它的广告被发送给了智能手机用户；条幅广告也被放置在诺基亚的 Ovi 服务门户网站上。结果令人印象深刻：22.6% 的用户点击了地图，10.8% 的用户点击了送货上门服务，8% 的用户使用广告访问了达美乐的网站。[37]

印度的手机使用量呈现爆炸式的增长。孟买软件公司 People Infocom 的首席执行官马诺伊·达瓦尼（Manoj Dawane）说道："在印度，与电视或互联网等其他形式的媒介相比，手机的渗透率相当高。对移动广告而言，不可能有比印度更好的地方了。"推动印度移动广告增长的另一个因素是低费率——用户每分钟只需支付 2 美分。人口统计学也发挥了重要作用。约有 2/3 的印度人口生活在农村地区，那里的电视拥有率和报刊阅读率都很低。BPL Mobile 等移动运营商建立了覆盖数万个印度村庄的移动网络。BPL 品牌传播负责人阿里夫·阿里（Arif Ali）的想法可以降低用户成本。他说："我们正在考虑提供 30 ~ 60 秒的手机商业广告，我们将通过这种广告将某些利益信息传递给用户。"[38]

另一种普遍采用的移动通信技术是**蓝牙**（bluetooth），与 Wi-Fi 相比，它具有耗能更少的优势。[39]这使得蓝牙十分适用于手机。许多人都会用蓝牙将手机里的照片传输至计算机。但是，蓝牙的传输距离比 Wi-Fi 短。蓝牙和 Wi-Fi 技术都已被整合到汽车和家用电器中，如冰箱、照明系统和微波炉。总之，物联网（IoT）正在迅速形成。

15.6.5　自动出行

随着汽车制造商将互联网技术融入汽车，联网汽车正成为现实。事实上，许多车主将他们的汽车视为"终极移动设备"，这是他们数字方面自我的延伸。应用程序能够使司机以新的方式与汽车进行互动。例如，一些汽车制造商开发了苹果手表应用程序，可以让车主远程检查，比如车门是否锁着、窗户是否打开。电动汽车的车主还可以检查汽车的电池是否充满电。

随着自动驾驶"robocar"、电动汽车和共享移动服务的出现，大多数全球汽车制造商和供应商已经在加利福尼亚州硅谷建立了研究实验室。2015年，特斯拉推出了包括自动转向在内的自动驾驶功能，占据了行业的领先地位。

戴姆勒公司董事会主席、奔驰公司总裁迪特·蔡澈在总结行业趋势时，使用了缩略词CASE：互联、自动、共享和电力（见图15-7）。新一代的梅赛德斯-奔驰汽车采用了基于云端的车对外界的信息交换（V2X）功能，允许汽车寻找可用的停车位。该系统的一个关键点是：绘制高分辨率的地图。

图15-7　戴姆勒公司管理层董事会主席、梅赛德斯-奔驰公司总裁蔡澈在拉斯维加斯举行的2015年国际消费电子展上发表了主题演讲。迪特·蔡澈在他的讲话中谈论了自动驾驶汽车技术的未来和其他方面的创新。截至2017年，有700万辆梅赛德斯-奔驰汽车配备了传感器，使该公司能够收集有利于司机的数据。

资料来源：VanderWolf Images/Shutterstock

其他汽车公司也在迅速学习这种方式。投资者对福特汽车在开发电动和自动驾驶汽车方面的不佳表现表示不满，导致其首席执行官马克·菲尔兹（Mark Fields）在2017年中引咎辞职。宝马员工收到简报警告，该公司落后于新公司特斯拉和长期竞争对手梅赛德斯-奔驰。[40]为了加快开发速度，宝马已经与包括以色列的Mobileye、英特尔和Delphi在内的几家公司合作，开发自动驾驶软件。

15.6.6　移动音乐

由于非法共享音乐文件的行为蔓延成风，唱片公司正在寻找新的收入来源。随着技术融合，他们找到了这些收入来源。如今，新一代的手机将引领移动音乐行业的变革。**移动音乐**（Mobile music）是指在智能手机或其他移动设备上播放的音乐。

　当我们谈论移动性的时候，我不看好慕尼黑或宝马。我们关注中国，如优步和来福车。我们也关注谷歌对Waymo做了什么，苹果尝试了什么新的东西。这些都是新的竞争对手。
——威尔科·斯塔克（Wilko Stark），戴姆勒公司的战略主管[41]

苹果公司的 iTunes 商店在合法的全曲音乐付费下载市场上占据主导地位。从 iTunes 购买的音乐可以在计算机以及 iPod、iPhone 和 iPad 等移动设备中播放。2006 年，iTunes 的歌曲下载量创纪录地达到 10 亿首。如今，苹果公司是世界排名第一的音乐销售商，累计下载量达到 250 亿次。（2013 年，第 250 亿首歌曲在德国被下载，这位幸运的 iTunes 用户赢得了 10 000 欧元的苹果公司礼品卡。）苹果公司的竞争对手曾试图开发自己的音乐播放器和下载服务，以便与 iPod 和 iTunes 这对组合展开竞争，但是都没有取得成功。

为了应对不断变化的市场，苹果在 2015 年推出了一项新的 Apple Music 纯订阅服务。一些流媒体网站（如声田）提供免费和付费以及"附加费用"的服务。不同之处在于，付费是无广告的，而免费则要求用户收听移动广告。苹果音乐的高管们相信，与竞争对手相比，他们能够提供更好的个性化功能服务和更合适的艺术家推荐。[42]

本章前面讨论过的云计算有望对移动音乐业务产生重大影响。基于云端的音乐服务是订阅服务和在线商店商业模式的综合体；这种新方法克服了现有方法的一些缺点。例如，iPod 用户必须将 iPod 与计算机或其他设备同步。此外，各种订阅服务的定价方案可能使人困惑。相比之下，基于云端的音乐服务为用户提供了音乐存储柜；该存储柜位于"云端"，而各式各样的移动设备均可以访问已购买或上传的音乐文件。

15.6.7 移动游戏

移动游戏越来越受欢迎；2017 年，该行业的收入预计将超过 1 000 亿美元，高于 2010 年的 37.7 亿美元。直到 2016 年中，《战争游戏：火力时代》和《部落冲突》都是最流行的两款手机游戏。然而，在 2016 年 7 月 6 日，任天堂的《口袋妖怪 GO》席卷了移动游戏世界。这款游戏使用了 AR 技术、智能手机的摄像头和 GPS；玩家会寻找并试图捕捉"口袋怪物"。在创纪录的时间里，游戏（"一定要抓住他们所有人！"）在澳大利亚、新西兰和美国的苹果和安卓应用商店中，在"下载量最多"榜中排名第一。一周后，《口袋妖怪 GO》在世界上最大的移动游戏市场日本推出。

亚太地区占全球游戏市场份额的一半以上。中国拥有 6 亿玩家，他们每年与游戏相关的支出超过 250 亿美元。最受欢迎的移动游戏是来自中国互联网巨头腾讯的《王者荣耀》。

包括《口袋妖怪 GO》在内的一些游戏都是免费的；其他游戏，如《超级马里奥跑酷》，可以免费试用，整个游戏需要几美元。营销人员如何通过免费游戏获利？只要少量付费，免费游戏就可以升级到付费版本。此外，许多游戏还为用户提供在游戏中购买虚拟商品的机会。《战争游戏》就是一个很好的例子：它每天为母公司的机器领域创造 100 万美元的收入。同样，《王者荣耀》也可以免费下载，但玩家可以自由付费定制他们的角色。实际上，对"免费"一词可能会产生误解，因为网络运营商通常会对游戏的下载收取费用。[44]

15.6.8 在线游戏与电子竞技

在过去的几年里，网络游戏已经演变成一项具有观赏性的运动。**电子竞技（e -**

sports）这个词被创造出来，用来形容电子游戏比赛。职业游戏玩家和团队一起争夺高达 1 000 万美元的奖金。例如，2017 年 11 月在北京的鸟巢体育场举行的英雄联盟世界锦标赛（见图 15-8）。

图 15-8　随着成千上万的粉丝聚集起来观看电子竞技，电子竞技越来越受欢迎。

资料来源：STR/AFP/Getty Images.

在美国，粉丝可以在芝加哥的 Ignite 休息室、洛杉矶的斯台普斯中心和加州伯班克工作室的新暴风雪竞技场等地点观看比赛。在全球拥有知名度的顶级战队包括 Faker（来自韩国）、KuroKy（德国）和 Neo（波兰）。《守望先锋》等联盟成员的薪水为六位数。电子竞技每年总收入接近 7 亿美元；该行业的商业模式包括来自媒体版权、广告、赞助和门票的收入。

其中约 2 亿粉丝每年的观看时间达到 60 亿小时。大量的电子游戏爱好者使用 Twitch，即一个移动流媒体网站，它会提供专业电子竞技的视频，以及为普通人（"各种流媒体"）提供玩电子游戏的视频报道。2014 年，亚马逊以 9.7 亿美元收购了 Twitch，从而击败了谷歌。主播经常与观众互动；一些主播通过分享在 Twitch 上运行的广告收入和订阅费来谋生。[45]

15.6.9　移动支付

移动支付（即通过智能手机付款）在 iPhone 6 于 2014 年推出 Apple Pay 时，获得了重大的推动力。为了进行付款，用户首先将其智能手机与其银行连接起来；然后，**近场通信**（NFC）技术允许用户在销售点终端（POS 机）附近"刷"手机来完成支付。安卓支付也在争夺移动支付平台的市场。

移动支付在中国呈爆炸式增长，用户可以通过其移动设备购物以及向家人和朋友转账。在由阿里巴巴的支付宝和腾讯的支付平台主导的市场，中国的移动支付量已经超过 9 万亿美元大关。随着中国市场的成熟，阿里巴巴和腾讯都将目标对准了新兴市场，商家没有使用传统信用卡或苹果支付、安卓支付等销售点终端，用以处理移动支付。例如，在印度，阿里巴巴为 Paytm 移动支付平台提供了融资，该平台很大程度上受益于印度政府的货币改革（见第 2 章）；Paytm 依赖于二维码技术。[47]

> 我们认为电子竞技可以具有真正的全球吸引力。没有任何内在的社会文化能使它在一个地区比在另一个地区更有吸引力。[46]
>
> ——查尔斯·霍普（Chris Hopper），拳头游戏联盟运营负责人

15.6.10　流媒体

互联网宽带服务的全球普及推动了 You Tube 等全球数字视频服务的日益普及。在这个领域运营的商家还包括脸书、照片墙、Twitter 和奈飞。最近的一项创新是 Meerkat，这是一款流媒体应用程序，用户可以使用他们的 Twitter 账户进行直播。一些行业观察者预测，Meerkat 和类似的应用程序将使人们对新闻和直播的消费方式发生重大变化，如在体育方面。

13 亿美元
每天收听 YouTube 的人数

50 亿
每天在 YouTube 上观看视频的数量

300
每天每分钟上传到 YouTube 的新内容的小时数

15.6.11　互联网电话服务

对电信产业而言，互联网电话服务是"下一件大事"。一项称为**网络电话**（voice over internet protocol，VoIP）的技术，可以使人的语音被编码、压缩和打包，通过互联网传输，再还原为正常语音。如果用传统的电话网络打电话，声音必须从互联网转移到传统电话网络，当地电话公司通常拥有接入家庭和企业的电话线。然而，如果通电话的双方是同一 VoIP 供应商的用户，就可以越过传统网络。影响是显而易见的：VoIP 有可能使现有的电信基础设施（主要由缠绕在一起的铜和光纤组成）过时。

目前，VoIP 只占全球电话市场的很小的一部分；不过，VoIP 有可能成为颠覆性的创新，进而打破电信行业中的势力均衡状态。全球成长型市场的前景推动了创业公司股票价格飙升。在欧洲，Kazaa 音乐文件共享服务的合伙创始人尼科拉斯·泽斯特罗姆（Niklas Zennström）建立了 Skype 公司，提供互联网电话服务。随着每天上万名新用户（其中大部分来自印度和瑞典）的到来，Skype 逐步发展成为一种全球现象。2005 年，易贝以 26 亿美元的价格收购了 Skype。不过，易贝为了在通信系统与公司的核心拍卖业务之间创造协同效应，做出了不少努力。2009 年，易贝宣布将 Skype 作为一家独立的公司剥离。两年后，微软以 86 亿美元收购了 Skype。

15.6.12　数字图书和电子阅读器

数字化革命对报纸和杂志等传统印刷媒介产生了重大影响。随着人们的上网时间越来越长，出版商正面临读者数量骤减的状况。同时，全球经济衰退迫使很多公司都在削减印刷品上的广告支出。由于经营困境，很多杂志开始停刊，报纸也纷纷宣布破产。但是，亚马逊公司的 Kindle、索尼公司的数码读书机以及苹果公司的 iPad 等电子阅读器将会吸引更多的用户。

亚马逊首款 Kindle 的售价为 359 美元；Kindle Fire HD 的起价为 99 美元。亚马逊随后推出了一款国际化、更小更便宜的 Kindle，它可在全球 100 多个国家/地区使用。苹果公司于 2010 年 3 月推出 iPad；到 2014 年中，苹果公司的这些设备的销量已经超过了 2 亿部。

行业观察者相信，高校对于培养电子图书阅读者的意识并鼓励他们适应这种方式可以起到帮助作用。原因很简单：电子图书代表着巨大的市场机会。例如，你阅读的图书能以电子"订阅"的形式直接从出版商那里购买。在线版本需要用户登录互联网；无数台计算机都可以查阅到该书的原文。购买者在订阅到期之前有 180 天的阅读时限。这个价格大约是在书店购买纸质图书价格的一半左右。一般来说，学生每次最多可以打印 10 页；此外还可以直接在计算机上剪切、粘贴、划重点和做注解。

与音乐和电影行业一样，电子图书行业面临越来越严重的数字盗版问题。很多网站和文件共享服务器会在未经授权的情况下传播受版权保护的资料。作者本人将怎样看待这个问题？有些作者将数字盗版视为吸引更多读者的方式，还有些作者只是希望自己的作品能得到公平的报酬。第三阵营则包括那些认为不值得对盗版进行追究的作者。畅销书作者斯蒂芬·金（Stephen King）说："问题是，我打算花费多少时间和精力来驱赶这些家伙呢？而且为什么要这样做呢？我的感觉是，他们大多数人住在铺满旧地毯的地下室里，依靠廉价的食物和啤酒生活。"[48]

15.6.13 可穿戴设备

2016 年，超模卡罗丽娜·库尔科娃（Karolina Kurkova）在参加纽约大都会艺术博物馆的慈善舞会时，发表了相当多的时尚宣言。她的"认知服装"由高端女装品牌玛切萨设计，它与 IBM 的沃森超级计算机连接。当参加晚会的人发 Twitter 时，裙子变了颜色！一些人认为，这次活动标志着可穿戴设备，包括健身腕带、苹果手表和其他产品和品牌，在时尚性和销售增长方面达到了一个临界点。

新的战略合作伙伴关系是将这些梦想变成现实的关键，例如玛切萨和 IBM 之间的合作。又如，谷歌与李维斯的 Eureka 创新实验室合作，创造了一款智能牛仔骑行夹克。李维斯的全球产品创新主管保罗·迪林格（Paul Dillinger）苦笑说："我们不太擅长技术，他们也不太擅长服装。"[49]

本章小结

数字化革命已经创造了一个全球电子市场。在长达 75 多年的历程中，数字化革命的发展势头越来越迅猛，这一过程中的技术突破包括数字主机计算机、**晶体管**、**集成电路**（IC）、个人计算机、电子表格、个人计算机操作系统和**互联网**，这些技术突破都源自美国国防部高级研究计划局（DARPA）的推动。蒂姆·伯纳斯 – 李的三个主要创新包括 URL、HTTP 和 HTML，这些又导致 20 世纪 90 年代早期**万维网**的产生。

数字化革命导致了技术趋同的过程，其含义是曾经相互分离的产业和市场开始聚合到一起。在这种环境中，**创新者的窘境**是指企业管理者必须对投资于现有技术，还是努力开发新的技术做出抉择。尽管行业中的领先企业经常开发可以改进产品性能的**持续性技术**，但这种革命也引发了**颠覆性技术**的浪潮，后一种技术会创造出新的市场，并重塑行业和价值网络。

对消费者和工业品的营销者来说，**电子商务**变得越来越重要。一般而言，电子商务网站可能聚焦于本国或全球市场；此外，这类网站可以划分为**促销网站**、**内容网站**和**交易网站**。全球营销者在设计网站时必须小心谨慎，必须注册国别域名，并开发使用当地语言的网站。除了考虑技术和功能性，网站的内容还必须反映当地文化、习俗和审美偏好。**域名抢注**会阻碍公司把企业名称注册为互联网站点。

互联网是广告主强有力的工具。**点击率**是广告效果的一个测评指标。另一个发展趋势是**付费搜索广告**。由数字化革命衍生出的新产品和服务包括：使**流媒体**得以通过互联网传播的**宽带**；依靠 **Wi-Fi**、蓝牙和其他形式的无线连接实现的**移动商务**；车载信息系统和**全球定位系统（GPS）**，以及**短信服务（SMS）**。**智能手机**正在为移动音乐下载创造新的市场，其中包括彩铃、原音铃声和全曲音乐资料。智能手机还可以用于移动游戏，并借助**网络电话（VOIP）**进行互联网电话服务。

注　释

1. 诺伊斯创立了仙童半导体公司，后来又创立了英特尔公司。他的英特尔联合创始人戈登·摩尔（Gordon Moon）因提出"摩尔定律"而闻名。该定律指出，计算机的性能每 18 个月就会翻一番。基尔比在德州仪器发明了集成电路。参见 Evan Ramstad, "At the End of an Era, Two Tech Pioneers Are Remembered," *The Wall Street Journal*（August 15, 2005）, p. B1.

2. John Markoff, "Innovator Who Helped Create PC, Internet and the Mouse," *The New York Times*（April 15, 2017）, pp. A1, A14.

3. For more on the development of VisiCalc, see Dan Bricklin, "Natural Born Entrepreneur," *Harvard Business Review* 79, no. 8（September 2001）, pp. 53 – 59.

4. Stewart Brand, *The Media Lab：Inventing the Future at MIT*（New York, NY：Penguin Books, 1988）, p. 253.

5. Steve Case, "Pardon the Disruption：Steve Case on Entrepreneurs." 在 SXSW 音乐，电影和互动大会上的演讲，2015 年 3 月 14 日。另见 Nick Summers, "Steve Case's Second Life," *Bloomberg Businessweek*（August 26, 2013）, pp. 52 – 57.

6. 超文本是包含指向其他文档的带连接的任何文本。

7. John Markoff, "Control the Internet? A Futile Pursuit, Some Say," *The New York Times*（November 24, 2005）, p. C4.

8. Thomas L. Friedman, *The World Is Flat*（New York, NY：Farrar, Straus and Giroux, 2005）, p. 58.

9. Christopher Rhoads, "EU, Developing Nations Challenge U. S. Control of Internet," *The Wall Street Journal*（October 25, 2005）, pp. B1, B2. 另见 "A Free Internet," *Financial Times*（November 14, 2003）, p. 15.

10. Barney Thompson, "GDPR：Crackdowns and Conflict on Personal Privacy," *Financial Times：Tomorrow's Global Business, Part Five—Rule of Law*（November 16, 2017）, pp. 2 – 3.

11. Jon Pareles, "A World of Megabeats and Megabytes," *The New York Times*（January 3, 2010）, p. AR1.

12. Vanessa Friedman, "Ready for the Next Chapter in E – Tailing," *Financial Times*（April 5, 2010）, p. 18.

13. Kevin Maney, "Baby's Arrival Inspires Birth of Cell Phone Camera—and Societal Evolution," *USA Today*（January 24, 2007）, p. 3B.

14. 此处许多材料改编自 Clayton Christensen, *The Innovator's Dilemma*（New York, NY：HarperBusiness, 2003）. 另见 Simon London, "Digital Discomfort：Companies Struggle to Deal with the 'Inevitable Surprise' of the Transition from Atoms to Bits," *Financial Times*（December 17, 2003）, p. 17.

15. Cited in Khadeeja Safdar, "J. Crew's Slip：Trusting in Design over Tech," *The Wall Street Journal*（May 25, 2017）, p. A12.

16. Simon London, "Why Disruption Can Be Good for Business," *Financial Times*（October 3, 2003）, p. 8.

17. Rosabeth Moss Kanter, John Kao, and Fred Wiersema, *Innovation：Breakthrough Thinking at 3M, DuPont, GE, Pfizer, and Rubbermaid*（New York, NY：HarperBusiness, 1997）, p. 24.

18. "Middle-Aged Blues," *The Economist*（June 11, 2011）, p. 59.

19. Elizabeth Weise, "No Checkout Line：Amazon Go Store Opens to Public," *USA Today*（January 22, 2018）, p. 1B.

20. Michelle Beeson and Claudia Tajima, *Online Retail Will Drive Overall European Retail Sales Growth Through* 2022, Forrester Research（December 5, 2017）, p. 3.

21. Michelle Beeson and Claudia Tajima, *Online Retail Will Drive Overall European Retail Sales Growth Through* 2022,

Forrester Research（December 5，2017），p. 3.

22. Joe Mullin，"Pandora CEO：The Complexity of International Copyright Law Is a Big Problem，" PaidContent. org（March 30，2011）. 访问日期：June 1，2011.

23. Susanne Vranica，"Hellmann's Targets Yahoo for Its Spread，" *The Wall Street Journal*（June 27，2007），p. B4.

24. Laura Stevens，"Borders Matter Less and Less in E-Commerce，" *The Wall Street Journal*（June 24，2015），p. B8. 另见 Stephanie Clifford，"U. S. Stores Learn How to Ship to Foreign Shoppers，" *The New York Times*（March 21，2012），pp. B1，B7.

25. Ellen Byron，"P&G Goes on the Defensive for Pampers，" *The Wall Street Journal*（June 15，2010），p. B5.

26. David Gelles，"Innovation Brings a Touch of Class to Online Shopping，" *Financial Times Special Report：Business of Luxury*（June 14，2010），p. 7.

27. David Gelles，"Social Media：Tarnish the Brand or Build an Aspirational Following?" *Financial Times*（June 14，2010），p. 23. 另见 Gary Silverman，"How May I Help You?" *Financial Times*（February 4–5，2006），p. W2.

28. Chris Anderson，*The Long Tail：Why the Future of Business Is Selling Less of More*（New York，NY：Hyperion，2006），p. 13.

29. 此处的许多讨论改编自 Alexis D. Gutzman，*The E–Commerce Arsenal*（New York，NY：Amacom，2001）.

30. Jessica Vascellaro，"Foreign Shopping Sites Cater to U. S. Customers，" *The Wall Street Journal*（October 12，2005），pp. D1，D14.

31. Peter Loftus，"Internet Turns Firms into Overseas Businesses，" *The Wall Street Journal*（December 16，2003），p. B4. See also Matt Richtel，"Credit Card Theft Is Thriving Online as Global Market，" *The New York Times*（May 13，2002），p. A1.

32. Patricia Riedman，"Think Globally，Act Globally，" *Advertising Age*（June 19，2000），p. 48.

33. Frances Robinson，"EU Unveils Web–Privacy Rules，" *The Wall Street Journal*（January 26，2012），p. B9.

34. David Scheer，"For Your Eyes Only：Europe's New High-Tech Role：Playing Privacy Cop to the World，" *The Wall Street Journal*（October 10，2003），p. A1.

35. Andrew Ward，"Coke Taps into Brand New Internet Craze，" *Financial Times*（August 8，2006），p. 15.

36. Yukari Iwatani Kane and Emily Steel，"Apple's iAd Helping Rivals，" *The Wall Street Journal*（November 11，2010），p. B4.

37. Sara Silver and Emily Steel，"Alcatel Gets into Mobile Ads，" *The Wall Street Journal*（May 21，2009），p. B9；NAVTEQ，"Domino's，" http：//navteqmedia. com/mobile/case–studies/dominos（accessed May 24，2011）；NAVTEQ，"McDonald's，" http：//navteqmedia. com/mobile/case-studies/mcdonalds（accessed May 24，2011）.

38. Eric Bellman and Tariq Engineer，"India Appears Ripe for Cell Phone Ads，" *The Wall Street Journal*（March 10，2008），p. B3.

39. 蓝牙是斯堪的纳维亚半岛人对吟拉尔德·布拉德（Harald Blatand）的称呼，他是生活在 10 世纪的丹麦维京国王。

40. Elisabeth Behrman，"BMW to Staff：Be Afraid，Be Very Afraid，" *Bloomberg Businessweek*（May 1，2017），p. 25.

41. Patrick McGee，"Is It the End of the Road for the Motor Car Marque?" *Financial Times*（June 27，2017），p. 15.

42. Tim Bradshaw and Matthew Garrahan，"Apple Streaming Service Leaves iTunes Behind，" *Financial Times*（June 6/7，2015），p. 10.

43. Tom Hancock，Yingzhi Yang and Yuan Yang，"Tencent Rests Easy at Top of Biggest Gaming Market，" *Financial Times*（October 4，2017），p. 18.

44. Daisuke Wakabayashi and Spencer E. Ante，"Mobile Game Fight Goes Global，" *The Wall Street Journal*（June 14，2012），p. B1.

45. Seth Stevenson，"A Chat Star Is Born，" *WSJ Magazine*（March 2016），p. 60.

46. Leo Lewis and Tim Bradshaw，"Esports Move into Big League，" *Financial Times Big Read：Entertainment*（November 6，2017），p. 11.

47. Newley Pernell，"Chinese Lead the Way in Mobile Payment，" *The Wall Street Journal*（September 23–24，2017），pp. B1，B2.

48. Motoko Rich，"New Target for Digital Pirates：The Printed Word，" *The New York Times*（May 12，2009），p. A1.

49. Hannah Kuchler，"The Race to Make Wearables Cool，" *Financial Times*（September 24/25，2016），p. 5.

全 球 营 销

（原书第 10 版）

GLOBAL
MARKETING
10th EDITION

第 5 篇
21 世纪的企业
战略和领导力

GLOBAL MARKETING

全球营销
（原书第10版）

第 16 章 竞争优势战略要素

本章精要

- 阐述影响行业竞争的因素，并举例说明每一种因素。
- 明确竞争优势的含义，并阐述在战略规划过程中指导决策者的关键框架。
- 解释一个国家如何获得竞争优势，并列出国家钻石模型中可能存在的要素。
- 定义超级竞争行业，并列出发生动态战略互动的关键领域。

宜 家

2018 年初，宜家创始人英格瓦·坎普拉德（Ingvar Kamprad）去世，享年 91 岁，世界上失去了一位零售传奇人物和创业偶像。宜家被称为"战后欧洲商业历史上最非凡的成功故事之一"。作为瑞典农村有进取心的青少年，坎普拉德通过邮件销售铅笔和其他商品。后来，他买下了一家废弃的工厂，并开始制造家具。接下来是在阿姆霍特镇开一个陈列室。到坎普拉德去世时，宜家已经从最初的邮购业务发展为一家价值 380 亿美元的全球家具巨头，在 49 个国家/地区拥有 400 多家门店（见图 16 - 1）。

如今，该公司的毕利书柜、爱克托沙发和汉尼斯卧室套房非常畅销，很受学生、年轻家庭和其他注重预算的购物者的欢迎。坎普拉德天生节俭，乘坐经济舱，在旅行时也乘坐公共交通工具。宜家的成功反映了坎普拉德的"社会抱负"，即以极低的价格买得起大多数人买的家具。

坎普拉德的节俭方式也适用于公司的财务状况。为了将税收负担降到最低，他将公司分为两部分：英特宜家拥有该品牌和概念，宜家集团则经营零售业务。这两个部门现在的总部都设在荷兰，而不是在税负更高的瑞典。宜家集团向英特宜家支付使用该品牌的专利使用费；这种有些非正统的安排引起了欧盟委员会税务当局的注意。

市场营销策略的本质是成功地将一个组织的优势与其环境联系起来。随着市场营销人员的视野从国内扩展到其他地区和全球，公司也要有竞争对手的视野。全球竞争是当今几乎每个行业必须面对的现实——这一生存事实使组织面临越来越大的压力，这要求它们能够进行行业分析和竞争对手分析，并且了解组织在行业和国家层面上的竞争优势。本章详细介绍了这些主题。想了解更多关于宜家高层管理人员完成这一壮举的方法，请参考本章结尾的案例 16 - 1 续。

图 16 - 1　2018 年，宜家庆祝其进入中国 20 周年。这家瑞典公司目前在中国有 30 多家门店，位于上海的徐汇店是业绩最好的商店之一。

资料来源：WorldFoto/Alamy Stock Photo.

第16章　竞争优势战略要素

行业分析：影响竞争的作用力

阐述影响行业竞争的因素，并举例说明每一种因素。

深入了解竞争对手的一个有用方法就是行业分析。依据惯用定义，一个行业可被界定为一群公司，它们生产的产品彼此之间几乎是替代品。在任何行业，竞争都会导致投资回报率下降，使之逐渐达到经济学家所说的完全竞争行业的收益率。高于所谓竞争性收益率的回报率一般会刺激资本流入。全球智能手机行业就是一个恰当的例子：苹果对 iPhone 的成功促使三星和其他公司进入了这个市场。低于竞争性收益率的回报率会导致人们退出行业，以及促使商业活动和竞争水平下降。

哈佛大学杰出的竞争战略理论家迈克尔·波特（Michael Porter）提出了可以解释行业内部竞争的**五力模型**（five forces model）：新进入者的威胁、替代产品或替代服务的威胁、买方的议价能力、供方的议价能力和行业内现有成员之间的竞争。在软饮料、药品和化妆品等制造业中，五种作用力的有力利用已经为竞争者带来了诱人的回报。但是，来自任何一种力量的压力都会限制盈利能力：近年来，一些微机和半导体行业竞争者的成功就证明了这一点。现将这五种作用力分述如下。

16.1.1 新进入者的威胁

新进入者带来了新的能力和取得市场份额与地位的意愿，并且通常还有满足顾客需求的新方法。进入某一行业的决策通常都伴有重大的资源投入。新进入者意味着价格被压低、利润空间被挤压，这最终将导致行业利润在一段时间后下降。波特描述了对进入行业形成主要壁垒的八个方面，这些壁垒存在与否决定着新进入者所构成威胁的大小。[1]

第一个壁垒：**规模经济**（economies of scale），是指单位产品生产成本随着单位时间内生产的绝对数量增加而下降。虽然规模经济的概念经常与制造业相联系，但它也适用于研发（R&D）、管理、市场营销及其他业务职能。例如，本田公司在发动机研发方面的高效率，就是源于它生产门类齐全的汽油动力发动机。当某行业内部已有公司达到显著的规模经济时，潜在的新进入者就难以与之竞争。

产品差异化（product differentiation）是第二个主要进入壁垒，是指该产品的感知独特性有多大。换言之，它是不是一般的商品。差异来自独特的产品特性或/和有效的营销沟通。产品差异化和品牌忠诚度，对潜在的新进入者来说"抬高了门槛"，也就要求它们在研发和广告方面进行相当大的投资。例如，英特尔取得了差异性，它的"内装英特尔"广告活动和许多品牌计算机外壳上的徽标就构成了壁垒。

第三个进入壁垒是**资本需求**（capital requirements）。不仅制造设施需要资金（固定资本），而且研发、广告、实地销售和服务、顾客信贷和存货（营运资本）都需要资金。诸如制药、计算机主机、化工和采矿等行业对大笔资金的需求也对进入者形成了巨大的壁垒。

第四个壁垒是因需要改变供应商和产品而产生的一次性**转换成本**（switching costs）。这可能包括重新培训人员的费用、附属设备成本、评估新资源的费用等。顾客转向一个新竞争者的产品所需的感知成本，可能构成一个不可逾越的障碍，阻碍行业的新进入者取得成功。例如，微软巨大的、装备齐全的个人计算机操作系统和应用软件库就构成了令人畏惧的进入壁垒。

第五个壁垒是进入**分销渠道**（distribution channels）的途径。如果渠道全被占用或不能得到可用的渠道，新进入者就必须投入时间和金钱争取进入现有渠道或创建新的渠道，这样进入的成本就会大大提高。一些西方的公司在日本就遇到了这样的壁垒。

第六个壁垒：**政府政策**（government policy），常常是一个重要的进入壁垒。在某些情况下，政府会限制竞争性进入。许多行业都有这种情况，特别是在美国以外地区被当地政府定为"民族产业"的。第二次世界大战后，日本工业化战略的政策基础就是保存和保护在发展和成长阶段的本国工业。结果就出现了一个非日本的竞争者难以进入的市场，这是克林顿政府试图解决的一个问题。美国许多行业的业务经理都力主实行能减少这类障碍的政府政策，以使日本市场向更多的美国公司开放。

已确立地位的公司还可能享有**规模经济之外的成本优势**（cost advantages independent of scale economies），这也构成了进入壁垒（第七个壁垒）。能够得到的原材料、大量的低成本劳动力资源、优越的地理位置和政府补贴等都是这方面的实例。

最后，第八个壁垒：预期的**竞争者反应**（competitor response），也会是重要的进入壁垒。如果新进入者预期现有的竞争者对它们进入行业的反应强烈，它们对于进入新行业所获收益的期望肯定会受到影响。如果某潜在竞争者认定进入一个新行业或新市场将会是一次不愉快的经历，那么这会成为一种对它的强劲威慑。波士顿咨询集团（Boston Consulting Group）前总裁布鲁斯·亨德森（Bruce Henderson）曾用**边缘政策**（brinkmanship）一词来形容阻止竞争性进入的可行方法。当行业领先者说服潜在竞争者，令其相信每次进入市场的努力都将遭到令人不快的激烈反击时，它所实施的就是边缘政策。

在波特首次提出五力模型后的30年中，数字化革命已经改变了许多行业的进入壁垒。最主要的原因是科技降低了新进入者的成本。例如，巴诺公司（Barnes&Noble）眼睁睁地看着亚马逊公司冲破保护传统的"水泥十砖块"（brick-and-mortar，即实体商店）书商的壁垒。亚马逊公司的创始人杰夫·贝佐斯看出并利用了书刊分销中的明显弊端：书店把未售出的图书退还给出版商销毁并化成纸浆。亚马逊实行集中作业和日益增强的个性化服务，备有数百万种不同价格的图书目录供读者选择，消费者可享受

> 在30年前，你必须克服两个强大的进入者障碍。第一个是在没有大量广告预算的情况下宣传你的产品。第二个是在一家优质零售商那里销售货物。由于数字化的发展，一旦新进入者有了产品，进入市场就变得更快、更便宜。[2]
> ——雀巢公司首席执行官马克·施耐德对消费者利用电子商务绕过传统的零售渠道做出评论

折价优惠及数日内送货上门的服务。亚马逊网站出现后，那些"仅"供应几千种图书并设有美食咖啡馆的当地实体书店的价值设计都变得黯然失色。

巴诺书店为了应对亚马逊的威胁，进入了在线图书市场，尽管它在其传统的实体业务中继续盈利。与此同时，贝佐斯已经将亚马逊重新定位为一家销售电子产品和普通商品的互联网超市。自1995年创立亚马逊以来，该公司的年销售额已增长超过1 000亿美元，并扩展到新的产品线，包括CD、DVD、流媒体电影和音乐、电子书和Echo智能音箱。该公司还进入了企业部门：亚马逊网络服务的云计算部门是一个重要的收入来源。如今，亚马逊已为全球160多个国家和地区的数千万客户提供服务。

16.1.2 替代产品的威胁

影响行业内竞争的第二种作用力就是来自替代产品的威胁。替代产品的可获得性限制了市场领先者在行业内的定价自由，因为高价格会诱使买主转而购买替代产品。而且，数字化革命也急剧地改变着行业结构。数字化时代不仅降低了进入壁垒，还意味着某些产品可以转换成比特，并以纯数字形式分销。例如，随着MP3音乐文件格式的开发，乐迷之间使用点对点网络技术交换文件的现象日益普遍。对于那些不再愿意支付15美元或更高价格购买一张CD的消费者来说，奈普斯特（Napster）和其他在线音乐服务商恰好提供了替代产品。尽管美国法院严厉惩治了奈普斯特的行为，但其他（包括美国境外的）服务商立刻出来填补这一空白。音乐行业的大公司均为之愕然，现在甚至连索尼BMG、华纳音乐、EMI和环球音乐集团也在设法采取新的策略以回击对它们核心业务的威胁。

16.1.3 买方的议价能力

按照波特的模型，买方是指制造商（如通用汽车）和零售商（如沃尔玛），而不是消费者。这类买方的最终目的是以尽可能低的价格买到它们所需的产品或服务。因此，如果可能，买方通常会压低供应商行业的盈利能力。然而，首先，买方必须获得对供应商的杠杆。一个办法就是大批量采购，致使供货公司高度依赖买方的生意。例如，亚马逊在收购快递公司方面拥有巨大的议价能力。原因很简单：仅在美国，亚马逊就拥有大约44%的互联网零售业务。其次，如供应商的产品被视为大路货（即标准化或非差异性产品），买方就会更倾向于压低价格，因为有许多公司能满足它们的需求。再次，当供应商提供的产品或服务在买方公司的成本中占据很大部分时，买方也会狠压价格。最后，买方议价能力的来源还包括实现后向一体化的意愿与能力。

例如，由于沃尔玛大宗采购供销售的货物，它就有能力向希望在这家零售巨头出售产品的卖方提出条件。沃尔玛的影响还延伸到音乐制

> 沃尔玛是只800磅[⊖]重的大猩猩。你会愿意为像沃尔玛这样成长迅速的客户多做些事情。
> ——子午线咨询集团（Meridian Consulting Group）特德·塔夫特（Ted Taft）[3]

⊖ 1磅=0.454千克。

全球营销（原书第10版）

品行业。沃尔玛拒绝因有露骨的歌词或暴力形象而贴上"需有父母指导"（Parental Advisory）标签的 CD 进店。那些希望把自己的录音制品摆进沃尔玛的艺人要么改变歌词和歌名，要么删去带攻击性的录音片段。同样，如果沃尔玛认为封面具有攻击性，也会要求艺人更换。

16.1.4　供方的议价能力

与买方议价能力相对的是供应商在业内的议价能力。第一，如果供应商对业内公司有足够的制约力，那么它们就可以抬高价格，使其足以对购买组织的盈利能力产生显著的影响。供应商能否获取这种制约力取决于若干因素。供应商如果规模大、数量少，就占有优势。第二，当供应商的产品或服务是买方的重要投入，或其本身具有高度差异性或带有转换成本时，供应商对买方就有相当强的制约力。第三，如果供应商的产品不受替代产品的威胁，则供应商也具有讨价还价的能力。供应商议价能力的第四个来源是，在它们不能从企业买方那里获得满意的交易条件时产生的开发自己的产品和品牌的意愿和能力。

在科技行业，微软和英特尔是两家拥有极大供应商议价能力的公司。在全世界 10 亿多台计算机中，使用微软操作系统的约占 90%，使用英特尔微处理器芯片的约占 80%，所以这两家公司的影响力远远超过戴尔、惠普和其他计算机制造商。微软在行业中的统治地位促使美国和欧盟分别对它展开了反垄断调查。如今的变化是转向新兴电子设备如智能手机和笔记本计算机——其操作系统是 Linux 而不是 Windows，所使用的芯片也来自竞争对手（如高通和德州仪器公司）。随着这些趋势的形成，微软和英特尔会发现，它们作为供应商的议价能力正在减弱。[4]

16.1.5　竞争对手之间的竞争

公司之间的竞争是指行业内各公司为提高自己的地位，以及获取相对于其他公司的优势所采取的一切行动。竞争表现在价格竞争、广告战、产品定位和寻求差异化的尝试等方面。在某些情况下，公司之间的竞争是积极的作用力，因为它能迫使各公司将成本合理化。当它们压低价格，进而降低盈利能力并导致业内不稳定时，竞争就成了消极因素。

> 拥有持续竞争优势的唯一方法是利用你在世界各地的能力，使公司作为一个整体大于其各部分的总和。成为一家在全球销售的国际公司，在不同的国家/地区拥有全球品牌或业务，是不够的。[5]
>
> ——惠而浦前首席执行官戴维·惠特万姆

许多因素都可能造成激烈的竞争。第一，一旦某行业变得成熟起来，公司就会聚焦于市场份额，并通过挤压对手赢取份额。第二，固定成本较高的行业总是处于满负荷生产的压力下，以期抵消固定成本。一旦该行业积累了过剩的生产能力，满负荷生产的驱动力就会推动价格（及盈利能力）下跌。第三，缺乏差异化或没有转换成本，这会促使买方将产品和服务视为大路货，进而寻求最低的价格，同时进一步降低卖方的价格和盈利能力。第四，在某行业实行战略性投资、着眼于未来成功的公司一般会破坏行业的稳定，因为它们情愿接受低于一般水平的利润率，以期站稳脚跟、守住地盘或达到扩张的目的。

<table>
<tr><td>全球营销
16.2</td><td>**竞争优势**
明确竞争优势的含义，并阐述在战略规划过程中指导
决策者的关键框架。</td></tr>
</table>

当公司的特有能力与取得的行业内关键成功要素相匹配时，就存在**竞争优势**（competitive advantage）。当公司的能力最符合顾客需求时，就能使公司胜过竞争对手。形成竞争优势的基本方法有两种：第一，公司可以采取一种低成本战略，使它有能力向顾客提供比竞争对手价格更低的产品；第二，公司可以通过实现产品的差异化战略取得竞争优势，使顾客体验到独特的好处，尽管通常伴随着较高的价格。请注意，这两种战略都有同样的效果：它们都是公司价值设计的组成部分。波特曾在他那两部具有里程碑意义的专著中探讨了这些问题，这两本书分别是 1980 年的《竞争战略》和1985 年的《竞争优势》，后一本被普遍视为近年来最具影响力的管理学著作之一。

公司战略的品质最终取决于顾客的感知。像销售额和利润等经营结果都是由为顾客创造的心理价值水平决定的：顾客感知的价值越大，战略就越佳。公司可能营销一种较好的捕鼠器，但是产品最终能否成功取决于顾客是否购买。价值如同美感，存在于评价人的眼中。总之，竞争优势是通过创造更多的价值（而不是竞争本身）获取的，而且对价值的定义取决于顾客的感知。

两种不同的竞争优势模型引起了相当多的关注。第一种提供的是基本竞争战略，即公司提供较高价值并获得竞争优势的四条可选路线或途径。按照第二种模型的论点，基本竞争战略不足以解释许多日本公司在 20 世纪八九十年代所取得的惊人成功。这种基于战略意图概念的较新模型，提出了四种竞争优势的来源。现将两种模型分述如下。

16.2.1 创造竞争优势的基本竞争战略

除了行业竞争中五力模型外，波特还以此前提到的竞争优势的两种类型或来源——低成本和差异化为基础，提出了所谓的企业战略基本分析框架。这两种来源与目标市场的范围（窄或广）或产品组合的宽度（窄或宽）的关系，形成了四种**基本战略**（generic strategies）：成本领先、产品差异化、成本聚焦和聚焦差异化。

以争取竞争优势或卓越营销战略为目标的基本竞争战略，要求公司做出选择。这种选择关系到所寻求的竞争优势的类型（以低成本或差异化为基础），以及取得竞争优势的市场范围或产品组合宽度。[6]在优势的类型与市场范围之间的选择实质上类似一种"赌博"，而所有赌博本身都包含风险：当公司选择某一种基本竞争战略时，总要冒决策错误的风险。

16.2.1.1　宽广市场的战略：成本领先和产品差异化

成本领先（cost leadership）是一种竞争优势，其基础是，公司有范围宽广的市场或有跨度较宽的产品组合，在业内确立了低成本生产商的地位。由于学习曲线概念的流行，这种战略在近年来引起了社会各界广泛的兴趣。一般来说，如果公司把自己的竞争战略建立在总体成本领先上，就必须（在规模或技术方面）建立最为高效的设施，并且争取最大的市场份额，以使其单位成本达到同业最低。这些优势届时又会使生产商在制造产品的经验方面具有相当大的领先优势，而经验又能导致生产、交货和服务等整个过程精细化，从而进一步降低成本。

无论是由什么引起的，在产品生命周期的后期，竞争更为激烈，而成本领先优势可以成为向顾客提供较低价格（和更多价值）的基础。在照相机、家用电器和娱乐设备、摩托车和汽车等行业内的日本公司，已经在世界范围内取得了成本领先优势。

然而，只有当存在阻碍竞争者达到同样低成本的壁垒时，成本领先才能成为一种可持续的竞争优势。在一个制造业技术不断发展的时代，制造商不断地竞相降低成本。比如，IBM 曾经在计算机打印机生产方面享有低成本优势。接着，日本公司也采用了同样的技术，并且在降低生产成本和提高产品可靠性后，取得了低成本的优势。作为回击，IBM 在北卡罗来纳州建立了一家高度自动化的打印机工厂。在那里，零部件的数量锐减超过 50%，而且使用机器人安装大量的零部件。尽管作了这些改进，IBM 最终还是决定退出这个行业。

当公司的产品在一个宽广的市场上具有实际或感知的独特性时，就称作通过产品**差异化**（differentiation）取得竞争优势。在捍卫市场地位和获得优异的财务收益方面，这可以是一种极为有效的战略，因为独特性通常能让产品以高价销售。（见图 16-2）。

> 我们现在生活在一个非常极端化的世界里。要么你是一个绝对的价格领袖——瑞安航空公司（Ryanair）、西南航空公司或沃尔玛，而且非常高效，在价格和成本方面无人能与你媲美，要么你就与古驰和普拉达为伍，处于市场的质量高端，而且是质量方面的领袖。[7]
> ——维珍大西洋航空公司前首席执行官史蒂夫·里奇韦

图16-2　总部位于慕尼黑的西门子公司是全球多个工程部门的领先者。在世界范围内，公众对能源相关问题的兴趣显著提高。2011 年，该公司的美国部门在堪萨斯州的哈钦森开设了一家工厂，为风力涡轮机制造零部件。

资料来源：Siemens AG.

差异化的成功范例包括大型家用电器行业的美泰克、建筑设备业的卡特彼勒和几乎所有成功的消费品品牌。以往，IBM 差异化的基石是其强大的销售与服务组织，以及在这个技术快速过时的世界里 IBM 标准的安全性。在运动鞋制造商中，耐克由于其大量运动鞋的独有特性而自我定位为科技领先者。

16.2.1.2 狭窄目标市场的战略：成本聚焦和聚焦差异化

前面提到的成本领先和产品差异化只考虑了对宽广市场的影响。相反，针对狭窄目标市场或顾客群，就要采取将优势相对集中的战略。这种优势的基础是为一个狭窄的目标市场创造更多顾客价值的能力，它源于对顾客需求的更好理解。狭窄聚焦战略可与成本优势或差异化优势战略相结合。换言之，**成本聚焦**是指向一个狭窄的市场提供低价格，聚焦差异化则是以高价向一个狭窄的目标市场提供产品独特性感受。

德国中小公司在出口方面非常努力，这使它们在实施**聚焦差异化**（focused differentiation）战略方面极为成功。高档音响设备领域是聚焦差异化的另一个成功范例。数百家小型公司负责设计每件价值数千美元的扬声器、放大器和相关的高保真设备。全世界组合音响产品的市场总价值为 210 亿美元，但高档子市场的年销售额只有 11 亿美元。美国的公司如 Audio Research、Conrad-Johnson、Krell、Mark Levinson、Martin-Logan 和 Thiel 统治着这个子市场，另外还有数百家年销售额不足 1 000 万美元的小公司（见图 16-3）。这些公司提供的高科技设备以其卓越的工艺和性能著称，是亚洲（特别是日本和中国）和欧洲的音响鉴赏者所追求的器材。即便如此，近年来，随着技术的进步，由于廉价设备制造商的产品能够提供更好的音质，市场增长有所放缓。此外，许多发烧友正在将注意力转向其他组件，如平板电视和多房间无线同步音频控制系统。

图 16-3 为了符合高端音频设备的审美，飞腾数码的普罗米修斯模块化放大器是经典、极简主义设计的缩影。一对这样漂亮的东西，每个立体声频道各一个，能够花费你 1.2 万美元。

资料来源：Mr. Buzz Delano/Theta Digital.

最后一种战略是**成本聚焦**（cost focus），适用于占有低成本地位的公司。这一地位能使公司向狭窄目标市场的顾客提供比竞争对手更低的价格（见图 16-4）。例如在造船业，波兰和中国的造船厂可以低价提供简单的标准化船型，这种低价反映了低生产成本。[8] 德国的奥乐齐（ALDI）是一家没有花架子的"硬折扣店"，它以极端低廉的价格提供种类有限的家居用具，生意已经遍及无数国家/地区。1976 年，奥乐齐在艾奥瓦州东南部开设了第一家门店。它扩张缓慢，每年都只开几家店。自有品牌的产品有助于降低成本和价格，使阿尔迪能够在关键的美国市场扩张，尽管最近的经济环境不佳。

图16-4　100多年来，德国的奥乐齐一直以极低的价格为顾客提供集中化的无品牌商品。现在，从美国的Trader Joe得到启发，奥乐齐正在本土市场进行重大改善。德国消费者想要的不仅仅是低价，他们还想要美好的气氛和更吸引人的氛围。

资料来源：ZUMA Press Inc/Alamy Stock Photo.

瑞典家具公司——宜家，同时使用了聚焦差异化和成本聚焦战略，从而发展成为一个成功的全球化公司（见案例16－1）。佛罗里达州博卡拉顿的莱维茨（Levitz）家具公司总裁乔治·布拉德利（George Bradley）25年前指出："（宜家）确实引起了轰动。它们要在所到的城市占据适当的位置。"当然，这样一种战略可能风险很大。正如布拉德利解释的那样："它们的市场有限，因为太狭窄了。如果你不想要现代的拼装家具，宜家就不适合你。所以只有特定的顾客会来买，而且要记住，时尚是会变的。"[9]

持续性问题是这种战略概念的核心。如前所述，只有存在阻碍竞争者达到同样低成本的壁垒时，成本领先才能是一种可持续的竞争优势。持续的差异化有赖于不断提供的可感知价值，以及没有竞争对手模仿。[10]聚焦战略能否持续成为一家公司的竞争优势来源，取决于诸多因素。第一，如果竞争对手瞄准的目标市场更为宽广，那么这种聚焦战略就是可持续的。使用聚焦战略的公司并不指望满足所有人的一切要求，竞争对手可能因为试图去满足更为广阔的市场而失去优势。按照定义，这是一种鲁莽的战略。第二，只有当竞争对手无法把市场划分得更细时，聚焦差异化战略才可能有持续性。此外，如果竞争对手不能逾越阻碍模仿这种聚焦战略的壁垒，如果目标子市场的消费者不会转向聚焦战略采用者未覆盖的子市场，那么聚焦战略也是可持续的。

16.2.2　通过战略意图创造竞争优势

另一种用于理解竞争优势的分析框架认为，竞争力取决于公司将新的优势深植于公司内部的速度。**战略意图**（strategic intent）源于雄心壮志和对成功的迷恋，这种分析框架将战略意图作为获得竞争优势的手段。加里·哈默尔（Gary Hamel）和C. K. 普拉哈拉德在《哈佛商业评论》中撰文指出：

- 没有什么竞争优势是可持续的。保持现有优势和建立新优势不是一回事。战略的精髓在于，在竞争对手模仿你今天的竞争优势之前创造出未来的竞争优势。提高现有技能和学习新技能的能力，是一个组织最具防御作用的竞争优势。[11]

这种方式根植于 W. E. 戴明（W. E. Deming）的原则，他强调一家公司必须致力于不断改进，以便在竞争中成为赢家。多年来，美国人对戴明的说法置若罔闻，但是日本人却采纳了他的理论并从中获益匪浅。日本最具权威的管理奖就是以他的名字命名的。但是最终，美国的制造商也开始响应了，而底特律的复苏证明了这些汽车制造商已经取得了很大进展。

把卡特彼勒和日本小松制作所相比，就可以看清哈默尔和普拉哈拉德理论的重要意义。如前所述，卡特彼勒是差异化战略的一个典范：公司因为对质量和服务的狂热追求而成为世界挖掘机械的最大制造商。全球营销的成功使卡特彼勒获得了全世界挖掘机械市场份额的 40%，半数以上的产品销售到了发展中国家。这种差异化优势的形成归因于其产品的耐用性、全球零部件服务（包括 48 小时内将零部件送达全球各地的保证）和由忠诚的经销商组成的强有力的网络。

在过去几十年中，卡特彼勒面临一系列非常具有挑战性的环境压力。20 世纪 80 年代初，许多卡特彼勒的工厂因长时间罢工而关闭；同时，一次全球性的衰退使建筑业萎缩。这使许多卡特彼勒的客户受到打击。另外，美元的坚挺又使外国对手占据了成本优势。

来自日本的新竞争威胁进一步加重了卡特彼勒的问题。小松制作所是世界第二大建筑机械公司，而且多年来一直与卡特彼勒在日本市场上进行竞争。小松制作所的产品质量一般被认为略为逊色。但当小松制作所采用含义为"包围卡特彼勒"的口号"Mau-c"之后，竞争出现了一个新局面。小松制作所通过强调质量，并利用低成本劳动力以及当时美元的坚挺，超过卡特彼勒，成为日本市场上排名第一的挖掘机械制造商，而且大举挺进美国及其他市场。尽管已取得了世界级的质量水平，但小松制作所仍然不停地开发竞争优势的新来源，如缩短新产品开发周期、压缩制造程序。卡特彼勒奋力保持其竞争优势，因为许多顾客都发现小松制作所把质量、耐用性和低价位结合在一起，能给他们提供无法拒绝的价值。然而，即使当经济衰退和日元坚挺给小松制作所增加了新的压力时，公司依然通过生产机床和机器人等多元化经营方式，找到了新的机会。[12]

小松制作所与卡特彼勒的故事说明，全球竞争局面的形成不限于实施基本的竞争战略。许多公司通过"竞争性创新"使竞争对手处于不利地位，从而获取自己的竞争优势。哈默尔和普拉哈拉德将"竞争性创新"界定为"把竞争风险保持在可控范围内的艺术"，并发现了日本竞争者使用的四种成功方法，即建立优势叠加、见缝插针、改变行业规则和合作。

16.2.2.1　建立优势叠加

如果某公司具有广泛的优势组合，那么当它遇到竞争时，风险就要小一些。成功的公司通过逐层构筑优势稳固地建立这种组合，这是第一种方法。小松制作所是这种方法的一个杰出范例。另一个例子是日本电视机行业。20 世纪 70 年代，日本不仅已是世界最大的黑白电视机生产商，而且正在成为彩色电视机制造业的领先者。像松下这样的公司在当时的主要竞争优势就是低劳动力成本。

由于日本人意识到成本优势可能是暂时的，他们通过建设服务于世界市场的大型工厂增加了质量和可靠性优势。许多产品并没有使用制造商的品牌。例如，松下把产品卖给像美国无线电公司（Radio Corporation of America，RCA）这样的公司，让它们使用自己的品牌销售。松下抱着一个单纯的理念：产品卖出一件是一件，不管用的是谁的商标。[13]

为了构筑新的优势层级，日本公司又在20世纪70年代在建设营销渠道和日本品牌名称方面投入大量资金，使之获得广泛的认可。这一战略增加了另一层级的竞争优势：全球品牌特许，即一个全球的顾客基础。到20世纪70年代后期，日本在全球建立的销售渠道和品牌知名度已经足以支持其推出得益于全球营销的新产品，如录像机和复印机。最后，许多公司投资发展区域性制造，从而使它们的产品与众不同，并更加适应各个市场的顾客需求。

建立优势叠加的过程说明了一家公司如何沿着价值链增强其竞争优势。日本人由制造（价值活动的上游）开始，而后向市场营销（价值活动的下游）移动，然后逆流而上，回到基础的研发工作。所有这些竞争优势的来源体现了长期积累起来的相互强化的优势层级。

16.2.2.2 见缝插针

第二种方法是，当竞争对手的注意力集中于某一子市场或地理区域时，利用它们防御工程的某些薄弱缝隙，见缝插针，取得优势。例如，当卡特彼勒的注意力正在别处时，小松制作所首次成功进入东欧市场。同样，中国台湾的宏碁公司按照其创始人施振荣的从外围设备进入世界计算机市场的谋略发展起来。施振荣的灵感来自围棋，胜方以成功包围对方取胜。施振荣取得了经验，并在IBM和康柏等竞争对手忽视的国家/地区获得了市场份额。在宏碁公司准备进入美国时，它已经是拉丁美洲、东南亚和中东主要国家的个人计算机第一品牌。

英特尔的薄弱缝隙在于，它狭隘地聚焦于个人计算机使用的复杂微处理器。就在它建立自己的核心业务时（这项业务目前已控制了全球微机处理器市场的80%），非微机类消费电子产品的需求在20世纪90年代后期呈现爆发式增长。电视机机顶盒、数码相机和智能手机等新产品需要比英特尔生产的芯片便宜得多的芯片。LSI罗技公司和Arm控股等竞争对手看准了这个机会，并抢在英特尔之前，在重要的新市场捷足先登。作为回应，英特尔开发了结合3D技术的新芯片，其使用的功率是目前设计的一半。[14]

16.2.2.3 改变行业规则

第三种方法涉及**改变行业规则**（changing rules of engagement），拒绝按行业领先者制定的"游戏规则"行事。例如在复印机市场上，IBM和柯达公司模仿了市场领先者施乐公司的营销战略，而同时，日本的挑战者佳能公司则制定了新的规则。

当施乐生产多种多样的复印机时，佳能只生产标准机型及其零部件以降低生产成本。当施乐雇用了庞大的直销队伍时，佳能选择了通过办公设备经销商分销的方法。佳能还对产品进行可服务性和可靠性设计，使其可以依靠经销商提供服务，而不必再耗资建立全国性服务网络。佳能进而决定不再租赁产品而是销售产品，从而消除公司维持租赁基地的负担。另一种重要的违反常规的做法是，佳能把目标对准了公司的秘书和部门经理，而不是负责公司复印工作的主管。[15]

佳能推出了首批全彩色复印机以及首批能够从摄像机和计算机等来源打印图片的"兼容性"复印机。佳能的例子表明，一种涉及产品、定价、分销和销售的创新型营销战略是如何在市场上形成总体竞争优势的。但是，佳能也不是无懈可击的，1991年，一家名为泰克科技（Tektronix）的美国公司推出了一种图像更清晰而价格更低廉的普通纸彩色复印机，并借此在彩色复印机市场上超越了佳能公司。[16]

16.2.2.4　合作

获得竞争优势的第四种方法是利用其他公司开发的技术诀窍。这种合作的形式可能是许可经营协议、合资企业或合伙关系。历史的经验表明，日本人很善于利用合作战略实现其行业领先地位。现代经营史上的一个典型许可经营协议就是索尼公司在20世纪50年代从AT&T下属的贝尔实验室以25 000美元的价格获得晶体管技术的许可。这份协议使索尼能够使用晶体管，而且成了世界领先者。在便携式收音机制造和营销成功的基础上，索尼公司成长为一家卓越的全球营销企业，其品牌已经成为多种高质量消费电子产品的代名词。

在飞机制造业还可以看到日本人进行合作的新事例。今天，三菱重工和其他日本公司正根据美国公司的许可协议制造飞机，并同时充当飞机零部件和系统分包商的角色。许多观察家担心，在日本人掌握了技术专长之后，美国飞机行业的前途会受到损害。下文将详细讨论各种合作优势的示例。[17]

全球营销

16.3

全球竞争与国家竞争优势

解释一个国家如何获得竞争优势，并列出国家钻石模型中可能存在的要素。

全球营销活动扩展的必然结果是全球范围内竞争的发展。[18]在一个又一个行业中，全球竞争都成为事关成败的一个关键因素。如吉野和兰根所述，公司以全球视角看待竞争，并着手在全球范围内而不是逐个国家地争取利润最大化，于是出现了**全球竞争**（global competition）。如果公司在拓展过程中，在不同的市场屡次遇到同一个竞争对手，这说明它们已在进行全球竞争。[19]在某些行业，全球化公司几乎把其他公司全部排斥于市场之外。洗涤用品行业就是一个例子，三家公司（高露洁、联合利华和宝洁）在拉美和环太平洋地区占据了越来越多的市场。很多公司都能生产优质的洗涤用品，但是在一个又一个市场上，强有力的品牌和高品质包装所需的策略压倒了当地的竞争对手。[20]

汽车制造业的全球竞争也变得非常残酷。外国汽车制造商一开始在美国获得成功的部分原因是，美国的制造商不愿意（或是不能）设计制造高质量的廉价小型汽车。美国制造商的这种抵触观念的基础是轿车生产的经济学规律：车越大，标价越高。依照这一规律，小型车就意味着单位利润少。于是，美国制造商拒绝理会美国市场对小型车日益增长的偏好，这是一个母国中心主义和管理短视症的经典实例。欧洲和日本制造商的产品线始终都包括比美产汽车小的车型。在欧洲和日本，市场条件与美国大不相同：空间小、发动机排气量累计税和汽油税都高、对功能性强的设计和发动机的革新更为重视。

首先是大众公司，其次是日产和丰田等日本汽车制造商发现，它们生产的汽车在美国市场上的需求日益增长。在过去 20 年的大部分时间里，丰田凯美瑞一直是北美最畅销的乘用车之一。具有讽刺意味的是，凯美瑞工厂位于肯塔基州和印第安纳州，Cars. com 将凯美瑞评为其美国制造指数中"最美国的汽车"，但竞争环境仍在继续演变。今天，韩国的现代和起亚已经加入了世界级汽车制造商的行列。与此同时，韩国汽车记者协会将凯美瑞评为 2013 年"韩国年度汽车"；然而，那些前往韩国的凯美瑞来自美国的工厂。双重讽刺！

值得注意的是，许多重大的革新和技术进步（包括子午线轮胎、防抱死系统和燃油喷射等）也来自欧洲和日本。安全气囊则是一个明显的例外。

全球竞争的结果使世界各地的消费者受益匪浅。在以上提到的**洗涤用品**和汽车制造业例子中，消费者都是获益者。在中美洲，洗涤剂的价格由于全球竞争而降低。在美国，外国公司向消费者提供了他们想要的汽车产品。如果没有小型、低价的进口车，底特律的汽车制造商就不会那么快地生产出类似的产品。美国汽车的情况也就是全球各类产品的情况。全球竞争扩大了产品的范围，提高了消费者得到所需产品的可能性。

全球竞争不利的一面是对商品生产商和服务提供者的影响。全球竞争为消费者创造价值，但也有损害就业和利润的潜在因素。当一家公司向外国消费者提供更好、更便宜的产品时，它就从当地供应商的手里抢走了顾客。除非当地的供应商能够创造新价值并发现新顾客，否则其雇员的工作和生计就受到了威胁。

本节讨论的问题是：为什么某个国家会是发展某行业的良好基地？例如，为什么美国是个人计算机、软件、信用卡和电影等行业主要竞争者的基地？为什么德国在印刷设备、化工品和豪华轿车领域有如此众多的领先者？为什么那么多领先的药品、巧克力/糖果和贸易公司都在瑞士？为什么意大利在羊毛纺织品、针织品和服装方面成功呢？

哈佛大学教授波特在 1990 年著有一本具有里程碑意义的专著《国家竞争优势》，在书中他对上述问题进行了探讨。许多观察家盛赞这本书对塑造国家竞争政策具有突破性指导意义。按照波特的说法，某一国家具有或缺乏某些特定的属性，将影响它的工业发展，而不仅是影响个别公司创建核心能力和竞争优势的能力。[21] 波特用**国家钻石模型**来描述这些属性。

你可以把这些属性想象成棒球场：需求状况在"一垒"；企业战略、企业结构和竞争对手占据"二垒"；要素条件在"三垒"；相关及支撑性行业在"本垒板"。国家钻石模型塑造了企业竞争的环境。国家钻石模型中 4 个顶点中任何一个的活动都会影响其他顶点，反之亦然。

16.3.1 要素条件

要素条件（factor conditions）是指一个国家的资源禀赋。要素资源可以是创造的，也可以是继承的。基本要素可能来自继承，也可能来自不太费力的创造；它们可能在其他国家被复制，因而不是**国家优势**（national advantage）的持久源泉。相反，专长要素更为先进，因而提供了较为持久的优势源泉。波特描述了五种要素条件，即人力、物质、知识、资本和基础设施。

16.3.1.1 人力资源

可雇用到的工人数量、这些工人掌握的技能、工资水平和工人整体的职业道德，共同构成一个国家的人力资源要素。具有大量廉价劳动力的国家，在劳动密集型产品的生产方面具有明显的优势。当转向生产复杂产品时，需要的则是无须严密监督就能胜任的高度熟练工人，此时这些国家就处于不利地位。

16.3.1.2 物质资源

土地、水、矿产及其他自然资源的可获得性、数量、质量和成本决定了一个国家的物质资源。正如波特在《国家竞争优势》中所讨论的，意大利作为出口国的优势部分是因为包括纺织和服装在内的成功产业集群，玻璃、陶瓷和石制品，以及许多其他产品（见图16-5）。这一类别还包括国家的大小和位置，因为靠近市场和供应源以及运输成本，都是必须考虑的战略因素。这些要素对于依靠自然资源的行业来说显然是重要的有利或不利条件。巴西就是一个很好的例子。巴西陆地面积大，气候温和，拥有丰富的水源供应，是咖啡、大豆和糖等农产品的主要生产国。

图16-5 因普鲁内塔（Impruneta）是意大利佛罗伦萨的一个城镇，这里有优质的赤陶土。该地区黏土的铁含量高意味着成品能够承受20℉（约-6.67℃）的温度。许多设计都是手工制作，包括Seibert & Rice 公司为美国市场进口的那些。

资料来源：Seibert & Rice.

16.3.1.3 知识资源

如果某个国家有数量可观的具有科学、技术和与市场相关知识的人，就意味着这个国家具有知识资源。这个要素通常体现在该国（公立和私立）研究机构与大学的数量上。这个要素对于复杂产品和服务的成功，以及在成熟的市场中的经营都是重要的。此要素与德国在化工行业的领先地位有着直接的关系。大约150年以来，德国一直是顶级的大学化学项目、高级科学刊物和实习生项目的摇篮。

16.3.1.4　资本资源

在各行业资本的可获得性、数量、成本和可获资本的类型方面，各国情况各有不同。国家的储蓄率、利率、税法和政府赤字都会影响这一要素的可获得性。与资本成本相对高的国家的同行相比，在低资本成本国家的行业所享有的优势有时具有决定性作用。如果在市场上遇到来自低资本成本国家的竞争对手，负担着高资本成本的公司经常无法生存下去。低资本成本的公司可以保持低价，并迫使负担高资本成本的公司要么接受低的投资回报率，要么退出行业。

16.3.1.5　基础设施资源

基础设施包括一个国家的银行系统、医疗保健系统、运输系统、通信系统，以及这些系统的可获得性与使用成本。越成熟的行业，就越需要依靠先进的基础设施取得成功。如果某行业可获得的要素组合有利于采用基本竞争战略，即生产低成本或提供高度差异化的产品或服务，那么这个国家的该产业就会形成竞争优势。存在一些要素劣势的国家也可以间接地创造出竞争优势。例如，合格劳动力的匮乏可能迫使企业发展机械化或自动化生产模式，从而使这个国家的企业获得竞争优势；高运输成本可能激励企业开发出可减少运费的新材料。

16.3.2　需求状况

对于公司或行业的产品和服务，本国需求状况的性质是重要的，因为它决定着本国公司进行改进和创新的速度与性质。**需求状况**（demand conditions）或者能够促使公司应付世界级的挑战，或者使它们无法做好到全球市场竞争的充分准备。本国需求的四个特征对于创建竞争优势特别重要，即本国需求的构成、本国需求增长的规模和格局、本国市场的迅速发展以及本国产品和服务被推向或带到国外的方式。

16.3.2.1　本国需求的构成

这个需求因素决定了公司如何识别、理解和回应购买者的需求。当本国需求确立了质量标准，并较早地使本国公司比外国竞争对手更清楚地了解到购买者的需求时，就可以取得竞争优势。当国内购买者迫使本国公司更快、更经常地创新时，这种优势便会得到增强。优势的基础在于，本国公司只要对国内市场需求较为敏感、反应更快，而且当这种需求又反映或预示世界市场的需求时，就能够始终走在市场的前面。

16.3.2.2　本国需求增长的规模和格局

只有当本国需求的构成十分复杂，并预示着国外市场的需求时，这才显得很重要。规模较大的本国市场提供了达到规模经济的机会，同时公司在占领熟悉的市场的过程中不断积累经验。当本国市场的规模足以吸纳增加的生产能力时，公司就可以放心地投资大规模的生产设施和昂贵的研发项目。如果本国需求准确地反映或是预示国外的需求，同时公司不满足于只为国内市场服务，那么已有的大规模生产设备及项目在全球竞争中就是一种优势。

16.3.2.3　本国市场的迅速发展

这是对投资以及更快地采用新技术和建立大型高效设备有刺激作用的另一个因素。最好的例子来自日本，本国市场的迅速增长促使日本公司大量投资于现代化自动设备。早期本国需求，尤其是当这种需求预示着国际需求时，能使当地公司获得先于国外竞争者在某一产业确立地位的优势。同样重要的是早期市场饱和，它给公司一种向国际市场扩张和进行创新的压力。如果恰逢国外市场正在迅速增长，市场饱和程度就特别重要了。

16.3.2.4　本国产品和服务被推向或带到国外的方式

这个问题在于一国的人员和业务是否走出国门，然后它们在这些第二国市场是否又需要本国的产品和服务。例如，当美国汽车公司在国外开展业务时，汽车零部件产业接踵而至。日本汽车产业也是这样。同样，当第二次世界大战后海外对美国工程公司服务的需求迅猛增长时，那些公司反过来对美国重型建筑设备产生了需求。这给了卡特彼勒公司建立海外业务的推动力。

与此相关的一个问题是，一国的居民到国外参加培训、旅游、经商或研究，回国后，他们可能会需要在国外已经熟悉的产品和服务。各国之间的职业、科技和政治关系也会产生同样的效应，介入这种关系的人们开始要求得到公认的产业领先者的产品和服务。

正是需求状况之间的相互作用产生了竞争优势。特别重要的是那些导致开始和持续刺激投资与革新的条件，以及导致在日益成熟的市场上不断竞争的条件。

16.3.3　相关及支撑性行业

如果某国是一些全球竞争力较强公司的基地，而这些公司所处的行业还包括**相关及支撑性行业**（related and supporting industries），它就具备一种优势。具有全球竞争力的供应商行业为下游行业提供生产所需品。而后者届时又可能在价格和质量方面享有全球竞争力，并从中获得竞争优势。下游行业一般比较容易得到这些所需品以及生产这些产品的技术，并接触到使之具有竞争力的管理经验和组织结构。这种接触是接近的结果，不仅指物理距离的接近，还包括文化的相似。优化企业与供应商之间的连接的是与供应商的接触和协调，以及构建价值链的良机。这种机会外国公司未必能得到。

当一个国家存在具有全球竞争力的相关行业时，也会产生类似的优势。协调与共享价值链活动的机会是存在的。试想一下计算机硬件制造商和软件开发商共享机会的例子。相关行业也创造前述的"牵引"机会。例如，在美国之外销售惠普、联想、戴尔、宏碁和其他品牌计算机，增强了对微软和其他美国公司软件的需求。波特曾指出，瑞士制药行业的发达可以部分归功于其大型合成染料行业，染料医疗价值的发现反过来又促进了制药公司的发展。[22]

16.3.4 企业战略、企业结构和竞争对手

企业战略、**企业结构**和**竞争对手**的性质（nature of firm strategy, structure and rivalry）是国家钻石模型的最终决定因素。单一国家市场的国内竞争对竞争优势有重大影响。激烈的国内竞争使行业保持生机并构成持续改进和创新的压力，美国的个人计算机行业就是很好的例证。戴尔、惠普和苹果之间的竞争迫使它们所有公司开发新产品，改进现有产品，降低成本和价格，开发新技术，不断改善质量和服务，以保持顾客的满意度。与外国公司的竞争就缺乏这种激烈性。本国的竞争对手不仅为市场份额相互争斗，还为争夺有才干的雇员、研发方面的突破和在当地市场上的声誉相互争斗。最终，正如日本所充分展示的那样：激烈的国内竞争常会促使公司寻找国际市场，以支持其扩大的规模和研发投资。缺乏足够的国内竞争，会导致本国公司产生自满情绪，并最终使之在世界市场上缺乏竞争力。

国内竞争对手的数量并不重要，造成差别的重要因素是竞争的激烈程度和竞争对手的素质。同样重要的是要有相当高的新企业出现率，使新竞争者不断出现，以防老公司安于现有的市场地位、产品及服务。上文讨论五力模型时已经提到，新进入者带来了新的视野和新的方法。它们经常界定并服务于未被原有公司发掘的新的子市场。

管理风格、组织经验和战略观点的差异，同国内竞争激烈程度的差异一样，也会给在不同行业中竞争的企业造成优势或劣势。例如在德国，企业结构和管理风格多为层级式。经理人员一般都有技术背景。在诸如化学和精密仪器等要求具有高度严密组织的行业中，它们最易获得成功。另外，意大利企业看起来（或办得）更像小型家庭企业，在迎合市场需求时，强调产品个性化多于标准化，注重市场补缺和相当大的灵活性。

印度塔塔集团的经营范围跨越若干行业，包括重型汽车、轿车、百货公司和茶叶。现在随着国际战略的实施，集团的管理团队希望能保持这种品牌形象。在历史上，塔塔集团建立的竞争优势倚靠的是在全球获取低成本、高质量的生产资源，然后到全球市场销售产品，谋取高额利润。2006年，该集团下属的泰姬酒店及度假集团以1.7亿美元的价格收购了波士顿的丽思卡尔顿酒店，并将其更名为波士顿泰姬陵酒店。10年后，当地一家房地产投资集团新英格兰开发公司同意收购波士顿泰姬陵酒店。

在评估国家竞争优势时，最后两个需要考虑的外部变量是机遇和政府。

16.3.5 机遇

偶然事件对形成竞争环境也有作用。偶然事件是那些公司、行业以及通常连政府都无法控制的事件。这类事件包括战争及其后果，重要的技术突破，要素或投入成本的突发性变化，如石油危机、汇率的巨大波动等。

偶然事件之所以重要，原因在于它们导致了技术的重大间断，使得一些原来不具竞争力的国家和公司超越老竞争对手，在出现变化的行业内成为有竞争力的公司甚至领先者。例如，微电子技术的发展使许多日本公司能在以往基于电子机械技术的行业

中超越美国和德国的公司，而这些领域向来都是美国和德国占优势的。

从系统的视觉角度看，偶然事件的作用是它会改变国家钻石模型内的条件。然而，具备最有利国家钻石模型的国家，正是最有可能利用这些事件并将它们转化为竞争优势的国家。例如，加拿大研究人员首先分离了胰岛素，但是他们没能将这一突破转化为具有国际竞争力的产品。美国和丹麦的公司做到了，原因就在于它们有各自国家不同的国家钻石模型。

16.3.6　政府

虽然常有人说政府是国家竞争优势的主要决定性因素，但事实上政府不是决定性的，而是对决定性因素具有影响的因素。政府对决定性因素有影响，因为它不仅是产品和服务的购买者，还是在劳动力、教育、资本构成、自然资源和产品标准方面的政策制定者。政府对决定性因素有影响，还因为它是商业的管理者，例如规定银行和电话公司能做什么、不能做什么。

通过增强本国具有竞争优势行业的决定性因素，政府便能提高该国公司的竞争地位。政府设计法律体系，使之通过关税和非关税壁垒，以及对产品的国产化率和使用当地劳力的法律规定影响竞争优势。例如，过去 10 年中美元走弱，部分就是因为增加美国出口量和抑制进口而故意制定的政策。换言之，政府能加强或削弱竞争优势，却不能创造它。

全球营销
16.4

当前的竞争优势问题

定义超级竞争行业，并列出发生动态战略互动的关键领域。

波特关于国家竞争优势的著作激发了大量的深入研究。日内瓦的世界经济论坛的年度报告，按竞争力对各国/地区进行了排序。总部位于瑞士洛桑的国际管理发展研究所（IMD）也编制了类似的排名。在 IMD 最近的一项研究中，美国排名第一，这要归功于亚马逊、苹果、脸书、谷歌和奈飞等大型科技公司（见表 16 - 1）。优良的瑞士手表、诺华和其他制药公司，以及食品巨头雀巢是排名第二的瑞士的一些竞争力来源。[23]

表 16 - 1　世界上竞争最激烈的国家（或地区）

排名	国家（或地区）
1	美国
2	瑞士
3	中国香港
4	瑞典
5	新加坡
6	挪威
7	加拿大

排名	国家（或地区）
8	阿拉伯联合酋长国
9	德国
10	卡塔尔

16.4.1　超竞争行业

达特茅斯学院教授理查德·达维尼（Richard D'Aveni）在20世纪90年代的一本书中提出，波特的战略框架未能充分说明20世纪90年代和21世纪的竞争动态。[24]达维尼在分析与竞争优势相关的问题时采用了一种不同的方法。他指出，在当今的商务环境中，短暂的产品生命周期和设计周期、新技术和全球化破坏了市场的稳定性。其结果是竞争力的升级和加速。

达维尼认为，鉴于这些变化，战略的目标已经从保持优势转为打乱优势。达维尼辩称，波特模型的局限性就在于它是静止的，是竞争过程某一时刻的快照。达维尼承认，哈默尔和普拉哈拉德的"没有什么竞争优势是可持续的"认识是一种创见，并试图在他们成果的基础上形成"创造和破坏传统优势的真正动态的看法"。达维尼使用**超竞争**（hypercompetition）一词来描述动态的竞争世界，即任何活动或优势都不能长久持续。达维尼称，因为有微软和吉列之类具有超强竞争力公司的动态运作和战略互动，这个世界"一切都在变"。

根据达维尼的模型，竞争在下述四个领域中的一系列动态战略互动中展开：成本/质量、时机把握与技术诀窍、进入壁垒和财力大小。上述每个领域都是"不断地被破坏，又因超强竞争公司的动态运作而获得重建"。按照达维尼的说法，真正可持续竞争优势的唯一来源就是公司要有能力经常主动出击和反击对手，在四个方面都保持其相对的强势位置，从而把握与竞争对手的动态战略互动（见表16-2）。

表16-2　超竞争行业的动态战略互动

领域	动态战略互动
成本/质量	1. 价格战 2. 质量与价格定位 3. "中间路线" 4. "占据所有空缺" 5. 包抄和补缺 6. 走向最终价值市场 7. 启动新的周期并退出最终价值市场
时机把握与技术诀窍	1. 捕捉先行者优势 2. 跟进者的模仿或改进 3. 设置模仿障碍 4. 克服障碍 5. 转型或跨越 6. 向下垂直整合

领域	动态战略互动
进入壁垒	1. 建立并加固进入壁垒，构建地理"堡垒" 2. 瞄准其他国家竞争者的产品市场 3. 在位者对这种游击队袭击做出短暂的回击 4. 在位者意识到它们必须做出战略回应、设置新的障碍，以全面回击入侵者 5. 竞争者对这些新的障碍做出反应 6. 以防守或进攻行动对进攻做长期回击 7. 在位者和新进入者的竞争输出到新进入者的母国 8. 竞争者双方进入一种不稳定的对峙
财力大小	1. "把他们赶走" 2. 较小的竞争对手利用法庭或国会来颠覆财力雄厚的企业 3. 大企业阻挠反垄断诉讼 4. 小企业化解财力雄厚企业的优势 5. 抵消势力的兴起

16.4.1.1　成本/质量

在第一个超级竞争领域（成本/质量）的竞争表现为以下七种动态战略互动：价格战、质量与价格定位、"中间路线"、"占据所有空缺"、包抄和补缺、走向最终价值市场、启动新的周期并退出最终价值市场。达维尼将全球手表制造业作为成本/质量领域超竞争行为的适当例证。在20世纪70年代，该行业的中心由瑞士转移到日本，因为日本创造了售价低廉的高质量石英表。

20世纪80年代初期，两家瑞士公司合并为瑞士微电子与钟表制造集团后，随即进行了高度自动化的制造工艺创新，使之能将石英机芯放入漂亮的塑料壳中。由于这一创新，加之对斯沃琪品牌的大力营销，制表工业的中心又重新回到瑞士。2013年，为了庆祝该公司成立30周年，斯沃琪发布了Sistem 51，这是世界上第一款完全由自动化制造的手表。Sistem 51系列目前每天生产4 000只手表。[26]

> "这三家数字巨头（苹果、脸书和谷歌）已经向好莱坞表示，他们将认真考虑进入奈飞和亚马逊几年前刚刚撼动的电视领域。它们的到来将使一个已经竞争非常激烈的行业变得更加激烈。"[25]
> ——《纽约时报》记者约翰·科布林（John Koblin）

现在斯沃琪集团是世界上最大的钟表制表商（见图16-6）。制表业一直处于高度细分状态，名牌表同其他奢侈品一样，在名声和独创性上展开竞争，质量认知度越高，价格也越高。在低成本子市场，品牌之间围绕价格和价值进行竞争。

16.4.1.2　时机把握与技术诀窍

第二个超竞争领域的基础是由时机把握与技术诀窍带来的组织优势。按照达维尼的解释，有技能成为"先行者"并首先到达市场的企业便取得了时机把握优势。技术诀窍是可以使企业创造全新产品/服务的科技知识或者有关从事商业新方法的其他知识。[27]

图16-6 斯沃琪集团在过去的几年里一直是威尼斯国际艺术博览会双年展的官方合作伙伴。斯沃琪经常委托著名艺术家创作新的风格。斯沃琪创始人尼古拉斯·哈耶克的儿子尼克·哈耶克是该公司的现任首席执行官。尼克的妹妹席娜拉·哈耶克是该组织的董事长。斯沃琪推出的一款机械手表——Sistem 51。每只手表都由自动化机器在不到30秒的时间内生产出来。

资料来源：Fabrice Coffrini/AFP/Getty Images.

　　达维尼提出了驱动此领域竞争的六种动态战略互动：捕捉先行者优势、跟进者的模仿与改进、设置模仿障碍、克服障碍、转型或跨越和向下垂直整合。随着家用电子产品的全球化，索尼和竞争对手在这个领域展开了超竞争。索尼有音频器材的技术诀窍，作为这方面有成就的先行者，它有着令人羡慕的历史：第一部袖珍收音机、第一台家用录像机、第一部便携式个人立体声设备和第一部CD播放机。

　　这些创新成果都开辟了全新的市场，但索尼作为先行者也成为风险的牺牲品。在索尼推出贝塔麦克斯（Betamax）格式盒式录像机的几个月后，日本JVC公司和松下便通过VHS格式的技术奋力打进了家用录像机市场，这时我们可以看到第二种动态战略互动——跟进者的模仿与改进。VHS格式的技术有较长的录像时间，在DVD时代到来之前，它成为在全世界占统治地位的家用录像机格式。

　　经过多年来对其模仿者的主动出击与反击之后，索尼已发展为向下垂直整合动态战略互动：1988年以20亿美元收购了哥伦比亚广播公司唱片部，然后又收购了哥伦比亚制片公司。这种收购就是第六种动态战略互动，旨在以"软件"（录像带和CD）补充索尼的核心"硬件"产业（电视机、录像机和高保真音响设备）。然而松下迅速效仿索尼，以60亿美元收购了美国环球影业公司。起初索尼和松下的新收购业务的经营都不成功。不过影片《蜘蛛侠》（Spider-Man）和詹姆斯·邦德系列影片使索尼影片娱乐公司获得了巨大成功。

　　索尼的核心电子产业也面临严重挑战。数字化革命使索尼在模拟音频技术上的核心能力变得过时。如果索尼想在信息时代继续处于领先地位，公司就必须开发新的专业知识资源。索尼发现难以取得技术的跃进，下述事实可以为证：苹果的iPod现在已是世界最畅销的便携式音乐播放器。对于消费者拥抱平板电视机技术的速度，索尼也未及时察觉。它的家庭娱乐和音响业务多年来一直在亏损。事实上，一位对冲基金经理已经呼吁高层管理层剥离部分娱乐业务，以提高盈利能力。[28]

　　超竞争也会采取其他方式出现。例如20年后索尼的手持式摄像机已开始走下坡路。同时2006年由新开张的纯数字科技公司（Pure Digital Technologies）推出的一种价格不高、名为Flip的设备却迅速成为热销产品。后来索尼推出了迟到的具有互联网功能的摄录像机Webbie。在产品开发期间，驻美国的设计团队营销主任曾请求日本东京许可投放橙色和紫色的摄像机,该团队认为这些颜色会吸引美国消费者。[29]当然,今天大多数消费者使用智能手机来拍摄和分享视频图像,这使得独立的摄像机设备变得不那么必要。

16.4.1.3　进入壁垒

已建立进入壁垒的行业构成了展现超竞争行为的第三个超级竞争领域。本章前面已经提及,这些壁垒包括规模经济、产品差异化、资本需求、转换成本、进入分销渠道的途径、政府政策、规模经济之外的成本优势和预期的竞争者反应。达维尼描述了攻击性强的竞争者如何通过八种战略互动瓦解这些传统的进入壁垒。例如,个人计算机产业的戴尔取得全球成功的基石是直销,这使它得以绕过经销商和分销渠道。

公司通过建立并加固进入壁垒,构建地理"堡垒",于是便出现了第一种动态战略互动。在占领市场(特别是本国市场)后,竞争者便开始寻求堡垒以外的市场。当公司瞄准其他国家竞争者的产品市场时,就出现了第二种动态战略互动。本田公司就是这方面的范例,它运用游击战术发动一系列突袭,以摩托车和汽车产品向日本以外的地区进行扩张。第三种动态战略互动是在位者对这种游击队袭击做出短暂的回击。其中的强有力者可能试图把入侵者驱赶回去,具体手段有价格战、在工厂投资或产品推介;它们也可能在反应之前先采取"等着瞧"的态度。哈雷戴维森和底特律的美国汽车产业的情况是,它们起初对本田和其他日本公司的真正潜在威胁估计不足,并认为有说得过去的理由。等到哈雷戴维森的管理层认识到它们的公司是弱势在位者时,才不得不呼吁政府提供保护。由此获得的"喘息空间"使哈雷戴维森得以收拾自己的烂摊子。同样,美国政府也听从了底特律的求救呼声,对日本汽车的进口设置了关税和配额。这使三大汽车厂商有时间为美国消费者开发高质量的节油汽车。

当在位者意识到它们必须做出战略回应、设置新的障碍,以全面回击入侵者时,便产生了第四种动态战略互动。例如,美国的汽车制造商发动了一场公关活动,敦促美国公民"购买美国货"。第五种动态战略互动是竞争者对这些新的障碍做出反应。为了绕开进口配额和回应"购买美国货"运动,日本汽车制造商在美国设立了工厂。第六种动态战略互动是以防守或进攻行动对进攻做长期回击。1990年通用汽车公司推出土星(Saturn),就是经过精心策划和执行的防守行动。通用汽车正在准备一个关于凯迪拉克的全球战略,力图保护凯迪拉克品牌免受雷克萨斯、讴歌和英菲尼迪的攻击。

在第三个超级竞争领域的竞争仍在升级:在第七种动态战略互动中,在位者和新进入者的竞争输出到新进入者的母国。1995年,美国总统克林顿威胁要对日本汽车制造商实行贸易制裁,意图是发出一个信号:日本需要开放汽车市场。1997年,通用汽车加紧了对日本的进攻,在日本推出了土星。在这个领域的第八种(也是最后一种)动态战略互动中,竞争者双方进入一种不稳定的对峙。随着时间的推移,进入壁垒被攻克,堡垒随即坍塌,竞争者被导入第四个超级竞争领域。

如前所述,这个超竞争模型具有讽刺意味和自相矛盾之处,即为了形成一种可持续的优势,公司必须寻找一系列不可持续的优势!达维尼同彼得·德鲁克的意见一致,后者早就提出，营销的作用就是创新和创建市场。创新始于摒弃旧的、过时的东西。苏曼特拉·戈沙尔（Sumantra Ghoshal）和克里斯托弗·巴特利特（Christopher Bartlett）在他们的著作《个性化的公司》（*The Individualized Corporation*）中表达了类似的观点：

- 经理人员原来只顾如何界定可防御的产品/市场阵地，现在他们被迫将注意力聚焦到新唤起的兴趣：如何开发能够及时察觉变化并迅速而灵活反应的组织机构能力……全世界的经理们都开始较少聚焦对未来预测和规划的任务，而是更多地关注如何才能对新变化保持高度敏感这样的挑战。他们的一般目标是建立一个能够不断地对适当的反应进行实验的组织结构，而且能够将从中获得的信息和知识迅速传播开来，以便于整个组织都能加以利用。战略规划的时代正快速演变成有组织地学习的时代。[30]

同样，达维尼也呼吁经理们重新考虑和评价（他认为是）陈旧的战略工具和行动准则的使用问题。他警告说，坚持既定战略或是行动程序是危险的。灵活的、难以预测的玩家可能比呆板、墨守成规的对手更有优势。达维尼指出，在超竞争中，推行基本竞争战略至多能获得短期优势。获胜的是那些成功地迈上竞争升级台阶的公司，而不是那些把自己锁定在某位置上的公司。达维尼还批评五力模型。他认为，最佳的进入壁垒是保持主动，而不是企图设置防线，阻止新进入者。

16.4.2　旗舰公司：五伙伴商业网络

阿兰·鲁格曼（Alan Rugman）和约瑟夫·德克鲁兹（Joseph D'Cruz）教授认为，鉴于当今全球环境的复杂性，波特的模型过于简单。[31]鲁格曼和德克鲁兹提出了一套基于商业网络的框架，并称其为**旗舰模型**（flagship model）。鲁格曼和德克鲁兹强调，日本的联营公司和韩国的财阀取得成功的道路是，实行在商业体系内相互加强的战略，并在体系内部的伙伴之间培养集体的长远观念。不仅如此，他们还说："全球行业中的长期竞争性，与其说是商家之间的对垒，不如说是商业体系之间的竞争。"

他们的模型与波特模型的主要区别在于，波特依据的概念是公司的自行其是和独来独往的商业交易。例如前面谈到，微软拥有巨大的买卖方议价能力，因而可以对靠它供应操作系统和应用程序的计算机制造商发号施令，并靠赚它们的钱发家。福特、大众和其他全球汽车制造商的战略明显体现了旗舰模型。瑞典的宜家和意大利的贝纳通也是很好的例子。

卢西亚诺·贝纳通（Luciano Benetton）是意大利时装公司贝纳通的创始人，公司是以家族姓氏命名的。卢西亚诺最近卸去贝纳通集团董事长的职务，将公司转交给儿子亚利桑德罗（Alessandro）掌管。此时公司正遇到像瑞典 H&M 和西班牙 ZARA 这种快速成长的全球性对手，竞争愈演愈烈。有些行业观察家指出，贝纳通使用的包含与地区销售代理伙伴关系的商业模式需要根据关键新兴市场（如中国和印度）的商业环境加以调整。贝纳通集团体现了在意大利北部威尼托地区创业公司的许多品质。

在鲁格曼和德克鲁兹开发的模型中，旗舰公司处于五个伙伴的中心，它们共同组成一个商业体系，其中包含两种关系。旗舰公司要展示领导力和洞察力，并提供资源，以便"将网络导向成功的全球战略"。**关键供应商**（key suppliers）是那些能比旗舰公司更好地从事某些价值创造活动的供应商，如关键部件制造商。这些供应商与旗舰公司一起，形成了一种网络关系，它们共享战略、资源，并为整个网络的成功共同承担责任。相比之下，其他供应商则保持在"一定的距离"。

同样，旗舰公司同关键客户（key customers）有网络关系，同关键消费者有较为传统的正常交易关系。以大众公司为例，汽车行是它的关键客户，而个人汽车买主是它的关键消费者。严格地说，大众汽车卖给经销商，经销商卖给消费者。依此类推，贝纳通的关键客户是它的零售商店，购买成衣的个人是它的关键消费者。

关键竞争者（selected competitors）是旗舰公司与之发展联盟关系的公司（见第 9 章）。第五个伙伴是**非商业基础设施**（nonbusiness infrastructure，NBI），包括大学、政府、工会，以及能够向网络投入无形资产（如知识产权和科技）的其他实体。在旗舰模型中，旗舰公司对国家行业政策的制定具有影响。

贝纳通在全球时装业的成功就是旗舰模型的例证。贝纳通是世界上最大的羊毛采购商，它实行的集中采购使公司能够实现规模经济。剪裁、印染等核心活动仍保留在公司内部，贝纳通在计算机辅助设计与制造方面的投资额相当可观。不过贝纳通与大约 400 家分包商有关系，它们依照独家供货合同生产成衣。另有一个包括 80 家代理商的网络，负责寻找投资者、培训经理人员并协助推销产品；这个代理商网络还将分包商与 5 000 家贝纳通零售店相连接。鲁格曼和德克鲁兹指出："贝纳通的组织方式就是要奖励合作和建立关系，公司的组织结构构建也是为了发挥长期关系带来的好处。"

16.4.3 蓝海战略

由勒妮·莫博涅（Renée Mauborgne）和金伟灿（Kim Chan）教授提出，是近期最重要的战略框架之一。在有关"蓝海战略"的图书和文章中，作者定义了两类竞争空间：红海和蓝海。在本质上，红海是具有明确边界的现有市场或行业，所有参与者都能理解这些"规则"。相比之下，**蓝海**是指目前还不存在的市场或行业。[32]

莫博涅和金伟灿建议公司高管避免在压缩成本和模仿的"红海"中流血。他们认为，让公司创造一个新的空间，一个"无竞争的市场空间"的蓝海是一个更好的选择，在那里超竞争的力量不会发挥作用。作者以易贝为例：创始人皮埃尔·奥米迪亚（Pierre Omidyer）创造了一个全新的行业。太阳剧社是另一个例子；然而，在这个例子中，创始人盖伊·拉里伯特（Guy Laliberte）在现有的行业——剧社的范围内进行了创新。同样地，当索尼和微软通过 PlayStation 和 Xbox 游戏系统提高速度和动力时，任天堂用低技术、低价的 Wii 游戏机和面向家庭的游戏创造了一片蓝海。Wii 于 2006 年推出，它强调"乐趣、魔法和快乐"，而不是处理能力。[33]

16.4.4 有关竞争优势的其他研究

另一些研究人员对波特有关母国是公司核心能力和创新的主要来源的理论提出了

异议。例如，印第安纳大学的阿兰·鲁格曼教授认为，总部设在加拿大、新西兰这样小规模经济（国家）的公司取得的成功源于某个特定母国和相关国家类型或组合的国家钻石模型。例如，欧盟某国的一个公司可能依靠其他 26 个成员国中的"钻石"模型。同样，北美自由贸易区对加拿大公司的一个影响就是使美国的"钻石"模型与其能力的创建产生关联。鲁格曼认为，在此情况下，母国和东道国的区别变得模糊。他建议，加拿大的经理们在制定公司战略时，必须考虑"双钻石"模型，以评估加拿大和美国两国的属性。[34] 换言之，他认为对较小的国家来说，在制定（公司）战略时，国家不是一个相关单位。相反，公司的战略制定者的眼光必须超出本国范围，着眼于地区或有紧密关系的国家集群。

其他批评者认为，波特不恰当地将美国经验归纳成一般性结论，把行业层面的竞争与国家层面的贸易相混淆。霍华德·戴维斯（Howard Davies）和保罗·埃利斯（Paul Ellis）在《管理研究学报》（*Journal of Management Studies*）上宣称，事实上，没有成为创新驱动的国家也可以实现持续繁荣；他们指出，许多全球行业的母国并没有"钻石"模型。[35]

就波特本人而言，他关于公司战略和竞争优势的观点是在过去 30 年间形成的。在 1997 年接受英国《金融时报》采访时他强调了经营效率与战略的区别。在他看来，前者可以通过基于时间的竞争或整体质量管理得到提高，而后者要求"选择"。他解释道："'选择'是因为要采取与竞争对手不同的做法。战略是一种权衡，决定做这个而不做那个。战略是蓄意选择不对某些顾客反应，或选择对哪些顾客需求回应。"至于基于核心能力或超竞争行业的竞争优势，波特对其有效性并不感到信服。如果某国是一些全球竞争力较强公司的基地，而这些公司所处的行业还包括相关及支撑性行业，那么它就具备一种优势。

2008 年，波特在《哈佛商业评论》上的一篇文章中重新审视了他的五力模型。尽管全球金融危机给世界市场带来了许多变化和挑战，但波特相信他的模型一如既往地合适和稳健。正如他在 2011 年告诉英国《金融时报》的那样，这五种力量都是：

- 越来越重要，越来越明显，因为许多障碍和扭曲都会钝化或减轻，以及对战略和竞争优势的需求……被扫除了。

波特说，导致这种情况的因素包括全球化、信息透明度的增加和贸易壁垒的减少。[36]

本章小结

本章集中讨论了帮助行业和国家取得**竞争优势**的要素。根据波特的**五力模型**，行业竞争反映了新进入者的威胁、替代产品的威胁、买方的议价能力、供方的议价能力以及竞争对手之间的竞争等力量互动的作用。经理人员可以运用波特的**基本战略**模型，来认识竞争优势的可能来源。公司可以推行**成本领先**和**产品差异化**的宽广市场战略，或是更有针对性的**成本聚焦**和**聚焦差异化**战略。鲁格曼和德克鲁兹提出了称作**旗舰模**

型的框架，以解释在全球性行业中网络化的商业体系如何取得成功。哈默尔和普拉哈拉德提出了追求竞争优势的另一种分析框架，它来源于公司的战略意图和对竞争性创新的运用。一家公司可以**建立优势叠加**、**见缝插针**、**改变行业规则**或者与**竞争对手合作**，并利用其技术和诀窍。

今天，**全球竞争**在许多行业已成事实。于是，竞争性分析也必须在全球范围内进行。全球营销人员必须对国家拥有的竞争优势来源有所了解。波特描述了**国家竞争优势**的五种要素。其中**要素条件**包括人力、物质、知识、资本和基础设施。需求状况包括本国需求的构成、增长的规模和格局。本国市场的迅速发展及本国产品和服务进入海外市场的方法对需求状况也有影响。最后两个决定性因素是**相关及支撑性行业**的存在，以及**企业战略**、**企业结构**和**竞争对手**。波特指出，机遇和政府也能影响一国的竞争优势。波特的著作对有关战略问题的新研究起了催化的作用，这些研究包括达维尼关于**超竞争**的著作和鲁格曼关于国家竞争优势的**双钻石分析**框架，以及莫博涅和金伟灿的**蓝海战略**框架。

注　释

1. Michael E. Porter, *Competitive Strategy* (New York, NY: Free Press, 1980), pp. 7 – 33.

2. Anna Nicolaou and Scheherazade Deneshkkhu, "FT Big Read: Consumer Goods," *Financial Times* (October 14 – 15, 2017), p. 9.

3. Melanie Warner, "Its Wish, Their Command," *The New York Times* (March 3, 2006), p. C1.

4. Olga Kharif, Peter Burrows, and Cliff Edwards, "Windows and Intel's Digital Divide," *BusinessWeek* (February 23, 2009), p. 58.

5. Regina Fazio Maruca, "The Right Way to Go Global: An Interview with Whirlpool CEO David Whitwam," *Harvard Business Review* 72, no. 2 (March-April 1994), p. 135.

6. Michael E. Porter, *Competitive Advantage: Creating and Sustaining Superior Performance* (New York, NY: Free Press, 1985), p. 12.

7. Daniel Michaels, "No, the CEO Isn't Sir Richard Branson," *The Wall Street Journal* (July 30, 2007), pp. B1, B3.

8. Michael E. Porter, *The Competitive Advantage of Nations* (New York, NY: Free Press, 1990), p. 39.

9. Jeffrey A. Trachtenberg, "Home Economics: IKEA Furniture Chain Pleases with Its Prices, Not with Its Service," *The Wall Street Journal* (September 17, 1991), pp. A1, A5.

10. Michael E. Porter, *Competitive Advantage: Creating and Sustaining Superior Performance* (New York, NY: Free Press, 1985), p. 158.

11. Gary Hamel and C. K. Prahalad, "Strategic Intent," *Harvard Business Review* 67, no. 3 (May-June 1989), pp. 63 – 76. 另见 Hamel and Prahalad, "The Core Competence of the Corporation," *Harvard Business Review* 68, no. 3 (May-June 1990), pp. 79 – 93.

12. Robert L. Rose and Masayoshi Kanabayashi, "Komatsu Throttles Back on Construction Equipment," *The Wall Street Journal* (May 13, 1992), p. B4.

13. James Lardner, *Fast Forward: Hollywood, the Japanese, and the VCR Wars* (New York, NY: New American Library, 1987), p. 135.

14. Chris Nuttal, Robin Kwong, and Maija Palmer, "Intel Wants to Get a Grip on Mobile Market," *Financial Times* (May 6, 2011), p. 17.

15. Gary Hamel and C. K. Prahalad, "Strategic Intent," *Harvard Business Review* 67, no. 3 (May-June 1989), p. 69.

16. G. Pascal Zachary, "Color Printer Gives Tektronix Jump on Canon," *The Wall Street Journal* (June 14, 1991), p. B1.

17. 自从哈默尔和普拉哈拉德在 1989 年的开创性文章中首次提出战略意图的概念后，他们一直在不断地完善和发展这个概念。在 20 世纪 90 年代，作者概述了管理者可用于实现其愿望的五大类资源杠杆：通过融合和聚焦将资源集中在战略目标上，通过提取和借用更有效地积累资源，通过混合和平衡使一种资源与另一种资源相辅相成，通过回收、合作和屏蔽节约资源，以及在市场上快速回收资源。Gary Hamel and C. K. Prahalad, "Strategy as Stretch and Leverage," *Harvard Business Review* 71, no. 2 (March-April 1993), pp. 75 – 84.

18. 此处大量引用 Chapter 3, "Determinants of National Competitive Advantage," and Chapter 4, "The Dynamics of National Advantage," in Porter, *The Competitive Advantage of Nations*, 1990. 基于波特框架的扩展国家分析见 Michael Enright, Antonio Francés, and Edith Scott Assavedra, *Venezuela: The Challenge of Competitiveness* (New York, NY: St. Martin's Press, 1996).

19. Michael Y. Yoshino and U. Srinivasa Rangan, *Strategic Alliances: An Entrepreneurial Approach to Globalization* (Boston, MA: Harvard Business School Press, 1995), p. 56.

20. 见 Joseph Kahn, "Cleaning up: P&G Viewed China as a National Market and Is Conquering It," *The Wall Street Journal* (September 12, 1995), pp. A1, A6.

21. Michael E. Porter, *The Competitive Advantage of Nations* (New York, NY: Free Press, 1990).

22. Michael E. Porter, *The Competitive Advantage of Nations* (New York, NY: Free Press, 1990), p. 324.

23. Susan Adams, "The World's Most Competitive Countries," *Forbes* (May 30, 2013), p. 18.

24. Richard D'Aveni, *Hypercompetition: Managing the Dynamics of Strategic Maneuvering* (New York, NY: Free Press, 1994).

25. John Koblin, "Tech Firms Make Push toward TV," *The New York Times* (August 21, 2017), p. B1.

26. Robin Swithinbank, "Manufactured, Assembled and Decorated—in 28.5 Seconds," *Financial Times Special Report—Watches and Jewellery* (June 5, 2015), p. 8.

27. Richard D'Aveni, *Hypercompetition: Managing the Dynamics of Strategic Maneuvering* (New York, NY: Free Press, 1994), p. 71.

28. Hiroko Tabuchi, "Investor's Next Target Is Sony," *The New York Times* (May 15, 2013), p. B1.

29. Daisuke Wakabayashi and Christopher Lawton, "At Sony, Culture Shift Yields a Low-Cost Video Camera," *The Wall Street Journal* (April 16, 2009), p. B1.

30. Sumantra Ghoshal and Christopher Bartlett, *The Individualized Corporation* (New York, NY: HarperBusiness, 1997), p. 71.

31. 改编自 Alan M. Rugman and Joseph R. D'Cruz, *Multinationals as Flagship Firms* (Oxford, UK: Oxford University Press, 2000).

32. Renée Mauborgne and Kim Chan, "Blue Ocean Strategy," *Harvard Business Review* 82, no. 10 (October 2004), pp. 76 – 84.

33. John Gapper, "Nintendo's Wizards Put the Magic into Video Games," *Financial Times* (July 16, 2015), p. 9.

34. Alan M. Rugman and Lain Verbeke, "Foreign Subsidiaries and Multinational Strategic Management: An Extension and Correction of Porter's Single Diamond Framework," *Management International Review* 3, no. 2 (1993), pp. 71 – 84.

35. Howard Davies and Paul Ellis, "Porter's Competitive Advantage of Nations: Time for the Final Judgment?" *Journal of Management Studies* 37, no. 8 (December 2000), pp. 1189 – 1213.

36. Andrew Hill, "An Academic Who Shares His Values," *Financial Times* (September 25, 2011), p. 14.

GLOBAL
MARKETING

|全|球|营|销|
（原书第10版）

第 17 章 领导力、组织和
企业社会责任

本章精要

- 找出文中讨论的五家国际公司的首席执行官的姓名和国籍。

- 描述公司在全球增长和扩张时可以采用的不同组织结构。

- 讨论精益生产的属性，并找出一些在这种组织形式中处于领先地位的公司。

- 列出国际营销人员可以从星巴克与全球交流组织合作的经验中获得的有关企业社会责任的启发。

案例 17-1　　　　　　　　　　　　　　　　　　联合利华的卫士之变

　　联合利华是全球食品和消费类包装商品的巨头，旗下有包括斧牌、本杰瑞、多芬、立顿在内的多个著名品牌。该公司拥有约 20 万名员工，年销售额约 600 亿美元；联合利华最初建于英国北部梅西河附近的阳光港。1888 年，利华兄弟公司的创始人威廉·赫斯基·利华（William Hesketh Lever）在那里为其员工创建了一个花园村。

　　在 2008 年底，临近退休的联合利华集团首席执行官夏思可（Patrick Cescau）希望公司秉承传统，重新加强对可持续发展和环境保护的关注。连同其他价值观，这些都反映了联合利华"积善者昌"（doing well by doing good）的经营理念。其中一个典型案例是由公司旗下多芬品牌的管理者们发起的"真美运动"。为了准备对管理层的首次演讲，多芬团队成员录制了对几位女孩的采访，后者在采访中谈到了她们感受到的关于外貌和体态的压力。受访者包括夏思可的女儿以及其他董事会成员的女儿。

　　后来，当这位首席执行官回忆观看视频的情景时，他解释说："这个活动突然变得个人化了。你意识到你自己的孩子也受到了美容行业的影响；每天面对自己无法达到的美丽形象给她们带来了很大的压力。"于是多芬团队根据这一洞察推出了全新的广告活动；在此后的几年里，多芬赢得了无数的奖项和赞誉。

　　夏思可的"积善者昌"也体现在其他方面。例如，他倡导在公司的洗涤剂产品中减少化学品的使用，同时节约用水、塑料制品和包装等。此外他还认识到，今天的"良心消费者"在决定购买哪个品牌时，会考虑公司的声誉。

　　保罗·波尔曼（Paul Polman）是夏思可的继任者，这位首席执行官将以另一个优先事项为基础：印度和中国等新兴市场的商业机会（见图 17-1）。

　　本章的重点是将营销组合中的每个要素整合到一个完整的计划中，以应对全球营销环境中的机遇和威胁。夏思可作为联合利华的负责人所取得的成就说明了 21 世纪企业领导者所面临的一些挑战：他们必须能够明确制定连贯的全球愿景和战略，将全球效率、本地反应以及二者之间的平衡结合起来。此外，领导者需要设计并缔造出适合企业战略的组织结构。对于如阿西布朗勃法瑞公司（ABB）、通用电气

（GE）、飞利浦、丰田和联合利华这样的大型全球企业来说，领导者必须确保规模是可以加以利用的资产，而不是影响反应时间和创新速度的负担。最后，领导者必须确保组织主动承担企业社会责任。

图 17-1　联合利华前首席执行官夏思可将企业社会责任放在议程的首位。2009年至2019年担任公司首席执行官的保罗·波尔曼在夏思可的倡议基础上，向主要新兴市场扩张。

资料来源：Hindustan Times/Newscom.

领导才能

找出文中讨论的五家国际公司的首席执行官的姓名和国籍。

全球营销需要出色的领导才能。正如本书所指出的那样，全球营销的特征便是有能力设计和执行全球性战略，这些战略要发挥全球知识的协同作用，充分响应当地需求，并调动组织中每个成员的智慧和能量。这一艰巨任务需要领导者具有全球视野和对当地需求的敏感性。总体而言，领导者所面临的挑战是激发公司内每位成员的积极性和创造性，以使他们最有效地利用组织资源发掘市场机会。正如惠普公司前总裁卡莉·菲奥莉娜（Carly Fiorina）在 2002 年麻省理工学院的毕业典礼上所说的那样：

- 领导与层级、头衔或地位没有关系，它与施加影响和掌控变革有关。领导并不是吹嘘享有的权力或参与的战斗，甚至累积的财富。它是在多个层次上的连接和投入，是挑战头脑和俘获心灵。新时代的领导者授权给他人，让他们发挥全部潜能。领导者不能再将战略和执行视为抽象的概念，他们必须认识到这两个因素最终都是与人有关的。[1]

领导的一项重要任务是清晰地表达信念、价值观、政策和公司业务活动的地理范围意向。利用使命陈述等类似文件作为参考和指导，各单位的成员必须承担他们的直接责任，并同时与各地的职能、产品和专家开展合作。然而，将愿景写出来是一回事，公司内部所有人实现承诺则完全是另外一回事。正如第 1 章所述，全球营销使得公司在本国之外从事大量的商业活动，这就意味着它要面对不同的语言和文化。此外，全球营销需要经理人员深思熟虑，并熟练应用特定的概念和策略。这些努力可能带来很大的变化，那些传统上聚焦于本国市场的美国公司更是如此。当"走向全球"的提议受到质疑时，首席执行官必须推动变革，包括做好准备，并激励员工参与变革。

在批准收购飞利浦公司在欧洲的家用电器业务之后，惠而浦公司前首席执行官戴维·惠特万姆对他于 20 世纪 90 年代初在这方面的努力作了如下描述：

- 当我们宣布了对飞利浦的收购计划后，我就到公司各个角落与我们的员工交谈，向他们解释这是多么重要。大多数人反对这一行动。他们认为：我们正在花 10 亿美元购买一个亏损了 10 年的公司？我们要将那些我们本来可以在这里使用的资源运到大西洋彼岸，只是因为我们认为这是一种走向"全球产业"的行为？ 这到底意味着什么？[2]

杰克·韦尔奇（Jack Welch）在通用电气也遇到了同样的抵制态度。他说："你在一个组织里所处的位置越低，就越不容易理解全球化是一种高见。"正如通用电气前副总裁保罗·弗朗斯科（Paolo Fresco）所解释的那样：

- 对某些人来说，全球化是一种没有回报的威胁。看看密尔沃基的 X 射线工程师，全球化对他来说没有任何好处。他冒着失去工作的风险，冒着失去权威的风险，他可能会发现他的老板是一个甚至不知道如何说他所使用的语言的家伙。[3]

除了"推销"自己的愿景之外，波音、可口可乐、通用电气、联合利华、惠而浦和其他公司的高层管理人员还面临一项艰巨的任务，即建立和维持良好的公司环境、创造力和组织文化。新一代的首席执行官们正在通过颠覆他们的前任所做的战略决策来实现他们的目标。

例如，可口可乐公司前首席执行官穆赫塔尔·肯特（Muhtar Kent）一心想为可口可乐公司的旗舰可乐的销售注入更多的"活力"。相比之下，新任首席执行官詹姆斯·昆西（James Quincey）正专注于果汁、茶、蛋白质奶昔和其他含有健康成分的饮料。一些评论家谴责昆西取消首席营销官（CMO）职位的决定是"卑鄙的"；昆西则指出可口可乐公司的广告模式没有足够迅速地适应数字化时代。为了取代 CMO，昆西设立了一个新的首席职位，即首席增长官。[4]

可口可乐的例子强调了这样一个事实：世界各地的企业领导者都面临挑战，包括处理消费者行为的快速变化。传统的品牌被抛弃，消费者倾向于选择更符合潮流、更令人激动的品牌。再加上市场的日益分散和行业壁垒的拆除，有很多事情让今天的企业负责人夜不能寐。

17.1.1　高层管理人员的国籍

许多具有全球化理念的公司意识到，担任高级管理职位或董事会职位的最佳人选并非必须出生在母国。可口可乐公司的詹姆斯·昆西就是一个典型的例子：他是英国人。哈佛商学院的克里斯托弗·巴特利特曾在谈到美国公司时指出：

- 公司正在意识到，他们有一个全球性的人力资源组合，他们最聪明的技术人员可能来自德国，或者他们最好的财务经理可能来自英国。他们正开始挖掘世界各地的人力资源。当他们这样做时，在美国公司看到非美国人上升到顶层也就不足为奇了。[5]

生长在美国的经理与生长在其他地方的经理相比，在外语能力方面存在差异。例如，美国教育部的报告指出，目前有 2 亿中国儿童在学习英语；相比之下，只有 2.4 万名美国儿童在学习汉语。在许多全球性组织中，无论总部所在国的语言为何，流利的英语都是管理成功的先决条件。十年前，LG 电子的首席执行官南镛（Yong Nam）规定，整个公司都必须使用英语。他解释说：

- 英语是必不可少的。在世界范围内竞争所需的创新速度，迫使我们拥有无障碍沟通的能力。我们不能依赖小语种交流，这会阻碍信息共享和决策，毕竟英语使用者掌握着全世界所有通信的钥匙。我们需要的是所有人的智慧，而不仅仅是少数人的智慧。[6]

奎克化学公司前总裁兼首席执行官西吉斯蒙德斯·W. W. 吕布森（Sigismundus W. W. Lubsen）是当今全球性高管的一个好例子。吕布森出生于荷兰，在鹿特丹和纽约都接受过教育，他能说荷兰语、英语、法语和德语。他回忆说："我很幸运地出生在一个小国，你向任何方向开车一小时，就会出现在一个不同的国家、说不同的语言。这使我在不同的文化中旅行时非常自如。"[7]百事公司的英德拉·努伊（Indra Nooyi）也会说两种语言（见图17-2）。表17-1列举了2017年具有非总部所在国的国籍的公司高管的例子。

图17-2　百事公司董事长兼首席执行官英德拉·努伊（Indra Nooyi）面临着商品价格上涨和美国对碳酸软饮料需求疲软的问题。尽管有这些威胁，努伊认为这家大型零食与饮料生产巨头目前的战略是正确的。在最近几个季度，最突出的业绩来自百事公司快速增长的国际部门。墨西哥和俄罗斯的零食销售增长迅速；在中东地区、阿根廷、中国和巴西，饮料品牌的国际销售量也在显著增加。

资料来源：Manish Swarup/Associated Press

表17-1　谁是负责人？2017年的公司高管

公司（总部所在国）	执行官姓名（国籍）	职位
3M（美国）	英吉·杜林（Inge G. Thulin，瑞典）	首席执行官
ABB（瑞士）	乌尔里希·史毕福（Ulrich Spiesshofer，德国）	首席执行官
阿迪达斯（德国）	卡斯帕·罗思德（Kasper Rorsted，丹麦）	首席执行官
克莱斯勒（美国）	马尔乔内·塞尔吉奥（Sergio Marchionne，意大利）	首席执行官
可口可乐（美国）	詹姆斯·昆西（James Quincey，英国）	首席执行官
微软（美国）	萨提亚·纳德拉（Satya Nadella，印度）	首席执行官
孟山都（美国）	休·格兰特（Hugh Grant，英国）	董事长、首席执行官、总裁
日产（日本）	卡洛斯·戈恩（Carlos Ghosn，巴西）	董事长、总裁、首席执行官
百事公司（美国）	英德拉·努伊（Indra K. Nooyi，印度）	首席执行官
利洁时（英国）	拉克什·卡普尔（Rakesh Kapoor，印度）	首席执行官
泰佩思琦（美国）	维克多·路易斯（Victor Luis，葡萄牙）	首席执行官
威科集团（荷兰）	南希·麦金斯特里（Nancy McKinstry，美国）	总裁、首席执行官

　　日本公司通常不愿意让非日本国籍的人担任高层职位。多年来，只有索尼、马自达和三菱公司的董事会中出现过外国人。最近，一些日本公司做出了招聘和晋升的改变，旨在增加其高层管理队伍的多样性。例如，迪迪埃·勒罗伊（Didier Leroy）最近成为丰田公司最高级别的非日本籍高管；美国人朱莉·汉普（Julie Hamp）是该公司的第一位西方女性高管。[8]

同样，雷诺公司在 1999 年购买了日产汽车 36.8% 的股份后，这家法国企业安排卡洛斯·戈恩（Carlos Ghosn）担任日产汽车的总裁。戈恩出生于巴西，在黎巴嫩长大，在法国接受教育，作为一名"外来者"，他能够采取大规模措施削减成本，并对组织结构进行重大改革。他还在日产汽车的词典中引入了两个新词：速度和承诺。

17.1.2　领导力与核心竞争力

在 20 世纪 80 年代，许多公司对高管的评估标准是他们重组公司的能力。在 20 世纪 90 年代，全球战略专家普拉哈拉德和加里·哈默尔建议，评估经理人员时应该考查他们是否具备识别、培养并且开拓公司业务的核心竞争力。简而言之，**核心竞争力**（core competence）是一个组织领先于竞争对手的方面。根据普拉哈拉德和哈默尔的观点，核心竞争力有三个特点：

- 提供进入各类市场的潜在机会；
- 为提高客户的感知利益做出重大贡献；
- 很难被竞争对手模仿。

五种或六种以上基本能力都在世界领先的公司是罕见的。长期来看，一个组织所具备的全球竞争力来自它比竞争对手更快地向市场提供高质量、低成本产品的能力。为此，组织更应当被看作一个能力的组合而非业务的组合。在有些情况下，一个公司有构建能力所需的技术资源，但是其关键执行者缺乏这种眼光。有时，眼光是存在的，但却总是罔顾市场条件的迅速变化，局限于现有的能力。

例如，在 21 世纪初，时任芬兰诺基亚公司董事长的约玛·奥利拉（Jorma Ollila）指出，"设计是诺基亚的基石，是我们产品创造的核心，也是渗透于整个公司的核心竞争力。"[9]这位董事长在 10 年前是正确的，设计确实帮助诺基亚确保了其作为全球手机销售领导者的地位。但苹果在 2007 年推出的改变游戏规则的 iPhone 让诺基亚措手不及。即使是在运行安卓操作系统的智能手机爆发式出现时，诺基亚仍然坚持其专有的塞班操作系统，通过推出新的、中等价位的智能手机型号来应对市场的变化；此外，新任首席执行官史蒂文·埃洛普（Steven Elop）宣布与微软结盟，使用 Windows 操作系统开发新手机。尽管有这些举措，到 2011 年初，诺基亚还是发布了盈利警告。2014 年，微软收购了诺基亚的手机业务，埃洛普被任命为新成立的设备集团的执行副总裁。2016 年，当微软将诺基亚卖给一家名为 HMD 的新公司时，诺基亚又重新回到了芬兰人的手中。

诺基亚在苹果和谷歌的创新下产生命运逆转，强调了这样一个事实：如果今天的高管们希望将核心竞争力概念付诸实践，必须重新思考"公司"这个概念。此外，管理的任务必须被视为构建能力和管理手段，以集合分散在多个业务上的资源。[10]

组织全球营销

描述公司在全球增长和扩张时可以采用的不同组织结构。

组织全球营销活动（organizing for global marketing）的目的是找到一种组织结构，确保公司的知识和经验在从国内市场扩散到整个公司系统的同时，能够对相关环境的差异做出反应。集中化知识与协调的价值和对当地情形特定回应的需要，这二者之间的牵引使得全球营销组织产生一种持续的紧张状态。全球组织中的一个关键问题是如何在自治和一体化之间达到平衡。子公司需要自治权来适应当地环境，但是公司在整体上需要进行整合以贯彻其全球战略。[11]

当一家当地公司的管理者决定向全球扩张时，就会立即遇到组织问题。由谁负责？是由产品部门直接操作，还是应当成立一个国际（分）部？各国际（分）部应当直接向公司总裁报告，还是应当指派一名公司领导专门负责国际业务活动？

就国际运营起始阶段的组织问题形成决议后，一个成长型公司在其国际业务发展过程中还会遇到一系列问题，需要重新评定。公司是否应该取消国际（分）部？倘若如此，该选择什么组织结构来代替？是否应该建立一个地区或区域总部？公司总部、地区和分公司的负责人之间应当是怎样的关系？具体而言，如何组织营销职能人员？区域和公司总部的营销经理应在多大程度上介入子公司的营销管理层？

即使是在全球竞争中拥有多年经验的公司也发现，有必要根据环境变化来调整其组织设计。西吉斯蒙德斯·吕布森在奎克化学公司任职期间更倾向于全球组织结构而非当地/国际的方式，这也许并不奇怪。他建议其前任首席执行官彼得·A. 贝诺利尔（Peter A. Benoliel）让荷兰、法国、意大利、西班牙和英国分部向欧洲地区副总裁报告。吕布森回忆道："我认为让同一个人负责所有的欧洲分部不会有什么大问题。"[12]

随着市场全球化的发展，日本向海外竞争者开放本国市场，越来越多的日本公司可能放弃传统组织模式。本书所提到的许多日本公司都可称为全球化公司或跨国公司，因为它们为世界市场服务，或在全球市场采购资源，或二者兼有。但是，通常情况下，知识是在日本的总部创造出来的，然后传播到其他国家分部。

例如，佳能在世界级的原创性图像产品（如喷墨打印机和激光打印机）方面享有盛誉。近年来，公司将更多的控制权下放给子公司，雇用更多的非日籍员工和管理者，并吸收更多不在日本开发的原创技术。1996 年，软件研发部门从日本东京转移至美国，电信产品部转移至法国，计算机语言翻译部转移至英国。佳能公司总裁御手洗富士夫（Fujio Mitarai）在一次访谈中讲："东京总部不可能了解一切，其职能应当是提供低成本的资本，在地区间调动高层管理人员并提出投资议案。此外，地区子公司必须承担全部的管理责任。我们目前还没有做到这一步，但是我们正朝着这个方向前进。"研发总监高桥彻（Toru Takahashi）也赞成这一观点，他说："过去我们认为应该将研发部门留在日本，但是现在改变了。"尽管出现了这些变化，佳能公司的董事会成员还是只有日本人。[13]

全球营销不存在唯一正确的组织结构。尽管在某一特定行业内，世界范围内的公司已经适应环境变化，开发了不同的战略和组织，[14]我们仍然可以得出一些基本结论。领先的全球竞争者在组织设计方面存在一个关键的共性：它们的公司结构扁平而简单，既不多层又不复杂。这清楚地表明：世界本身已经足够复杂，因此没有必要再用复杂的内部结构来添乱。简洁的结构提高了信息沟通的速度和清晰度，并使公司将精力和有价值的资源集中在学习上，而非控制、监督和报告上。[15]根据惠而浦前首席执行官戴维·惠特万姆的说法，"你必须创造这样一个组织，组织内的成员善于跨界交换意见、过程和体系，他们必须完全摒弃 NIH 综合症（非此地发明综合症），必须持续合作，以识别全球最佳机会和组织面临的最大问题。"[16]

一个业务遍及世界各地的公司不能将其知识局限于产品、职能和本国市场。公司员工必须得到各个相关国家市场的社会、政治、经济和制度安排等一整套复杂的知识。许多公司都是从一种临时安排开始，比如让所有的外国分公司都向一名指定的副总裁或总裁本人报告。最终，这样的公司会设立一个国际（分）部，负责分散在各地的新业务。但是很明显，多产品公司的国际（分）部是一个不稳定的组织安排。随着公司的发展，起初的组织结构通常要被各种其他组织结构代替。

在 21 世纪快速变化的全球竞争环境中，公司必须找到更新颖的组织模式。为满足全球市场的需求，公司必须采取灵活、高效和反应快的新形式。当今全球市场的现实是，公司既要有成本效益，又要以顾客为导向，并快速地提供优质产品。

在过去的 25 年里，有几位作者描述了适应当今竞争环境的新型组织设计。这些设计反映了如下需要：寻找反应更灵敏、更灵活的结构，对组织实施扁平化改造，采取团队合作方式。它们还迎合了发展网络的需要，以便加强参与者之间的关系并开发和利用技术。这些设计也反映了在追求组织有效性方式上的演进。20 世纪初，弗雷德里克·泰勒（Frederick Taylor）声称，所有管理者都必须以同样的方式来看待世界。后来就有了权变理论家，他们认为有效的组织设计必须满足自身的环境条件。这两个基本理论在如今流行的管理学著作中都有反映。正如亨利·明茨伯格（Henry Mintzberg）所指出的那样："对迈克尔·波特而言，有效性在于战略，但对于汤姆·彼得斯（Tom Peters）来说，关键在于实际运营，即出色地执行任何战略。"[17]

大前研一（Kenichi Ohmae）在全球化对组织设计的影响方面著作颇丰。他推荐一种位于最高层次的"全球上层建筑"（global superstructure），将世界视为一个整体。在这一层级，员工的责任是确保工作在最佳地点展开，以及协调信息和产品的高效跨界流动。在这一层次之下，大前研一设想将组织单位，分配到"由信息的服务经济和规模经济制约"的地区。按照他对整个世界的看法，共有 30 个地区的人口数量在 500 万～

2 000万之间。这些地区的组织的首席执行官的首要任务是转变为单一单位导向，即世界无边界的业务区域，就像宇航员从太空观察地球一样。然后，首席执行官聚焦于某些地区，试图识别差异。大前研一解释道：

- 首席执行官必须关注全球经济，然后将公司资源用于能在最富吸引力的地区获取最大市场份额的地方。可能当你从外太空接近地球时，你看到太平洋西北沿岸邻近普吉特海湾的一个地区，充满活力，欣欣向荣。然后，你发现从纽约延伸到波士顿的这个地区仍然很糟糕。你可能看到丹佛附近猛然密集起来的计算机公司和软件发布商，与达拉斯—沃斯堡附近的集中情况类似。在加利福尼亚州沿岸和新英格兰地区的部分区域，你将看到卫生保健和生物技术高度集中的地区。作为一名首席执行官，那里就是你投放资源和视为重点的地方。[18]

我们相信，成功的公司，即真正的全球赢家，必须同时拥有卓越的战略和高效的执行。

17.2.1　国际组织的发展模式

不同组织在规模大小、全球目标市场的潜量和在不同国家的当地管理能力方面有所不同。困扰人们的压力可能来自多个方面的需要：产品和技术知识；营销、财务、运营等专业知识和技能；区域和国家知识。由于构建不同组织产生的各种压力从来都不会完全一样，因此不可能形成完全相同的管理模式。尽管如此，一些基本的模式还是被许多组织采用的。

一个出口业务有限的公司通常在内部设置一个出口部，专门执行这一职能。大多数国内导向的公司在对外扩张初期，采取在海外建立销售代表处或子公司的方式，这些组织直接向公司总裁或其他指定的公司管理者报告。担任该职务的个人独立履行职责，无须总部人员提供帮助。这是公司涉足国际营销运营初期的典型安排。例如，总部位于艾奥瓦州得梅因的梅雷迪思公司通过企业发展部制定和管理的许可协议参与国际市场，并得到公司内部各运营部门的进一步支持。《美好家园》是梅里迪斯公司的旗舰出版物，拥有700多万美国用户.梅雷迪思公司在许多国际市场（包括欧洲、中东和亚洲）授权使用《美好家园》和其他刊物。

17.2.2　国际（分）部结构

随着公司国际业务的增长，协调与指导这些活动的复杂性超出了一个人的能力范围。此时产生了需要组织一套班子的压力，这个班子必须承担指导和协调正在增长的国际组织活动的责任。最后，这一过程导致了国际（分）部的产生，如图17-3所示。百思买、好时（Hershey）、李维斯、迪士尼和沃尔玛等公司内部都设有国际（分）部。

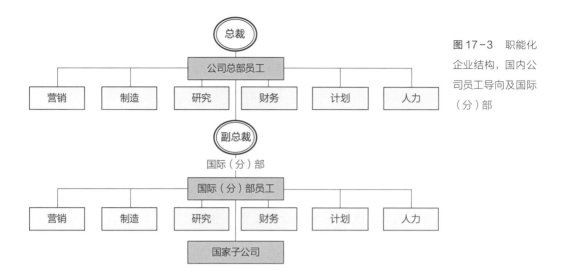

图 17-3　职能化企业结构，国内公司员工导向及国际（分）部

好时公司于 2005 年宣布成立国际（分）部，时任分部高级副总裁的 J. P. 比尔布雷（J. P. Bilbrey）表示，好时公司将不再采用从美国出口巧克力产品的拓展战略，而是按当地口味直接在当地生产。正如比尔布雷所解释的那样："我们正在亚洲变革公司的经营模式，之前的产品并没有考虑当地的需求，而且产品成本非常高。"[19] 目前，国际销售仅占好时公司销售额的 15%；公司的战略目标是在不久的将来将这一数字提高到 25%。

中国是世界上增长最快的糖果市场，所以好时正在加紧努力进入中国市场，这并不奇怪。直到最近，好时在中国的巧克力市场上只有约 2.2% 的份额；相比之下，玛氏凭借其 M&M's（玛氏朱古力豆）和德芙品牌占据了该市场的 43%。2013 年，好时推出了一个新的炼乳糖系列，专门针对中国的高端糖果市场。兰卡斯特（Lancaster，宾夕法尼亚州兰卡斯特市，该公司的故乡）是该品牌的英文名称；中文名称为"悠漫"（见图 17-4）。好时公司在中国上海设立了其第二大研发机构——亚洲创新中心。[20]

图 17-4　好时公司在中国推出了其兰卡斯特品牌。口味包括原味纯奶焙、富含奶焙的纯奶焙，以及含草莓纯奶焙。"奶焙"是指使用进口牛奶的慢炖过程。
兰卡斯特是好时公司 120 年历史上在美国以外推出的第一个全新品牌。兰卡斯特也在美国推出。

资料来源：Daniel Acker/Bloomberg via Getty Images.

有几个因素促成了国际（分）部的建立。首先，最高管理层参与全球经营的决心逐渐变得很大，大到有理由组建一个由高层经理领衔的下属单位。其次，国际业务的复杂性要求有一个单独的组织单位，管理者有充分的权力在诸如采用何种进入战略等重大事务方面自行决策。再次，国际（分）部经常是在公司认识到特别需要内部专家处理全球经营问题时形成的。最后一个重要因素是管理者认识到主动审视全球机会和竞争威胁的重要性，而不是简单地在状况凸显后才做出反应。

17.2.3 区域管理中心

当业务在经济、社会、地理和政治条件相似的单个地区开展时，既有必要又值得组建一个管理中心。由此便进入另一个组织演进阶段，即出现了在国家组织和国际分部之间的管理层——区域或地区总部。

欧盟作为一个区域市场的重要性不断增长，激励许多公司改变其组织结构，在那里建立区域总部。在 20 世纪 90 年代中期，桂格麦片公司（Quaker Oats）在比利时布鲁塞尔成立欧洲总部，瑞典家用电器制造商伊莱克斯也对其欧洲业务实行了区域化管理。[21] 20 年后，宝洁公司开始将其全球皮肤、化妆品和个人护理部门从美国辛辛那提转移到新加坡；在 1 000 亿美元的全球皮肤护理市场中，亚太国家/地区占了大约一半。[22]

区域中心通常协调定价、采购等方面的决策，区域管理中心的主管也参与各国业务的计划和控制，注重将公司知识在一个地区应用，并且实现公司资源在当地的最优化利用。这种组织设计如图 17-5 所示。

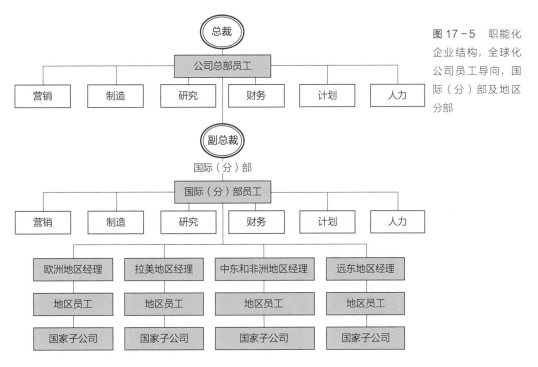

图 17-5 职能化企业结构，全球化公司员工导向，国际（分）部及地区分部

区域管理可为公司带来若干优势。首先，许多地区经理同意现场办公式的区域管理机构是有道理的，因为那里需要协调，做出泛区域性的决策。当国家子公司不断失去作为独立运营单位的关联性时，就很有必要协调区域性计划和实施区域性控制。其次，区域管理可能会使有关地理、产品和职能分工等因素的考虑达到最佳平衡，从而有效地实现公司目标。最后，通过把经营和决策权转移到区域这一层，公司能够更好

地保持一种内行的优势。[23]

　　区域中心的一个主要缺点是成本太高。一个只有两名员工的办公室的年度成本可能超过 50 万美元。区域管理机构的规模必须与区域业务规模相吻合。如果区域总部管理的业务规模不足以弥补这一额外管理层的成本，就不应当设立。有关区域总部的一个最基本的问题是："它的贡献是否足以促进组织的效率，以表明其费用以及增加的管理层复杂性是必要的？"

17.2.4　地理区域和产品分部结构

　　当公司的全球化程度提高后，管理者经常面临按照地理区域还是按照产品线来管理的两难选择。地理区域性的组织结构将全球不同地理区域的运营责任委派给产品线经理。公司总部保留全球计划和控制的责任，世界上任何地理区域（包括本土或母国市场）在组织上是平等的。

　　对起源于法国的公司，法国只不过是在其组织安排中的一个地理区域市场。这种结构在与产品线有密切联系的公司中最为常见，这些产品在世界各地相似的最终用户市场上销售。例如，大型石油公司就采用地理区域结构方式，如图 17-6 所示。麦当劳的组织设计结合了国际（分）部和地理区域结构。该公司在美国的经营结构包括 3 个地理区域经营部和 3 个国际（分）部。

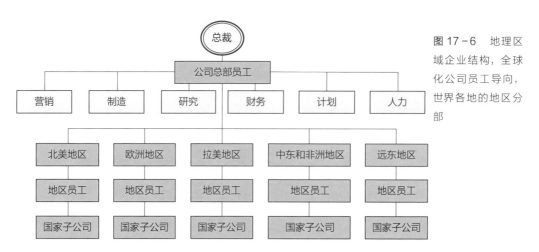

图 17-6　地理区域企业结构，全球化公司员工导向，世界各地的地区分部

　　当组织将区域性或全球性产品责任委派给产品分部时，制造方面的标准化会带来可观的规模经济效益。例如，惠而浦最近对其欧洲业务进行了重组，从地理区域或国家导向转向以产品线为基础。产品导向型组织的一个潜在不利之处是，国家子公司的经理可能忽略对当地的投入，因此产品不能很好地适应当地市场的需求。1995 年启动的福特 2000 重组方案，其实质就在于整合公司的北美地区和欧洲地区业务。在 3 年时间内，公司节约的开发成本高达 50 亿美元。但是，2000 年福特的欧洲市场份额下滑了将近 5%。因此，公司重新采用地理区域结构模式，当时的首席执行官杰克·纳赛尔（Jacques Nasser）归还了区域经理曾经失去的部分权利。[24]

设计最适用于提升全球销售额的组织结构是一种挑战，宝洁公司著名的"组织2005"（Organization 2005）计划体现了这种挑战。该计划于1999年由当时的首席执行官迪克·雅格（Durk Jager）发起，在这次重组中，原先独立的国家导向组织结构被五大主要品类（如纸制品和女性卫生用品）的全球业务单位代替。许多执行经理被重新任命，仅在欧洲就有1 000名员工被调到日内瓦，许多经理因工作调动和对公司将在全球裁员1.5万人的消息感到不安而离开了公司。结果，由此引起的动乱迫使首席执行官雅格离职。为了安抚中层经理，继任首席执行官A·G.雷富礼（A. G. Lafley）恢复了先前一些聚焦于地理区域的组织结构。[25]

17.2.5 矩阵组织

在完全成熟的大型全球公司中，组织的全球营销目标会同时强调产品或业务、职能、地区和顾客技巧。

> 通用电气正在将其遍布全球的组织作为一个网络来管理，而不是作为一个带有外国附属物的集中式中心。[26]
> ——克利斯托弗·A. 巴特利特，哈佛商学院荣誉教授

这种**矩阵组织**（matrix organization）反映了综合性的能力。在一个矩阵组织中，管理层的任务是争取组织上的平衡，融合不同的观点和技能，以实现组织目标。

1998年，爱立信公司和吉列公司都宣布了把自己重组为矩阵组织的计划。爱立信的矩阵聚焦于三个顾客细分市场：网络运营商、个体消费者和商务企业。[27]吉列公司的新结构将产品线管理层与区域销售和营销责任部门分开。[28]同样地，波音公司将其商业运输机设计和制造工程重组为一个围绕五个平台或不同机型类别的矩阵组织。此前，波音是依据职能线（系列）组织的。新的组织设计预计能够降低成本、加快更新和解决问题的速度。它也会把波音商业运输制造厂和部件制造厂之间关键的设计、工程和制造过程结合起来，从而提高产品的一致性。[29]

为什么上述公司和其他公司实行矩阵设计？矩阵组织很适合全球化公司，因为它可用来建立一种多头指令结构。这种结构对职能部门和区域部门给予同等重视。

伦敦商学院的约翰·亨特（John Hunt）教授建议在设计矩阵组织时考虑以下四个方面：第一，矩阵结构适合于需求苛刻和动态的市场；第二，雇员必须接受更高程度的模糊性，并且明白制度手册无法涵盖每一件可能发生的事；第三，在那些指令—控制模式依然存在的国家市场上，矩阵结构最好只覆盖员工队伍中较小的部分；第四，管理层必须能够清楚地说明矩阵中每个维度能做什么和不能做什么。然而，这样做的同时必须避免造成官僚主义。[30]

当矩阵结构被确定为一种恰当的结构时，管理者可以期望通过矩阵结构在全球范围内整合四种基本能力：

1. 地理知识。了解一国的基本经济、社会、文化、政治和政府市场以及该国在哪些方面具有竞争力非常重要。在一国的子公司是如今公司获得地理知识的主要结构性手段。

2. 产品知识和技术诀窍。承担全球责任的产品经理可能会达到以全球为基点掌管产品的能力水平。获取全球产品能力的另一个途径就是简单复制国内部门和国际（分）部的产品管理组织，从而使这两种组织单位都具有较强能力。

3. 在诸如财务、生产尤其是营销等方面的职能性能力。承担全球责任的公司职能部门员工有助于在全球范围内发展职能性能力。在少数公司，其各国子公司的职能部门经理的任命需要通过总部职能部门的经理审查，后者负责开展公司的全球职能性活动。

4. 有关顾客、行业及其需要的知识。在一些极为复杂的大型全球化公司，总部员工有责任协助驻扎在各国子公司的产品线经理，以渗透特定的顾客市场，从而在全球范围内服务于各行各业。

这种组织安排不再将国家级组织或产品部指定为利润中心，二者皆为盈利能力负责：国家级组织负责一国产生的利润，产品部负责国家和全球的产品盈利能力。

图 17-7 展示了矩阵组织的结构。这张组织结构图始于负一国责任的基层部门层级，然后指向代表区域或国际的层级，最后移到负有全球性责任的各个层级：从产品分部到总部，再到组织结构顶层的首席执行官。

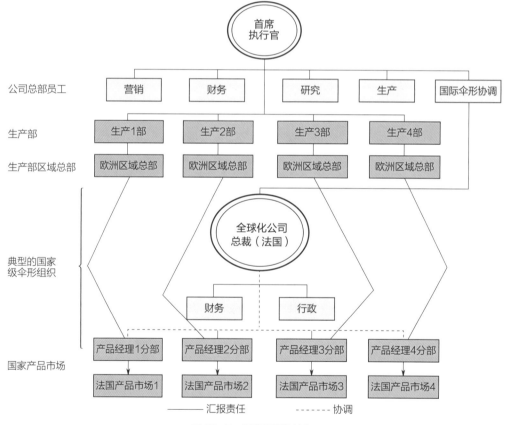

图 17-7　矩阵组织的结构

在惠而浦公司，北美业务的组织形式就是矩阵结构。前首席执行官戴维·惠特万姆希望这一结构能延伸到欧洲等其他区域市场。运营、营销和财务等传统职能部门的惠而浦经理也参与围绕特定产品（如洗碗机和烤箱）组成团队工作。为了鼓励互助和整合，跨职能团队通常是由"品牌沙皇"（brand czars）领衔的，如惠而浦或标准

（Kenmore）的品牌总监惠特万姆解释道："惠而浦'品牌沙皇'为惠而浦的名声操心，但他同时也牵挂着我们生产的所有冰箱品牌，因为他负责那个产品团队，这就需要不同的心态。"[31]

矩阵管理成功的关键是要确保经理能够解决冲突，并且实现组织方案和计划的一体化。仅仅采取矩阵设计或结构并不能创造一个矩阵组织。矩阵组织要求从根本上改变管理行为、组织文化和技术体系。在矩阵组织中，构成影响力的基础是技术能力和人际敏感性，而非正式权威。在矩阵文化中，管理者认识到绝对需要在尽可能低的层级解决问题和做出选择，而不能依赖于更高层级的权威。

然而，矩阵结构并不总是合适的。事实上，一些公司正在放弃矩阵结构，以应对不断变化的竞争条件。海尼根和EMI是两个例子；ABB公司是另一个例子。[32]在将近10年的时间里，ABB公司是一个按照区域线发展的矩阵结构。当地业务单位（如生产马达或发电机的工厂）同时向国家级经理和为全球制定战略的业务主管报告。这种结构使得ABB公司能在当地市场蓬勃发展的同时执行全球战略。但是在1998年，新主席戈兰·林达尔（Göran Lindahl）解散了矩阵组织。他在一篇新闻报道中解释道："这是一个大动作，目的是通过使组织进一步集中化和扁平化，进而获得更快的反应速度和更高的效率。幸亏我们在全世界的所有地区和全球市场上有强大的分权结构，才使得这样做成为可能。"

2001年1月，林达尔下台，其继任者约根·森特曼（Jorgen Centerman）再一次更改了组织结构。新的组织设计旨在更好地聚焦于某些产业和大公司客户。森特曼希望确保ABB公司的所有产品设计都遵循同样的系统标准。但是，在2002年，首席执行官因出售资产承受了很大的压力，ABB公司董事会用尤根·杜尔曼（Jürgen Dorman）替换了森特曼。杜尔曼于2005年辞职，由弗雷德·金德尔（Fred kindle）接替。尽管ABB公司在他的领导下恢复了盈利，但金德尔在三年后就离开了。官方的原因是：关于领导公司的最佳方式存在不可调和的分歧。ABB公司的首席财务官米歇尔·德马雷（Michel Demaré）被任命为临时首席执行官。

然后，在2008年秋天，乔·霍根（Joe Hogan）被选为ABB公司的新任首席执行官。霍根是美国人，在通用电气工作了23年，最近的工作是负责通用电气医疗保健。ABB公司董事会对霍根在美国这家工业巨头的表现印象深刻：在通用电气医疗保健公司的8年里，该部门的销售额翻了一倍多，从70亿美元增长到180亿美元。这些结果部分要归功于霍根策划的几项重大收购。[33]

到2013年霍根辞去ABB公司首席执行官一职时，他已经进行了多次收购，将该公司定位为工业自动化领域的领导者（见图17-8）。

在21世纪，高层管理者的一项重要任务是取消单维的决策方式，鼓励发展多种管理视角，建立能够感悟复杂多变的世界并做出反应的组织。索尼所面临的来自苹果挑战就是一个很好的例子。通过改变行为而非改变结构设计这一思路，公司管理层就可以突破组织结构图的限制，转而集中于利用现有资源获得可能的最佳结果。

图 17-8　ABB 的 YuMi 等工业机器人在中国和其他地区的工厂中发挥着越来越重要的作用。

资料来源：CTK/Alamy Stock Photo.

精益生产：按照日本的方式组织

讨论精益生产的属性，并找出一些在这种组织形式中处于领先地位的公司。

　　在汽车产业，对早期手工生产过程、大规模生产和现代"精益"生产的比较，为20世纪新型组织结构的有效性提供了一个值得关注的案例。[34] 在20世纪的第一个阶段，手工生产和大规模生产的生产效率之间存在巨大差异。大规模生产商（以福特公司最为著名）通过改变价值链，使每个工人在一天里比手工生产者做多得多的工作，从而获得了显著优势。使这种优势成为可能的创新是移动装配线，它要求原创者以一种全新的方式赋予生产过程特定的概念，装配线还要求用新的方式把人、生产机器和供应品组织起来。通过重新安排他们的价值链活动，与手工生产者相比，大规模生产商能够大量减少工作。这些生产力的提高带来了一个明显的竞争优势。

　　大规模生产商的优势一直持续到日本汽车公司进一步修改价值链，并创造出**精益生产**（lean production）模式。日本汽车公司依靠精益生产赢得了如同之前大规模生产商相对于手工生产者那样的巨大优势。例如，丰田生产体系（TPS），即人们熟知的日本公司制造方法，比传统大规模生产体系的效率提高了大约50%。丰田生产体系主要基于两个理念。一是自动化（jidoka），其中包括设想可能出现的问题。自动化意味着，质量在生产过程中已经得到重点关注。二是准时生产（just-in-time），意味着丰田公司只生产需要的零部件，而且是在需要的时候生产需要的数量。该公司的培训计划可以确保所有员工都能理解丰田式做法。此外，工厂工人要提前进入位于日本的丰田技术学院接受培训。管理层的培训是在丰田学院完成的。

　　尽管组装时间减少，精益生产商的汽车次品率却远远低于大规模生产的汽车。精益生产商使用的工厂空间也降低了约40%，库存只是大规模生产商库存量的一小部分。的确，竞争优势很明显。不管战略是基于差异化还是低成本，精益生产商都具备优势。

　　为使丰田获得以上收益，生产管理权威大野耐一（Taiichi Ohno）和新乡重夫（Shigeo Shingo）挑战了与汽车生产相关的一些传统的构想。他们在汽车公司内部运营方面做出了改变，如减少机器的安装时间。变革同样发生在供应商的内部运营、丰田和其供应商的接触界面，以及丰田与分销商和代理商的接触界面。他们的创新在业内受到普遍欢迎，结果是单个生产商的价值链得到调整，生产商和供应商之间的接触界面被优化，从而创造出更具效率和效益的价值体系。

17.3.1　组装商价值链

在精益生产环境中，组织非常重视雇员的能力。在受雇之前，到丰田求职的人会参加一个名为"工作日"的活动。这是一个历时 12 小时的评估测试，以确定谁具备身体灵活性、团队精神和解决问题能力这三方面的恰当组合。一经录用，工人们就要接受大量培训，使他们能够从事装配线所在工段或者工厂所在区域的任何工作。此外，为了提高质量和生产效率，工人们还被授权提出建议并采取行动。质量控制通过持续改善（kaizen）实现，旨在进行持续改进，保证每一处瑕疵都能被找出，经仔细检查发现根本原因并修正。

机械化尤其是柔性机械化（flexible mechanization）是精益生产的重要标志。例如，丰田公司的赛那小型货车是在美国肯塔基州乔治敦与公司的凯美瑞车型在同一生产线上生产的。两种汽车有同样的底盘，部件中也有一半相同。在生产线上有 300 个不同的工作站，赛那仅在其中的 26 个工作站上需要不同部件。同样，本田曾投资上亿美元，用于在美国的工厂中引进灵活生产技术。由于汽油价格起伏不定，而且汇率也经常变化，生产灵活性成为企业竞争优势的重要来源。例如，由于美元疲软将影响向美国出口汽车的利润，本田将 CRV Crossover 系列的生产从英国转移到了美国俄亥俄州。根据市场需求或其他市场信息的提示，本田能在几分钟之内就把生产 CIVIC（思域）系列转变为生产 CRV 系列。[35]

与精益生产企业不同，美国的大规模生产商通常在生产中的直接劳动力含量较大，机械化程度较低，柔性机械化程度更低。它们还将雇员划分为大量没有关联、互不重叠的独立专家，使得雇员主动创新和团队协作得不到鼓励。质量控制被表述为可接受的单车瑕疵数量。

即使以产业平均水平为基础进行比较，日本的精益生产商仍然享有可观的生产效率和质量方面的优势。这些优势再次使精益生产商在开发低成本或差异化战略方面处于较有利的地位。它们的工人和机器的生产效率更高，它们对工厂地面空间的利用也更为合理。修理部门所占相对较小的面积也反映了它们的产品质量较高。较高的"每位员工建议数"为解释精益生产商胜于大规模生产商提供了某些观察点。首先，前者在工人培训方面投入更大；其次，前者还让工人在他们团队负责的所有工作中开展轮岗；最后，鼓励所有工人提建议，管理者根据这些建议采取行动。价值链上发生的这些变化转化为产品价值的显著提升。

因此毫不奇怪的是，世界上许多汽车生产商都在学习精益生产方法，将它引入遍布世界各地的现有和新建的工厂。例如在 1999 年，通用汽车宣布计划投资近 5 亿美元整修在德国的欧宝工厂。变革的压力来自多方面，包括欧洲汽车市场上日益激烈的竞争、全球产能过剩，以及对欧元区价格透明引起降价压力的认识。通用汽车希望将工厂转变为一家技术领先的精益生产厂，工人数量减少40%。正如通用汽车欧洲总裁迈克尔·M.伯恩斯（Michael M. Burns）所说："如今定价变得更难……你必须考虑产品成本、结构成本……考虑所有的因素。"[36]即便如此，尽管近20年来对新车型和新的、更清洁的发动机进行了投资，但通用汽车的欧洲业务还是亏损的。2017年，通用汽车将欧宝业务卖给了标致汽车。

17.3.2　下游价值链

精益生产商和美国的大规模生产商在对待各自的经销商、分销商和顾客方式上与它们对待供应商一样，差异非常大。美国的大规模生产商按照基本的产业模式与经销商保持正常的交易关系，后者通常表现为缺乏合作精神，甚至抱有公开的敌意。它们经常不分享信息，因为没有动力这样做。生产商常常努力迫使经销商销售后者知道卖不出去的车型。当经销商面对顾客时，也常向后者施压，使他们购买原本不想买的车型。各方都试图不让别人知道它们想从别人那里得到什么。如此一来，就很难保证整个产业对市场需要及时做出反应。

在市场调研开始时往往就已经出现问题。而且，从经销商那里得不到有关顾客真正需要什么的反馈。若产品计划部门不征询营销部门或经销商的意见就改变车型，情况会更加糟糕。这种过程无一例外地导致生产的型号不受欢迎，甚至根本卖不掉。生产商用激励和其他手段说服经销商接受不受欢迎的车型，如经销商每订购5台热销车型就要搭上1台滞销车型。接着，经销商就面临说服顾客购买滞销车的问题。

在大规模组装商的价值链中，营销要素和产品计划部门之间的联结被切断。营销部门和经销商之间的外部联结也被切断。价值链中的生产过程部分也是断裂的，它们生产成千上万辆车，并把还没卖出去的车存放在经销商的仓库里，然后经销商去寻找顾客，这就造成了巨额成本。

在经销商那里，问题更多。销售人员和顾客的关系基础是博弈，双方试图在价格上制约对方。当销售人员占了上风，顾客就会感到恼怒。这与生产商和经销商之间的关系十分相似。每个人都隐藏信息，希望压倒对方。很多时候，销售人员不调查顾客的真正需要，也不努力寻找能满足他们需要的最佳产品。相反，销售人员仅向顾客提供成交所需的那一点信息。一旦成交，销售人员几乎不再与顾客有进一步的联系。人们从不尝试优化经销商和生产商之间，或者经销商和顾客之间的联结。

与精益生产商的对照结果再次令人震惊。在日本，经销商的雇员是真正的产品专家。他们了解自己经销的产品，并处理与产品相关的各类事宜，如融资、服务、维修、保险、注册和检验以及送货等。顾客只要和经销商那里的一个员工打交道，后者就会关照所有相关事务，包括从最初接触到最终可能的以旧换新和置换，以及该过程中的所有问题。经销商代表被纳入生产商的产品开发团队，他们持续不断地提供相关顾客需要的信息。经销商、营销部门和产品开发团队之间的联结由此完全实现了最优化。

成品车大量库存引起的焦虑也不存在。当有顾客订购时才生产汽车。每家经销商只有供顾客参观的一些存货。一旦顾客决定了他想要的型号，订单就被送往工厂，几周后，销售人员就会把货送到顾客的家门口。

日本的经销商一旦争取到一位顾客，就绝对会义无反顾地抓住他，使他成为企业的终身客户。他也会决意把所有客户的家属发展为客户。日本人中流行的一个笑话说，买车人从销售人员那里逃脱的唯一办法是离开这个国家。日本经销商拥有现有和潜在顾客的庞大数据库。这些数据库被用以处理人口统计数据和偏好数据。公司鼓励顾客协助更新数据库中的现有数据，顾客也予以合作。

这一丰富的数据资源成为营销调研活动的组成部分，并有助于确保产品符合顾客的需要。每辆车都由顾客定制从而没有滞销车型的库存，经销商拥有顾客需要和想要车型的翔实资料，这些事实改变了顾客和经销商之间互动的整体特征。顾客真正构建了他所喜欢和买得起的车，因此不再需要互相较量。

美国大规模生产商和日本精益生产商之间的不同反映了它们在经营目标方面的根本差异。美国生产商注重短期收益和投资回报：今天的销售是一个独立事件，与价值链中的上游活动无关，且对明天的活动没有价值；人们努力降低销售活动的成本。日本人以长远的视角看待过程；销售过程有两大目标，一是使从每位顾客那里得到的长期收益流最大化；二是利用同生产过程的联结降低生产和库存成本，并使质量最优化，从而实现差异化。

全球营销 17.4 全球化时代的伦理、企业社会责任和社会响应

列出国际营销人员可以从星巴克与全球交流组织合作的经验中获得的有关企业社会责任的启发。

今天，各公司的董事长必须积极主动地维护自己所领导公司的社会声誉。这就要求他们理解并对各利益相关者的担心和利益做出反应。**利益相关者**（stakeholder）是指受到组织政策和行为影响或者对此感兴趣的团体或个人。[37] 高层管理者、员工、客户、持有公司股票的个人或组织以及供应商构成了公司的主要利益相关者。次要利益相关者包括媒体、商务社区、当地的社区团体和**非政府组织**（nongovernmental organizations，NGO）等。后者主要关注人权、政治公平和政府问题等方面，如全球交流组织（Global Exchange）、绿色和平组织（Greenpeace）等。**利益相关者分析**（stakeholder analysis）是为所有利益相关者实现"双赢"结果的过程。[38]

"红色产品"（RED）公司是一家为在非洲抵御疾病筹集资金而建立的全球合伙公司。苹果公司、美国运通、阿玛尼、匡威、戴尔、盖璞、摩托罗拉等公司都向它们的客户提供（红色）主题的商品和服务。合伙人将拿出一定比例的利润捐给全球抗击艾滋病基金、结核病和疟疾基金。为推出其（红色）系列产品，盖璞的广告用名人和一

个以"-red"结尾的动词组成标题。一则广告展示了导演史蒂文·斯皮尔伯格穿着红色产品皮夹克的照片，上叠加了"INSPI（RED）"的字样（见图17-9）。

图17-9 产品（RED）有许多利益相关者，包括销售 RED 品牌产品的公司，购买这些产品的顾客，以及受益于所筹资金的人。迄今为止，该倡议已经筹集了 5 亿美元用于在非洲防治疾病。

来源：Tony Cenicola/The New York Times/ Redux Pictures.

全球化公司的领导者必须承担**企业社会责任**（corporate social responsibility，CSR），这种责任是指公司有义务追求符合社会最大利益的目标和政策。对于考虑企业社会责任的公司来说，一个关键问题是谁的利益是第一位的。也就是说，一个公司如何在相互竞争的观点之间找到正确的平衡？雀巢公司前董事长兼首席执行官彼得·包必达（Peter Brabeck）总结了这种情况："企业的独特作用是为我们经营所在的国家创造社会、经济和环境价值"。[39]

组织可以通过多种方式展示自身积极承担企业社会责任，其中包括善因营销活动和追求可持续发展等。斯巴鲁是日本富士重工业株式会社的一个部门，其旭豹（Crosstrek）掀背车和森林人（Forester）SUV 在北美享有强劲的市场需求。斯巴鲁在印第安纳州的工厂目前每年生产 40 万辆汽车；该品牌的部分吸引力在于其生态意识和家庭友好价值观方面的声誉。该公司坚持采用零垃圾填埋的生产方式（见图 17-10）。

图17-10 斯巴鲁名牌是该品牌的对称全轮驱动和部分零排放车辆（PZEV）工程的同义词。该公司的美国装配厂——印第安纳州斯巴鲁汽车公司，因其能源管理系统和环境管理系统获得了 ISO 140001 和 ISO 50001 认证。

资料来源：Subaru of America.

对于主要利益相关者，尤其是对于 Y 一代（1980～2000 年之间出生的人）的员工来说，这些政策在公司内部发挥着重要作用。正如联合利华（美国）总裁凯文·哈夫洛克（Kevin Havelock）最近所说的那样：

> 我们发现，新一代的年轻商界人士和营销人员只会被符合他们价值观的企业吸引。新一代人的价值观认为，企业对全球环境必须具有建设性的全球视野。我们对多芬等品牌所持有的伦理定位，我们如何看待各服装品牌不使用"零号身材"模特的做法，我们对回馈社区的看法，这些观念构成了吸引营销人员的基础。[40]

同样，星巴克创始人、首席执行官霍华德·舒尔茨采用非常开明的人力资源政策，这种做法是该公司取得成功的重要原因。正如星巴克员工所知道的那样，每周工作 20 小时以上的员工将获得一份健康福利。此外，合伙人还可以享受到名为"咖啡豆"的员工期权计划。星巴克公司的网站上明确指出：

> 消费者希望他们最喜欢的品牌能提供除"产品"之外的更多价值。员工通常会选择具有强烈价值观的企业。股东更倾向于投资具有卓越声誉的企业。简而言之，具有社会责任感不仅是唯一正确的事情，还可以将一家企业与该行业的其他企业区分开来。

舒尔茨利用一切机会来重复他的观点。在他的采访和个人亮相中，企业社会责任是一个永恒的主题。下面是一个典型的例子，来自 2005 年《金融时报》的采访：

> 也许我们有机会成为不同类型的全球化公司，创建不同模式的全球品牌，开展盈利的全球业务，但同时我们将展现自己的社会良知，并回馈当地市场。[41]

本书第 1 章中曾经提到，阻碍全球商务和全球营销发展的重要因素之一是组织对全球化的抵制。在当前信息发达的时代，如果激进主义分子把某企业的政策和实践作为目标，那么该企业的声誉将很快受到影响。反对全球化的活动构成了全球化公司一支重要的次要利益相关者，这类活动采取多种形式，而且具有多种表现方式。在发达国家，反对全球化的活动所关注的问题和事项包括文化扩张主义（如法国人强烈反对麦当劳进入本国市场）、海外建厂和业务外包导致本国工作机会减少（如美国的家具行业）以及对全球化机构的不信任。

在发展中国家，全球化的反对者控告企业破坏当地文化，将知识产权置于人权之上，推广不健康的饮食和不安全的食品技术以及追求不可持续的消费。[43] 环境恶化和劳动剥削也是备受关注的问题。设计师斯特拉·麦卡特尼（Stella McCartney）创造了时尚界最早的具有社会意识的奢侈品牌之一。她不使用毛皮或皮革作为其系列的材料，此外，麦卡特尼还倡导"循环经济"，以减少能源使用并最大限度地减少浪费。

> 可口可乐已经成为全球化的鞭策者，就像耐克和麦当劳多年来的情况一样。
> ——汤姆·皮尔科（Tom Pirko），本夫马克（BerMark）公司总裁[42]

在具有社会责任感的企业中，员工以符合道德的方式开展业务。换言之，指导他们的道德准则将帮助他们区分对与错。在很多企业中，**道德准则**（code of ethics）的正式表述涵盖了核心意识形态、企业价值观和期望等。通用电气、波音和联合技术公司等美国企业都提供专门针对道德问题的培训项目。很多年以来，通用电气公司传奇式的前任首席执行官杰克·韦尔奇要求员工参加非正式的镜子测试（mirror test）。他们所面对的质疑是："你能否在每天照镜子时为自己所从事的工作感到自豪？"[44] 今天，通用电气采用了更正式的方法来处理道德和合规问题；它制作了培训视频，制定了一个在线培训计划，还为员工提供了一份64页的道德行为指南，名为《精神与文字》。该文件就潜在的非法付款、安全和危机管理以及其他问题提供指导。

在强生公司（J&J），道德声明被称为"我们的信条"；该信条于1943年首次推出，已被翻译成几十种语言，供世界各地的强生公司员工使用（见图17-11）。正如管理大师吉姆·柯林斯（Jim Collins）在他的《基业长青》一书中所指出的，强生公司的信条是指导管理行为的"成文思想"。强生公司通过各种方式将信条付诸实施，包括通过其组织结构、计划和决策过程。该信条也是危机管理的指南。例如，在20世纪80年代初的泰诺胶囊危机中，强生对信条的坚守使得该公司能够做出快速、果断、明确的反应。

我们的信条

我们认为，我们首先需要负责的对象包括医生、护士、患者、父母以及其他使用我们产品和服务的所有人，在满足他们需求的过程中，我们所做的一切必须都是高质量的。我们必须不断努力降低成本，以便维持合理的产品价格。客户订单必须得到快速、准确的履行。我们的供应商和分销商必须有机会得到合理的利润。

我们对公司员工负责，对全球各地与我们一同工作的人士负责。每个人必须作为个体来对待。我们必须尊重他们的人格，认可他们的优点和价值。他们在工作中必须具有安全感。薪酬必须是公平和足够的，而且工作环境必须清洁、有序和安全。我们必须想法办法帮助员工承担他们的家庭责任。员工必须能够自由地提出建议或表达不满。称职的员工必须具有受雇、发展和晋升的同等机会。我们必须提供称职的管理。管理层的行为必须是公平和符合道德规范的。

我们必须对我们生活和工作的社区负责，同时要对国际社会负责。我们必须是良好公民，支持慈善行为和慈善团体，并承担合理的纳税责任。我们必须鼓励市政建设的发展，改进医疗和教育事业。我们必须维持公共设施的良好秩序，保护环境和自然资源。

最后，我们还必须对公司的股东负责。企业在经营中必须获得合理的利润。我们必须尝试新的创意，调查研究必须持续进行，不断开发创新项目，同时为错误付出相应的代价。我们必须购置新型设备，提供新的设施条件，不断提出新的产品系列；建立储备金制度，以应对逆境。如果我们能够按照这些准则开展业务，股东们应该能够得到公平的回报。

图17-11 强生公司的信条

资料来源：强生公司。

当发达国家的全球化公司首席执行官或政府政策制定者试图按照"社会的最大利益"原则来采取行动时，问题就出现了：哪个社会？是本国市场的社会？还是其他发达国家的社会？或者发展中国家的社会？例如，20世纪90年代后期，为了解决企业雇用童工的问题，美国政府对孟加拉国的服装行业进行贸易制裁。随后，上万名童工失去了工作，他们的生活境况进一步恶化。此次事件符合哪些人的利益？此外，本书第1章中曾经提到，在全球开展业务的企业可能处于不同的发展阶段。因此，多国企业可能会依靠单个国家的管理层以特定原则来解决企业社会责任问题，但全球性或跨国企业将由公司总部制定具体的政策。

请考虑以下事实：

- 时装业受到了批评者的抨击，他们指责为知名品牌制造衣服的工厂中工作条件恶劣。
- 由于各种原因，沃尔玛一直是被批评的对象。特别是，活动人士将矛头指向该公司，敦促管理层向小时工支付更高的工资。沃尔玛首席执行官道格·麦克米伦（Doug McMillon）通过提高员工的最低工资和发起一些生态友好倡议予以回应。
- 美国的首席执行官薪酬的增长速度超过了平均工资，而且远远超过了通货膨胀。经济政策研究所的一项研究发现，在 2016 年，首席执行官的工资是普通工人的271 倍。[45]

对全球化公司来说，如何对上述问题做出最恰当的回应？表 17 - 2 提供了几个例子。

以星巴克公司为例，保罗·A. 阿根狄（Paul A. Argenti）解释了全球化公司如何与非政府组织合作实现"双赢"结果。前面曾经提到，在没有任何外界激励的情况下，霍华德·舒尔茨使用薪酬和福利政策吸引和留住员工。尽管星巴克以这些富有远见的管理政策赢得了广泛的尊敬，但全球交流组织仍然要求该公司通过销售"公平贸易"的咖啡，来进一步展示公司对社会责任的关注。舒尔茨面临三种选择：不理会全球交流组织的要求、实施反击或有条件的屈从。最后，舒尔茨采取了中庸之道：他同意在美国的公司直营店中提供"公平贸易"咖啡。此外，他还采取了其他几项措施，其中包括与供应商建立长期的直接合作关系。阿根狄从星巴克的案例中得出以下经验：[46]

- 认识到具有社会责任感的企业可能会成为被批评的目标，但也会吸引到很多合作方。
- 不要到危急关头才开展合作。
- 战略性地考虑与非政府组织之间的关系。
- 意识到合作中将包含一些让步。
- 正确地评价非政府组织独立性的价值。
- 认识到与非政府组织建立关系将花费时间和精力。
- 战略性地沟通，努力像非政府组织一样思考问题。

在《商业伦理季刊》出版的一篇文章中，阿索德 - 戴（Arthaud Day）提出了一个三维框架模型，用于分析国际公司、多国公司、全球化公司和跨国公司的社会行为。[47]这些不同的发展阶段构成第一维。框架的第二维包括企业社会责任的三个"内容范畴"：人权、劳工和环境。这是联合国全球契约组织（UNGC）确定的全球化公司需要关注的问题。框架的第三维包括三种观点：企业社会责任的意识形态维度涉及公司管理层认为自身应该做的事情（见图 17 - 12）；社会维度包括公司外部利益相关者的期望；运营维度包括公司实际采取的行动和活动。这些维度之间的相互作用可能会导致几种冲突情况。第一种，如果公司领导层的观点与利益相关者的期望不一致，就会产生矛盾。第二种，如果公司领导层的观点与他们的实际行动不一致，同样会产生矛盾。第三种局面是社会期望与公司实际做法和行动之间的不一致所引起的矛盾。

图17-12　新百伦（New Balance）运动鞋是美国唯一在国内生产运动鞋的主要鞋类公司。管理层认为，在国内创造就业机会是企业公民意识的一个重要方面。正如公司发言人所指出的，如果把利润最大化作为唯一的目标，那么在低收入国家采购鞋子会更有利。这个公司形象平面广告鼓励其他美国公司效仿新百伦的做法。

资料来源：New Balance Athletic, Inc.

表17-2　全球市场营销和企业社会责任的举例

公司/总部所在地	企业社会责任的特性
宜家/瑞典	宜家公司在印度的主要地毯供应商负责监督分包商，以确保他们不雇用童工。此外，宜家还帮助种姓地位较低的印度女性减轻她们对债主的负债。为在印度乡村营造更适合儿童成长的环境，宜家主办了"桥梁学校"以提高当地的识字率，从而使包括女孩和贫困儿童在内的年轻人都可以进入正规学校读书※
雅芳/美国	该公司的"乳腺癌知识普及及防治"活动已经募集了上亿美元的基金用于癌症研究。这项基金资助了50多个国家/地区的癌症研究
斯巴鲁/日本	斯巴鲁在印第安纳州的装配厂是美国第一个"零垃圾填埋"的汽车厂。该工厂吸收的99%以上的包装被回收利用。斯巴鲁还与主要组织合作，如"无痕山林"团队和对海洋友好的服装品牌"蓝色联合"。

注：资料来源于 Edward Luce, "IKEA's Grown-up Plan to Tackle Child Labor," *Financial Times*（September 15, 2004), p. 7.

本章小结

为了对全球营销环境中的机会和威胁做出反应，组织领导者必须发展全球视野和战略。领导者还必须有能力在组织内所有部门传播其远见，培养全球工作的**核心竞争力**。全球化公司越来越意识到担任高层管理工作的"合适"人选并非必须是本国人。

在**组织全球营销活动**时，目标是创建一种结构，能使公司对国际市场环境的显著差异做出反应，并使那些有价值的公司知识发挥作用。可选的组织结构包括国际（分）部结构、区域管理中心、地理区域结构、区域或全球产品分部结构和**矩阵式组织**（matrix organization）。不管选择何种组织形式，自治和一体化之间必须达到平衡。许多公司采取日本汽车制造商率先推行的**精益生产模式**。

很多全球化公司开始关注**企业社会责任**（CSR）问题。公司的**利益相关者**可能包括非政府组织;**利益相关者分析**可以帮助辨认其他利益相关者。全世界的消费者都希望,他们购买和使用的品牌和产品是由其行为符合道德伦理、反映社会责任感的企业所营销的。具有社会意识的企业应该将人权、劳工和环境问题包含在他们的工作安排中。这些价值观可被表述在**道德准则**之中。意识形态、社会和组织的观点都可以在承担企业社会责任时表现出来。

注　释

1. Carleton "Carly" S. Fiorina, Commencement address, Massachusetts Institute of Technology, Cambridge, MA, June 2, 2002. See also Carly S. Fiorina, "It's Death If You Stop Trying New Things," *Financial Times* (November 20, 2003), p. 8.

2. William C. Taylor and Alan M. Webber, *Going Global : Four Entrepreneurs Map the New World Marketplace* (New York, NY : Penguin Books USA, 1996), p. 12.

3. Noel M. Tichy and Stratford Sherman, *Control Your Destiny or Someone Else Will* (New York, NY : HarperBusiness, 1994), p. 227.

4. John Arlidge, "Coke's Brit Boss : I May Turn out to Be a 'Cretin,' We'll Find Out," *The Sunday Times* (November 26, 2017), p. 6.

5. Kerry Peckter, "The Foreigners Are Coming," *International Business* (September 1993), p. 53.

6. Evan Ramstad, "CEO Broadens Vistas at LG," *The Wall Street Journal* (May 21, 2008), pp. B1, B2.

7. Kerry Peckter, "The Foreigners Are Coming," *International Business* (September 1993), p. 58.

8. Kana Inagaki, "Rise of Leroy Signals Toyota's Global Goals," *Financial Times* (June 19, 2015), p. 17.

9. Neil McCartney, "Squaring up to Usability at Nokia," *Financial Times—IT Review Telecom World* (October 13, 2003), p. 4.

10. C. K. Prahalad and Gary Hamel, "The Core Competence of the Corporation," *Harvard Business Review* 68, no. 3 (May-June 1990), pp. 79 – 86.

11. George S. Yip, *Total Global Strategy* (Upper Saddle River, NJ : Prentice Hall, 1992), p. 179.

12. Kerry Peckter, "The Foreigners Are Coming," *International Business* (September 1993), p. 58.

13. William Dawkins, "Time to Pull Back the Screen," *Financial Times* (November 18, 1996), p. 12. 另见 Sumantra Ghoshal and Christopher A. Bartlett, *The Individualized Corporation* (New York, NY : Harper Perennial, 1999), pp. 179 – 181.

14. Christopher Bartlett and Sumantra Ghoshal, *Managing across Borders : The Transnational Solution* (Boston, MA : Harvard Business School Press, 1989), p. 3.

15. Vladimir Pucik, "Globalization and Human Resource Management," in V. Pucik, N. Tichy, and C. Barnett (eds.), *Globalizing Management : Creating and Leading the Competitive Organization* (New York, NY : John Wiley & Sons, 1992), p. 70.

16. Regina Fazio Maruca, "The Right Way to Go Global : An Interview with Whirlpool CEO David Whitwam," *Harvard Business Review* 72, no. 2 (March-April 1994), p. 137.

17. Henry Mintzberg, "The Effective Organization : Forces and Forms," *Sloan Management Review* 32, no. 2 (Winter 1991), pp. 54 – 55.

18. William C. Taylor and Alan M. Webber, *Going Global : Four Entrepreneurs Map the New World Marketplace* (New York, NY : Penguin, 1996), pp. 48 – 58.

19. Jeremy Grant, "Hershey Chews over Growth Strategy," *Financial Times* (December 14, 2005), p. 23.

20. Colum Murphy and Laurie Burkitt, "Hershey Launches New Brand in China," *The Wall Street Journal* (May 21, 2013), p. B8.

21. "…And Other Ways to Peel the Onion," *The Economist* (January 7, 1995), pp. 52 – 53.

22. Emily Glazer, "P&G Unit Bids Goodbye to Cincinnati, Hello to Asia," *The Wall Street Journal* (May 11, 2012), p. B1.

23. Allen J. Morrison, David A. Ricks, and Kendall Roth, "Globalization versus Regionalization: Which Way for the Multinational?", *Organizational Dynamics* (Winter 1991), pp. 17 – 29.

24. Joann S. Lublin, "Division Problem: Place vs. Product: It's Tough to Choose a Management Model," *The Wall Street Journal* (June 27, 2001), pp. A1, A4.

25. Emily Nelson, "Rallying the Troops at P&G: New CEO Lafley Aims to End Upheaval by Revamping Program of Globalization," *The Wall Street Journal* (August 31, 2000), pp. B1, B4.

26. Claudia Deutsch, "At Home in the World," *The New York Times* (February 14, 2008), p. C1.

27. "Ericsson to Simplify Business Structure," *Financial Times* (September 29, 1998), p. 21.

28. Mark Maremont, "Gillette to Shut 14 of Its Plants, Lay off 4,700," *The Wall Street Journal* (September 29, 1998), pp. A3, A15.

29. Paul Proctor, "Boeing Shifts to 'Platform Teams,'" *Aviation Week & Space Technology* (May 17, 1999), pp. 63 – 64.

30. John W. Hunt, "Is Matrix Management a Recipe for Chaos?" *Financial Times* (January 12, 1998), p. 10.

31. William C. Taylor and Alan M. Webber, *Going Global: Four Entrepreneurs Map the New World Marketplace* (New York, NY: Penguin USA, 1996), p. 25.

32. Andrew Edgecliffe-Johnson, "Case Study: EMI," *Financial Times* (September 23, 2011), p. 4.

33. Haig Simonian, "The GE Man Who Generated a Buzz," *Financial Times* (June 8, 2009), p. 17.

34. 此部分改编自以下材料: James P. Womack, Daniel T. Jones, and Daniel Roos, *The Machine That Changed the World: The Story of Lean Production* (New York, NY: HarperCollins, 1990); Ranganath Nayak and John M. Ketteringham, *Breakthroughs*! (San Diego, CA: Pfeiffer, 1994), Chapter 9; and Michael Williams, "Back to the Past: Some Plants Tear out Long Assembly Lines, Switch to Craft Work," *The Wall Street Journal* (October 24, 1994), pp. A1, A4.

35. Kate Linebaugh, "Honda's Flexible Plants Provide Edge," *The Wall Street Journal* (September 23, 2008), p. B1.

36. Joseph B. White, "GM Plans to Invest $445 Million, Cut Staff," *The Wall Street Journal* (May 27, 1999), p. A23.

37. 英文术语利益相关者(Stake holder)有时用不同的语言难以传达意思,尤其是在发展中国家。

38. Archie B. Carroll and Ann K. *Buchholtz, Business and Society: Ethics and Stakeholder Management*, 5th ed. (Cincinnati, OH: South-Western, 2003).

39. Haig Simonian, "Nestlé Charts Low-Income Territory," *Financial Times* (July 14, 2006), p. 15.

40. Jack Neff, "Unilever, P&G War over Which Is Most Ethical," *Advertising Age* (March 3, 2008), p. 67.

41. John Murray Brown and Jenny Wiggins, "Coffee Empire Expands Reach by Pressing Its Luck in Ireland," *Financial Times* (December 15, 2005), p. 21.

42. Andrew Ward, "Coke Struggles to Defend Positive Reputation," *Financial Times* (January 6, 2006), p. 15.

43. Terrence H. Witkowski, "Antiglobal Challenges to Marketing in Developing Countries: Exploring the Ideological Divide," *Journal of Public Policy and Marketing* 24, no. 1 (Spring 2005), pp. 7 – 23.

44. Stratford Sherman and Noel Tichy, *Control Your Destiny or Someone Else Will* (New York NY: HarperBusiness, 2001), Chapter 9, "The Mirror Test."

45. Jena McGregor, "Major Company CEOs Made 271 Times the Typical U. S. Worker in 2016," *The Washington Post* (July 20, 2017), p. 4.

46. Paul A. Argenti, "Collaborating with Activists: How Starbucks Works with NGOs," *California Management Review* 47, no. 1 (Summer 2004), pp. 91 – 116.

47. Marne Arthaud-Day, "Transnational Corporate Social Responsibility: A Tri – dimensional Approach to International CSR Research," *Business Ethics Quarterly* 15, no. 1 (January 2005), pp. 1 – 22.

术语表

第1章

[1] **市场营销（marketing）**：通过创造、沟通、开发和交换等方式，向顾客、合作伙伴以及整个社会带来经值的活动、制度和过程。

[2] **市场营销组合（marketing mix）**：代表由营销人员控制的战略变量，包含四个要素——产品、价格、渠道和促销。

[3] **价值链（value chain）**：企业为了给顾客创造价值而开展的各种活动，如研发、生产、营销、实体分销和物流。

[4] **价值等式（value equation）**：V = B/P，其中 V 代表感知的价值，B 代表产品、促销和渠道，P 代表价格。

[5] **全球营销（global marketing）**：在全球市场竞争中追求全球市场机会，并对环境威胁做出回应的组织资源承诺。

[6] **竞争优势（competitive advantage）**：将一家企业的独特竞争力与行业中创造优质消费者价值的关键因素进行组合（匹配）的结果。

[7] **全球性行业（global industry）**：可以通过整合和利用全球范围内的运营获得竞争优势的行业。

[8] **聚焦（focus）**：将资源集中于核心业务或能力。

[9] **全球营销战略（global marketing strategy, GMS）**：是公司追求全球市场机遇的蓝图，它提出了四个问题：是采用标准化的方法还是本土化的方法；主要的营销活动是集中在少数的几个国家还是广泛分布在全球各地；协调全球市场营销活动的指导方针；以及全球市场参与的范围。

[10] **母国中心导向（ethnocentric orientation）**：EPRG 框架中的第一个层次，一种认为母国优于世界其他国家的有意识或无意识的理念。

[11] **标准化延伸策略（standardized extension approach）**：通过在不同的国家实行市场营销组合变动最小的延伸战略，寻求全球市场机会。

[12] **多国中心导向（polycentric orientation）**：EPRG 框架中的第二个层次：即每个公司业务所及的国家都是独特的。在全球营销中，这一导向会使得市场营销组合因地制宜的程度较高，而且通常由拥有自主权的每个国家市场的当地经理执行。

[13] **当地化/因地制宜策略（localization/adaptation approach）**：在不同国家利用差异化的市场组合战略来寻求全球市场机遇。

[14] **地区中心导向（regiocentric orientation）**：EPRG 框架中的第三个层次，该层次表达了世界各个区域都有异同的观点。在全球营销中，当某公司为某个独特的地理区域发展一体化战略时，地区中心导向就十分显著。

[15] **全球中心导向（geocentric orientation）**：EPRG 框架中的第四个层次，公司必须从全世界寻求市场机会。管理层同时认识到不同国家的市场可能具有相似或不同的特征。

[16] **杠杆作用（leverage）**：具有某种优势，例如，公司通过在多个国家的市场积累经验，拥有的经验照搬、专业技术或者规模经济的优势。

[17] **非关税壁垒（nontariff barriers, NTBs）**：除关税之外，任何限制或阻止商品跨境流通的举措，从"只买国货"运动，到各种

使得公司难以进入一些国家和区域市场的官僚主义障碍。

第2章

[1] 国内生产总值（gross domestic product, GDP）：用来衡量一个国家经济活动情况的数据，由消费性支出（C）、投资性支出（I）、政府采购（G）和净出口（NX）相加得到：GDP = C + I + G + NX。

[2] 市场资本主义（market capitalism）：一种由个人和公司配置资源、生产资源私有为特征的经济体制。

[3] 中央计划社会主义（centrally planned socialism）：一种以资源指令配置和资源国有为特征的经济体制。

[4] 中央计划资本主义（centrally planned capitalism）：一种以资源指令配置和资源私有为特征的经济体制。

[5] 市场社会主义（market socialism）：一种在国家所有制的整体环境中具有有限的市场资源配置特征的经济体制。

[6] 国民收入总值（gross national income, GNI）：衡量一个国家经济活动的指标，计算为国内生产总值（GDP）加上非居民产生的收入。

[7] 低收入国家（low-income countries）：人均国民收入总值（GNI）不足 1 005 美元的国家。

[8] 欠发达国家（least-developed countries, LDCs）：根据联合国制定的标准，人均国民收入总值排名最低的 50 个国家。

[9] 发展中国家（developing countries）：可归为低收入、中低收入或中高收入等类型的国家。

[10] 发达国家（developed countries）：可以被归类为高收入的国家。

[11] 中低收入国家（lower-middle-income countries）：人均国民收入总值（GNI）介于 1 006 ~ 3 955 美元之间的国家。

[12] 中高收入国家（upper-middle-income countries）：人均国民收入总值介于 3 956 ~

12 235美元之间的国家。

[13] 新兴工业化经济体（newly industrializing economies, NIEs）：拥有高经济增长率的中高收入国家。

[14] 高收入国家（high-income countries）：人均国民收入总值大于或等于 12 236 美元的国家。

[15] 七国集团（Group of Seven, G7）：由美国、日本、德国、法国、英国、加拿大和意大利七个国家组成，其代表定期举行会议来解决全球经济问题。

[16] 八国集团（Group of Eight, G8）：由美国、日本、德国、法国、英国、加拿大、意大利和俄罗斯八个国家组成，其代表定期举行会议来解决全球经济问题。俄罗斯于 2014 年退出。

[17] 二十国集团（Group of Twenty, G20）：二十个国家的代表定期举行会议来讨论全球经济与金融问题。其目标包括恢复全球经济增长和加强全球金融体系。

[18] 产品饱和度（product saturation level）：拥有某一产品的顾客或家庭在特定国家所占的百分比，是一种测量市场机会的尺度。

[19] 国际收支（balance of payments）：有关国家与世界其他国家和地区居民之间的所有经济交易的记录。

[20] 经常项目（current account）：一种国家间经常发生的商品和服务贸易、私人赠予和公共援助交易的记录。

[21] 资本项目（capital account）：在一国的国际收支中，所有的长期直接投资、证券投资及其他短期和长期的资本流动的金额记录。

[22] 商品贸易（merchandise trade）：在国际收支统计中，与制成品有关的条目。

[23] 服务贸易（services trade）：基于经验对无形经济产出品的买卖。

[24] 贸易逆差（trade deficit）：国际收支呈一个负数，这显示了一国的进口产品价值大于出口产品价值。

[25] 贸易顺差（trade surplus）：国际收支呈一

个正数，这显示了一国的出口产品价值大于进口产品价值。

[26] 贬值（devaluation）：一国/地区货币相对于其他外币币值降低。

[27] 升值（revaluation）：一国/地区货币变得坚挺。

[28] 套期保值（hedging）：一种保护公司免受汇率波动造成经济损失的投资。

[29] 远期市场（forward market）：一种按照现价买入或卖出未来交割货币的机制。

[30] 期权（option）：在外币交易中，确保以固定价格购买或销售特定数量货币的合约。

[31] 卖出期权（put option）：在期权到期日之前以固定价格出售一定数量外币的权利。

[32] 买入期权（call option）：在期权到期之日前，按约定价格购买具体金额外币的权利。

第3章

[1] 关税及贸易总协定（General Agreement on Tariffs and Trade，GATT）：第二次世界大战结束时，各组织成员为促进自由贸易签订的协议。

[2] 世界贸易组织（World Trade Organization，WTO）：《关税及贸易总协定》的继任组织。

[3] 特惠贸易协定（preferential trade agreement，PTA）：一种基于区域或次区域少数签约成员之间的贸易协定。这种贸易协定的特征是经济一体化程度不同。

[4] 自由贸易区（free trade area，FTA）：所在成员已经签订了自由贸易协定以降低或消除关税和配额的特惠贸易集团。

[5] 自由贸易协定（free trade agreement，FTA）：创建自由贸易区的协定，该协定体现了相对低水平的经济一体化。

[6] 原产地规则（rules of origin）：用以验证成批货物原产地的证明体系。

[7] 关税同盟（customs union）：一个特惠贸易集团，其成员同意寻求比自由贸易协定所规定的更大程度的经济一体化。除了降低关税和配额外，关税同盟的特点是享有共同对外关税。

[8] 共同对外关税（common external tariff，CETs）：特惠贸易集团成员之间达成的一项关税协定，共同对外关税的实施标志着从自由贸易区向关税同盟的转型。

[9] 共同市场（common market）：一项特惠贸易协定，它是建立在由自由贸易区和关税同盟构成的经济一体化基础之上的。

[10] 经济联盟（economic union）：一种高度发展的跨境经济一体化形式，包括降低关税和配额、共同对外关税、减少于劳动力和资本流动的限制，以及建立如中央银行的统一的经济政策和机构。

[11] 《北美自由贸易协定》（North American Free Trade Agreement，NAFTA）：一个包含加拿大、美国、墨西哥三个自由贸易区的协定。于2018年被《美国—墨西哥—加拿大协定》取代。

[12] 《美国—墨西哥—加拿大协定》（US-Mexico-Canada Agreement）：于2018年取代《北美自由贸易协定》。

[13] 中美洲一体化体系（Central American Integration System）：由萨尔瓦多、洪都拉斯、危地马拉、尼加拉瓜、哥斯达黎加和巴拿马等国组成的关税同盟。

[14] 安第斯共同体（Andean Community）：由玻利维亚、哥伦比亚、厄瓜多尔和秘鲁四国组成的关税同盟。

[15] 南方共同市场（Common Market of the South，MERCOSUR）：一个包括阿根廷、巴西、巴拉圭、乌拉圭等国在内的关税同盟。

[16] 东南亚国家联盟（Association of Southeast Asian Nations，ASEAN）：由文莱、柬埔寨、印度尼西亚、马来西亚、老挝、缅甸、菲律宾、新加坡、泰国和越南组成的贸易联盟组织。

[17] 《马斯特里赫特条约》（Maastricht Treaty）：于1992年签署，确立了欧洲货币体系转变为经济和货币联盟的进程。

[18] 协同（harmonization）：将影响市场组合

的不同标准和法规结合在一起。

[19] **透明度（transparency）**：公开商业交易、财务披露、定价或其他情况，旨在移除层层机密或其他阻碍，进而为理解和决策鸣锣开道。

[20] **海湾阿拉伯国家合作委员会（Gulf Cooperation Council，GCC）**：一个由产油国组成的协会，其创始成员包括巴林、科威特、阿曼、卡塔尔、沙特阿拉伯和阿拉伯联合酋长国。

第 4 章

[1] **文化（culture）**：社会的生活方式是代代相传的。文化的表现形式包括态度、信仰、价值观、审美、饮食习俗和语言。

[2] **全球消费者文化定位（global consumer culture positioning，GCCP）**：一种致力于产品、品牌或公司与众不同并成为全球文化或全球文化子市场象征的定位策略。

[3] **态度（attitude）**：作为文化现象，是一种对待事物始终一致的反应倾向。

[4] **信仰（belief）**：在文化中，被个人视为世界真知的、有组织的知识形态。

[5] **价值观（values）**：存在于文化中的持久的信念或情感，这是一种个人和社会偏爱的特定行为模式。

[6] **亚文化（subculture）**：文化中一个较小的持有自己共享的态度、信仰和价值观的人群。

[7] **审美（aesthetics）**：人们在特定文化中共享的一种对美与丑以及对有品位和无品位的感觉。

[8] **低语境文化（low-context culture）**：一种在交流中信息和知识更加明确、蕴含大量信息的文化。

[9] **高语境文化（high-context culture）**：用语言表达的信息包含较少的实际信息，更多的信息存在于沟通情境中，包括背景、联想以及沟通各方的基本价值观。

[10] **个人主义文化（individualist culture）**：在吉尔特·霍夫斯泰德的社会文化理论中，

每一个社会成员首要关心自己以及近亲利益。

[11] **集体主义文化（collectivist culture）**：在吉尔特·霍夫斯泰德的社会价值观框架中，群体的内聚性与和谐程度得到强调的文化。同样显然的是，很多人都关心社会所有成员的安康。

[12] **权力差距（power distance）**：吉尔特·霍夫斯泰德的社会价值观框架中的文化维度之一，它反映了一个社会接受权力分配不平等的程度。

[13] **不确定性规避（uncertainty avoidance）**：在吉尔特·霍夫斯泰德的社会价值观框架中，社会成员对含糊不清或无结构环境感到不舒适的程度。

[14] **成就（achievement）**：吉尔特·霍夫斯泰德社会价值观框架中的第四个维度，描述了在一个社会中，男性被期望是自信的、有竞争力的、关心物质成功的，而女性则扮演养育者的角色并关心诸如儿童福利等问题。

[15] **培育（nurturing）**：描述一个男性和女性社会角色重叠的社会，其中两性都没有表现出过于野心勃勃或竞争行为。

[16] **短期取向（short-term orientation）**：吉尔特·霍夫斯泰德的社会价值观分类维度之一，与之相对的是长期取向。

[17] **长期取向（long-term orientation）**：吉尔特·霍夫斯泰德的组织文化理论的第五个维度，长期取向反映了社会对于及时满足和坚持、长期节俭的关注。

[18] **自我参照标准（self-reference criterion，SRC）**：人们下意识地按照自己的文化经历和价值观诠释世界的倾向。

[19] **创新扩散（diffusion of innovations）**：由埃弗里特·罗杰斯（Everett Rogers）创立的理论框架，解释了新产品在文化中逐渐被采用的方式。

[20] **采用过程（adoption process）**：一个由埃弗里特·罗杰斯开发的描述采用或购买决策的模型。构成模型的各个阶段分别是知

晓、兴趣、评估、试用及采用。

[21] **创新特征（characteristics of innovations）**：埃弗里特·罗杰斯创新框架中的传播要素之一。框架中的其他元素是五阶段创新采用过程和创新采用者类型。

[22] **采用者类型（adopter categories）**：在埃弗里特·罗杰斯开发的新产品采用过程中，处于采用过程不同阶段或产品生命周期不同阶段的购买者被划分为不同的采用者类型。这些类型分别为：领先采用者、早期采用者、早期多数采用者、晚期多数采用者以及滞后采用者。

[23] **环境敏感性（environmental sensitivity）**：一种产品必须适应不同国家市场特定文化需求程度的衡量方式。一般来说，消费品比工业产品的环境敏感性更高。

第 5 章

[1] **政治环境（political environment）**：代表世界各国人民的政府机构、政党和组织的集合。

[2] **主权（sovereignty）**：一国的最高和独立的政治权威。

[3] **政治风险（political risk）**：政治环境或政府政策变化引起的风险，这种风险会对公司的有效运营和获利能力产生不利影响。

[4] **征用（expropriation）**：政府以低于市场价值的赔付额获取公司资产的行为。

[5] **没收（confiscation）**：政府无偿占有公司资产的行为。

[6] **国有化（nationalization）**：在某一特定国家中，将行业管理权和所有权从私有部门广泛地转让给政府。

[7] **国际法（international law）**：解决有关国家间非商业纠纷的法律。

[8] **民法国家（civil-law country）**：指其国家法律体系反映 6 世纪罗马帝国的结构理念和原则的国家。

[9] **普通法国家（common-law country）**：此类国家的法律体系是依据以往法院的判决（判例）解决争端的。

[10] **司法管辖权（jurisdiction）**：国家法律环境的一个组成部分，法庭对国（境）外发生的特定种类争端做出判决的权力，或对不同国家的个人或实体行使权力的权威。

[11] **专利（patent）**：一份在特定时期内给予发明者制造、使用和销售其发明的独有权利的正式法律文件。

[12] **商标（trademark）**：制造商赋予特定产品或产品套装的独特标志、主题、外包装设计或徽章，为了区分它们与其他制造商生产的商品。

[13] **版权（copyright）**：确立了书写、录制、表演或拍摄的各种原创作品的所有权。

[14] **假冒（counterfeiting）**：未经允许对产品的复制和生产。

[15] **马德里协定（Madrid Protocol）**：一种商标保护制度，允许一次申请和交费后即可实现在多个国家的知识产权登记。

[16] **卡特尔（cartel）**：一些共同制定价格、控制产出或采取其他措施以使利润最大化的独立公司（或国家）的联盟。

[17] **贿赂（bribery）**：谈判越境生意时，索要或给予某些优惠（典型做法是支付现金）的腐败商业惯例。

[18] **《反海外腐败法案》（Foreign Corrupt Practices Act，FCPA）**：一项规定美国公司贿赂外国政府或政党官员以获得或保留业务是非法行为的法律。

[19] **仲裁（arbitration）**：按照当事双方提前约定的方式谈判的过程。因为它是当事各方自己创造的方式，从这个含义来说，这是个公平的程序。

[20] **监管环境（regulatory environment）**：由政府和非政府代理机构及其他组织构成。这些机构负责执行法律或制定商务行为指南。

第 6 章

[1] **信息技术（information technology，IT）**：一个组织的创建、存储、交换、使用和管理信息的过程。

［2］**管理信息系统**（management information system，MIS）：为管理者和其他决策者提供有关公司运营的持续信息流。

［3］**大数据**（big data）：可以进行计算分析以揭示规律和趋势的超大型数据集。

［4］**局域网**（intranet）：允许授权的公司员工和外部人士安全地共享电子信息的私人网络，同时减少纸张的使用。

［5］**电子数据交换**（electronic data interchange，EDI）：一种管理信息系统的工具，能使公司的业务单元以电子方式提交订单、产生发票，并与公司的其他部门或其他公司进行商业交易。

［6］**高效消费者回应**（efficient consumer response，ECR）：一种管理信息系统的工具，能使零售商和供应商在促进补货上紧密合作。

［7］**电子销售点**（electronic point of sale，EPOS）：通过收银台扫描仪收集购买数据，帮助零售商了解产品的销售状况以及不同地区消费者偏好的差异。

［8］**客户关系管理**（customer relationship management，CRM）：存储和分析从客户"接触点"收集的数据，旨在识别公司的最佳客户，尽可能高效、有效且能够盈利地满足客户的需求。

［9］**数据仓库**（data warehouse）：一个隶属于公司管理信息系统的数据库，用于支持公司管理决策的制定。

［10］**市场调研**（market research）：搜寻模式中针对专门项目开展的系统的数据收集活动。

［11］**全球市场调研**（global market research）：在全球或者一个或多个母国以外的市场范围内，以项目为导向收集和分析数据。

［12］**二手资料**（secondary data）：在个人文件、出版物资源和数据库中已存在的数据等资料。

［13］**一手资料**（primary data）：在市场调研中，通过研究有关特定问题、决策或正在研究的问题而收集的数据。

［14］**潜伏市场**（latent market）：尚未发现的细分市场，如果有合适的产品出现，那么需求就会变为现实。

［15］**初始市场**（incipient market）：如果特定的经济、人口、政治或社会文化趋势持续下去，需求将会实现的市场。

［16］**询问式调查**（survey research）：一手资料收集方法，即通过使用设计好的问卷来获取定量反馈、定性反馈或两者兼有。

［17］**消费者调查小组**（consumer panel）：长期跟踪消费者或住户样本组行为的一手资料收集方法；这一方法常被用以测量电视观众的收视情况。

［18］**个人收视记录仪**（peoplemeter）：一款被公司（如尼尔森）用来收集全国电视观众收视数据的电子设备。

［19］**焦点小组**（focus group）：一种收集一手资料的方法，由经过培训的主持人在专门装备的研究设施中促进小组成员之间的讨论。

［20］**观察法**（observation）：一种收集一手资料的方法，在这种方法下，经过训练的观察员观察并记录实际或潜在客户的行为。

［21］**因子分析法**（factor analysis）：在市场调研中一种用于削减数据的计算机定量数据分析技术，录入的数据从包括产品功效等多个项目的问卷中回收。计算机生成的因子载荷可以用来创建感知地图。

［22］**聚类分析法**（cluster analysis）：市场调研中的一种定量分析数据，它把变量集合为簇，使同一变量群内部相似性最大，不同变量群之间差异性最大。此法可用于市场的心理细分。

［23］**多维量表法**（multidimensional scaling，MDS）：市场调研中一种用于创建感知地图的定量数据分析技术。在面对大量产品或品牌时，多维量表法有助于营销人员洞察消费者的感知。

［24］**联合分析法**（conjoint analysis）：在市场调研中，一种通过发现吸引消费者的产品特性组合进行定量数据分析的技术。

［25］**主位分析**（emic analysis）：一种以当地价值体系分析一个国家市场的全球市场调研方法。

［26］**客位分析**（etic analysis）：一种从一个国家外部的角度进行分析的全球市场调研方法。

第7章

［1］**全球市场细分**（global market segmentation）：识别具有相同属性的潜在客户的过程，不管这些客户的居住国在哪里，他们都很有可能展现出相似的购买行为。

［2］**确定目标市场**（targeting）：评估各细分市场，并将营销力量集中于某个国家、地区或某些人群的过程。

［3］**市场定位**（positioning）：使顾客或潜在客户在心中将一个商品或品牌与竞争商品或品牌区分开的行为。

［4］**人口细分**（demographic segmentation）：一种基于可测量的人口特征，如国家、收入水平、人口、年龄或其他指标的细分流程。

［5］**全球青少年**（global teens）：由12到19周岁的人组成的全球细分市场，他们对时尚、音乐和年轻化的生活方式感兴趣，从而塑造一致的消费行为。

［6］**全球精英**（global elite）：在全球性子市场中阅历丰富的富裕消费者，他们高价购买高档货、承载独特形象的奢侈品和品牌产品。

［7］**心理细分**（psychographic segmentation）：将人群按照他们的态度、兴趣、意见和生活方式分配到不同细分市场的过程。

［8］**行为细分**（behavioral segmentation）：利用用户状况、使用率或其他测量产品消费的尺度细分市场的过程。

［9］**使用率**（usage rate）：在按消费行为细分市场时，对某人使用某产品或服务的程度所做出的评估。

［10］**用户状态**（user status）：在按消费行为细分市场时，对某人属于哪一种用户所做的评估，包括现有用户、潜在用户、非用户、过去的用户等。

［11］**80/20法则**（0/20 rule）：按购买行为细分市场的一个定律，即按照粗略的估算，80%的收入或利润通常源自公司产品或顾客中20%的部分。

［12］**利益细分**（benefit segmentation）：以购买者追求的利益为标准的市场细分过程。

［13］**营销模式驱动因素**（marketing model drivers）：评价作为潜在目标市场的国家时必须考虑的关键元素或因素。

［14］**启用条件**（enabling conditions）：存在或缺失能够决定营销模式能否成功的结构性市场特征。

［15］**先行者优势**（first-mover advantage）：从传统思维看，最先进入市场的公司最有机会成为市场领先者。

［16］**标准化全球营销**（standardized global marketing）：一种目标营销策略，它要求为广泛大众市场中的潜在购买者创造一套同样的营销策略组合。

［17］**利基**（niche）：全球市场中某单一、狭窄的目标细分市场。

［18］**差异化全球营销**（differentiated global marketing）：一种要求瞄准两个或多个单独的细分市场并配备多种营销策略组合的战略。

［19］**多重目标子市场**（multisegment targeting）：一种营销策略，它要求将两个或以上不同的细分市场作为目标市场，并设置多套营销策略组合。

［20］**外国消费者文化定位**（foreign consumer culture positioning，FCCP）：一种通过将产品、品牌或公司与其原产国或文化联系起来，使其与众不同的定位策略。

［21］**当地消费者文化定位**（local consumer culture positioning）：一种根据与地方文化、生产或者地方性消费与产品、品牌或公司相联系的定位策略。

第8章

［1］**出口销售**（export selling）：出口时无须调

整产品、价格或促销材料以满足各个国家的要求。

[2] **出口营销（export marketing）**：使用本土市场提供的商品作为出口的起点，并根据需求修改产品，以满足国际间目标市场的偏好。

[3] **贸易展销会（trade show）**：围绕着某一产品某一组产品或某个行业而组织的公司代表集会。公司员工得以在这一场合会见潜在客户，并收集有关竞争对手的情报。

[4] **贸易代表团（trade mission）**：由国家或联邦层级主办的，围绕某个产品、某一组产品、某个行业或某项活动，在本国以外的地区主办的展览会。公司员工得以在会上学习关于新市场和竞争对手的知识。

[5] **海外销售公司（foreign sales corporation, FSC）**：美国税法允许美国出口公司所报收益中15%的国际销售可以免税。

[6] **补贴（subsidies）**：可以令生产商受益的直接或间接的财政支持或激励。

[7] **共同农业政策（Common Agricultural Policy, CAP）**：欧洲国家在第二次世界大战后采取的帮助改善和保护农民利益的法规。

[8] **关税（tariffs）**：某个国家的影响进口货品的规则、税率或法规。

[9] **税率（duties）**：有时可以被认为是对"个人采取政府反对行为"的税收惩罚。

[10] **经济特区（special economic zone, SEZ）**：一种区域性的实体，它为生产商提供简化的清关流程、操作灵活性以及宽松的政策环境。

[11] **协调关税制度（Harmonized Tariff System, HTS）**：进口商和出口商需要确定将要跨边境流动的某一既定商品或服务的正确分类号码。

[12] **配额（quota）**：政府对特定产品或产品类别设置的可进口数量或总价值的限制。

[13] **歧视性采购政策（discriminatory procurement policies）**：一项可以采取政府规则和行政法规形式以及歧视外国供应商的正式或非正式公司政策。

[14] **限制性管理和技术规定（restrictive administrative and technical regulations）**：可能会形成贸易壁垒的法规，它们可以有关反倾销政策、规模、安全和健康的规定等具体形式出现。

[15] **单式税则（single-column tariff）**：对源自所有国家的进口产品实行同样计税标准的税率，是一种最简单的关税。

[16] **复式税则（two-column tariff）**：普通关税加特惠关税，后者是指通过与别国的关税谈判而达成的优惠税率。

[17] **正常贸易关系（normal trade relations, NTR）**：世界贸易组织规定的一个贸易地位，它赋予一个国家低关税税率资格。

[18] **特惠关税（preferential tariff）**：对从某些国家进口的商品给予优惠的关税税率。

[19] **从价税（ad valorem duty）**：一种按商品价值的百分比表达的税收形式。

[20] **倾销（dumping）**：以低于在国内市场或原产地的正常价格在出口市场上销售商品的行为。

[21] **反倾销税（antidumping duties）**：对那些政府官员认为价格过低的产品所征的税。

[22] **反补贴税（countervailing duties, CVDs）**：为抵消出口国提供的补贴而征收的附加关税。

[23] **可变进口征费（variable import levies）**：一种针对某几类进口农产品的征税制度。

[24] **临时进口附加费（temporary surcharge）**：为保护当地产业，特别为应对国际收支赤字而不时收缴的追加费用。

[25] **海外采购代理（foreign purchasing agents）**：代表海外客户并获取报酬的采购代理。

[26] **出口经纪人（export broker）**：牵线卖方和海外买方以获得报酬的经纪人。

[27] **出口商人（export merchants）**：寻找海外市场需求并在国际市场采购满足这类需求的商人。

[28] **出口管理公司（export management company, EMC）**：独立的出口公司，运作类

似于为一个以上制造商服务的出口部门。

[29] 制造商的出口代理（manufacturer's export agent，MEA）：出口分销商或出口佣金代表。

[30] 出口分销商（export distributor）：在原产国以外部分或全部市场独家销售某制造商产品权利的个人或组织。

[31] 出口委员会代表（export commission representative）：生产商分配到所有或者部分国外市场的代表人员。

[32] 合作出口商（cooperative exporter）：制造商的出口组织，被其他独立的制造商借用，以在某些或全部外国市场销售其产品。

[33] 货运代理（freight forwarders）：在车辆调度、清关、海运关税和时间安排方面的专家。

[34] 订单预付金（cash with order，CWO）：一种对出口商交易风险最小的贸易融资形式。

[35] 形式发票（pro forma invoice）：有助于实现出口/进口交易的文件。这份文件注明了出口商——卖方希望获得的付款金额和方式；它同样可以注明购买的产品项目。

[36] 赊销（open account）：一种对出口商交易风险最大的支付方式。

[37] 信用证（letter of credit，L/C）：一种银行以其信誉代替进口买方信誉的进出口的支付方式。

[38] 不可撤销信用证（irrevocable letter of credit）：一种常见的贸易融资形式，即未经进口商和出口商双方批准，进口商的银行不得取消或修改信用证的条款。

[39] 保兑不可撤销信用证（confirmed irrevocable letter of credit）：一种信用证，按规定如果进口商的银行无法履行支付义务，出口商的银行将支付费用，从而提供额外的融资保护。

[40] 跟单托收（documentary collection）：一种风险低于未结账户销售额但与信用证销售相比风险较高、较为简便的融资贸易形式。

[41] 货源获取决策（sourcing decision）：一个决定公司是自己制造产品还是从其他生产商处购买产品，以及在哪里制造或购买的战略决策。

[42] 外包（outsourcing）：将生产任务或工作分配转交给另一家公司以削减成本。有时用到离岸外包一词来指代当生产转移到印度等低收入国家的情况。

[43] 呼叫中心（call centers）：为世界各地打进来的呼叫者提供顾客支持和其他服务的、复杂的电话运行系统，还可以提供电话营销之类的外包服务。

第9章

[1] 许可经营（licensing）：一种合同性质的市场进入策略，一家公司据此向另一家公司提供资产，交换条件是专利使用费或者其他形式的补偿。

[2] 合同生产（contract manufacturing）：一种许可安排，据此安排，全球化公司向分包商或当地制造商提供技术规范。

[3] 特许经营（franchising）：母公司（特许方）与被特许方之间的合同，被特许方根据合同经营特许方开展的业务，被特许方必须支付费用并遵守许可范围内的政策与惯例。在市场进入壁垒低、消费者行为或零售业结构与本国市场差异大的情形下，特许经营是一种合适的市场进入方式。

[4] 海外直接投资（foreign direct investment，FDI）：公司在本国以外投资或收购厂房、设备或其他资产的市场进入战略。

[5] 合资企业（joint venture）：是一种市场进入策略，由合伙人共享新建企业实体的所有权。

[6] 股本（equity stake）：以建立企业部分所有权为目的的涉及外国直接投资的市场进入战略。

[7] 全部所有权（full ownership）：通过对外直接投资以获得全部控制权的一种市场进入战略。

[8] 绿地投资（greenfield investment）：一种市场准入策略，外国投资者直接对目标国家的

工厂、零售商店或者一些其他新的经营形式进行投资。

[9] **战略联盟（strategic alliance）**：两个或更多公司之间建立的旨在最小化风险、最大化杠杆作用的伙伴关系。

[10] **战略国际联盟（strategic international alliances）**：两家或多家公司在全球开展业务的一种互利合作形式，旨在利用互补的资源和能力，以实现竞争优势。

[11] **全球战略伙伴关系（global strategy partnerships，GSPs）**：通过与一个或者多个商业伙伴结成联盟服务于全球市场的市场进入策略。

[12] **市场拓展战略（market expansion strategy）**：当公司在扩张本国以外的业务时，管理层所选择的产品市场和地理的特定组合。

[13] **国家与市场集中型（country and market concentration）**：一种瞄准少数国家的少数顾客子（细分）市场的市场拓展战略。

[14] **国家集中市场多样型（country concentration and market diversification）**：一种集中在少数国家中服务于不同消费子市场的市场拓展战略。

[15] **国家多样市场集中型（country diversification and market concentration）**：公司为单一产品寻求全球市场的市场拓展战略。

[16] **国家与市场多样型（country and market diversification）**：经营多种业务的全球化公司采取的一种市场拓展战略。

第10章

[1] **产品（product）**：市场营销组合4P的要素之一；为买家或用户共同创造价值的商品、服务或具有有形和/或无形属性的构思。

[2] **明示担保（express warranty）**：一种保证购买者得到偿付的物品，或当产品无法实现预期性能时拥有追索权的书面担保。

[3] **品牌（brand）**：由特定公司就特定产品所做承诺的表述，也是消费者心目中的印象与其个人经历的复合体。

[4] **品牌形象（brand image）**：印在人们心中的、代表有形产品及其制造公司的某个单一却内涵复杂的形象。

[5] **品牌资产（brand equity）**：反映品牌价值的一种公司的无形资产。

[6] **当地品牌（local brand）**：一种在单一国家市场上销售的品牌，也被称为本土产品。

[7] **国际品牌（international brand）**：在世界特定区域内都可获得的品牌，也叫国际产品。

[8] **全球产品（global product）**：一种能够满足世界各地买家需求的产品。

[9] **全球品牌（global brand）**：在全球有相同名称以及相似形象和定位的品牌。

[10] **复合品牌（combination branding）**：一种公司名称和产品品牌名称相结合的品牌战略，也称梯次品牌或伞状品牌。

[11] **梯次品牌（tiered branding）**：使公司名称与产品品牌名称相结合的策略，亦称作复合品牌或伞状品牌。

[12] **联合品牌（co-branding）**：梯次品牌的变形，即有两个或多个不同的公司或产品品牌同时出现于产品的包装或广告。

[13] **品牌延伸（brand extensions）**：在进入新的业务领域，或开发新产品线、新品类时，沿用强势品牌的名称，使之成为保护伞的策略。

[14] **全球品牌领导地位（global brand leadership）**：一种为创建全球协同效应、以协调并利用国家品牌战略而在全球范围内配置品牌建设资源的行为。

[15] **马斯洛需求层次（Maslow's needs hierarchy）**：一个用于理解人类的动机如何与需求相连的经典框架。

[16] **原产地效应（country-of-origin effect）**：对产品或品牌的基于其原产地或加工国家的感知或态度。

[17] **延伸策略（extension strategy）**：将产品几乎不做变化地提供给（类似"延伸到"）母国市场以外市场的全球市场策略。

[18] **调整策略（adaptation strategy）**：一种全球市场策略，涉及改变设计、功能或包装

元素以满足特定国家市场的需求或条件。

[19] **产品创新（product invention）**：在全球营销中，针对世界市场开发新产品。

[20] **产品延伸—沟通延伸（product-communication extension）**：在国内市场以外寻求机会的策略。

[21] **产品延伸—沟通调整（product extension-communications adaptation）**：通过调整营销传播方案来营销同一产品的策略。

[22] **产品转换（product transformation）**：当一个产品已经通过产品直接延伸、促销改变策略进入多个国家市场时，会发挥与最初预期不同的功能或用途。

[23] **产品调整—沟通延伸（product adaptation-communication extension）**：一种调整产品使其适应当地使用情况或偏好条件，但对拓展国内市场时的促销方式基本不加改变的拓展策略。

[24] **产品调整—沟通调整，即双重调整（product-communication adaptation, dual adaptation）**：一种结合了市场行情的双重调整策略。

[25] **创新（innovation）**：赋予资源新增能力以创造价值的过程。

[26] **"非此地发明"综合征（"not invented here, NIH" syndrome）**：在选择战略时由于忽视子公司或分公司经理的决策而导致的一种错误。

[27] **跨跃性创新（discontinuous innovation）**：被广泛接受就能开创新市场和新消费模式的新产品。

[28] **动态连续性创新（dynamically continuous innovation）**：一种中度类型的更新，在一定程度上是颠覆性的，要求适度了解部分客户。

[29] **连续性创新（continuous innovation）**：开发时所需研发费不多、对现有消费模式的影响很小、也无须买方下力气学习使用方法的"新的改良产品"。

[30] **产品线延伸（line extension）**：现有产品的变动，如新口味或者新设计。

[31] **平台（platform）**：产品的设计中使其可以快速并廉价地修改以适应不同国家市场的核心元素或组成部分。

第11章

[1] **一价定律（law of one price）**：市场中所有客户都能以最好的价格买到最好的产品。

[2] **市场撇脂（market skimming）**：一种定价策略，适用于愿意为特定品牌或特制产品支付溢价的顾客。

[3] **渗透定价策略（market penetration pricing strategyshichang）**：一种设定足够低的价格以此迅速建立市场份额的定价策略。

[4] **出口价格升级（export price escalation）**：由于交通运输、汇率浮动导致的进口商品价格上升。

[5] **成本导向定价法（cost-based pricing）**：一种基于内部成本（如原材料、劳动力等）和外部成本分析的定价方法。

[6] **国际贸易术语解释通则（International Rules for the Tnterpretation of Trade Terms, INCOTERMS）**：国际公认的影响价格的贸易规则。

[7] **工厂交货（ex-works, EXW）**：卖方以合同规定的时间将货物转交给买方的合同。

[8] **完税后交货（delivered duty paid, DDB）**：一项卖方同意将货物运送至买方指定的进口国某地点并承担所有费用（包括关税）的合同。

[9] **货交承运人（free carrier, FCA）**：《国际贸易术语解释通则》术语，指当货物在指定地点交付给指定的承运人时，从卖方转移到买房的合同。

[10] **船边交货（free alongside ship, FAS）**：《国际贸易术语解释通则》术语，是指要求卖方将货物放在船只或其他运输方式旁边或可供其使用并支付所有费用的合同。

[11] **船上交货（free on broad, FOB）**：《国际贸易术语解释通则》术语，货物在装船时越过船舷，风险即由卖方转移至买方，卖方的责任直至商品实际装船后终止。

[12] 成本、保险加运费（到岸价）（cost, insurance, freight/CIF named port of destination）：《国际贸易术语解释通则》术语，即要求卖方在货物越过船舷转移至买方前承担所有责任和义务。

[13] 成本加运费（cost and freight, CFR）：一种卖方对货物在出厂后任何阶段出现的任何风险或损失均无责任的合同。

[14] 市场持有策略（market holding strategy）：一种允许管理层维持市场份额的定价策略，价格会根据竞争情况或经济形势的变化而上下调整。

[15] 价格透明（price transparency）：以欧元为计价单位的商品和服务价格，使得消费者和组织采购者可以比较欧洲各处的商品价格。

[16] 母国中心定价法（ethnocentric pricing）：将产品的价格延伸至其他国家的市场，也称之为延伸定价。

[17] 多国中心定价法（polycentric pricing）：在不同国家的市场中对同一产品设定不同价格水平的做法，也被称为调整定价法。

[18] 全球中心定价法（geocentric pricing）：在不同国家的市场中使用延伸和适应定价政策的实践。

[19] 灰色市场商品（gray market goods）：从一个国家出口到另外一个国家，由未经授权的人或组织销售的带有商标的产品。

[20] 平行进口（parallel importing）：未经商标权人授权，将商品从一国进口到另一国的行为，平行进口方案利用了不同国家市场之间的价格差异。

[21] 《伯德修正案》（Byrd Amendment）：受到外国低于市场价格倾销商品危害的美国公司可请求获得反倾销赔偿的法律。

[22] 价格限定（price fixing）：两家或两家以上公司的代表之间共同设定价格的秘密协定。

[23] 转移定价（transfer pricing）：这种定价涉及一家公司的运营单位或部门与另一辖区内的附属公司之间买卖的商品、服务和无形资产。

[24] 基于市场的转移定价（market-based transfer price）：一种转移定价政策，将公司内部交易的价格设定为在全球市场具有竞争力的水平。

[25] 基于成本的转移定价（cost-based transfer pricing）：一种转移定价政策，以成本为基础来确定在内部的转移价格。

[26] 相互协商的转移定价（negotiated transfer price）：一种根据组织从属关系确定公司内部交易价格的转移定价政策。

[27] 对销贸易（counter-trade）：在这种出口贸易交易中，一笔销售生意的结果是产品流向买主，接着通常产生另一笔相反方向流动的产品或服务的销售。

[28] 易货贸易（barter）：最单纯而又最古老的、双边的、非货币化的反向贸易，包括双方之间的货物或服务的直接交换。

[29] 反向采购（counter-purchase）：一种用货币量化的反向交易，其中销售方同意采购与其售出产品的价值相当的产品，然后卖掉，从而能够从最初的交易中获得等额的收入。

[30] 抵消（offset）：一种对销贸易交易，买方政府通过要求卖方进行例如进口产品或转让技术等某种合作形式，弥补其支出的硬通货。

[31] 补偿贸易（回购）（compensation trading, buyback）：一种销售工厂设备或许可技术的反向贸易生意，即卖方或许可方同意买方在特定的若干年内以用获得的设备或技术生产的产品形式偿付这些设备或技术。

[32] 转手贸易（switch trading）：在这种交易中，专业的转手贸易商、转手贸易公司或银行会进入一项简单易货或其他对销贸易，其中一方不愿意接受交易的全部货物。

第12章

[1] 地点效用（place utility）：在一个对潜在客

户方便的地点提供产品或服务而带来的效用。

[2] 时间效用（time utility）：在顾客想要时产品或服务即可供应的效用。

[3] 形式效用（form utility）：一种已经完成加工、处于良好状态、随时可以使用的产品形态。

[4] 信息效用（information utility）：解答的有效性以及对产品特征和优势的有效交流。

[5] 分销渠道（channel of distribution）：有组织的代理商和机构网络。他们联合起来开展各种必需的活动，使生产商和使用者得以相连，从而完成营销任务。

[6] 企业与消费者间的营销 [business-to-consumer (b-to-c or B2C) marketing]：向人们推销产品和服务供他们自己使用。与企业间营销形成对比。

[7] 企业间营销 [business-to-business (b-to-b or B2B) marketing]：针对公司和组织的产品和服务的营销。与此相对的是企业与消费者间的营销。

[8] 分销商（distributor）：一种中间商渠道，通常为批发商——将商品从生产商处整合并将商品运送给零售渠道的成员。

[9] 代理商（agent）：在两方或多方之间开展交易谈判但对交易的货品不享有所有权的中间商。

[10] 点对点营销 [peer-to-peer (p-to-p) marketing]：一种个体消费者向其他个体推销产品的营销模式。

[11] 挑肥拣瘦（cherry picking）：分销过程中的一个现象，诸如分销商之类的渠道中间商在考虑是否承销新产品线时，通常只接受那些产品和品牌需求已经很旺的制造商的新产品线。

[12] 全球零售（global retailing）：在多个国家的市场从事或拥有零售业务。

[13] 百货商店（department store）：零售运营类，其特征是一个楼层有很多分类或分区，每个分区代表了独立的生产线并且配备有限数量的销售人员。

[14] 专卖店（specialty retailer）：一种零售业态，其特点是比百货商店更加集中经营某些针对特定目标市场的有限的商品组合。

[15] 超市（supermarket）：一种零售业态，通常是单层的零售店铺，其商品按照部门分类陈列，以自主（自助）的模式经营品种丰富的食品和其他产品。

[16] 便利店（convenience stores）：一种零售分销的形式，这种零售店提供部分超市有售的同样产品，但其商品组合仅限于周转率高的便利品。

[17] 折扣店（discount retailers）：一种强调以低价商品运营的零售业态。

[18] 硬折扣店（hard discounter）：以极低的价格销售精选商品的零售商，通常严重依赖自有品牌。

[19] 大卖场（hypermarket）：是零售业务的一个种类，其特点是结合了折扣店、超市和仓储会员店的大规模设施。

[20] 超级购物中心（supercenter）：一种综合了折扣店和超市元素的零售业态，其占地约为大卖场的一半。

[21] 超级商场（superstore）：专门以低价销售大量花样繁多的某种特定类别商品的商店。

[22] 品类杀手（category killer）：一种专营特定产品种类并以低价提供花色多样的产品的商店。

[23] 超大型购物中心（shopping mall）：由同一个地点的多家商店组成，通常以一个或多个大型百货商店为主体店，容易到达，并附有免费停车场。

[24] 厂商直销店（outlet store）：一种允许知名消费品品牌的营销人员处理积压库存、过时商品或残次品的零售业态。

[25] 厂家直销商城（outlet mall）：集聚厂商直销店的大商场。

[26] 有机增长（organic growth）：在全球零售业中，一种公司使用自己的资源在某块"绿地"新建商店，或从其他公司收购一家或多家现有零售网点或站点的市场拓展战略。

[27] 收购（acquisition）：一种涉及在国外购买拥有多个零售店的公司的市场进入战略。

[28] 供应链（supply chain）：一群从事包括生成原材料、将原材料转变为零部件或成品并提供给购买者等环节的支持性经营活动的公司。

[29] 订单处理（order processing）：包括订单录入、订单处理以及订单交付在内的实体分销环节。

[30] 集装箱运输（containerization）：实体分销的一种方式，即把长途运输车或远洋运输的货物装入 20 英尺或 40 英尺（1 英尺 = 0.3048 米）甚至更长的钢制货柜后进行运输的做法。

[31] 多式联运（intermodal transportation）：一种将集装箱在水陆之间转移的物流运输模式。

[32] 物流管理（logistics management）：一项在原产地、装配地或最终消费地之间负责计划、实施和控制零部件和产成品的管理活动。

第 13 章

[1] 整合营销传播（integrated marketing communication，IMC）：一种针对营销组合的推广方法，注重于公司营销传播策略的协调和整合。

[2] 广告（advertising）：即任何得到赞助的、有偿的并通过非个人渠道传播的信息。广告是促销组合中的一个手段。

[3] 全球广告（global advertising）：画面、文案、标题、照片、结语和其他元素的创作显然适用于全球各地的广告信息。

[4] 模板广告（pattern advertising）：一种要求制定泛区域或全球基本概念的营销传播策略，可以根据个别国家的市场需求对其文案、图像或其他元素进行修改。

[5] 诉求点（appeal）：广告中用于吸引目标受众注意力的创意方法，有理性诉求和情感诉求两种常见的方法。

[6] 广告集团（advertising organization）：包含一家或多家广告公司，或包含专营直接营销、营销服务、公共关系或市场调查分部的股份公司或控股公司。

[7] 创作策略（creative strategy）：有关特定广告信息或广告活动宣传内容企图的一个语句或概念。

[8] 大创意（big idea）：有效广告信息的一个基础性概念，能使广告信息令人难忘。

[9] 广告诉求（advertising appeal）：涉及目标受众动机的宣传或沟通方式。

[10] 理性诉求（rational appeal）：一种作用于目标受众逻辑和智力的广告诉求方式。

[11] 情感诉求（emotional appeal）：一种通过激发情感性反应（而非理性反应）引导购买行为的广告方式。

[12] 销售主张（selling proposition）：在广告中用以说明购买产品的原因或拥有产品所有权带来的好处的承诺或主张。

[13] 创意实施（creative execution）：广告中的诉求点或卖点的表达方式。创意实施就是"怎么说"，而创作策略则是"说什么"。

[14] 创作人员（creatives）：艺术总监和文案人员的总称。

[15] 艺术设计（art direction）：广告的视觉表现。

[16] 艺术总监（art director）：广告（代理）公司内负责总体广告视觉效果的一个创意职位。艺术总监有责任挑选确定合适的图形、图像、字体和其他视觉元素。

[17] 文案（copy）：告中用以说明或书面宣传的文字元素。

[18] 文案人员（copywriters）：开发平面广告中使用的标题、副标题和正文，以及包含广播广告中发言人、演员或聘请的配音人员所传达的词语的脚本的语言专家。

[19] 公共关系（public relations，PR）：促销组合的四个变量之一。在一家公司内部，负责评估大众对该组织和其产品品牌意见和态度的部门或职能单位。公关人员也负责在公司的各个组成部分和公众当中培育商誉、理解和相互认同。

[20] 新闻报道（publicity）：有关公司或产品信息的无偿宣传。

[21] 公司广告（corporate advertising）：一种不是用来直接刺激具体产品需求的广告。公司广告包含形象广告和观点广告两个具体的种类。

[22] 形象广告（image advertising）：一种向公众宣布重大事件的广告，例如更名、并购等。

[23] 观点广告（advocacy advertising）：就特定专题表达公司观点的一种公司广告的形式。

第14章

[1] 营业推广（sales promotion）：促销组合四个变量之一，是一个有偿的短期沟通计划，用以提升产品或品牌的有形价值。

[2] 消费者营业推广（consumer sales promotions）：一种营业推广方式，其目的是使消费者知晓新产品，刺激非用户试用某种产品，或增加消费者的整体需求。

[3] 商贸营业推广（trade sales promotions）：旨在提高分销渠道中的产品可获性的推广方式。

[4] 样品派送（sampling）：一种为潜在客户提供免费试用产品或服务机会的营业推广技巧。

[5] 赠券（coupon）：一种印刷凭证形式的促销工具，持有者购买某种产品或服务时享受降价或其他增值优惠的特权。

[6] 人员销售（personal selling）：促销组合的四个变量之一；是潜在买家与公司销售代表之间的面对面交流。

[7] 驻外人员（expatriate）：公司从母国派往国外工作的员工。

[8] 战略性/顾问式销售模式（strategic/consultative selling model）：为开展人员销售工作采取的五步框架：人员销售理念、关系策略、产品策略、客户策略和介绍策略。

[9] 人员销售理念（personal selling philosophy）：表现为销售代表对市场营销理念的

责任，且其愿意担任问题解决者或帮助客户的合作伙伴。这是战略性/顾问式销售模式的第一步。

[10] 关系策略（relationship strategy）：在人员销售中，销售代表为建立和维持与潜在和现有客户之间的高质量关系而制订的计划。这是战略性/顾问式销售模式的第二步。

[11] 产品策略（product strategy）：在人员销售中，销售代表为满足客户需求所作的产品挑选和定位的计划。这是战略性/顾问式销售模式的第三步。

[12] 客户策略（customer strategy）：一个销售代表收集和分析关于客户或潜在客户需求信息的计划。

[13] 介绍策略（presentation strategy）：该策略包括为每一个推销访问设定目标，并建立介绍计划来实现这些目标。

[14] 介绍计划（presentation plan）：在人员销售的过程中，介绍计划是介绍策略的核心。这个计划有六个阶段：接近、发现需求、介绍、协商、成交和为销售服务。

[15] 销售代理（sales agent）：按合同行事的代理人，而不是全职员工。

[16] 直接营销（direct marketing）：任何以消费者或商家为对象以换取对方做出订货、要求提供更多资料和/或参观商店或其他商业场所等回应的沟通行为。

[17] 一对一营销（one-to-one marketing）：直接营销的一种新框架，它要求根据以往的购买历史或曾经与公司的互动而采用不同的方式对待每个顾客。

[18] 直接邮寄（direct mail）：一种使用邮政服务向选定的潜在客户寄送产品/服务资料的直接营销方式。

[19] 目录（catalog）：一种以照片、图示以及扩展信息来展示公司产品的杂志式样的出版物。

[20] 信息广告（infomercial）：一种付费的电视节目，即在节目中演示和解释某种产品，并在电视屏幕上提供免费电话号码，向观众出售产品。

［21］ 电视购物（teleshopping）：专门用于产品的展示和销售的全天候节目。

［22］ 互动电视（interactive television，ITV）：允许电视观众与他们正在观看的节目内容进行互动。

［23］ 赞助（sponsorship）：一种营销传播的方式，即公司通过支付费用，将自己的名称与某一特定事件（活动）、运动队或体育协会、体育运动设施相联系。

［24］ 产品置入（product placement）：公司为使一项或多项产品和品牌名出现在流行电视节目、电影和其他类型的表演中而付费的一种营销传播工具。

第15章

［1］ 数字化革命（digital revolution）：由技术进步引起的范式转变，数字化信息、声音和图像的模拟源，如转化为二进制。

［2］ 晶体管（transistor）：一种在电子产品中替代真空管的"固体扩音器"，它的诞生是数字化革命的一个里程碑。

［3］ 集成电路（integrated circuit，IC）：硅芯片赋予了晶体管现代的形式，是数字化革命的里程碑。

［4］ 个人计算机（personal computer，PC）：一款小型实惠的计算设备，其出现标志着数字化革命进入了下一个阶段。

［5］ 电子表格（spreadsheet）：一个电子分类账的软件应用系统，当行与列中输入的数字发生变化时，可以自动计算其影响。

［6］ 操作系统（operating system）：为计算机提供基本指令的软件代码。

［7］ 美国国防部高级研究计划局（Defense Advanced Research Projects Agency，DARPA）：该机构创建了在战争中仍可维持通信线路的计算机网络。

［8］ 互联网（Internet）：可以发送电子邮件和其他数字文件的计算机网络。

［9］ 统一资源定位符（uniform resource locator，URL）：在万维网上的互联网网址。

［10］ 超文本标记语言（hypertext markup language，HTML）：一种能够控制网页外观的格式语言。

［11］ 超文本传输协议（hypertext transfer protocol，HTTP）：允许超文本文件在互联网上传输。

［12］ 万维网（World Wide Web）：与含有文本、图片、流媒体音频和视频资源的互联网站连接的全球计算机网络。

［13］ 技术趋同（convergence）：涉及以往分散的产业或产品类别的合并、重叠或聚合的数字化革命。

［14］ 创新者的窘境（innovator's dilemma）：高管们致力于当前的、有利可图的技术，以至于无法对高风险的新技术提供足够多的投入。

［15］ 价值网络（value network）：特定产业中决定达到某个利润率所需的边际利润的成本结构。一个广义的产业（如计算机行业）可能有平行的价值网络，每一个网络都有它自己的价值衡量指标。

［16］ 持续性技术（sustaining technology）：有助于完善产品性能的渐进的或激进的产品创新。

［17］ 颠覆性技术（disruptive technology）：一种重新定义产品或产业性能并能够使新市场诞生的技术。

［18］ 电子商务（e-commerce）：一种通常以互联网或类似网络为营销渠道提供商品或服务的交换方式。

［19］ 促销网站（promotion sites）：一种为公司的商品或服务提供营销传播信息的网站。

［20］ 内容网站（content site）：一种提供新闻和娱乐信息并支持公司公关活动的网站。

［21］ 交易网站（transaction site）：一种令顾客能够购买商品或服务的网络空间零售店。

［22］ 点击率（click-through rate）：在访问网站的用户中，那些点击计算机屏幕展示的广告链接的百分比。

［23］ 域名抢注（cybersquatting）：一种注册特定域名的做法，其目的是将其转售给应合法使用该域名的公司。

[24] 宽带（broadband）：有足够能力同时传输多个语音、数据或音像频道的一种数字通信系统。

[25] 流式音频（streaming audio）：允许用户收听网上电台的播送。

[26] 流式视频（streaming video）：通过互联网传输，并在个人计算机、平板计算机、智能手机或者电视屏幕上展示的视频。

[27] 流媒体（streaming media）：通过宽带网络对混合音频和视频内容的传播。

[28] 短信服务（short message service，SMS）：一种全球接受的无线标准，用于发送最多160个字符的字母数字信息。

[29] 智能手机（smartphone）：一种提供例如网页浏览器等功能的手机。

[30] 移动广告（mobile advertising）：使用智能手机或其他手持设备作为渠道的具有说服力或有信息量的沟通方式。

[31] 移动商务（mobile commerce，m-commerce）：通过智能手机和平板计算机等手持无线设备进行的商务交易。

[32] 全球定位系统（global positioning system，GPS）：一种运用卫星来进行数字通信的系统，用来检测移动设备的地理位置。

[33] 蓝牙（bluetooth）：一种允许手机在用户处于无线热点范围之内时连接到互联网的技术。

[34] 移动音乐（mobile music）：在智能手机或平板计算机上购买并播放的音乐。

[35] 电子竞技（e-sports）：一项通常在现场观众面前进行的多人视频游戏比赛。

[36] 近场通信（near-field communication，NFC）：苹果支付和其他移动支付平台中的一套通信协议，允许智能手机或其他电子设备与销售终端建立通信链路。

[37] 网络电话（Voice over Internet Protocol，VoIP）：可以将人声编成数据、压缩和打包，通过网络传输后解压处理，还原成正常语音的技术。

第16章

[1] 五力模型（five forces model）：迈克尔·波特教授提出的一个模型。该模型解释了产业中的五种竞争力，即潜在进入者的威胁、替代品的威胁、卖方的议价能力、买方的议价能力和产业中现有企业的竞争。

[2] 成本领先（cost leadership）：基于企业作为业内低成本竞争者地位的竞争优势。

[3] 差异化（differentiation）：是波特基本战略框架中四种构建竞争优势方法中的一种。差异化优势体现在企业服务在一个广阔的市场，且产品被认为是独特的，这让公司能获得高于竞争对手的价格。

[4] 聚焦差异化（focused differentiation）：波特基本战略框架中四种构建竞争优势方法中的一种。当企业服务于一个小的市场且其商品被认为是独特的时，可以制定高价。

[5] 成本聚焦（cost focus）：波特基本战略框架中四种构建竞争优势方法中的一种。当企业服务于一个小的利基市场，并且有相对于竞争对手更低的成本结构时，那么它就可以在行业内为顾客提供最低的价格。

[6] 战略意图（strategic intent）：由战略专家哈默尔和普拉哈拉德创建的竞争优势框架。

[7] 改变行业规则（changing rules of engagement）：通过打破现有规则，拒绝按照行业领先者制定的游戏规则行事，进而创造竞争优势的战略。

[8] 全球竞争（global competition）：一种成功的战略，在这种战略中，企业采用全球化竞争的视角，着眼于在全球范围内的利润最大化，而不是着眼于公司之间的竞争。

[9] 要素条件（factor conditions）：一个国家的资源基础。

[10] 国家优势（national advantage）：迈克尔·波特创建的用以分析国家层面竞争优势的框架。一个国家构建竞争优势的程度取决于四个要素：要素条件、需求状况、相关及支撑性行业的存在，以及企业战略的性质。

[11] 需求状况（demand conditions）：在迈克尔·波特教授的国家竞争优势框架中，需求条件决定了某一国家中企业改良和创新

的速度和性质。

[12] **相关及支撑性行业**（**related and support-ing industries**）：在迈克尔·波特的国家竞争优势框架中，国家"钻石"模型的四个决定因素之一。

[13] **企业战略、企业结构和竞争对手的性质**（**nature of firm strategy, structure, and rivalry**）：在迈克尔·波特的国家竞争优势框架中，关于国家"钻石"模型的第四个决定性因素。

[14] **超竞争**（**hypercompetition**）：由管理学大师理查德·达维尼（Richard D'Aveni）提出的战略框架，从行业内超竞争企业的动态动机和战略互动的角度来看待竞争和追求竞争优势。

[15] **旗舰模型**（**flagship model**）：由艾伦·拉格曼（Alan Rugman）和约瑟夫·德克鲁兹（Joseph D'Cruz）教授提出的竞争优势发展模型，该模型描述了联网的商务系统如何在全球产业中创造竞争优势。

第17章

[1] **核心竞争力**（**core competence**）：某组织具备的能把某产品或业务做得比竞争对手更好的一种能力。

[2] **组织全球营销活动**（**organizing for global marketing**）：创建部门、营业单位、报告线和协调系统以确保企业的全球化战略得以执行的管理过程。

[3] **精益生产**（**lean production**）：一种非常有效、高效以及流线型的生产模式，例如丰田生产模式。

[4] **利益相关者**（**stakeholder**）：任何受组织采取的政策和商业手段影响，或者对这些感兴趣的团体或个人。

[5] **非政府组织**（**nongovernmental organization, NGO**）：关注人权、政治正义和环境问题的间接利益相关者。

[6] **利益相关者分析**（**stakeholder analysis**）：为所有利益相关者形成双赢结果而开展研究的过程。

[7] **企业社会责任**（**corporate social responsibility, CSR**）：企业为实现社会最佳利益的目标和政策所承担的责任和义务。

[8] **道德准则**（**code of ethics**）：一种概括某家公司的核心意识形态、公司价值观以及期望的正式表述。

[9] **矩阵式组织**（**matrix organization**）：一种组织设计模式，其中管理层的任务是通过融合不同观点和技能以达到组织平衡，从而实现组织目标。